刘大可 ◎ 著

中心与边缘
客家民众的生活世界

The Centre and the Margin:
the Living World of the Hakkas Populace

社会科学文献出版社
SOCIAL SCIENCES ACADEMIC PRESS (CHINA)

序

汪毅夫

从 1995 年开始，大可一直在其家乡闽西武平县北部的 64 个村落从事田野调查研究，到 2002 年 8 月撰成《闽西武北的村落文化》一书，作为"传统客家社会丛书"的一本，由国际客家学会、海外华人资料研究中心、法国远东学院联合出版。该书出版后，大可每年都还抽出一定时间对这个社区进行追踪调查，不断有新的收获。从 2009 年起，他在原有基础上又继续深化和完善，发展成现在的皇皇巨著《中心与边缘：客家民众的生活世界》。

《中心与边缘：客家民众的生活世界》一书，始终围绕着"中心与边缘"这一主题展开。大可一直认为，中心与边缘是相对的，昔日的边缘可能是今日的中心，而今日的中心亦可能是明日的边缘。学术研究是如此，社会实际亦是如此。就学术研究而言，大可当年从事的村落社会、客家、闽台文化等领域当属十分边缘的问题，有人曾担心他的学术研究会走进死胡同。时过境迁，随着美丽乡村建设的需要和两岸关系的发展以及闽台族群关系的不断彰显，这些领域都成了今日的显学。就研究对象而言，都市社会急剧变迁，昔日主流社会的种种现象在今日的都市早已不复存在，而恰恰仍然保存在今日的边缘地区或边缘社会里。加强对边缘问题的研究有助于认识过去，同时也能更好地认识现在和未来。所以，我们要特别注意有关边缘的问题，应特别注意边缘地区及边缘地区中的边缘村落、边缘人群的调查研究。事实上，当年大可醉心的武北偏僻村落，现已成为武平通往长汀的交通要道，规划中还有两条高速公路分别通往江西和长汀。

在本书中，传统武北村落社会的中心是指巨姓大族，如湘湖、湘村两支不同来源的刘氏；边缘则是指小姓弱房，如磜逐高氏、邓坑邓氏等。武北村落地理的中心是指河流交汇之地的墟市，如桃溪、小澜两村；边缘则是指与相邻社区交界的边缘村落，如店厦村、梁山村。因此，本书在编排方面，先论巨姓大族，包括湘村的宗族社会与文化、湘湖刘氏宗族的形成与发展两节；次述小姓村落，包括磜逐高氏的宗族社会与神明信仰、邓坑邓氏的宗族社会与神明信仰两节；然后是墟市与中心地域研究，包括桃溪村的宗族、经济与社会生活以及小澜村的宗族、经济与神明崇拜两节；接着是边缘村落研究，包括店厦村多姓聚居区的冲突与共存、梁山村多姓聚居区的生存形态两节。一中心、一边缘，形成鲜明对照。通过中心与边缘的对比研究，系统完整地展现了日渐消失的传统客家村落社会生活。

此外，本书还专列"客家与畲族的关系"一章，包括武北蓝氏的宗族与文化、武北钟氏的历史渊源与社会发展两节，对武北的蓝氏、钟氏进行了系统完整的"民族志"深度描述。蓝氏和钟氏就全国范围而言，当属少数族群姓氏，而在闽西客家地区特别是武北村落却是主流姓氏、主流人群，似乎进一步印证了大可一贯坚持的"中心与边缘是相对的"之说。

本书在利用资料方面，"中心与边缘相对之说"就更为明显。历史学出身的学者往往十分重视官修文献、档案史料，这些资料被称为"关键史料""核心史料"，这无疑是正确的。但是在民间社会，特别是偏僻边缘的村落社会，因其民间性、基层性和草根性等特征，历史的真相很难通过官修文献得到了解，如同鲁迅先生所说："历史上都写着中国的灵魂，指示着将来的命运，只因为粉饰太多，废话太多，所以很不容易察出底细来。正如通过密叶投射在莓苔上面的月光，只看见点点的碎影。但如看野史和杂记，可更容易了然了，因为他们究竟不必太摆史官的架子。"因此，研究民间社会、村落社会，官修文献不仅少，而且未必更可靠。大可在本书中既重视人们常说的官修文献等"中心史料""核心史料"，更注重深入前人没有或很少进入的现场，进行观察、参与、访谈、体验与感悟，搜集了大量被常人认为的边缘资料——族谱、碑刻、笔记杂录和口头传说，这些资料反而构成了全书的"中心资料"和"关键资料"。官修文献、民间文献、口头资料有机地结合起来，形成了资料的多层参照，从而更有可能把握村落社会的整体，颇具贯通历史与现实的眼光。

以边缘的资料支撑边缘问题研究，思维之光照射着一片朦胧的未知领域，必然催生出前沿的学术成果。书中通过对相对独特的地理与社会单元——闽西武北村落的田野调查，用翔实的资料对武北宗族的形成、发展及其组织、祖先崇拜、神明信仰、婚丧节庆、墟市的设立与经济社会生活等各个方面作了比较深入系统的研究，是一部研究客家社会的优秀论著。厦门大学郭志超教授在评价《闽西武北的村落文化》一书时曾说："该书是关于闽西武平县北部村落历史文化调研的专著。无论是社会学还是人类学，以县区的某个大于乡的地域作为调查单位，尚未见。作者将一系列的村落调查贯通起来，整合为'武北’这一文化区域的全貌。此外，通过类型学分析，使具象事实上升到理性认识乃至理论概括。书中对巨姓大族、小姓村落、墟市与中心地域以及边缘村落的调研，以大观小，由小见大。可以很肯定地说，《闽西武北的村落文化》一书在研究方法上有所创新，对于非行政区域单位和超社区的文化地域调研，起到了非常重要的示范作用。"不仅如此，书中关于客家与畲族关系的新描述也体现了作者"以宏观驾驭微观，又以微观折射宏观"的前沿成果，如作为"钟半县"的武平钟氏，其早期历史一方面具有畲族文化的色彩，如"天葬风水"的传说、马氏祖婆等女性祖先崇拜的遗迹、七子散汀州的故事等；另一方面又具有汉族客家开基始祖的典型模式，如十四子逃难迁徙他方的族谱记载、千家坪始迁地的口头传说、第九十六世至九十九世有一段"男称郎，女称娘"的宗族朦胧时期，等等。凡此，都说明了武平钟氏作为畲族"女婿"徘徊于汉族与畲族之间的特殊角色。这种从学科边缘与交叉的角度去看待地域族群各种文化现象的方法，开拓出一片崭新的学术天地。

大可春秋四十有四，年富力强，精力更是超群。日前，我听说他将与浙江省社会科学院著名女性社会学家王金玲研究员、社会科学文献出版社社长谢寿光研究员共同开展闽台地域特殊女性人群如"女五老人员"、惠安女、"铜钵寡妇"、"大陆新娘"、福佬妈、"万八嫂"、"明溪少妇"、客家妇女的口述史研究。这是一项极具学术价值而又极富学术魅力的研究课题，他日大业若成，其影响又岂止"客家"一隅？大可勉旃！

目　　录

绪　论 ·· 1

第一章　巨姓大族 ·· 74
　　第一节　湘村的宗族社会与文化 ································· 74
　　第二节　湘湖刘氏宗族的形成与发展 ··························· 124

第二章　小姓村落 ·· 167
　　第一节　礤迳高氏的宗族社会与神明信仰 ······················ 167
　　第二节　邓坑邓氏的宗族社会与神明信仰 ······················ 192

第三章　墟市与中心地域 ·· 218
　　第一节　桃溪村的宗族、经济与社会生活 ······················ 218
　　第二节　小澜村的宗族、经济与神明崇拜 ······················ 247

第四章　边缘村落 ·· 286
　　第一节　店厦村多姓聚居区的冲突与共存 ······················ 286
　　第二节　梁山村杂姓聚居区的生存形态 ·························· 315

第五章　客家与畲族的关系 ·· 344
　　第一节　武北蓝氏的宗族与文化 ································· 344
　　第二节　武北钟氏的历史渊源与社会发展 ······················ 412

田野调查主要报告人 ·· 446

主要参考文献 ·· 451

后　记 ·· 462

绪　　论

本书考察的范围是客家地区的一个特定社区——闽西武平县的北部（习惯上称之为"武北"），之所以选择武北作为考察的对象，主要有如下四个方面的原因。

第一，相对封闭的地理环境。受武夷山脉走向的影响，在武平县城以北约10公里的地方有一座名叫"当风岭"的高山。这座高山使得传统时期的武平县南北交通困难，声息不畅，也使得武北地区长期处于与外界相对隔绝的状态。在武北地区内部，不仅自然—生态条件大体相同，而且同属于汀江支流桃澜河流域，而长期的历史发展又使该地区内部社会经济联系紧密，经济水平接近，社会风俗相似，具有高度的认同感与凝聚力。因此，该地区被人们视为一个与其毗邻地区有显著差异的特定社区。

第二，文化上的整体性。以往人类学家在一个地点长期居住，参与观察当地民众的日常生活与文化，撰写详尽的报告，但是详细的现实描述往往忽略了对历史渊源和地理环境的探索；而历史学家对某个朝代的某个府、州、县大范围的历史规律研究却又忽视了对村落社区的探讨。以县、乡为考察研究单位结合了前面两者的长处，但在特定地区又容易割裂村落社区之间历史、文化、地理的有机联系。本书在研究对象上居于县与乡的中间，同时兼顾历史、文化、地理的整体性。

第三，填补研究对象的空白。长期以来，人类学家大都以具体的村落为考察对象，而历史学家则以府、州、县以上的大范围作为研究对象。近年来劳格文（Jhon Lagerwey）和杨彦杰两位先生创造性地以"乡"为考察研究单位，[1]

---

[1]　劳格文：《中国农业社会结构与原动力》（未刊稿）。

在学理上具有很大的意义。而武北及类武北社区则是介于"乡"与"县"之间，也有助于从一个角度填补前人研究所留下的空白。以这种特定社区为考察对象，一方面比较容易理解各个乡村在社会、经济、宗教网络中的地位，以及它们属于一个社会整体的组成部分；另一方面则在研究过程中可望做到地毯式的田野调查，尽可能地避免以偏概全的失误。

第四，研究的便利。武北是笔者的家乡，尽管人类学界许多人不赞成研究者研究母文化，而提倡研究异文化，但就笔者而言，"母文化"和"异文化"都是相对的。一方面，笔者生长在武北，对武北的山山水水、人情世故比较熟悉，从这个意义上说武北是笔者的"母文化"，武北以外的文化属于"异文化"。但另一方面，笔者13岁后就长期在外地求学和工作，这个"外地"既包括武北以外的武平县城，也包括武平县以外的福州、扬州、杭州等地，长期在外地生活也使笔者对这些"异文化"有了一定的了解，反过来对"母文化"有了一定的陌生感。这种经历，使笔者在考察、研究的过程中有着多方面的优势，既能发挥母文化的优势，诸如会讲客家话，能迅速进入研究角色，准确感悟当地人的心态等，又能从异文化的角度观察当地社会，这就为进行深入的调查和"深度的描述"提供了很大的便利。

基于这几方面的考虑，从1995年冬天开始，笔者在劳格文、杨彦杰两位先生的指导下，开始对武北展开了地毯式的调查。笔者首先与父亲刘文波先生对家乡——大禾乡湘村村进行了比较全面的调查，撰写出了比较详细的调查报告，[①] 接着沿河流而下，调查了贡厦、桃溪、亭头、小澜、店厦等村，随后又调查了武北最大的两个姓氏蓝姓、刘姓的祖居地和聚居区大禾、龙坑、湘湖三村，以及蓝姓的几个聚居地源头、江坑、中湍、湘坑坝等村。在这些村落调查完成之后，发现前面的调查过多地偏重于所谓的核心与主流，而忽视了边缘性的问题，其中包括社会的边缘——小姓人的生存状态和地理的边缘——武北与毗邻社区交界的村落状况，于是又增加了小姓人居住的村落小坪坑、邓坑、磜迳、鲁溪、流坊、三背、白竹等村落和武北的边缘村落梁山、孔厦、贤坑等村落的调查。此外，我们还到武北定光古佛信仰中心之一的昭信、湘坑等村和与武北钟氏密切相关的长汀县苦竹山、武平县象洞乡沺阳村作了短暂的调查。由于诸多方面的原因，本书无法将所有武北村

① 刘大可、刘文波：《武北湘村的宗族社会与文化》，载杨彦杰主编《闽西的城乡庙会与村落文化》，国际客家学会、海外华人研究社、法国远东学院，1997。

落的调查报告收入其中，于是就选择了以上各种类型村落中最具代表性的若干村落进行描述和分析，试图从各个角度、各个层面透视武北地域社会。本着"用宏观驾驭微观，微观折射宏观"的精神，以下我们就先将武北总体的情况作一概述。

一

武北是闽西武平县的一个相对封闭的区域。它东临汀江河，西经官丰隘岽与江西相接，南临当风岭与武南为界，北靠黄公岽与长汀县相连，从而形成一个相对独立的地理单元（见图1）。而在武北区域内又群山重叠，山脉蜿蜒。民国《武平县志》载："一脉自长汀南至黄公岽，南趋入武北之湘湖、大禾，重峦叠嶂，不能殚述。其南驰最著者，一曰驰马岽，再折为桑子岽，其西为老罗岽。此三岽横亘绵延，长约三十里，若南北之限焉。故三岽以北之水流，为群山所扼，东趋入汀河。自桑子三巨岽之南，山脉起伏。其

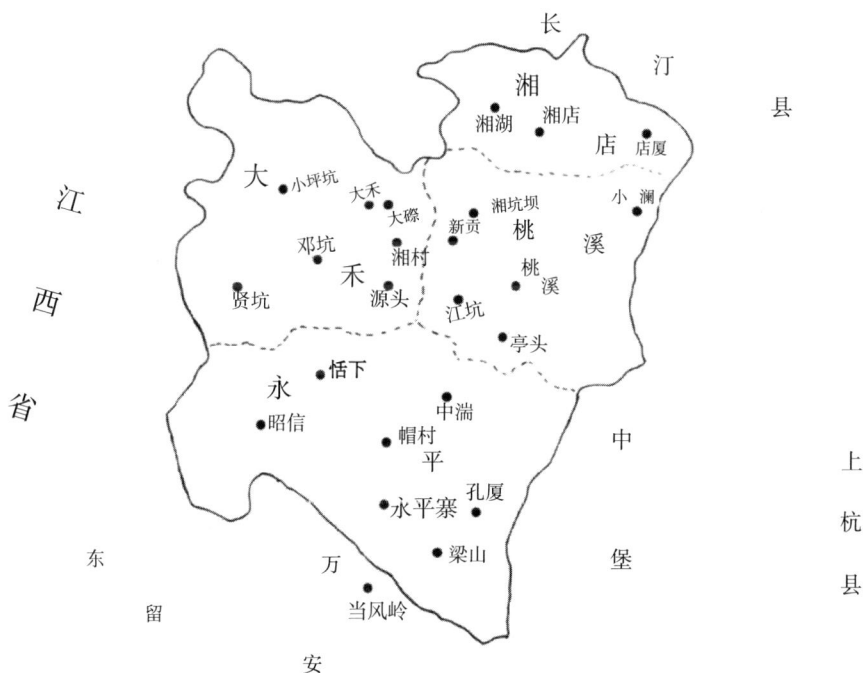

图1　武北部分村落位置示意图

下由风吹帽崃过峡，左出耸特者，梁野山也。由梁野山分歧，左趋为阳城、塔里、章风圳，再东趋则由亭头、浩甲以入杭界。""若北区由会昌西出之山，由官丰隘崃而南至昭信堡。其村落之者，甜头、昭信、下陂、射斗坑也。"①

虽然受山脉走向的影响，"水流四布而泛滥"，但最终都汇入汀江河。民国《武平县志》记载："按邑图，北区之水数处，源远未分。若湘湖、大溪桥，则东流经大坝、七里、店厦，与汀河汇而赴杭。北区贤坑之水，经平坑、湘村，合上湖、龙坑、大禾、露溪，入于桃溪。北区昭信之水，曲折二十里，经帽村、中湍、入亭头，合塔里、江子口水，合于桃溪，其流始大，深可通舟。经陂碛口，则浩甲、大水坑水入之，以达小澜，出河口，汇汀河入杭……其南路因桑子崃、老罗崃、驰马崃及风吹帽、梁野山等，崇峰巨嶂，若限南北。故诸山以上及诸山以西之水，皆遏之东北趋，而合桃溪，转而南入汀河云。"② 由此可见，武北境内溪流密布，且均属汀江水系，其中店厦、桃溪、亭头、小澜等为河流的重要交汇之地。

群山围困，水网密布，使得武北地区地貌类型复杂，山地、丘陵、盆地互相交错，成为一个典型的以林粮为主的农业区。林地土壤的母岩多为砂质岩，并以黄红壤、红壤为主，土层较厚，有机质含量高。耕地土壤以潴育型水稻土占多数，其次为潜育型和渗育型，有机质含量较丰富。该地区因山地面积大、森林资源丰富而成为全县的主要林区，又因耕地少、复种指数和单产低而成为全县农业产量较低的地区。

武北属亚热带海洋性气候。受海洋性气候影响，冬半年多吹偏北风，夏半年多吹偏南风，秋温高于春温，气温日差较小。具有四季分明，夏长冬短，雨量充沛而集中，干湿季节明显等特征。按照气候学上采用候平均气温划分四季，本区则春季于 2 月中旬开始，历时 80 天左右；夏季于 5 月上旬开始，历时 160 天左右；秋季于 10 月上旬开始，历时 80 天左右；冬季于 12 月下旬开始，历时 45 天左右。夏季长达 5 个月，冬季仅有 2 个月左右，而春秋各有 80 天左右。全年平均气温为 17.5 ~ 18℃，最热天气出现在 7 月，月平均气温为 25.5 ~ 27.5℃；最冷天气出现在 1 月，月平均气温为 6.5 ~ 9.9℃。霜期为 110 ~ 125 天，无霜期为 250 天左右。多年平均降水量为

---

① 丘复主纂《武平县志》，福建省武平县志编纂委员会整理，1986，第 67 ~ 68 页。
② 丘复主纂《武平县志》，福建省武平县志编纂委员会整理，1986，第 69 页。

1638.4 毫米，降水主要集中在 4～6 月，其次是 7～9 月，在此期间多有暴雨或大雨出现。尤其是 4～6 月，阴雨连绵，降水量占全年的 49% 左右。而 10 月至次年 2 月则为干季，其降水量只占全年的 10% 左右。[①] 由于本区地处丘陵山地，受地形影响，气候随海拔高度的变化有明显的垂直分布规律，大致海拔每升高 100 米，气温下降 0.51℃，降水量随高度的升高有增加的趋势，空气湿度亦随之增大，这些都十分有利于各种林木的生长。

因武北森林覆盖率较高，雨量充沛，故水资源亦较丰富。境内溪流纵横，水系发育，且均属汀江河水系桃澜河干流，具有山地性河流的水文特征，多年平均径流深 933.91 毫米，多年平均径流量 6.79121 亿立方米，平均每平方公里径流量 93.39 万立方米。[②] 桃澜河干流再细分，则有湘店溪、大禾溪、永平溪、帽村溪、浩甲溪等多条支流，其中前面四条溪流流域面积都在 50 平方公里以上。

关于武北历史上的自然灾害情况，以民国为界，此前资料十分短缺，此后则有比较详细的记载。民国以前的自然灾害情况，由于记载过于简单，先不论述。从民国以来的记载看，全县共发生较大的自然灾害 93 起，其中指明武北或武北地区乡镇的有 19 起，占 20.4%，低于全县的平均值。虽然许多全县性的灾害也与武北相关，但这种情况武北受灾相对较轻。实际上，就全县而言，尽管年有灾害，但一般程度较轻。地震级别都较低，仅有震感而已，破坏性很小。旱、涝、冰雹、强雷、暴风虽然几乎每年都有出现，但大的灾害并不常见，且大多出现在局部地区。由于气候、生态是一个相对稳定的因素，以此类推，宋元至民国时期，武北的自然灾害也不会特别严重，从而保证了传统社会缓慢而持续的发展。

康熙《武平县志》和民国《武平县志》在记载全县物产时曾先后说，"疆圉硗瘠，物产稀有"[③]，"僻处山陬，物产不丰。"[④] 但实际上武平县的森林资源、动植物资源及矿产资源都比较丰富。只不过当时没有很好地利用和开采，或尚未被发现。具体到武北也同样如此。刘光第《湘坑湖记》在记载武北湘湖村物产时说："其地丰山而啬于水，饶材木、竹林、纸、铁。其树多楠、松、杉、木荷、楮、橡、棕榈而少柏。其谷晚稻、棱禾，少菽麦。

---

① 福建省武平县农业区划办公室编《武平县农业区划报告汇编》，1986，第 79～84 页。
② 福建省武平县农业区划办公室编《武平县农业区划报告汇编》，1986，第 40 页。
③ （清）赵良生重纂《武平县志》，福建省武平县志编纂委员会整理，1986，第 35 页。
④ 丘复主纂《武平县志》，福建省武平县志编纂委员会整理，1986，第 142 页。

其瑞香、栀子、兰蕙。其家畜也重鸡而轻鹜，奇羊而易豕，贵鱼而贱兔；有秦牛，无水牛。其山有虎、有豺、有獭、有狼、有狐狸、土狁而少豹；有野猪，多有豪猪射人；有雉，亦有虎，难食人。野猪酷害种植，亦伤人，然不食人。"① 从这简单的罗列中，就可见武北的资源并不缺乏，循着这一思路，我们就武北的主要物产进行了广泛的调查，发现共有人们比较熟知的谷物类30 种、蔬菜类35 种、果物类34 种、花草类53 种、中药类45 种、竹木类35 种、家畜类12 种、虫鱼鸟兽类91 种、货物类23 种。

不难发现，这些物产是由武北特殊的自然地理条件所决定的，而这些物产又决定了武北村落的农业、手工业、商业的基本格局。因此，自然条件是生产地理分工的自然因素，随着商品经济的发展，各地区之间的物产必然互相流动，逐渐形成一定规模的生产地理分工。如武北丰富的森林资源，使武北的大部分村落成为重要的林区，也使得武北的墟市成为木材交易的重要场所，而墟市所在的村落则产生了大量蜚声汀江流域的木排工人，从而形成围绕林业的经济区。可见，自然条件对武北村落经济产生了直接的影响。

武北地处群山环抱之中，所以在 1949 年前陆路交通甚为困难，虽然各种类型的道路形成网络，但崎岖难走，极为不便。往北经黄公崀"修阻二十余里"可达长汀县；往南经当风岭、风吹帽则可通县城。康熙《武平县志》载："当峰岭，在县北三十里。凿石为路，长五里。接长汀、永平寨。"② 民国《武平县志》也载："当风岭、风吹帽，县北三十里，凿石通路，山谷崎岖。上通永平寨、帽村，以达北区之大禾、亭头、桃溪，以此为正路。"③ 往东经章枫凹到达中堡章枫里，间接可通上杭；往西则越马峰凹，一路往小密等乡，另一路则取道至江西官丰，达会昌。

在武北境内，亦多高山，仅记载就有高云山、云霄寨、天门山、鸡笼山、驰马崀、桑子崀、老罗崀等，但实际上武北的村落都四面环山，交通极不方便，民国《武平县志》载："（驰马崀、桑子崀、老罗崀）三崀蜿蜒，高耸入云，为北路要隘。山高谷深，丛林密箐，周四十里罕有居人，路苦之。邑北之人，以山川阻隔，风气古朴。其交通以山货至桃溪入口。居民以交通不便，有老未识邑城者"，④ 足见交通之闭塞。

① 刘光第：《湘坑湖记》，载《武平文史资料》第九集，第 31 页。
② （清）赵良生重纂《武平县志》，福建省武平县志编纂委员会整理，1986，第 25 页。
③ 丘复主纂《武平县志》，福建省武平县志编纂委员会整理，1986，第 72 页。
④ 丘复主纂《武平县志》，福建省武平县志编纂委员会整理，1986，第 72 页。

相对而言，武北的水路交通却比较发达。如前所述，武北全域众水归流，汇集于桃澜河，经桃澜河入汀江可达上杭、峰市，甚至广东的潮州、汕头，形成一个天然而完整的水道交通网，"故桃溪之舟，得运上杭盐货，以供北区之需要；北区之粗纸与谷，亦颇不少"；"故舟楫之利，北则小澜河，可以舟通杭交易……其稍利于运木到潮者，则桃澜河……"。① 这张水道交通网辐射了武北的大多数村落，如：

> 永平溪，源于当风岭北麓龙尾窖，经田背、岗背、杭背等村落流入帽村河。
>
> 孔厦溪，源于梁野山北麓罗斗坑，经梁山、孔厦、塔里、亭头等村落入桃澜河。
>
> 帽村河，源于昭信、唐屋的龙归磜、王龙山、南岭，经昭信、唐屋等村落，于雷打石汇勾坑、恬下等村落之水，东趋帽村汇板寮南下小溪及永平之水，经中湍、兰家地等村落再汇新田、田雁等村之流，经亭头汇入孔厦溪，再经新磜、磜下等村落注入桃澜河。
>
> 湘店河，源于武平最北端的龙归磜，经湘洋、尧山、三河、白竹陂、泉坑背等村落入桃澜河。
>
> 七里溪，源于石子岭下，经上七里、下七里、店下等村落入桃澜河。
>
> 桃澜河，源于大禾贤坑的桐子坑，经贤坑北趋帽布等村落，折东北与坪坑岭脚下，梅子坝南流之水汇合，经大沛、大禾等村落东流，又汇下湖、大磜二村之流水经湘村、贡厦、鲁溪等村落，再汇源于凹坑，入洋畲、湘坑等村落之溪流，经桃溪总汇武北诸溪流，流经小澜，在河口注汀江入上杭境。

武北相对便利的水上交通，多少弥补了陆上交通的不足，使武北的对外经济交往在传统社会下能得到一定程度的发展，而这种发展又是与汀江河道联系在一起的。所以，武北的社会经济与长汀、上杭二县联系十分密切。相对而言，与本县县城及其他地区的联系则比较缺乏，反映在文化上也是如此，这在下面的各节中将会被反复提及。

---

① 丘复主纂《武平县志》，福建省武平县志编纂委员会整理，1986，第69~71页。

二

武北虽然地处偏远，交通不便，但早在宋代就已纳入国家政权的管辖范围。南宋胡太初修《临汀志》记武北行政组织时说："永宁乡，在武平县北，管保七：七里保、相坑保、露溪保、亭头保、象村保、大禾保、招信保。"① 康熙《武平县志》也记载："按旧志：宋分七乡，统十七里十三保"，其中"县北曰永宁乡，统湘坑、七里、露溪、亭头、象村、大禾、招信七保。"② 可见至迟在南宋，武北地区就已经纳入国家政权管辖范围。

明初对全国的基层政权实行改革，据《明史》记载："洪武十四年诏天下编赋役黄册，以一百十户为一里，推丁粮多者十户为长，余百户为十甲，甲凡十人。岁役里长一人，甲首一人，董一里一甲之事。先后以丁粮多寡为序，凡十年一周，曰排年。在城曰坊，近城曰厢，乡都曰里。里编为册，册首总为一图。鳏寡孤独不任役者，附十甲后为畸零。僧道给度牒，有田者编册如民科，无田者亦为畸零。"③ 武平县亦于同年奉命改革，但实行的是里图制，④ 全县分为七里，统图二十三。后来因人户凋耗，至景泰年间，减为统图十九。正德十年，增设岩前里一图，共八里，统图二十。这时的武北村落分属大湘亭里和信顺团里，其中，大湘亭里（统图二）所辖村落全部为武北村落，而信顺团里（统图三）只有信一图属于武北村落，现分列如下：

> 大湘亭里，统二图、二十个村落，均为武北村落：水湖、田里、邓坑头、大禾、小澜、五潭、演里、龙坑、湘坑湖、冷水、露溪、碴下、象村、上湖、下湖、源头、上吴、板寮、大湘坑、七里河口。
>
> 信顺团里，统三图、二十个村落，属武北村落的有信一图村落：梁山、帽村、永平寨、碴下、招信、塘尾、南坑、钧坑、陂下、聒头。⑤

---

① （宋）胡太初修、赵与沐纂《临汀志》，福建人民出版社，1990，第15页。
② （清）赵良生重纂《武平县志》，福建省武平县志编纂委员会整理，1986，第6页。
③ 《明史》卷77，《食货》一。
④ 里图制虽以课取赋役为宗旨，但实际上已成为乡村基层行政机构。有论者将图等同于里（如白钢《中国农民问题研究》，第138页），不确。
⑤ （清）赵良生重纂《武平县志》，福建省武平县志编纂委员会整理，1986，第7页。

有清一代，武平的基层行政组织承续明代而未改。民国后，将全县分为十七区，武北则分为永平、桃溪、湘湖三区，称作北三区。村落有：

属永平区的：永平寨、杭背、帽村、风吹帽、梁山、孔下、牛姆窝、羊城、塔里、上湍、下陂、磜背、老斗坑、上坪、谷敷、小溪池、高坑、湍下、雷打石、龙尾四。

属桃溪区的：桃溪、亭头、定坊、中湍、田雁、钩坑、水湖、大布村、浩甲、江坑、源头、龙坑、冷水、湖背、贤坑、邓坑头、甜头、田里、上梧、帽布、山头、平坑、大禾、磜迳、个竹、湘村、下陂、贡市、露溪、粟坑、演里、湘坑坝、黄屋塘、牛皮湍、大瑞坑、上湖、下湖、五潭、射斗坑、瑶下、昭信、唐屋、龙归磜、老鸦山、上下圳、陈里镜。

属湘湖区的：湘坑湖、大湘坑、小湘坑、洋畲、大洋泉、尧里、大溪桥、高园地、彭屋迳、林禾地、段头、朱廖坪、横坑、郑屋段、泉坑背、七里、大化、白竹陂、流芳、店厦、吴潭、罗屋、小澜、河口。①

其后，武平县基层行政组织屡有变更，但实行时间都不长久。1940 年前后，又将全县分为四区，把原武北永平、桃溪、湘湖三区合并为第四区，区署设桃溪。第四区下设永信乡、湘澜乡、大溪乡三乡。乡下设保，分别为：

永信乡：田背保、岗背保、杭背保、梁山保、溪岭保、湖屋保、帽村保、霞瑶保、钩坑保、小密保、恬头保、昭信保、唐屋保。

湘澜乡：大化保、吴河保、七里保、湘东保、大尧保、湘湖一保、湘湖二保、湘湖三保、浩塘保、浩甲保、河东保。

大溪乡：桃溪一保、桃溪二保、大瑞保、亭头保、田坑保、鲁溪保、湘里保、湘坑保、湘贡保、中湍保、瑞湖保、上源保、大禾一保、大禾二保、湘村保、坪坑保、邓坑保、贤坑保。②

① 丘复主纂《武平县志》，福建省武平县志编纂委员会整理，1986，第 52 页。
② 《武平县各乡物产调查及保甲户口调查乡地图等资料》（民国 30 年），武平县档案馆全宗号 62，案卷号 149。

但是，这些基层行政组织长期以来形同虚设。如民国时期，区、乡人员虽由县委派，偶或由乡选举，薪俸及办公费也由县府拨给，但他们无法执行上级布置的任务和维护当地的社会治安。有一则流传武北的故事颇能说明问题：有一次县署差役到武北执行公务，当地人以粗劣饭菜款待，差役吃不下饭，当地人便说这些差役中暑，由强汉二人把差役按倒，脱下衣服，用银元用力刮痧，刮得骨节作响，疼痛异常，差役只好求饶，鼠窜而去。从此各差役互相传说不敢到武北去，说武北人很"蛮"。①

再以征兵纳税为例，在八年抗战期间，武北没抓过一个壮丁去当兵，屠宰税、营业税等也一概不交，个别乡由土豪担任乡长的，倒是可在墟期另行征收交易税、屠宰税、赌博税等，其所收税款亦概不上缴县府，全部自行使用。唯有田赋谷一项，当时武北民众倒不抗交。他们认为田赋谷是国家的课税，上祖时候纳钱，现在改收田赋，性质是一样的。

不仅如此，即使当地最基本的社会治安，区乡政权也无法维护。1934年驻武平县城的粤军严应鱼旅委派武北的土豪之一邓坑村的邓立文为桃溪区署区长。邓立文任职期间，坪坑村的潘美庆和龙坑村的林蛮古常常惹是生非，受害者向区署告发，请求处理。但潘、林二人是武北另一土豪大禾村蓝启观的左右手，邓立文便亲自到蓝启观家商量，蓝启观借词搪塞，说曾经劝告过潘、林多次，他俩不听他的话。由于蓝启观有意袒护，此事只好作罢。邓立文因潘、林事件无法处理，愤而辞去区长职务，返回邓坑。邓立文卸任后，由永平人廖步蟾接任。

廖步蟾接任桃溪区区长后，便着手处理林蛮古事件，岂料林蛮古表面接受，实则怀恨在心，伺机报复。一日，廖步蟾之弟廖永龄前往邓坑国民学校，途经龙坑村时，被林蛮古看见，林蛮古竟把廖永龄抓住不放，并把他装进木柜里。廖步蟾得悉后，当即修函致林，请其释放，但林蛮古置之不理，廖步蟾只得将情况报告给县府及保安团。保安团立即派兵到龙坑，强制林蛮古释放廖永龄。林蛮古不听，双方即开枪射击，保安团并点火焚烧其房屋。林蛮古自知敌不过保安团，把廖永龄击毙于木柜里后，逃到蓝启观家。廖步蟾要求蓝启观交出凶手林蛮古，但蓝启观倚仗蓝姓人多枪多，有意庇护林蛮古，说林蛮古没有到他家里。廖步蟾忍气吞声，乃辞去区长职务，黯然回家。

---

① 谢成珂：《回忆胞兄谢鸣珂》，福建省客家学会编《客家》1995 年第 2 期。

由于政令在武北无法执行，派到这里的区、乡人员无事可做，非常安闲，常与当地人士搓搓麻将，消闲度日。长汀第七区行政督察专员公署，鉴于武北地区情况特殊，长期以来不能行使政权，便下决心把武北治好。1946年仲春，特在桃溪设立"福建省第七区行政督察专员公署武北行署"，由专署直接治理武北的四个乡，调专署的保安副司令胡子刚为行署主任，调武平县一个自卫中队常驻武北，又调武平县的民政、财政、教育三科的科员各一人到行署办理本部门的工作。他们绞尽脑汁，采取了各种各样的方式和手段。然而几个月过去了，各项工作仍然无法开展。其间，只增设了五所初小，而这五所初小仅搭起架子，无稳固的基金，校舍利用祠堂、庙宇，聘请初中或初中未毕业的人员担任教师。最后七区专署看到武北行署设立了将近一年仍毫无建树，遂于第二年春予以撤销，所调工作人员仍返回原位工作。①

关于政令无法在武北地区执行的情况，还有一个极生动的事例可资证明。1946年，县长黄茶民鉴于赌博极大地影响了社会治安，特布告重申严禁赌博，违者从严惩办，一时间武平县其他地方赌徒匿迹。但县府权力不逮的武北，赌风依然盛行。黄县长在任期间，从未到过武北。他行将卸任时，拟往武北了解情况，便偕同熟悉武北情况的钟某某前往。行至小澜村，他们到时任乡长的张松昌家住下。黄的两名卫士看见小澜街的店里有搓麻将者，就上前把麻将及桌上的银元、银毫全部没收去。店老板当即来到张松昌家，将情况告诉随同黄县长前往的钟某某说："你们来的卫士走到我的店里把麻将、银元都抢去了，当时搓麻将的及看赌的有十多人，身上带有短枪的有五人，他们原想把卫士打死，因是你们带来的，看在你们面上我们就住手了。现在请你设法把麻将及银元交还给我。"钟听后，马上找卫士谈话，要求把麻将、银元交出，遭到卫士拒绝，并说："前些时候，黄县长印发了禁赌的布告张贴各地，难道武北不是黄县长管辖的地方吗？布告上又没有指出'武北除外'的字样！"钟无奈，转告黄县长，黄县长即找卫士说："你们要知道，我禁赌的布告没有发到武北张贴，这里的老百姓不知道要禁赌，哪能把它没收？所以麻将、银元都要交还他们才对。"② 这件尴尬事，就这样了结了。可见，县长也怕武北三分。

---

① 武平县政协编《武平县文史资料》第7期，第60页。
② 武平县政协编《武平县文史资料》第7期，第63页。

凡此种种，都说明长期以来国家权力很难直接到达武北村落社区，国家政权对武北地区实行的是间接统治，这种间接统治的主要表现是高度的乡村区域自治（乡族自治）。

武北现有 49 个行政村，分别隶属于 4 个乡镇——永平乡、桃溪镇、湘店乡、大禾乡。其中属于永平乡的有：帽村、昭信、中湍、唐屋、恬下、龙归磜、瑞湖、沟坑、杭背、田背、岗背、孔厦、梁山、塔里、朝阳；属于桃溪镇的有：桃溪、亭头、新磜（含定坊、磜下自然村）、田雁、新田、鲁溪、新贡、湘溪、湘坑（含罗坑自然村）、洋畲、湘里、小澜、新华、新兰；属于湘店乡的有：尧山（含尧里、郑屋坝自然村）、三和（含山背、白竹陂自然村）、湘湖、湘洋、七里、店厦（含大化、牛湖下、浪下、河口、罗屋、吴潭自然村）；属于大禾乡的有：大禾、湘村、大磜（含大禾坝、磜迳自然村）、源头、龙坑、邓坑、上梧、上湖、贤坑、帽布、坪坑（含小坪坑自然村）、山头、大沛。

<h1 style="text-align:center">三</h1>

相对封闭的自然与社会环境，使得武北村落保留了较多的传统文化特征和初民文化色彩。学术界经常讨论的客家与畲族关系、风水与客家村落社会关系等问题，在武北村落社会有着更多的例证。就客家与畲族关系而言，武北村落不仅有大量学术界经常谈到的带"畲"字的地名和雷、蓝、盘、钟等姓氏的存在，而且还表现在与畲族相关的大量祖先崇拜、神明信仰、婚丧节庆等习俗和故事传说。

在祖先崇拜方面，武北村落女性祖先地位的重要性一如男性，有关女性祖先崇拜的故事比比皆是。例如，在龙坑、磜迳二村有女性祖先携其儿子前来开基的故事；在湘村有方氏太婆、温氏太婆骗取风水的故事，有杨、马两位太婆赛口才的传说；在源头村、湘湖村、梁山村、邓坑村分别有偷挖太婆坟墓的故事；在大禾村有大一郎婆刘三娘天葬风水不同版本的故事；在小澜村有祖婆铸炉的故事；在帽村有丑太婆的故事；等等。当然，还有武北蓝姓村落共有的"牛栏祖地"的传说。这些有关女性祖先崇拜的故事与传说，透露出初民社会的种种痕迹，让我们更多地看到客家与畲族剪不断、理还乱的关系。

在神明信仰方面，最让人们津津乐道的还是关于狗的故事。而众多有关狗的故事传说中，又数"黑狗公王"的故事最为有趣。在近十年的田野调查中，我们不断寻找"黑狗公王"的行踪。这里，我们不妨先简要回顾一下跟踪它的经过：第一次听到黑狗公王的故事是 1996 年正月，杨彦杰先生和笔者在大禾村水口一座观音庙调查时，听从湘湖村嫁到大禾村的刘凤秀女士讲述的。第二天，我们在大禾坝调查时又有报告人说，在贡厦也有黑狗公王，于是我们当即骑着自行车赶往贡厦，向时年 78 岁的蓝龙兆先生请教。蓝龙兆先生说以前在贡厦村的风隔是有座黑狗公王神位，系贡厦村的蓝立进公从长汀腊口带回来的，但自从供奉黑狗公王后，贡厦村就不太吉利，后来又送回去。第二年，笔者到湘湖村调查时再一次听到有关黑狗公王的故事，不同的是这次的故事更为详细，还见到了它当年供奉的神位，以及被赶至刘坊坳后的神位——一块饱受湘湖村人往返小澜墟路过时洒下小便的石头，这块被称为"屙尿公王"的石头在故事传中是一块青石，现在已被小便浸染成黄色。在此后的调查中，笔者还分别在中湍、帽村等地听到黑狗公王的故事。值得注意的是，杨彦杰先生在《永平帽村的方氏宗族》一文中所描述的"社公"的故事，据当地人说，这个社公也叫"黑狗公王"。从故事的母题看，二者也确有许多共同之处。此外，与狗有关的民俗也有不少。如有报告人言之凿凿地说，旧时某地某姓人的神主牌上有狗头，某姓人祖婆墓前有"石狗子"，而食物中有叫"狗舌粄"的，小孩戴的帽子有叫"狗头帽"的，祠堂、厅堂门前的石狮子也有叫"狗牯石"的。

　　除了狗崇拜外，武北的大多数村落历史上还曾流行牛崇拜、蛇崇拜、猎神崇拜等，如"牛肉不好筛酒"的风俗，把蛇王菩萨当作"忠诚菩萨""发誓菩萨"，以及打猎之前一定要先祭猎神——庞狼先师，等等。

　　在祖先崇拜与神明崇拜互动方面，从武北的北端贤坑村到南端梁山村，以及武北腹地的磜迳、孔厦、鲁溪、小坪坑等村落，我们都发现有神化了的祖先——法师为地方之神，如贤坑的钟见四郎、磜迳的高仙一郎、孔厦的吴法三叔公、梁山蕉坑里的吴时发、鲁溪的童念二郎、小坪坑的马仙三郎、店厦村的厚目四叔公等，他们的经历与故事极为相似，即都没有后代、都曾在闾山学法、都曾无意中羞辱了女儿、都在械斗中发挥了作用、都是小姓弱房人，等等。在孔厦等村落，祖先的牌位也像神像一样在打醮或其他祭祀时"抬上又抬下"。而武北的大多数村落都将妈祖称作"妈祖嬢太"，将定光佛的化身之一——三爷古佛称作"三叔公"，等等。祖先崇拜与神明崇拜的这种深层次互动，透露出的也是武北村落宗教信仰的原始性与非汉族性。

　　在婚丧节庆习俗方面，出嫁的女儿要穿白内衣或反穿内衣；丧礼中孝子孝孙要装作狗子狗孙；出嫁了的女儿要唱哭丧歌；二月二、三月三、六月六等节日存在于许多村落；年满 20 岁的男子要举行带有巫术的成年礼等。这些在武北村落习焉不察的风俗也与畲族有密切的联系。

风水同样也是贯穿本书的一个主题。所不同的是，武北村落的风水观似乎更具有整体性，即大多数村落流传的风水传说具有惊人的相似性，所奉行的理论也大致相同。劳格文先生在论述客家村落的风水时说，社会上的每一个区别，如福气、地位和个性的区别等，都可以用风水来解释，没有一种社会现象是处于风水解释之外的，也没有一座房子、没有一座丘陵、没有一棵树、没有一条河是置于风水之外的。由于风水是有限的资源，所以当地村落的人群就为了选择好风水而不断地展开竞争，这种竞争关系到所有的资源，尤其是关系到村落、祠堂、厅堂、祖坟、庙宇，以及民居的选址与朝向。关于这些，在武北村落更具充分的注释。

在武北村落大量的族谱和家谱中，充满了"卜居""卜筑""卜基于"的记载。这些"卜居""卜筑""卜基于"实际上指的就是按风水的方法选择村基。在村基的选择过程中，当地人强调的是主山龙脉和形局完整，即强调村基的形局和气场，认为理想的村落风水应来脉悠远，山环水抱。在武北的大多数村落都有关于本村落风水形局的说法，如湘村的"五马归槽""算盘形"，小澜、亭头的"船形"，梁山的"五马归朝"，湘湖的"虎踞龙盘"，贡厦的"游鱼上滩"，鲁溪的兜肚形，等等。

水口在武北村落的空间结构中有着极为重要的作用。水口的本义是指一村之水流入和流出的地方。但在武北村落风水中对水的入口处要求不严，而对水流出口处的要求就很讲究了，在当地人看来，水口把得紧不紧关系到全村财富是否会流失的问题。故有关村落水口的景观和传说总是特别丰富，如在全村的水流出口处设立神坛、建立寺庙、安葬祖坟等象征资源，以免"财富"流失。前述湘村的箩墩把水口，帽村、昭信、邓坑等村的龟蛇狮象把水口，以及昭信村的"铜颈筋，铁屁股；吃得下，屙得出"，梁山村的"吃在梁山，屙在孔厦"等，就是这种风水观的反映。

祠堂、厅堂是一个宗族、房系的标志，也是宗族、房系精神文化的象征。所以人们常常把祠堂、厅堂风水的好坏看作宗族、房系兴衰的关键。因此，当地人对祠堂、厅堂风水的重视程度还胜于村落风水。纵观武北村落祠堂、厅堂的风水，大致有如下几个特点：

注重龙脉和形局。翻开武北村落的族谱不难发现，关于村落祠堂、厅堂常常有"发脉于……"的描述，而当访问当地人祠堂、厅堂地形时，大多数人都能说出他们的祠堂、厅堂属于什么形状，如龙坑刘氏的"蛇形祠"，湘村可纯公在龙坑的"象形祠"，小澜张氏的"粪门穴"，江坑蓝氏、店厦罗氏、小坪坑邓氏的"虎形祠"，湘坑何氏的"牛形祠"，邓坑邓氏的"蒲藤形"，等等。

重视祖先开基地。一个宗族、房系人口发展壮大，往往会打破原有村落、宗族的界限，向周围扩散。但其祠堂、厅堂的修建则一般以先祖聚居地为选址对象。如大多数村落都有"老屋"一说，所谓"老屋"在这里实际上指的是"老屋祠堂"，亦即祀奉开基祖的"始祖祠"。同样，各个房系的祠堂、厅堂也是以开房祖聚居地为首选。

强调大门与门楼的朝向。大门是祠堂与厅堂的重要组成部分，武北村落对祠堂、厅堂大门的关注并不亚于对龙脉、形局的关注。他们认为祠堂、厅堂大门的朝向同样影响宗族、房系兴衰祸福，因此大门的朝向必须按八卦上的方位设立，以决定财、丁、贵。如果大门的朝向不够理想，就必须增加一个门楼。因此，本书各章节都提到门楼的故事，最为典型的就是有关湘村献仕二公祠的门楼和桃溪神下王屋、张屋的门楼的传说。这些故事且不管其真实性如何，却反映出当地人关于祠堂、厅堂大门、门楼的风水观。而据当地人说，风靡武北村落的风水名师——江西兴国先生，其私家秘诀也主要在于砌大门与门楼。

讲究天井、池塘的设立。如果说天井的作用，从风水的角度来看是为了"养气"，从建筑的功能来看是为了采光和共享空间，那么池塘的作用从风水来看是"蓄水"，而从建筑来看是为了防火。在当地人看来，天井、池塘是藏蓄之所，是聚集财富的象征。所以，天井、池塘向外排水时不宜直泄而去，而应屈曲绕行，以表示财富聚而不散。当然，天井的作用除了养气聚财外，还有采光的用途；而池塘除了"堵财"外，还有防火功能，一旦祠堂、厅堂失火，池塘的防火功能是无可替代的。

和祠堂、厅堂一样，当地人认为祖先坟墓也对宗族、房系、家庭的兴衰祸福起重要的作用。在他们的观念里，人的身体受之于父母，子孙的形体属于父母遗留于世的一部分，故父母的骸骨为子孙之本，父母的骸骨若能得到生气，子孙就能得到荫庇。在这种观念的支配下，子孙自然要为祖先寻找理想的安息之所，而且祖坟的风水越好，子孙受荫庇越多。因此，选择祖坟也是武北村落一件极为重要的大事。

在武北村落，选择祖坟风水在宏观上要求"来龙有势"，来龙之势的大小往往决定富贵的等级。而来龙之势又与发脉悠远有关，龙的发脉都在群山交会之处，故有"千里来龙，万里结穴"之说，即指风水穴位往往与龙脉的源头相去遥远，只有高大的山脉才能形成绵长的支龙。这样的龙才有气势，穴也才有生气。但这种来龙并不能直线式地一脉到头，而应该重峦叠嶂，错落有致，以层层屏障来护主脉。山的干支龙关系象征着宗族的干支关系。

祖坟风水从宏观上要气势庞大，而从微观上则要穴场分明。风水中的穴的范围很小，而且位置很难找准。结穴的地方是阴阳交媾之区，即相当于人母育子的地方。实际上就是把风水穴当作女阴，是受孕之区，生育、出胎之地。武北村落居民的这些风水观念，实际上接近于江西派的风水理论，而与福建派的风水理论有很大的不同。

由于当地人赋予风水穴以女阴的象征，所以当地人女性祖先坟墓风水的重要性一如男性祖先的坟墓，有时甚至更重于男性祖先的坟墓，如亭头李氏的伯一婆墓、贤坑钟氏的马太婆墓、源头蓝氏的念五婆墓在历史上都曾发生过激烈的宗族、房系械斗。

此外，当地人还流传着天葬风水的观念。如有关牛栏祖地的传说与记载、刘三娘的传说等都是这种观念的反映。这些天葬风水的故事，在当地族人中世代相传，在他们心目中"天葬风水"就是"生龙口"，必然荫及子孙，使子子孙孙福泽绵延，因而对天葬风水有一种特别敬仰的心理。

在我们调查的村落中，几乎每个村落都流传着有关坟墓、祠堂、庙宇、大门（门楼）的好风水是如何被找到或如何被破坏的。其中最常听到的故事除一个长工依靠某位风水先生的指点去建造他的茅屋，最后这个长工及其后裔比他的雇主更加兴旺发达；一群鸭子或鸡、猪、牛，引导它的主人找到一处好风水，这处好风水后来就成为当地最主要的祠堂。除了这二则外，还有如下几则：①弟弟或侄儿通过各种手段骗取哥哥或叔父的好风水。②几个长得一模一样的大胡子兄弟合谋骗取他人财物而不认账，受害者在风水先生的帮助下破坏了孕育大胡子兄弟的好风水，从而使其走向败势。③某姓人在风水先生的指导下，通过改变自己不好的祖祠风水或破坏外姓人坟墓的风水，后来居上或反败为胜。④一位风水先生与主人事先约定，他替主人找到好风水后，眼睛必然会瞎，主人应供养其余生，但发迹后的主人却欺风水先生眼瞎而将喂马的粥给其食用，风水先生采用报复的手段将主人的风水破坏，从而使主人衰败。⑤一位风水先生路过一户刚建好新祠堂或厅堂的人家，左看右察，然后搬了一张凳子坐下自言自语，在家的女主人却置之不理，风水先生负气离开了。男主人回来后发现情况不妙，赶紧找人前往追赶，恳请风水先生转回。风水先生执意不肯，但为来人的诚意所动，便指导说在他坐过的地方建一座门楼，其风水将会比现在好得多。结果，主人后来正是凭着这门楼的风水才发达起来。⑥在风水先生的指点下，待嫁或已出嫁的女儿阴谋占有娘家的好风水。⑦主人没有及时给风水先生吃他喜欢吃的动物内脏而险被算计，结果主人将动物内脏给风水先生作干粮，风水先生为主人诚心所动，回心转意，使主人重获好的风水。

凡此种种，似乎都贯穿了这样一个主题，即善待风水先生将得到好的风水，兴盛的宗族或房系大都是因为善待风水先生而拥有了祠堂、祖坟的好风水，从而使子子孙孙福泽绵延，长盛不衰。反之，怠慢了风水先生则会使主人付出沉重的代价——风水受到破坏，宗族由盛而衰。但是这些故事传说所隐含的社会意识却更为耐人寻味，它一方面反映了当地村落社会不同姓氏、不同房派对有限社会资源的激烈竞争意识，另一方面则反映了当地居民潜在的社会公平意识——弱者可以通过风水改变自己的命运，体现的是风水面前人人平等的原则。因此，武北村落居民在选择祖坟、祠堂时考虑最多、争议最大的就是会不会亏房份（即风水是否公平）。有的地方为了保证风水的绝对公平，在建祠堂、修祖坟时各成员之间和风水先生还应一起对天发誓，如《湘湖刘氏族谱》记镟公祠重修时说："谋举时，有赖师任文者公请以董其事焉，第其间犹有狃于前后左右房分风水之说以相摇惑者，爰同地师杀鸡取血质之于神，以盟无他，而众志莫不释焉，皆勇于从事矣。"翻开武北村落的族谱，关于这一方面的记载比比皆是。

由于武北村落社会这种特别强烈的风水观，使得风水对于规范当地方位和认同意识发挥了极为重要的作用。但另一方面，不同宗族、不同房系为了争夺风水这一象征资源又不断展开较量，因而争夺坟山风水成为村落宗族争讼、械斗的重要原因之一。

四

宗族、墟市、神明信仰是传统武北村落社会的三大基础。传统的武北村落社会首先表现为宗族社会，因此宗族的形成、发展及其运作是我们在武北村落田野调查的一个重要方面。所以，本书几乎每个章节都用不少的篇幅反映了武北村落宗族的形成、发展及其组织，祠堂建筑、家谱编撰、族规祠规的制定、族产的管理、祭祀活动等诸多方面的内容。

从田野调查看，与后世武北村落宗族社会关系比较密切的宗族，大多是在宋末至明初这段时间迁移而来的，历经明清而后来居上。从这些宗族的发展历程来看，大致可分为四个阶段，即隐而不显、形成和兴起、扩张以及结成网络。而宗族的形成时间则基本上是在明代，又以中后期占多数，如表 1 所示。

表 1　武北部分村落姓氏宗族形成对照表

村落姓氏	宗族形成世系	宗族形成时间	人口发展简况	经济发展简况	科举发展简况
湘村刘氏	十世至十二世	明万历年间	一至九世多代单传，人口发展缓慢，十世以后发展迅速	"自荣祖公而下寖以衰矣，至九世文珊公乃渐复兴"，九世文珊公为"乡饮大宾"，十世正道公为"筵举正宾"，十一世华筠（延龄）公为"尚义乡饮大宾"，"乐善好施"，十二世可仕公"创业昌炽""富甲邻乡"	一至八世未见科举功名，十一世华筠公"五子十三孙俱列黌宫"，十一世吉所公"明万历戊子科督学道取进邑庠，壬辰科补廪"，十一世观进明太学生
大禾蓝氏	六世	明成化年间	一至四世单传或外迁。四世宗六公生有二子：必玉、必宁，必宁生有二子：均仁、均义；必玉则生有六子：均富、均政、均用、均贵、均智、均佐。而均富、均政又分别各生有三子，均用、均贵、均智各生二子。三代之内发展到20余丁	一至四世处于经济的积累阶段。一世祖晚年拥有自耕田，三世祖拥有祭田18.2亩。六世均政公"润屋润身大廓基业"，"将基业均配阄分三子，尚存附宅田塘九十八秤为祭田"	千七郎"和悦学问"，三世宗六公"勤学不辍，方收选入县学"；四世必宁公"洪武乙亥方十二即选入府学，三十二乙卯登乡试十一名，至永乐丙戌附林环登进士第授内阁中书选礼科给事中"（此时必玉公已迁居长汀县）*
贤坑钟氏	五世	明中叶	一至四世人口较少。五世时分"荣、华、富、贵、全、受、宏、镐、高、鼎"十房。至八世时男丁达67人	一至七世不详。八世钟满时"善坑四至山岗先年有刘姓相争，赖公与之力讼，由县府而省几经数载，始蒙上宪结案办价买就"	八世停公"爱因创书室以延师"，十一世以祥公"始祖及公十余世矣，读书者颇少，公则建书室于桥边，又建书室于社背"，"故当日人文蔚起，廪生监生环绕膝下"

续表

村落姓氏	宗族形成世系	宗族形成时间	人口发展简况	经济发展简况	科举发展简况
湘湖刘氏	六世	明初	历经三郎、千八郎、百十郎、文贵、德川五代后，德川公生五子：伯初、伯盛、伯聪、伯达、伯瑛，从此开始分房	"伯瑛公……德川公之五子也，其兄四人凭阄各居吉宅，惟我祖伯瑛守其旧居"	六世伯盛（即刘隆）甲申科登曾棨榜进士。此后，科举人物和各种类型的知识分子相继涌现。刘隆三子刘信"蚤游泮水冠军食气，三十拔贡"，四子刘敏"府庠岁贡生候选通判"；刘信和五子廷柯"负性刚介，刚正不阿，蜚声黉序，诗书贻谋"
帽村方氏	十世	明末	一世至七世处于动荡的阶段，七世祖以后才逐渐稳定下来，而人口的较快发展则是在十世以后	一至七世不见明显增长，十世祖双溪公和他的两个儿子仁甫、祥甫都是"乡饮大宾"	仁甫一房，十二世元化是庠生，同时还有元春、圣元、暗生等"游泮学子"；定生"身叨黉序"，他的八个儿子个个都有功名。祥甫一房，十三世有端生、昆生、跃予、价予等，都是清初的庠生

　　* 关于蓝必宁登乡试、进士第一事，历代《武平县志》均未见记载，故笔者曾表示怀疑。但查《闽书》之《英旧志·长汀县皇朝科第》和《八闽通志》之《选举志·永乐四年林环榜》，均记有蓝必宁登科一事，其籍贯为长汀。奇怪的是，《太平寰宇记》载永乐四年林环榜又无蓝必宁其人。

　　宗族发展的早期大都处于隐而不显的阶段，表现为人丁稀少、生活贫困、科举人才缺乏。这段历史在族谱上记载比较简略，有的甚至一笔带过，但都有开基祖筚路蓝缕、创建家园的传说，如最常听到的一则故事是：开基祖到该村开基时因贫困只好给当地的富户做长工。他养了一群母鸡（或母鸭、母猪），这群母鸡（或母鸭、母猪）每天都会到现今该姓总祠地点觅食，便认为这是一块风水宝地，于是借口无处安身，央求东家准其在该处搭一茅寮居住。东家怜其赤贫，就同意了他这一请求，他自此开始了开基拓业的历史。得益于风水的护佑，开基祖及其后裔结果比东家更发达。这个故事传说自然不可作为信史，但它反映的社会历史背景——开基祖在当地开基立业的艰辛历程和宗族早期的社会地位及其经济状况，大抵是可信的。

　　经过几代人的努力，这些宗族的人口不断增长，经济实力逐渐增强，科举人物开始出现。这三个方面的因素为他们在当地的发展提供了重要的基础，同时也成为他们宗族形成的重要过程。这些宗族形成的时间有先有后，但基本规律大体一致。

　　大约在明末清初，这些宗族都相继走向兴盛，至康雍乾时期达到鼎盛阶段，表现在：一是宗族人口急剧增长；二是宗族经济水平大幅度提高；三是科举人物大量涌现。这些宗族在走向兴盛的同时，也伴随着宗族的扩张。这些宗族的发展过程实际上也是它们的扩张过程。这种扩张既有宗族经济发展的和平开发，也有对内、对外的"巧取豪夺"。前者毋庸多论，后者则是武北村落宗族社会研究的一个重要话题，即巨姓大族是如何在当地村落迅速崛起的。关于这些方面，现在已无法找到直接的文字记载，但是通过一些故事传说，我们仍可看到当年宗族扩张的史影。如湘湖刘氏刘隆墓的传说和湘村刘氏献仕二公祠的建造等就是典型的例子。风水是村落社会自然资源和社会资源的象征。这两则围绕"风水"之争的传说，实际上隐含了姓氏斗争的内容，亦即宗族扩张的内容。透过这两则传说，我们集中看到了宗族对外扩张的史影：一方面通过通婚等和平的手段谋取相邻宗族的自然资源和社会资源，另一方面则通过武力夺取异姓人的财富。

　　宗族扩张的另一种形式是宗族的扩散外迁。从上述武北村落宗族形成与发展的情况看，清代康雍乾时期（1662～1795），武北村落社会相对稳定，经济比较繁荣，人口增长以前所未有的势态发展。人口的迅速增长一方面逐渐超过了当地的生态承载能力，社会竞争日趋激烈，另一方面则加速了宗族的内部膨胀与扩散外迁。遍检各姓族谱，这一时期大多数宗族都有大量族人外迁的记载，尤其是迁移四川的记载，可见南中国大规模移民四川的浪潮也波及被群山围困的武北村落。

　　关于这一时期武北村落人群大量移民四川的原因，杨彦杰先生在考察帽村方氏族人移民四川时认为，这与十五世方连涧在四川任职有很大的关系。我们认为这固然是一个原因，但更重要的是这一时期武北村落的人口膨胀和清初的政策导引所致。一方面，这一时期武北村落人口的大量增长，逐渐超过了当地的生态承载量，内在地要求宗族人口大量迁移与向外扩散；另一方面，明末清初的战乱导致四川地区地广人稀，清政府遂采取"移湖广，填四川"的政策，从而吸引了大批的移民。武北村落人群正是在这些综合因素的影响下，形成了一波又一波的移民浪潮。这些宗族人口的外迁对当地村落产生了一定的影响。宗族人口的外迁不但在一定程度上缓解了当地的人口压力，对优化当地生存环境起了不可忽视的作用，而且为当地人了解外部世界开辟了一条便利的通道。

宗族的形成与发展反映在宗族组织上，是各种宗族制度的逐渐完善。主要体现在：第一，祠堂的建立与扩大。在宗族形成之初，由于人口较少、经济实力较弱，一般先建立一座较小的始祖祠堂。随着宗族的发展，始祖祠的规模也相应地扩大，同时支祠也明显增多。第二，族谱的编修。族谱的编修是强化宗族组织、增强内部团结的重要举措。仔细检索现存族谱，不难发现，这些族谱记载的主要是全族的世系源流、支派辈分，族众的生卒婚配、生育情况，祠堂、祖坟、族产公田的数量和方位以及族规、祠规等。所有这些都是宗族制度化的文字表现。第三，祠规与族规的制定。建立祠堂、编修族谱的同时，必然制定相应的祠规和族规、家规，这也是宗族内部管理更加制度化的表现。这些祠规和族规内容详细，涉及面广，要求严格，是宗族日常生活的准则，从而成为强化宗族组织、增强内部团结的重要措施，同时也为实现基层社会控制提供了"法律"保证。第四，蒸尝的设立与扩大。宗族的形成与发展过程，也是蒸尝的设立与扩大的过程。如果说修祠堂，编族谱，订祠规、族规是强化宗族意识的举措，那么蒸尝的设立则是强化宗族意识的经济保证。这些宗族几乎每代祖先都有若干不等的蒸尝。在宗族的早期，蒸尝一般较小，随着宗族的形成与发展，蒸尝便逐渐扩大。蒸尝的来源一般有两种：一种是从自身的遗产中抽出；另一种则是后代子孙富有者、热心者或无嗣者捐献。

宗族的形成、发展及制度化，使它成为武北传统村落社会的一个结构性因素，长期决定、影响着当地村落的社会发展。但是，武北村落宗族社会的发展又不只是大姓宗族的历史，它还包括小姓弱族等少数群体的发展史。这里所指的小姓弱族是相对于当地村落姓氏的综合人口比例而言的，所以它又可大致分为两种：一种是绝对的小姓弱族；另一种是相对的小姓弱族，即相对于一般宗族它是小而弱，但相对于绝对的小姓弱族，它又拥有一定的宗族规模。

绝对的小姓弱族在武北村落社会中处于"边缘人"的地位，数百年来人口几乎没有什么发展，一直维持着几户人的规模，也没听说祖先有什么蒸尝田，更没有修过祠堂和族谱，上代只遗留下简单的家谱。而从保存的家谱看，往往仅为薄薄的一本，简单地记载了世系、婚配、生卒及葬地。世系大都垂直向下，间或有几代生育了多个儿子，但又因绝嗣、早夭等原因而只剩一脉。在调查中，我们也只能听到报告人对祖先历史仅有的模糊印象，间或知道他们祖上在某一个时代还出了一位读书人等，而仔细查阅与该姓所在村落社会发展相关的碑刻，也很难找到该姓人的捐款记载及其他线索，可见其在历史上基本上没有形成宗族。

相对的小姓弱族和巨姓大族一样都经历过宗族的隐而不显、形成等过程，不同的是，这些小姓弱族由于人口、经济、科举人才等方面的原因，最后没有走向宗族的兴盛和扩张，而是进入了一个缓慢发展的阶段，因而他们的宗族面貌与其他宗族相比是"大同小异"。关于这"大同"与"小异"，我们将在下文中分别阐述，此不赘言。

宗族作为村落的一个结构性因素，它自身在长期的形成、发展及制度化过程中又存在着多重结构，规定或影响着宗族社会的发展。一个完整的宗族主要包含如下几种结构：

1. 聚族而居

聚族而居是村落宗族的空间结构，也可以说是村落宗族最基本的结构，它决定了不同宗族之间的地理界限。聚族而居的基本含义是同一姓氏的村落宗族生活在特定的地域之内，在特定的地域之内形成特定的地缘关系。这种地缘关系成为一个宗族生存发展的基地，宗族一旦离开了这个基地，它的存在就会改变形式。

在武北村落宗族中，几乎每个宗族均有自己特定的族居区域，大部分族居区域的形成均可追溯到宗族的早期，甚至追溯到开基祖。前述各个姓氏关于母猪或母鸡、母鸭发现祠堂风水的传说，就是生动的例子。这些传说未必可信，但它们有力地强化了宗族共同居住区域的神圣性和宗族成员的认同意识，从而也揭示出地域在宗族文化中的重要性。

从武北村落宗族形成的历史看，大多数村落宗族都是宋元以后由一家一户从外地迁移而来，垦殖开发，繁衍后代，然后逐渐壮大的。与此同时，他们逐渐排挤了原先的宗族，后来居上。所以，至今在这些村落还大量存在带有先民姓氏痕迹的地名，与先民姓氏竞争风水的传说，以及与先民土神斗法的故事。在这种排挤斗争中，先民姓氏或外迁他乡，或退居当地村落的边缘，或在当地灭绝。而现在的这些村落宗族却逐渐占领了他们的居住地，再进一步垦殖开发，遂成为今日的村落宗族。因此，武北村落宗族的族居区域也有一个发展的过程。

一般而言，这些宗族的开基祖最先居住在当地村落的边缘或依附于先民，接着在肇基地开始建有房屋居住，后来随着宗族人口的增长和经济的发展，就在该地建起了中心屋（祠堂、厅堂等），也就是后世所称的老屋，围绕中心屋在左右两边配建横屋，遂成聚落。随着宗族的发展，宗族产生裂变，开始分房。一部分房系留居老屋，另一部分则迁居老屋周边或有较大发展空间之地，通常是新发现的"风水宝地"，同时或稍后又建起新的房屋（或祠堂、厅堂），被称为"新屋下"，后来便逐渐成为房系的中心屋，亦即分祠。随着宗族的进一步发展，房下又分支，又另择他处建立支祠或厅堂，成为分支的中心屋。循着这一规律，村落宗族形成自己的特定聚居区。

当然，这只是武北村落宗族聚居区形成的通例，通例之外都有诸多的变异和特例。如几乎每个村落宗族都有一些分支，自始至终都居住在开基祖祠或开房祖祠旁，从未迁新居，等等。因系特例，不多赘述。

2. 宗姓群体

宗姓群体是武北村落宗族的第二个基本结构。这种以血缘和血亲关系为基础的宗姓群体，在文化上的一个重要表现就是姓氏，因而姓氏成为理解复杂血缘关系的象征符号，人们以此辨识不同的宗族。所以，宗姓是依父系单向传递的，女子出生后虽然被冠以宗姓，但其出嫁后则须跟从夫姓，子女随夫姓宗姓，以此表明血亲关系。

在长期的历史演变中，武北村落宗族结构中不同的村落其宗姓结构又有所不同。这种不同在很大程度上决定着宗族的关系和力量对比，它对于我们理解武北村落社会结构具有重要的意义。

关于村落的姓氏构成问题，英国人类学家弗里德曼（Maurice Freedman）曾将以家族为中心组织的中国村落分成"单姓的家族村落"和"杂姓聚居的村落"两种类型，同时指出在"单姓"与"杂姓"村落的两极之间，还有很多可能的变异。[①] 台湾"中央研究院"的林美容教授对弗里德曼的分类法进行补充，主张把家族村落类型分为一姓村、主姓村、多姓村、杂姓村四项。[②] 厦门大学的郑振满教授和复旦大学的王沪宁教授又将家族分成单姓村、主姓村、杂姓村三种类型。[③]

[①] Maurice Freedman, *Chinese Lineage and Society*: *Fukien and Kwangtung* . London: Athlone, 1966, p. 168.

[②] 林美容：《台湾人的社会与信仰》，台湾自立晚报文化出版部，1993，第 35 ~ 64 页。

[③] 郑振满：《明清福建家族组织与社会变迁》，湖南教育出版社，1992，第 151 ~ 153 页。

　　北京大学的王铭铭教授则对上述分类作了进一步的补充，他说："单姓村又可分为纯姓村与单主姓村，主姓村也包括了单主姓、双主姓、复主姓三类，不可以主姓村一类代之。"因此，他将家族与村落组合的类型分为六种（以户主男性姓名为准，不计嫁入姓氏）：纯姓村、强单主姓村、单主姓村、双主姓村、复主姓村、杂姓村。① 这种分类有助于我们观察村落姓氏构成的基本面貌。但就武北村落而言，王铭铭所说的纯姓村，还需要细分为同源一姓村和双源或多源一姓村。因为在一些纯姓村落里，由于姓氏来源不同，他们之间的亲密程度和社会风俗的差别（如同异姓），甚至有过之而无不及。所以，这种纯姓村与同源的纯姓村有很大的不同，需要加以区别。② 因此，我们将村落姓氏的组合类型分成七种，而这七种类型除最后一种外，都可以在武北村落中找到实例：

　　同源一姓村。全村的全部人口完全出自同一家族姓氏。如亭头（含湖寮下）、贤坑、田雁、江坑、湘溪（湘坑坝）、洋畲、湘里、新华（火夹域）、唐屋、恬下、中湍、钩坑、田背、杭背、塔里、朝阳、瑞湖、牛姆窝、老斗坑、流芳、山背、白竹、尧山、大洋泉。

　　多源一姓村。全村的全部人口虽是同一姓氏，但出自两个以上不同家族。如小坪坑、社上、冷水。

　　强单主姓村。全村80%以上出于同一姓氏，但有三个以上外姓居于同村，因村中有一姓占绝对支配地位，故称"强单主姓村"。如湘村、大禾、源头、山头、大沛、新田（田里）、新贡、湘坑、湘洋（含龙归磜）、帽村、昭信、孔厦、龙归磜、岗背、罗坑、郑屋坝。③

　　单主姓村。全村50%～79%出于同一家族姓氏。如大磜（磜迳，含结坑、罗坑）、邓坑、帽布（含湍下峰）、坪坑、桃溪、鲁溪。

　　双主姓村。全村中有两个主要家族各占人口的20%～60%。如龙坑村、上梧、上湖、新磜（定坊）、新兰（大兰园）、七里。

　　复主姓村。全村中有两个以上家族姓氏在村落居民人口中处于突出地位，其余处于次要地位，即50%的人口由两个以上的大家族占据。如小澜、店厦、梁山。

---

① 王铭铭：《村落姓氏与权力》，《民俗研究》1991年第1期。
② 此外，多姓村中的某一姓氏也可能是多源的，在具体的生活中表现不一，有的保持着松散的联盟（如联宗），有的则视若异姓，故在分析中也应加以区别。
③ 武北有两处"龙归磜"地名，一处为湘店乡湘洋村的龙归磜，另一处为永平的龙归磜村。

杂姓村。全村中家族姓氏繁多，所有家族姓氏均不占支配地位，而处于"和平共处"的关系中（武北无实例）。

为了更好地了解武北村落的姓氏构成，我们再对这些村落类型作进一步的量化分析（见表2）。

表2　村落类型分析

类　型	数量（个）	占武北村落的比例（%）
同源一姓村	24	41.4
多源一姓村	3	5.2
强单主姓村	16	27.6
单主姓村	6	10.3
双主姓村	6	10.3
复主姓村	3	5.2
杂　姓　村	0	0
总　　数	58	100

从表2可知，在武北58个村中，以同源一姓村为最多，有24个，占总数的41.4%；强单主姓村其次，有16个，占总数的27.6%；单主姓村和双主姓村居第三，分别有6个，各占10.3%；多源一姓村和复主姓村居第四，分别有3个，各占5.2%。如果按照弗里德曼的界定，村落家族类（包括同源一姓村、多源一姓村、强单主姓村、单主姓村）共有49个，占总数的84.5%；某一或数个家族在全村人口中占主流的村落（包括双主姓村和复主姓村）共有9个，占总数的15.5%。按照林美容教授的分类法，则一姓村（同源一姓村、多源一姓村、强单主姓村）有43个，占总数的74.2%；主姓村（单主姓村和双主姓村）有12个，占总数的20.6%；多姓村（复主姓村）有3个，占总数的5.2%。换言之，在武北村落社会中，同族共居的现象极为普遍。

在比较武北村落姓氏构成与王铭铭教授、林美容教授分别提供的威海、台湾的资料时，我们发现有较大的不同：武北的一姓村所占的比例明显高于威海与台湾（见表3），并在全部村落类型中高居榜首，多姓村和杂姓村所占的比例远低于威海与台湾。关于威海与台湾村落类型的比较，王铭铭对弗里德曼的"核心—边陲"理论提出了质疑，即东南地区的家族村落并不比华北地区盛行。① 但是，如果将武北的资料与威海的资料相比，则恰恰印证了弗里德曼的"核心—边陲"理论，即在传统中国社会中，离中央集权较远的"边陲地区"更多地存在家族村落，而接近中央集权核心地带的区域家族村落则较少。其原因是在中国的核心区域，社会组织深受中央权力机构的控制，所以民间对家族组织的需要较少，从而家族村落也较少；而中国东南地区的村落，远离中央集权的控制，社会组织需要自主地安排，因而家族才得以大幅度发展。②

表 3　武北村落姓氏构成与威海、台湾比较

单位：%

类　型	威　海	台　湾	武　北
一姓村	33	33.3	74.2
主姓村	31	41.3	20.6
多姓村	27	17.2	5.2
杂姓村	9	4.2	0
总　数	100	100	100

那么，威海与台湾村落类型又为什么会趋同呢？这种现象是否可以动摇弗里德曼的"核心—边陲"理论呢？我们认为，王铭铭教授将台湾村落当作东南地区村落的典型是不妥当的，因为台湾是一个比较特殊的地方，长期以来它是一个移民社会，由移民社会过渡到定居社会还是清代中后期的事，因此它的社会组织受移民因素的影响很大。移民社会的典型特征是五方杂处，之所以台湾还会有明显的家族村落特征，是因为台湾的移民大多来源于闽粤地区，且移民时有一定的规模（一批一批的），否则其家族村落还会更少。因此，将台湾村落作为东南地区村落的典型是不适合的，而将它与威海村落相比较，得出华北的家族村落比东南地区要盛行的结论也是不可靠的。

3. 辈分排行

武北村落宗族的第三个基本结构是辈分。辈分是村落宗族内部按血缘关系确立的一种严格的等级制度，它以人伦关系为依据划分了宗族内部的

① 王铭铭：《村落姓氏与权力》，《民俗研究》1999 年第 1 期。
② Maurice Freedman, *Chinese Lineage and Society: Fukien and Kwangtung*. London: Athlone, 1966, p. 168.

权力和尊卑上下等级。辈分关系的体现是通过一套符号来确定的，通常村落宗族成员姓名中的某一个字（第二个字或第三个字）用来当作辈分象征，故称作排行字。排行字的确定有助于辈分的确定，而辈分的确定又有助于维持正常的宗族秩序。在族内人际交往中，人们通过姓名可确定各自在宗族秩序中的地位，以及采取相应的态度。因此，辈分排行是一种人化的宗族秩序。

从族谱看，武北村落大多数宗族在宗族早期就开始实行以排行字确定辈分，如湘村刘氏、帽村方氏、湘湖刘氏、大禾蓝氏等都是如此，但分房后一般都各自规定自己的排行字。随着宗族的发展，族下分房，房下分支，支下分派（支、派在当地村落都称作房），排行字开始出现混乱，越往后越不统一。针对这种现象，有的村落宗族后世干脆就以数字明确世系，称作第几世。如湘村刘氏，十三世以后，就不再实行全村统一的排行字，而只在各房内部实行，房下分支后，也同样如此。而有的村落宗族则在宗族制度化以后开始确定长远的排行字。如礤迳高氏，"今联新谱集五言成句，十四世以上仍按老谱编次，十四世悉以德字同列新派，其称谓已彰者仍著原名于旁，以从其新不失其旧，后起者一字一派世代相承，由是行次归于尽一"。另有一些村落宗族很迟，甚至直到近年才予以确定，如我们在小澜下余屋调查时得知他们的排行句为："人间富贵千年盛，世上荣华万福春；为学升朝光国道，庆仁步殿振家声。"但在查阅其吊线谱时，发现其从一世到十八世都不按排行字实行，故可推知其排行字的实行当在十八世以后。又如源头蓝氏，在其1987年新修的族谱中说："自我祖青公太开基以来，各房子孙命名取号殊不统一，爰特选三十字，依次排行以明代派顺序"；"各房自二十九世起统一依字次命名"。可见其全村的排行字是最近才开始实施的。

不管武北各个村落宗族排行世系的确定属于哪一种情况，其宗族内部的辈分是十分明确的，支派内部也都有各自的排行字。有的宗族、房系对于"开辈"（即该辈的第一个出生者的取名）一事也极为重视，通常要举办"开辈酒"，邀请地方绅士、房族长等商议取名问题，如有无重辈、犯讳，等等。辈分的确定使武北村落宗族最终"问名知派"，"昭穆可以遽分，亲爱之心不油然而生乎"，有效地维持血缘等级秩序，从而有效地维护了宗族秩序。

4. 房系支派

房系支派是武北村落宗族的第四种基本结构。房是宗族内部的一种纵向组织结构，与辈分世系相结合构成宗族内部严密的组织结构。房串联宗族内部的有关家庭，构成一种小于族、大于家的血缘组织。在一般的村落宗族中，宗族的组织结构分为族、房、家三级。所以房是宗族结构下的亚结构，家则是房下面的亚结构。相对于族和家来说，房的问题显得复杂而烦琐，因为每一代都存在着分房的问题。

房的形成是一个历史的过程。由于房是儿子相对于父亲而言的一个概念，房存在的条件之一就是祖先要有几个儿子，有几个儿子就分成几房，每代均是如此。所以，后世称祖先的分房在当时实则是兄弟分家，现世的分家则是后代的分房。宗族的发展过程就是每一代不断分房的过程，宗族的裂变实际上就是分房，所以房又有大房与小房之分。大房是指上代分的房，每房人数多、经济实力强、科举人物多；小房则指较后面分的房，人数相对较少、经济实力相对较弱，等等。由于房的出现，村落宗族内部的关系趋于复杂，存在着族与房、房与房、大房与小房、房与家错综复杂的关系。在武北一些村落宗族中，房的作用不亚于族，在一些较大的宗族，房在日常生活中的作用还强于宗族。在这种情况下，房实际上是没有发育起来的宗族，如果房与宗族分离，并迁移到一个较远的地域，房就可能发展成一个宗族。因此，房是武北村落宗族一个最基本的社会单位，同时也是一个最基层的管理单位。

但是，历史发展是不平衡的，宗族发展史也是这样，每一代的房与房之间在人口、经济、科举等方面的发展都会产生很大的差异性。因此，每个村落宗族在人们心目中"房"的观念是不一样的。兹举二例，以见大概。

其一，湘村刘氏宗族，十一世华筠公在迁到湘村之前，在相邻的龙坑村就与兄弟培吾、如石、吉所分成四房。华筠公迁到湘村后，生了五个儿子，即可珍、可献、可仕、可纯、可启，也就是分成五房，除可启公一房回迁龙坑发展、可献公一房迁移四川外，其余三房都留在湘村繁衍。其中，可珍一房发展缓慢，到1949年前，只剩下一户人；可仕公一房后来迁居下村，可纯公一房则留居上村，这二房成为开发湘村的主力。其中，又以可仕公一房发展最快。可仕公开基于下村土围祠，生有三个儿子，即天植、贲植、御举。其长房天植公留居土围祠附近，并往花厅底拓展。天植公长子化成公又往石子楼发展；次子两照公子孙一支留居花厅底，另一支彩五公则迁往溪东自然条件更好的下墟坪定居。可仕公的第二房贲植公迁往回栏馆居住，其后裔又分别迁往坑子背、岐山下、鹏升屋等地。可仕公的第三房御举公子孙则分布在下神坛、神背屋等地。

由此可见，在湘村刘氏宗族世系里每代都存在着分房的现象，房的概念是十分混杂的。在田野调查中，我们发现当问及上村可珍公、可纯公后裔他们属于哪一房时，在他们的观念里，房是指华筠公儿子可字辈分的房，他们分别属于第一房、第三房人。而在下村访问可仕公后裔时，他们所谓的第一房、第二房、第三房，则是指可仕公儿子天植、贲植、御举时分的房，即第一房天植公、第二房贲植公、第三房御举公。但在谈到厅堂、祖坟等风水的"亏房份""偏好某房"时，又指每一代的"分房"。

其二，湘湖刘氏宗族，刘光第《湘坑湖记》曾说："支祠祀六世兄弟四人，为各房分支之祖：伯初、伯盛、伯达、伯英"。这里的"房"显然是指六世时分的房。而在下文中说："镦公祠亦在此地，实为伯英之曾孙。名英用公祠所以池屋，池氏之所居也，实为伯盛公七世孙，其又支祠之小焉者也。"则表明镦公祠是六世伯英公曾孙九世时分房后建的祠堂，而英用祠则是六世伯盛公七世孙十三世时分房后所建。这里的房的概念与上文所说的房的概念是不同的。

同样的情况也见于《湘湖刘氏族谱》之《附记第五房坎下园屋图》一文，其中涉及房的内容除标题中的"第五房"外，还有"余九世祖镦公，沼公之长子也……自创室于坎下园……康熙戊子秋九月之十有八日遇火灾……众议始决而修创之谋举……其间犹有狃于前后左右房分风水之说以相摇惑者……而于后之基址属在他房"等语。该文三处提到"房"的问题，其含义亦不尽相同。文中"第五房"系指六世分的房，"前后左右房分风水"的房则指镦公儿子时分的房，而"基址属在他房"的房又可以有多种解释，既可能指六世时分的房，又可能是指同属于大房，而不同于小房，如沼公儿子镦公兄弟时分的房。诸如此类，在武北村落宗族中十分普遍。

武北村落宗族的房一般有自己的领袖，称为房长或房长叔公，一般由房内辈分最高、年龄最长者充当。房长与房内士绅构成房内的领导层，负责对房内事务进行协调、处理。同时又与其他房长、族长、士绅构成村落宗族的领导层，对宗族事务进行有效管理。

5. 宗族领袖

宗族领袖是武北村落宗族的第五种结构，它包括以血缘辈分为依据产生的族长、房长和以科举功名为依据产生的士绅两部分人。族长、房长可以说是辈分结构中的一个结构，即辈分最高的群体或个人。但由于在宗族社会生活中，族长、房长具有特殊地位和权威，所以他们成为村落宗族领袖中的一类。而士绅是宗族荣誉和宗族对外活动的代表，在现实生活中同样享有特殊地位和权力，因而成为宗族领袖的另一类。这两类宗族领袖共同构成了村落宗族中的一个重要结构。

从宗族权威看，武北村落宗族的族长、房长和士绅在对内、对外事务中具有很大的权力。磜迳高氏在族谱中记载族中长老的权力时说："宗族以和睦为主，拟择各房公正练达者数人以为族中长老，倘有两家争竞之端，只许报知长老向前平心公断，不得依势恃强故违公论，不许具席、投人，亦不许生端具控，违者长老秉公出首与究。"湘湖村《刘氏族谱》在记载一位族长的权威时说："遇有争端必极力排解，据公道以言人亦心服，虽纷构片时立开，故族中和睦多藉厥力焉。……一族教诲，族人恳切周至，不论子侄亲疏，秀者、朴者、壮者、幼者咸遵奉格言，敬畏如神，无敢相导以为非。……寿高尊为族长，春秋祭祀子弟咸矜式焉。"从中不难看出族长在宗族事务中的权力。

与族长相比，士绅的权力则有过之而无不及。从田野调查的资料看，武北村落宗族的合同、字据、诉状无一不是出自士绅之手，每一件重大事件都有大量士绅参与决策，每一起稍大的纠纷都有士绅在背后出谋划策。如湘村刘氏与源头蓝氏长达22年的械斗案中，就是靠源头蓝氏的士绅蓝道应采取"伍奢召子"的办法，才使械斗不再升级。又如，一位贤坑钟姓报告人说，在清末，贤坑钟氏曾被人诬陷说有族人到江西官丰抢劫，江西官丰的刘副哨便率人前来捉拿。在捉拿过程中，刘副哨被钟姓人不慎打死。官丰当局恼羞成怒，决定血洗贤坑村。在这大祸临头之际，全村族众都准备远走他乡，但族中士绅决定，一面准备武力抵抗，一面准备上诉本县。最后，由族中秀才钟凤城、钟联发师生以刘副哨越境捉拿系属误杀为由，共同撰写了《武平县移转会昌文》向本县申诉①，并获得了本县当局的支持，一场大祸很快就避免了。这两个事例典型地反映了士绅在宗族事务中的权力与作用。

这些族长、房长和士绅不但有很大的权力，而且享有较高的荣誉。祭祠堂、祭墓以及婚丧仪式都要由他们主持。每年宗族祭祀之后的消蒸尝，他们

---

① 该件手稿现存贤坑村钟世明处。

均有额外的猪肉分配。几乎所有的宗族都有这样的规定：消蒸尝时，功名、老大（60 岁以上者）除按丁分肉外，还依等级另外再多分一份；几乎所有的族谱都有"绅衿颁胙"的提法和仕进题名录。如湘村刘氏、湘湖刘氏都规定每年消蒸尝和年终分配时，每个男丁可分发猪肉 1 斤，此外功名、老大依等级增加，即监生 1 斤，秀才 2 斤，举人 3 斤等；60 岁以上者 1 斤，70 岁以上者 2 斤，80 岁以上者 3 斤。既是老大又有功名者可得双份，而族、房长除了他们是宗族中理所当然的"老大"外，亦有另外一份的猪肉配给。

以上种种都说明：这种由血缘关系决定的族长、房长和以科举功名决定的士绅，在村落宗族秩序中处于上层，享有特殊的权力和荣誉。他们在宗族的对内、对外事务中具有举足轻重的作用，因而是宗族结构的重要组成部分。

6. 亲属构成

亲属构成是武北村落宗族的第六种基本结构。亲属关系是一个庞大的社会网络，它将整个村落宗族的成员有机地结合起来。中国汉人社会的亲属体系向来十分复杂，不易掌握。对此，林耀华先生于 1935 年在牛津大学社会人类学大师拉得克利夫 – 布朗（A. R. Radcliffe-Brown）的指导下，曾绘制出中国汉族自古以来跨九代的"父系家族亲属称谓表"共五幅[1]，这些图表体现了各种亲属关系的特色，至今仍有很大的参考价值。具体到武北村落社会而言，它的亲属构成与林耀华五幅图表所反映的内容是一致的，但在具体运作过程中又相对比较简单。我们在武北村落调查时发现，他们的亲属关系虽然和其他汉人社会一样大体分为两类，即血亲和姻亲，但有两个基本原则：一是血亲通常掌握在"五服"以内，尤其是"三服"以内，姻亲则一般掌握在"三服"以内；二是以婚丧节庆的"来往"为认同原则。

所谓"五服"与"三服"实际上就是五代和三代。这里的"服"是一种与丧葬仪式中的"孝服"联系在一起的称谓。这些人是葬礼中的主要成员，需要视亲疏程度而穿戴不同类型的孝服（通常是五种孝服），故三代之内视为至亲，五代之内为旁亲。

血亲的"五服"是根据己身上推至四世高祖和下推至四代玄孙的男性及其配偶（"来归之妇"）、在室之姑、姊妹等（下同），旁系则从己身横推至族兄弟，即兄弟、堂兄弟、从兄弟、再从兄弟、族兄弟。这种界限与通常

---

① 参见林耀华主编《民族学通论》（修订本），中央民族大学出版社，1997。

所说的九族是相一致的。而"三服"则是指己身上推二代至祖父派下，下推二代至孙子一辈的男性及其配偶，这些亲属通常被称为"自家人"。

姻亲一般只掌握在"三服"以内，即三代以内。姻亲主要包括娶入的和嫁出的两种类型，娶入的三代是指祖母、母亲、妻子、儿媳、孙媳，嫁出的三代则指祖姑、姑（堂姑）、姐妹（堂姐妹）、女儿（侄女）、孙女。这两种类型的姻亲关系也一般掌握在三代以内，即我们在武北村落调查时经常听到的口头语："一代舅，二代表，三代、四代无人晓"，意即在通婚的第一代称作舅舅（指关系亲密），第二代称作表兄弟（指关系开始疏远），而到了第三代、第四代以后就不再往来，沦落到无人知晓有这门姻亲的地步。

除血缘的关系外，亲属关系还可以通过虚拟方式形成，如过继与结拜等。由于过继是一种模拟的血缘关系，所以其形成的亲属关系与血缘形成的亲属关系完全一致。至于结拜，一般维持在两代以内，有的宗族甚至明令禁止结拜，结拜关系不为宗族所认可。

当然，在实际生活中，武北村落宗族的亲属关系远远超出以上记述。不过，除上述的亲属外，大多被列入远亲的范围，它的认同就是以前述婚丧节庆等活动的"来往"为原则。这种来往在一定程度上取决于当地宗族或房系的人口规模，一般而言，如果人丁兴旺，来往的亲属多，这种亲属关系将不再继续；反之，如果人丁稀少，来往亲属少，则亲属关系大多保持。这种亲属关系如果在婚丧节庆等各种活动中仍然存续，那将继续维持。否则，就将被排除在亲属关系之外。

需要指出的是，和其他汉族村落社区一样，在武北村落宗族的亲属观念里，也存在着单（男）系偏重的现象。除上述维持亲属关系的代数有偏重外，血亲的亲情也比姻亲的亲情要浓重得多，即所谓"只有千年的梓叔，没有千年的亲戚"。在武北村落调查中，我们经常发现，他们在人际交往中如遇见陌生人时一般都互称"表兄"以示亲热。我们认为，这种称陌生人为"表兄"的做法，一方面反映了把对方"叫得亲热一点"以减少陌生感的心理动机，另一方面则说明了"表兄"这种关系是姻亲关系中开始走向疏远的一种关系，也是一种可以泛化的关系。

还需进一步指出的是，武北村落宗族的这种亲属关系处于不断的变动之中，每一代都将超出"五服"的血亲和超出"三服"的姻亲排除在亲属关系之外。这种排除是自然的，也是友好的，它以逐渐减少直至停止婚丧节庆等各种社会活动的来往为标志，又以停止参加对方直系亲属的葬礼为显著标志。当然，具体的情况还视各自的情况而定。如高门大户，攀附的人自然就多，姻亲关系也就维持得比较长远，当地民谚"贫居闹市无人问，富在深山有远亲"正是这种现象的一种写照。

亲属构成和前面几种结构一样都是武北村落宗族的一种重要结构，它以血缘的生物学关系和社会的社会学关系相结合，成为武北村落宗族结构的经络，将前面几种结构连成一体，从而形成完整的宗族系统。

前面我们分别论述了武北村落宗族内部的六种基本结构，这六种基本结构是武北村落宗族内部互相联系、不可分割的有机组成部分。聚族而居提供了村落宗族生存繁殖的基地，从而也形成了村落宗族的空间整体性。这种空间整体性与血缘关系整体性是相一致的，宗姓则是这种整体性的标志与符号。而辈分表现的又是这种整体性的等级与权力，其中由辈分决定的族长、房长与科举功名决定的士绅共同构成了这种等级与权力的顶层。但是，这种整体又不是铁板一块，而是由不同的分支组合而成，这就是长期历史发展过程中形成的房系支派，亲属关系则是这种房系支派亲疏远近的一种体现，这种体现又在血缘、人伦、道德等方面串联了村落宗族，使之成为一个有机的整体。

五

和宗族一样，武北村落的神明信仰结构也相当复杂。当然，这种结构的形成也经历了漫长的历史发展过程。从文献记载看，早在南宋时期武北村落就开始建起了寺庙，《临汀志》载："福田寺，在象村保。……宝林院，在湘坑保。"① 到明代中叶，这种寺庙又增加了一座太平寺，《八闽通志》说："宝林寺、福田寺、太平寺（上三寺在县北大湘亭里）。"② 随着明末清初社会经济的发展，武北村落的寺庙逐渐增多。据康熙《武平县志》记载，这一时期武北的寺庙增加到 12 座，它们分别是：宝林寺（大湘亭里）、福田寺（大湘亭里）、亭头太平寺（大湘亭里）、田心寺（信顺团里）、秀峰寺（在大二图）、云霄寺（在大二图）、云霄精舍（在县北大二图）、定光堂

---

① （宋）胡太初修、赵与沐纂《临汀志》，福建人民出版社，1990，第 78 页。
② （明）黄仲昭修纂《八闽通志》，福建人民出版社，1990，第 838 页。

（硿下）、天堂庵（硿下）、高畲庵（梁山）、新田寺（梁山）、下谷敷庵（梁山）。[①]

清中叶后，武北村落的寺庙又有了更大的发展。据民国《武平县志》记载，到民国时期在前述寺庙的基础上又增加了11座，它们是：鸡龙山庵（在湘里之山背）、满月堂（在澜溪乡之水口）、灵威庙（在澜溪乡下）、高云山（在湘湖乡西北5里）、云霄古庙（在三秀乡东北5里）、东林寺（在桃溪）、延寿庵（在冷水）、回龙庵（在邓坑头）、兴隆庵（在亭溪）、圣泉庵（在贡市）、文庙（在贡市）。[②]

实际上，这些寺庙仅是武北村落寺庙的一部分。我们在田野调查时发现，大多数村落都还有民国以前的寺庙为县志所遗漏，如永平田背的观音庙，杭背的翠梅庵，岗背的天后宫、西云寺，“三背”共有的兴福寺、天后宫，孔厦的仙师宫、观音堂，梁山的禅隆寺、五显宫，昭信的天后宫，帽村的复兴庵、天后宫，江坑的华光庙，小澜的天后宫、黄狮宫，亭头的天后宫、平武寺，鲁溪的仙师宫，湘村的天后宫、三官堂，大禾的天后宫，贤坑的长福庵、五显庙，磜迳的仙师宫，小坪坑的仙师宫，湘湖的兴福庵、云华庵，湘洋的天门庵，店厦的水觉圆庵、天后宫，等等。

除寺庙外，武北所有的村落都安设有神坛，供奉着各自村落的保护神——公王、社公。

这些为数众多的寺庙、神坛，其建立的背景、供奉的神明、信仰的范围及发挥的社会功能等是各不相同的，具有地方性神明信仰的多层次性和复杂性，它反映了武北村落神明信仰的多种结构。

1. *层次结构*

这些寺庙与神坛具有明显的层次性，大致可分为四个层次：（1）武北“六十四乡”共同所有；（2）相邻数个村落和多个村落联合建造；（3）全村共同修建；（4）一个宗族或一个村落所有。

武北“六十四乡”共同所有的寺庙，据目前所知只有两座，它们分别是桃溪东林寺和小澜天后宫。桃溪东林寺初建的具体时间史无记载，查康熙《武平县志》也未见东林寺的记录，直到民国《武平县志》才出现这方面的内容。由此可见，东林寺的建造一定是在康熙三十八年（1699）以后

① （清）赵良生重纂《武平县志》，福建省武平县志编纂委员会，1986，第63页。

② 丘复主纂《武平县志》，福建省武平县志编纂委员会，1986，第447～458页。

至民国这段时间，并极有可能是在清末民初这一时期，因为在这一时期桃溪开始设立"后局"这一半官方机构，管辖武北"六十四乡"，这时桃溪在武北的中心地位才开始凸显出来。据一位报告人说，东林寺是民国时期武北地区最大的一座寺庙，其供奉的穿袍定光古佛高大威严，武北村落"打大醮"时都会将其迎去坐中台。同时寺内的受戒和尚才仁师傅也是主持这种盛大醮事活动的当然人选。因而，东林寺是这一时期武北村落定光古佛信仰的重心。

小澜天后宫初建于清嘉庆十九年（1814），由小澜富商余天民倡首、武北各村落居民和来往客商自由捐资而成。它的建造与小澜居于当时武北商业的中心地位是密切相关的，据民国《武平县志》记载，"（小澜墟）前清贸易甚旺，为武北大商场"，因而这座与商人和墟市关系密切的天后宫就成为当时和稍后武北妈祖信仰的中心之一。

由相邻几个村落或几个宗族联合建造而成的寺庙构成了武北寺庙的第二个层次，我们在调查过程中经常听说的四大名寺——亭头太平寺、湘坑宝林寺、龙坑福田寺、昭信田心寺都属于这一类型。如亭头太平寺又被称作"十乡太平寺"，这"十乡"分别是亭头、田雁、鲁溪、定坊、江坑、大兰园、火夹域、大水坑、老阿山、社上等十个村落。[①] 湘坑宝林寺也称作"十乡宝林寺"，这"十乡"主要包括湘坑、结坑、大禾坝、磜迳、小湘坑、湘湖、沙里、罗坑等十个村落。龙坑福田寺当地人称作"八甲寺"，据说为龙坑、湘村、大禾、贡厦、湘坑坝、冷水、邓坑、上梧、上湖、下湖等多个村落所共有。昭信的田心寺则据说为昭信钟屋、唐屋郑屋、打狗坑王屋、马坑曹屋、龙归磜李屋、下陂马屋、恬下郑屋、磜背张屋等"七姓八屋"人所有。

除了这"四大名寺"外，还有一座与这些寺庙齐名的寺庙，这就是湘店云霄寨的资福寺。该寺也是由"十乡"人联合建造的，现存该寺撰写于同治壬申年的碑刻《重修云霄古寨缘引》多次提到"十乡"："东距虞潭、河口，西接尧里、流芳，南连山背、白竹，北毗七里四乡，尊居十乡之中，

---

① 关于这"十乡"当地人有多种不同的说法，一种认为"十乡"包括亭头、田雁、鲁溪、定坊、大兰园、塔里、中湍、孔厦、磜迳、小澜等十个自然村落；另一种认为这"十乡"是亭头、田雁、鲁溪、定坊、江坑、大兰园、大水坑、火夹域、大布村、陈皮坑；还有一种则认为"十乡"是指亭头、田雁、鲁溪、定坊、江坑、大兰园、火夹域、大水坑、老阿山、社上。这里的"乡"实际上指的是一个大的自然村。

诚为避患之地""邀集十乡道办团练""马大元帅掌教灵威，镇守口寨，护救十乡""十乡全立"等。① 显然这"十乡"是指除文中提到的虞潭、河口、尧里、流芳、山背、白竹外，还包括"北毗七里四乡"——上七里、下七里、大化、店厦等十个村落。需要说明的是，据当地报告人说，大化、店厦二村虽属于这"十乡"，但其中属于湘湖刘氏一脉的刘姓人则不在数内。

这五座寺庙分属于现今武北的四个乡镇，其中太平寺、宝林寺地处桃溪镇辖区，福田寺坐落在大禾乡境内，田心寺地属永平乡，而资福寺则属湘店乡的范围。这五座寺庙的信仰范围实际上包括了武北四个乡镇的绝大多数村落，它将武北村落大致分成了五个不同的神明信仰圈，其主神则分别代表这五个信仰圈的利益，从而又使它们分别成为这五个信仰圈的区域保护神。

武北寺庙与神坛的第三个层次是村落所有的寺庙与神坛。供奉村落保护神的寺庙和神坛大致分成两种类型，一种是多姓村落中不同姓氏、不同宗族联合建造的寺庙和神坛，如上述永平的兴福寺、梁山的新田寺、小澜的满月堂、湘村的天后宫等都属此例。这种寺庙供奉的主神，保佑的是全村人的利益，因而也就成为整个村的保护神。

另一种类型是只属于单个宗族所有的寺庙和神坛。这种寺庙和神坛又细分为两种情况：一种是单姓村落同一宗族建立的寺庙，如湘湖的兴福庵；另一种则是多姓村落中单个宗族建立的寺庙和神坛，如永平岗背的天后宫。前者既是村落寺庙、神坛，同时也是宗族寺庙、神坛，其神明自然既是村落保护神，也是宗族保护神；后者则仅仅是某一个宗族的寺庙、神坛，其神明也仅为多姓村落中某一个宗族的保护神。

此外，同一宗族不同房支或同一自然村不同聚落，也存在设有寺庙和神坛的情况，这在下文中还将详细探讨，此不赘述。

以上种种反映出武北村落寺庙结构具有鲜明的层次性，同时也反映了武北村落神明信仰的多层次性和复杂性。就某一个村落宗族而言，它通常参与建造了四个不同层次的寺庙和神坛，即依次为全武北共有的寺庙、同一小区域共有的寺庙、全村共有的寺庙和神坛、宗族或小聚落共有的寺庙和神坛。其信仰的保护神也依次为全武北保护神、小区域保护神、村落保护神、宗族保护神。

① 此碑现仍存于该寺，字迹大体可见。

2. 类别结构

前述众多的寺庙、神坛在供奉的神明类别方面也各不相同，按寺庙的主神大致可分为九种类型：定光古佛寺、妈祖庙（天后宫）、观音庙、三官庙（堂）、孝经馆、仙师宫、马大元帅庙、华光庙、神坛、神位等。为了便于进一步论述，下面我们先对这几种类型的寺庙、神坛及其主神作一简单的介绍。

定光古佛寺。顾名思义，它供奉的主神是定光古佛。定光古佛又称定光佛、定公佛，俗姓郑，名自严，泉州人。传说中的定光古佛具有除旱、排涝、驱蛇伏虎、送子保赤，以及惩恶扬善、捍患御灾等职司和功能，是闽西客家人最崇拜的民间神明之一。

关于定光古佛信仰的形成与传播，学术界和本人均作过探讨，[①] 此不赘述。需要说明的是，武北定光古佛寺供奉的定光古佛大致分为三种类型。第一种类型是主神为定光古佛本身（郑自严，又称郑定光），其化身——大古佛、二古佛、三古佛、四古佛、五古佛为陪祀，如桃溪东林庵等；第二种类型是主神为大古佛，定光古佛、三古佛为陪祀，如湘坑宝林寺、龙坑福田寺；第三种类型是三古佛为主神，定光古佛、大古佛为陪祀，如亭头太平寺、昭信田心寺。第一种类型说明东林庵是武北村落定光古佛信仰的中心，第二种、第三种类型则反映了武北定光古佛信仰的两个不同系统，即大古佛信仰系统和三古佛信仰系统。

妈祖庙。又称"天后宫"，供奉的主神是妈祖。妈祖本是沿海人民的航海保护神，大约在明中叶以后开始在闽西客家地区普遍发展起来，但传入到武北可能会更晚一些。据目前所知，武北地区最早的一座妈祖庙是建于清嘉庆十九年（1814）的澜溪天后宫。此后，武北村落的妈祖庙开始逐渐增多，到民国时期发展到较大的村落和墟市旁边均建有妈祖庙。这些妈祖庙的左右两旁一般都同时建有文庙和武庙，分别供奉"文圣人"——文昌帝君和"武圣人"——关圣帝君。上述澜溪天后宫、澜溪灵威庙、永平岗背的天后宫、三背共有的天后宫、昭信的天后宫、帽村的天后宫、亭头的天后宫、湘村的天后宫等都属于这种类型。

---

① John Lagerwey（劳格文），Dingguang Gufo：Oral and Written Sources in the Study of a Saint. （未刊稿）谢重光：《闽西客家定光佛信仰的形成与传播》，第四届客家学学术研讨会，台北，1998 年 11 月。刘大可：《关于闽台定光佛信仰的几个问题》，《客家》1994 年第 4 期。刘大可：《台湾闽西客家移民与定光古佛信仰》，《现代台湾研究》1996 年第 2 期。

观音庙。观音庙供奉的主神是观音菩萨。观音菩萨在武北又称观音佛母，它是汉民族最崇奉的神明之一，也是武北村落最崇拜的神明之一，但专祀它的寺庙并不多见，仅见前述永平田背的观音庙、孔厦的观音堂等几例。不过，前述寺庙大都有观音菩萨作陪祀，人们称作随坛观音，意为有寺庙的地方就有观音。

三官庙。三官庙供奉的是三官大帝，关于三官大帝的名称与由来，下文还将详细论述，这里不再赘言。需要说明的是，较大规模的三官庙在武北只有小澜黄狮宫一座，但小规模的三官堂却在大多数村落都有，一般在村中设三间小平房或在寺庙旁边建一小平房供奉三尊小小的三官大帝神像，即为三官堂。也有个别村落将三官堂设在厅堂的侧旁。

孝经馆。孝经馆供奉的神明主要有关圣帝君（关羽）、文昌帝君（周文王姬昌）、姜大圣人（姜子牙），陪神有铜皮铁骨祖师、雪山祖师等。据当地报告人说，孝经馆在全县共有18所，武北占有4所，分别在桃溪、中湍、昭信、湘坑等地。

仙师宫。仙师宫供奉的菩萨有两种类型，一种为邱、黄、郭三仙，如孔厦的三仙宫；另一种为黄倬三仙，如磜迳的仙师宫、鲁溪的仙师宫和小坪坑的仙师宫等，这三座仙师宫还分别供奉自己的家族神高仙一郎、童念二郎和马仙三郎。

马大元帅庙。马大元帅庙在武北地区仅见一座，位于湘店乡云霄山，供奉马大元帅。关于马大元帅的俗名，当地有两种说法：一说是东汉大将军马援，另一种说法则是三国时期的马超。但同治年间的《重修云霄古寨缘引》中云："蒙□□□圣帝君批示命□□马大元帅掌教灵威□□镇守□□寨护救十乡。"据此，我们认为庙中供奉的可能是马超。因为民间认为马超生前与关圣帝君（关羽）同为刘备麾下的五虎上将，且关羽在权力、级别、威望方面均高于马超，故可称批示，若是马援则不合情理。

华光庙。又称"五显庙"，供奉的主神是华光大帝。华光大帝也是武北村落极有特色的一个神明，据目前所知，在武北村落仅见店厦、江坑、梁山、湘坑、贤坑有专门的华光庙，其余一般见于定光古佛寺庙中的陪神。

需要特别指出的是，在这些众多的寺庙中，没有一座正统佛教的大雄宝殿和正统道教的道观，只在上述寺庙的正中，分别挂上"十方三宝"等画像或供奉它们的塑像，并不作为这些寺庙的主神。

遍布于武北各个村落的神坛和各家各户设立的神位。在这些神坛、神位中，最突出的莫过于公王、社公、伯公的神坛和灶君神位。公王、社公的神坛一般位于全村的水口，在设施上也比较简单，一般仅为 1 立方左右空间的小庙，甚至是露天的几块石头，周围有几棵大树，上设公王、社公的神位，神位前放一个香炉和祭台。公王和社公虽然在名称上各个村落有所不同，但都是自己村落的保护神，所谓"社公唔开口，老虎唔敢打狗"，意即未经社公、公王同意，外人不得在该地肆意妄为，因而也成为村落的标志。而伯公坛的设立则更加随意，田头、地角、路旁、山上都行。在田头、地角，选择一个比较平坦而又便于休息的地方，安上一块较大的石头，贴上一张草纸，插上三品香，就算是伯公神位。或在路旁、山上，选择一棵树既可遮阴又便于休息的地方，贴上一张纸，插上三品香也算是伯公的神位。由于伯公神位具有很大的随意性，所以几乎每个田坑、地墩或每座山都有伯公神位。

灶君神位是每家每户都必须安置的，一般在炉灶的墙壁上贴上一张红纸，放上一只香炉就算是灶君的神位，也有一些人在厨房门口钉上一块小木板，承托香炉，也算作灶君神位。

这些众多的寺庙和神坛、神位反映了武北村落神明信仰的多神性和混杂性。在这些供奉的神明中，既有佛教的，也有道教和儒教的，没有一种教派在某一个村落信仰中占有绝对的统治地位。不仅如此，佛、儒、道诸神常常还居于同一寺庙中和平共处、各司其职，荤神和斋神也合祀在同一神龛中共享人间香火，凡此均显示出武北村落社会神明信仰具有浓厚的地域特色。

3. 功能结构

这些众多教派不一、形态各异的神明被当地人民赋予的权能也各不相同，分别寄托了武北村落居民不同的心理需求和美好愿望。下面我们分别将这些主要神明的功能作一些简要的描述和分析。

定光古佛是武北村落最崇拜的神明，传说中的定光古佛具有除旱、排涝、驱蛇伏虎、送子保赤，以及惩恶扬善，捍患御灾等职司和功能，在武北村落崇拜的众多神明中，它的权能最集中、最全面，几乎无所不包、无所不能，所以它的地位也最为重要。不过，它的这些权能又主要体现在它的几个分身上，如在大古佛信仰圈，大古佛的地位在平时就完全取代了定光古佛本身。在日常生活中，如遇到急难，就会当天许愿，并高呼："大古佛救命！"而在三古佛信仰圈，三古佛在平时就取代了定光古佛本身。在日常生活中，如遇到急难，也会当天许愿，高呼"三古佛救命！""三爷古佛救命！""三叔公子救命！"据说经此一呼，往往能逢凶化吉，遇难成祥。因此，武北所有村落都加入了前述定光古佛及其化身大小不同的信仰圈，每个村落每年都有不少大小不等的定光古佛醮会。①

妈祖本是沿海民众的航海保护神，寄托着涉海人家祈求征人平安的美好愿望，但妈祖信仰传播到武北村落后除继续发挥这一方面的作用外，还被逐渐赋予送子保赤、助商致富等功能，突出体现了与商人、妇女的特殊关系，从而充当妇幼保护神和商业保护神的角色。这可从武北村落妈祖庙的建立、布局和故事传说等方面得到证明。关于妈祖庙的建立与布局，我们在大禾、湘村、亭头、小澜、店厦等地调查时发现，这些地方的妈祖庙都建在墟市旁边，并且它的建立又大都与商人有关。例如小澜的上天后宫（即澜溪天后宫），位于与小澜墟仅一桥之隔的对岸，创建者则是当时的富商余天民，现存的大香炉也是隆盛号商人捐献的，而现存的碑刻《敬塑圣像各信妇捐助启列》中仍可看到当年119名妇女捐款的记载。

小澜的下天后宫与此十分类似，虽不在墟旁，但旁边设有文庙、武庙，且还有一座财神宫。按武庙，祀关帝，武北村落居民通常也将其当作财神，它和财神宫的财神都是当地的商业保护神之一。妈祖庙设在这里也明显体现了与商业的关系。据当地报告人张义庐先生说，这座天后宫的创建者为小澜的大商人张子才，神座前的香炉还是张子才从潮州买回的。此外，在1949年以前，遇到久旱无雨或久雨无晴时，张子才家族的妇女就会三三两两邀集起来，带着香纸、蜡烛、茶、炒米、花生、豆子等到此祈祷和"吃茶"，如此几天就可求雨或求晴。这些都反映了妈祖与商人、妇女的特殊关系。

关于妈祖与妇女的特殊关系还突出表现在助产保赤的传说方面。据武北的多位报告人说，妇女难产时必须呼叫"妈祖娘太"，而不能呼叫"天上圣母"。如果呼叫"妈祖娘太"，她会认为自己亲人有难就立刻显灵，产妇当即转危为安，小孩平安出生。但如果呼叫"天上圣母"，她就必须梳妆打扮，以母仪天下的天后形象出现，显灵就比较慢，往往等她显灵已经来不及了。在武北的不少村落还盛传妈祖娘太显灵保佑嘉庆皇帝出生的故事。在这里，我们无须穷究故事传说的真实与否，重要的是这些故事与传说的产生、流传反映了当地人民心目中妈祖的助产功能。

至于妈祖的保赤功能，我们在武北村落调查时发现，当地许多人的奶名（又叫小名）中有一个"马"字，如马金、马长、马寿、马养生、马来生、

---

① 刘大可：《关于闽台定光佛信仰的几个问题》，《客家》1994年第4期。

马德生、马发生等。据当地报告人说，这些奶名都是在妈祖庙里契的名（之所以契"马"字是因为在当地的传说中，妈祖曾匹配马家，是马姓人的未婚媳妇。而学术界也有人认为"马"系"妈"的谐音，故当地人将妈祖讹为马祖），在妈祖面前契了名，妈祖就会将其当作自己的孩子，从而提供特别的保佑。显而易见，这是从妈祖的保赤功能引申出来的一种民俗。

三官大帝在武北村落主要起医神的作用。我们在田野调查时，听到关于三官大帝灵验的传说大多是属于三官大帝救人于重病的故事。如据一位张姓报告人说，桃溪村有一位叫王培方的，黄肿大肚多年，有一年的端午节，家人看他已奄奄一息，寿材、寿衣都准备了，这时有位客人建议说小澜黄狮宫的三官大帝十分灵验，不妨试一试。家人当即在家门口摆起香案，面朝小澜黄狮宫方向许愿：若得王培方病好，他每年向三官大帝进献香油十斤，到黄狮宫吃斋半个月。许愿后不一会儿工夫，王培方就口吐秽物，不药而愈，奇迹般地活了下来。此后，他每年都会到黄狮宫进贡香油，住上一段时间，成为黄狮宫三官大帝的虔诚信徒。

另一位陈姓报告人也讲述了一个相似的故事：中堡有一个50多岁的男子，已经病入膏肓了，后经人介绍到黄狮宫求药，僮子在昏僮时开了一剂"十斤大茶叶"的药方。"大茶叶"是一种剧毒药，在现实生活中，不消说十斤，就是吃上几叶也足以使人丧命。但他认为，既然是三官大帝的药方，就应该可以用。"药"吃下去后，病也好了。诸如此类的故事自不可信，但反映了当地人的一般心理。

自从黄狮宫三官大帝被赋予治病救人的功能，一跃成为"医神"之后，它就在缺医少药的武北村落开始享有崇高的地位。在黄狮宫三官大帝信仰最为兴盛的民国时期，其庙旁的几十间客房日日爆满，宫庙周围的竹叶、杂草、树叶均被采去当草药，每天都有僮子托三官大帝下凡替人降药、开药单。据说降药的方法通常是僮子昏僮假托三官大帝下凡，然后在草纸上开具药单，再将药单拿到三官大帝神位前"跌筶"，如"跌筶"获准，就将药单拿回家，烧成灰服下。操此职业的僮子，每天的收入都很可观。

据当地报告人说，由于三官大帝十分灵验，武北各村落居民都信仰三官大帝。久而久之，各村落的居民干脆在自己的地界内建起了三官堂或三官庙，从黄狮宫分香供奉三官大帝。平时遇到小毛病，就在自己的三官堂或三官庙去求三官大帝，或在庙里呼叫三官大帝。但如果是大病、重病则仍需亲自到黄狮宫向三官大帝祈祷、许愿方为有效。而每逢各地三官大帝醮会时，他们都会扛着香旗，带着鼓手和大队人马，一路吹奏到黄狮宫，在三官大帝神位前烧香、敬奉，然后取一些香灰回去打醮。凡此种种，都说明三官大帝是作为一个医神的形象出现在武北村落社会的。武北村落居民对它的热衷与虔诚是当地人民在现实生活中缺医少药的一种折射。

华光大帝在武北村落的信仰中是一个颇为有趣的神明，不但它的形象怪异——长有三只眼睛，右手托着金印，而且其功能也十分奇怪。据贤坑村一位报告人说，华光大帝生前是一位劫富济贫的"强盗"，成神后还曾为了掩护其徒弟偷盗不惜触犯天条，将锅底顶在半天门而将天亮推迟了半个时辰，故能保佑小偷偷盗顺利。当盗贼遇到麻烦时，如呼叫"华光大帝"并许愿，往往可以得到保佑，因而当地人称其为"贼头"。而大化村和湘坑村分别有一位报告人说，华光大帝同时还是一位赌神，它会保佑赌博赚钱。昭信村的一位报告人还说，华光大帝最喜劫富济贫，兄弟会集会时就会在华光大帝神位前喝血酒。由于华光大帝的这些特殊功能，它的庙前并不冷清，据说开"花会"的赌徒们在聚赌前或赢钱了，往往会买一头大猪到其神位前祭祀，而小偷们也常常在晚上做贼时跑到其神位前烧香许愿，故华光庙的香火长年不断。

黄倬三仙、邱黄郭三仙和马大元帅信仰在武北村落中较不普及，寺庙也较少，主要为小姓村落或大姓中的弱房人所信仰。如供奉黄倬三仙的三座仙师宫分别坐落在较小的自然村落——碴迳、鲁溪和小坪坑等地。这三个村落的居民分别是高、童、邓姓，均为武北的小姓，这三座仙师宫还分别供奉他们自己的家族神高仙一郎、童念二郎和马仙三郎。据当地报告人说，高仙一郎、童念二郎、马仙三郎在年少时，鉴于自己村落人单姓小，备受大姓人的欺负，便结拜为兄弟，按年龄排行为一郎、二郎、三郎，相约去闾山学法。但闾山道法三千年一开，当他们一路上历尽艰辛，到达上杭时，仍无法找到去闾山的路。这时，黄倬三仙来渡他们，化装成一个身上长着大脓疮的乞丐，要他们用嘴把脓吸干了才给他们带路，高、童、马三人便先后把脓给吸干了。黄倬三仙看他们确有诚心，便用竹筒把他们渡到了闾山。高、童、马三人学法归来后，都成为有呼风唤雨、驾雾腾云等多种法术的法师，"救急扶危，灵如响应"。后世为了纪念这三位法师，也为了感谢黄倬三仙，便在当地建起了庙，同时供奉黄倬三仙和三位法师，两者都成为当地村落的保护神。

关于黄倬三仙和三位法师的神能，传说最多的是他们在械斗时的作用。

我们在磜迳、鲁溪调查时都听到各自村落和外姓人械斗时法师显法的故事。如一位高姓报告人说，有一年，磜迳人和湘村刘姓人为了山林和地界发生了争吵，湘村刘姓人多势众，眼看一场激烈的大械斗即将爆发。这时，高法师在祠堂门前竖起了一根竹竿，摆起香案呼请黄倅三仙，只见一只只小老鼠不断地在竹竿上爬上爬下，而在与湘村人交界的地方却见一个接一个的兵丁穿梭而过。湘村人看到磜迳人只一会儿工夫就来了那么多的救兵，只好作罢。

这则传说反映的是黄倅三仙和高法师捍患御敌的功能，尤其是在与大姓人的斗争中保护自己的功能。与此类似，湘店"十乡"云霄寺的邱黄郭三仙和马大元帅信仰也主要是起这一方面的作用。《重修云霄古寨缘引》云：

> 尊居十乡之中，诚为避患之地，然虽得其地利，尤必赖乎□神功，所以前人原共□资福一□约，因避患全登古寨之时，安奉邱黄郭三仙座位，灵昭千古，泽被十方耳。不意升平日久，世运变迁，自咸丰丁巳以来，发逆叠起，扰乱城乡，有邑尊陈公□□□论示联甲团练，幸有郡廪生梁子溥义、义士王佳桂、州同梁仁玉、监生邱芹来等，倡首邀集十乡道办团练，复修寨墙，待到澜溪觉后馆求□圣神，……待至同治甲子年秋，□候逆果临，黄梁□饶□□□爰合十乡全登古寨以避妖祓，黄日蒙□□关圣帝君批示，命马大元帅掌教灵威，镇寨护救十乡，又蒙示护十仲冬合日在七里□□资福寺洁坛当建玉皇上帝大醮七旦夕，以保平安以消劫运，又示捐造公局安奉马大元帅禄位康灵□禄有求必应焉，故予等高居数月，起乘不族仰视。延至次年二月迎退国家，可见默中神护，家眷竟得保全矣……

这篇碑文由于历年久远，不少字句已变得模糊难认，但仍然可以看出湘店"十乡"先后两次建寨和分别供奉邱黄郭三仙、马大元帅，都是为了"避患"，并赖"神佑"得以平安，所以这两种神明捍患御敌的功能是显而易见的。但是，为什么说这两种神明是小姓人的保护神呢？这就需要对这两次"避患"的历史内容进行讨论。第一次"避患"的情况，文中没有详细涉及，但据当地报告人说，这"十乡"都是小自然村，在武北村落中属于人单姓小的少数弱族，而他们的村邻又是武北地区的巨姓旺族——湘湖刘氏，他们建寨祀神的最初目的是在激烈械斗时，视异姓为兄弟，联合众小姓以抵抗湘湖刘氏。而第二次"避患"则显然是为了躲避太平军，只不过是借助原有的古寨，重新修复而已。

孝经馆供奉"三圣"——关圣帝君、文昌帝君、姜大圣人的主要目的也是"捍患"，只不过它的"捍患"更多的是体现了官方的意志。武北的孝经馆最早建于1852年，这一年山东人陈应奎调任武平知县。为了防备太平军入境，他一上任就"修城浚濠，练勇备械"，令全县各地普遍整顿，建立团练。武北孝经馆（武北团练后局）就是在这种情况下应运而生的。当时设立孝经馆的目的很明显，即"俾民心有所系属，不为会党所惑"。团练每逢训练，辄先拜"三圣"，念"孝经"，据说这样一来，有"三圣"保佑，可刀枪不入，所向无敌。由于"三圣"集中体现了官方的意志，它很快就成为官方"捍患"的工具。如民国《武平县志》记载："咸丰三年四月癸巳，寇（太平军）犯邑南之下坝。……邑侯陈公，乃下令……调东北各乡壮勇数千守城，相缓急以为后继……""前一夜，万安士绅谢平□得汝枚书，令召集北区团勇，立遣丁驰召，中途则团勇皆执械而来。各区皆传神降言，邑中有急，宜星夜前赴，不期而集者数千人""清咸丰八年，因洪秀全余党窜入濯田，势将侵入我邑，该义士张文益等，桑梓关怀，慷慨请缨，督率北区团练乡勇往黄峰崇拒寇，因众寡不敌，致有三十人殉难。然因此一举，该寇不敢侵入武北，地方得安。经县详请旨，追赠张文益五品军功。地方人士钦其忠烈，在北区团练后局，立木主以崇祀"。[①] 由此可见，孝经馆的"三圣"及其团练在抵抗太平军方面发挥了极为"出色"的"捍患"功能。

公王和社公是武北村落居民心目中的一村一落之主，主管全村的一切大小事，类似于现实生活中的村长，故举凡全村人的生老病死、婚丧节庆、衣食住行、科举功名、家庭幸福等事无巨细都在它的"管辖"之内。前述民谚说"社公唔开口，老虎唔敢打狗"，形象地反映了它的部分社会功能。与其他神明相比，它与村民的关系更为密切，也更亲近，当地人往往称其为"公王老大"或"社公老大"，因而它在武北村落社会中充当的是村落保护神的角色。

从故事传说看，公王和社公维护的也是全村人的利益。我们在湘村调查时，当地报告人刘集禧先生给我们讲述的十二公王"预测辛亥革命发生""协助廖玉培抗粮""护送刘丽中赴考"的故事就很有代表性。它反映了公

---

① 丘复主纂《武平县志》，福建省武平县志编纂委员会，1986，第406页。

王关注的是全村人的大小事，保佑的是全村人的利益。

如果说公王与社公是村落保护神，那么灶君菩萨是家户的保护神，而伯公则是具体某一个田头、地角、山坑的土地神和庄稼、山林的保护神。在武北村落，灶君菩萨被视为一家之主神，每家每户的炉灶旁都安有灶君菩萨神位。它除了人们常说的会在年尾上天廷报告此家一年之行事，以决定来年祸福之外，平时则起保佑全家的作用，所以每家每户在每月的初一、十五都会给它烧香，平时有什么好吃的或宰杀了鸡、鸭等一定要首先在灶君菩萨面前供奉，然后才敢食用。伯公的作用是保佑禾苗庄稼免受糟蹋、入山砍伐顺利、寻找耕牛等，所以村民下田播种，或入山砍伐等重大活计，以及丢失耕牛等，一定会带上香纸、蜡烛等在伯公面前祷告，而武北村落关于伯公的故事传说也显得特别众多。

由上可见，这些神明与武北村落人群在象征体系方面具有一定的对应关系，如公王、社公代表着村落，灶君象征着家庭，所以分村、分落必然另立公王、社公，分家则一定另分灶君。又如，大古佛、三古佛代表着各自的信仰系统，亦即武北内部的两大不同区域，邱黄郭三仙、马大元帅象征着小姓弱房，妈祖对应于商人与妇女，华光大帝标志着赌徒与小偷，伯公对应于具体的田坑、地墈、山林等，都说明了神明世界与现实社会的对应关系。这是武北村落神明信仰功能的一个方面。

另一方面，通过祀奉共同的神明，进一步密切了彼此之间的关系，而这些寺庙与神坛则成为联系族众，联络不同宗族、不同村落的纽带和场所，发挥了地域社会里促进人群沟通、交往的社会功能。

神是人创造的，神的功能也是人所赋予的。以上众多的神明被当地民众赋予了各种各样的功能，这些功能反映了武北村落社会各种行业、各种层次、各种性别的人潜在的、多方面的心理需求。丰富多彩的神明世界实际上是传统武北村落现实社会的一种折射，它从另一个侧面展现出武北传统村落的社会面貌。

4. 组织结构

由于武北村落的神明信仰存在着多种不同的层次、类别和功能，因此它的组织也有多种类型。我们大致将其分成三大类：一是跨村落、跨宗族的组织；二是村落、宗族出面的组织；三是神明会组织。

跨村落、跨宗族的组织主要是对那些跨村落、跨宗族联合建造的寺庙进行有效的管理，对共同祀奉的神明定期举行庙会。如湘店"十乡"共建的马大元帅庙，拥有相当可观的财产，仅田产一项每年就可收谷100多担。这些收入分别作为维修寺庙、一年两次的会景和济贫扶穷等开支。为了便于管理和开展祭祀活动，在组织方面，每"乡"推选一名理事组成理事会，然后从十名理事中再选一名为总理事。理事会下设管账一人，负责管理和公布每年的收支账目。① 据当地报告人说，前述澜溪天后宫、亭头太平寺、湘坑宝林寺、龙坑福田寺、昭信田心寺等跨宗族、跨村落的寺庙都有这种组织。

这种组织在每年的会景时还要负责组建临时的会景理事会，会景理事会与寺庙理事会通常是合二为一的。但也有例外，因为有时会景规模较大，区区数人分身乏术，无法管理，需要增加管理人员。另一方面，会景理事会中的香首、醮首需要由年长而又有一定身份且夫妻双全、子孙齐全、家庭幸福者充当，寺庙理事会数人中有时均不符合这些条件，故需临时组织。

村落、宗族出面的组织也主要是对村落、宗族的寺庙进行管理和对每年定期举行的醮会进行组织管理。如前所述，在武北地区一般一个大的村内有多种层次的寺庙，有的属于某一宗族内部某个房头所有，有的属于某一宗族所有，有的则是多姓宗族联合共建的。这类组织一般每"棚"（译音）派一至二人做理事，组成理事会，也同样有总理事一人和管账一人，原则上一姓或一房为一棚，但由于姓氏、房派人丁多寡不一，故在具体运作时又会进行适当的调整。

但这种理事会组织与醮会的理事会组织是不重合的，因为村落的醮会一般分成两种组织形式。一种是按棚轮流做头家组织。当年轮值的头家则需组成醮会理事会，醮会理事会一般由香首一名、醮首若干名组成，香首、醮首也应符合上述条件，他们全面负责本次醮会的各项活动。此外，还需请村管多名协助做一些零活。当然这种组织形式也不是一成不变的，当视具体情况而定。如十二年一次的打大醮，因其规模巨大，涉及的人与事都比较复杂，其组织形式也有较大的变化。另一种则是，各姓或各房醮会日期不一致，其醮会的轮流做头家仅限于族内或房内，其醮会理事会成员自然由族内或房内人员组成。

无论是跨村落、跨宗族的组织，还是村落、宗族出面的神明信仰组织，都带有较大的义务性和一定的强制性。但神明会组织则体现了充分的自由性和自愿的原则。这种神明会组织在武北村落广泛存在，如据杨彦杰先生调查，

---

① 林泉：《湘店八里城今昔》，载《武平县文史资料》第七集，第55页。

在 1949 年前，帽村最少有 8 个神明会，它们是公王会、天后会、仕进会、婆太会、观音会、关帝会、兄弟会、义冢会。我们在小澜、湘湖、湘村、大禾等村调查时也都有听到神明会的报告。据小澜村报告人张榕梅先生说，在 1949 年以前小澜有近 20 个会，如公王会、古佛会、三官会、妈祖会、保苗会、朝山会、放鞭炮会、暖寿会、安全社会、点灯会、蜡烛会、祠堂会、义冢会、兄弟会、华光会、关帝会、茶缸会等。此外，从嘉庆十九年（1814）的《澜溪天后宫序》和道光十年（1830）的《文课尝碑记》看，小澜还有大量的各种名目的"尝"，如孔圣尝、文昌尝、朱贤尝、文会尝、两油灯尝、文课尝、全庆尝、盛庆尝等，这种尝与会的性质十分相似，这里我们一并加以考察。

这些"尝"与"会"大致分为如下三种类型：（1）与寺庙、神坛或某一特定的神明有关的神明会，如公王会、古佛会、妈祖会、三官会等。（2）与祖先崇拜相关的，但又不属于全族或全房共有的蒸尝，如安全社会、祠堂会等。（3）以某一特定的目的而组织起来的，如兄弟会、文课尝、茶缸会等。这三种类型又不是绝对分开的，它们之间常常存在着交叉的关系。如兄弟会是与某一目的有关，但他们祭祀关圣帝君；设立文课尝是为了资助读书人，奖励实学，但他们又祀奉文昌帝君，也与神明有关。

"尝"与"会"的组织有多种形式。关于"尝"，我们在小澜村调查时发现了一块叫《文课尝碑记》的碑文。从这篇碑文我们知道，设立文课尝是为了"振兴实学""培养人文""激励士子"。其经费由孔圣尝、文昌宫尝、文昌宫尝第六券、朱贤尝、文会尝共同捐助。当然，这些"尝"就成为文课尝的成员。文中"文昌宫尝第六券"，则又说明文昌宫尝也分若干券。由此可见，"大尝"中包含"小尝"，而小尝又往往分为若干"券"或"股"。

"会"的情况也大致如此。据张榕梅先生说，大"会"中常包含若干小"会"，有钱人家往往同时加入几个会。民国时期他的父亲就同时加入了三官会、兄弟会、妈祖会等七八个会。

就一般而言，每会的成员是自由组合的，往往几个志同道合、情趣相投的人凑在一起，各出一些钱来购买田产，就形成一个会。这些田产为会内每个成员共同所有，按每个人出资的多寡分别拥有相应的份额。每年的田产租谷作为每年神明祭祀或特定活动的经费。这些会每年都有固定的活动日期，而这些日期又大都与神明、祖先的生辰、忌日有关。会的活动由成员轮流当头家组织，头家负责当年的田产管理和操办当年祭祀、宴会事宜。每个会除固定活动日吃一餐外，一般年底还按不同份额分配猪肉和租谷。据说，会的份额一般不买卖，会员非到万不得已是不会去卖会额的，卖会额被认为是一件很丢脸的事，家运也不好，因为入会时一般都会发誓说："买卖不昌盛！"

"尝"、"会"组建的目的也是多种多样的，有的纯粹出于敬神，有的出于乐善好施，有的为了振兴实学、奖掖士人，等等。但另有一些则与宗族矛盾和秘密结社有关，前述安全社会的目的在于增强张姓宗族凝聚力；华光会系余、刘两姓的头目组成，有两姓对抗张姓人的目的。而兄弟会则是小澜张姓人与湘村下村第二房人的一种联合，系一个秘密组织。他们公开的名义是太公会，实际上则是兄弟会。还有一些会则是以协调村落事务为目的的，如梁山村的"老人会"、湘村的"首脑会"等。

需要进一步指出的是，"尝"与"会"有时并不容易区分，甚至存在着相互重叠的现象，如上述《文课尝碑记》说："澜溪众等有志斯文议立胜会，诸公慨然乐助，共襄义举，专为四季考会之费。"在这里，"尝"与"会"就合二为一，"会"为组织，"尝"为资产，"尝"与"会"不分。

由上可知，这些名目众多的"尝"、"会"，实际上是一种合作组织，它以自愿为原则，以出资多少为标准，按每个人出资的数量来决定他在尝、会中所拥有的份额。这种以股份为特征的组织，与地方社会的宗族组织、神明组织既相联系，又有所区别，成为地域社会组织的一种重要补充。

六

从历史上看，武北的市场发育比较迟缓，我们曾先后检索过宋修《临汀志》、明修《八闽通志》和康熙《武平县志》均未发现关于设立墟市的记载，直到民国《武平县志》才有这方面的内容。其卷五云：

> 桃溪，距县治八十里。今为区署所在地。有小舟通小澜河口，以入汀江，交通称便。出产以杉木为大宗。无定期。
>
> 亭头，县七十里。小舟可通桃溪。有店四十余间。出产纸木。四、九期。
>
> 小澜，距县治百里。桃溪经此以入汀江，可通舟。出产纸木。前清贸易甚旺，为武北大商场。今移店厦。三、八期。
>
> 店厦，距县治百二十里，濒汀江。出产米谷纸木为大宗，为武北极

大之市场。一、六期。

贡厦，在桃溪北十里，距县治九十里。贸易以纸木为多。一、六期。

大禾，距县治八十里。三、八期。

黄陂头，属永平区，距县治四十里。有店约三十间。四、九期。

帽村，距县治五十里，当武北中点。贸易颇盛。二、七期。

上虞，距县治七十里。今废。

龙山，属招信，距县治六十里。民国新开市场。今废。①

由此可见，武北大多数地方设立墟市的时间当在康熙三十八年（1699）以后至民国之前。但武北设立墟市更具体的时间则查无文献记载，杨彦杰先生曾根据帽村方氏的宗族社会发展情况，推测帽村墟的设立可能始于乾隆年间，这是很有见地的。不过，这一推测一直苦无佐证。为此，我们在亭头、小澜等地进行田野调查时曾特别留意这一问题。在调查中，有两块碑刻引起了我们的注意。其中在亭头发现的是一块题为"蒙县主陆示"的碑文，原文如下：

蒙县主陆示

将□武平县□正堂加五级记录十次陆示：□□隘□耆士庶约地人等知悉，照得本县所辖桃里乡等处，向有船只上通汀州下达上杭，久听行旅往来之便，乃有棍徒从中拦阻，冀图私抽。前经年任审详奉

□扎结在等□□应□□□□殊乡□□滥□□□、王三姑等，复敢沿河拦阻，扰害不法□□，此示你□护处诸□□等知悉，嗣后倘有前项棍徒，仍冀私抽滋事，许你等立□□名禀报，以凭画法究□。如该地约徇私容隐，定即一并重惩，决不□为宽贷凛。众檀商等立。右通知。

乾隆五十一年　日给具恩

约地李公福

粟坑、牛皮断、田雁、塔里、小坪坑、老鸦山

中断、竹篱岭、雪竹下、银珠坑、大圳下、长圳坑、竹坑、大坪坑

告示押

---

① 丘复主纂《武平县志》，福建省武平县志编纂委员会整理，1986，第86~87页。

根据这块碑文，我们可知，在乾隆五十一年（1786）以前，武北部分村落经由亭头通往汀州、上杭贸易的船只就已比较频繁，该告示的目的在于严禁不法之徒在亭头私设关卡进行"私抽"，从中可见这时的亭头已成为周围村落的贸易中心。再从约地李公福所辖的 13 个自然村落看，这些地方都是后来亭头墟作为初级市场辐射的主要村落。据此，我们认为在乾隆年间亭头就已设立了墟市。

另一块碑文则是在小澜发现的前引清嘉庆十九年的《澜溪天后宫序》，该序在叙述澜溪天后宫建立的背景时说："澜溪市东布地桥畔，神庙建而神像塑焉。"可见在此之前小澜已设立墟市，而从该序之后的《谨将乐助花名列后》载"余天民乐助宫地全所"又可知"市东"就是余天民。由此可见，小澜墟的设立时间大约在乾嘉之际。

乾嘉以后，武北的墟市开始逐渐增多，前述民国《武平县志》载武北的墟市达十处之多。在长期的历史发展过程中，这些墟市又不断发生变化，如前述民国《武平县志》记载，上虞墟、龙山墟到民国三十年（1941）时就已经废止，而小澜墟在清代时是武北最大的墟市，但到民国时期其地位又让位于店厦墟。除此之外，在武北的一些村落还曾设有更小的墟市，如刘光第《湘坑湖记》说："闻湖中有田、有池、有井、有园、有溪、有村、有廛、有市、有店。有砚者、犁者、锄者、镰者、斧者、刍者、摊者、担者、量者、权者、刀尺者、鬻酒者、饭者、肉者、烟者、肩米肩纸者、肩木油者。"① 可见湘湖也曾有过墟市。又如，我们在湘村调查时，听报告人说朱姓十七世朱华清曾在现今的上墟坪设立墟市，上墟坪地名也由此而来；而刘姓十七世受袍公则在现今下墟坪建墟设市，因有别于上墟故名下墟。不过，这些墟市辐射面较小，或开设时间较短，对整个武北的历史发展影响不大。

据了解，自清乾隆迄民国，对整个武北的历史发展影响较大且长期开设的墟市主要有如下几个：贡厦墟、帽村墟、亭头墟、小澜墟、店厦墟等。这些墟市是武北村落人群交往的纽带，也是武北村落对外经济交往的重要场所。因此，我们有必要将这些墟市的区域结构、商品构成和流通渠道作一简单的分析。

1. 区域结构

这些墟市依其服务的村落区域和发挥的功能，我们将其划分为三种类型：

---

① 刘光第：《湘坑湖记》，载《武平县文史资料》第九集，第31页。

初级市场、中间市场、中心市场。其中，贡厦墟、帽村墟、店厦墟为初级市场（店厦墟后来演变为中心市场），亭头墟为中间市场，小澜墟为中心市场。

贡厦墟、帽村墟、店厦墟作为初级市场，其服务区域的村落分别为：

贡厦墟。贡厦、大布村、源头、龙坑、冷水、湖背、贤坑、邓坑、上梧、帽布、山头、大禾、磜迳、个竹、湘村、露溪、演里、湘坑坝、大湘坑、上湖、下湖等。

帽村墟。帽村、恬头、钩坑、瑞湖、瑶下、昭信、唐屋、龙归磜、永平寨、杭背、雷打石、射斗坑等。

店厦墟。店厦、湘坑湖、大洋泉、洋畲、尧里、大溪桥、高园地、彭屋迳、林禾地、段头、朱廖坪、七里、大化、白竹陂、流芳、吴潭、罗屋、河口、郑屋坝等。

亭头墟作为中间市场包括两个服务区域，一个是高级区域，即上述贡厦墟的服务区域；另一个是初级区域，由其附近村落组成，即亭头、桃溪、定坊、中湍、田雁、浩甲、江坑、田里、粟坑、牛皮湍、大水坑、梁山、孔厦、羊城、塔里、上湍、老鸦山等。

小澜墟作为武北的中心市场，它除了包括前述一个中间市场和三个初级市场外，还包括一个初级服务区域，即小澜墟所在地小澜。由于小澜是武北范围内区域面积最大、人口最多的一个村，故其初级服务的区域并不亚于一个初级市场。

随着社会经济的发展，这一墟市格局到民国时期发生了一定程度的变化。一方面墟市增多了，如增加了大禾墟、桃溪墟、黄陂头墟、龙山墟等初级市场；另一方面中心市场从小澜转移到店厦。但这种变化并没有从根本上改变武北原有的墟市结构，初级市场的增设只不过部分分摊了原有市场的一些服务区域，如大禾墟分摊了部分离贡厦墟较远的村落，桃溪墟分摊了一些亭头墟服务的村落，黄陂头墟、龙山墟分摊了一些亭头墟、帽村墟服务的村落，使之更适应于社会经济发展的需要。而小澜墟则仅在理论上降为中间市场而已，在实际运作中影响并不大。

这些墟市在空间距离上都不太远，大致都在 50 华里以内，最远的也不超过 50 华里，抄小路当天可以来回，相邻的墟市则一般在 15 华里左右。它们的墟期除距离较远的以外也大都相互错开，从而形成相互交错的经济网络。

由上可知，这个相互交错的经济网络又由三个市场体系组成，即初级市场体系、中间市场体系、中心市场体系。上述初级市场的划分虽然没有明确的标准，但每个墟市都有一个清楚的、可以意识到的区域，并把这些村落的居民看作它的基本顾客；反之，这些居民也把它看作自己的墟市。中间市场则有两个服务的区域：一个是初级区域，由附近村落组成，村民们定期地或至少经常地赶赴这个墟；另一个是高一级的区域，即包括它隶属的初级市场服务的村落，那些村落的居民只是偶尔来赴墟，为了买到他们在初级市场难以买到的东西。这一原则也同样适用于中心市场，只不过其服务区域更为广泛，即包括一个初级区域、中间市场区域、若干个初级市场区域，变中间市场的二元性为中心市场的三元性。

2. 商品构成

这些墟市的商品构成主要有两大类：一类是武北村落居民出产的农副产品，另一类是他们日常生产、生活必需的外来商品。农副产品主要有竹木、土纸、米、蜂蜜、茶油、茶叶、桐油、粉干、薯粉、大豆、家禽家畜等；外来商品主要有盐、布帛、药材、京果、百货等。这些商品的交易既有固定的店铺与商号，也有临时的摆摊设点。此外，还有供墟市日当天消费的豆腐、酒店，等等。如民国时期的店厦墟，计有土纸行3家：广丰店、广成隆、全春店；布匹百货兼收米豆油的有5间：人和祥、同顺昌、祥记、云商栈、恒顺昌；中药铺有3间：济仁堂、仁和堂、福星堂；客店兼豆腐、酒店有10多间：集成、龙丰、可赞、遵来、天泰、永祥、可康、营利、经利、可宁、凯丰、庆德、全后等。民国后期，私商还在这里开设铸铁厂，铸造生铁，运往长汀、上杭出售，并供应附近村落铁匠制造农具、家具。[①]

上述外来商品中，食盐多由广东沿汀江运上，布匹、百货多从长汀运来，药材则多从江西樟树镇贩来，即当地人常说的："过了樟树就是药"。而出产的商品中，木材、土纸、米、豆等大都运往上杭和峰市。

由于武北特定的自然生态环境，森林资源十分丰富，一些村落甚至有"万亩竹林，百间纸寮"[②] 之称，所以上述产品中又以土纸和木材为大宗。围绕这两种商品的产、运、销，武北村落居民靠此谋生者甚多。如土纸，武北村落居民不少人种有大片的竹林，成林后卖给别人或自己做纸，一些人于闲时入山破嫩竹、烧石灰、腌竹麻，利用水碓手工做纸，世代相传，工艺精

① 蓝道川整理《店下墟话旧》，载《武平县文史资料》第十集，第46页。
② 桃溪乡党委、人民政府、县驻亭头村社教工作队编《亭头村土地革命斗争史》（未刊稿），第8页。

湛，成为武北传统大宗出口商品之一。如民国时期的湘店地区计有纸厂100多家，尤以七里、三和、郑屋坝等村落为最多。店厦墟每墟都要交易五六百球土纸，这些土纸又大多运往上杭和峰市交易。

又如木材，武北村落几乎每家每户都有多少不等的山林，木材货源主要由山主自行雇人砍伐，直接出售给木商。也有一部分山主因急需用款以低价售幼林给木商，双方视山场大小、种植面积、生长情况定价，订好协约。然后，木商一次性向山主缴交青山费，雇人护林，在规定期限内，雇伐木工人分期择伐，到期砍伐完后，山林权仍归山主。木材砍伐后趁春潮水涨之机溜坡或肩扛至水流量较大的墟市（如亭头）溪沿起堆，待秋冬农闲季节制成小排，再流放至中心市场（如小澜、店厦）制成大排，通过汀江运往上杭或峰市出售。因此，武北这些墟市很重要的一个功能就是将这些产品输送转卖出去。

由于武北木材商品的大量运销，武北地区产生了大量的木材商人和木排工人，他们不但负责武北地区木材的运销，而且对整个汀江河道木材商品的运销都产生了重要的影响。如民国时期上杭东门潭头附近的仁记（刘盛华）、振安（余甸馨）、德昌（陈葆祯）、勋记（张添勋）、龙记（陈龙丰）、恒丰（王维芳）、介盛（王介轩）、森林（王国彬）、胜记（李国勋）、公严（李国琴）等十余家木材行全是武北桃溪、湘店、帽村一带人的商行。[1] 而汀江上杭河段的木排工人也大多是武北人，他们按村落结成帮，由帮头去牵头接工，从中不抽利。彼此间重义气，很同心协力，没有根本利害冲突。关于这些，我们将在下文中详加考察，在此不赘。

3. 商品流通渠道

就墟市而言，商品流通一般分为向下流动和向上流动两个方面。下面我们以民国时期为例，从商品的向下流动和商品的向上流动两个方面来观察武北的这种综合交错的市场体系。从商品的向下流动看，从外地（主要是长汀、上杭、峰市）运到店厦的商品和店厦初级服务区域生产的商品，如食盐、布匹、生油等等，部分在店厦就地出售，部分由小澜、亭头等中间市场和桃溪、贡厦、大禾、黄陂头、帽村、龙山等初级市场巡回的行商带入整个店厦中心市场体系，部分进入小澜、亭头等中间市场的商号。小澜、亭头商

① 蓝汉民：《汀江上杭河段航运与商俗》，载杨彦杰主编《汀州府的宗族庙会与经济》，国际客家学会、海外华人研究社、法国远东学院，1998，第504页。

号得到的商品，以及它服务区域生产的商品，以同样分散的方式，部分在小澜、亭头就地销售，部分由巡回于这一中间市场体系内各初级市场桃溪、贡厦、大禾、黄陂头、帽村、龙山销售，部分进入这些初级市场的店铺。在这个向下流动过程中接受商品的商号，在初级市场主要是小店铺，在中间市场上则包括为行商提供商品的销售商以及那些兼具批发零售两种功能的商店。在中心市场上还包括那些拥有货栈的最高级的批发商。居民所需的消费品和小手工业者需要的商品通过这个体系向下分散到所有市场。

再从商品的向上流动看，当武北村落居民在初级市场桃溪、贡厦、大禾、黄陂头、帽村、龙山等墟市上出售其产品，如米、豆、土纸时，部分出售给本市场服务区域的消费者，部分卖给以这些初级市场为基地对商品进行加工和包装或只进行包装的商人，部分直接卖给从亭头、小澜或店厦等墟市来的买主，商品在市场体系内的向上流动就开始了。收购代理人和购买商从中心市场店厦墟和中间市场小澜墟、亭头墟到这些初级市场上来，他们也可能从长汀、上杭、峰市及店厦墟到小澜墟、亭头墟来。无论这些收购商品的商号是商业性机构，还是加工或消费地方产品的工业企业，这些商品都通过市场体系上升到了一个更高层次的中心。从这两方面看，通过武北的这些墟市，在武北地区形成了一个相互交错的经济交往网络。

需要指出的是，无论是商品的向上流通，还是向下流通，都分水运和陆运两种形式。就水运而言，商品向下流通时长汀、上杭、峰市等地用大船运至店厦、小澜，然后用小船运到亭头、贡厦等地，乃至大禾的神成岭等地；而商品向上流通时则从神成岭、贡厦、亭头等地用小船运至小澜、店厦等地，再换大船运至长汀、上杭、峰市等地。就陆运而言，商品的向下、向上流通均主要依靠挑夫，商品向下流通时，挑夫的运输主要从中心市场开始，有挑至中间市场、初级市场驳肩的，也有直接挑至武北各个村落乃至相邻的长汀、江西等地村落的。相反，商品向上流通时，挑夫有直接挑到中心市场的，也有挑至初级市场、中间市场驳肩的。

还需要加以指出的是，武北的这些墟市结构与武北的行政区划和政权结构没有必然的联系。一方面，前述墟市的服务区域与武北历史上的行政区划没有相应关系，墟市所在地也并非一定是里、图、乡、保所在地，换言之，经济中心不一定是政治中心；另一方面，地方政权没有也无法对武北墟市进行有效的管理，前述乾隆年间的《蒙县主陆示》既说明当时亭头墟"私抽"现象严重、未能有效管理的事实，也说明县令对其管理还应依赖于地方约定。这种现象一直持续到民国时期也没有发生大的变化，管理这些墟市的基本上是当地的巨姓大族，如湘湖刘氏之于店厦墟、小澜张氏之于小澜墟、亭头李氏之于亭头墟、贡厦蓝氏之于贡厦墟、帽村方氏之于帽村墟，等等，而县级政权的区乡人员却未能在这些墟市收税。更为重要的是，与武北这些墟市密切相关的地方城市也并非是本县的县城——武平城，而是与其水利有关的长汀、上杭、峰市。

七

通婚是传统村落社会对外联系的又一通道，在历史的发展过程中，大多数的姓氏都会形成一定的通婚圈。这里所指的通婚圈，实际上就是武北村落姓氏娶入、嫁出的通婚范围。据大多数报告人说，武北村落姓氏的通婚范围大致以当地村落为中心，大部分相距在 20 华里以内，尤其是 5～15 华里（即相邻村落）占绝大多数，小部分在 20～40 华里，极少数在 40 华里之外。我们在湘村、源头等村落的抽样调查也得出了同样的结论，如我们对源头村 60 位 1949 年前娶入源头的妇女进行抽样统计，计算出她们娘家的地点与源头的平均距离约为 8 华里，用同样的方法对湘村 100 位妇女进行抽样调查，测得她们离娘家的平均距离约为 11 华里。而杨彦杰先生在帽村的调查也得出了类似的结论，他说："从距离上看，这些地方大致以帽村为中心相距不出 40 华里之外，大部分在 20～30 华里以内。"[1]

关于通婚圈的形成，论者常常与经济交往圈联系在一起。如施坚雅说："这还意味着农民常常在市场社区内娶儿媳。媒人们（在四川，他们常在集镇上的某些茶馆中活动）和适龄小伙子的母亲们有相当大的保证（？），可以在整个基层市场社区中寻找未来的儿媳，但他们对体系之外的家庭则缺乏了解，无法从那里寻找候选人。总之，基层市场社区中有一种农民阶层内部通婚的趋向。"[2] 这一理论从总体上说对武北村落也是适用的。我们对湘村、湘湖、大禾、小澜等村落的调查都得出类似的认识，杨彦杰先生在考察武北帽村方氏的通婚圈时也说："他们的通婚圈与经济圈是一致的"；"有些姓氏

[1] 杨彦杰：《闽西客家宗族社会研究》，国际客家学会、海外华人研究社、法国远东学院，1996，第 103 页。
[2] 〔美〕施坚雅著《中国农村的市场和社会结构》，史建云、徐秀丽译，中国社会科学出版社，1998，第 45 页。

来自大禾、桃溪，也都是与方氏有较密切的经济关系，这些地方以前设有墟市，而且方氏也有一些田产就在桃溪和中湍"。①

但是，具体到武北的某一个村落，影响通婚的因素又是十分复杂的，除村落距离和经济的因素外，我们认为还与风水观念、祖先遗训、同姓不婚、姓氏矛盾、出丁观念、宗族势力、已有的婚姻关系、地域观念等因素有关。

1. 风水观念

据湘村一位报告人和贤坑一位报告人说，帽村方氏一般不愿意和湘村刘氏联姻，原因是他们的好风水曾被湘村刘氏分走过。据说，清初帽村方氏有一处草莝极好，选择这个草莝的风水先生说，主人落葬后其后代将来必定财丁两盛，科甲蝉联。这个秘密被另外一位风水先生知道了，而这位风水先生在湘村刘屋看风水时受到了可仕公的礼遇，被照顾得十分周到。为了感谢可仕公的盛情，他便教可仕公的老婆——方氏太婆（恰好是帽村方家人的女儿）说，等你父亲去世送葬时，你要设法用手在绑棺材的竹篾上割出血来，他日此墓对你子孙大有好处。后来，方氏太婆真的就按照风水先生的吩咐去做了。若干年后，替帽村方氏做坟的风水先生又来到方家，便询问该坟墓葬后的几年间有没有什么变化。方家人回答说没什么变化，一切平平常常。这位风水先生觉得十分奇怪，怎么也不相信。最后，他问方家人的亲戚中有没有哪家在这几年中发生了大的变化。方家人回答说别的没有，只有湘村的姐姐家这几年十分兴旺发达，不但财丁两盛，而且不断有人考上文、武秀才，甚至还中了举人。风水先生遂认定方家的风水被湘村刘家分走了，便向方家建议改葬。当他们把棺材挖出来后，发现棺材上长出了四个大血瘤，风水先生认为正是这四个大血瘤应在了湘村方氏太婆的后代身上。他教方家人蒸几甑热饭倒在这四个血瘤上把它们祭掉。从此，方家人的风水便逐渐好转，后代中有人还中了进士，而湘村刘氏则远不如从前了。由于湘村刘氏曾经分走了方家人的风水，帽村方氏从此不太愿意与湘村人通婚。每当有湘村人前来提亲时，族中长辈便出面反对，故两姓间通婚的情况就很少。我们在调查时发现，在湘村人的媳妇中确实很少有姓方的。与此相对照的是，帽村与源头、湘村两地距离相当，且帽村至湘村的道路还更方便，但帽村方氏与源头蓝氏通婚的却比比皆是。可见，风水观念也是影响通婚的因素之一。

---

① 杨彦杰：《闽西客家宗族社会研究》，国际客家学会、海外华人研究社、法国远东学院，1996，第103页。

2．祖宗遗训

湘村刘氏与西去15华里的邓坑村邓氏从明末至1949年300多年间，一直不通婚。据说此事与湘村开基祖刘华笏有关。刘华笏初配邓坑邓氏，生子孟春伯，孟春伯天资鲁钝，愚笨异常。某日，适逢贵客上门，孟春伯在清理完马粪后未洗手脚就上桌吃饭，为父的嫌其肮脏、粗野、丢脸，一气之下用马栏棍失手将其打死。事后，刘华笏迁怒其妻邓氏，将邓氏休回娘家，奉送粮田10担谷田做养老之用，并发誓说："凡我子孙后代，如再与邓坑邓氏结婚的，都会断子绝孙。"此后，湘村刘氏恪守祖誓，从未敢越雷池一步。仔细查阅湘村刘氏1949年以前的家谱、族谱，以及户口簿记载1949年以前的婚姻情况，确实找不到一个姓邓的媳妇。湘村刘氏与邓坑邓氏不联姻的习俗还影响到龙坑刘氏非华笏公子孙，他们一般也不与邓姓人结婚。湘村刘氏甚至还将这一习俗推向极端，连母猪、母鸡、母狗等也尽量避免向邓坑邓姓购买，实属离奇。

3．同姓不婚

武北村落也流传着同姓不婚的风俗，调查中我们经常听老人们脱口而出："同姓不婚，周礼则然。"由于同姓不婚的风俗，许多村落姓氏的通婚只好舍近求远。如湘湖刘氏，其周边5～15华里的村落大多为刘氏族人居住，故其通婚的对象只有向更远的村落寻找，使湘湖刘氏的通婚距离比其他村落要远得多。又如，湘店龙归磜自然村的林氏在历史上与七里村曹姓不通婚，其原因据说是龙归磜自然村的林氏上祖曾经三代失祚，后一曹姓男子分承林祧。这位曹姓男子生前曾嘱咐，林姓后代子孙尽可以相识、友好，但禁止联姻，因为曹林本是一姓人。

4．姓氏矛盾

在人群交往过程中，人与人之间难免发生各种各样的矛盾，在缺乏充分沟通的武北村落社会，一些矛盾又容易上升到姓氏矛盾。而姓氏矛盾往往又成为影响通婚的一个因素。如小澜村邓氏与刘氏不联姻是因为在清末发生过震惊武北的"邓王氏案"（下详）。亭头李氏与周边村落的蓝姓不通婚是由于清末时一位湘坑坝蓝姓人与亭头一位李姓人因赌博而产生纠纷，后来发展到湘坑坝蓝氏会族十八乡蓝姓人打亭头。事情过后，亭头李氏认为蓝姓人极为骄横跋扈，不好交往，故对天发誓60年之内不与蓝姓通婚，违者上天保佑断子绝孙，故相当长一段时间这两姓人之间不联姻。

5. "出丁"观念

在传统的农业社会里，娶媳妇后会不会"出丁"往往被认为是一件极为重要的大事。而一旦有"不出丁"的例子出现，再经过众口相传而渐次放大，则成为影响两姓通婚的重要因素。如永平三背廖氏与帽村方氏也一度不通婚，据杨彦杰先生调查，据说以前姓廖的女孩子嫁到方家都很"出丁"，生了很多男孩。但姓廖的娶了姓方的媳妇，却经常生女的，不"出丁"。所以后来姓廖的就很少娶姓方的女孩子。①

6. 宗族势力

宗族势力是村落姓氏重要的社会资源之一，因而也是影响通婚的因素之一。从武北村落的通婚情况看，巨姓大族往往与同样是巨姓大族的姓氏联姻；人单姓小的家庭很难娶到大姓家庭的女子。同样，人单姓小家庭的女子也不容易嫁到巨姓大族的家庭。如与帽村方氏保持最密切婚姻关系的刘、蓝、钟等姓均是散布在帽村附近村落的大姓。又如，与湘村刘氏通婚最多的首选是大禾、贡厦、源头、湘坑坝蓝氏，其次才是桃溪、湘里王氏和龙坑林氏。

7. 已有的婚姻关系

婚姻关系是武北村落姓氏对外交往的重要通道之一，历史上一个偶然的两姓联姻可能为后来的两姓通婚奠定重要的基础。两姓联姻的先例使得两个不同村落的不同姓氏产生了一定的联系，随着亲戚间来往的增多，两个村落姓氏不断交换各自的信息，而两个村落未婚男女的各种情况也就不断地相互传递。加上已有亲戚充当"媒人"，于是新的通婚关系就不断产生，逐渐形成相互间比较密切联姻的姓氏。许多村落的通婚情况表都显示，两个姓氏在某一代之前一直没有通婚关系，而一旦破例之后，却开始持续地增长。我们在湘村、大禾、湘湖、小澜等地调查时发现，在1949年以前的婚姻中，有1/3以上是通过亲戚介绍的。

8. 地域观念

由于地理条件不同而形成的地域观念也经常影响着通婚关系的发生。一般而言，县城的女子不愿嫁往武北村落，交通便利、离墟市较近村落的女子也不愿嫁往交通不便、远离墟市的村落。如梁山村在空间距离上与武平县城

---

① 杨彦杰：《闽西客家宗族社会研究》，国际客家学会、海外华人研究社、法国远东学院，1996，第106页。

并不远，但历史上鲜有县城的女子嫁往该村。又如，大禾、湘村、龙坑离墟市较近的村落也很少有女子嫁到离墟市较远的贤坑、帽布等地。

以上这些因素是武北村落居民在谈婚论嫁过程中经常遇到的，所以通婚网络的形成具有一定的不可确定性。因此，我们在考察墟市与通婚网络的关系时，还应综合多方面的因素，以免过分强调或夸大墟市对通婚的影响。

八

在传统武北村落内部，最常见的空间结构是总祠建在全村最中心的位置，其他分祠则建在某房聚居地的中心或他们最早开基的地点。在村中的溪岸较开阔地带建立妈祖庙，而在妈祖庙的旁边又设立文庙和武庙。在全村的水流出口处（即水口）设立神坛，安设公王和社公神位。水口在当地居民的观念里是极为关键的部位，认为水口把得紧不紧关系到全村的生命、财产、荣辱、兴衰，等等。故有关村落水口的景观和传说总是特别丰富，如当地居民经常谈论的箩墩把水口、龟蛇狮象把水口，以及"铜颈筋，铁屁股；吃得下，屙得出"，等等。定光古佛寺、观音庙等寺庙则通常建在离村落中心有一定距离的地方，如在村落的边缘或离村中几里路的地方，甚至离村有三五里路的山上。

但是，这一武北村落空间结构的一般模式，具体到某一个村落时，又会有些不同的变化。如设有墟市的村落，其空间结构中就增加了一个重要场所——墟市。墟市一般设在村中沿河较开阔的地方，墟市的旁边或一桥之隔的对岸则一定建有妈祖庙。又如，由于社会历史是不断发展与演变的，其空间结构往往又体现了历史上不同时期空间结构的叠加，有的村落有多个水口与多个公王，这是因为随着人口的增加和历史的发展，形成了多个新的聚居区，于是就产生了新的水口与新的公王，而原有的公王与水口仍为当地人所重视。再如，多姓宗族聚居的村落，一般是某一宗族的总祠（往往是当地的主姓）建在全村的中心，其他宗族的祠堂与主姓宗族的某房祠堂一样建在他们聚居区的中心或最早开基的地方。

为了更清晰地了解武北村落内部的空间结构情况，我们选择帽村、湘湖、湘村、小澜等村的空间结构作一些简要的描述。关于帽村的空间结构，杨彦杰先生曾作过详细的描述：

　　走进帽村，到处都是村民的房屋，但他们的祠堂、庙宇和神坛则分布在村子最关键的部位。如村头（南边）有福主公王，村尾即水口（北边）也有福主公王和复兴庵，天后宫这座与贸易最有关联的庙宇建在墟上，社公则被置于帽村溪入村的转弯处——中滩（这个大转弯分为上、中、下滩）。在祠堂方面，总祠建在湖丘里全村最中心的位置，其他分祠则建在某房的聚居地或者他们最早开基的地点（如光裕祠建在田塅里，臣定公祠建在下坊湾，燕翼祠建在坝里——笔者注），帽村最有特色的地方是水口。客家人很相信风水，认为水口把得紧不紧关系到这个地方是否发达，因此当地人告诉我们，他们的水口由四座象形山把持着，北有龟、蛇，南有狮、象。而在水口的西面，又有方氏的一整片墓地，也作了明确的区分：在河流北边是仁甫房的墓地，南边则是祥甫房的墓地。而祥甫房墓地靠近公路的地方，还有一块义冢用地，专门收埋外地人的尸骨。据说20世纪30年代的战乱中，就有100多个外地人的尸骨被收埋在义冢内。每年的春秋二祭，方氏在扫完本宗族的坟墓之后，就要去祭扫义冢。[①]

　　帽村的这种村落空间结构在武北村落空间结构中具有一定的代表性。我们在湘湖村调查时发现，这两个村在空间结构方面极为相似，如湘湖刘氏的总祠——德川公祠建在全村的最中心，在水口设有公王神坛、兴隆庵，在曾经设立墟市的旁边以前也建有妈祖庙等。当然，由于地形、水流及社会历史发展等情况的不同，两村在布局上也有小的差异，如湘湖村的分祠在布局上更整齐；湘湖村的公王除了水口全村共有的公王外，在四个大的聚居区之间分界的显著位置还分别设立了黄屋公王、白竹公王、寨上公王等。不过，尽管有着这样或那样的不同，两村在空间结构上仍能让人感到其中的相似性。

　　如果说帽村、湘湖的这种村落空间结构是武北单姓宗族村和主姓宗族村的代表，那么小澜村的空间结构则是多姓宗族村的一种代表。小澜是武北区域面积最大、人口最多、姓氏比较复杂的一个村，故其空间结构也比较复杂。小澜墟在历史上曾是武北最大的墟市，该墟设在村中上河西河边较开阔的土地坪。在祠堂方面，张姓的总祠和余姓的总祠建在全村中心突出的山冈

---

① 杨彦杰：《闽西客家宗族社会研究》，国际客家学会、海外华人研究社、法国远东学院，1996，第115页。

脚下，两祠紧相连，当地人称为"鸳鸯祠"；在上河西聚居区分别建有余姓人另一座祠堂——上余屋祠堂和朱、罗、邓、魏、温共有的祠堂（历史上曾是邓屋祠）；在河流对面的陈姓聚居区——陈屋，则分别建有其开基祖祠堂和禄生公祠堂；而与陈屋一山之隔的溪背刘屋又建有刘姓人的总祠。在寺庙的分布方面，澜溪天后宫建在与小澜墟仅一桥之隔的对岸，下天后宫则建在张屋塅水口；定光古佛寺（满月堂）建在离村中心约4华里的地方；在离村中7华里的全村水口还建有祀奉三官大帝的黄狮宫。至于神坛，全小澜村共有六处，其中三处为陈姓人所有，都位于陈屋水口，相距约200米，分别称作老社公、新社公和把界公王。另外三处神坛，分别是上河西村头水流入口处的石猛石固公王神坛、张屋塅水口的三将福主公王神坛和溪背刘屋水口的公王神坛。其中，石猛石固公王神坛为上河西余姓（上余屋）和朱、罗、邓、魏、温等姓共同所有，三将福主公王神坛为下余屋、张姓、伯公下刘屋等共同所有，而溪背刘屋水口的公王神坛则为溪背刘屋所有。这种比较复杂的神坛空间结构实际上反映了小澜村复杂的姓氏结构，及其多姓宗族聚居区的区域结构。

还有一个与村落内部空间结构相关的现象值得进一步探讨，即在武北的大多数村落中，小姓弱族几乎都居住在所在大村的边缘或一个独立的小自然村，如我们比较熟悉的大禾的潘姓、林姓，湘村的陈姓、朱姓，龙坑的巫姓、周姓、郭姓、蓝姓，昭信的刘姓、蓝姓、廖姓、梁姓、连姓、李姓，孔厦的毛姓、蓝姓、饶姓、林姓，湘洋的罗姓、龚姓、梁姓、林姓，小澜的朱姓、罗姓、邓姓、魏姓、温姓、卜姓、葛姓、谢姓、吴姓等都是如此。对于这一现象，当地人大都认为与风水有关，如龙坑村一位巫姓报告人对我们说："巫姓之所以一直住在水口边，主要是巫姓祖先做祠堂时没有占领全村的好风水，如果他们也像刘姓人一样占领了蛇形祠，那么现在的情况就不是这样的了，祖先要那么笨有什么办法！我们只好住在这个角落里了。"我们在小澜村调查时又听到一位邓姓报告人发表类似的看法，他不无伤感地说："我们祠堂没有占到正穴，人丁少，只好缩在这神坛边的这个角落里。"这样的解释当然无法令人信服，那么，合理的解释又当如何呢？

我们认为，小姓弱族居住在大村边缘的原因与他们在当地村中所处的社会地位是密切相关的。在姓氏斗争中，小姓弱族自然处于劣势。一方面，如果小姓弱族历史上曾经居住在该村的中心，那么伴随着强宗大姓的兴起或自身的衰弱，它必然遭到排挤，逐渐退居到村落的边缘；另一方面，如果小姓弱族本来就居住在村落边缘或外迁而来，那么它更不可能在巨姓旺族面前抢占有利地形。关于这些，劳格文的《湖坑李氏宗族研究》一文为我们提供了一个有力的佐证。他在文章中说，湖坑乡李氏宗族的一支定居在主要河谷的中部，他们在明初时已在地方上享有名声，而在明末时又产生了第一个县级士人，并进一步与邻近上杭县由李火德开基且较显赫的一支结成网络。他们逐渐将其他宗族挤到上述河谷的边沿地区，而且据有当地的主要庙宇。①我们在湘村调查时也发现了同样的现象，湘村的陈姓最早居住在该村下村中部回栏馆周围的大部分地区，但到了清初，随着刘氏宗族的迅速崛起和陈氏的衰弱，陈姓被逐渐排挤，最后只能居住在下村的边缘——岐山下。类似这种情况，在武北村落普遍存在。

河流是传统农业社会的生命线。如前所述，武北的所有村落都属于汀江水系桃澜河流域，桃澜河的几条支流将其两岸的村落联系在一起，因此武北实际上是一个以桃澜河为主线的区域经济社会。在桃澜河流域中，每条支流所组织的村落经济小区域是相对独立的，但又有明显的关联性和不同的层次性。从墟市的分布看，每条支流都有一个墟市，如大禾溪有贡厦墟（后增设大禾墟）、帽村溪有帽村墟（曾增设龙山墟）、永平溪有黄陂头墟、塔里溪有亭头墟、浩甲溪有小澜墟、湘店溪有店厦墟，这些墟市首先在当地发挥着初级市场的作用，使每个经济小区域都成为一个统一的整体。在另一方面，这些墟市的影响力又随着河流的东下而逐级增大。贡厦墟（大禾墟）、帽村墟（龙山溪）、黄陂头墟的主要影响范围分别在大禾溪、帽村溪、永平溪流域；而亭头墟的影响范围则跨出了塔里溪流域向大禾溪、帽村溪、永平溪流域辐射；而小澜墟除了浩甲溪流域外，更扩及上述所有支流的流域范围。至于位于桃澜河下游汀江入口处的店厦墟，其影响范围除湘店溪流域外，还包括了桃澜河的所有支流流域。由此可见，墟市越地处下游，其影响力越大。也正因为如此，桃澜河流域的各个村落相互联系在一起，形成一个有机的整体。整个河段由许多大小不一的经济交往圈相互环套在一起，大圈套中圈，中圈套小圈，最后形成一个巨大的经济网络，显示出经济网络与水利网络的一致性。

但是，以水上交通为主线的传统社会区域经济交往原则并不完全适用于

---

① 〔法〕劳格文（John Lagerwey）：《湖坑李氏宗族研究》，载刘义章主编《客家宗族与民间文化》，香港中文大学、香港亚太研究所海外华人研究社，1996，第101页。

更高一个层次的精神领域。从武北跨村落的主要寺庙的空间结构看，它与河流的关系并不密切。换言之，它与水利网络没有必然的联系。与这些寺庙分布直接相关的是空间距离，从地图上看，这些寺庙都在它们信仰圈的中心位置，如前述马大元帅庙"东距吴潭、河口，西接尧里、流芳，南连山背、白竹，北毗七里四乡，尊居十乡之中"；龙坑的福田寺与它信仰的村落，除所在地龙坑外，均相距10华里，其信仰圈简直可以说是一个以福田寺为圆心，10华里长为半径的大圆圈。其他宝林寺、太平寺、田心寺的信仰圈，虽没有马大元帅庙、福田寺这样规则，但也都大致居于其信仰范围的中心，其信仰圈内的村落走小路5～10华里可以到达。至于全武北共同所有的东林寺，则更是居于武北的中心位置。当然，这些寺庙中也有建在河边和墟市所在地的，如小澜的澜溪天后宫和亭头太平寺，但前者体现的是妈祖信仰与商业的特定关系，后者体现的是亭头为它信仰圈的中心位置关系，而不是体现为寺庙与墟市的关系。

　　还须强调的是，历史上武北的行政区划与寺庙空间结构的关系。虽然国家权力很早就已注意到武北这一偏远而闭塞的区域，如早在宋代就在永平设立了永平寨，但直到近代，它都还处于间接统治状态。所以，在此以前行政区划没有对寺庙空间结构产生影响。近代以后的历史变动，使得国家权力更多地关注武北地区，如咸丰年间在桃溪设立了"后局"这一半官方的机构，民国时期在桃溪设立了区署。反映在寺庙空间结构上，是桃溪先后设立了与武北所有村落有关的"孝经馆"和东林寺，在一定程度上体现了行政区划对寺庙空间结构产生的影响。但是，从总体上说，近代至民国时期，国家权力仍然未能对武北地区实行直接的管理，故其寺庙的空间结构除上述两座之外也与行政区划无关。

　　谈到武北村落的外部空间区位，另有一种现象还须引起我们的注意，即在武北的村落社区中，常有相邻的两个村落、三个村落甚至四个村落有相同的名称，只在名称上头加一个形容字以示区别。如：湘坑、湘坑湖（湘湖）、湘坑坝（湘溪）、小湘坑（湘里）；大禾、大禾坝、大沛；上村、中村、下村；上河西、下河西；上七里、下七里；等等。由于名称相同，各村落的居民在感觉上有较密切的关系，容易有村落与村落之间的合作。若干个村落之所以有相同的名称，可能是地理的因素，如地理位置相邻。也可能是宗族的关系，即两个或三四个相邻的村落，其中主要居民在若干世代以前是由同一个宗族分化而来。也有可能是先有某一个名称的大村，以后在其附近出现几个小村，这些小村就以大村之名为名，加上一个形容词以示区别。但究竟属于哪一种情况，还须进一步具体考察。

九

外地人对武北村落的众多记忆中，有两种印象是根深蒂固的：一是武北人特别能喝酒，二是武北人很"蛮"。武北人酒风之盛在武平县，乃至闽西客家地区都是十分出名的，武北人到外地做客若自称不会喝酒是没有人会相信的，而且武北以外的人们通常认为当风岭以上的人（指武北人）酒量都很大。田野调查的事实证明，武北地区的酒风确实较其他地方为盛，表现在：第一，喝酒的普遍性。武北村落男女老少很少有不会喝酒的，不但婚丧节庆要喝，而且平时也常喝，甚至在烈日炎炎的盛夏时节也喝。此外，喝酒的普遍性还表现在日常的生产、生活习俗中爱摆各种各样的酒席，且把这种酒席称作"做酒"。第二，酿酒的广泛性。武北村落几乎所有的家庭都会酿酒，且一般为妇女承担，酿酒的技艺如何，往往成为衡量一个家庭妇女能干与否的标准之一，在武北村落大大小小的乡村店铺中也以豆腐酒店占大多数。第三，酒量的大小经常成为男人能力的一种标志。在武北村落的各种场合中，男人会喝酒、酒量大是很光荣的事，能喝者引以为豪，酒量差者则对能喝者极为羡慕。喝酒在武北人心目中确实是一件很重要的事。

武北村落的酒风之盛，我们认为可能与如下几方面的因素有关：第一，自然环境。武北村落气候比较寒冷，湿气较重，需借酒驱寒去湿。第二，受当地土著文化的影响。武北的村落具有畲族文化的底蕴，畲族的酒风之盛在南方民族中是十分突出的。第三，调剂农作、家庭生活的单调与劳苦。由于武北村落自然环境的封闭，与外界联系甚少，生活比较单调，而喝酒的场合，村民可以海阔天空，无所不谈，或嬉笑谐谑、乐趣横生，或畅谈怅闷、直抒胸臆，从所能获得社会的、理智的及感情的滋养。

首先，武北人的"蛮"表现在械斗方面。尽管村落械斗、姓氏械斗是中国传统社会的一个带有普遍性的问题，在武北以外的其他客家地区、福佬地区，乃至全中国都时有发生，但像武北村落这样械斗频率之高、时间之长、规模之大还是十分罕见的。在本书的每个章节中都涉及械斗的内容，如湘村与源头长达22年的械斗案，蓝姓内部的源、江、中与湘、贡、大争夺祖尝案，"千家刘"与"百家丘"的姓氏大械斗案，梁山村与孔厦村械斗案，等等。这些械斗的导火线虽然多种多样，或因男女关系，或因争夺坟山风水，或因偷鸡摸狗，或因赌博争注等。但究其根本原因，主要还是如下几个方面：

第一，武北村落生活总体比较穷困，许多青壮年男子因无力成婚而成"光棍汉"，这些"光棍汉"因缺少天伦慰藉，阳刚之气过盛，心浮气躁，容易打架滋事，成为当地社会的"烂脚"。有时一件小小的争端，经由他们从中挑拨、怂恿，酿成祸及同姓多个村落的械斗，使他们能够趁火打劫，大饱私欲。

第二，武北村落自然环境比较闭塞、生活空间比较狭小，在漫长的历史过程中，通过共同祭祀神明，共同面对瘟疫、干旱等天灾人祸，逐渐形成了对共同生活土地、环境热爱与眷恋的地缘意识，以及吸引、团结、聚集、组织整个村落的向心力。这种出入相扶、守望相助的村落意识，在经济利益纷争面前，也往往扭曲为聚众械斗的原动力。

第三，武北村落的先民有两种来源，一种是居住在当地的土著居民——畲族，另一种是移民。就畲族而论，具有南方民族共有的强韧、犷悍等习性；就移民而论，也不乏闯荡江湖的勇气和好勇斗狠的英雄血气。土著居民和外来移民的结合在武北村落渐次形成了一种有别于其他地方的劲直勇悍、好胜尚气、不信邪，甚至流于褊狭任性的乡风民俗，这种乡风民俗在争夺有限的自然、社会与象征资源时，也容易酿成械斗。

第四，武北地域偏远，远离政治中心，国家权力鞭长莫及，武北村落居民若有纠纷发生，根本不寄望官府的公正解决，只得求援同宗、同族、同房私斗私了，而同宗、同族的互为奥援就成为地域社会里一种群体指向。因此，在捍卫宗族与房系利益的大旗下，械斗之风潜滋暗长，绵延不绝。

其次，武北村落的"蛮"还表现在民间纷争多于武北以外的地方。那么，村落居民及相邻村落居民之间，因男女关系、山林田地、风水、盗窃、抢劫、赌博等问题，所发生或大或小的纠纷是如何处理的呢？我们在调查中发现，武北村落的民间纷争处理主要通过族中长老处断、发包、投人与回席、发誓、械斗、见官等几种形式。但实际上绝大部分的纠纷通过前面三种形式就已获得有效的解决，只有极小的一部分酿成了械斗或进入诉讼请求官断。这极小一部分纠纷的最后解决，绕了一圈又往往重新回到前面两种处理程序，体现出村落社会内部高度的调控能力。但是，从"械斗""告官"等处理程序看，仅仅依靠村落各宗族内部和社区内部的自我辖制和自我管理，并不能完全有效地维持一个社区的正常秩序，有时甚至还会成为一股相当强大的破坏力量。由此可见，传统村落社会如果没有国家权力以及民众对社区生活的普遍参与和必要的法律制约，宗族及社区内部很难妥善地处理自己与社会公共事务之间的关系，也难以及时纠正族内人员对公共社会的侵害，只有当宗族与社会、宗族与国家之间处于一种良性的互动关系时，宗族对社区生活积极的组织功能，才能完整地体现出来。

十

在武北，一般的村落都是利用山、溪流或其他大自然的地、物围起，而大部分的房屋则以祠堂、厅堂为中心集合于土墙内。在这种环境下，村落很容易被误认为孤立性、缺乏流动性的封闭式社会。但事实上并非完全如此，武北的村落虽然在某方面具有孤立性与封闭性，但在另一方面，这些村落也与外界，甚至相去甚远的地方作各种知识方面的交流。而作这种交流的媒介，可分为固定的与流动的两种。关于前者可将向外的移民、通婚等作考察，这些人对村落社会生活的影响自不必说。至于后者，主要有外地到武北谋生和武北到外地的人。这些代表性的媒介，说明了武北村落社会开放性的另一面。

1. 移民与通婚

如前所述，明末清初，武北村落人口开始大量增长，逐渐超过了当地的生态承载量，内在地要求宗族人口大量迁移与向外扩散。武北村落向外移民的方向主要有两个：一是向江西移民，这主要是因为武北毗邻江西，受倒迁入赣潮流的影响；二是向四川移民。明末清初的战乱，导致四川地区地广人稀，清政府遂采取"移湖广、填四川"政策，从而吸引了大批的移民。武北村落人群正是在这些综合因素的影响下，形成了一波又一波的移民浪潮。这些宗族人口的外迁不但在一定程度上缓解了当地的人口压力，对优化当地生存环境起了不可忽视的作用，而且为当地人了解外部世界打开了一条便利的通道。这些外迁的移民及其后代，或因发迹后荣归故里，或因慎终追远、不忘祖德，或因眷恋原乡，每年的春秋两祭都有不少人回来探亲、祭墓，他们自然给武北村落带回了来自江西、四川的各种信息。

通婚是武北村落对外联系的又一重要通道。虽然总体来说，武北村落的通婚圈比较狭小，一般在20华里以内，沟通的也主要是相邻村落和相邻宗族的联系，但也不排除一些与武北以外的通婚关系，尤其是一些科举人才较多的村落，其通婚范围有可能超越武北。通婚范围的扩大，既更新了血缘，也受到了异地文化的浸润。

2. 从外地到武北谋生的人

外地人到武北谋生的主要有五种类型：第一种是商人，第二种是民间手艺人，第三种是宗教与准宗教的活动者，第四种是巡回的演艺人员，第五种是外地的乞丐。

到武北村落的商人以卖药的最具代表性。据当地报告人说，外地来武北村落卖药的大体上分为三种：一是纯粹卖药的，二是走溜子方（即江湖郎中），三是玩杂耍兼卖药。前面两者大多来自江西的樟树，素有"过了樟树就是药"之说，一般在大的墟市都有樟树人开的药店，巡回于各个村落的零星卖药者和江湖郎中往往将此作落脚点。玩杂耍兼卖药的则多为广东人，如著名的"老鬼马洋"。这些卖药的不仅为缺医少药的武北村落带来了药材，也为当地带来了他们家乡及沿途的各种文化与新闻。换句话说，这些药商曾为这些被群山围困的村落带来了外界的各种知识。

外地人到武北的民间手艺人主要有铁匠、木匠、泥水匠等，其中又以打铁的为最多。打铁的主要有来自江西于都的"于都铁客"，以往在武北的村落常见有三四个人一起从江西于都来，他们在扁担的两头悬挂着风箱和工具，在村中比较中心的地方租廉价的房子，或以简单的设备修理民间的农具或炊事器具，或进行比较高技术要求的"铸炉"（指铁锅的制造与修理）。铁匠、木匠、泥水匠等民间手艺人，除从事专门性的职业外，他们还堪称"民间历史学家"，将自己家乡的故事或所经各个村落的见闻传到武北来。

武北村落宗教与准宗教的活动者主要有风水先生、算命先生、和尚、道士等，其中最有典型意义的当数风水先生。如前所述，武北村落具有浓郁的风水观念，风水几乎成了武北村落的另一种宗教。在这种氛围下，风水先生在武北村落自然具有广阔的生存空间。据当地报告人说，武北的风水先生有的是当地人，有的则是外地人。"外来和尚好念经"这一基本法则，在武北村落的风水实践上也同样适用。外地来的风水先生似乎更有人相信，其中最享有盛名的主要有来自江西兴国的风水先生，当地人谈到"兴国先生"时，往往都带有权威、尊崇的口气。

从我们的调查看，武北许多村落的风水故事都大同小异，有的甚至如出一辙，并且这些风水故事似乎贯穿了这样一个主题，即善待风水先生将得到好的风水，兴盛的宗族或房系大都是因为善待了风水先生而拥有了祠堂、祖坟的好风水，从而使子子孙孙福泽绵延，长盛不衰。反之，怠慢了风水先生则会使主人付出沉重的代价：风水受到破坏，宗族由盛而衰。这些风水故事想必大都是来自风水先生群体之口。值得注意的是，流传武北村落的风水故事母题在武北以外的地方也时有耳闻，如前述大胡子兄弟骗取财物而被风水先生设计破坏的故事，我们在上杭的回龙也有听到；主人将鸭肫留给风水先生路上享用而被误解，险些被算计，后风水先生又挽回风水的故事，在武北以外的十方镇黎畲村也有流传。而"马粥先生"的故事竟然在台湾也有类似的传说：

> 在清康熙年间，麻豆（台南县麻豆镇）有人得到地理师的指点，在一个风水极佳的地方建立房舍，顿成首富。不久这位地理师成了瞎子，富翁感念旧恩，便邀请他住在家里，并且答应每餐供给他所喜欢吃的羊肉。地理师在富翁家住了一阵子，彼此相安无事，有一天地理师在进餐时，发现满桌都是羊肉，就请他的一些朋友同食，结果没有一个人肯吃，瞎子地理师觉得很奇怪，后来有一个童工告诉他，那天吃的羊肉是一只失足落到粪坑被淹死的羊，富翁欺负他眼瞎，所以就烹煮给他食用。地理师知道这件事后很气愤，过了几天就告诉富翁他家门前的池塘有害风水，劝他改为果园，富翁不觉有他，结果一改风水就变坏了，不幸的事接二连三而来。①

同样，武北村落盛传的"马骑人""戴铁帽""鲤鱼上树""乌鸦落地"的风水故事，在刘劲峰先生的《安远修田的杜氏宗族》一文中也被提及。②由此可见，文化的传播具有惊人的扩散性。这其中，风水先生的作用也是显而易见的。由于风水先生在武北村落活动的人数相当多，活动时间也比较长，故对于武北村落的影响很大。他们作为村落中有学问的人，在带给武北村落居民风水观念、理论的同时，也带来了异地的各种文化知识。反过来，他们也必然将武北村落的文化传送到外地，地域社会的文化整合正是通过类

① 《台湾夜谭》，众文图书公司印行，1980，第68页。
② 刘劲峰：《赣南宗族社会与道教文化研究》，国际客家学会、法国远东学院、海外华人资料研究中心，2000，第14页。

似这样的渠道完成的。

武北村落的巡回演艺人员则主要有吊傀儡的和玩杂耍的，而吊傀儡的则是其中最普遍的一种。所谓傀儡就是木偶，由于吊傀儡的人是以扁担扛着道具走，所以又被称作"担竿戏"。在扁担的一端垂挂着折叠的舞台，另一端则垂挂着数个装有木偶的圆形盒子。如果负责演戏的只有一人时，就以左手操纵木偶，右手敲打铜锣，口里唱着歌，非常忙碌。若是两人以上负责演戏时，就多出拉胡琴和打鼓的工作。傀儡戏的戏目很多，一般没有印刷好的剧本，大都是用口传授的。来武北村落吊傀儡的有上杭的"白砂班"和长汀的"涂坊班"，又以"白砂班"占多数。他们的技术都是祖传的，其本业是农民，由于耕地少，所以利用农闲时期到外地赚钱。武北村落居民中广泛存在陈靖姑信仰，妇女难产时除求拜妈祖外，还求陈夫人（陈靖姑），但武北村落很少有专祀陈靖姑的宫庙，他们的许愿就通过演"夫人戏"来表达，所以吊傀儡上演"夫人戏"的活动在武北也是十分频繁的。

到武北村落来谋生的乞丐也有不同的类型，有的是靠耍些小艺乞钱、乞食（如唱竹板歌、替人占卜等）；有的则是利用苦肉计来求乞，有的则干脆不耍任何花招，只是挨家挨户哀号。相对而言，靠耍些小艺乞钱、乞食更普遍些，也更具有文化含量，对村落社会也产生了一定的影响。这些人白天说唱乞讨，晚上则常常会被一些村民请到相对集中的场合说唱故事，尤其是说唱一些贫穷人家遭受各种欺凌之后发迹的故事，如《赵玉林》《三两鸡与三伯公》，以及一些"鸳鸯对"，如《孟姜女哭长城》《秦香莲》等。这些说唱对于旧时文盲占大多数的武北村落来说，具有重要的社会功能，一方面它给沉闷的村落生活增添了些许活力，如调剂单调的劳作、宣泄郁闷的心理，甚至有助于维持村落社会的道德、法律。我们在调查中，曾多次听一些老年妇女说，她们在1949年前，听这种说唱后在故事中找到自己的影子而痛哭了一夜。这种痛哭实际上有助于当地人的心理调适，也正因此，许多人找到了感情的滋养与内心的动力，从而增添了生活的勇气。另一方面，通过这种说唱给武北村落传播了异域他乡的各种知识。

3. 武北到外地的人

武北村落居民中的一般百姓出门的机会是很少的，更不用说涉足数省，历经大江南北，行程达数千里之遥的跨省旅行。他们最常见的出行就是赴墟。墟市是人群交往的重要场所，也是村落居民与外地各姓相互联系的纽带。尤其是在武北这样一个地域偏远、相对闭塞的环境里，其重要性更为明显。因此，武北村落居民的成年男子每逢他们初级市场的墟期几乎都会前往赴墟，交易各种农副产品和进行其他各种社会经济活动。所以，在初级市场服务区域村落的成年男子与这个区域的几乎所有成年男子都有一面之交，并且还能对当地上层人物的家庭背景了如指掌。

除此之外，武北村落社会中还有一些外出的特殊人群，按其类别大致可分为四种，即贸易型、做官型、考试型、谋生型。

贸易型。关于武北村落居民外出经商的情况，无论是各姓的族谱，还是田野调查获得的传说都有不少的事例。如在帽村，《帽村方氏族谱》载："（元臣）公壮年贸易吴楚，置业巨万。"同谱《定生公遗训》又载："忆先君年二十七贸易吴楚，栉风沐雨，予母家居，拮据万状，不藉前人之资创业巨万。"在小澜，《澜溪天后宫序》在述及武北商人的活动时说："斗大之乡通冠盖于江浙，止溪之水运舟楫于广潮。"据传，小澜墟的市东余天民及其后裔余华荣、余华财和小澜下天后宫的捐建者张子才都是经常往返于小澜与潮州、汕头的大商人。在亭头，《蒙县主陆示》亦说："桃里乡等处，向有船只上通汀州，下达上杭，久听行旅往来之便。"这些都说明了有清一代武北村落商人外出贸易的情况。到了民国，武北村落居民外出经商的现象就更为普遍，如前述上杭城东门潭头的十几家木材行都是武北人。诸如此类，不胜枚举。

做官型。武北村落地处偏僻而闭塞的闽西山区，经济文化落后，声息不畅。因此，与其他地方相比，武北村落居民外出做官的机会相对较少。但也有一些人通过科举成名而到异地做官，如湘湖村的刘隆于明永乐二年进士及第后，先后在江西、广西、河南、浙江、山西等地任江西南昌府推官、广西太平府推官、河南道监察御史、钦差浙江巡按御史、山西按察司佥事等官职。帽村的方连涧于乾隆己未科考中进士后，也"授四川大竹县知县，居二任"；方逢圣乾隆末年中举人后，于道光年间在邵武县任"儒学正堂"，前后达六年之久。湘村的刘可珍也曾"任仙游县儒学，敕授修职郎"；刘斯东则先后就任"湖北利川县正堂，雷琼二州知县"。

考试型。由于武北村落地域偏远，远离政治、文化中心，所以武北村落的读书士子参加举人以上的考试和被入选贡生者都必须辗转数千里赴省城和京城应试。武北村落虽然经济文化比较落后，但在漫长的历史过程中亦有不少人科举中式。当然，参加应试者就更为多数。上述做官型的刘隆、方连涧、方逢圣等人，以及湘村考中武举人的刘丽中等人都曾经有过千里赴考的艰难历程。此外，明清二代实行府学"一年贡一"，州学"三年贡二"，县学"二年一贡"和"二年贡一"的贡生制度，入选者至京翰林院试，中式者入国子监肄业。武北的许多村落也涌现出了不少贡生。据民国《武平县志》记载，明代湘湖村的刘信、刘炎等；清代定坊村的蓝麝香，贡厦村的蓝天开，孔厦村的吴一鲁、吴挺茂、吴麟煌、吴承泰、吴谦受、吴光涵、吴鸿图、钟会东，湘湖村的刘涣溪、刘为辅、刘岳、刘光辅、刘锡予、刘献、刘文海、刘恩，永平村的廖成均，小湘里村的王运隆，磜迳的高攀，恬头村的郑德宣，唐屋村的郑连城，田里村的吴中孚，浩甲村的李沛，等等。① 所有这些武北村落士人千里赴考的情形，都成为当地村落居民出行的一种特殊景观。

顺便指出，这种千里赴考的艰难历程对武北村落的读书士人来说，无疑是一次生理和心理的严峻考验，有两则流传武北的故事形象地说明了这类考生的艰难历程。一则是关于方连涧赴考的故事：

> 据一位报告人说，方连涧上京赴考前夜，考虑到次日一早就要出发，便想当晚向父母亲辞行，顺便博得口彩以增强信心。但他深知后母为人尖刻，言语刻薄，生怕在临行前说出一些不吉利的话来影响信心，便在其父母的卧室前踱来踱去，不知如何是好。他的父亲听到有人在卧室前走路的声音，便发问道："是谁呀？"他的后母估计是方连涧前来辞行，便用讥讽的口吻接话说："还会是谁呀！还不是你那个中举中进的读书子！"方连涧听到后，佯装未听懂其潜台词，立即跪在门前说："谢天谢地谢娘亲！"遂带着长辈的祝福上路了，而他的后母自知失言，挖苦不成反成了替人祝福，极为懊恼。

这则传说从一个方面反映了武北村落读书士人对前途未卜以及行程艰难的焦急心理和矛盾心态。

另一则是广泛流传于武北各村落的故事：

> 有一个读书人到省城福州赴考，但家境贫寒，穷得只剩下一个鸭蛋和一袋米。他把鸭蛋制成咸鸭蛋，带着一袋米就上路了。咸鸭蛋很快就

---

① 　丘复主纂《武平县志》，福建省武平县志编纂委员会整理，1986，第307～338页。

吃完了，为了不让人讥笑，他没有把鸭蛋壳扔掉，而是每天沿途向店老板要一点盐巴偷偷地放进蛋壳内，就着盐巴配饭，但在外人看来他每天都有一个咸鸭蛋，家境还是可以的。皇天不负有心人，他终于考上了举人，同行的老乡要他请客时，才发现他吃了半个多月的盐巴配饭。

这则故事在不同村落流传时有不同的主人公，其历史真实性尽可怀疑，但透过这个故事观察它产生的社会背景，却让我们看到的是武北村落读书士子千里赴考的艰难历程。

此外，这类考生千里赴考的艰难行程也是当地村落的头等大事，如后文提及的湘村刘丽中到省城福州考举人期间，当地村落的公王都不"下凡"，僮子们均声称"公王老大护送刘丽中赶考了"。神明"下凡"与否自是故事家之言，但故事的出笼与传播则说明了当地村落对考生千里行程的高度关注。

谋生型。外出谋生是武北村落居民出行的又一种类型。武北村落居民外出谋生最常见的是在汀江河道上充当木排工人和往返于墟市的挑担者。由于武北是汀江流域的重要林区之一，木材商人在武北各村落购买木材后，一般在亭头、桃溪等地制成小排，而在小澜、店厦（河口）等地换成大排，然后沿着汀江流放到上杭、峰市，甚至潮州、汕头等地交易。而木材的水上运输自然需要大量的木排工人，武北桃澜河沿岸村落居民久习水性，操此业者甚多。据我们调查，桃溪、亭头、小澜等村落居民在1949年前80%以上的青壮年男子都曾做过木排工人。在武北的许多村落流行着一句讥笑亭头村人的俗语："亭头人，石贴子（译音，一种紧贴河中石头的小鱼——引者注），排子唔下灸灸死（译音，意为极为困难）"，形象地反映了亭头等沿桃澜河村落的居民水上谋生的生活面貌。

在传统时期，陆上的货物运输基本上依靠挑担，挑担也就成为武北村落居民农闲时最主要的职业之一，如湘湖村素有"三百条担杆"之称（意为湘湖村约有300位青壮年男女从事挑担），小澜村则有"一百多条担杆"之说。实际上，我们在调查时发现，在民国时期武北村落有70%以上的人挑过担。武北村落居民挑担的路线主要有这几条：贡厦墟、亭头墟一带居民主要往返于江西的乌下泊（永隆）、井头，长汀的腊口（红山）；小澜墟、店厦墟一带居民主要往返于长汀的濯田、腊口、"八乡"，上杭的龙下（回龙）、官庄，江西的板头、半迳等地；而帽村、永平墟一带居民则主要往返于江西的官丰、武平县城等。

此外，武北村落居民中还有一些人远走他乡谋生。如亭头村流传的"三两鸡"与"三伯公"的故事就是一例。其故事的大意是：

> 清乾隆年间，亭头村湖寮下督尾屋有一孤儿寡母。这孤儿名叫李三俊，个子矮小，人称"三两鸡"。这"三两鸡"14岁那年，听人说四川物产富饶，是个谋生的好去处，于是他决意到四川去谋生。他经过日行夜宿，历尽艰辛，终于到达了成都。在成都，他先经营家乡的风味小吃——"油炸糕"，待有点本钱后就与人合伙开店，逐渐成为一个富商，同时也恢复了"李三俊"的本名，并娶妻生子，还花钱捐了个"例贡生"的功名，另取学名李成清。后来，他回老家探亲，前三天他化装成穷酸模样回到家中，一些房亲不嫌其穷酸，照样接待。但也有一些乡亲不无讽刺地叫道："三两鸡回来啦！"有人甚至还挖苦说："走遍天下路，还要回亭头磨豆腐。"李三俊好长时间没听到"三两鸡"这个绰号了，乍一听真是感慨万端！第四天，他穿上"例贡生"的功名服由房亲陪同到祖祠拜祖敬宗，有些乡亲顿时迎上去恭敬地招呼："三伯公上来啦！"不少乡亲还设家宴接风。有个平时冷眼看穷哥贫弟的人，也想访寻生财之道，询问"三伯公"在四川做什么生意赚了大钱。李三俊风趣地说："四川养鸡很赚钱，那里的鸡长得很快，前一天才'三两'重，第二天就长到'三百'了！"

这个故事一方面反映的是"人情冷暖，世态炎凉"，从另一方面看，它又说明了武北村落居民中也有一些人前往异地他乡去谋生。

这几种不同类型的外出人群，远走全省乃至全国各地，眼界开阔，对于加强封闭的武北村落与外界的联系起了一定的作用，同时也对当地村落的社会经济发展产生了不小的影响。

第一章

巨姓大族

第一节　湘村的宗族社会与文化

武北湘村是闽西客家的一个典型村落，对传统文化的保存相对完好。本节在田野调查的基础上，结合相关文献，就该村的村落概况、历史沿革与族系、村邻关系、墟市与通婚范围、村落店铺、衣食住行、祖先崇拜、神明崇拜、婚丧节庆习俗、其他习俗等方面进行深度描述，以期获得传统客家村落社会生活的基本认识。

一

湘村，位于武平县北部，现为武平县大禾乡属下的一个行政村，共有2100多人，分属13个村民小组，耕地面积1455亩。

湘村处在一块山间葫芦状盆地上（见图1-1）。这里有一条小溪蜿蜒而过。这条小溪即河江支流桃澜河上游的一条支流，叫龙湘溪。依山形水势，全村分为上村和下村。此地有五条道路通向邻村，其中南北两条是公路，往南可达武平县城，往北可到大禾乡政府及江西省会昌县永隆乡，是大禾乡自然条件较好的山区住地。根据山脉、溪流、道路，村民有种种关于风水的传说。村口溪流两岸各有一座小山，被认为是"箩墩把水口"的风水宝地，此地当出显贵，但龙湘溪在下村直穿而过又破坏了这块宝地，而成"水破天心"，此地"贵"也"贵"不了多少，所以近年村民试图多建大桥加以弥补。由于龙湘溪将下村一分为二，左小右大，形似算盘，村民又说这是风水学上的"算盘形"，左半部分户数少，右半部分户数多，但左边人较精明，可以以一当五，桥建造得越多越划算。此外，还有"五马归槽""兜肚形"

"腰带水"等多种说法。所有这些，都从一个侧面反映了全村人才不盛，经济、文化发展不平衡的历史面貌。

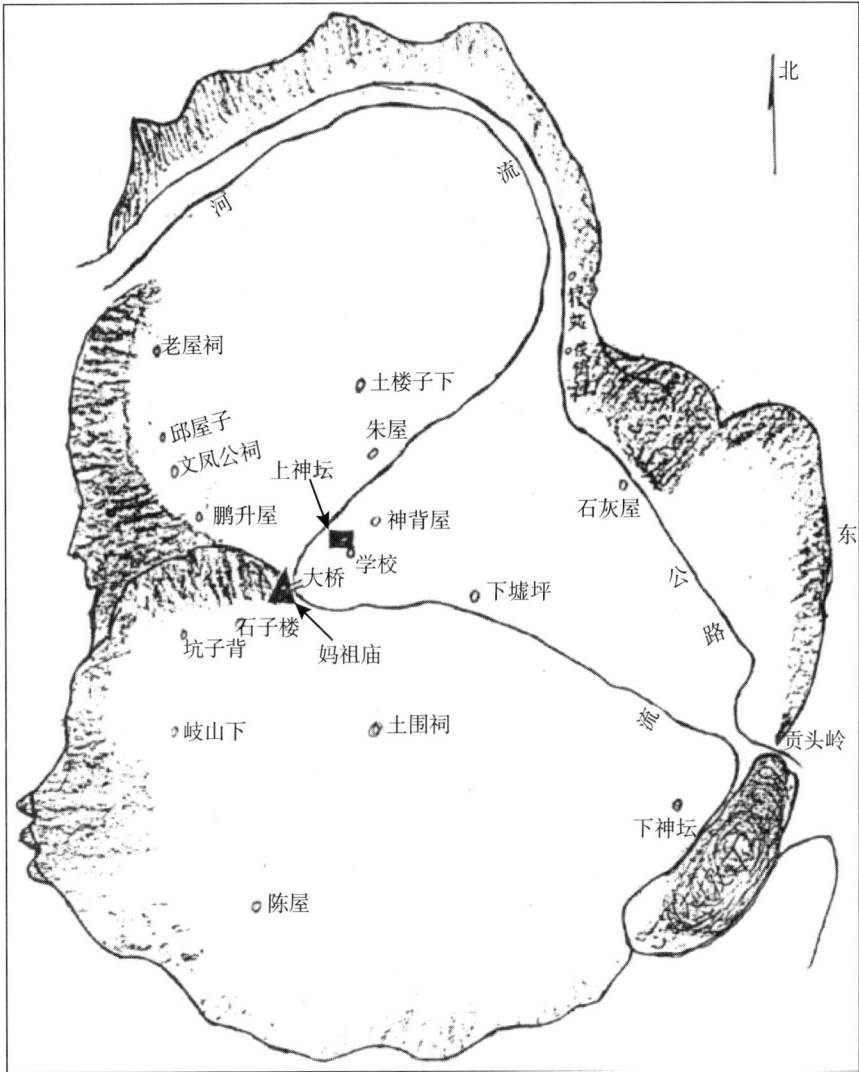

图1-1　武北湘村轮廓图

村中居民点连片分布于溪流两侧，居民点上村自北而南依次为老屋祠、四和堂、邱屋子、土楼子下、朱屋、鹏升屋；下村溪西分别为石子楼、坑子背、岐山下、陈屋、土围祠、花厅底、回栏馆、下神坛；溪东则有下墟坪、神背屋、新朱屋等聚居区。

二

关于湘村的先民，老一辈的人常会脱口而出："先到雷邹李，后到朱温陈。"然后又列举出吴、林、王、钟、邱、范、刘等姓氏。雷、邹、李、吴、林、王、邱七姓均不知去向，但还有遗迹可考。雷姓原居住于现在的下神坛"十二公王神位"侧角，小地名至今仍称雷屋，其旁边有户刘姓人家，因上祖占用了雷姓人的一点屋基，逢年过节还会摆点三牲、香烛之类供奉，表示纪念。此外，尚有一座山冈称作雷屋岭。

邹姓原居现在的朱屋，据一位朱姓报告人说，邹屋人有两个女婿，一位姓蓝，另一位姓朱。邹姓人亡后，姓蓝的占有屋后的一片草冈用以建坟，现仍存有墓碑一块，界碑两块（墓碑字迹已模糊，界碑字迹依稀可见刻有"蓝姓坟界"四字）。姓朱的占有邹屋人的宅基用以建祠堂，即现在的朱屋祠，坟、祠紧连，朱屋祠会妨碍蓝家墓的风水，故蓝姓人曾在墓上端竖有"旺碑"一块，高出祠堂屋顶。此碑已在"文化大革命"时被破坏。据当地刘姓人说，刘姓的老屋祠堂也是从邹姓人手中购买到的。

李姓的居址叫桥子坑，现已成菜园。吴姓居址叫吴屋角头，数年前墙基犹在，现已由刘姓人改造为楼房。据说吴姓在湘村也曾经很兴旺发达，有户人家有五个长得很像的大胡子同胞兄弟，有一卖鱼者挑了一担鱼在吴屋角头叫卖，一个大胡子前来购买，讲好价钱后说是没带钱，他先把鱼挑回家，等一会儿到他家去拿钱。卖鱼者一看买者是一个大胡子，觉得很好辨认，就很放心地让他挑走了。结果卖鱼者到吴屋找这位大胡子时，一连出来了五个长得一模一样的大胡子兄弟，没人承认买了他的鱼，卖鱼者只好自认倒霉。

林姓的居址在乱石角面上，大约在50年前还有小祠堂一座，现已成为农地。王姓居址在下墟坪，后转卖给刘姓第十七世受袍公改造厅堂，该厅还称作王屋厅厦。钟姓开基祖相传是刘姓第十三世天植公的女婿，原居武平城郊仙人坜，其后裔传到1949年时，还有夫妇两人，丈夫因爬树捉鸟摔死后，妻子改嫁，至此烟火断绝，其宅基至今仍叫钟屋。

温姓居址在朱屋旁边，1949年前还有1户5口人，后来死的死、走的走，现只剩下屋基和鱼塘，由刘姓亲戚管理。邱姓居址今称邱屋子，1949年前邱姓尚有邱马子一人，后不知下落。范姓居址在羊坑里山寮下，大约于1911年前后，范姓人迁到邓坑村百丈礤。随着岁月的流逝，如今湘村只剩下朱、陈、刘三个姓氏。

据一位朱姓报告人说，朱姓远祖来源于江西赣州，近祖来自本县县城东门坝朱家祠，后迁桃溪朱屋坝（现今逢路口旁），再迁至桃溪贡下金鸡婆塘，最后迁至湘村，开基始祖为仁甫公（族谱上为第十世）。

仁甫公生有三子，即斯敬、斯慕、斯和，其中斯慕、斯和绝嗣。而斯敬公单传至文保（即前述邹姓人的女婿），文保公建朱屋祠后，奠定了现在的居住范围。文保公又单传至进富公，进富公生有二子，即贵玉、贵清。自此开始分房，传至现在为二十三世，除外迁的现有 76 人，其中男 49 人，女 27 人。

朱姓族谱虽被外迁江西瑞金、泰和、兴国等地的后裔带走，但根据口碑仍依稀可见他们在湘村开基拓业的若干历史。据朱姓报告人说，现在的湘村小学校址旧称上墟坪，曾设有墟市，此墟就是本村朱姓人所设立，故又称朱屋墟，墟场周围的店面也大都为朱姓人所有。现今公路旁的新朱屋，十七世华清公移居于此。华清公有 7 个儿子、7 个媳妇，全家 100 多人，具有较雄厚的经济实力，曾建有 7 座厅堂，7 个媳妇头戴凉笠在秧田里脱秧似蝴蝶采花，每天 8 头大水牛在溪中洗澡可搅浑整条溪水。鼎盛时还曾在本村贡头岭一带建造大量房屋，拥有 900 多担谷田，长工数十名。因有钱有势，常常耀武扬威。但由于一个偶然的原因，导致了整个家族的衰败。

朱姓报告人用风水之说加以解释：朱屋进富公墓系牛形，故能使后代兴旺发达，此事应在华清公身上。华清公因财大气粗，得罪了下墟坪王屋人，王屋人便延请了一位高明的风水先生，假装好意向朱华清建议，如能在牛形墓的左上角竖一个石墩象征牛角，在墓前小涧上横架一石拱桥象征牛鼻孔，既通气又生角，气势将更加雄伟，必将财丁两旺。朱华清采纳了这一建议。不料，墓左上角的石墩在风水学上恰恰象征着牛墩，而墓前的小涧则象征着牛绳。这样，该墓的风水变成了"用牛绳穿通牛鼻孔将牛系在牛墩上——动弹不得了"。朱华清从此一败涂地。朱华清从盛到衰的真正原因一时难以考究，但从这则传说，我们觉得可能与一场激烈的姓氏斗争有关。

朱姓的另一支还有一段更辉煌的历史，那就是至今村民们仍津津乐道的"朱家拳"。据朱姓报告人说，大约在 100 年前，下墟坪人曾聘请一位来自本县东留桂坑的朱姓武功师教其子弟习武，朱姓子弟朱立谦在旁模仿。朱老师傅见其禀赋聪颖，一学即会，念其是本家子弟，便收其为徒。从此，朱立谦苦心习武，深得少林朱家拳真传。相传，朱立谦力大惊人，能将 80 多斤的板臼从上厅踢到下厅。同时又富侠义心肠，有一次山羊坑村 13 人在贡厦墟捉拿湘村某人，他挺身而出，只身打退 13 人。由于朱立谦的拳术远近闻名，加上他又收湘村有名的刘姓富户永堂子为徒，使得湘村朱姓在刘姓占绝大多数的情况下，还能立足其中，备受尊重。

陈姓在湘村开基的时间和始祖均无从查考，传至现在为二十四世，现存 3 户 26 人，其中男 10 人，女 16 人。1949 年前有一支迁往江西省会昌县永隆乡打马崇，现有 5 户人，每年清明时节，都有人回来祭祖。因现存陈姓族人均非嫡系，祠堂倒塌，家谱失传，史迹几不可考。但有一点可以肯定的是，陈姓在湘村也曾经辉煌过。据前辈说，康熙《武平县志》记湘村村名为"象村"，就是因为陈姓祠堂是象形，陈姓人数一度在湘村占多数，故名之。另外，还传说陈姓原居住在花厅底，有过巨大的家业。

刘姓在湘村的开基祖为刘华筠，但湘村刘氏一般仍奉龙坑开基者千十四郎公之父九郎公为开基始祖，称作始祖公，世系则从千十四郎公开始计算。关于刘姓的来源，以前有多种说法。一种是来自长汀县的上坪村，但调查中，几位报告人都说这是一种误会，这是因为在 20 世纪 40 年代，由于联宗的需要，上坪刘姓邀同湘村刘姓在上坪共建一祠堂，从此有人误会湘村人来自上坪。另一种说法是来源于湘店乡的湘坑湖，如民国《武平县志》说："湘湖开基祖刘三郎，号二夫，元季由长江刘屋坑来迁。明永乐初，刘隆由进士累官山西金事。邑志首先列传，即为其裔。清刘光第刑部主事，为光绪戊戌政变六君子之一，亦其族迁蜀而籍富顺者也。凡北区七里而外。纵横数十乡，及古城、六甲、黄心畲、岩前等处刘氏，均为此派。户数二千以上，丁口以万计，为全县刘氏最盛之族。"虽未明言湘村刘氏源自湘湖，但湘村属于"凡北区七里而外，纵横数十乡"的范围，其意自然十分明确。

其实，《武平县志》的说法并非完全可信，嘉庆《龙溪刘氏族谱》和《刘氏家谱》俱载："九郎公原居江西瑞金塘背，自元朝□，千十四郎公抱祖骸来龙溪安葬于龙头崀。"嘉庆《龙溪刘氏族谱》早于民国《武平县志》自不待言，《刘氏家谱》也修于民国年间，并声称先世世系抄自民国壬申、癸酉修的《刘氏族谱》，这一时间也早于民国《武平县志》。而且这一记载与当地老一辈人的口碑相传也是一致的。据两位 80 多岁的报告人说，1949年前，湘村与湘湖很少有联宗活动，双方修祠建庙也不互派代表参加，只有在与外姓人激烈械斗时才以梓叔相称而求助对方。按湘湖刘氏系武北旺族，历代文物颇盛，武北各地刘姓与之联系当属求之不得，湘村刘氏若与其有渊源关系，怎能没有任何表示？

由此可见，湘村刘氏既不来源于长汀上坪村，也不源自湘店湘湖村，而应以《龙溪刘氏族谱》和《刘氏家谱》的记载为准，即远源来自江西瑞金塘背，近源来自本乡龙坑。

据一位刘姓报告人说，千十四郎到龙坑开基伊始仅为母子两人，因贫困只好给龙坑郑姓人做长工。日久生情，郑姓东家怜其赤贫，准其在今刘姓蛇形祠地点搭一茅寮，自此刘姓开始了开基拓业的历史。但直到第九世孙文珊公时，家业才开始兴旺。《刘氏家谱》载："先世自荣祖公而下寝以衰矣，至九世文珊公乃渐复兴，及乔迁于大园，我公家道遂隆隆起矣。"文珊公生四子，即正道、正通、正遂、正达；其中正道公（号筠谷）又生四子，即华筠、培吾、如石、吉所。由于在龙坑的生存空间受到限制，大约于明万历年间，华筠、培吾兄弟俩从龙坑迁居湘村上村老屋。培吾一脉流传至今除外迁的，在湘村只剩下一孤儿年约20岁，无依无靠，寄人篱下。华筠生五子，即可珍、可献、可仕、可纯、可启，从此开始分房，除第五子可启迁回龙坑，可献后裔迁四川外，其余三子均在湘村繁衍（见图1-2）。

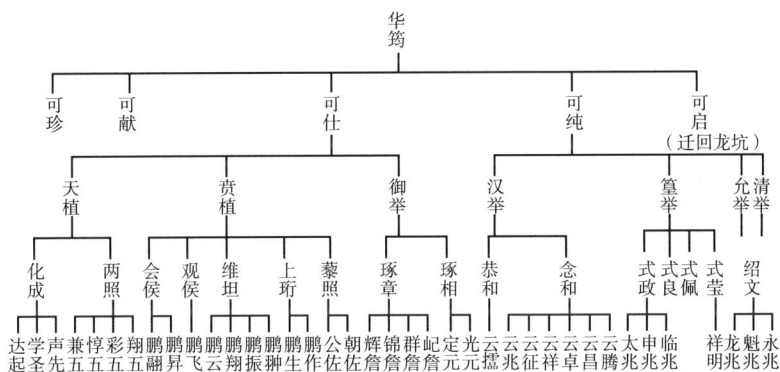

图 1-2　武北湘村刘氏世系图

以上世系分布，大致构成了今日湘村的基本格局。可珍公后裔在湘村仅存两户，居于上村边缘。可献公裔据传已全部迁往四川省。可仕公后裔大部分居住于下村，个别居住于上村，现传二十六世共有1000多人，可纯公后裔全部居上村，现传二十五世共700多人。可仕、可纯二公裔孙成为开发湘村的主力军。其中，又以可仕公一脉发展最快。可仕公开基于下村土围祠，其长房天植公留居土围祠附近，并往花厅底拓展。天植公长子化成公又往石子楼发展；次子两照公后裔一部分留居花厅底，另一支彩五公则迁往溪东自然条件更好的下墟坪定居。可仕公的第二房贲植公迁往回栏馆居住，其裔孙中又有人分别迁往坑子背、岐山下、鹏升屋等地。可仕公第三房御举公的后裔则分布在下神坛、神背屋等地。可仕公一脉的居住范围约占全村总面积的 2/3。

可仕公裔孙与可纯公裔孙相比，不但居住范围比较广阔，人口比较众多，而且 300 多年来，在经济、文化方面也一直领先。历史上，下村出过举人、知县、双万户，秀才、监生更是难以枚举，而上村非但无举人、知县之类的人物出现，而且连秀才也屈指可数，在经济上更是落后于下村。在今天，这种差别仍然存在。改革开放之后，下村人中各种能工巧匠纷纷涌现，"上江西、下广东"的商贩也多半是下村人，而上村人中仍较多地固守"一亩三分地"。在上大、中专的人数上也差别不小，到 1995 年底为止，下村共有研究生 1 名、本科生 5 名、大专生 3 名、中专生 6 名，而上村只有本科生 2 名、大专生 2 名、中专生 2 名，总比例为 15 : 6。

那么，上、下村之间何以存在着这种差别呢？一位报告人用风水之说加以解释：

> 可仕公坟墓位于大禾村水口骑羊崇，系属于"溜冈木形""己山亥向""亥水来朝"的风水宝地，主发财、丁、贵，故能使下村富贵代有传人。此地原为可纯公为自己择定的一块草茔（寿坟）。可仕公先于可纯公去世，可仕公长子天植公听说此地是一块难得的风水宝地，便想将父亲葬于此穴。于是，有一天，天植公兄弟突然将父亲的棺柩从桃溪笠麻寨抬回来，放于村口的官田坝，然后在其叔父可纯公面前哭哭啼啼，装作哭得十分伤心。可纯公便问何故，天植公回答说父亲没有地方安葬，作为人子，于心不安。可纯公为其孝心感动，便答应将此茔地让给可仕公安葬。事后，一位风水先生对可纯公说，你再也找不到这样好的风水宝地了，你的后裔即使脱掉裤子也赶不上可仕公的后代。

这则故事显然是一种附会，或者是一种巧合。我们认为，上、下村之间的发展之所以有较大的差异，可能与以下几种因素有关：

第一，下村地势平坦，具有较广阔的生存空间，同时土壤也比较肥沃，这就为下村各方面的发展提供了较好的地理环境和经济基础。

第二，下村早在天植公、两照公两代就已科举成名，天植公为文、武秀才，两照公则为方圆几十里内少有的武举人。伴随着科举成名，一方面财富有较大的积累，另一方面通婚范围超越了武北这一狭小的区域。通婚范围的扩大，既更新了血缘，又开阔了视野，使得下村较早地受到异地文化的浸润，渐次形成一种机变灵巧的民风，为下村的全面发展提供了较好的社会土壤。

第三，下村比上村的交通要方便，下村在陆路上与贡厦、大禾这些中心地区相连，而上村则有一溪相隔，殊感不便。交通的便利，适于商业往来与文化传播，其影响也是长久的。

第四，下村尤其是溪东下墟坪，历史上设有上墟和下墟，与贡厦墟和大禾墟往来也十分方便，受墟市的辐射较强。这种辐射既有经济的，也有思想意识的。

第五，妈祖庙位于下村。在 1949 年前，妈祖庙是全村社会文化活动的中心，加上学校也设于此，近水楼台先得月，使下村有较浓厚的文化氛围。

以上这些因素互相联系，互相影响，形成了同一村落内的聚落差别。

三

湘村的村东南是桃溪镇的贡厦（现名新贡）、湘坑坝、罗坑三个自然村，各相距 5 里，均有小山与之相隔。贡厦、湘坑坝两村姓蓝，湘村因与之山林相邻，常互相越界樵采，引起争吵，但矛盾不大。罗坑姓刘，与湘村刘姓系本家，彼此常以梓叔相称，关系比较密切。湘村的西邻是本乡的龙坑村，因湘村刘姓祖居于龙坑，故两村关系较好，常有联宗活动，两村间凡修祠、建庙都会互相祝贺，甚至婚丧喜庆等还常有来往。

湘村的西北是磜迳和大禾村。磜迳姓高，人丁较少，只有十多户人，与湘村仅一溪之隔。两村的田地、山冈混杂一起，界址不明，常因砍柴、放牛、鸡鸭糟蹋庄稼等发生口角，但未酿成大的矛盾。大约在 20 世纪 40 年代，磜迳人因败势，不少坟山、祠堂、厅堂都卖给湘村人。而大禾村，因是大禾墟所在地，1949 年后又是乡政府的驻地，故两村来往较多，关系尚属良好。

历史上，湘村与邻村的关系，影响比较大的主要有以下两件事：

1. 长达 22 年的姓氏械斗

湘村的西南是本乡的源头村，两村相距 5 里。据一位刘姓报告人说，1917 年夏秋间，源头村蓝姓人准备在龙坑、湘村刘姓人共有的始祖祠左片蛇形祠（位于龙坑村）面前建房，湘村人认为如房屋建矮一点，对蛇形祠、始祖祠影响不大，但如果建得高，会有碍于风水。故湘村人就此与源头人协商，希望房子建低一些。但在协商中，双方口气都很强硬，以致当场双方发生口角、赌气。源头人不但未将房子建低一些，反而派武装镇守，加建高了几尺，于是双方产生了激烈的冲突。此后，你杀我一个，我也杀你一个，杀来杀去，前后共杀害人命 23 条，其中男性 22 人，双方各 11 人，妇女 1 人系属误杀。按照乡规民约，尽管双方械斗残杀，但与妇女无关，即使在斗争形势十分激烈的情况下，妇女仍然可以自由来往，或探亲或访友，上山砍柴、下田劳动也都可不忌。有一次，源头人打到湘村的屋门口时，眼看湘村就要被攻破了，凭着乡规民约中关于妇女不得加害的规定，有个妇女自告奋勇，擎着被排（把棉被用水浸湿，撑起来以御铳弹）勇往直前，掩护村人，从而打退了对方的进攻。械斗发展到最激烈时，源头人曾向湘村人下过战书，约定于 1918 年的正月廿六日举行会战，湘村人也表示应战。于是，双方都求助于方圆几十里内的同宗叔伯，请求派员助战。湘村人前往湘湖、瑞湖、沟坑、永平寨等刘姓村落，对其总祠烧香、发烛，进行会事（即邀请当地的首脑人物前来磋商有关战略战术、派员情况，以及奖励有功人员，安抚伤亡人员等问题），对内则动员 16 岁以上的成年男子全部投入战斗，进行祭旗、祭铳，每人分猪肉半斤。约定会战那天，湘村有来自各地的同宗武装四五百人，各个山头、路口，房前屋后，都红旗招展，布满人马，严阵以待。但从一大早等到天黑，都不见动静，第二天仍风平浪静。事后才得知源头人到大禾、贡厦、湘坑坝等地蓝姓同宗处搬兵，当地首脑鉴于湘村地处大禾与贡厦之间，扼交通咽喉要道，考虑到广大子民要外出谋生，一旦介入械斗，交通断绝，将为村民造成生产、生活上的极大困难，故不同意派员参战。而到中堡、大坪、章峰里等处搬兵的代表也空手而回，因当地的首脑接到来信后，满口拒绝，不发一兵一卒。原因是，这些信为源头村的首脑人物之一的蓝道应先生所写，他本人并不同意挑起更大规模的械斗，写信搬兵系被迫而为，故在信中采用"伍奢召子"的方法，明为搬兵，实则劝其不要前来参战，以免扩大事态，故这场眼看即将爆发的大规模的械斗，最终没有发生。这场姓氏斗争，从 1917 年开始直至 1938 年方告结束，历时 22 年，也许是双方的死伤已大致持平，或许是长期的械斗使双方子民尝够了苦果，此后未再发生大的争斗。

2. 刘、邓二姓不联姻

湘村刘姓与西去 15 里的邓坑村邓姓，从明末万历年间至今一直不通婚。

据说此事与湘村第十一世祖刘华筠有关，刘华筠初配邓坑邓氏，生子孟春伯。孟春伯天资鲁钝，愚笨异常。某日，适逢贵客上门，孟春伯在清理完马粪后未洗手脚就上桌吃饭，为父的嫌其肮脏、粗野、丢脸，一气之下用马栏棍失手将其打死。事后，刘华筠迁怒于其妻邓氏，将邓氏休回娘家，奉送粮田10担谷田作养老之用，并发誓说："凡我子孙后代，如再与邓坑邓姓结婚的，都会断子绝孙。"此后，湘村刘姓后代恪守祖誓，从未敢越雷池一步。至今，刘华筠后裔已有300多户1800多人，确实还找不到一个姓邓的媳妇。湘村刘姓、邓坑邓姓不联姻的习俗还影响到邻村龙坑刘姓非刘华筠子孙，他们一般也不与邓姓人结婚。湘村人甚至还将这一习俗推向极端，连母猪、母鸡、母狗等也尽量避免向邓坑邓姓人购买，实属离奇。

以上两端是湘村对外关系的极端表现。但在平时，湘村与他村之间，甚至村民之间，因男女关系、砍伐杉木、盗窃、抢劫、赌博等问题，所发生的或大或小的纠纷，则主要是通过以下三种方法来解决：

发包。一般适用于案情较小者。当事情发生后，当事人中的一方包上一个红包（即茶礼，现在叫劳务费），报告当地的公亲（公亲由公正人士或具有一定权威、一定势力的人充当），向其说明事由。如公亲认为他有理，即从中进行调解处理，消除意见分歧。如事情解决不了，公亲就将红包退还。

投人。如案情比较重大，看样子一两个人解决不了问题，就进行投人。当事人中的一方备办酒席一两桌，发出红帖，邀请公亲到其家，以便申述案情。公亲中有本村本姓的，也有各村各姓的，投告谁由当事人自定。这些公亲听完当事人的申述后，即到当事者的另一方家中听取对方意见。如对方认为自己有理或事情歪曲，他即进行回席，也发出红帖，邀请公亲到家，陈述案情，有的还扩大邀请对象，叫回席并投人。公亲通过双方摆事实、讲道理之后，就从中进行分析研究，提出初步意见，对双方都进行耐心细致的说服教育，三回四转，苦口婆心，以求得事情的圆满解决。这些公亲由于站在比较客观公正的立场办事，不偏心、不受贿，许多重大案件包括人命案都由公亲处理解决。

发誓。又叫"赌发誓"，其形式可分为两种：一是属于小事小案的，仪式也比较简单。如甲欠乙100元钱，甲说已经还给了乙，而乙则矢口否认，既无书面凭据，又无旁人作证，双方争执不下，互不服气。在这种情况下，经双方协商，可由甲发誓，也可由乙发誓，具体仪式为：点上三炷香、一对蜡烛，跪在地上，向天地神明表明心迹。如甲发誓，就说："这100元，我确实还给乙了，如果我没有还，吃了乙的这100元，天地神明给我屙脓头、刮赤痢……"如乙发誓，就改为说："这100元，甲确实没有还给我，如果已经还给我了，天地神明给我屙脓头、刮赤痢……"如此这般，双方都心平气和了。

二是属于大事大案的，如重大盗窃案、投毒案、强奸案、谋杀案等。此类重大案件的发誓仪式就比较严肃、复杂。发誓时，首先要把忠诚菩萨（又叫蛇王菩萨、发誓菩萨）请来。其次，要写誓词，誓词由双方商定，或由公亲处理，协商而定，如谋杀案的誓词大意为：××确实不是我谋杀的，××冤枉我，如果是我谋杀的，天地神明使我断子绝孙，全家绝灭……如果不是我谋杀的，保佑我子孙满堂，大富大贵，那就使冤枉我的人不得好死，断子绝孙，全家绝灭……誓词中要将发誓双方全家姓名都写上，以便神鉴。最后，发誓者要将蜡烛染黑，以示黑白分明。发誓一般选择在河坝上（之所以选择在河坝上，据刘姓报告人说，一则因为河坝是公共场所，以便通告周知，二则便于让河伯、河神、水官大帝等神明知道，以便发誓有灵）。发誓者先烧香、发烛，然后跪在忠诚菩萨面前宣读誓词。宣誓后，即口咬公鸡头，要一咬两断，使鸡首分身，抛在河里。旁边则敲铜锣，擂大鼓，气氛十分严肃。发誓结束后，对方要给发誓者洗嘴，即付给其公鸡几斤，或猪肉几斤、几十斤甚至几百斤，具体数量需事先由公亲协商处断。

据一位刘姓报告人说，发包、投人、发誓均为旧时湘村解决村邻、村民纠纷的最常用、最有效的方法，现略举数例，以见大概：

> 湘坑湖人杀害湘村石子楼人刘××案。1936年，石子楼人刘××，因父亲年老力衰，家境贫困，讨不起媳妇，只好到湘坑湖（今湘店乡湘湖村）去"合家"（即打合同，下详），但刘××也不是一个安分者，脾气又坏，不久就被其湘坑湖亲房给弄死了。事发后，刘××在湘村的亲房刘锦美、刘炳炎、刘谷邻等人就前往湘坑湖投人，邀请公亲叔伯多人赴席。公亲的组成在姓氏上有姓朱的、姓蓝的、姓童的，也有本姓刘的；而在地域分布上，既有大禾人、桃溪人，也有湘店人、帽村人，向他们申述事由，表明态度。公亲们经过多方调查、多次研究，作出了如下处断：赔偿"国币"1000多元，作为其父养老之资；将其生前所生男孩一个归湘村刘××抚养，以续香火；为死者建坟立碑，以便祭祀。这一处断，双方都同意接受，案子就此了结。

亭头村人谋杀湘村刘路长案。1920 年前后，湘村有个名叫刘路长的，前往桃溪乡的亭头村赴墟。回家时在亭头村境内被人谋杀，凶手是谁查无实据，但根据案情分析，系亭头村人所为。湘村人只好把事情闹到亭头村的首脑人物头上，要求他们交出凶手，而亭头村的首脑人物矢口否认是亭头人所为。于是，湘村人就邀请了武北范围内的知名人士十余位，进行"投人"。后经公亲处断，由亭头的首脑人物之一的李东明出面在桃溪局下的公王坝上发誓，湘村人给予 300 斤猪肉洗嘴。发誓后，双方均无异议，一条人命案，就得以了结。

神背屋人刘××（下称甲）强奸下墟坪人刘××（下称乙）媳妇案。事情发生在 20 世纪 40 年代，刘甲强奸刘乙媳妇后，刘乙找上门，因未当场抓获，刘甲死不承认，刘乙及其亲房遂要求刘甲发誓，如能发誓，就不再追究，如不发誓，则决不罢休。在下墟坪人的威逼下，刘甲到龙湘溪大坝上（今大桥脚下）发誓。发誓后，刘乙也就心甘情愿，双方未再发生冲突。

由上可知，在发包、投人、发誓的过程中，公亲扮演了一个重要的角色。那么公亲的处断为什么具有如此强大的效力？这里有一个乡规民约在起作用，因为根据乡规民约，理亏的一方如不执行公亲的处断，有理的一方就可以采用以牙还牙的报复手段，如你杀了我一个，我也杀你一个，你强奸了我的媳妇，我也想办法强奸你的媳妇，而不受社会舆论的谴责，所以当事人一般都能严格执行公亲处断，消弭矛盾。

四

墟市是旧时村落对外交往的重要场所。在历史上，湘村附近有桃溪墟、亭头墟、贡厦墟、大禾墟、湘村上墟、湘村下墟 6 个墟市。

民国《武平县志》卷五《城市志》载：

桃溪，距县治八十里。今为区署所在地。有小舟通小澜河口，以入汀江，交通称便。出产以杉木为大宗。无定期。

亭头，距县七十里。小舟可通桃溪。有店四十余间。出产纸木。四、九期。

　　贡厦，在桃溪北十里，距县治九十里。贸易以纸木为多。一、六期。
　　大禾，距县治八十里。三、八期。

　　至于湘村上墟、下墟，县志无记载。据一位朱姓报告人说，上墟在今湘
村小学一带，约在清中叶为本村朱屋人所设立，建墟时周围店面均为朱屋人
所有。下墟地址在今下墟坪，离上墟约1里。据刘姓报告人说，此墟为刘姓
十七世受袍公等在乾隆年间设立，约在清末，湘村人势败而废止，1949年
前仍有店面三间。

　　在这些墟市中，对湘村人来说，以贡厦墟为最主要。一方面贡厦地处武
北中心，有小舟通往小澜入汀江，是武北重要的货物集散地之一，前往贡厦
墟赴墟的人群有附近的演里、鲁溪、桃溪、湘坑、湘坑坝、湘里、余屋坑、
田雁、亭头、上梧、沟坑、湘坑湖、新礁、江坑等村的村民，这些村落与贡
厦墟相距不远，方圆均在5~15里。另一方面，湘村与贡厦只有5里之遥，
陆上有大路相通，水上则有木船、竹排可直达，交通十分便利。所以，在旧
时贡厦墟与湘村是息息相关的。

　　今日的墟市，在湘村附近的主要有大禾墟、桃溪墟、帽村墟、湘店墟、
江西永隆墟。

　　大禾墟。在湘村西北10里，逢三、八为墟期，有公路直达。村民的米、
菜、鸡、鸭、蛋、猪肉、茶叶等都挑到墟上兜售，又从墟上买回衣裤、布
匹、家用电器、农具等日常用品，均属小额交易，以解决生产、生活问题为
主。还有理发、补鞋、修表的小匠，也带上工具在墟场设点。

　　桃溪墟。在湘村东南15里，逢一、六为墟期，途经贡厦（现称新贡）、
鲁溪两个自然村，也有公路直通墟场。前往赶集的，大都是卖米、糠、鸡、
鸭、兔子等的小贩，买回的也是日常生产、生活用品。

　　帽村、湘店二墟。均与湘村相距30里，因路途较远，只有个别小贩前
往买卖。

　　江西永隆墟。与湘村相距50里，逢二、七、十为墟期，因永隆一带物
价较低，每墟都有不少小贩前往购买鸡、鸭等家禽、家畜，他们骑着自行车
或摩托车一大早出发，当天赶回来，于次日往大禾、桃溪等墟出售，以赚取
其中差价。

　　在今天众多的墟市中，与湘村关系最密切的是大禾墟和桃溪墟。大禾墟
之所以密切，一方面，1949年后贡厦墟废止，其重要性不得不让位于离湘

村最近的大禾墟。另一方面，大禾系乡政府所在地，不但地理位置属于大禾乡的中心，而且还是全乡政治、经济、文化的中心。每逢三、八墟期，大禾乡范围内的大禾、大沛、坪坑、贤坑、帽布、源头、龙坑、邓坑、大礤、山头、上梧、上湖等村，甚至周围几个乡，以及江西永隆等地的村民都会前来赴墟，交易各种物资。故今日的大禾墟对于湘村人来说，其地位更胜于当年的贡厦墟。桃溪墟虽然较大禾墟远，与湘村也不是同一个乡镇，但桃溪墟位于武北四乡的交通枢纽，是武北四乡的货物集散地，又有公路直达长汀、湘店、武平、龙岩等地，加之距离不太远，故对于湘村人来说，其地位仅次于大禾墟。

墟市除了与村民的对外经济交往有关外，还与村民的婚姻网络紧密相关。调查中我们发现，上述墟市的辐射范围也是湘村人的通婚范围。全村257个媳妇的娘家地点离本村的平均距离为11.8华里，而与贡厦墟、大禾墟、桃溪墟的距离也仅10～15华里。再仔细分析，我们发现，1949年以前娶入的媳妇中，其娘家的地点以贡厦墟周围的村落演里、鲁溪、桃溪、湘坑、湘坑坝、湘里、余屋坑、亭头、新礤、江坑、新田、田雁等地为最多，占70%～80%。但在1949年之后娶入的媳妇中，这一百分比有了较大幅度的下降。与之相反，以大禾墟周围的村落大禾、大沛、坪坑、龙坑、源头、大礤、山头、贤坑、帽布等地的百分比上升，约占45%，这些比例的变化都与墟市的变迁大致吻合，而大禾墟周围村落的比例之所以未能完全取代历史上贡厦墟辐射的比例，主要是因为1949年后桃溪墟的地位日益突出，与大禾墟分庭抗礼。另外，1949年后随着交通的改善，对外交往的频繁，湘村人的视野超越了墟市甚至武北的局限。

另有一个与通婚有关的情况需要在这里加以说明，即帽村方氏一般不愿意和湘村刘氏通婚，原因是他们的好风水曾被湘村刘氏分走过。据说，清初帽村方氏有一处草莣极好，选择这个草莣的风水先生说，主人落葬后其后代将来必定财丁两盛，科甲蝉联。这个秘密被另外一位风水先生知道了，而这位风水先生在湘村刘屋看风水时受到了可仕公的礼遇，被照顾得十分周到。为了感谢可仕公的盛情，他便教可仕公的老婆——方氏太婆（恰好是帽村方家人的女儿）说，等你父亲去世送葬时，你要设法用手在绑棺材的竹篾上割出血来，他日此墓对你子孙大有好处。后来，方氏太婆真的就按照风水先生的吩咐去做了。

若干年后，替帽村方氏做坟的风水先生又来到方家，便询问该坟墓葬后的几年间有没有什么变化。方家人回答说没什么变化，一切平平常常。这位风水先生觉得十分奇怪，怎么也不相信。最后，他问方家人的亲戚中有没有哪家在这几年中发生了大的变化。方家人回答说别的没有，只有湘村的姐姐家这几年十分兴旺发达，不但财丁两盛，而且不断有人考上文、武秀才，甚至还中了举人。风水先生遂认定方家的风水被湘村刘家分走了，便向方家建议改葬。当他们把棺材挖出来后，发现棺材上长出了四个大血瘤，风水先生认为正是这四个大血瘤应在了湘村方氏太婆的后代身上。他教方家人蒸几甑热饭倒在这四个血瘤上把它们祭掉。从此，方家人的风水便逐渐好转，后代中有人还中了进士，而湘村刘氏则远不如从前了。由于湘村刘氏曾经分走了方家人的风水，帽村方氏从此不太愿意与湘村人通婚了。每当有湘村人前来提亲时，族中长辈便出面反对，故两姓间通婚的情况就很少。我们在调查时发现，在湘村人的媳妇中确实很少有姓方的。与此相对照的是，帽村与源头、湘村两地距离相当，且帽村至湘村的道路还更方便，但帽村方氏与源头蓝氏通婚的却比比皆是。可见，风水观念也是影响通婚的因素之一。

五

如果说墟市是旧时村落对外交往的重要场所，那么村落店铺则是村落内部社会经济交往的重要场所。据一位报告人说，1949 年前湘村的店铺主要有美华祥店、福泰店、永生佬的豆腐酒店、集禧与谷麟合开的豆腐酒店、满头古的豆腐酒店、洪高佬的豆腐酒店。由于这些店主大多数已经作古，而仅靠 70 岁以上老人的回忆，很难全面地反映当时的经济交往情况。幸运的是，我们在桃溪镇罗坑村调查时，发现了一本民国时期湘村较大的一家店铺——美华祥店的赊账簿，"美华祥"的店名系由三个合股人锦美、先华、国祥名字中各取一字组成。这本账簿现今就保存在合股人之一刘先华的儿子手中，它详细地记载了该店 1949 年 4 月至 1950 年 5 月底的收支账目，为我们了解民国时期湘村商业店铺的情况提供了宝贵的资料。

从这本账簿看，该店经营货物仅发生赊欠的就有：布（包括斜布、白布、花布、石兰布等）、肥皂、烟、神炮、盐、烛、红绳、酒、电珠、带子、洋油、散炮、白糖、香、饼、色纸、谷、米、牛熟、连炮、火柴、帽子、勺子、籼、木油、牙膏、豆腐、猪肉、粉干、红索、串炮、豆子、毛边纸、蛋、红纸、真京、灯子勺、柴、攀红、力士鞋、丝光巾、姜片、笔、铅笔、黄纸、牛、碗子、丹红火管、杯子、黄丹、联炮、布皮簿、酱油、洋灯子、鱼子、忍布、信封、桌灯子、油带、童帽子、毛巾、墨、牙刷等。这些货物中，又以酒的出现最为常见，估计这是一家以卖米酒为主，兼营百货的店铺。

买卖这些货物的方式除现金支付外，还存在着大量的赊欠现象。而偿还赊欠的形式也有多种，如以农副产品谷、蛋、米、油等实物折算现金，以及做小工、卖柴火给店铺等充抵。

这本账簿涉及人员分别是：接仁、佳兴（出现 2 次）、生炎、生炳、接礼（出现 2 次）、文运、文祥（出现 4 次）、义昌、桂和、传和（出现 2 次）、梅和、何四娓、玉振（出现 2 次）、粮春、福文、作敏、玉达、佳达、义和、荣招、盛荣、福进、招达、永芳、耀春、文鉴、贤美、赐儒、承美、锡美、文进、亿美、文聪、宗美、金美、裕美、子春、日兰嬷、庆禄、庆兆、若华、培珍、炳炎（出现 2 次）、集禧、春华、伟美、佳美、玉儒、伟美、选坤、谷麟、耀联、选富、有福（出现 2 次）、耀祥、谷盈、接宗、选开、凤高、谷盛、才生、问古、耀升、崇山（出现 2 次）、琳山（出现 2 次）、子祥、茂发、茂开、仁贵、文茂、联芳、祥周、福英、遴芳、王氏、启恩、龙英、发周、廷光、永福（出现 3 次）、永广、兴章、廷广、福养（出现 2 次）、兴盛、永添、兆长、兴玉、腾邦、兴昌、廷宝、永汗、永标、永星、永室、永联、天盛、天禄、天喜、天瑞、天恩（出现 2 次）、业楷、汇潮、福寿头（出现 2 次）、盛隆、恩荣、大顺（出现 4 次）、日生、日星、德明、盛玉、盛有、大昌、天恩、钟丙兴、芬光、陈文章、朱国兴、朱秉文、朱子才、（罗坑）万汉、万腾、锦胜、忠宽、（龙坑）桂福（出现 3 次）、桂全、隆兴、永康、光文、禄升、遴香、永富、桂香、蓝曰祥、桂禄（出现 2 次）、桂香、仁礼、马金生、遴香、（贡下）蓝福生、蓝福财、蓝交化、蓝三满头、李永良、高盛生、何祥发、（鲁溪）梁山子、何庄达、（大禾）钩嘴石鞭、敬业社、彰达、（桃溪）王添华、蓝森、蓝洪祥、（大禾）蓝美标媳、何谦益、（湘坑坝）蓝纶开、高如兰、高迪寿、高迪洪、合和昌、丘宜潘、蓝美生、梅和、接美、九郎公、（桃地）张彩荣、佳艮、蓝泉兴、（定坊）蓝有馨、蓝泮才、圣美、国祥、文进、天禄、日山（以上为1949 年）；王启炎、文开、文聪、琳山、亿美、朱秉文、陈声才、福文、选坤、（大禾）蓝洪祥、高盛生、（贡市）蓝美生、蓝冠勋、朱文汗、盛荣、金美、锡美、大顺、文祥、锦灿、（源头）蓝日亮、宗美母、（罗坑）三狗妹、传和、接仁、（桃地）王佛生古、遴芳、（贡市）蓝盛头、（鲁溪）合昌、（桃地）裕兴昌、文友、朱太平、文鉴、朱国兴、元美、朱子才、贤美、炳炎、若华、佳美、文钦、先华、容楷（出现 2 次）、天荣、文钦、先华（以上为 1950 年）。

　　这些人名中，未冠姓又未特别注明某村者估计为本村刘姓人，占了这些人名的 80%，可见该店以本村的交易为主。但该店并未完全限于本村，如这些人中有不少是属邻村大禾、龙坑、源头、贡下、鲁溪、湘坑坝、罗坑、桃溪、定坊、大禾坝等地村民。此外，该店与邻村的店铺之间也有经济交往，如出现裕兴昌、合和昌、合昌等商号名称。

　　据一位报告人说，这家店铺还常常是村民在闲暇时聚合的公共场所，如在夏季天热时，晚饭后三三两两聚集在这里，一边休息，一边闲聊。在冬季，田间无事，家中也无工可做时，也有不少人在这里闲聊，一方面向日取暖，一方面闲谈家常或地方上的大事。这种闲谈聚合不是偶然的，而是成了惯例，随季节的变化而变化形式。在这样的时刻，不只屋里面有一群人，其门外附近处也三五成群。在这种聚合中，各类村民都有，既有严肃认真的房长叔公，也有能讲传本、《三国演义》《水浒传》的乡村知识分子，更有无所事事的光棍、多嘴饶舌的年轻人，以及最喜欢听、讲东家长西家短的人，各种类型的人都聚合在一起。

　　由于该店有现存的酒、肉等，又有煮食的锅灶，所以常有"打平伙"的活动。所谓"打平伙"，是闲暇无事时，平素要好的朋友相遇，恰好口袋里又有点闲钱，便邀集起来打牙祭一饱口福，还借此机会喝酒聊天、叙叙旧。"打平伙"的菜肴一般选择时令牲禽，如"春羊、夏狗、秋鸭、冬鸡"等。"打平伙"的一个重要特点是平均，每块肉切得十分均匀，吃的时候每人一次夹一块，绝对公平合理，决不允许多吃多占。而在酒足饭饱之后立即结账，凡菜肴油盐，以及柴火、佐料、酒等统统计算在内，最后平均分摊付款。"打平伙"的另一个特点是气氛融洽，参加"打平伙"的人是平时比较"内至"的人，少有交往或互有芥蒂者不会勉强凑合在一起。参加的人数视菜肴的多少而定，但一般一桌不超过八人。气氛非常融洽，席间谈笑风生、纵横讽议，兴致所来往往猜拳行令，直至尽兴始散。

　　该店也常有赌博的活动，由参加赌博的人与看热闹者两部分组成。由于该店比较宽敞，且分内外两部分，所以里面一部分为赌博者与旁观者，外面一部分则是既不赌博，也不喜欢看赌博的人。他们是来此消磨时间，兼和别人闲聊。赌博在农闲和年节期间最为兴盛，因而成为村中男人一时的社会活动中心。

由此看来，该店除了经济交往的功能外，还有其重要的社会功能。第一，该店供给村民自由、淳朴、无代价的社会生活，以调剂农作、家庭生活的单调与劳苦。因为在这样的场合，村民可以海阔天空，无所不谈；或嬉笑谐谑、乐趣横生，或畅谈怅闷、直抒胸臆，从中能获得社会的、理智的及感情的滋养。第二，该店是村民获得有关村中、社区中以及外面世界信息的重要场所，也是他们对所见所闻表达看法与意见的重要之地。他们在这里交流见闻，品评人物，论断是非，使这种场合成为村落舆论的发源地和村落信息的传播区，从而在村落社会中生活发挥着重要的社会功能。

六

村民讲究慎终追远，不忘祖德。这一民俗突出表现在祠堂、厅堂的建造和众多的祭祖仪式上。

全村有总祠3座，分祠4座，厅堂16座。

1. 总祠

朱屋祠堂。即朱姓迁入湘村后第三代文保公为纪念开基始祖仁甫公而建造的祠堂，初建于明朝，民国年间曾作过维修。位于村中靠近溪流的地方，坐西北朝东南，乾山巽向，分上、下两厅。上厅天子壁正中立有神主牌（已毁），神主牌正上方有匾额一块，上书"沛国郡"三个大字（"文化大革命"期间被毁）。堂前为石坪、围墙。建有外门楼一座，坐寅向艮。门楼外竖有石桅一对，门前周围是农地，种有蔬菜、果木，溪流环绕而去。祠堂背后有草冈一片，留有称作后龙树的古树几棵，据说其功用一是美化环境，二是抵挡风煞。

陈屋祠堂。约建于明初，位于下村西南方，象形，坐西南向东北，即坤山艮向。分上、下两厅，上厅天子壁正中竖有祖先神主牌位（现已毁），堂前是石坪，石坪外是鱼塘，左边是刘姓人的住屋，右边是称作余角塘的山冈，系刘姓人的乱葬冈。祠堂后面是龙神寨延伸下来的山麓。

刘屋祠堂。又称"老屋祠堂"，初建于明中后期，系刘姓十一世祖华筠公以其父筠谷公名义建造，位于上村的西北角，坐西北朝东南，即坤山艮向，分上、下两扇，木质结构。上厅天子壁正中设立神龛，神龛正中立有一块牌位，上书"彭城堂上始高曾祖刘氏历代一脉宗亲神位"。祠堂左右两边为横屋，各有两三摆，均为刘姓子孙住房。祠堂门左、右两边竖有鼓子石，门前是石砌坪，坪外是鱼塘，前面是一片广阔的稻田。祠堂背头是叫荷背坞的山坡。"文化大革命"期间，祠堂被拆，现只剩下一块空地。

2. 分祠

象形祠。是刘姓十二世可纯公祠，位于龙坑村下杨窝下，坐向为乙山兼辰，祠堂左、右两边配有横屋，为可纯公裔孙居住。

四和堂。为刘姓十六世上村彩兴、彩伟、彩茂、彩廷四兄弟联合建造。位于上村中部，坐西北朝东南，即乾山巽向。分上、下两厅，上厅天子壁正中立有祖先神主牌位（"文化大革命"期间被毁）。门口是余坪和围墙，围墙外是鱼塘。建有外大门一座，与祠堂门同一座向。祠堂左、右两边是横屋，为四兄弟裔孙住房。

云祥公祠。为刘姓十五世云祥公所建，位于上村之下部，坐西向东，分上、下两厅。门外是围墙，前面是稻田，后面是山麓，左边是裔孙住房。

献仕二公祠。又名"土围祠"，为刘姓十二世可献、可仕两兄弟合建。初建于明末，1945年重修，1993年再次作了维修。位于下村中部的大墩之中，坐西向东，即辛山乙向，有上、中、下三厅。上厅天子壁正中设有神龛，神龛为木质镶花结构，刷漆镀金，宽约2米，长约3米，中间安放祖先神主牌三块，黑漆金字，正中上书："彭城堂上十二世祖考可献、可仕公妣温陈、熊方□□孺人刘氏历代一脉宗亲之神主位"，左、右两边是第十三世以下裔孙名字，按辈分排列，最小辈到第二十六世。神龛面前安放香炉，香炉面前是供桌。上厅和中厅之间，开有天井，左右两边为回廊。中厅较宽阔，可摆12桌酒席，内有4根大木柱，柱上面为斗拱结构，承受天面。靠上厅的两柱之间有四扇屏风隔着，1949年前屏风顶上立有一块匾额书有"经纬济美"四个大字，在梁与屏风之间立有"代有传人""奕叶重光"两块匾额（"文化大革命"期间被毁）。据说，"代有传人"一匾系龙坑的梓叔在修祠堂时赠送的，原意为称赞和祝福"书香门第，代有传人"，但后来慢慢衍化成用"代有传人"一词讯骂他人具有数代相传的坏习惯。如某人的祖、父会偷人做贼，他也做小偷，村民就会说，真是"代有传人"；又如，某女爱哭鼻子，其父母幼时也爱哭鼻子，邻居就会讥讽说是"代有传人"。祠堂中栋与第三栋之间是一个大天井，第三栋较矮小狭窄，立有屏柱两根，中间镶有木板为屏风，前面是大门，大门的门枢、门棚、户枢均用长石条构砌搭成。左、右门枢上刻着姓氏联："禄阁家声远，彭城世泽长"，横批则为"禄阁流芳"。门棚上面刻着"献仕二公祠"五个大字，上端是门顶，两边琢有翘桅各五支，向左右延伸，中间顶上琢有一圆形图案。门口砌着两层石阶，左右两边竖有鼓子石一对。门前是石砌的余坪，周围是照墙，照墙的一侧建有门楼一座。门楼大门上贴着"湖北利川县正堂，雷琼二州知县"。

关于这座祠堂的建造还有如下两则传说：

其一，关于祠堂地基的来历。据说，建祠基址中的一部分原系本村温祝庭的一块苎麻地。温祝庭之女匹配与刘姓可献公后，可献之父刘华筠企图将这块地占为己有，用以建祠，故指示尚未归门的媳妇（即可献之妻）以建学堂的名义向其父母索要。当可献妻归门之际，一直啼哭，不肯上轿，其父一再追问何故，最后，温氏才将此事提出，说她要那儿的一块苎麻农地。温祝庭也略知风水，知道这块苎麻地可用以做祠堂。但在这种情况下，只好勉强答应，于是就祷告说："此地若用以建学堂，子孙就入学中举，若用以建祠堂，则只能有一桌人吃饭。"后来，祠堂建成后，可献公一脉景况不佳，最后不得不迁徙到四川。

其二，关于门楼的建造。相传祠堂建成后，有位风水先生路经此地，左看右察，最后搬了一条小竹椅坐在门外的空地上，因其外表寒酸，无人理睬，只好一走了之。后来可仕公外出回来闻知此事，立即找人赶去，想把那位风水先生请回来，可是他坚持不肯。在来人的一再乞求下，他只好告诉来人，如你家有福分，我坐的椅子未搬动，就按照坐的那个方向做个门楼，要比你那祠堂的朝向好得多，故在祠堂门外的围墙侧又建了一座门楼。此外，外墙外竖有一对石桅，表明是书香门第。

祠堂后面砌有龟背形石坪一块，宽约 12 米，坪后则是一排十多间的平房，正中间一间设有土地伯公神位，故又叫"福德土地祠"，跟祠堂内上祖神位一样供奉，每天晚上轮流烧香点灯（"文化大革命"期间被当地住户拆掉），平房后面留有一块宽约 5 米、长 20 多米的长方形空地，叫重墙隔。再其后则是一道 40 多米长的围墙，墙高 2.5 米，厚约 0.5 米。祠堂的左上角，即与平房、围墙接连在一起的，建有一座高大的土楼。据说，左上方空缺很大，要承受风煞，不利于长、四房，故此楼系可仕公长房后裔——天植公子孙所建，"土改"后分给私人，重新改建为居住的楼房。

3. 厅堂

全村共有厅堂 16 座，各厅堂的位置、坐向、结构等见表 1 - 1。

表 1 - 1 　湘村各厅堂

厅名	坐落地点	建造者世系	坐向	结构	备注
乾凤公厅	上村	十六世	申山寅向	泥木结构，只有一间上厅	左右横屋，两楼为其裔孙住房
兰芳公厅	上村中部邱屋子	十九世	坐西向东	砖木结构，分上、下两厅，建有门楼一座，上有翘桷	上厅天子壁有刘光第书写的对联："一挥累纸恣奔放，今日论诗喜琢磨"。落款为"斐邨光第书"
翠芳公、际芳公厅	上部中村邱屋子	十九世	坐乾向巽	砖木结构，分上、下两厅，有门楼一座，上有翘桷	厅堂大门，对联曰："吉汇仓塘滋润屋，祥添帽寨叠叠冠"，左右两边各有横屋一摆，为其裔孙住房
鑑辉公厅	上村中部土楼子下	十九世	坐西北朝东南，即辛山丁戌向	泥木结构，分上、下两厅	左右两边各有横屋两摆，厅后楼屋一摆，为其裔孙住房
文凤公厅	上村中部	十六世	坐乾向巽	泥木结构	左右有横屋，附近为其裔孙住房
鹏升公厅	上村南部鹏升屋	十五世（乾隆年间）	坐西向东	砖木结构，分上、中、下三厅	后面是山麓，前面是鱼塘，左右为横屋，附近为其裔孙住房
化成公厅	下村西部石子头	十四世（清康熙年间）	坐西向东	木质结构	周围为其裔孙住房
兰瑞公厅	下村西部土围底	十六世			20世纪70年代失火烧毁
黎照公厅	下村西部回栏馆	十四世			20世纪80年代失火烧毁
三荫公厅	下村西部下神坛	十五世	坐西向东	泥木结构	附近为其裔孙住房
花厅底厅	下村西部花厅底	二十世翠芳公与二十二世庆云公合建		泥木结构，只有一厅	
彩五公厅	下村东部石灰屋	十五世	坐北朝南，癸山丁向	泥木结构，上、中、下三厅	附近为其裔孙住房
受袍公厅	下村东部下墟坪	十七世纪（清嘉庆年间）	坐东北向西南，即丑山兼癸	木质结构，分上、中、下三厅	附近为其裔孙住房
火烧坪厅	下村东部火烧坪	二十一世培璋、培珍兄弟合建			火烧坪曾有雕梁画栋之厅堂，被太平军焚烧
琢相公厅	下村神背屋	十六世			现已改造成住房

　　祭祠堂的时间定在每年的清明节前后，整个活动由族长主持，具体事项则由头家（按各房派轮流产生）负责操办。祭祀前，头家必须准备好祭品：熟肉整块、熟鸡成只、鲜鱼成尾，茶、酒、果品、蔬菜、葱一条（并根），饭一碗。在祠堂内祖先牌位前设香案桌与祭桌，中间距离约 1 米，作为祭祀者跪拜之位。同时，还需请礼生来呼班（礼生需由绅士或具有功名的人担任）和组织乐队、执事者。祭祀时由族长或房长主祭，由礼生呼班（即主持仪式，礼生需穿长衫，戴礼帽，左右各二人）。具体仪式因与其他地方无异，这里从略。

　　祭墓时间一般在每年的春分到清明节和中秋节前后，上代祖先只在清明时节祭一次，近代祖先除清明祭祀外，中秋节前后还要再祭一次，故称春秋二祭。祭墓时，自上而下，先祭上代，后祭近代，直至私家祖父母、父母。

　　祭品由头家负责。如前所述，头家按房派轮流产生，1949 年前各代祖先均有蒸尝田（下详），头家有租谷收入，故所需祭品如香纸、烛炮、糍粑、三牲等由头家备办。1949 年后取消蒸尝，祭墓所需费用由头家按各家人丁平摊收取。新出生的男丁，规定要纳喜庆，每丁一般 5 斤米糍。

　　参加祭墓人员，刘姓规定祭十四世以上祖先，只许男人参加，十五世以下男女老少均可参加。祭墓时，由头家挑着竹篮，盛上三牲、茶、酒、香纸、烛炮、糍粑，带领众人前往坟地。到达坟地后，首先清除坟地周围的杂草、淤泥，凡参加扫墓的都要动手。清理完后，摆上供品，散发花纸，将花纸放在坟头的中间及左右两边，内三张，外五张。同时发烛、烧香，每人都要三支或几支，向坟前三鞠躬，头家则割鸡，把鸡血滴在摊放在地上的草纸上和石碑上。长辈则奠酒，先把杯里的酒倒一些在地上，然后四跪四叩。祭祀完毕，由头家统计祭墓人数，然后分发糍粑，每人一份。有些祖先的蒸尝较大，如下墟坪的彩五公蒸尝，祭墓时还会请鼓手在路上和到坟前吹打，由绅士在坟前跪读祭文。

　　上午祭墓，下午消蒸尝。1949 年前，各代祖先均有蒸尝田，蒸尝田按其功用，分为祭田、义田、儒资田等几类。祭田的收入专用于祭祀。义田的收入专用于救济族中的鳏、寡、孤、独等贫疾者及赈荒和修祠建庙、造桥补路等公益事业的摊派或捐赠。儒资田则专用于兴学和资助族人参加科举。每个上代祖宗，几乎都有多少不等的蒸尝田。如十世祖筠谷公蒸尝，据《龙湘刘氏家谱》（手抄本）载："所创田业近万，内抽尝田二百，为春秋两祀之资，又抽儒资四百，以励后贤，又有义田百余，为赈族贫之需。"蒸尝田由各房派轮流经管，经管当年即为该年祭祖活动的头家。消蒸尝时，由头家备办糍粑、猪肉、鸭子、豆腐、青菜、酒、饭，煮熟后当众过秤交点，分成若干桌，凡属男丁都可赴席，小孩、老人吃不完的，可夹在一旁（限自己份内的），散席后带回家。未能赴席的，也可请人夹一份带回。蒸尝较大者，在祭墓时每个男丁可分发猪肉1斤，功名、老大（即年满60岁以上者）依等级增加，即监生1斤，秀才2斤，举人3斤等；60岁以上者1斤，70岁以上者2斤，80岁以上者3斤。既是老大又有功名者，可得双份。蒸尝更大者，年终还会杀猪和分谷，猪肉分配方案同上，谷则每个男丁一桶（即25斤），作过年之用。

在全村的祭墓活动中，还有一项比较特殊的，即祭厉坛（公墓），厉坛建在全村的水口，结构跟普通的坟墓大致一样，中间竖有一块较长的石碑，高约1米，宽约0.5米，碑上刻着"厉坛"两字，左边书写"年月日"，右边刻写"湘村合乡立"，石碑前的明堂是开口的，仅砌了一个圆形的小石坪，意为没有范围界限。厉坛的设立，主要是祭祀原居本村死后绝嗣，或外来的客商、乞丐死于境内的野鬼。

祭厉坛一年一次，定于每年的三月廿三日下午，由自由组合的义冢会出面组织。义冢会置有田产，可收租谷，轮流做头家。头家需主办祭品：香、纸、烛炮、冥钱、冥票、斋子（即新鲜饭）、生猪、祭文等。祭厉坛时，众人要把生猪扛到厉坛前杀，杀猪时把猪血淋在饭上，然后撒向四周，接着将冥钱、冥票烧在明堂里。据说不论本地还是外地的孤魂野鬼，都可在此享受香火供品、红花血食。祭厉坛完毕，每个会友可发猪肉一份，可着一人赴席。现将祭厉坛的祭文附录如下：

伏惟蓼六国之亡，深不祀忽诸之痛，若敖族灭，抱鬼犹求食之伤，良宵死而无归，诚哉抚慰无已，黄熊馁而入庙，久矣享祀难忘。合乡聚居年远，历世久长，其间或死而嗣绝后代，或亡而尸沉他乡，或鳏寡孤独，而葬于境内，或夭折横死而沦于路旁。伏念生也如寄，四海可联为一室；魂兮无归，异姓可合为同。兹值仲春之社日，用表即日之馨香，爰合绅士耆民，咸来荐祖，唯念同宗异戚，共鉴微肠，福神已醉止护我一方。尚享。

七

村民除崇拜祖先外，还崇拜神明。湘村的神明信仰与其他地区相比，也颇有特色，现分述如下。

1. 妈祖庙

又叫"天后宫"，初建时间不详。据刘姓报告人说，在清嘉道年间曾作过维修，坐落在村中部的丘背冈脚下，龙湘溪的岸上，面朝溪流，建筑巍峨雄伟，庙正中安有妈祖（村民称作"妈祖娘太"）塑像，左右两边有两尊小菩萨，据说是金童玉女。妈祖庙左边是文武庙和三官堂（下详），分别供奉着文昌帝君、关圣帝君和三官大帝。右边则为厨房，在建醮或祭祀时用以备办伙食，旁有一块牌位，上书妈祖庙建庙缘起及妈祖由来。妈祖庙在旧时，系全村各姓的社会文化活动中心，不但学校设在这里，而且每年的定光古佛醮、公王醮的醮坛以及念皇经、放焰口也都设在这里。"文化大革命"期间，红卫兵造反，把妈祖像扔到溪里，庙宇也全部拆掉，近年又进行了重建。

村民关于妈祖的传说很多，与其他地区传说略有不同的是关于妈祖的生平和妈祖的本领。据一位报告人说，妈祖为莆田林积庆公之女，匹配马家，故称马（妈）祖，未嫁修行，后窥井得符，能用符为人治病。妈祖最大的本领是助产，妇女难产时必须呼叫"妈祖娘太"，而不能呼"天上圣母"。如呼"妈祖娘太"，就立刻显灵，及时消灾；如呼"天上圣母"，妈祖必须梳妆打扮，以天后的形象出现，其动作缓慢，往往等她显灵已经来不及了。妈祖最大的本领就是助产和保佑小儿平安。

1949 年前，村民中有人凑份子组织妈祖会。入会者需交一定数量的钱物用来购置田产，然后轮流做头家。头家经管田产，每年三月廿三组织祭祀妈祖。祭妈祖时，会众可分发猪肉一斤，可着一人赴席。

关于这种"会"，在旧时的湘村还有很多，但各自的功能不同。如民国时期的"转生会"由刘锦美、刘炳炎、刘永唐、刘荣楷、刘永生等人组成，这几个人都是湘村各房支的头面人物，他们每个月聚一餐，"打斗伍"（即打平伙）似的，如各房支有什么矛盾，他们经常利用这种机会进行调和。所以，在民国时期武北周围的刘姓村落（如湘湖、瑞湖、沟坑、永平寨等）均因房族斗争出过人命，而湘村尽管房与房之间有不少矛盾，却从未在本村的房族斗争中出过人命。

2. 三官堂

全村共有两座三官堂。一座即前文提及的妈祖庙旁的三官堂，为一间小平房，正中有一牌位，上书"玉封三元三品三官大帝"，供桌上安放着三尊小的三官大帝塑像。另一座坐落在下村中部，系一小栋木料结构的平房，中间为厅堂，左右两边则为厢房，厅堂天子壁正中设有一个小小的神龛，上面安放着三座小塑像，分别叫做上元一品赐福天官紫微大帝、中元二品赦罪地官清虚大帝、下元三品解厄水官洞阴大帝。据刘姓报告人说，三官大帝信仰源自广东，经由小澜黄狮宫传入本村。1949 年前，村民中也有人组织三官会，其组织形式与妈祖会相同。

村民关于三官大帝来历的传说，与其他地区有很大的不同，现根据当地报告人刘集禧先生等人的口述，整理如下：

　　三官大帝信仰来自广东。三官大帝的曾祖父是广东人，名叫陈奎。陈奎是富甲一方的财主，但他为人厚道，心地善良，每逢饥荒非但不会像其他财主那样枭谷谋利，而且还经常接济穷人。每年的五月初一，他都会开四大城门施粥济贫。陈奎去世后，其子陈得昌亦有乃父之风。一天晚上，陈得昌梦见土地伯公对他说："明天街上有人遇难，需要你去救助。"次日，陈得昌一大早就上街，左顾右盼，足足等了 3 个小时，就是不见有人遇难。突然，他看见一伙人围着一个渔夫在讨价还价，渔夫手中提着一条很大的红鲤鱼，只见红鲤鱼眼泪汪汪，露出哀怜的目光。而这时旁边人又七嘴八舌，有的说"鱼头拿来清蒸，好吃"，有的说"鱼肉拿去煮汤，味道鲜美"，有的则说"鱼尾用来油炸，才香哩！"听到这些话后，红鲤鱼更是面露求助的眼光。陈得昌看见红鲤鱼十分可怜，便用重金买下，然后带着香纸、蜡烛，到大河里去放生。孰料，红鲤鱼一入水，便立即显身，说："我乃四海龙王，今日蒙你相救，感激不尽，他日你若有难，我会随时救你。现你我的妻子均已怀孕，回去后，你生男，我生女，我的三女配给你的儿子。"

　　此后，陈得昌生一子取名陈智深，陈智深自幼聪明伶俐，用功读书，成人后更是风流倜傥。而四海龙王则一连生了三个女儿，自幼习武，长大后分别占领了三座山，在那里建立了庵庙，成为庙里的活菩萨，取三座山名作为自己的名字，分别叫做"龙山""凤山""岐山"。

陈智深考中秀才后，便同书童陈宝一道上京赴考。一日行至龙山脚下，陈宝建议说："听说龙山庙里的圣母娘娘十分灵验，我们何不前去求它一签？如签上说这科能中，我们就去赴考，如签上说考不中，不如就此打道回府。"陈智深觉得有理，便一道上龙山庙里求签，恰逢这日龙山外出，临行前交代庙里的小菩萨说："今日小事可以求，大事则求不得，须待我回来后才可定夺。"所以，陈智深求签时，求的第一签飞到了紫金梁上。叫人挑下后，再求一签，又飞到千里眼、顺风耳处。陈智深求签不得，十分恼火，便随手在墙上题了一首打油诗："龙山顶上一尊神，内是黄泥外是金，若得此人软口气，今夜同郎共枕眠。"陈宝也和上一诗："一水滩头水碧波，龙山顶上出娇娥，若得主子成夫妻，陈宝挑担口够多。"并拔下判官的胡须当作草鞋签。求签不成，两人便下山了。

龙山回庙后，看见墙上的打油诗和听了判官的诉苦后，勃然大怒，立即布下迷魂阵。顿时，陈智深主仆上天无路、入地无门，被绑至龙山面前。龙山正欲拿剑杀他们时，看见陈智深一表人才，风流倜傥，便起了凡心，留下陈智深做丈夫，从此日夜恩爱。数月之后，龙王生日。席间，二妹凤山见龙山后至，边吃边往袖里夹肉，并提前离席，觉得十分奇怪，便尾随龙山至龙山庙里，看见英俊潇洒的陈智深后，就明白了原委。同时，她也起了凡心，于是就把陈智深挟持到了凤山，也过起了夫妻生活。

三妹岐山听说两位姐姐争丈夫，觉得这是一件很丢脸的事，便去凤山庙看个究竟。不料，岐山看到相貌堂堂的陈智深后，同样产生思慕之情，于是刮起一阵狂风，把陈智深带到岐山，享受人间恩爱。

山神土地知道这些事情后，便向海龙王报告，海龙王顿时龙颜大怒，一气之下，将三个女儿都打入冷宫，把陈智深抓起来准备杀掉。太白星君闻知后，便对海龙王说："陈智深杀就杀不得，配就配得，当年你自己曾亲口对他父亲许诺说三女匹配——三个女儿匹配给他儿子，你若杀他，便犯天条。"海龙王一时哑口无言。

由于陈智深被海龙王抓去误了考期，海龙王只好送一颗夜明珠给他补过。陈智深得夜明珠后，便将夜明珠献给了唐天子。唐天子龙颜大悦，封陈智深为进宝状元，并招其为驸马。

龙山、凤山、岐山被打入冷宫后，分别于正月十五日、七月十五日、十月十五日各生一子，取名陈金郎、陈银郎、陈玉郎。她们便托土地公公将三个儿子送入京城叫驸马爷陈智深收养。而次年，公主也生下一男，取名陈宝郎。

光阴荏苒。转眼间，陈智深的四个儿子已长到十四五岁。他们虽每天读书、习武，但个个生性顽皮，不服管教。一天，他们又吵着要陈宝带他们出去玩，陈宝便带他们到京城里去，他们看见京城到处都贴了黄榜，黄榜上写着：现八角狐狸精作乱，如谁能揭黄榜领兵平妖，可以官上加官，职上加职。他们兄弟心痒难抓，心血来潮揭了黄榜。黄榜一揭，钦差就把他们叫去交差了。陈宝顿时吓傻了眼，赶快回去汇报给驸马爷陈智深。待陈智深得知后，四个儿子已领命回家，准备出征平妖了。陈智深问他们有何能耐能揭黄榜，大儿子陈金郎说他能"喝山"，于是大喝一声，周围的山便左右摇晃；二儿子陈银郎说他能"喝水"，随即大喝一声，河水便由东向西倒灌；接着，三儿子大喝一声，便飞沙走石；而四儿子也大喝一声，口中喷火。陈智深见他们有此能耐，也就作罢。

岐山从照妖镜里，看到她们的儿子已在平妖出征的路上，担心他们斗不过八角狐狸精，便对两位姐姐说："我们必须逃出冷宫，帮助我们的儿子平妖。"于是，三姐妹便从冷宫杀出，挡住陈金郎任元帅、陈玉郎任先锋的平妖大军的去路，要他们四兄弟下马认母亲。

四兄弟不相信三位女子是他们的母亲，便要举剑杀她们。岐山说："我们三人中如有一人不是你们的母亲，你们可受我们一拜。"结果三姐妹一拜未完，四兄弟个个跌下马来。他们于是各自跪认母亲，三姐妹分别给自己的儿子赠送了一件降妖宝物。轮到陈宝郎时，三姐妹说："哪一个是你母亲？"陈宝郎说："三个都是我的母亲。"三姐妹十分高兴，每人都向他赠送了一件宝物，于是陈宝郎在四兄弟中宝物最多。

因为有了这些平妖宝物，番妖很快就被四兄弟平定了。唐天子问他们兄弟要什么官，需要什么金银财富，他们说什么东西都不要，只想要享受千年、万年的人间香火。于是，唐天子就向玉皇大帝"启奏"，分别封他们为上元一品赐福天官紫微大帝、中元二品赦罪地官清虚大帝、下元三品解厄水官洞阴大帝、乾元四品考较火官洞阳大帝，合称"四元四品四官大帝"，永享人间香火。

至于三官大帝传播到湘村后如何变成了四官大帝，或四官大帝传播到湘村后如何变成了三官大帝，以及村民对三官大帝的信仰情况，目前很难调查清楚，估计与武北其他地区无异。关于三官大帝在武北其他地区的信仰情况，拙作《小澜客家的宗族社会与神明信仰》一文有详细的描述①，在此不赘。

3. 上神坛与下神坛

上神坛位于全村的中部，面朝溪流，系一间宽1米，长、高各1.5米的小房子，房子为砖瓦结构，里面竖着一块石碑，上刻"福主公王神位"，碑前安放着香炉，香炉前面放了一块用来安放祭品的石板（叫做祭台），祭台前面是用石块雨披，下放神灯一盏。神坛的前后还保留了高大的古老枫树。

下神坛位于全村的水流出口地带（即水口），与住家有一定的距离，不搭屋子，仅由几块大石头组成坟墓状，这儿叫"十二公王神位"，上方放着一头石狮子，头朝向全村，下前方放着香炉，旁则竖一石条，供日夜点灯用，神坛背后也有几株大树。

福主公王、十二公王在村民心目中的地位是十分崇高的。逢年过节、办喜事，村民都会备上"三牲"、茶、酒、香、纸、烛炮等前往供奉。过年用的大鸡公也一定会拿到这两位老神爷面前去祭割。平时人牲发生疾疫，也前往神坛烧香、许愿，祈保平安。据一位报告人说，福主公王和十二公王是兄弟俩，他们的生日分别是四月初八和十月初八。福主公王是兄，不爱管人间世事。十二公王是弟，比较灵验，与下村人关系尤其密切。"十二公王究竟是哪一路神明？"至今还是个谜，但报告人说，有一年降乩，公王老大自己说："我乃徐敬业也。"平时如有人对十二公王不敬，昏僮时他会说："我回福州南台去也。"

十二公王最大的本领是祈雨（下详）、预知祸福和问药。据报告人说，光绪年间曾有人昏僮，问到乡运如何、年辰如何时，公王脱口而出："宣统一年，宣统二年，宣统三年就不好了"，有人问他会有什么事发生，他说："兵不是兵，贼不是贼。"再追问他究竟是什么，他说："天机不可泄露也。"辛亥革命发生后，村民认为公王的话应验了。有时，公王还能协助人们对付官府，一次有一位源头村人特地前来向十二公王问药，昏僮后，来者祈求降

---

① 郑赤琰主编《客家与东南亚》（第三届国际客家学研讨会专辑），三联书店（香港）有限公司，2002。

药，僮子说："公王老大不在。"再问："到哪里了？"僮子答："去永平梁山，协助廖玉培抗粮了。"

由于湘村的十二公王灵验，据说在清以前源头村蓝姓人和罗坑村刘姓人，经常会到十二公王坛前求医问药。久而久之，源头人和罗坑人干脆将十二公王引进了自己的村落。据一位刘姓报告人说，清康熙年间，湘村刘丽中赴福州应试期间，三个村的十二公王都不下凡，寻医问药也不灵验。事后才知，三处的十二公王"护送刘丽中赶考了"。

4. 灶君菩萨神位

灶君被视为一家之主神，每家每户的炉灶旁都安有灶君神位。其神位则比较简单，一般在炉灶的墙壁上贴上一张长约29厘米、宽约10厘米的红纸（也有人还在红纸上写上"司命灶君神位"几个字），放上一只香炉，就算是灶君神位了。个别人家则在厨房门口钉上一块小小的木板，承托香炉，作为灶君神位。每月的初一、十五，都要烧香，家中做了粄子，或宰杀了鸡、鸭，一定要首先在灶君面前供奉，然后才敢食用。

5. 伯公坛

伯公即杨大伯公。伯公的神位可随意定夺，田头、地角、路旁、山上都行。在田头、地角，选择一个比较平坦而又便于休息的地方，安上一块较大的石头，贴上一张草纸，插上三炷香，就算是杨大伯公的神位。或在路旁、山上，选择一棵树，既可遮阴又便于歇息的地方，贴上一张草纸，插上三炷香，也算是杨大伯公的神位。这棵树就叫做伯公树。伯公树谁也不会去砍，砍了不但会遭到众人詈骂，而且据说会大病一场。所以，尽管周围大大小小的树都被砍光了，而伯公树却岿然不动。有的成为几十年，甚至几百年的古树，因此有句俗语叫"伯公树讲冇倒"，比喻事情办不到、空谈。

由于伯公神位具有很大的随意性，所以几乎每个田坑地塅或每座山都有伯公神位。村民下田播种，或入山砍伐等重大活计，一定会带上香纸、蜡烛等在杨大伯公面前祷告几句，如播种就说："杨大伯公，弟子今天在这里下种，保佑一年四季平安无事……"如入山砍伐，则向伯公祈求平安。妇女上山砍柴火，动手之前也先祷告杨大伯公，祈求保佑当日斫柴顺利。偶遇山猪、害鸟糟蹋庄稼，村民也带上香纸在杨大伯公面前祷告。年终时，村民们还会挑着三牲、香纸、烛炮之类，前往田头、地塅杨大伯公神位前供奉，叫做谢伯公。

湘村的打醮活动一般每年有两次，即正月的古佛醮和十一月的公王醮。此外，还有12年一次的"放焰口"（即"打大醮"），以及一些临时性的醮会。打醮需请和尚或道士、鼓手等，一天中需举行三次念经、拜忏活动，即分别为早朝、午朝、晚上完场。在和尚或道士休息期间，鼓手则吹奏弹唱，供大家欣赏。

醮会按"棚"（译音）轮流做头家组织，原则上一房一"棚"，但由于下村第三房御举公裔孙人丁较少，故与同样人丁较少的陈姓、朱姓联合成一"棚"。每"棚"中又按小房轮流，故具体到一家一户，做头家的次数并不会很频繁。

头家需选举产生香首一名，醮首若干名，全面组织本次打醮活动。香首由最年长而又具有一定身份者充当，醮首则由年长的几位担任。同时，还需请村管多名，协助干一些零活。

打醮的费用在1949年前由蒸尝负责，1949年后由香首、醮首组成的理事会进行预算，然后由村民分摊。打醮费用如有余额就留作下一次打醮用，若不足则由头家承担。各项开支账目待醮事完毕进行张榜公布。

古佛醮、公王醮、放焰口在具体仪式上又有所不同。

1. 古佛醮

醮期定在每年正月的廿一、廿二，下村为廿一，上村为廿二。古佛全称为"大德定光古佛"，系来自梁野山的白云寺。据一位刘姓报告人说，白云寺除定光古佛真像外，原来还塑有大古佛、二古佛、三古佛、四古佛、五古佛五兄弟佛像，据说是定光古佛的五个化身，为五个檀香苞子所变。但现在只剩下大古佛、二古佛、三古佛和五古佛，四古佛已经迁到四川去了。相对而言，湘村人又比较相信大古佛和三古佛，因为二古佛在浙江宁波湾丢失过，不怎么灵验。而五古佛又名腾云老大，系扛锄头的开山功臣，不爱管人间世事。大古佛宽厚仁慈，且十分灵验，故信徒颇众，三古佛则性格刚烈，得罪不得，所以也必须虔诚祭祀。打醮时，如有可能，尽量将定光古佛塑像及几个化身像都请来，如实在做不到，至少也应把大古佛请来。

古佛每年正月初六下山，然后周游全县各乡村，巡回光临各地善男信女举办的醮会。据报告人说，武北各地的定光古佛醮会一般定在正月初六至正月廿五之间，湘村附近村落的醮期分别为：桃溪镇湘坑坝正月十七，新贡正月十八，大禾乡大礁正月十九，上梧正月二十。而正月廿一、廿二两天则是湘村人铁定的醮期。

正月二十日，头家一方面派人到当天建醮的上梧村去迎接定光古佛，等上梧的醮事一完场（通常为晚上的 11 点钟左右）就把它扛回来。另一方面，头家又派人去请和尚或道士，把本村的福主公王、十二公王迎接到设在妈祖庙的醮台上（"文化大革命"后醮台移至头家所在的厅堂），福主公王居左，十二公王居右。等定光古佛一到，就将其安放在正中神位上。

廿一早上，天刚蒙蒙亮，和尚或道士便开始主持醮事活动，紧接着就是早朝、午朝，村民们在此期间陆续前往醮台烧香、供奉。早朝、午朝均需发榜，榜文上需将建醮目的，主持法师（和尚）、香首、醮首、村管，以及各户姓名——写清。午朝过后，头家还需派人扛着古佛到有厅堂的居民点，接受各户子民的膜拜，称作游境。各户都在厅堂里准备好了供品——煎粄、豆腐、斋酥、浓茶等和一两挂很长的鞭炮。古佛一到，各户立即点燃鞭炮以示迎接，厅堂内外，顿时鞭炮齐鸣，浓烟滚滚。扛佛者即将古佛安放在香案正中，各户随即将祭品上供，接着鸣炮、发烛、烧香，香火十分旺盛。这时，道士则做忏、诵经，做完忏就立即转移，各户子民又马上鸣炮欢送。游境的路线，下村依次为受袍公厅、彩五公厅、火烧坪厅、化成公厅、安华公厅、翠芳——庆云公厅、兰瑞公厅、黎照公厅、琢相公厅、陈屋祠堂、朱屋祠堂。廿二日上村打醮的仪式与下村相同，巡境路线为乾凤公厅、兰芳公厅、翠芳公厅、鉴辉公厅、文凤公厅等。

打醮行将完场时，还有一项特别的活动，即昏僮。昏僮又称"降僮"、"落僮"，"僮子"有专业的，也有业余的。昏僮时，僮子念念有词，闭目摇头，越摇越快，后来便以头叩案，叩得很重，然后就伏案或仰卧在地，古佛或公王降附。这时，村民有什么问题都可询问，一问一答，答不上来或认为天机不可泄露时，也就不再追问。有的昏僮时，僮子还会表演一些诸如用手在滚烫的油锅里捞煎粄等惊险节目。

打醮完场时（又叫"圆醮"），还要杀猪或割鸡，如系杀猪，将猪扛至醮台前，面朝天，用尖刀从猪脖颈斜刺入心脏，猪血如喷泉洒在地上，洒尽为止。如是割鸡，则主持者手握雄鸡，面朝天，用刀割鸡脖子，将鸡血淋在地上。此时，另有一人在旁放鞭炮，和尚或道士则在旁高呼送神，请各路神明有宫的归宫、有庵的归庵。

2. 公王醮

时间定在每年的十一月十五日，仪式较古佛醮简单许多，一般就将福主公王、十二公王神位接到在妈祖庙设立的醮台上，由和尚或道士主持醮事，村民们到醮台前烧香、供奉即可。这一天有个习惯，即上村的小孩子和下村的小孩子一定要进行一次掷石子的"战斗"。上村的在乱石角的上段，下村的在乱石角的下段，或一方在河的左边，另一方在河的右边，喊杀声连天，冲来冲去。有的被石子击中，有的被抓去当了"俘虏"。胜利者得意扬扬，失败者垂头丧气。

3. 放焰口

又叫"打大醮"。打大醮每隔十二年一次，与普通打醮不同的有以下几个方面：①时间持续三至五天。②和尚师傅的技术要求较高，在附近要比较有声望的，如在1949年前桃溪村东林庵有个名叫才仁的和尚，曾经受过戒，只有像他这样的和尚才能主持偌大醮事。③必须到梁野山去迎接定光古佛，要迎的菩萨也比较多，如事先准备好的画像观音、十八罗汉、二十四位诸仙、吉祥菩萨、蛇王菩萨、华光大帝等统统都要请来。④要竖幡竹，上书"九天开化黄幡使者守固大神麾下准此来也"等字样，外加幡示。⑤要全堂纸扎，即用竹篾扎成像人、像马的形象，用色纸糊贴，其中有既高又大的山大人、引路童子、一见大吉、牛头马面、金星银星、十殿阎君等摆设在醮坛左右。⑥打醮到最后一天，醮台要移到村口的官田坝，在那儿搭台安放神佛，台前柱子上贴着一副对联："十二载焰口重逢，超度众生离苦海；百六户福缘共结普沿大化脱迷津。"下午还要放水灯，即点上七盏油灯，用小块木板托着，从村中小河的中段开始放下，顺水流而下，直至淹没。和尚口念阿弥陀佛，鼓手则起劲地吹奏，另有一个则在后面拖竹尾。一到晚上，全村周边的三岔路口都点上冲天火把，照明鬼神入境，和尚则坐台念经、拜忏。醮会行将结束时还要放施食（即施给鬼食的），放施食时把谷搭摊放在河坝上，摆上二三十席，每席放8个碗、8双筷子、1盘煎板、1盘豆腐、1盘斋子（即米饭），碗上还要斟上酒。命一人手擎"一见大吉"，在周围巡回高喊："慢慢吃呀！不要抢呀！"这时，周围围满了人，其目的主要是抢施食（即抢那些盘碗），等和尚醮事一完场，大鼓一擂，鞭炮响起，大家就"嗬"的一声，一拥而上立刻就将盘、碗抢光了。⑦圆醮时还要杀猪，与普通醮会不同的是，杀猪地点在幡竹下，也不能用割鸡代替杀猪，其他仪式则相同。

在打醮或放焰口期间，全体村民都实行斋戒，不准吃荤腥，各家主妇都把碗头、盘碟等食具刷得干干净净，以表示诚心。

逢上久旱无雨，眼看禾苗干枯，收成无望，而又别无他法时，村里的首脑就号召村民到十二公王坛前求雨，每天几人或几十人在那儿焚香、跪拜、祈祷、跳僮，一起呼喊"雷公霹雳天门开，四海龙王降雨来"。有时还抬着十二公王牌位出游，当落僮的僮子用手一推抬着十二公王牌位的竹杠，抬杠的那两个后生就像着了魔似的，双手拼命往左右两边摆，直冲深潭。奇怪的是，在几米深的深潭里他们也照样摆动，不会沉溺；在很高的田岸、石坎跳下去，也不会受伤。每到有神祇的地方就自动停下来，而跟随的人就地焚香祷告。如此，求上几天，有时真的下起雨来，这就被认为是求雨应验了。

<h2 style="text-align:center">八</h2>

和祖先崇拜、神明崇拜一样，湘村的婚丧习俗也包含了它独特的文化取向，反映出它的文化背景。

1. 一般婚俗

村民男女婚事一般由介绍人牵线，父母包办，即所谓"父母之命，媒妁之言"。介绍人又称"媒人"，媒人大都由年纪较大的妇女充当，故又称"媒婆"，写请帖时则称"大冰相"。男女双方具有比较明显的意向，就开始谈婚。谈婚一般还需要经过下列几个过程：

问八字。女家把待嫁女子的出生年月日时（俗称八字），用一张小红纸写给男方，男方则请算命先生审核，如认为可以相配，那就约期看妹子、开银单。

开银单。男家要求女方开具所需彩礼，内容包括聘金、猪、鱼、大洋等各种物资，男家按照女家提出的要求作适当调整后，由媒人交还女家调整定夺。

看妹子、过手续。男家找婆母携儿子到女家去，男女双方见面交谈，如双方同意，即行交换礼物，叫过手续。

踏人家、编红单。男女双方同意后，男家就约期邀请女家的伯婶、叔婶、妯娌、姐妹及待嫁女子本人来家做客，看看房舍等家庭情况，叫踏人家。踏人家的宴席特别讲究，主菜有猪肉、豆腐、粉干、煎粄、鸡公、兔子、鸭子、鱼子、猪肝肺、瘦肉汤、炒猪肚、鸡内杂等，以显示富有、热情、大方。宴席结束后，立即把女方的亲房叔伯（一般在三代以内）接来，签订婚约。婚约内容以银单为基础，可作适当变动，双方签字后就算正式定亲，称作"编红单"，红单的格式大致如下：

红单

立婚姻红帖人某某某，（第几）女年方几岁，承媒作合欢，择配与某某某男为室，窃比朱陈之好，凭媒言定聘金花边多少圆正，内回子孙边多少圆，多少兑，报期礼多少圆，猪肉多少斤，鱼子多少斤，三牲在内，一言相订百年偕老，空口无凭，立婚姻帖字为据。

五色衣衫女家置办

说合凭媒某某某（画圈）

（时间）立婚姻红帖人女方某某某（画圈）

男方某某某（画圈）

红单编就，意味着正式定亲，也意味着取得了当地社会的认同，于是双方也就称呼起亲家、亲家母来了。接着便开始操办婚事，操办婚事必须经过以下几个环节：

送桌面。归门（下详）之前，男家对女家的所有亲戚都要奉送一份礼物，叫做桌面。其中有猪肉 2 斤、小鸡 1 只、鱼子 1 条、粉干 1 束，并用小块红纸写好：豕肉成方、德禽两翼、鲜鱼成尾、粉干成束，奉申××亲戚。女家接到男家送来的桌面后，即将此发给各个亲戚、亲房。出嫁时，凡接受了桌面的，每人都要送上一件礼物给女子，并参加女方举办的酒席。

送日子。男家将已择定的归门时间告诉女家，即将女方出门时间、裁红衣时间、男家入门时间，用红纸写好，送到女方，并送上猪肉十几斤或二十几斤，鸡公或鸭子几只，粉干若干（均由双方商定）。女家接到这些物资后要宴请亲房叔伯一餐，并告知归门时间，以便送礼，请别嫁饭和出嫁时协助各项工作。在此之后，女家的亲房叔伯便开始轮流请待嫁姑娘及其母亲吃别嫁饭。

迎亲归门。迎亲归门时男家要事先作如下准备：①布置花轿。花轿是用杉木制造的，内约 1 米见方，四方体型，像小屋的样式，轿顶中间略高，往下斜坡形。左右及后面均用窗格子制成。前面安装双合门，钉有门搭，新娘进入要用锁锁住。轿杆用毛竹两条从后面伸入轿内，再从前面伸出去，轿身和轿杆用红漆刷得通红。迎亲时，请纸扎师傅做一个花轿顶，像莲花样式，外表十分华丽。轿内光线较暗，只有方凳一条供新娘坐。②请一班吹手师傅。③提笼一个，前面写一"刘"字，后面写上"乡试"，意谓湘村人历史上最高功名为乡试（即十四世刘丽中乡试中式第 44 名）。④彩旗一面，彩旗用两条小竹竿撑起，据说刘家出过皇帝，可不用带枝带叶的小竹竿，而其余各姓旗杆上都必须留有枝叶，旗上用色纸相间直书一联："彩映彭城喜向××迎淑女；旗飘××欣归黎阁衍宜男。"⑤扛篮，里面盛猪头一只，60~200斤。⑥鸡公头篮，里面放有鸡公头1只，母鸡1只。⑦婚盒，里面装有红包12个，分别送给：润笔——给出婚时书写的；司厨——给厨师的；裁红——给裁缝师傅做红衫的；扶驾——给介绍人的；整容——给梳头剃面的；寄红——给女子穿红衫的；司茶——给倒茶的；司酒——给宴席上送酒的；司菜——给送菜的；接灯——给前来迎接引路带队的；引亲——给出门时把女子带出厅堂的；祝福——给临出门时长者在祖先面前说好话的。此外，婚盒里还装有请女方送嫁的帖两封（男女各一封，系给女方长者的）、婚帖一封（出婚时书写女子年庚的）、催帖两封（催请女方送嫁的）、三牲帖一封（里面写上敬女方祖先的物品名称，如豕肉成方、德禽两翼、鲜鱼成尾……）。

待一切准备就绪，即组织迎亲队伍，其中有吊灯头1人（要选择懂礼节、命好——夫妻齐全，有子女或孙的人充当），抬轿2人，抬扛篮2人，擎旗2人，挑鸡公头篮和婚盒1人，媒人1人，其他2~3人，鼓手5~7人。然后，一路敲锣打鼓，吹喇叭、放鞭炮，浩浩荡荡开赴女家。

迎亲队伍到达女家后，待嫁女子和母亲便大声啼哭。而女家接待人员则将迎亲队伍带领前往神坛、祠堂、厅堂行香敬奉。此后，女家便举行吃点心和晚宴。

晚宴过后，出门的时间到了，女家先在厅堂摆上香案，写好婚书（即女子年庚），准备好父母给女儿的嫁妆，其中包括送给女儿的衣衫、衣箱、衣橱、蚊帐、铺盖、面盆、毛巾、香篮、布伞、油灯、火笼、茶叶、豆种、谷种、火炭等日用品，和送给女婿的长衫头帽、鞋袜、书、纸、笔、墨、带子等（叫做回婿），以及送给女婿家庭成员和亲房、舅公、舅婆、已出嫁的姐姐的布鞋（叫做回笼鞋）。同时，由一好命老妇为新娘整容上笄穿红衣，着红衫（内穿白衣一件，或将其他衣反穿一件）。接着，由引亲者把新娘从房间里带到厅堂，交给男方迎亲人员。此时新娘号啕大哭，流露出难舍难分的情态，男方迎亲人员则迅速牵着新娘出大门上轿，媒人随即把轿上锁而去。一路鼓乐喧天，放着散炮回转男家。

入门。迎亲队伍回到男家时，花轿先放在厅堂大门的左侧，由新郎陪伴。等入门时辰到了，由媒人打开锁着的轿门，新娘步出轿门右手执扇遮羞，新郎、新娘并排站着面向大门。这时大门已关上，石阶上摆着三牲茶酒。执事者点烛烧香，杀猪或鸡，等猪或鸡完全不动弹了，放在石阶下的小沟里，把牙刀放在猪（鸡）身上。然后新郎、新娘跨过猪（鸡）身，进入厅堂，举行拜堂仪式。拜堂时，新郎先朝天烧香，四跪四叩，后在祖宗像前烧香，也四跪四叩，新娘则在旁作揖。拜堂完毕，将要离开厅堂时，新娘把带来的一大包糖果、饼干、花生等撒在地上，让小孩们你争我夺，新郎、新娘由引亲的趁机离开，进入新房。新郎、新娘在新房里，由命好老妇拿起两碗酒，酒中放有两个红蛋，命新郎、新娘各喝一口酒和吃一个红蛋，然后互换酒碗，把剩下的蛋酒各自吃完，俗称"吃交杯酒"。

婚宴。在众多的宴席中，要数婚宴最隆重、热烈。主菜一般是八大盘，即猪肉、豆腐、粉干、薯粉板、肝肺、鸡、鱼、菜（又叫熬汤）。较富有的家庭加鱿鱼配白豆腐、目鱼配粉皮、天鲸配粉丝等，有用十大盘、十二大盘，也有用十四、十六大盘装的。女人席上有一碗较特别的叫份子肉，即每人一大块约4两的猪肉，是带回家去的，其他菜也可以带，所以赴女席者往往只吃点小菜和饭。婚宴最需注意的是席位的安排，上座应让外家（即母亲或祖母的娘家）和送嫁的小弟、小妹坐，如未照此安排，轻则面露不悦、废话啰嗦，重则拂袖而去。宴席后，需将来客的礼品一一展示，这时又必须将母亲、祖母娘家的礼品放置在最重要的位置，以示尊重。次日，客人即将回家时，还应举办一场丰盛的宴席（叫做待客），此席第一位应让给外家中前一天未坐上座者，否则又会出现争执。此宴完毕，婚礼才算结束。

转门。完婚第三天，新娘必须由夫家姑嫂陪同回娘家，所谓"三朝转门"，但必须当天去当天回。

拜年与吃师人饭。完婚的次年正月，新郎必须到新娘家探亲，称作"拜年"。新郎由新娘家亲房轮流款待，在此期间，新郎必须喝醉一次，最后一顿由岳父家宴请所有曾款待新郎的亲房（叫回饭餐），新郎如在此前未喝醉过，也必须在此次宴席中喝醉，否则会被认为新娘家贫穷，无酒给女婿喝，或者认为新娘家人酒量都不行，这会使其大失面子。在这一阶段，新娘则留在夫家吃师人饭，由夫家亲房轮流宴请，由于新娘往往比较害羞、腼腆，所以至今人们称害羞、腼腆的人为"新师人"。

2. 多样的婚姻形式

除上述一般人家普遍流行的婚俗外，还有如下几种婚姻形式：

童养媳。一般生活比较贫穷，又生了较多男孩的人家，考虑到儿子长大后，无钱娶媳妇，在儿子年龄尚小时，就物色邻乡邻村生女孩较多，生活又比较困难的人家，经双方协商同意，把小女孩抱至男方家抚养，作为童养媳，待男女长大后成婚。这时结婚手续简单，时间一般定于大年三十晚上，摆好三牲、酒杯，叫儿子和童养媳站在祖宗遗像前烧香拜祖后，由母亲引入洞房喝交杯酒，吃人缘蛋，即算完婚。由于结婚手续简单，不花聘金，不办筵席，村民中的贫穷人家多乐于抱养童养媳。

等郎妹。有些夫妻结婚多年，尚未生男孩，便预先抱养别人家的女孩（往往取名"招弟"或"招娣"），待日后所生儿子长大后与之成婚，故称"等郎妹"，有的夫妇等了数年或十几年才能生儿子，则造成女大男小，儿子与"等郎妹"年龄相差很多的现象，只得当养女嫁给别人，或招婿入赘。

换亲。一般出于双方有男有女的贫困人家，儿女长大后，因家境贫困，婚嫁艰难，便物色儿女双方年龄相当者，经介绍人撮合，双相匹配。

转亲。夫妇结婚后，如男的因病或其他事故死亡，经人介绍并征得女方同意转嫁给丈夫的哥哥、弟弟，或邻居的堂兄弟，叫"转亲"。

入赘。俗称"撑门"，贫穷人家年至中年（或家中兄弟较多）尚无钱娶妻的男人，经人介绍，到有女或童养媳、等郎妹拟招婿的人家，做上门女婿。入赘者必须改换门庭，改名更姓。

打合同。又称"凑蛋孵鸡子"，一方只有女儿，另一方只有男孩，双方为了传宗接代、延续香火，两家立约，男女成婚，婚后男子仍属男家成员，女子仍属女家成员，所生男女各半。

3. 丧葬习俗

老人去世（60岁以上正常死亡的），葬礼比较讲究，程序比较复杂。而丧在外或未上寿（未到60岁）者，其尸身和棺木不得入祠堂和厅堂，埋葬比较简单。老人去世的习俗有如下几个方面：

送终。父母或祖父母病危时，其子孙、儿媳、孙媳伺候在一旁，等候断气，叫送终。如儿孙及儿孙媳妇全都在场，被认为老者有福气，老者一断气随即在床前点烛、烧香纸，全家举哀。

报丧。老者断气后，全家举哀痛哭，然后由亲房中的伯父、叔父带领其长子到本房中的长者面前下跪，告知死讯，并要求帮助。另一方面由主事者指定专人选择安葬时日，时日选定后再指定专人到亲戚处报丧，告知入殓、做开路、送葬时间，以便前来吊丧。

看倒头。死讯传开后，有亲房伯叔、伯姆、叔婶、妯娌前来看望，过问、协助工作，孝子、孝孙对男性来者下跪，儿媳、女儿、孙媳对女性来者下跪，表示致敬。

入殓安灵。入殓时先把棺木放在厅堂一侧，死者为男，棺木放在左边，死者为女，棺木放在右边。死者由其子孙背或抬到厅堂，扶坐在凳上，把脚垫在地上的米筛上洗面、梳头，然后放到棺材里，盖上白布，再合上盖，用大铁钉（此称子孙钉）钉牢。棺材上面挂上蚊帐加以遮掩，此称入殓，如死者为妇女，必须等其外家来后才能入殓。

灵位安在棺材前面，摆有一案桌，桌上放香炉、灵屋（用纸扎成像祠堂大门），灵牌放在灵屋正中，上书"××世祖考（妣）×××公（孺人）老大人之灵枢位"。安灵时，孝子孝孙要穿麻衣或把上衣反过来穿，颜色切忌鲜艳，越旧陋越好。腰里系草绳，脚上穿草鞋，手持孝杖竹①，一直到丧事办完。入殓后，孝子孝孙一直守在灵前，坐在地板上，不能离开，吃饭也在这儿，叫守灵。有人来灵前行香时，孝子孝孙要跪在一旁，表示答礼。儿媳、女儿分期分批到灵前举哀，一句爷一句爹（或娘），声音拖得特别长。

做开路。时间在晚上，由和尚或道士主持。和尚念经，孝子陪香，其中有行轿、烧香钱等程序。仪式未开始前，有本村的亲房叔伯前来烧香，孝子孝孙则在旁跪拜答礼。执事者对前来行香者一一登记，以便礼尚往来，这本登记册叫孝礼簿。吹手在和尚歇息期间，吹奏弹一些哀调，以凑热闹。开路做完后，孝子、孝孙和和尚（或道士）、鼓手等将灵屋、灵位送到祠堂里烧掉，叫入祠。

出枢还山。先把棺材用手抬到大门外，扎上杠。这时孝子、孝孙、媳妇、女儿全体哀哭，然后由"八仙"②把棺材抬走，死者家属跟在后面，到离家不远处的适当地点停下来，摆上香案，和尚带领孝子孝孙在棺材周围边走边念环绕三圈，叫"做寄古"。有女婿的也要照此举行。事毕，八仙再将棺材抬走、下葬。

富有者增加祭祀仪式，在厅堂内举行者叫堂奠，在屋外举行者叫大祭（意味着规模大）。堂奠和大祭都要请礼生（绅士）主持祭仪、呼班、读祭文。祭品需有猪头、鸡、鱼、汤碗、果品。亲戚、朋友、同宗叔伯前来祭奠

---

① 男性杖用竹，女性杖用桐，意为男性节在外，女性节在内。
② 所谓"八仙"，即死者亲属所请抬棺材的人，抬棺材需八人，故称"八仙"。八仙一般由亲房或本村中较强劳动力者充当。

的也要备办三牲、香烛、祭文、挽轴或挽联等祭品。祭礼时，由亲到疏、从内到外，先孝子，后孝孙，再次侄儿、女婿、外家……对外家来人，每人都要发一件临时缝就的白衣，其他前来行香者也要发一顶白布缝成的帽子。不管什么人，凡是前来烧了香的，都要留他吃饭，以猪肉、豆腐、粄、菜、酒招待，席面因人而定。摆了祭仪前来祭奠者，回家时主家要回给猪肉等礼物。这样花钱多，以显示阔气。

初葬几年后，还要进行二次葬。初葬时，坟地一般比较随意，而二次葬时，选择坟地必须慎之又慎，被认为是关系到子孙后代兴衰荣辱的大事。通常需请风水先生反复勘察，选择风水宝地再择良辰吉日安葬。二次葬时，子孙和帮工挖开坟堆，打开棺木，先收捡脚骨，依次向上，最后收捡头骨，放进被称为"金罂"的一种陶器，再安葬在已选择好的坟墓上。坟墓的构筑，富有者讲究宏伟、壮观，以显示豪华、阔气，整座坟地除使用石块、石条构筑外，还加上石狮、华表等。一般的则简单从事，中间立一石碑，上刻"几世祖考××（妣×氏）公老大（孺人）之墓"，碑左边刻上"×年×月×日吉旦"，右边刻写"凡男××孙××立"。石碑左右两边叫天子壁，用石块砌成。石碑前安放一叫祭台的长条石，用以祭墓时放祭品之用。祭台两边用石块砌成长方形石礅，中间留一长方小洞（叫摆角）用以点蜡烛之用。祭台前面是圆形明堂，直径约 1.5 米，四周用石块砌成高约 30 厘米的边沿。石碑后面是用石块砌成的像龟背形状的气盖，中间高、两边低，龟背（气盖）周围砌有一椭圆形火砖用以阻挡山上流下的水、泥沙，故叫"拦水石"。拦水石以外就是泥土，形如半月，叫做"月影"。

4. 节庆习俗

和其他客家村落一样，湘村一年之中也有春节、端午节、中秋节、重阳节等传统节日，但在欢度这些节日的过程及一些细节方面则有许多不同，现将其简要描述如下：

春节是汉民族最为盛大的节日，也是客家村落最为隆重、热烈的节日，具体到湘村自然也不例外，其持续时间之长、礼仪之复杂、环节之众多为其他地方所罕见。

蒸冬酒。冬至前，家家户户就已开始为过春节蒸酒，少则蒸一二十斤，多则一二百斤不等。到冬至这天放水，据说这一天放水，酒较香且能久存不易变味。

杀年猪做腊肉。农历十二月廿日前后，就开始大量杀猪，家里畜有大猪的人家一般是自己宰杀，自己要多少就留多少，多余的小部分才卖给别人，自己没猪杀的一买也是几十斤。除过年吃的外，其余用盐腌好，然后晒干藏起来，留作平时招待客人。

做豆腐和灰水粄。廿三日左右，每家每户开始加工过年及正月招待客人的豆腐、灰水粄。

入年界扫尘。廿五日为入年界，从这一天开始到年初五出年界为止不准骂人，如骂人会被人打上一巴掌，叫"上新年巴"。当天家家户户都扫屋，把每个角落的尘灰、垃圾清理干净，厨房用具（如碗头盆碟）也洗刷干净。

挂祖公像。入年界这一天，要把祖公像挂在厅堂天子壁正中，每天早晚都要烧香。

受岁。廿八或廿九日（即过年的前一天），全家食斋、做煎粄等。家长拎着篮子，盛着煎粄、豆腐、香纸、烛炮等到神坛、寺庙、祠堂、厅堂祖公像前烧香供奉。

过年。即小年廿九日、大年三十日，这一天的活动与仪式特别多，主要有：

上岁——家庭主妇一早起来的第一件事就是蒸岁饭，那是用清水浸泡过的大米，用饭甑蒸熟后，即由男人捧到厅堂或自己的院子里，在饭上插上五双竹筷并用红绳连接起来，同时放上五根大蒜（并根）。此外，盛上一盘鸡蛋、猪肉、豆腐等，富有者还放上几块银元、金戒指或放上币值最大的纸币，然后烧香、放鞭炮。

割鸡公祭神坛——每家每户都把最大的鸡公拿到公王、社公坛前去祭割，以谢保佑之恩。

敬神、敬祖、敬天地——到了下午四五点钟即将准备年夜饭之前，各家各户都将整只熟鸡、整块熟肉、整条熟鱼和米饭、豆腐、茶酒之类带上香纸、烛炮，挑着一担，先到神坛社庙，后到祖祠、厅堂敬奉神明祖宗。

吃年夜饭——这是一年当中最丰盛的一顿饭菜，大鱼大肉摆满一桌。开饭之前，对已分居的亲属都要去邀请一番，以别亲疏。开饭时必须全家老少都到齐入座才许动筷开席。家人中如有出外未回的，也要为其留一个席位，放上碗筷，斟上一些酒或夹上几块肉放在碗里。

照岁——晚餐后，家中每个房间都要点上灯火，叫做"照岁"。这个灯火一直点到天亮，不许中途吹熄。这时候，全家老少围坐在一块，放上糖果、茶烟，谈天说地。有的回顾过去，有的谈论未来，有的谈生意，有的谈农事安排，畅所欲言、各抒己见，直谈至子夜时分才告结束。

年初一。和过年一样，年初一的活动也很丰富。举其要者有：

开门——时间一般是过年那天的午夜子时（当地习惯认为午夜子时属于第二天的开始），但有时时辰不好也改用其他时间。开门时先泡上三杯好茶，然后在家门口烧香放炮，这串鞭炮最为讲究，如果一放响到底，象征着一年顺顺利利，心里就比较踏实，如果中途有间歇，则认为是不吉之兆，心里就增加了许多负担，新的一年要格外小心。

争挑头水——一大早许多人就争先恐后地到河里去挑水，据说较早挑到水者在新的一年里能养大猪。

煎粄——主妇早上一起床就组织媳妇、女儿等做粄，然后油炸。

贴红联、上红——在大门、厨房门、卧室门等都贴上新春联，牛栏、猪舍、鸡栖、兔窝，甚至房前屋后的果木也贴上一块小小的红纸条。

祝贺——晚辈要向长辈请安，说吉利话，如"寿比南山""健康长寿"等；长辈也向晚辈祝愿，如"恭喜发财""万事如意""步步高升"等。

出行——由房长叔公带领本房子孙，到神坛、社庙行香，路上不得说话，即使碰上了熟人、好朋友也只点点头，你上我下，严肃得很。

食岁饭。时间在年初三，这天早晨起床后，首先把三牲茶酒摆在厅堂的露天香案桌上，点烛、烧香供奉天地，然后转移供奉祖先，祭祀完毕才拿回厨房烹调，菜肴跟过年一样齐全，小孩每人都给一只鸡腿或鸡翅膀，吃时由家长分别夹到他们的碗里，还会乘机祝愿，如过了一年长了一岁，好好读书等。岁饭吃过后，意味着春节已基本告一段落，新的一年生活就开始了，有的去探亲访友，有的外出做工，有的下田劳动，各自寻找自己的活计。如这天有人下田劳动，家庭主妇则会煮一个碗头（里面盛着粉干、肉、蛋等）给他吃，叫"上工饭"。

出年界。年初五这天要把入年界时挂在厅堂里的祖公像收下来捆好，收藏起来。此外，家家户户大扫除，把垃圾送到屋门外烧掉，叫做"送尘"。这天以后，春节的气氛就开始逐渐淡化，至正月十五以后一般就不再叫做新年了。

5. 花灯

春节期间的祭祀活动多，消闲娱乐活动也很多。如年初三、初四后亲戚间开始互相走动，前一年有嫁女儿的，其亲房叔伯轮流宴请"新婿郎"；前一年有娶媳妇的，则轮流宴请"新师人"。而闲着无事的年轻人便开展各种各样的娱乐活动，如围棋、象棋、纸牌、拍棉球、踢毽子等。武北一些村落还组织花灯表演活动，分别到本村的厅堂、祠堂去拜年和前往附近相同姓氏村落去"拜梓叔"。到湘村来活动的花灯主要有如下几种：

船灯。船灯的制作是用杉木条制成船形木架，架长约 2.3 米，高约 1.66 米，用花布做船篷，外裱人头画和山水画，贴上几首诗或几副对联，装饰得美观耐看。比较讲究的船灯还在船头、船尾的左右两侧扎上花鸟虫鱼等装饰，此外还雕饰有传统的故事图案，如《渭水访贤》《水漫金山》《三元及第》，等等。

船灯表演一般为三人，即船头（艄公）、船尾（艄婆）、船心（驭船者），也有加副船和帮手的，常用的曲调有 20 多首。演出时，锣鼓开场，笛子起调，艄公喊话，艄婆搭腔。接着，奏乐《八板头》，人动船摇，艄公艄婆划桨起舞。奏完《八板头》，开唱《渔家乐》，艄公艄婆边歌边舞，眉来眼去，相互呼应。划船时，时而左侧斜靠，时而右侧斜靠；时而快走，时而慢行。唱完《渔家乐》，再唱《十二月古人》等三五首小调。最后，曲终船到，拖船上滩，边拖边唱"螃蟹歌"和"猜字歌"。有时还表演落地花鼓和船上花鼓。全场大约一个半小时。

由于船灯装饰鲜艳，曲调悠扬动听，容易形成欢乐祥和的气氛，加上艄公、艄婆及拖船丑角的表演活泼、诙谐，所以男女老少均乐于观赏。

龙灯。龙灯也是一种为当地居民所喜闻乐见的活动。据当地一位报告人说，龙灯在武北已有 300 年以上的历史，有五节、七节、九节之分，其中九节龙灯要历史上出过皇帝的姓氏才能出演。但据另一位报告人说，出了状元、榜眼、探花或翰林的地方也可以出演九节龙灯。七节龙灯则要出过举人的才可以上演，而一般村落或小姓人只能演五节龙灯。

龙灯有纸龙和布龙两种。纸龙又叫"漏子龙"，是用竹篾扎筐，色纸（包括金纸、银纸、皱纹纸）盖面的。而布龙则是用竹或杉木扎筐，用布盖面的，又分有各节连接和不连接的两种。各种形式的龙灯从龙头到龙尾都分别贴上鳞片、天鳞和各种花朵或人物图画，每节空腹中有灯火装置。点上灯火后，外表为黄色的叫黄龙，外表为青色的叫青龙。

龙灯的锣鼓多数有堂鼓、大钹、小钹、沙锣、丁锣（俗称"狗吠锣"）、铜公等。龙灯从人员组织到演出均与船灯有所不同。表现在：第一，在人员组成方面，龙灯队伍要同一房族的人才能参加，所以其演出所需经费也由房族蒸尝支付，同一村落如果某房扎了龙灯，其他房一般也不甘示弱，如历史上湘湖村曾同时出演过 13 队龙灯，桃溪村同时出演过 14 队龙灯。而船灯不分房族，一般愿意参加者均可参加。第二，在演出时间上，龙灯一般晚上演出（布龙也有白天演出的），并且只能在正月初一至十五半个月期间，而船灯一般在白天演出，日期上也没有严格的限制。第三，在演出场地上，船灯不能入屋演出，而龙灯则一定要入屋。龙灯入屋被认为是极好的兆头，故当地民谚说："龙灯入屋，买田做屋。"龙灯入"屋"时，要先缠绕桅杆再进入厅堂、祠堂；拜完厅堂、祠堂后还要绕着柱子走，叫"龙缠柱"，接着再沿着祠堂周围走一圈。这时鞭炮齐鸣、锣鼓喧天，龙灯飞舞，极为热闹，此叫"赠龙"。如果上一年谁家乔迁新居，龙灯去给他"赠龙"，他办的点心会比较排场，给的红包金额也比较大。

龙灯演出时，由司鼓者指挥，锣鼓起，鞭炮响，珠灯出。珠灯先行表演，时而空中翻腾，时而地上滚行，真如明珠耀眼，光彩夺目。珠灯演后，引龙上场，表演"走园""穿太极圈""织字"等节目。织字多织"天下太平""平天一字王"，珠起龙跃、珠落龙伏、珠滚龙追、珠跳龙舞，呈现各种精彩的场面。双龙抢珠还演"黄龙出洞""雪花盖顶""鲤鱼跳龙门""青龙下山"等节目。这时，主家燃放鞭炮以示鼓励。演出完毕，龙灯到主家回拜，主家则把红包交给提灯笼者表示慰劳。

但对于村里的孩子们来说，这个活动还远未结束，因为他们认为龙灯的高潮是拔龙须。当龙灯离开厅堂或祠堂出门时，一群群十来岁的小孩早已守候在大门口，等龙灯一经过大门，他们便争先恐后地抢拔龙头上的龙须，而舞龙头者则想方设法不让他们把龙须拔走，但大多数情况是龙须被一哄而上的孩子们拔得精光。当然，这项活动实际上是为大人们所鼓励的，甚至还为舞龙者所默许——私下里多带了大量的龙须以备孩子们来拔。据说，龙须象征着福气，舞龙灯的真正目的是将福气送到每家每户。

马灯。马灯的传入据说也有 300 年以上的历史。马灯的制作用竹篾扎马架，色纸盖面，白马用白纸、赤马用红纸、青马则用青纸糊盖于全身，杂以其他色纸，整个马灯由两节合并，从马头至马鞍的前半段为第一节，从马鞍后半段至马尾为第二节。前后两节都不装马脚，而是把前节挂在舞灯者面前，后节挂在舞灯者后面；马鞍前半段齐腰部，马鞍后半段齐腰椎，下面用布或纸围起来，这样连起来看像人骑在马上。通过鼓灯者的腰、身、手脚的动作，使马活灵活现，犹如真马一样。

据一位舞过马灯的人说，最早的马灯只有两只，一边一只为一队，各有牵马人、牧马人和拾粪人（丑角），骑在马上的人大多扮演历史人物，如关公、张飞等人物形象。马灯表演无固定曲调，不像船灯有《八板头》《渔家乐》《摇船》《到滩》等，而是大都采用民间小调，如《十二月古人》《十月怀胎》等。表演时锣鼓起板，舞灯者按鼓点步蹈、起舞，步以小跑为主，两队各一边同时上场穿花、造型，边歌边舞，具有浓郁的乡村风味。

鱼灯。鱼灯由红鲤、青鲤、螃蟹、大虾四部分组成。它的制作是先用竹篾扎成实物形状，其中鱼分成鱼头、鱼身、鱼尾3段4节（其中鱼尾分成两节），全长约 1.2 米，高约 0.4 米，腹中最宽处约 0.25 米，然后外表底层用油光纸糊盖，红鲤用红色，青鲤则用青色，鱼鳞用反光圆形镜子纸。这些鱼、蟹、虾均有灯火、活动装置，形似活物，表演时加上灯光显影及艺人的灵活摇摆，更是形象逼真，十分耐看。

鱼灯所用的乐器有唐鼓、铜锣、碎锣、大钹、小钹、笛子、二胡、吊规、扬琴、提胡、木鱼、碰铃、片鼓、木夹板、树叶唢等。鱼灯的表演人物则主要有鱼、柴、耕、读四个，鱼为花旦，即两个执鱼人，由两位女孩扮演，头戴花花绿绿的反光珠联帽，上身穿时装，下身穿罗裙；柴和耕为丑角，柴者身穿便服，肩扛扁担携带柴夹和柴刀，装上鼻子髯；耕者头戴斗笠肩扛锄头，乌髯长 1 尺余，活像个老头；读为小生，由两个小青年扮演，头戴礼帽，身穿长衣套马褂，双手端扇（书）灯，称为文曲星和武曲星。扇灯像大白扇，里面点有灯火，外面写上几首唐诗匝龙门旗。龙门旗有 2 米宽、3 米高，横幅用红面贴上"恭贺新禧"四个大字，一边一个小灯笼，外表用五色纸装点得五颜六色。

鱼灯拜年贺喜的形式与船灯类似，演出时锣鼓开场，笛子起调，排好队形，龙门旗在前面跨竖，左片排列着耕、读（文曲星）、鱼（红鲤）、螃蟹；右片排列着柴、读（武曲星）、鱼（青鲤）、大虾。乐队奏完八板头后，耕放下锄头开言恭贺道："新扎鱼灯闹连连，一心扎来拜新年，拜得老大添福寿，拜得后生赚大钱。"或曰："新扎鱼灯闹洋洋，来到贵地拜厅堂，拜得青年添贵子，拜得各户谷满仓。"接着小生摇起灯来，左右两边列队绕着龙门从内到外，又从外到内，载歌载舞，先后显示上滩、退滩、跳滩、跳龙门等情形，一般情况下唱 3 ~ 5 首小调，常用歌曲有《渔家乐》《瓜子仁》《螃蟹歌》《洒金扇》《送寒衣》《十二月古人》等。如果时间允许还会加唱《十月怀胎》等小调。最后唱猜字歌——《天下太平》等。全场演出一般40分钟，多则 1 小时。

　　狮灯。狮灯表演的实质是武艺表演和杂技表演。以往演狮灯的多半是小姓和大姓中的弱房人，他们为了防范别人欺负而借狮灯习武。狮灯分为双人狮和单人狮两种，双人狮有青狮（青蹈狮、登桌狮）和黄狮（睡地狮），单人狮则有蛤蟆狮、猫头狮（指头型）。

　　制作狮灯时，首先用泥巴作狮头模型，然后糊盖上多层棉毡纸，待泥巴风干后将泥去掉。狮头呈圆形，直径约 0.5 米，头顶上有五个墩表示五湖四海，两侧各有一个笔架山为耳朵，面部有眼、鼻、嘴，舌能伸缩。颜色视狮名而定，青狮为青黄色，黄狮为黄红色，猫头狮为灰色，蛤蟆狮为青色。狮身没有框架，一块狮被（布）约 2.66 米长，黄狮用黄布，青狮用青布。

　　狮灯的道具有耙头 1 把（约 3 斤），勾刀 1 把，木（铁）梗 2 条（每条长约 0.8 米），木棍 4 条（每条长约 2 米）等。乐器则有鼓、大钹、锣两副（一大一小）。

　　狮灯的人员组成分别为司锣鼓 4 人（其中司鼓者为师傅），执狮头、狮尾 1 ~ 2 人，扛道具、扮演弥黎（类似于沙和尚）、猴子各 1 人，全队共 10 ~ 12 人。

　　狮灯演出前先有三次催锣，表演时由鼓声指挥，其鼓调很多，从狮灯出门、途中、入门、敬神、拜新年、开场，到演出中的出狮、出猴，以及舞狮登桌、跃桌、拳术、棍术等表演都有不同的声调。舞狮的基本动作有点头敬礼、摇头摆耳、头昂垫座、左右侧卧、前冲后退、跃身腾空、登桌跃桌、欲咬弥黎等花样。演出的过程大致为狮灯登场，弥黎同时出场；狮子想咬住弥黎，弥黎则想捉拿狮子，相互之间扑来扑去；接着弥黎请来猴子帮忙，猴子有意刁难并捉弄弥黎；弥黎拿了一把扇，猴子拿着一根绳子，两端各结一个三角红布包伸来收去，十分灵活。由于狮子不断地扑向弥黎，搞得弥黎筋疲力尽，最后还是猴子帮助了他，同时上前勇扑，从而抓住了狮子。这时狮身伏地，狮头点头回敬，狮灯演出宣告结束。接着，开始武术表演，先是单人表演，依次为拳、棍、梗、耙、勾刀；后为双人表演（又叫五色武艺），依次为拳搏拳、棍搏棍、棍搏耙头、梗搏棍、耙头搏勾刀。五色武艺演完，全场便宣告结束。

　　在众多的花灯中，狮灯的规矩最多，主要有如下几点：①每天早晚要到狮灯前烧香，叫"养狮"。②狮灯外出前要到公王神位前烧香安狮，从福主公王处降点香灰用红布包挂在狮头上，祈保出外平安。③狮灯如遇到另一队狮灯要让对方大片（左片）先行，或让其先进厅堂、祠堂。④狮灯每到一村，要先敬当地的福主公王，后到祠堂，再进厅堂。⑤敬神、敬祠时，狮头要放在神桌上受敬。⑥狮灯到了某村，如该村也有狮灯，就要主动前往拜狮。⑦狮灯演出时要讲好话，每演完一场都要回敬。⑧青蹈狮可以常年演出，尤其以卖伤膏药为主，其余狮灯只能在正月初一至二月初二之间演出。⑨青蹈狮要登桌，黄狮（睡地狮）不能上桌。⑩狮灯到二月初二结束后要到公王神位前回神。这些规矩如果因疏忽未做到，一旦遇到另一队狮灯，对方就会加以责备，还要进行比武。

除春节外，湘村的传统节日主要还有五月节、七月节、八月节、九月节，其中五月节和九月节比较重大，五月节称作"头节"，九月节称作"尾节"。这两个节日每家每户都必备猪肉、粄子或杀鸡、杀鸭，全家欢欢喜喜吃一顿，外出做工的、做生意的也尽量赶回来与家人团聚，共享天伦之乐。七月节、八月节则比较随便，一般做一些粄子吃即可。五月节还有插青的习惯，这天每家的厨房、大门都会插上一些艾叶、菖蒲、葛藤之类的东西。对此有两种说法，一种是说这些植物能驱邪赶鬼、除瘴气，另一种说法则与黄巢起义有关。

据说，黄巢起义时到处杀人放火，抢劫掳掠，一听说黄巢兵来，老百姓携儿带女四散逃跑。有一年的端午节，有个中年妇女背着一个年纪较大的男孩，手上却拉着一个还不太会走路的小孩在逃命，正好碰上黄巢。黄巢感到不合情理，也有点不公平，便问道："嫂嫂，你为何逃跑？又为何大的背着走，小的拉着走？"这位妇女回答说："我们是怕黄巢千岁的兵来伤害，故此逃命，这个大的是我小郎（夫弟），小的是我儿子，婆婆已不在人世，不能再生儿子，我还年轻可以再生，故一旦兵来，我可背着小郎先跑。"黄巢为其精神所感动，故对这位善良的妇女说："你不要跑，回去在家门上插上艾叶之类的东西，黄巢的兵士就不会进来伤害。"这位善良的妇女回家照此办理，同时也转告乡亲们，果真避免了这些灾难。所以，端午节插艾叶就成为一种风俗。

需要说明的是，这几个节日分别较全国性的传统节日端午节、中元节、中秋节、重阳节提前了一天。对此，在当地大致有三种说法。第一种说法为：太平天国时期，"长毛贼古"（指太平军）经常在过节时到乡下抢食，甚至连好不容易过节时才有的猪肉盘也被抢走。有过多次经历后，老百姓想出一个办法，即将节日提前一天进行，把为过节准备的食物统统提前吃掉，待过节那天长毛贼古再来时，就什么好吃的也没剩下，让他们空手而回。时间一长，提前一天过节就成为一种风俗。

第二种说法则见于民国《武平县志》。该志《礼俗志》载："若端午、中元、中秋、重阳节，有前一日者。相传明末土寇充斥，往往入乡抢食，故提前一日过节，俾贼至无所得食，故老相传，理或然矣。"

第三种说法是，清前期，城里的"旗下佬"（指清初下层士卒）每逢过节都会下乡骚扰百姓，将所有好吃的东西一抢而光，老百姓敢怒不敢言。久而久之，老百姓就采取提前一天过节的办法，使旗下佬第二天来时一无所获。这样年复一年，这些节日就提前了一天。

这三种说法在基本情节上十分相似，不同的是时间和人物。对于第一种说法，我们一直持怀疑态度，因为太平天国运动持续时间短，在闽西活动时间则更短。按太平军在闽西活动的时间先后有四次，即1857年3月至5月，1858年8月至1859年2月，1860年11月至1861年4月，1864年9月至1865年2月。从这些时间看，最短的只有两个月，最长的也不过半年。而具体到武北村落而言，太平军基本上是一晃而过。如此短暂的时间对一种风俗的形成与改变所产生的影响是很小的，甚至是微不足道的，此其一。其二，太平天国运动时期离民国《武平县志》的主要编纂者丘复、林绂庭、谢伯镕等人生活的年代并不远（他们三人分别生于1874年、1874年、1873年），他们的父兄还是这场运动的见证人，故如果这事与太平军有关，那么民国《武平县志》不可能出现第二种说法。

第二种说法也值得商榷。因为"土寇"与乡村关系十分密切，其特点是入山为寇，出山则为民，对乡村发生的情况了如指掌，不可能年复一年地"提前过节"而将其蒙骗。并且，"土寇"毕竟整体力量不大，极易招致整村、整族的抵抗，而不致改变民俗。此外，据我们调查，由于武北特殊的自然环境和宗族社会特点，外地的股匪、散匪不敢入境，否则必被剿灭。而本地的盗匪，一般不在武北境内，而是去毗邻武北的长汀、会昌等地，或在当风岭、杨页垇等处活动。因此这种说法成立的可能性极小。

而第三种说法则比较可能。一方面，"旗下佬"在历史上存在的时间长，具有影响民俗的时间跨度；另一方面，"旗下佬"是官府的代表，这种"兵匪合一"的身份才能使老百姓"敢怒而不敢言"，从而采用聪明的对策，将节日提前一天进行。但这仅是一种推测，长期以来一直没有佐证。后来，我们到湘店乡店厦村调查时发现，该村刘、曹、邱、罗、蓝、梁、邹、黄等八姓人中，罗、梁两姓节日不提前，另六姓则提前一天过节，同村而不同俗。为此，我们专门走访了罗、梁两姓的多位长者。据一位梁姓报告人说，清朝时，他们有一位上祖叫梁满郎，罗姓则有一位叫罗大胆，他俩均武艺高强，同在汀州城担任武职。梁满郎还任长汀县把总，能使钯头80斤（约合市斤99.2斤）。每当节日来临，乡亲们担心"旗下佬"来抢食而准备提前过节时，他们都吩咐同族人不要担心，照常过节，如果旗下佬来抢劫，他们会去对付。于是梁姓和罗姓都照常过节，一直保持到现在。

根据这一线索，我们便设法查找《罗氏族谱》和《梁氏族谱》，但由于历史原因，罗姓、梁姓已找不到完整的族谱，只剩下残缺的简谱。尽管如此，我们仍从简单的《梁氏世系谱》中获得了如下文字："十三世大乡，号满郎，任长汀把总，技勇甚高，能使钯头八十斤。"根据这则材料，我们可以推测梁满郎生活的大致时代。店厦村梁氏现在最小的二十五世，较长的二十三世，以25～30年一代计，据此上溯，十三世当在1700年前后，这段时间正属于清前期，与传说中的"旗下佬"活动时间较为一致。此外，梁满郎不怕"旗下佬"除"技勇甚高外"，可能与任长汀把总一职有关。而"长汀把总"所能产生的威慑力除对"旗下佬"有效外，对"土寇""太平军"均不起作用。因此，从梁满郎生活的时代和他的身份，可印证前述第三种说法，故我们认为武北村落提前一天过节可能与清前期"旗下佬"抢食有关，而与明末土寇、晚清太平军活动关系不大。

九

妇女久婚不育或未生男孩，便会觉得脸上无光。这时她们就去求吉祥哥或送子观音，其中又以求吉祥哥为最多。吉祥哥，又叫"吉祥子""吉祥菩萨"，在庵庙里是小男孩的形象，身高1尺余，身穿开襟衫，裸露着生殖器，身上背着一个小布口袋，笑容可掬。据说，吉祥哥是弥勒佛的第九个儿子，弥勒佛的九子吉福、吉禄、吉寿、吉财、吉丁、吉贵、吉如、吉意、吉祥中，只有吉祥得道成仙。祈子时，妇女往往是先朝拜大菩萨，如观音、弥勒，然后再到"吉祥哥"面前，虔诚地顶礼膜拜。拜毕，便站在像前祈祷："吉祥子、吉祥哥，不要在这冷庵冷庙坐，到偃个肚里坐。"边念边摸吉祥哥的"小雀雀"，有的边摸还边往自己的身上比画，然后搓下一些粉末带回服用，将钱放到吉祥哥的口袋里。日后如果真得子，还应将吉祥哥身上的旧衣服换上一件崭新的，以示感谢。

过继一般有三种情况，一是男丁早亡，父母在健在的儿子中立一子给早亡者为"嗣子"，被立的"嗣子"可得一份祖父家产，承继早亡者的烟火；二是本人未生育男孩或男孩较少，与兄弟商量立兄弟的子为"嗣子"；三是父母请算命先生给男孩算命后，认为小孩命硬，与父母不相生，带有"弓箭"，会克其父母，也过继给自己兄弟或妻兄弟做"嗣子"。嗣子可继承嗣父的家产。

另有一种过继叫"一子顶两房"，即生父母不愿儿子全部过继给人，只过继一半。男孩长大后娶两个妻子，分别继承两家香火，不分大小，均为正室，两个妻子所生儿女各自承继上代门户。此俗多见于兄弟间和姑表间的过继。

村民给小孩取名有大名与小名之分。大名应按排行字，同一辈分必然有一个字相同。小名则喜欢与八字中五行欠缺的东西联系起来，如缺木的叫做"樟树头""樟屁股""荷树妹""松树根"，缺水的叫"水养生""石水生""水长古"；祈求神明保佑的有"观音妹""马寿生""三官寿"等。在称呼自己父母时，一般不直称"父母""爸爸""妈妈"，而是称父亲为"伯伯""满叔""叔叔"，称母亲为"大嫂""嫂""伯嫂""姐"等。

结婚、生子、建房是村民人生中最重要的三件事，故建房也有许多规矩。建房的第一要事是选屋场，选屋场须请风水先生反复勘察，讲究"来水""走口""坐向"，等等。破土动工前还要择日竖符本以镇凶神恶煞，甚至还要读祭文。而"上梁"则是建房工程中的最重要的大事。村民的房屋都少不了一个正厅，在大家的心目中，厅的栋梁不仅事关整座房子的整体，而且关系到家庭的吉凶盛衰。还传说如东家得罪了木匠、泥匠师傅，他们可以在梁和柱屋顶等处做手脚，搞得日后居家不宁。所以，"上梁"必须十分慎重。"上梁"时，主家先烧香、点烛、鸣炮，杀牲致祭，然后众人协力扶起立柱，木匠师傅则手举鸡公，高声喝彩，抛散"梁米"，家人和围观者跟着木匠师傅喝彩，高声呼应"有呀！"，在这喝彩声中把梁架上。当日中午，主家还需设宴请师傅和亲朋。

新屋落成，在迁居之前要"出煞"，这是为了净宅而进行的驱邪赶鬼仪式。出煞时，正厅放大桌1张，桌上放3个大斗，盛白米1斗，干谷2斗，米斗居中。风水先生放罗盘于米斗上，泥水匠放泥刀1把、伍尺1把于左谷斗，木匠师傅放曲尺和墨斗于右谷斗上，米、谷斗上各放大红包一个。厅正中放八仙桌数张，一直摆到大门前，桌上用白布几丈，直铺到门口。风水先生头裹红巾，身穿素衣，左手抓鸡公，右手握七星宝剑，口中念咒，把鸡杀死，将鸡血洒在白布上，直出大门，鸡丢在大门外。同时，泥匠和木匠师傅用红木棒用力打布，齐出大门，随即鸣炮、放铁铳、打锣鼓，送出大门。这时，主家立即把大门关上，就算已出煞。

迁居时，还有一套仪式，迁移队伍由全家老少组成，每人都要拿东西，依次是饭甑、锅、火种、餐具……要在原灶上做好饭移到新灶上，把原灶的火种引至新灶里，称作"接火种"。而外家送的礼物中也应包括豆、谷种、茶叶、香花、炭、粘谷、糯谷、书包、裤袋、红布、杉头、鞭炮、帐子布等。迁居当天，还必须办酒席，席面与其他喜事大致相同。

村民重男轻女的思想严重，旧时妇女不能与男子同桌吃饭，只能在厨房里吃。至今如有贵客上门，妇女仍不能与客同席。妇女用物被认为是秽品脏物，如不慎从晾晒在外边的妇女裤下走过，或用妇女洗澡的手巾洗脸，被认为"晦霉莫甚"。妇女尤其不能参议重大内政、外交，否则被认为"牝鸡司晨"，男人面上尤无光彩。

兄弟分家时，妇女的娘家要为其做"分开"，做"分开"时娘家的亲房都要派一女性参加，礼物中必须包括小杉木、香花、韭菜、茶叶、豆子、谷种（含粘谷、糯谷）、火炭（用红布包）、水桶、搭盖、锅、饭甑、碗头（5个以上）、碗（9个以上）、菜刀、铲、谢把、筷子（10双）、火夹等。这些礼物主要为日常用品，但大多有象征意义，如杉木象征子孙满堂，香花、韭菜象征兴旺等。与其他婚丧庆典不同的是，做"分开"时主人不迎送客人，也无猪肉回送客人，仅吃一餐而已。

旧时湘村的风水先生，有来自本村的，也有外地的，但以外地的为主，"外来的和尚好念经"在这里也得到了体现。由于江西兴国的风水先生在武北等地较有名气，所以外地的风水先生大都号称来自兴国，当地人则称他们为"兴国先生""江西先生"。据当地报告人说，民国时期湘村的风水先生有刘兆林、朱秉文等人，1949年以后则有刘集禧、天世佑等人，其中刘集禧、天世佑二人的师傅据说就是江西兴国的赖先生。据刘集禧先生说，1949年的一天，江西兴国的赖先生眼看新中国成立后无法再靠看风水谋生，又无盘缠回家，就对他和天世佑二人说，他想收他们俩为徒弟，师傅钱为50个花边。本来兴国的风水是发过誓不能传给外地人的，但为了回家，只好卖命。他和天世佑二人，就凑了 50 个光洋，在兴国赖先生的指导下学了半个多月，其间重点学习了"兴国先生"的看家本领——砌门。由于得到了名师的指导，后来他在笃信风水的长汀县宣城乡一带很有市场，相当长一段时间都在该地为人看风水。

第二节　湘湖刘氏宗族的形成与发展

　　湘湖村位于武北湘店乡的西北（见图 1-3）。湘店乡现有 1.04 万人，区域面积 104.01 平方公里，其中森林面积 69.3 平方公里，耕地面积 9619 亩，人均耕地面积为 0.92 亩。湘湖村离湘店乡所在地尧山村 10 华里，系一块山间平地，地势较高，人口密集。这里不但土地、山林面积约占全乡的 1/3，而且人口也占全乡的 1/4 以上。同时，这里还是武北望族刘氏的祖居地和聚居地之一。因此，对湘湖的刘氏宗族进行深入细致的考察，有助于我们更完整地理解武北的地域社会，亦有助于我们理解闽西客家村落社会。

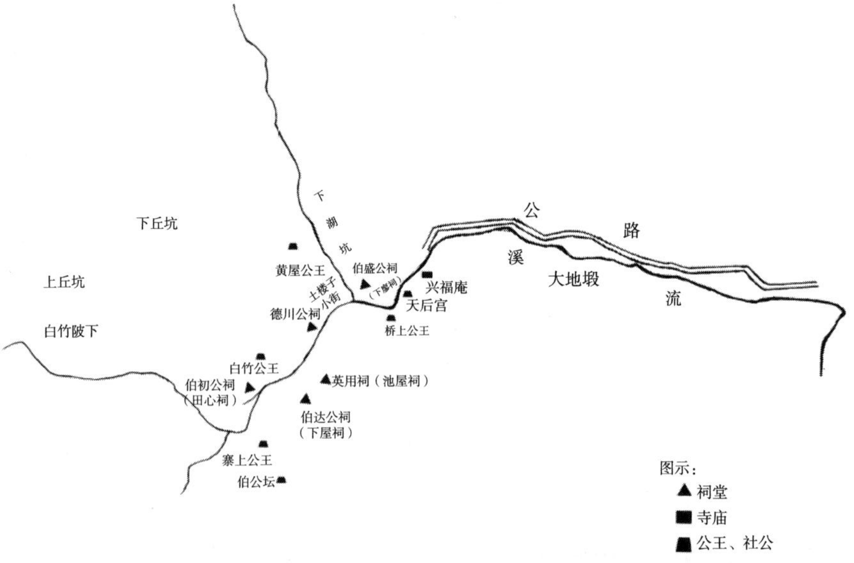

图 1-3　湘湖村示意图

一

在湘湖村境内有两条源自不同方向的小溪向东南方向流淌，经村中交汇，再往东南，流经湘店乡的尧山（牛皮坪）、刘坊、三背等地，与小澜河汇合，流入汀江。因此，湘湖也是桃澜河流域（自然也是汀江流域）内的一个自然村落。

湘湖村现有2700多人，其居民都姓刘。据刘祥林先生说，以前这里还有尚、夏、田、廖、池、蓝、江、俞、唐、黄等其他姓氏。关于尚、夏、田、廖、池、江、黄等姓，现有的小地名和文献资料都可以证实。至今还有叫尚屋、夏屋、田心、下廖、池屋、黄屋塘之类的小地名。而文献资料方面，则有刘光第《湘坑湖记》载：

> 名伯初公祠所以田屋，田氏之所居也；伯盛公祠所以下廖，以别于上廖，则皆廖氏之所居也；名伯达公祠所以夏屋，夏氏之所居也；名伯英公祠所以尚屋，尚氏之所居也，即刘氏始迁地，五传而分授伯英房者。湖内腹有地名黄屋、江背者皆以人姓名，而他姓无考焉。

《湘坑湖记》清楚地记载了湘湖先民中这些姓氏居址及分布。而关于蓝、唐、俞三姓，则无从查考，只听报告人说蓝姓曾居住在上片角，唐姓居住在磜上，俞姓居住在下湖坑。这些众多的姓氏，到后来都相继外迁或灭绝了，只剩下刘姓后来居上，并大大地发展起来。

关于湘湖刘氏的来源本无分歧，即宗族内众口相传，不同版本族谱所记载的："远源来自江西，近源来自长汀刘屋坑。"但近年来出现了一种新提法，认为湘湖刘氏系宁化始祖刘翔的后裔。此类说法一见于近年私刻的涉及赣闽粤刘氏的联谱，二见于新近出版的《客家百姓源流郡望堂联汇考》。如《客家百姓源流郡望堂联汇考》云：

> 锭珍，为刘泷之三子，系宁化始祖刘翔二十一世孙。生于嘉定十二年（1219）。南宋末，随父兄由豫章迁居瑞金。其曾孙通海徙居长汀刘屋坑，生三子：大夫、二夫、三夫。大夫留居刘屋坑；三夫迁至广东野鸭湖；二夫，称三郎，元朝时自刘屋坑移居武平湘店乡湘湖村，尊刘三郎为一世祖。是当今武平刘氏最盛之族。

其实，所谓湘湖刘氏系宁化始祖刘翔的后裔是很不可靠的。第一，说锭珍为宁化始祖刘翔的二十一世孙，往事已越五六百载，又无旧族谱可考，不知作者是如何衔接世系的。第二，由宁化而迁豫章，又由豫章迁瑞金，并不符合自唐末迄元明时期赣闽粤边的移民规律；第三，最为根本的，从史料来看，无论是湘湖刘氏族人珍藏的《湘湖刘氏族谱》（嘉庆版、民国版），还是《武平县志》（康熙版、民国版），均未提及湘湖刘氏与宁化始祖刘翔的关系。

对于湘湖刘氏的渊源，刘氏族谱中有明确的记载，如撰于明万历八年的《刘氏族谱原引》云：

> 汉祖起自彭城，远不可述。惟查旧谱，故老相传，先世由沛至蜀、本蜀人也，大宋南迁从孟后，官居江西虔州，其族属刘韦后裔有子羽、子翼者，徙建阳麻沙，唯我祖徙属县瑞金塘背世居之，宋祖传世世为宋臣，拜谏议大夫者六人，父子相继知州县者莫能枚举。因元代宋祖六郎公长男大郎自揣宋臣，耻食元粟。元主震怒，悉空塘背族属地居，流窜四方，难以尽述。我祖大郎公避元隐居福建长汀成下里刘屋坑。……三郎公知蛟龙非池中物也，乃迁于武邑湘湖，至元末入其版籍，而居始定焉。

在此之后，撰于清康熙四十七年的《刘氏重修家谱记》亦云：

> 予祖起彭城，其由来久矣，惜书缺有间世系莫详，未敢深论。而近而可征者，厥惟大郎公当元之季徙自瑞金塘背，迁居郡成下刘屋坑，……始祖而复迁在武，三郎公之所从出者也，三郎公居武邑湘湖一传再传。

而民国《武平县志》对此也有相应的记载，该志《氏族志》云："邑中刘氏皆彭城派。宋元间，先后由江西瑞金县塘背乡迁来。……湘湖开基祖刘三郎，号二夫，元季由长汀刘屋坑来迁。"其基本内容也与族谱相一致。

据此，我们可知，湘湖刘氏的远源来自江西塘背，直接的源头来自长汀刘屋坑，而与宁化始祖刘翔没有直接的联系。

刘氏来到湘湖以后，最先居住在村中东约 2 华里一个叫水口下坪的地方。过一两代后才迁到湖中尚屋居住。关于刘氏由水口下坪迁居村中的历史，我们在调查中听到这样一个故事：

> 相传刘氏先人养有一伙猪嬷带子，每天天一亮就会跑到尚屋一带去觅食，久而久之，他们就认为尚屋一带是一块风水宝地。而尚屋人与刘家关系也不错，曾对刘家说："老刘，老刘，不如到村中来开基。"刘氏遂由水口下坪迁居湖中尚屋。

这则传说的真实性并不重要，重要的是这则故事反映了刘氏初来湘湖时与尚姓密切关系，以及刘氏先民开基拓业的艰辛历程。此后，刘氏便以尚屋为中心向周边地区扩展开来。

以上传说从一侧面反映了刘氏初来湘湖时与土著居民和睦相处的事实。但也有相反的情况，即新来的刘氏与其他姓氏（土著居民）有较深的矛盾，进行过激烈的斗争。调查中村民们津津乐道的黑狗公王的故事就是一例：

> 相传，刘氏初到湘湖时，村中檀树头下住着一位黑狗公王，心肠歹毒，要求村民每年供奉一个独子种（即独生儿子）来祭祀他，否则全村疾病横生、祸患连天。有一年恰好轮到刘家，这可把刘家急坏了。但年少勇敢的千八郎公不信这个邪，决定到同山去学法。学法归来后，千八郎公便到檀树头下黑狗公王神位前，决意要赶走黑狗公王。黑狗公王显身说："你有什么法术想赶走我？"千八郎公说："不信，我们就试一试。"于是，就在左手上写了一个"火"字，一巴掌打到黑狗公王身上，顿时一股烈火从千八郎公手上冒出，将黑狗公王的胡须烧得"噼啪"响，痛得哇哇直叫。接着，千八郎公又在右手上写一"水"字，便立即有一股清泉从右手冒出，将火扑灭。黑狗公王被打得连连讨饶。于是，黑狗公王表示以后不再要求独子种供奉，只要有猪、羊就可以。千八郎公认为猪、羊还是太贵，执意要将黑狗公王赶出村外，黑狗公王只好一路逃，千八郎公一路赶。赶到大洋泉坳，黑狗公王累得气喘吁吁，于是再次降低要求说，他就停在这里，今后只要虾公叛子来祭就行。千八郎公认为这个地方属于刘姓人地界，必须将黑狗公王赶出刘姓人的范围才行，便继续赶他。最后赶到刘坊坳口，快出今日的湘店地界

了。黑狗公王再也走不动了，便又一次讨饶，表示今后只要有块神位，其他什么也不要了。千八郎公说，停在这里可以，但只能享受湘湖人的屎尿，黑狗公王答应了。于是，此后刘坊坳口多了一个黑狗公王的神位，但设施非常简单，只有一棵大树和一块青石头，从来没有人在这里烧香挂纸。而湘湖人每逢到小澜赴墟，行至这里，遇到要大便、小便，就在黑狗公王神位前方便一番，所以又叫"屙尿公王"。据说，从此以后，湘湖村刘姓人到此处，如果大小便就平安无事。相反，如果谁对这位公王鞠躬或祈祷，则会肚痛。

关于这则故事，我们在刘坊调查时还听到了另外一些情况：一是故事的主人公是都察院刘隆，而不是千八郎，说是刘家出了大人物才把黑狗公王给赶走的。二是这块象征黑狗公王神位的青石头，后来由于常年饱受小便的浸染，逐渐变成了淡黄色。三是刘坊一带人逢到一些节日也会在黑狗公王神位前烧香。

这则湘湖刘氏妇孺皆知的民间传说，具有丰富的社会寓意。黑狗公王象征着土著民的民间信仰，也象征着土著势力本身。而千八郎公（或刘隆）是刘氏的祖先，代表着后来的刘氏先民。千八郎公降伏黑狗公王的故事，象征着刘氏先民已开始战胜了土著势力，取得了湘湖的合法居住权。

刘氏到湘湖开基初期，从一世祖到五世祖可说是湘湖刘氏的"少年时期"。一方面由于起初人丁不旺，经济实力不强，在当地还处于比较弱小的地位，如《刘氏重修家谱记》云："三郎公居武邑湘湖一传再传，以及文贵公新迁之余犹未遽蕃盛……"但另一方面，弱小之中又开始孕育着强大，逐步过渡到青年时期。有两件事例可看作湘湖刘氏的"成年礼"，上述千八郎公战胜黑狗公王是一例，而文贵公率众与"红巾军"交战则是另一例。《湘湖刘氏族谱》载："文贵公豁达大度，英略过人，值红巾之乱，人心风鹤，偕子德川鼓率乡众，奋兴义兵，不假挺战，随即清贼众欣然相顾而言曰：'如此仁人子孙昌炽'"，"公之以德休戈，有造于国家不浅，所以诰金事，锡龙章，德之所征为不爽耳"。这两件事极大地提高了刘氏在湘湖的地位，也标志着刘氏开始在湘湖扎下了根。

刘氏人口的较快发展是在五世以后。由于五世祖德川公生有五个儿子，除三房伯聪公只生一子外，其余四子都生有几个儿子，繁衍至今，因此族内人口的增长明显加快。《刘氏重修家谱记》云："敕封山西按察司德川公维岳降神，诞育五嗣……嗣是分立五房，三房伯聪公再传祯公，其生不蕃，盖伤之矣……余四房世世相衍，自正统迄庆历，载生载育载蕃载盈，烟火连乡，止旅密矣……"湘湖刘氏六世开始分房，传至今共有 2700 余人，其中第四房伯达公裔孙、第五房伯英公裔孙各有 1000 多人，第二房伯盛公裔有几百人，而伯初公裔孙在湘湖村内仅剩 1 家，四房裔孙在湘湖人数差别甚大，但共同构成了刘氏宗族的基本框架。湘湖刘氏在湘湖开基的主要世系如图 1-4 所示。

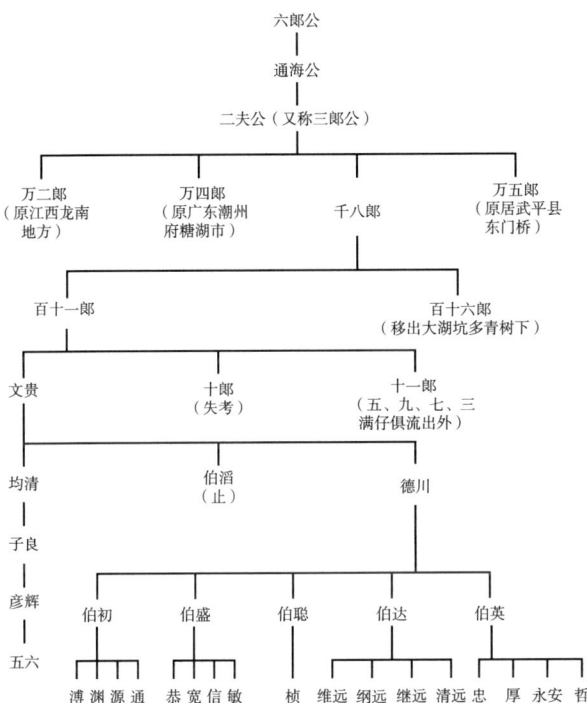

图 1-4　湘湖刘氏在湘湖开基的主要世系

二

刘氏宗族在五世以后，进入了大发展时期。大发展的显著标志有三个：其一，人口有了大幅度的增长；其二，宗族内科举人物的出现；其三，宗族经济实力的增强。

刘氏宗族在五世以后，也就是大约在明洪武之后，人丁有了大量增长。前述德川公生有五子：伯初、伯盛、伯聪、伯达、伯英。除伯聪只生一子桢外，其余四房又各生有四子，即伯初生有溥、渊、源、通；伯盛生有恭、宽、信、敏；伯达生有维远、纲远、继远、清远；伯英生有忠、厚、永安、哲。接着，溥又生一子，渊生五子，源生四子，通生四子，信生五子，敏生四子，维远生三子，纲远生三子，继远生三子，清远生二子，忠生二子，厚生三子，永安生一子，哲生三子。一时间，祖孙三代人丁达六七十众。

更为重要的是，五世祖德川公次子伯盛（即刘隆）甲申科登曾檗榜进士，历任江西南昌府推官、广西太平府推官、河南道监察御史、浙江巡按御史及山西金事等，极大地提高了刘氏宗族在当地的社会地位。刘隆不仅是湘湖刘氏宗族唯一的进士，也是整个武北地区在明代仅有的一名进士，同时还是有明一代全县仅有的两名进士中的一个。因此，刘隆成了湘湖刘氏宗族的象征，他的生平事迹在家谱、族谱中大书特书，他的故事传说宛如神话，在武北地区广为传播，这些我们在下文还将陆续述及。刘隆的科举成名大大地加强了湘湖刘氏在当地的社会地位，扩大了他们对外交往的范围，因而他们在当地的影响力也得到加强。

刘隆之后，刘氏宗族内追求读书做官便蔚为风气，科举人物大量涌现。据《刘氏族谱》载，刘隆三子刘信"幼嗜诗书，壮娴经史，蚤游泮水冠军食气，三十拔贡，授广原州知州，升任交趾仓副使"；刘隆四子刘敏"府庠岁贡生候选通判"；伯达公次子刘纲远"坚强不屈，正直不阿，随伯莅任，运筹帷幄"；伯达公四子清远"才迈群英，智居卓越，负英敏之姿，抱凌云之志"；刘信的次子廷璋"席贵官之余能饬躬励行"；刘信的五子廷珂"负性刚介，守正不阿，蜚声黉序，诗书贻谋"；刘纲远的次子宗道"发奋自励，博览书史"；刘厚的次子玉"性聪颖，蚤游郡庠食气，岁荐任饶州府浮梁县主簿"；等等。在明清两代，湘湖刘氏庠生、廪生、贡生、监生前后相望，络绎不绝。据不完全统计，在湘湖刘氏历史上共出现过庠生 63 名，廪生 9 名，贡生 7 名，监生 56 名，增生 7 名，吏员候选经历 14 名和其他功名 10 名。如此众多的科举人物在武北范围内是少见的，它仅次于科举人物最多的帽村方氏，居第二位。而由于湘湖刘氏的科举成名在先，且刘隆的官位在武北历史上首屈一指，故湘湖刘氏在科举方面的影响超过帽村方氏。

在人丁增长、科举人物增多的同时，湘湖刘氏的宗族经济实力也不断增强。由于历年久远，我们已无法找到直接的经济史的统计资料。但我们可以从一些零星的材料中估计出经济发展的状况。如《湘湖刘氏族谱》"附记第五房坎下园屋图"云："伯瑛公……德川公之五子也，其兄四人凭阄各居吉宅，惟我祖伯瑛公守其旧居，递传哲公、沼公……镟公……自创室于坎下园筑室……"可见在五世、六世德川公父子时，就已拥有较大的家业，除旧居外，还能建造四座新居让兄弟四人抓阄选择，其经济实力已非一般家庭可比。

至九世时经济实力又有了进一步的增长，仅从镟公一脉来看就可见一斑，镟公不但"自创室于坎下园"，而且还拥有较大的蒸尝，在"附记第五房坎下园屋图"中多次提到镟公蒸尝曰："将祖蒸二十余金授之居于前后左右者空前基址""其照墙背横过一带的小屋当用祖蒸买矮""坪基左右沟洫檐路委系祖蒸买出"。大量的经费开支从镟公蒸尝中支出，可见其蒸尝实力之雄厚。另外的一些材料也可说明刘氏在五世以后，经济实力有了较大的发展，如《湘湖刘氏族谱》载：刘隆"致仕荣归爱置义仓优恤族人"，八世刘廷珂"重建义仓周恤族人"，九世刘从渲"赞建祠宇于宗有光"，九世刘时相"留意建祠捐赀不恤，设义仓"，十四世刘存周"白手创业，富甲一方"，捐助尝田五十余秤。所有这些，都说明刘氏族人自身有了足够的财富积累，而建祠宇则说明宗族的经济实力有了较大增强。

随着人丁的兴旺、科举人物的大量涌现和宗族经济实力的增强，刘氏宗族在当地的社会地位日益上升，同时也对刘氏宗族自身的发展产生了诸多方面的影响。

第一，宗族制度逐渐强化。早在明初，刘氏宗族就已经形成，并已建立了始祖祠堂，撰于康熙四十七年（1709）的《刘氏族谱祠堂记》云："自建祠以来盖三百余年于此矣。"由此上溯，刘氏始祖祠堂的建造至迟不晚于明永乐年间。此后，随着刘氏宗族社会日益发展，祠堂也明显地多起来，并且均与祭祀各房分支祖有关。刘光第《湘坑湖记》云：

> 湖之内为祠五，总祠一，支祠四。总祠祀三郎公，为元始迁祖。支祠祀六世兄弟四人，为各房分支之祖：曰伯初、伯盛、伯达、伯英。……名伯初公祠所以田屋，田氏之所居也；名伯盛公祠所以下廖，以别于上廖，则皆廖氏之所居也；名伯达公祠所以夏屋，夏氏之所居也；名伯英公祠所以尚屋，尚氏之所居也，即刘氏始迁地，

五传而分授伯英房者。镟公祠亦在此地，实为伯英之曾孙。名英用公祠所以池屋，池氏之所居也，实为伯盛公七世孙，其又支祠之小焉者也。

由此可见，在明清两代，刘氏宗族在田心、下廖、夏屋、尚屋、池屋等地，至少建有总祠一座、支祠四座，以及更小的支祠两座。

刘氏宗族的祠堂规模是逐步发展的。据刘祥林先生说，在现在的总祠背头最先建有一座小祠堂。建造这座小祠堂时，曾请了风水先生师徒两人。在察看地形时，地基里飞出了五只乌鸦，于是师傅就认为此地建造祠堂后，刘氏子孙将会出五位高官，而徒弟则认为此地盘太小只能出一位高官。师徒两人争执不下。祠堂建成后，刘氏果然出了一个刘隆，中进士并荣任高官。刘隆回来后，刘氏族人认为祠堂太小，将有碍于宗族声誉。于是便将原来的小祠堂移至下方，改建成一座规模巨大的祠堂，也就是现在这座总祠。祠堂改建后，刘氏宗族虽不断有人科举成名，但再也没有出过像刘隆这样的大官了。直到后来，刘氏后裔才知道那位徒弟的论断。原来那徒弟认为，这座小祠堂按风水观之，确实可以出五位大官，但只要出了一位大官，就必然会嫌这座祠堂太小。而限于地盘，必将祠堂移下地盘较大之地，而导致风水的破坏，所以这座祠堂终归只能出一位大官。有关类似祠堂风水的故事，在武北地区的每个村落都可以听到，这是当地人风水观念的一种反映。但透过风水传说，我们可以发现其相关的社会意义。从这则传说我们可以知道，当刘氏宗族实力尚不太强大时，他们开始建造规模较小的祠堂，而随着宗族实力的增强，他们就开始建造规模巨大的祠堂。

关于湘湖刘氏总祠初建的情况，由于历年久远，现在已无法搞清它的原貌。但根据《刘氏族谱祠堂记》记载，刘氏总祠初建于明初，以后又有过几次翻修，在明末清初的社会动乱中曾化为灰烬。康熙六年（1667），经过众人的努力，进行重建，"复规前制之高下，广狭构造"，并将尺寸、范围结构成定制——详载族谱。现将有关内容引录如下：

> 其祠堂坐对系乾山巽向；上栋高二丈一尺九寸；厅堂横三丈六尺、直三丈；上栋前檐四尺、后檐三尺；前栋高一丈五尺九寸，厅横六丈七寸，直一丈一尺，前檐三尺一寸，左檐二尺九寸，右檐二尺九寸；其地基左筑砖墙为界墙，内空地一丈二尺；山脚下坎上墙外有粪缸地一块原

属祠地，右筑砖墙为界，墙内空地一丈零五寸，前至大路为界，后至祖
祠来龙为界；左右山岗地基具属祠内管业。

从这些记载来看，刘氏总祠至清康熙年间已成定制，并形成比较严格的
管理规范。

现在我们看到的这座祠堂，气势恢弘，规模之大堪为武北地区之冠。大
门上方挂有一块横匾，上书"诰封山西按察司佥事刘德川"及"进士第"
三个大字，大门左右门框上刻有一副对联："藻采高翔文传呼凤，湖山清淑
居号蟠龙。"在祠堂内部，前厅与中厅的天井中间，有一段"锦塅"。据当
地报告人刘奇才先生说，这种锦塅，因形似官府衙门的结构，只有出过都察
院的宗族才有资格这样做。在中厅两侧分别有刘光第题写的字："忠廉、节
孝"，柱子上也刻有刘光第撰写的对联："赤麋引避安全众，肃豸褒荣积累
深"。在上厅天子壁左右两边亦刻有"芳名崇白水，重望著屏山"一联。而
在正中据说在 1949 年前设有刘氏一脉宗亲神位，现在神位已被毁弃，仅在
需要时用红纸书写"彭城堂刘氏一脉宗亲之神座位"及"左昭""右穆"
字样贴于天子壁上。

数百年来，这座祠堂一直是刘氏宗族社会文化活动的中心。一年一度的
祭祠堂，一至五世祖春秋两祭的消蒸尝，以及念黄经、打醮、演戏等都在这
里举行。遇有姓氏械斗、议事，会族也必然在祠堂里进行。甚至全村的经济
活动也在祠堂大门前的小街上完成。

颇有意味的是这座祠堂大门的门槛。这座门槛高约 0.9 米，笔者曾调查
过武北范围内上百座祠堂，从未见过如此高的门槛。门槛的"高"代表着
门第的高，具有"高门士族"的意思。关于这道门槛，宗族内部还有一个
规定：每年祭祠堂消蒸尝时，必然有猪肉分配，一般是每个人丁半斤，功
名、老大依不同等级可多分。比较特别的是，凡年逾八旬的老人如能拿着猪
肉越过门槛，则任凭他能拿多少，就拿多少回家。

更引人注目的是，这座祠堂大门门柱上刻有一副对联："瓜瓞义门昌世
族，柏台仁里冠平川"。据当地一位报告人说，这是清代武平县知县何近珠
看到这座祠堂与县官法堂相似而书写的，事情的原委是：

晚清时期，湘湖的刘庆芹、刘庆芳兄弟两人对全村的情况十分
熟悉，知县何近珠率兵丁前来收税时，事先与庆芹、庆芳兄弟闲谈，

兄弟俩估计只能收到钱粮若干。后来实际收到的钱粮与他俩估计的相差无多。何近珠怀疑兄弟俩有诈，便准备带他们回县城法办。庆芳、庆芹兄弟俩便设法叫妇女用尿布打兵丁，将知县和兵丁赶出湘湖地界。何近珠心想，好汉不吃眼前亏，你偌大一个村庄，总要来县衙门打官司，到时新账、老账一起算。事情过去了三年多，湘湖一直没人到县衙门打官司，何近珠十分奇怪。当他再次到湘湖，看到刘氏总祠设施与县府衙门相似时，才恍然大悟。原来湘湖人有纠纷都是自己解决，祠堂就是审判堂。于是，他感慨万千地写下了这副对联。

这种故事的具体情节，很难说有多大的可靠性，我们在查找了民国《武平县志》时，也未发现明清两代有叫何近珠的知县。但是，透过这一故事我们却看到了湘湖刘氏宗族依靠宗族内部力量解决纠纷，以及祠堂作为宗族内部审判堂的历史背影。

据另一位报告人说，数百年来，每当湘湖刘氏宗族内部遇有矛盾纠纷，往往双方都会提议到祠堂门前讲清楚，吵架也会到祠堂门口去吵。这一方面有让祖宗来评说的含义，另一方面则有让族众来评判是非的意思。而每当这时，宗族中必然有人站出来主持公道，无理的一方就会遭到众人的谴责。这样，经常大事化小、小事化了，消弭了宗族内部的矛盾。

可以与之相印证的是，《湘湖刘氏族谱》中也记有不少关于族中长老"排纷解息"的内容，如八世刘昊"持己以严，待人以谦，解忿息争，惟公有焉"；凤仪"赋性真诚，常与亲族劝善规过"；十三世日芳"其持己也恭，其待人也恕，捐赀以成美，施惠以息争"；十三世日昌"刚正不阿，遇事能言，难解纷惟公有焉"；十四世振宪"处心正直，……遇人有急即周，逢人有忿力解"；十四世元恂"公之待人也，赤心相照，毫无诈伪之念，凡族姻纷争，其是非曲直，经公片言可以立解，其诚信之怀有以孚之于素也"；十四世元功"公作事缜密，无招忿，尤一切纠争，从容劝解，族中咸感其德"；十四世元萧"尤善和睦宗族，排难解纷"；十四世元文"具光明正直之概，兼解忿息争之能"；十四世兆琏"严气正性以持己，秉公执直以待人，无论子侄辈咸望而生敬畏之心，举凡邻里中有是有非，亦不假烦言而解释"；十四世兆宁"凡一切排难解纷，于乡党中多所补益焉"；十四世元辉"凡遇有争端，必极力排解，据公道以言，人亦心服，虽纷构，片时立开，故族中和睦多藉厥力焉"。① 从这些为数众多的有关排难解纷的记载,不难看出湘湖刘氏宗族内部的调适功能。

当然,湘湖刘氏族中长老的这种权威也是逐渐形成的,至今仍在族中口耳相传的"头脑公"——兴兰三叔公就是一例。据说,兴兰三叔公在族中很有权威,凡是他参与的,再大的事都能办得下。族中的大小纠纷,他都能喊得收,不服者他可以叫人打屁股。他拥有如此权威,不仅因为他的辈分长,而且他正直、公道。至今族内还流传着他的几则故事:

其一,曾有一段时间,湘湖偷盗盛行,兴兰三叔公觉得再这样下去,实在不行,于是他就想了一个办法。一天,他叫他的侄儿去偷挑别人的稻秆,他的侄儿担心怕人发现,就说:"这不太好吧,被人发现怎么办?"他说:"怕什么,有我呢!"他的侄儿不知其中奥妙,果真就去了,结果被人发现了。失主投告上门,族众议论纷纷,许多人准备看笑话,头脑公的侄儿偷盗,那还了得,看他怎么处理。这时,兴兰三叔公就一副铁面无私的样子,说:"王子犯法都与庶民同罪,何况是我的侄儿!"于是他判令他侄儿把猪拿出来杀给大家吃,以示惩罚。从此,族众知道兴兰三叔公铁面无私,湘湖的偷盗之风就刹了下来。当然,事后他去做了侄儿的思想工作,告诉他的良苦用心,并补偿他侄儿的损失。

其二,濯田有十几家刘姓人是从湘湖村迁去的,有一次刘姓人与王姓人争作水,被王姓人打死了。濯田王姓人自恃人多,不承认是他们打死的。刘姓人就前来湘湖村搬梓叔,其中就有兴兰三叔公。兴兰三叔公到濯田后,没有多说什么,也未明确事件责任,就草草地与濯田王姓人签了一个"和息字",其中有一句"收殓安葬由濯田王姓人负责",王姓人办了餐吃后,兴兰三叔公一行就回家了。在回家的路上,濯田刘姓人很不甘心,便对兴兰三叔公说,原想搬梓叔去讨个说法,怎么就这样草草收场了,人就白白地死了?兴兰三叔公对他们说,你现在没凭没据,怎么能想到他的死眼呢?过一段时间再说吧。

事情大概过了半个多月,兴兰三叔公就指使人到濯田墟上说,湘湖人很不服气,要翻案。风声传到肇事者耳里,他心中有鬼,就去请教长

---

① (清)光绪《湘湖刘氏族谱》。

汀城的名士赖咸春。当赖咸春看到和息字后，就对肇事者说，这下你有得赔了，湘湖人要多少钱，你都要赔了，被山路货人捉弄了。肇事者说无凭无据，他可以死不承认。赖咸春说，既然你不承认，那你为什么与人家签订什么和息字？关你什么事？又为什么要负责"收殓安葬"？现在打起官司来，你就输定了。这时，肇事一方如梦初醒，才知道上了兴兰三叔公的当。只好承担责任，用高价赔偿了刘姓人。从此，濯田就流传一句"被山路货人捉弄了"的口头语，意为濯田地码大，他们视湘湖等偏僻村落居民为"山路货"，大地方的人本应见多识广，被山路货人捉弄是一件很丢脸的事。

其三，湘湖村刘氏有一支迁到江西会昌居住，有一年他们正准备做祠堂，上神主牌，为了慎重起见，请了很多日课先生选日子，然后将他们选的日子贴在福建会馆里，供大家讨论。恰好兴兰三叔公有事到会昌，住在这座会馆里。他看到这种情况，也选了一个日子贴在上面。主人在采纳了大多数人的意见后，从所有日子中挑选了其中的三张，这三张中就有兴兰三叔公的一张。接着，主人又将这三张拿到赣州去请高明的日课师复查，这个日课师思来想去，认为还是兴兰三叔公的这张日子最好。此后，兴兰三叔公选日子的名气也就更大了。

如前述，除总祠外，刘氏宗族的不同房派还分别有四座支祠和若干座更小的支祠，这些祠堂大都有一些故事传说流传至今：

伯初公祠。又叫"田心祠"。相传建造这座祠堂时，年幼好奇的刘隆经常玩木匠的用具，时有丢失或损坏，木匠师傅很生气，准备设计害他。于是，他想利用新祠堂建成"出煞"的时候，以赠送木雕神像相诱，预约刘隆按时前来，使之遇"煞"而亡。[1] 刘隆一心想得到木雕的菩萨，便准时赴约。当他蹦蹦跳跳安然走入新屋时，木匠为之一怔，惊异地问他："你在屋外有见到什么东西吗？"刘隆回答说："有呀！有一个像风车似的东西，头上长有角，见我迎面而来，便滚向池塘中去了。"木匠暗自思索，这个小孩实在奇怪，"煞"都要向他退避，他日必成大器。遂履行诺言，把木雕菩萨送给他。

据当地报告人刘金华先生说，这座祠堂还有另外一段传说：

---

①　旧时有"风煞"能害人致死的传说。

　　建这座祠堂时，地理先生曾对主人说他选择的这座祠堂风水极好，但建成后却会使地理先生的眼睛瞎掉，所以事先必须承诺供养他的后半生才同意主建，主人爽快地答应了。祠堂建成后，地理先生的眼睛就瞎掉了，而田心一房也果真兴旺发达起来了，兴盛时曾有18担书笼出门（意即外出做官）。但是，男人不在家，在家的妇女心里不舒服，生活也不方便，她们欺负地理先生眼睛瞎，就用喂马的粥给先生吃。地理先生由于眼瞎看不见，很长一段时间都不知道。有一天，家里的小孩子不懂事地叫地理先生为"马粥先生"。地理先生很奇怪，他问小孩子为什么叫他"马粥先生"，小孩子告诉他说因为他每天吃的都是喂马的粥，所以就叫他"马粥先生"。地理先生心中有数，内心很生气，但他不动声色。有一天，他问家里的女主人说是不是很想让老公回家，她说那当然是。地理先生就跟她说，如果真的是想让老公回家来，就在祠堂背头挖一条沟，把有烟囱位置的两块乌石头挖掉。女主人就派人按地理先生的说法做了，结果乌石头一挖掉，地里就流了三天三夜的血，女主人还问地理先生要怎么办，地理先生让她用石灰撒上去就可以了。结果，没几天地理先生的眼睛就重放光明，他飞快地走了，而外出做官的男人也相继回家来了，不过都是被罢官回来的。从此以后，田心一房就很少有读书人，在湘湖村本地的人口也明显地少了下来。

　　伯盛公祠。也就是下廖祠。据说刘隆入职都察院后，就建了三个均由五块石板安装的石门楼，分别打上"门扬天府""帅是朝阳""先斩后奏"等牌匾。由于这里成为官厅，每日傍晚都要叫本村的小姓人从官厅门口出发环绕整个湘湖村敲打24片铜锣，搞得小姓人不堪重负，遂逐渐迁走。

　　伯英公祠。又叫"尚屋祠"。相传刘隆在此出生。他出生那天午后，天降暴雨，即将临盆的谢夫人，踏下院中天井，抢笼一伙正遭雨淋的鸡嫲带子。不料顿时小腹阵阵剧痛，羊水直流，一个男孩呱呱落地。据说至今该院天井仍然遗存一块锭子石，这就是当年刘隆诞生地点的标志。

　　伯达公祠与英用公祠。伯达公祠又叫"夏屋祠"，英用公祠也叫"池屋祠"。据当地人说，这两座祠堂紧相连，是上隔下屋，在风水上的坐向也一样，也同时建造，但实际上的风水却大不一样，为什么呢？据当地报告人刘茂兴先生说：

做这座祠堂时，两家同时派人到福州府去拣日子，他们拣完日子后碰在一起一交谈，发现他们拣的上梁时间又是同年同月同时，不同的是两人的课金（拣日子的钱）不同，夏屋人花了 50 个光洋，而池屋人的只需要 30 个光洋。池屋人以为得了便宜就先回去了，而夏屋人感到很奇怪，明明拣的日子是同年同月同日同时，却要多出那么多的钱，就回日馆里问个清楚。日课师见夏屋人回来了，就说你们家有福气，上梁的那个时辰将会有大风大雨，天会乌黑得看不见，所以要准备两根梁树和大量木屑、树皮。上梁时，要点燃木屑、树皮用以照明，第一根梁树上去时会被雷电打断，这时就用第二根顶上去，如此照办，日后必定人丁大发。到了上梁那个时辰，果真乌云翻滚，雷雨交加，夏屋人由于做了精心准备，梁顺利地安放上去了。相反，池屋人事先没有准备，无法上梁，只好等雨敛了才将梁安上去。结果，从此后夏屋一支财丁两盛，而池屋一支由于误了上梁的时辰，所以人口很少，至今都没剩下几户人。

这些祠堂都具有祭祀各房分支之祖或更小房的分支之祖的功能。大量祠堂的出现，标志着刘氏宗族进入更为兴盛的时期，也标志着湘湖刘氏宗族制度的进一步完善。以镟公祠为例，根据《刘氏族谱》中《附记第五房坎下屋图》记载，镟公祠的修建和重修经历了以下过程：最先的镟公祠系明嘉靖年间镟公亲自缔造，后随着时间的推移时有朽毁，在清康熙戊子年九月十八日遭遇火灾，仅幸存左半部的上栋下宇。其时，镟公子孙已拥有数百口人丁，并拥有较雄厚的经济实力。于是，族众开始酝酿重建镟公祠，考虑到各房派风水平衡问题，理事者及族众同风水先生一道在神明前杀鸡取血发誓，表示不存私心，同心协力共同修建好镟公祠。由于祠堂的地盘过于狭窄，而前后左右又属于私人的地盘。于是他们就用镟公蒸尝二十余金买下这些地盘，用以开沟取檐。但祠堂背后的地盘属于其他房派人的，协商不易，还花了重金才买下。通过族众的齐心协力，一座新的镟公祠建成了。其规制如下：

其坐向巽山乾向，庚辰庚戌分金放水，由癸转庚乾上出口；上栋厅高一丈八尺六寸，横一丈二尺五寸，直至天池二丈三尺六寸；下栋厅横一丈七尺五寸，直入至天池一丈二尺八寸；其面前坪横至门楼坎五丈六尺，直至照墙一丈九尺；其左右室内之小阴巷，横二尺五寸；其左右沟洫横宽四尺；其左右沟傍之檐路横宽各二丈五寸；其后檐直一尺九寸，后之檐沟直二尺六寸，其照墙背横过一带的小屋，当用祖蒸买矮，其高七尺七寸。后有造作不得越高以压祖室，举其纲目炳如日星，后有兴造允当世执其功，毋悖祖制。至若随时禁戒者，其前后坪基、左右沟溜檐路委系祖蒸买出，永作众人公由，毋或造豚栅、立鸡栖、筑浴所、磊新木、坴土石侵僭以便己私，且凡造立私室，尤万众公罚谢。

镟公祠之后，湘湖刘氏还有一座更小的祠堂，即刘光第《湘坑湖记》中所说的"池屋祠堂"，《湘湖刘氏族谱》中《附记中乡村屋图》云：

> 原向池姓买来，故号曰池屋，居村之中又曰中乡村，此所谓建安宅也，而即为玉泉公之祠宇焉，其祠巽山乾向，上栋厅高一丈七尺五寸，深一丈七尺四寸，后檐二尺八寸，前三尺五分，横一丈二尺九寸，左右间房各四眼，俱八尺七寸左右，阴巷各三尺一寸，其下栋厅高一丈五尺三寸，直入至天池二丈一尺，横一丈九尺六寸半，周围皆有土墙，内外亦有余坪，悉属祠内基址，凡此附记之以垂久远。

通过有关湘湖刘氏宗族各类祠堂的记载，我们知道湘湖刘氏宗族祠堂的内部管理是很规范的，其管理不但严格且十分具体。

这些祠堂之外，湘湖村还有众多的厅堂，如三栋厅厦、可山公厅厦、王屋厅厦等，因系私厅，于宗族影响不大，在此不赘。

除建立祠堂外，刘氏宗族还编修族谱。刘光第《湘坑湖记》云："族谱自明末五修之。"其实，在刘氏宗族的历史上，至少有过七次修谱。除刘光第所说的"五修"外，明末之前至少有过一次，还有一次则是在刘光第之后的民国年间。现在有文字可考的最早修谱时间始于明代万历八年（1580），但撰于万历八年的《刘氏族谱原引》开篇即云："汉祖起自彭城远不可述，惟查旧谱故老相传，先世由沛至蜀，本蜀人也。"可见此前已有旧谱，只不过年深日久，已无存本。我们估计，修谱可能始于明初刘隆科举成名之后，因为刘隆之前的刘氏先人历史大都语焉不详，而在刘隆之后的历史却世系井然，记载分明。前引《刘氏族谱原引》也说："祖讳隆，叼登甲科典郡刑狱，入为御史，出佐外则不负吾三郎公择迁之初心也，于是推而尊之以大郎公为始祖，以三郎公开基为一世祖焉，自此以前，世远年湮，典残籍缺，无由而之知，不敢妄拟，其源流实起如此，此其大略也。"

　　明万历八年的《刘氏族谱》是在十一世忠勋公的主持下编修的。忠勋公，字勉夫，号桂溪，郡庠生，为刘氏十一世祖。他于万历七年间重建义仓以恤宗族，万历八年主持纂修族谱。万历年间是一个多事之秋，是明代走向衰落的重要时期，有"明之亡不亡于崇祯而亡于万历"之说。但万历年间的湘湖刘氏宗族却走向强盛，《湘湖刘氏族谱》中《刘氏重修家谱记》载："自正统迄庆历，载生载育载蕃载盈，烟火连乡，止旅密矣，芟柞攘错向未敏矣，玄诵不辍横经众矣，印累累绶若若润色，太平之士且不知凡几矣，室家溱溱一门鼎盛，又诚有若《诗》所云延蔓之瓜，然世远而族蕃，嗣孙忠勋者爱起而笔之于书。"这一时期，由庠生忠勋公出面主持修谱，自可看成刘氏宗族在强盛时期的一次宗族整合行为。

　　在这次修谱之后，历经清康熙四十七年（1708）、乾隆八年（1743）、嘉庆十三年（1808）、光绪丙子年（1876）、民国等六次修谱。仔细检索现存族谱不难发现，族谱记载的主要是全族的世系源流、支派辈分，族众的生卒婚配、生育情况，祠堂、祖坟、族产公田的方位、数量，以及族规、家训等。与武北其他地区的族谱相比，湘湖刘氏族谱尤其注重记叙历代先人中的出类拔萃者的事迹，如显官名儒、孝子贤孙、烈女节妇等。突出的例子是每部族谱都用大量的篇幅记载刘隆科举成名、读书做官的事迹，而将因刘隆做官得到的旌表、诰命不厌其烦地罗列于谱中。

　　刘氏族谱的纂修和不断续修、重修，其目的是给族众提供一条根，这条根延绵不断，牵系着每一个族人的血脉，也加深着族众的亲睦之情。同时，刘氏族谱还通过族规、族训等将一整套安身立命、为人处世的思想体系、言行方式灌输给族众，以及将先人科举成名的历史浓妆重彩地渲染，将读书做官而得的旌表、诰命罗列谱中，借以激发后人建功立业、扬名青史。当然，还有为提高宗族声誉和在地域社会中的地位的现实需要。

　　第二，刘氏宗族人口的大量增长和科举人物的大量出现成为刘氏宗族对外迁徙的重要因素。刘氏的对外迁徙在时间上始于明永乐年间，盛于康雍乾时期，此后一直相沿不断。地点上，早期以江西等地为多，入清后以四川、粤东、本县为多。关于刘氏向外播迁的情况，谱志均有不少记载，如民国《武平县志》载："清刘光第刑部主事，为光绪戊戌政变六君子之一，亦其族迁蜀而籍富顺者也。凡北区七里而外，纵横数十乡，及在城、六甲、黄心畲、岩前等处刘氏，均为此派。户数在二千以上，丁口以万计，为全县最盛之族。"又如《湘湖刘氏族谱》中《刘氏重修家谱记》云："国朝生聚愈繁，士宦农商更难枚举，而且多移处他方，有居豫章者，有居粤东者，而闽省州县乡落之散处又无论矣。"

刘氏宗族对外迁徙的原因是多方面的，但主要是人地矛盾。刘光第《湘坑湖记》云："为时，以日计得二十万；为户，得千数百；为丁以指计可得十万；湖内无以容也，散落湖外。"指出刘氏外迁的主要原因为人多地少。关于刘氏宗族的人口增长，前文已有简略记述，德川公一人生有五子，五子生有十七孙，孙又生子，三四代之间已达六七十众，此后历经"自正统迄庆历，载生载育载蕃载盈"，人口便呈几何级数增长。至清康熙年间，人口增长更是达到前所未有的高峰，《湘湖刘氏族谱》"刘氏续镌族谱跋"载："本朝茂育，以生以长以养以教，其蕃蕃衍衍日新日盛，视明代之萃处已加十倍，而视康熙戊子己丑年间修谱时亦十增三四矣。"这样的人口增长趋势给山多田少的湘湖造成了很大的人口压力。缓解人口压力的做法之一是向周边地区扩张，刘光第《湘坑湖记》云：

> 湖之东：八里岗子下，十里湖洋北、太阳前，二十五里大坝，三十里店厦。湖之东北：三里丘地、十里泉坑。湖之南：五里洋畲、七里坰上，十里大湘坑，二十里罗坑。湖之西：二里白竹壁下，三里丘坑，五里彭屋冈，七里石井，八里高畲燕上，十五里黄屋堂，二十雁鹅塘，五十里赤高坑。湖西南：五里荷树坑，三十里桃季段。湖西北：五里石坑。湖之北：四里少芬，五里高原地，十里长坑角，十二里林禾地，二十里湖岭，二十五里上段，四十里濯田，皆五族人居之。或数家、或数十家或百数十家，惟湖内多至四百余家。

可见，湘湖刘氏在有清一代向周边地区的扩张作用是巨大的，它极大地缓和了湘湖湖内的人地矛盾。

缓和人地矛盾的另一种做法是向更远的地方迁徙。如刘光第在《湘坑湖记》中说："光第，伯盛公十七世孙也，入蜀之世盖六。"刘光第的《湘坑湖记》写于清光绪年间，以一代25年论，六代为150年，以此上溯刘光第入蜀祖伯盛十一世孙约在康雍乾时期由湘湖迁徙四川富顺。又如，十四世德养，"公盖生于闽而迁于吴者……偕兄弟而迁徙择天宝雷家坪而居也……公生于康熙十八年……殁于乾隆己未年……"。这与湘湖刘氏宗族在康雍乾时期人口大量增长的情况是相合拍的，也与武北其他地区乃至整个南中国这一时期移民入川和迁徙江浙的浪潮相吻合。

当然，刘氏宗族的对外迁徙还有其他多种因素，诸如官差滋扰、社会动乱，等等。关于这些，《刘氏族谱》也有不少记载，如九世晨公"翁本世居福建湘湖，后因官差滋扰难以安居，一日庭坐儿孙侍侧，相顾而谓曰：此地不可以久居，吾殁后尔等甚毋以故土为念，苟能迁地为良，亦足慰吾素志，爰是翁之子若孙道翁遗命遂迁居江西宁都州瑞金阳背焉"。又如十世承广公"世居武邑湘湖，因官差滋扰，不得已父子徙居江西瑞金大富乡而居焉"。这些都说明了官差扰民导致了移民外迁。而引导移民的方向也有不同的社会背景，如移四川者受政府"移湖广填四川"政策的影响，移江西者受乡土观念影响，移江浙者与外出贸易有关，等等。可见群山环抱中的小小乡村也并非一方净土，它与国家大环境、社会大环境是息息相关的。

第三，人口增长、科举成名、宗族外迁使湘湖刘氏宗族内部不同房派形成了不同的区域人文特点。在调查过程中，我们反复听到这么一句话："尚屋讲打，夏屋讲写，田心、下廖冇话。"意思是刘氏宗族内部遇有纠纷或重大事情，尚屋人张口闭口讲"打"，即靠武力来解决；夏屋人则依靠"写"，即讲道理或用笔诉讼来解决，而田心、下廖人则没有发言权。导致这种同一村落、同一宗族中不同聚落、不同房派之间不同的人文特点，主要有三个因素：其一，人口增长的不平衡。尚屋人尚"武"性格的形成，主要是因为其人多势众。在湘湖刘氏宗族五房中，尚屋伯英一房人口发展最快，最明显的例子是早在康熙年间其人丁数就已遥遥领先，仅伯英曾孙镟公一房就"祖恩烟以百余计，丁以数百计"，以此类推，伯英房在此时的人口就已近千人，时至今日其人口已达1000多人，约占湖内总人口的1/2。在农业社会里，人多力量大，人多必然意味着势众，在宗族纷争中往往容易取胜。所以，尚屋人多崇尚武力，讲"打"风气盛行，遇事喜欢用武力解决，"武"的性格十分明显。其二，科举人物的不平衡。与尚屋人相反，夏屋人具有"文"的性格，遇事较多地采取比较温和的办法——摆事实、讲道理，运用儒家教义、乡规民约、族训、族规乃至国家法律来解决问题。形成这种风格的原因主要是夏屋伯达公一房，科举人物、读书人较多，虽然最早中式、科举人物最盛的不是夏屋一房，而是下廖伯盛公一房，但下廖伯盛公一房大量外迁。相比之下，在湘湖村内，科举人物、读书人的总量要数夏屋占据优势。"知书"必然"识理"，所以宗族纠纷、宗族矛盾发生后，夏屋人倾向于靠"讲"、靠"写"解决问题。其三，宗族外迁。田心伯初公房、下廖伯盛公房本应与尚屋、夏屋居于平等的地位，但这两房历史上人口大量外迁，如《湘湖刘氏族谱》载迁移四川、江西的多为下廖伯盛公后裔，往周边地区扩展的也多为这两房裔孙，如迁5里外的洋畲、20里外的罗坑的均为伯初公裔孙；迁8里外岗子下、25里外大坝的多为下廖伯盛公裔孙。这造成在湘湖本部人丁比例明显较小，如田心一房现在在湘湖本部仅剩一户人家。人口总量少，相应的读书人也较少。这样，在宗族大事、宗族纠纷发生后，只好忍气吞声，不具发言权。

三

湘湖刘氏自明初以来就逐步走向兴盛，至明末清初已达到鼎盛的阶段。随着人丁的兴旺，宗族经济的增强，科举人物的增多，刘氏宗族在武北地域社会的影响力也日益增大，成为武北范围内的巨姓大族。

湘湖刘氏对外交往的基础除我们经常提到的墟市、通婚网络外，还有其宗族迁徙形成的血缘网络和由科举成名而形成的"业缘"网络。

关于湘湖的墟市，康熙《武平县志》和民国《武平县志》均无记载，可见其影响较小。刘光第《湘坑湖记》云："有市、有店，有……刍者、担者、量者、权者、鬻酒者、饭者、肉者、烟者、肩米肩木油者。"从中也看不出墟市兴盛的面貌，但可推知湘湖墟的开设时间当在晚清以前，墟市的买卖主要是柴、米、油、盐以及烟、纸等日常用品。

据多位老人报告，民国时期与湘湖墟联系较为密切的墟市是腊口（四、九）、店厦（一、六）、贡厦（一、六）、亭头（四、九）、大禾（三、八）、小澜（三、八）、濯田（大二、小六）。它们的墟期都互相错开，且空间距离相距不远，几乎都在40华里以内，当天可以来回，从而形成相互交错的经济网络。墟市是人群相互交往的场所，也是当地居民与外地各姓相互联系的纽带，因而上述墟市成为湘湖刘氏对外交往的重要通道之一。

除了墟市本身外，还有与墟市有关的挑夫。据众多的报告人说，在旧时湘湖村有"三百条担杆"在店厦墟落脚，他们从江西的会昌、瑞金，长汀县的腊口等地挑来米、豆、油等物到店厦墟卖给来自上杭、峰市等地的商贩，又从店厦墟挑着盐、镬头及其他农具等物前往会昌、瑞金、腊口等地销售，如此一般需经过三天的来回。挑担行走的路线主要有两条：一条是从湘湖出发经板坑到会昌，再从会昌经板坑回到湘湖；另一条则从湘湖出发经溪口、上蕉等地到瑞金，又从瑞金经上蕉、溪口回到湘湖。通常都是去一担，回一担。由于缺乏技术含量，仅凭死力，挑担的工钱是很低的。以挑米担为例，正常年份是从江西挑 100 斤大米，挑回家中后留 30 斤，另外 70 斤挑到店厦墟去卖，卖的钱刚好够从江西挑米的钱，所得的工钱实际上就只有留在家的大米，如此勉强糊口而已。至于挑其他货物的，一般也是一墟赚一个光洋。

据一位挑过担的 70 多岁的老人说，旧时挑担确实是很艰苦的，一要防抢，所以必须十个八个一起出发；二要风餐露宿，饭都在路上吃，自带筲子饭，菜则一般只有菜干、咸菜、豆腐乳等。夏天的晚上一般就在路上过夜，冬天要住客店，却很难有好的棉被盖，通常是等挑夫躺下后，店老板把一块一块的破棉絮贴在身上，借以御寒。所以，当地有"世间第一苦，挑担行长路"之说。由于挑担的艰辛，赚钱不易，挑夫们常常会乞求神明保佑。有的人在出发前会到公王神坛处烧香，有的则当天烧香，也有人到路上的半迳亭公王处烧香，希望神明保佑路途平安，买得便宜，卖得好价钱。

当然，也有的挑夫苦中作乐，在途中挑得辛苦了，便停下来唱唱山歌，或男女青年在挑担的过程中产生了爱情，在路上谈情说爱，这叫"挑风流担"。

除墟市外，通婚网络也是湘湖刘氏对外交往的一条渠道。湘湖刘氏在历史上与周围各姓的通婚情况，《湘湖刘氏族谱》有着比较详细的记载（见表1-2）。

表1-2　湘湖刘氏的通婚姓氏

世次＼人次＼姓氏	丘	童	赵	黄	龚	池	廖	吴	余	谢	罗	颜	陈
第一世	1												
第二世		1	1	1									
第三世						1							
第四世							1	1					
第五世										1	1		
第六世	1	1			2		1		1		2	1	
第七世	1						2				1		4
第八世	5	1				1	4	2		2	2		1
第九世	6			3		1	5	5	1	1			5
第十世	8	1		1		2	6	7	3	1	3		7
第十一世	11	3		2	3	2	5	3		1	5		8
第十二世	18	5		2	2	2	10			5	11		11
第十三世	17	4		3	1	2	5	3		2	13		7
第十四世	27	10		7		3	4	20	3	4	14		11
总　计	95	26	1	19	8	8	29	55	15	17	51	1	54

续表

世次＼姓氏	邓	宋	赖	蓝	王	郭	钟	李	马	彭	雷	万	曹
第一世													
第二世													
第三世													
第四世													
第五世													
第六世													
第七世		1	2	2	3	1	1	1					
第八世	1	1		4	7		1	2					
第九世	1	2	2	7	19	1	7	2	1	1			
第十世		1		10	25		8	2		1	1	1	2
第十一世	4	1	9	15	31	1	9	4		1			2
第十二世	7		6	17	25	2	12	11	3		1		3
第十三世	1		7	33	34	4	13	7	1	1			5
第十四世	3	1	7	58	47	7	31	9		2	2		4
总　计	17	6	34	146	191	16	82	38	6	6	4	1	16

世次＼姓氏	巫	蒋	包	夏	江	黎	伍	汪	惠	卢	范	康	荀
第一世													
第二世													
第三世													
第四世													
第五世													
第六世													
第七世													
第八世													
第九世													
第十世	1	1											
第十一世			1	1	2	1	1	1	1	1	1		
第十二世	1			1							2	1	1
第十三世	1					2	1	1			2		
第十四世	1			2	2	1					1		
总　计	4	1	1	4	4	4	2	2	1	1	6	1	1

世次＼姓氏＼人次	娄	文	林	许	张	严	曾	何	邹	俞	梁	丁	练
第一世													
第二世													
第三世													
第四世													
第五世													
第六世													
第七世			1										
第八世			1	1	4	1	3	1	1	2	1	1	1
第九世			11	1	3		2				1	1	
第十世			10		1			5	1		1	1	1
第十一世			19	1	8		1	3		1	4	1	
第十二世	1	1	4	2	8		4	8		2	4		
第十三世		2	12	1	17		6	6		2	7	3	1
第十四世	1	1	23	2	38		14	10	1	1	9	2	1
总　计	1	4	81	8	79	1	30	33	3	8	27	9	4

世次＼姓氏＼人次	修	毛	温	郑	杨	潘	胡	徐	戴	周	牛	羊	叶
第一世													
第二世													
第三世													
第四世													
第五世													
第六世													
第七世													
第八世													
第九世	1	1	4	2		1	2	1	1	4			
第十世		1	1	5	4		2						
第十一世				7		1	2	1	1				
第十二世	1		4	4	25	1				1	1	1	1
第十三世			5	5	8	1	2			3	1		1
第十四世			34	8	9	3	4		1	5			1
总　计	2	2	48	41	46	7	12	2	3	13	2	1	3

续表

人次\姓氏\世次	文	纪	朱	翁	强	连	蔡	魏	高	尹	苏	古	虞
第一世													
第二世													
第三世													
第四世													
第五世													
第六世													
第七世													
第八世													
第九世													
第十世													
第十一世													
第十二世	1	1	3	1	1	1	2	1	2				
第十三世			3						3	1	1	1	1
第十四世	2		6						13				
总　计	3	1	12	1	1	1	2	1	18	1	1	1	1

人次\姓氏\世次	熊	詹	应	唐	聂	孙	皮	龙	沈	肖	项	吕	程
第一世													
第二世													
第三世													
第四世													
第五世													
第六世													
第七世													
第八世													
第九世													
第十世													
第十一世													
第十二世													
第十三世	2	1	2	6	1	1	1						
第十四世	5			4				1	2	3	1	1	2
总　计	7	1	2	10	1	1	1	1	2	3	1	1	2

续表

世次 \ 姓氏	袁	谭	涂	傅	卢	欧	华	卜	侯	游	薛		
第一世													
第二世													
第三世													
第四世													
第五世													
第六世													
第七世													
第八世													
第九世													
第十世													
第十一世													
第十二世													
第十三世													
第十四世	1	1	1	2	1	1	1	1	2	1	1		
总　计	1	1	1	2	1	1	1	1	2	1	1		

据我们统计，刘氏从一世至十四世曾与 102 个姓氏有过通婚关系，应该说这样的通婚范围是相当广泛的。进入民国以后，随着湘湖刘氏视野的进一步开阔，通婚范围更加扩大。

在湘湖刘氏范围广泛的通婚网络中，保持较为密切通婚关系的有蓝、王、钟、李、林、张、何、丘、吴、陈。这些与刘氏保持经常通婚关系的姓氏大部分在武北范围内，另一部分则分布在长汀的濯田、羊牯等地，且大都是当地的大姓。如蓝姓主要来自湘坑坝、贡厦、大禾，少量来自源头、江坑、中湍，这些地方都是蓝姓村落，并且是武北范围内的另一巨姓望族。王姓主要来自湘里、桃溪、长汀的濯田等地，钟姓主要来自大禾的贤坑、帽布、坪坑和桃溪镇的田雁等地，李姓主要来自亭头，张姓、陈姓主要来自小澜，何姓则主要来自毗邻的湘坑，而丘姓、吴姓、罗姓则主要来自本乡的尧山、三和、吴潭、七里、店厦等地。

需要指出的是，这些与湘湖刘氏经常通婚的姓氏的所在地与湘湖的空间距离比其他村落姓氏的通婚范围要广得多。一方面，湘湖刘氏周围的村落多为本姓，系刘氏宗族扩张的产物，刘氏族人奉行"同姓不婚"的原则，自然要在更远的地方寻求通婚。另一方面，湘湖刘氏与前述一些墟市（如小澜、亭头、贡厦、大禾）的距离相对较远，但由于密切的经济关系，也存在着通婚现象。这既是一种客观存在，同时也说明经济网络与通婚网络的一致性。

说到通婚关系，据当地报告人刘茂兴先生说，湘湖刘氏有一个不成文的规定，那就是不准欺负邻村邱坑只有几户的邱姓人，因为他们是开基祖三郎婆的外家。这几家由于经济实力的原因无法单独举行打醮活动，他们在湘湖村打醮时都会前来烧香。

与武北其他宗族明显不同的是，湘湖刘氏对外交往的通道还有血缘网络。如前所述，由于人地矛盾、社会动乱、官差滋扰等因素导致了湘湖刘氏的迁徙，迁徙有向周边地区迁徙的，有向武北范围迁徙的，有向本县范围内迁徙的，也有向江西、广东、四川、江苏、浙江等地迁徙的。不管迁徙到何地，他们几乎都没有割断和祖籍地的联系，还常常通过修祠堂、编族谱、祭祖墓联络感情，由血缘纽带编织成刘氏对外交往的网络。外迁刘氏族人新的居地是网络的枢纽和基点，网络从这些基点再辐射到周边地区，构成了更大的网络。这种网络的扩大，有利于湘湖刘氏本部与异地他乡各支派互通信息，互为奥援，为湘湖刘氏在武北地域社会的生存和发展提供了更为有利的条件。

血缘网络的继续扩大称为"同宗网络"或称为"同姓网络"。关于湘湖刘氏宗族与武北其他刘姓宗族的联系史无记载，但我们在武北其他刘姓村落田野调查时却时有耳闻。据湘村刘文波先生说，在民国时期湘村刘姓与源头蓝姓曾发生过长达22年的械斗案，械斗发展到最激烈时，源头人曾向湘村人下过战书，约定于1918年正月廿六日举行会战。此时，湘村刘姓人曾派代表到湘湖求助，在总祠烧香、发烛，进行会事（即邀请湘湖刘氏宗族的首脑人物前来磋商有关战略战术、派员情况，以及奖励有功人员、安抚伤亡人员等问题），而湘湖刘氏则派出了二三百人助阵。

刘文波先生还对笔者讲述了另外一个故事：清末刘光第回祖籍地湘湖祭祖探亲期间，曾在乡亲刘庆芳、刘楚珍、刘刚甫的陪同下到湘村拜梓叔，并小住一两天，还在湘村兰芳公厅留下了"一挥累纸恣奔放，千日论诗喜琢磨——斐邨光第书"的墨迹。

我们在小澜村、桃溪村调查时也听到其他一些情况。据小澜村的刘裕元先生说，民国时期武北刘姓村落如湘湖、龙坑、湘村、瑞湖、沟坑、永平寨等曾联合成立家族自治会，由各村出一定数目的钱用以购买枪支，支付办事、出差等费用。自治会专门有一班人马负责，遇有重大事件，家族自治会就会出面协商或干预，如墓堂里刘××因洪水冲垮木排，在捡拾木排的过程中与张屋人发生纠纷，刘、张二姓械斗一触即发时，就是在家族自治会出面协商后得以圆满解决。刘裕元先生还说，由于湘湖、湘村、瑞湖等刘姓人多，作为小澜刘姓的坚强后盾，才使得小澜刘屋能在张、余、陈三大姓矛盾斗争的夹缝中求生存。

桃溪村一位张姓报告人则给我们讲述了这样一个故事：

> 民国时期，湘湖村刘姓人与长汀县红山乡三叉丘姓人因为一头猪发生了争执，由于处理不善，矛盾不断升级，后来发展到姓与姓之间的大械斗。双方都会同了方圆几十里的同宗梓叔参加战斗，甚至连自身难保的店厦村丘姓人也卷进了这场纠纷。双方的力量对比是，刘姓人占绝对多数，故称"千家刘，百家丘"。不过，三叉处于易守难攻的有利地理位置，尽管刘姓人依仗人多势众，发动了多次攻打三叉的战斗，但是不仅未能攻进三叉村，反而被打死了三条人命。最后，方圆几十里较有身份的公亲叔伯、士绅为了避免更大规模的械斗，前往调解。因为刘姓人在战斗中并未取得胜利，所以对于人命的赔偿也十分轻微，有好事者为此作了一首打油诗："刘屋亲戚几千家，会同人马打三叉，四位梓叔来商议，一心会来下龙下，龙下会到永平寨，水湖会到并沟坑，桃溪会到湘村转，罗坑会到白石坑，黄刘乌刘会得揪，以是丘家跤子总会输，去年刘屋出头脚，今年刘屋出烂脚，三条人命告到二只狗屎猪，大个拿来煎，细个拿来镬，局揪局揪做一角。"①

这首打油诗虽有戏谑的成分，但从中不难发现，在 1949 年前湘湖刘氏宗族与武北其他刘姓宗族在重大事件中联系之密切。他们互相帮助，互为奥援，构成了武北范围内的同姓网络，从而成为武北地域社会中不可忽视的一支重要力量。

科举成名早、科举人物众多是湘湖刘氏的一大特色。因而科举网络亦成为刘氏宗族对外交往的重要纽带。在科举制度下，师生、同学、同年是一种重要的业缘关系。旧时授业学生不多，且事关功名，师生关系比较密

---

① 这首打油诗个别地方不合逻辑，疑有漏句。诗中所提地名，除三叉外，均为刘姓人的聚居区。

切。而房师、座师这些科举考试中的阅卷官和主考官,因手握学生功名,他们对学生虽无授业之功,却有拔举之恩。学生一经考中,便投帖正式拜在他们门下,算作门生。这种师生关系加上恩义,所以更为亲密。至于一些举荐学生、门生为官吏者,则恩义更重。同窗是私塾或府州县学或省学国子监同时习业的学生。而同年则是同年考取进士的相互称谓。同年登科,意味着一同踏入仕途,所以更有亲缘。官吏初见,总要先叙年谊,如进身较早则为尊,较晚则甘拜下风。如是同年,则异常亲切。在旧时社会政治生活中,同窗、同年之间往往互相夤缘,同年、同窗因而成为士子谋求进身的重要渠道。

湘湖刘氏宗族自明初刘隆中进士后,便人文蔚起,科举人物大量涌现,他们的人际关系便沿着师生、同窗、同年等延伸,形成了一张庞大的人际关系网络。关于湘湖刘氏宗族的科举网络,《湘湖刘氏族谱》既有直接的记录,也有间接的体现,兹举数例如表1-3所示。

表1-3　湘湖刘氏宗族的科举网络

世系	姓名	科举功名	主要交游记载
六世	刘隆	进士	刘隆巡按浙江,考满入觐时,巢年伯讳筠以词《芳满庭》饯贺
十世	刘庄	廪生	诗书课子三子……膺岁而授教职,衣冠济美于一家,汀郡人文多沐熏陶焉
十世	刘守约	廪生	省三岁学正蒋师临家,戏引书义……武邑令徐家湖闻而异之,召见下榻,宾礼优待,羡为奇士……张解元辈率子弟造其门,而卒业皆有成绩……又漳南道王蟾芬慕其才请诣杭州,率子弟受业
十一世	刘梦鲲	岁贡生	游郡庠冠军食气,负汀郡宿望,文人咸乐游其门
十一世	刘廷泰	恩贡	受知于郁道台讳之章
十三世	刘玄铸	岁贡	年十八游邑庠,二十而食气辄冠军,尝设绛帐接引后进……崇祯十二年己卯五旬有二应充岁贡……汀州府属学与公同己卯正贡者长汀本卫唐虁、宁化杨新芳、清流罗炳温、而栗余长祚、归化樊文泮、连城周庠、上杭郭毓仲、永定阙应祯
十三世	刘中阶	廪生	年十八应县试遇邑侯杨公讳宗昌系壬辰进士,文章宗匹拔取第一……及道试学宪讳自洙又擢第一,迨二十岁试以冠军食气
十四世	刘兆泰		就学塾师……积至二十四方采芹入泮,越明年即受责任教读……屡受赏识于督学诸名公……受知于陆大宗师萤声黉序,复遇孙大宗师奇其文……自游泮以迄于今设教四十余年,本族彬雅之士固出先生门下,即百里内之英才暨余长邑受业者咸沐先生之教泽焉……
十四世	刘永清	庠生	挟过人之才所以前茅,游泮而受知于邑侯进士朱讳之昆……
十四世	刘英史	不详	邑侯亦耳其名,曾以社仓付托,委以重任而不疑

诸如此类，屡见不鲜，无法一一枚举。科举士子的交游网络同时也是整个宗族的交游网络。刘氏宗族的这张科举业缘网络，对刘氏宗族的发展产生了重大而持久的影响。

第一，刘氏宗族凭借这张网络开阔了视野，心理上走出了武北山区。

第二，这张网络扩大了刘氏宗族的通婚范围。明显的例子是，刘隆进士及第，先后在江西、广西、河南、浙江、山西等地做官，娶了广西太平府颜布政长女颜氏、山西杨氏为妻。又如，十一世忠勋为郡庠生，先后娶长汀城耆民陈凤山长女陈氏西娘、医官汪遂庵长女汪氏贞娘和前所千户惠槐轩三女惠氏员娘为妻。类似这种情况在科举士子中是很普遍的。通婚范围的扩大既更新了血缘，又进一步开阔了视野。

第三，这张网络为刘氏宗族夤缘权贵，提高在地域社会中的地位起了重要作用。从现存的《刘氏族谱》看来，每次兴修族谱都有地方官员为之作序，而这些序文又几乎都是刘氏宗族中的科举士子通过他们的师生、同窗等关系求索而得，《武邑湘湖刘氏族谱叙》为赐进士第中宪大夫知汀州府事方仲于康熙四十七年所撰，落款为"年家侍教弟"，文中云："予承受乏汀郡，勤民之余兼以课士，因得武邑刘子兆泰、汉甿、云阶、士通、登岸、挺兴、汉钟、晃章、得名、燕伯、雯镒、大业、伟业、肇璧辈面识之，予爱其文思接其人。一日，刘子辈手家谱诣予，按其人益思其文，而转乐溯其所自始。"说明了方氏为之作谱的缘由。又如，《武邑湘湖刘氏三修族谱序》为赐进士出身，诰授朝议大夫前知福建汀州府事罗经于嘉庆十三年所撰，署名为"年家眷弟"，文中云："刘氏为平川巨族，今刘子辈三修谱问序于余，余以刘氏渊源所自，以至科甲人文历代仕官……自嘉庆戊午，余奉命守汀即知湘湖代有闻人，及解组后尊教龙山门下若刘子曜翰、为黼、登斐、玉森、天球、植……重修谱牒。"也表明该序文系刘氏宗族的科举士子通过师生关系求索而得。地方官吏频频出现在类似于修族谱这样的宗族活动之中，自然为刘氏宗族增光不少，也无形中提高了刘氏宗族在当地的社会地位。

第四，刘氏宗族利用这张网络干预和参与地方事务。在调查中，当地报告人刘维雄先生讲述了这样一个故事：

刘隆少年时到武平县赴考，想吃鱼子，城里恰逢有人卖鱼，刘隆上前询问价钱后，左看右看露出十分中意的样子，但就是没提出要买，卖鱼者于是问道："你是嫌鱼子太大、太小，还是价钱太贵？"刘隆便说：

"大小都十分合适，只是差三分钱。"卖鱼者就说："拿去吧，你们读书人高中后，稍微抬举一下就不止三分钱。"刘隆便叫他留了姓名。几年后，刘隆高中做了大官，回乡探亲。这时，卖鱼者恰巧与人争地基，明明有理却吃了官司，赔了不少钱，受了委屈又无处可申冤。这时旁人提醒他说，前几年在你那儿买鱼子的刘隆现在高中做了官，你不妨去找找他。于是，卖鱼者便到湘湖拜访刘隆，先跪在上片厅门楼外要求通报求见，家丁一直没有理睬，直到跪的时间很长了家丁才去通报，刘隆便请他进来，热情招待，回忆往事。卖鱼者要求帮忙打官司，刘隆满口答应："保证办到，官司也要赢。"次日，刘隆一行便到了县城，风声传出说"刘大人到县城了"，地方官员、士绅，刘隆的同窗、同年纷纷求见。刘隆吩咐手下的人说："凡来求见的均约定五日后接见，但礼可照收不误。"刘隆县城住了三天，均未过问此事。卖鱼者好生纳闷。直到第五天，刘隆才命人写出布告本日接见大小官员、士绅，一时赶来接见的络绎不绝。中午刘隆大宴宾客，摆了十几桌。席间，刘隆提起此案，认为处理失当，大小官员、士绅纷纷点头称是。于是，县官决定改判。官员散席后，刘隆就将所收的礼留给卖鱼者。一场官司未上公堂就结了案。

这个故事固然说明了刘隆的知恩图报（讲述者正是站在这一角度讲述给我们听的），但另一方面，它却反映了作为刘氏宗族代表的刘隆，利用同学、同窗、同僚等网络干预地方事务。

另一位不愿透露姓名的70多岁的老先生还对我们讲述了民国时期湘湖刘氏族人利用同窗、同学关系参与湘店乡事务的故事：

1935年，永平人廖步蟾毕业于福建省县政人员训练所，省府派他为武平县第四区区长（辖今日之永平、桃溪、大禾、湘店即武北四乡）。到任后，廖便举荐中学时的同窗刘绍光为第四区署的区员。刘绍光又向廖步蟾推举他的同村同宗挚友刘佳模为店厦联保处主任，而刘佳模则推荐其同宗同学刘炳光担任联保处警备队长。从此，湘湖刘姓的三房各有一个头头在区署和联保处工作，参与武北地方事务，经常说："我们是桃园三结义，同打江山同享福！"桃园三结义是假，刘氏族人利用同窗、同学结成关系网络却千真万确。

　　民国时期的同学、同窗关系与科举时代的同学、同窗关系有许多不同之处，但在业缘关系的本质方面与科举网络如出一辙。无论是明代刘隆干预地方事务成功，还是民国时期湘湖三刘的独霸一方，都说明湘湖刘氏凭借其"科举网络"插手地方政治，从而为其影响武北地域社会奠定了重要的基础。

　　当然，在湘湖刘氏内部也有不和谐的声音。据一位报告人说，民国时期湘湖刘氏内部的尚屋与夏屋之间就发生一次长达三年的械斗，现在村委会地点以前尚、夏屋各有一座土楼，就是双方用于械斗的，这场械斗出了两条人命，还惊动了县政府，为了让县政府验尸，双方都将尸体用盐渍了起来。不过，虽然是残酷的械斗，但也有文明的约定，如在赴墟、斫水时双方均不准捉人，等等。

四

　　由于人丁兴旺、宗族经济实力强大、科举人物兴盛而成为巨姓大族的刘氏宗族，在民间信仰方面也显示出与其他宗族不同的特色。无论是祖先崇拜，还是神明信仰都往往与科举人物，或与儒家的忠义、节孝联系在一起。

　　刘氏宗族在湘湖的居住区域内建有大量的祠堂、神坛、庙宇，这些都是他们崇拜祖先和祭祀神明的地方。关于刘氏宗族的祠堂，前已述之，这里我们着重考察神坛和庙宇的情况。

　　湘湖刘氏的神坛共有五座，其中四座叫"三将福主公王"，另外一座称为"伯公坛"。这四座"三将福主公王"神坛，最先只有一座，位于村口靠近小溪的边上，称作"桥头公王"。关于"桥头公王"曾有一段传说，据刘祥林、刘奇才、刘居京、刘维雄等先生说：

　　　　刘隆告老返乡离京前夕，由于他素来崇敬张巡、许远、雷万春三将军"死守睢阳"宁死不屈的民族气节，便在其坛前折下一樟树枝携带返乡，并祷告曰："这树枝在湘湖如能插活，则表明三位在天之灵已随我南返故乡。"回乡后种植，果真成活，并逐渐长成大树。数年后，刘隆命人砍下樟树，雕成神牌，镌刻三将大名，嘱族人奉祀，而成"三将福主公王"。后人将三将福主公王安置在村口的桥头，故称"桥头公王"。

　　我们现在看到的桥头"三将福主神位"，系一座用条石砌成的小屋子，神位正中写着"玉封灵 显佑 三将福主公王神位",两旁对刻着"文班、武列"。而小屋门两旁则刻有对联"声灵赫濯光千古,福泽绵延庇一乡"。在漫长的历史岁月中,由于刘氏宗族人口增加,逐渐居住分散,离桥头公王处较远,烧香敬奉多有不便,且每到烧香、敬奉时过于热闹而不易轮到,久而久之遂将"桥头公王"居住较集中的几个地方分出"黄屋公王""白竹公王""寨上公王"等处神坛。

伯公坛则位于现今夏屋祠堂背头,设置比较简单,仅有一块石碑,上刻"上坊本境福主伯公老人神位"。据当地老人报告说,关于这个伯公坛亦有一段来历:

相传刘隆幼时,有一天,刘隆的父亲叫刘隆前往三峰里田塅放鸭,刘隆贪玩,就吩咐"伯公神"说:"你要看管好鸭子,倘有差错,归罪于你!"言毕,转身走了。傍晚,刘隆过来笼鸭,点点算算,鸭子少了一只,便要处罚"伯公神"。他把安奉"伯公神"的石块用绳捆缚,悬挂于松树枝上。当天夜里,刘隆的父亲梦见"伯公神"前来恳求说:"我快要缢死了,快点给我松绑,你的一只鸭子在大田角头地窖里,无法起来!"第二天,刘隆父前往观看,鸭子果在其中,即往松树边,把安奉"伯公神"的石块解下安放原处。并下跪祷告许愿,若他年刘隆有荣达之日,当置庙祀奉。刘隆中进士当官后,其父遂履行诺言,在这里设立了伯公坛。

祭伯公的时间一年有两次,分别为六月和八月,俗称"六月尝新禾许愿,八月还愿祭伯公",尝新禾时,需备办新谷一串,苦瓜一碗,茄子一碗和板,祈求伯公保佑无虫无灾、丰年丰产。八月祭伯公则主要是还愿,感谢伯公老大的保佑。关于尝新禾祭伯公,在当地还有一个颇有意思的故事:

据说以前有一个地主,平时对替他家放牛的放牛娃很不好,尝新禾时地主叫放牛娃去伯公坛前烧香,交代说在伯公老大面前要这样祷告:上伯公、下伯婆,今朝尝新禾,鸭子是凤凰,酒壶是酒娘,保护禾苗花钵大,禾苗马尾长,上坵压下坵,压得禾头扎扎揪。怀恨在心的放牛娃却这样祷告:"上伯公、下伯婆,今朝尝新禾,鸭子是鬼,酒壶是酒娘，保护禾苗三寸高，禾尾三个谷，让我放牛大细一担挑到屋。"结果这一年地主的收成真的很不好。

　　湘湖刘氏的庙宇共有三座。第一座是天后宫，据刘祥林先生说最先建在总祠右侧墟市街道的尽头，约建于 200 年前，后来迁到全村的水口旁，于"破四旧"时被拆除，近几年进行了重建。庙里主祀天上圣母，天上圣母两侧则是千里眼和顺风耳。正厅的左右两侧还分别设立了"关圣帝君"和"赵公元帅"的神位。

　　第二座庙建在离村约 2 华里的山冈上，叫"兴福庵"，此庙于"文化大革命"期间被拆除，近年又进行了重建。据 70 多岁的刘潮基、刘锡养两位先生说，以前的兴福庵分上、下厅两栋，上厅设三个神位，分别安有三座神像，其中三爷古佛坐中台，左边是伏虎禅师，右边是定光古佛，三座神像前设有一尊观音神像。下厅则供奉文昌帝君。上、下厅两侧还安放有其他大大小小的菩萨，如二十四位诸天、华光菩萨等几十尊。

　　第三座是建在离村 10 多华里的高云山定光庵，据说这座庵是很早以前与腊口、断头、四陂坑、苦竹山等村人共同修建的。现在庵里的菩萨主要有玉皇大帝、郑定光、三爷古佛、叶伏虎、镇坛观音，以及孔夫子、伽蓝公王、五谷菩萨、吉祥哥等。据一位报告人说，这个伽蓝公王又叫"蛇阳菩萨"、"发誓菩萨"，他右手握一条蛇，左手拿一棍，也是定光古佛变的。围绕这座庵，周围还有一些附属设施，如一座亭子，上书"高云山"，中间安设定光古佛神像，两边书有一联："石径有尘堤而洗，殿门无锁倩云封"。庵旁有一观音阁，中间安奉观音菩萨，菩萨两旁有联曰："何必远朝南海，眼前即是普陀"。庵后则有一石刻大写对联"洞里烟雾去，岩前雨露深"和"默佑""慈灵"等石刻。

　　湘湖刘氏的庙宇和神坛，除第三座高云山定光庵外，都是刘氏宗族自己修建、自己使用的，这与我们在武北其他村落调查时所见到的有明显的不同。如在小澜，全村的庙宇神坛具有明显的层次性：第一个层次是由小澜人牵头，整个武北共同捐资修建的庙宇，供奉整个武北共同信仰的神，如澜溪天后宫（供奉妈祖）和黄狮宫（供奉三官大帝），它们既是小澜人的祭祀场所，也是整个武北共同的祭祀场所。第二个层次是由小澜全村集资共建的庙宇，供奉的是小澜人共同信仰的神，如满月堂（供奉三爷古佛），它所保佑的是小澜全村的利益。第三个层次是由某一宗族族众兴建的神坛，供奉他们自己的公王，如陈姓的新老社公、把界公王，余姓的石猛、石固公王，张姓的石猛、石固公王和三将福主公王，等等。而湘湖刘氏并不如此，[①] 这在客观上是由于湘湖村内只有刘氏单姓宗族，且湘湖地理位置比较偏僻；而在主观上则可能是因为刘氏宗族作为享誉一方的巨姓大族，在人力、物力、人才方面均可相对独立而不必也不愿与其他姓氏联合。

由于湘湖刘氏在民间信仰方面自成一体，因此他们所有的祭祀活动都是在宗族内部进行的。刘氏的祭祀活动一般可分为两大类：一类是由宗族组织出面的，所有成员都必须参加，这类活动有祭祠、朝山、打醮等；另一类是由各种神明会组织的，成员自由结合，每当神明圣诞便分别举行祭祀活动，称作"会景"，如民国时期，湘湖村有财神会、月半会、戏会等。关于武北地区的"会景"，前已述之，在此不赘。在这里，我们着重来谈谈前一类祭祀活动情况。

湘湖刘氏宗族每年的祭祠、祭墓都是集体性的活动。祭祠堂的时间定在每年的清明节前后，整个活动由族长主持，具体事项则由头家负责操办，头家则按四房人轮流产生。祭祀前，头家必须准备好以下祭品：熟肉整块、熟鸡成只、鲜鱼成尾、茶、酒、果品、蔬菜、葱一根（并根）、饭一碗。在祠堂内祖先神位前设香桌与祭桌，中间距离约 1 米，作为祭祀者跪拜之位。同时，还需请礼生来呼班（礼生需由绅士或具有功名的人担任）和组织乐队、执事者。参加祭祀者须有功名，民国以前为秀才以上，民国时期则为小学毕业以上。新获得功名或刚小学毕业者，第一次参加祭祠时，先到自己的私厅等候，绅士会前来迎接，然后跟随绅士到祠堂祭祀，对前来迎接的绅士，每人要发一个红包。

祭祀时由族长或房长主祭，由礼生呼班（即主持仪式，礼生需穿长衫、戴礼帽，左右各两人）。具体仪式如下：

左边第一位礼生（下称左一）呼：登堂侍立！排班！执事者各司其事！起鼓！鸣锣！奏乐！放炮！（参加仪式者皆听令）

左一接呼：主祭嗣裔就位！预祭者皆就位！（主祭者就位、预祭者就位）

[①]　湘湖刘氏虽然也有一座与周边村落共建的高云山定光庵，但这座庵与当地的宗族社会关系并不密切。

左一接呼：迎神！向前三揖！向上三揖！（即主祭者双手捧着香朝天做鞠躬状，作揖三次，然后向右转向神主位也作揖三次）

左一接呼：拜！（主祭者拜！下同）叩首！（主祭者叩首，下同）（如此重复四次！），右边第一位礼生（下称右一）接呼：起！

四拜四叩首完后，左一呼：主祭嗣裔诣神位前上香！

（等主祭者到达香案桌前）

左边第二位礼生（下称左二）即呼：拜！初上香！右一接呼：初进香！

左二呼：亚上香！	右一呼：亚敬香！
左二呼：三上香！	右一呼：三敬香！

左二呼：俯读祝文（由指定人拖音朗读）。读完后，

左二呼：叩首！	右一呼：起！主祭者复位！
左一呼：拜！	右一呼：起！

左一呼：主祭者诣神位前初献礼！

（等主祭者到香案前）

左二呼：拜！初献酒！右边第二礼生（下称右二）呼：初进酒！

左二呼：献宝帛！	右二呼：敬宝帛！
左二呼：献柑！	右二呼：敬柑！
左二呼：叩首！	右二呼：起！主祭者复位！
左一呼：拜！叩首！	右二呼：起！复位！

左一呼：主祭者诣神位前行亚献礼！

左二呼：拜！亚献酒！	右一呼：亚敬酒！
左二呼：亚献酒！	右一呼：亚敬酒！
左二呼：亚献菜！	右一呼：亚敬菜！
左二呼：叩首！	右一呼：起！复位！
左一呼：拜！叩首！	右一呼：起！

左一呼：主祭者诣神位前三献礼！

左二呼：拜！三献酒！	右一呼：三敬酒！
左二呼：三献牲！	右一呼：三敬牲！
左二呼：献果！	右一呼：敬果！
左二呼：献饭！	右一呼：敬饭！
左二呼：献茶！	右一呼：敬茶！

左二呼：叩首！　　　　　右二呼：起！复位！

左一呼：拜！叩首！　　　右一呼：起！（如此重复四次）

接着，化财、焚祝文、退班。

祭墓时间一般在每年的春分到清明时节和中秋节前后，一至五世只在清明时节祭一次，六世以后除清明祭祀外，一般在中秋节前后还会再祭一次，故称为春秋两祭。祭墓时，自上而下，先祭上代，后祭近代，直至私家祖父母、父母。

在众多的祖坟中，有几座坟墓在湘湖历史上是很有影响的，如三郎婆墓、"鹧鸪地"、"猴狲地"（下详）等。现在的湘湖刘氏已经没有三郎婆的墓了，据说是被朱廖坪刘姓人挖走的。原因是这样的：

朱廖坪刘姓人也是三郎公的后裔，他们还是由湘湖迁去的，起先也会来湘湖祭墓、祭祠。但经常是，如果来早了，湘湖人会说裤都弄湿了（意即来早了等吃），而如果来迟了又被湘湖人说是晒湿裤去了（意即替老婆做事，有怕老婆之意）。于是，朱廖坪人就决定以后不再来湘湖祭祖了，但祖宗还是要的，怎么办呢？他们便决定在三郎公和三郎婆的墓中选一座挖回去安葬。由于听人说妇女的墓会更"发"，最后就将三郎婆的墓偷偷地挖回去安葬了。所以，从此以后湘湖就没有三郎婆的坟墓了。而朱廖坪人也不再与湘湖人共祠堂了，而是到上坪去入祠。

据当地报告人刘金煐先生说，"鹧鸪地"在风水上说是一座很好的坟墓，关于这座坟墓也有一段故事：

安葬鹧鸪地时，地理先生很有把握地说这座墓安葬之后可以包"发"，如果没有"发"，他就不要"罗庚礼"，所以"罗庚礼"也就等三年以后再来拿。三年之后，地理先生果真回来准备拿"罗庚礼"了，他问湘湖刘姓人说，这三年发了没有，刘姓人回答说没有什么变化。地理先生觉得很奇怪，便建议说要挖开来看一看。当他们打开坟墓一看，发现了两个奇怪的现象：一是绑棺材的竹篾上有一个大血瘤，二是有一个鹧鸪窝共有四只鹧鸪子，只有一只是开了目的，其余三只尚未开目就死了。地理先生明白了怎么一回事，就吩咐刘姓人将大血瘤割去，然后重新埋上。地理先生回来后说，这个大血瘤是扛丧夫抬棺材时不小心在竹篾处划破皮后留下后长成的，这个血瘤先给扛丧夫带来了好运；而这四只鹧鸪子本来象征着湘湖刘姓人将会出四个大人物，现在死了三只，估计只能出一位大人物了。湘湖刘姓人一打听，三年前当扛丧夫的在近三年内果真有了很大的发展。所以，湘湖刘姓人后来就不再用竹篾绑棺材了，而是改用绳索，而扛棺材的木棍也用油漆漆得光亮。后来的事实证明，湘湖刘氏确实就只出了刘隆一位大人物，而邻村的邱姓人自从那个血瘤被割去后也就没什么发展了。

祭墓的祭品由头家负责备办。1949 年前历代祖先均有蒸尝田（下详），头家有租谷收入，故所需祭品如香纸、烛炮、糍粑、"三牲"等由头家备办。1949 年后取消蒸尝，祭墓所需费用由头家按人丁平摊收取。新出生的男丁，有的还规定要纳喜庆，每丁一般 5 斤米。

参加祭墓人员，一至五世只许男人参加，六世以后有的男女老少均可参加。祭墓的一般形式与武北其他村落基本相同，但对于一些在刘氏宗族发展史上享有崇高声誉的祖先则略有不同，如对其墓地的风水过分讲究，而祭墓活动也较隆重、热烈。以刘隆为例，刘隆是刘氏宗族最早科举成名的，也是有明一代武北唯一的进士和官位最高的一个。他殁于明正统十四年（1449），葬于吴潭东坑中赤土岗号曰"猴精地"的风水宝地。关于这一墓地，宗族内部流传着一个故事，据刘维雄先生说：

> 相传，刘隆告老还乡时，两袖清风。随行人员感到很不体面，左思右想，特地赶制了几十只木箱，里面盛着砖块、石头，佯装是刘大人的行李，一是为显示皇恩浩荡，二是为刘隆回乡比较体统。不料行到途中，却被人告发说刘隆满载黄金白银回乡，一定是位贪官。于是，皇上命人将刘隆行李截回京检查，可是撬开一看里面全是砖块、石头。皇上非常惊讶，便召刘隆详陈内情。皇上听后十分感动，赞叹刘隆是一位难得的清官，遂赐予金银布帛让他荣归故里，接待乡亲。刘隆谢恩拒收。后皇上再三询问有何要求，刘隆才上奏要求赐予十处风水宝地。奸臣认为陷害刘隆的时机又到了，偷偷地把刘隆奏章上的"十"字改为"千"字，一撇之差给人的印象是刘隆贪得无厌。可这次皇上识破了奸臣的诡计，诏示"上至鸡冠峰，下至白头礤，汀江两岸二十多华里范围里任

意堪舆挑选"。所以，至今吴潭河口一带的所谓风水宝地都属于湘湖刘氏的。

刘隆墓葬于店厦村吴潭自然村的东坑尾，地形似猴，故称为"猴精地"，此处风景独特，山势磅礴，让人流连忘返。在刘隆病重期间，恰好吴潭人丘某病死，就埋在此处。三朝家人去烧香上供时发现棺材被人挖起来了，家人就将它在原处再埋下去。第二天特地去看看，发现又被人挖起来了，于是又将它再埋下去。同时一边四处调查，一边守坟抓人，一定要弄个水落石出。这天晚上子夜时分，守坟人高度警惕，发现不远的地方有来人，自言自语地说："咳，挖起来又埋下去，贱骨头哪坐得这个金交椅？这是刘大人的福地，若是今晚挖起来还要再葬下去，我就把它丢到河里去。"越行越近，才看清他是一位"白须老大"——山神土地。他边挖边说："我为刘大人守候整整三年了，明天店厦墟还是托人卖给刘大人得点钱为好。"话说完人也不见了，棺材也被挖起来了。守坟的人看到这个场面，就马上回家向长辈汇报此事。此后，吴潭丘家经多方探听所谓"刘大人"就是刘隆，遂托人将此地卖给刘隆。不久，刘隆去世，就葬于此处。

这处"风水宝地"在刘氏宗族史上影响深远，刘光第于晚清回祖籍地湘湖探亲时，还就此留下了不少诗文。如《南来》中云："逢人竞说猴狲地，勖我承家獬豸冠。"又如，撰联曰："万年享祭猴狲地，三世功名獬豸冠。"可见其影响之大。

墓地讲究，其祭祀活动也很隆重、热烈。每当祭刘隆墓时，都会有一支浩浩荡荡的祭墓队伍，还会请鼓手在路上和坟前吹奏，绅士则坐着轿子前往祭墓。大张声势、鼓乐齐鸣的祭墓活动，除了强调血缘关系以敬宗收族外，还有着向外显示宗族力量和树立宗族声誉的因素在内。

无论是祭祠堂，还是祭墓，都有消蒸尝的宴饮活动。1949 年前宗族内有蒸尝田，每个上代祖先几乎都有多少不等的蒸尝田。在武北范围内，蒸尝田的来源一般有两个：一是祖宗自己创业所遗留专为祭祀之用的尝田，二是后代子孙不断捐助的尝田。关于前者，前已述之。关于后者，我们在《湘湖刘氏族谱》中找到了两则材料，现将其抄录如下：

十四世有周，字祥史，配王氏，白手创业富甲一乡，好善乐施笔难尽述。而内助孺人尚遵遗命，遣男捐田赠祠办祭颁胙其他，义举虽属巾帼胜于须眉，皆公生前感发所致，右将命捐字据刊载于后以垂不朽。

立赠尝田嗣孙瑞文兄弟侄，缘前祠同谱载春秋祭仪绅衿颁胙等项凿载明晰，近传祠用繁耗不能依谱办发，兹承母命，瑞等身轻力薄，祠中大费不能稍补万一，只量力情愿将到罗坑员分田三秤，细溪垦田一十五秤，枫树塘田一十秤零五分，上田三秤，牛牯塘田下山门口四秤，小片田四秤，石壁下田三秤七分五厘，半窟塘田一秤五分，山圳里、圣垒田一十秤，共田五十四秤七分五厘赠归祠尝内。其租谷共七大石二桶四斤永作帮赠历年春秋在祠祭仪以及绅衿颁胙等费。其余津贴绅士大喜庆等费，祠中原有尝田给应，无庸此项田扯补。自赠以后，付与绅衿春秋二祀，向佃众收公平原照规办发销讫，永以为例，有瑞等嗣孙不得藉端侵渔，族众亦不得因别项事务典卖济急，致负瑞母今日微帼。其田米沸原载贰斗八升合正，任凭族众另立花户割出当粮。今欲有凭立赠字一样四纸存肆房永远为照。

瑞文

乾隆二十九年肆月初五日立赠尝田嗣孙　承卿

龙观
在场伯敏史
代笔焕溪字

十四世元阶，字与升。仅一旬有四，遂赍志而殒，配林氏，生男承统，孀居养子……不谓天道无亲，使承统早夭而殄，其祚妇志益穷矣，乃妇犹自安于命，节操愈坚，居穷甘志以老，所存夫阄田二十秤，值桑榆逼迫之时，自书遗嘱归作玄铸公蒸尝与升公夫妇等春秋祀礼，与玄铸公祭日同举。

从这两则材料中，我们可以看到，湘湖刘氏的蒸尝田既有祖宗所留，也有后代子孙的不断捐赠，其收入是相当可观的。正因为有了尝田租谷的收入，祭祀祠堂和祭墓时的消蒸尝等宴饮活动才有可靠的经费来源。消蒸尝时，由头家备办糍粑、猪肉、鸭子、豆腐、青菜、酒、饭，煮熟后当众过秤交点，分成若干桌，凡是男丁均可赴席。小孩、老人吃不完的可夹在一旁（限于自己份内），散席后带回家。未能赴席的，也可请人夹一份带回。蒸尝较大的，每个男丁还可发给猪肉 0.5~1 斤，功名、老大（即年满 60 岁以上者）依等级增加，即监生 1 斤，举人 2 斤，进士 5 斤等；60 岁以上者 1 斤，70 岁以上者 2 斤，80 岁以上者 3 斤。既是老人又有功名者，可得双份。

除祭祠堂、祭墓外，湘湖刘氏每年还有多次的打醮，其中两次是全宗族的活动，另有两次仅是某一房系或某一聚落的活动。

第一次打醮在每年的正月初四至正月十五，称为"公王醮"。湘湖刘氏认为"三将福主公王"是一村之主，具有镇守门户、捍卫一村、祈保六畜平安、人民康泰等功能，故逢年过节、办喜事，村民都会备上三牲、茶酒、香纸、烛炮前往供奉，过年的大鸡公也一定会拿到这位老神爷面前祭割一番，平时人畜发生瘟疫，也有人前往神坛烧香、许愿。平日里，每天都会有人（按房派轮流派人）在神坛前烧香、点灯（一般是每户三天）。所以公王醮是一项十分重要的活动。这次打醮从正月初三下午开始，先要到村口将桥头公王迎到总祠，再将黄屋公王、白竹公王、寨上公王迎来。第二天正月初四是正日。然后从初五到十四，依次为初五白竹陂，初六墩上，初七下片厅，初八岗背，初九池屋，初十田心，十一夏屋，十二上片厅，十三下廖，十四寨上，轮流设坛建醮，正月十五回到总祠打总醮。

第二次打醮在正月廿八至二月初一举行，称为"古佛醮"。古佛系梁野山"大德定光古佛"的化身之一——三爷古佛。古佛从正月廿八日出庵，到二月初一回庵，在此期间先后在田心、下廖、夏屋、尚屋轮流设坛建醮。据说，之所以田心屋率先打醮是因为六世分房时田心伯初公最长，故打醮也应从他这一房先开始，以示长幼有序，而其他几房打醮时间则按路线的方便安排。

据一位报告人说，原来四房是同一天打古佛醮的，但经常因为小孩子争抢鞭炮而使不同房系的大人之间吵架，甚至引起房派斗争，后来干脆就分开了。

除这两次全宗族的"公王醮"、"古佛醮"外，还有两次分别是"伯公醮"和"邱黄郭三仙醮"。伯公醮一般定在冬天，无固定日期，也不会每年都打，参加者基本上是祠堂以上至墩上的居民，其仪式较公王醮、古佛醮简单许多，为期一天。打伯公醮时，将伯公迎至总祠，请道士念念经，居民则做一些粄子、杀一只鸡或买一些猪肉煮熟后拿到神位前供奉即可，其目的主要是感谢伯公老大一年来对庄稼禾苗、牲畜的保护，祈望来年继续保佑。

邱黄郭三仙醮是十一世信吾一房人的私醮，日期为每年的二月初二和七月初七。据说这场醮在这房人的心目中是很重要的，其重要性超过公王醮和古佛醮，放的鞭炮也更多。关于邱黄郭三仙醮有一段来历，据说十一世祖信吾公每年都会去太华山拜祭邱黄郭三仙，从湘湖到太华山来回需花20多天的时间，他从不感到厌烦，而是一路唱着仙歌。如此从年轻时一直朝到了七八十岁，后来由于年纪实在太大了，也走不动了，守庵者也劝他不要再来了，他就试着和菩萨跌筶商量说，他以后没办法来太华山了，看能不能他回家后每年在二月初二、七月初七打两场醮以示诚心，得到了菩萨的同意。此后，信吾公生前就分别在每年的二月初二和七月初七打邱黄郭三仙醮，其后裔也就相沿成习。据当地人说，邱黄郭三仙是能保佑当地人添丁的，现在信吾公一支人口在湘湖村占多数，与其祖先朝拜太华山邱黄郭三仙是有很大关系。当地有一人名叫干廖的，接连生了几个女儿，后来朝拜太华山邱黄郭三仙后就生了几个儿子。在当地，无子之人一般都会去朝拜太华山。也正因为这样，每年的邱黄郭三仙醮热闹有加，在信吾公一房人心目中，其地位超过了公王醮和古佛醮。菩萨保佑添丁之说当属无稽，却成一种习俗，反映了一般的心理。

这几场醮之外，还有高云山定光古佛庵的打醮，具体日期为正月十九、六月十五和十月十九，不过这几次打醮的地点都设在本庵，时间也仅有一天。

在民国时期，打公王醮和伯公醮一般请本村的普庵教道士刘祺焕、刘兰康父子来主持，古佛醮则请兴福庵的和尚来主持。据刘兰康先生说，他的父亲是长汀坪头邱屋三高师傅的头徒，山背的邱善有、小澜的老李都是其父亲的师弟。打醮的经费来源主要由两部分组成：一是自由组合的醮会田收入赞助，二是自愿捐助。打醮的理事会则在打醮前由老成者在祠堂门前的街道上闲谈时产生，醮首、香首也是临时推举，由年长者担任。打公王醮期间，还举行演戏活动。戏班一般是潮班和长汀班，通常是每晚演四出戏，前面两出演一个多小时，戏的内容比较正规，如三国故事等，男女老少均可观看，但妇女不得入祠，只能在花窗外看。第三出开始就将小孩赶出祠堂，同时关闭花窗，开始上演风流戏，如十八摸、尼姑下山、凤阳花鼓等，一直演到11点多钟。据说以前人们对戏剧的欣赏水平较高，遇到漏演或演错的地方，观众即会有反应，甚至有人会朝戏台上扔小石头。而演戏的钱由戏会赞助，其他则需要临时写钱。

除每年的一般性打醮外，每隔数年还举行一次打大醮，具体日期与时间没有固定，一般是遇有天灾、瘟疫或死了较多的人时才举行。与一般醮会不同的是：打大醮持续时间较长，三至五天不等，甚至七天七夜；地点设在桥头公王前宽阔的大坪上；和尚和道士要请在武北范围内有较高声望的才能压得住邪；菩萨必须到梁野山去迎定光古佛，公王、观音以及一般人想得到的菩萨都须迎来；要竖立幡竹和全堂纸扎；到最后一天，还要到湾边放施食和放水灯。由于打醮的具体仪式与武北其他地区基本相同，此不赘言。

五

除了前述反映湘湖刘氏宗族文化的方方面面外，当地还流传着如下一些传说：

其一，前述千八郎公学法的故事，还有这样一个情节：千八郎公到间山学法时，与法师的女儿好上了，法师的女儿想要嫁给他，但法师认为很丢脸，多次想设计陷害他，但都被他破解了。第一次，法师叫他一起去割草，突然说老虎来了，千八郎公说"草一把"，法师的法术被祭掉了。第二次，师父带他去倒竹，师父又突然说大蛇来了，千八郎公就说"黄竹"，师父的法术又被祭掉了。第三次，师父叫他去欢塘，师父说洪水来了，千八郎公回答说"装船等大水"，师父的法术再次被破解。通过三次考验，师父最后决定将女儿嫁给他。千八郎公回家时，师父想让女儿、女婿家子孙富贵、发达，便交了一把伞给千八郎公，千交代万交代地说，不管遇到什么情况，这把伞要回到家中的祠堂中心才可打开。不料，当千八郎公回到湘湖村水口边，天上下起了瓢泼大雨，几位斫柴的人讥笑他们说，世上怎么会有那么蠢的人，有伞不撑要让雨淋，千八郎公一听，觉得有道理，便把伞撑开。但是，伞一撑开，只见一只小鸟飞了出来，边飞边叫："刘家人没福！刘家人没福！"据说，如果等到村中祠堂中心再撑开，刘家就可以出皇帝了。

其二，湘湖村历史上曾出了三个奇人：一个名叫"火烟狗"，他能沿着火烟走；一个叫"竹篙溜"，他会顺着竹竿爬上爬下；另一个叫"一斗粟"，他一顿能吃一斗粟，且力大无穷。

其三，做灶头是湘湖村等地很重要的一件大事，通常都要选一个大吉大利的日子。兰康的公爹听说兴兰三叔公选的日子是很不错的，也就请他选了一个日子。兴兰三叔公说，如果要用我的日子，到了做灶头那天，一切要由我安排，否则日子不利，主人答应了。做灶头那天，兴兰三叔公叫人将灶头做好，碗筷、水缸、水桶等也都摆好。时辰一到，他就叫主人徙火，在灶头里点燃。突然，他拿起水瓢将火泼灭，然后将碗、筷摔到地上，将水缸打破。主人见到这一情景非常生气，因为这是一个很不好的兆头——倒灶头、死人的景象，原指望他选个好日子，怎么变成这个样子，但因为有言在先，所以也没有办法。大约过了一个时辰，兴兰三叔公叫主人再次徙火。据说，从此主人一家非常顺利，财丁两盛。兴兰三叔公选择的这个日子是先绝后发的"奇门日子"。

其四，相传距离湘湖 10 里的龙归磜村，有位姓罗的老人，系刘隆的内戚，他患"打摆子"卧在床上。朦胧中，他听到"摆子鬼"在窃窃私语，一个说："明天刘大人驾临，我们到哪里去躲藏？"另一个说："钻到酒瓮里藏不是很好？"对方回答说："很好！很好！"

第二天，刘隆随着母亲前往探望这位姓罗的老人，当日来往客人中除刘隆外其他人无姓刘的，姓罗的老人遂认定年幼的刘隆就是"摆子鬼"所说的刘大人。于是请刘隆写张封条封住酒瓮口，免得"摆子鬼"再出来作祟。但刘隆年幼，并不会写太多的字，姓罗的老人就紧握住刘隆的手在纸上书写刘隆刚学过的"上大人"三个字贴住瓮口。不一会儿，暴雨倾盆，山涧水骤涨。罗老人即将此瓮投入到洪水中，付之东流。据说，该村从此就不再有人"打摆子"了。

刘隆年纪稍大一点时，晚上在书舍里读书，但户外青蛙噪声吵人。刘隆就出去抓了一只，用桌上的朱笔点了一下，将它放到村口痛斥道："以后只准在村外生活，不准进村吵人！"此后，湘湖村内果真没有青蛙的叫声，也很少见到青蛙的踪影。若在村外地段发现蛤蟆，看它的背部却有朱纹，与其他村落的青蛙有所不同。刘光第曾据此传说，写有一副对联曰："朱点鸣蛙实神异，衣传绣豸与儿孙。"

这些传说往往成为人们茶余饭后的谈资，不足为信，但反映了一般民众猎奇的社会心理。

第二章
小姓村落

第一节　碛迳高氏的宗族社会与神明信仰

碛迳是位于武北大禾乡东南大碛村的一个自然村，与本乡的湘村仅一河之隔，其居民主要姓高。由于碛迳高氏是武北范围内的小姓，而其村邻湘村刘氏又是武北范围内的巨姓大族，故分析其宗族的形成、发展、结成网络、内部管理，以及神明信仰情况等，不仅有助于我们更完整地理解武北地域社会，亦有助于我们对客家村落社会的基本理解。

一

碛迳所在的大碛村实际上由大禾坝、碛迳、结坑、沙坑里四个自然村组成，共有山林面积 9800 多亩，耕地面积 836 亩（见图 2-1）。由于这四个自然村地望相接，加之大禾坝、碛迳又同属于高氏宗族，所以在设立行政村时就将这四个自然村合并为同一个行政村，在人口占多数的大禾坝、碛迳两村各取一字，称为大碛村。大碛村现有 144 户 735 人，其中结坑张姓 16 户 78 人，沙坑里刘姓 15 户 67 人，碛迳蓝姓 5 户 31 人，其余均姓高，共有 102 户 535 人，而在 1949 年前夕大碛村高氏却只有七八十人，到 20 世纪 60 年代也才 120 多人，因此大碛村高氏是武北历史上较小的一个宗族，由于大禾坝高姓也是从碛迳迁移而来，故习惯上称呼大碛村高姓为碛迳高氏。

关于碛迳高氏的历史，民国《武平县志》有着简要的记载："碛迳高氏，由上杭胜运里曹田乡迁桃溪区之碛迳，系出曹田支祖仲山之裔。有清中叶，丁口颇盛，家亦丰富。乾隆中，尝捐资助杭修学，准许回籍考试。光绪

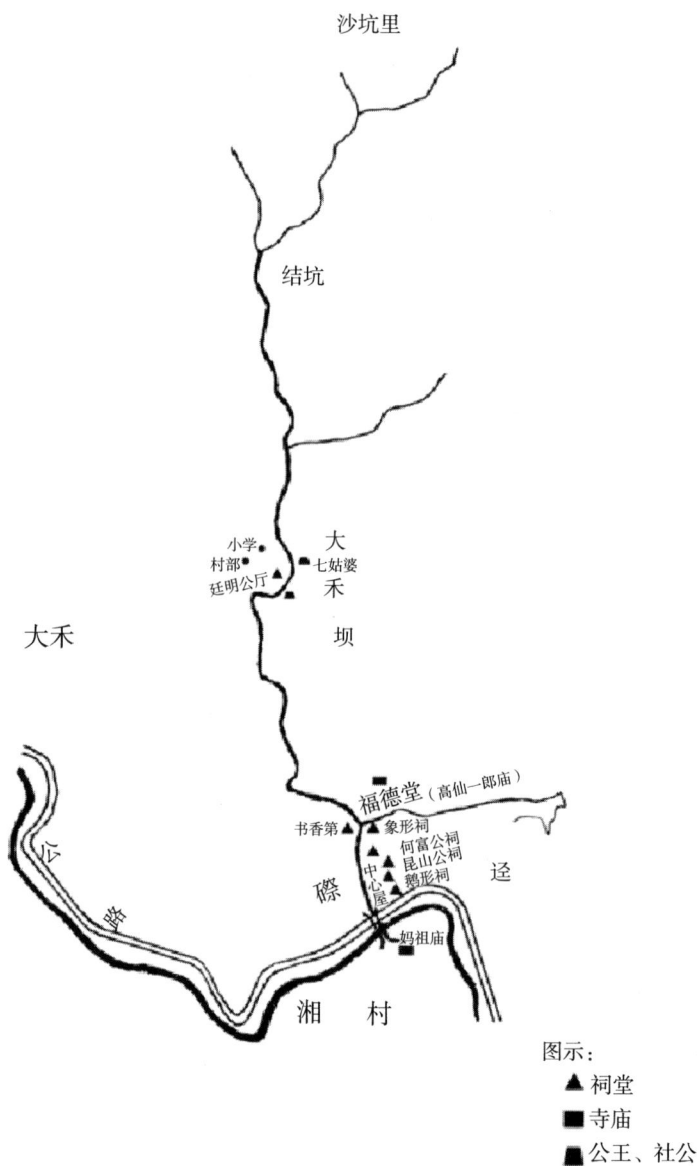

图 2 - 1　大礤村示意图

初，有岁贡高攀。改革后，户尚殷裕。自遭兵祸荡然。今仅存二十余户。"
这些记载使我们对礤迳高氏的历史有一个大致的认识，但要更详细地了解只
能借助于当地的族谱和口碑。

　　据当地报告人说，高氏先是到礤迳开基，后来人口发展了，才有后裔逐

渐迁到大禾坝居住。而关于礤迳村高氏的来源，修于光绪四年的礤迳《高氏族谱》有多处记载，如该谱转录顺治十七年的序中说：

> 余之族始自渤海，继自宁邑千家围也，则其前源本之序，邈不能考，但稽始祖十郎公盖有远大之志焉，于是迁杭川移徙曹田故县郊南冈鹤湖之所，多有高氏坟址也，迨三世祖百七郎宦居清廉，政教书善，襄阳士族立祠以祀，至今颂祝不衰，岂非克缵前绪贻厥孙谋者乎，所以其孙万十郎公富臻十万，其曾孙季山公名登科第，虽未足媲美于先世耶，可谓富贵家矣，然追其故非本厚者枝必茂，源深者流必长也哉，是以八世祖号曰南阳公，其心益远，其志益大，率胥平川之境，至是福至心灵，暗识地脉，自思为后世子孙乐业者莫若斯归，而谋诸妇，奈天夺之速不遂其志，既而周太婆忆其言，携三子同行卜筑于此。

同谱《何富公暨周太妣合传》也说："我祖讳何富，号南阳，妣氏周孺人，举子三：长仕荣、次仕琼、三仕衡。盖南阳公者，七世连山公长子也，始居杭邑胜运里，计图迁徙曾相地脉至武平济涧而有志焉，奈年仅四十有三而遂厌尘寰，莫偿其愿噫，何天夺之速耶，生前迁乔之计虽有遗言难期诸寡妻幼子矣。幸我周太孺人，德合坤贞，体符巽顺，遂夫之志携子以行教训，维殷母道而兼父遂，迁移得所，理阴更理阳，因于明弘治九年丙辰，由上杭之胜运里迁武平之大一图，如夫言而筑室，爰处即万年不拔之基，树百世滋蕃之本焉。"

可见，大礤高氏将其远源追溯至宁化石壁，甚至追溯至郡望"渤海"，近源则上溯到上杭始祖十郎公。但与他们直接相关的开基祖是八世祖何富公（南阳公），而真正来礤迳开基的则是八世祖婆周太婆和三个儿子。

高氏到礤迳开基后，经历了一个颇为艰难的历史时期，上引《何富公暨周太妣合传》云："斯时也，陟献降原，并受艰难之况，披荆斩棘，只是母子相依，经营缔造之余，焦劳备至，不可想见。"上引序也说："彼时也，岂不欲竟遂其夫之志耶，岂不欲速成其子之功耶，又岂不欲光大前猷克昌厥后耶，因知本之立也未厚，源之流也未长，奕叶累美之庆为不若骤也，及云山、昆山，与夫梅林、松林诸公，其克类克长之德，非不甚备而燕谋之计已周且详矣。"由此可见，礤迳在历经九世仕荣、仕琼、仕衡，十世云山、昆山，直至十一世梅林、松林的艰苦创业才有了一定发展。

此外，关于磜迳高氏的早期历史还有一则传说，据一位报告人说：

> 周氏太婆偕同三个儿子最先在桥子李（又名"墓下塘"）开基，有一天来了一位地理先生，由于家里十分贫困，周太婆没什么招待客人，只好把家中仅有的母鸡杀了，她问地理先生最喜欢吃什么，地理先生说他喜欢吃鸡肶。但在吃饭时，地理先生一直想找出鸡肶，就是找不到。地理先生便认为主人招待不够热情，把最好吃的东西藏起来了。第二天，他就提出要离开这里，周太婆派儿子送地理先生上路，并交代儿子行至大行崇时，将一袋笪子饭和前一天留下的鸡肶交给地理先生路上当点心。当地理先生和周太婆的儿子行至大行崇时，周太婆的儿子果真将笪子饭和鸡肶交给地理先生。地理先生打开一看，十分感动，觉得自己误解了周太婆的好意，连忙回到磜迳，帮助周太婆选择了一座"象形"屋场。据说这座屋场做后，磜迳高氏便开始兴旺，到清代顺治时期，曾出现7个万金，13个千金，甚至出现72只书笼出门的盛况。

从人口发展看，九世仕荣、仕琼、仕衡三兄弟与母亲周太婆同来磜迳开基后，仕荣生二子：鸾、祥；仕琼生五子：凤全、才（号云山）、腾、兴、胜；仕衡生二子：金（号承山）、玉（字昆山）。其中，鸾生二子：守瑛、守缘；祥无嗣；凤全无嗣；才生三子：守德、守珍、守坚；腾生二子：守福、守禄；兴生三子：守贤、守瑄、守良；胜生二子：守元，守亨；金生一子：守俊；玉生二子：守政、守宪。祖孙三代人口有了一定的发展，并已开始出现分房现象，但真正的房系还有待于后世宗族的发育。从磜迳高氏后来的历史看，这一时期分房并单独发育成房系的只有玉公、才公、腾公三支。其中，玉公（即昆山公）在当时已取得了一定的经济与社会地位，磜迳《高氏族谱》载："承祖父之业富臻双万，诗书传家勤俭启后，始于武邑创开图甲立户福祥，每年造册送县推取过割入户当差，今下山小户张王李邹范仍有规礼送上，迄今粮石代盛翼子贻孙是成大有造于后嗣者矣。"而腾公一支，其后裔移居至江西发展。

才公一支则是到了他儿子守珍公（号柏林）以后才发展起来的，并且后来居上成为磜迳高氏的主力军。一方面，守珍公一支人口发展最快，守珍公生有四个儿子：世隆（字馀庆）、恩隆（字承庆）、仕隆（贤庆）、祥隆（字和庆），而世隆又生有六子：节、谦、第、魁、翔、应秋，恩隆生有三子：升阶、升允、升之，仕隆生有六子：见源、见沧、冈鸣、见清、见澜、见沟，祥隆生有二子：腾汉、曰俞，成为磜迳高氏人口最多的一支，以致磜迳《高氏族谱》在十五世以后单列的四支房系"昆山房""馀庆房""贤庆房""和庆房"中，占据了其中的3/4。

另一方面，早在守珍公及稍后一个时期，房系财富就有了充分的积累，据磜迳《高氏族谱》之《守珍公传》载，他少年勤苦，以贸易为生，及至壮年方"履祉日亨"，"居积而富臻累万"。由于精于计算，且持家有术，故"渐积渐充，累千累万，手创门楣，盖藏甲一方之上，躬成仓廪腴美占百里之遥"。因此，他也就荣膺上杭县"乡饮大宾"。不仅如此，守珍公的孙子、世隆公的长子见源公也是"乡饮大宾"，可见其财富在当地村落是首屈一指的。

随着人丁的增长和财富的积累，这支房系又开始出现读书人。守珍公的三子仕隆为邑庠生，磜迳《高氏族谱》录"仕隆墓碑记"云："公颖悟性成，淹通学博，少年游泮，是开科目之先声，令子传薪，爰启后来之文教，无如年方强仕遽逢捐馆之期，所幸代起有人，克绍趋庭之训，由是胶庠接踵，世继书香，皆公之垂荫远也，况雁行谊笃，情联伯仲诸班燕翼谋深，数偈乾坤有子爰为之赞曰：'聚山之精钟岳之英，后昆垂裕永振家声。'"

仕隆功名的获得，对该房系的发育，乃至整个高氏宗族发展的影响是很大的，也使得宗族房系对于科举功名更加重视。显著的标志就是"儒资田"的设立，磜迳《高氏族谱》载柏林公的四子祥隆时说："踵珍公之遗范，重道崇文复设儒田数十亩，笃雁行之大义，兄友弟恭亲观采芹二三子，迄今衣冠济美门庭光耀，济济一堂者孰非赖公之栽培，翼子贻孙而食报于无穷也哉，谨将儒田开列付梓以垂永远：大禾坝赤姑嘴田拾秤正，茅仁坑田九秤正，本乡庵背坑大平里田十秤正，大坑子高排田五秤正，乌石头下田骨租十六秤正，租谷贰石正，半坑桐树坑德懋田皮十八秤租谷六桶正，以上之田骨共载租米壹斗五升五合正。""儒资田"的设立为宗族人才的培养提供了重要的条件。

与此同时，守珍公在经济上发迹后，还开始进行一系列的捐赠活动，上谱载：

> 公置儒田于蓝家渡以千秤计，复捐金于同升压培英诸祠，其荫乎子孙念乎宗祖也。紫金山麒麟殿铸帝像与龟蛇两旁建钟鼓楼，其所费已以千计矣，犹捐小澜田百余秤，利属僧人，粮归己纳，此其百世馨香所以

与一堂神佛并隆也，迄今天贶登山浴河上下，妇孺皆乐道焉，会昌独力成石梁，费几于万，瑞邑千金乐助亦独出冠时，即今两邑都人士犹啧啧称公之绩不衰其余，在江如麻州与杉塘一带，在福如河口陂磜口等处立渡成桥，施茶修路捐金助田勒碑铭碣者，殊难枚举矣。

显然，这些捐赠活动一方面体现了族谱上所说的高柏林本人的"乐善好施""轻财好义"，另一方面则扩大了磜迳高氏在当地的社会影响，也标志着磜迳高氏进入了一个较为兴旺的时期。

但是，这种兴旺却没有长久地持续下去，而是进入一个缓慢发展的阶段，因而磜迳高氏最终没有成为享誉一方的巨姓大族。究其原因，我们认为主要有如下几个方面：

第一，磜迳高氏的生存空间比较狭小。磜迳是一个相对独立的小自然村，它的山林、土地等方面的资源都十分有限，人口发展到一定程度后，人地矛盾很快就凸显出来。其中一支迁居大禾坝后，在短期内缓和了这一矛盾，但由于大禾坝的发展空间也不大，很快也面临同样的问题。自十一世守福公"迁江西赣郡会邑羊石隘陈丰坝案背居住"始，守元公、守亨公及其后裔踵其后，十二世后便开始形成一波又一波的移民潮（见表2-1），而人口的大量外迁必然影响到宗族的进一步发展。

表2-1　磜迳高氏十三至十七世外迁情况

世系	迁至江西者	迁至湖南或未知下落者	迁至四川者
十三世	铎公及其四子(后又迁四川)		铎公及其四子
十四世	文光、奇先、永显、彦生、进岳、升岳	丙生迁湖南、富贵寿三公未知下落、京富	德万兄弟四人
十五世	亨恺、利恺、贞恺、连养、楼养、光远	寿养	照远、富昌、芳昌、洪昌
十六世	特史、瑞麟携子(开明、开华)孙(容、贵、生、碧)、云老	乃兴	仲兆、伯兆、书元
十七世	龙瑞、洪瑞、寿龙、龙郭、贵龙、三龙、四龙、七龙、九龙、开明、荣祖、添才、应华、应万、		孔灵、四川

第二，磜迳高氏是一个迟来的姓氏和较迟发育起来的宗族，它的发展必然受到周边村落巨姓大族的限制。磜迳高氏兴起的时间，恰恰是湘村刘氏迅

速崛起的时期和大禾蓝氏进入鼎盛的时期，它在与强邻湘村刘氏、大禾蓝氏在争夺山林、土地等有限的资源时必然处于劣势。据当地一位报告人说，礤迳高氏曾与湘村圳头人争夺山林而引起械斗，导致礤迳高氏发誓不与湘村圳头人对亲，因此在很长一段时间内彼此间不通婚。从现存的地点，大致也可看出礤迳高氏的弱势地位，据大禾坝一位报告人说，大禾坝以前叫做"泰和坝"，后来不知什么原因慢慢地变成"大禾坝"。这一地名的变化虽不能说"大禾坝"就是大禾的附属，却能反映两者在当地社会影响的强弱。

第三，作为村落社区中的弱势群体，礤迳高氏的抗风险能力比较弱，对付来自外界因素的干扰往往无能为力。如太平天国时期，太平军曾在武北地区活动一段时间，作为巨姓大族的湘村刘氏、大禾蓝氏利用宗族势力进行抵抗，以致人员损伤甚少，而礤迳高氏却有不少人被太平军捉去而未能回来。民国《武平县志》载"自遭兵祸荡然，今仅存二十余户"说的也是这个道理。

二

作为一个比较迟来的姓氏和比较弱小的宗族，如何处理好与周边的关系，直接关系到自己的生存问题。在调查中，我们发现礤迳高氏在数百年来采取了一系列积极有效的策略和措施。主要有：

1. 联盟

联盟是小姓弱房摆脱困境最有效的一种方式。在激烈的姓氏斗争和房族斗争的背景下，不但那些经常在斗争中获益的强宗大族意识到加强宗族势力的必要性，而且作为弱势群体的小姓弱房也意识到团结抗争的必要性，因而集群小姓弱房以抗敌成为他们的一项重要选择。礤迳高氏与鲁溪童氏、小坪坑马氏（邓氏）的"结拜"就是典型的例子。

礤迳、鲁溪、小坪坑三个村落的居民分别是高、童、邓姓，均为武北的小姓，他们之间的联盟现在当地已经很少有人知道了，但从他们每年打醮时相互邀请对方的家族神（村落神）的情况看，仍然可判断出他们在历史上的结盟关系。这三个村落都建有自己的仙师宫，分别供奉黄倅三仙和他们自己的家族神高仙一郎、童念二郎和马仙三郎①。据鲁溪村一位童姓报告人说：

---

① 马仙三郎原为马姓人的叔祖，马姓人绝迹后，其信仰为同是小姓的邓姓人继承下来。

　　高仙一郎、童念二郎、马仙三郎在年少时，鉴于自己村落人单姓小，备受大姓人的欺负，便结拜为兄弟，按齿排行为一郎、二郎、三郎，相约去闾山学法。但闾山道法三千年一开，当他们一路上历尽艰辛，到达上杭时，仍无法找到去闾山的路。这时，黄倅三仙来渡他们，化装成一个身上长着大脓疮的乞丐，要他们用嘴把脓吸干了才给他们带路，高、童、马三人便先后把脓给吸干了。黄倅三仙看他们确有诚心，便用竹筒把他们渡到了闾山。高、童、马三人学法归来后，都成为有呼风唤雨、驾雾腾云等多种法术的法师。后世为了纪念这三位法师，也为了感谢黄倅三仙，便在当地建起了庙，同时供奉黄倅三仙和各自的法师，两者都成为当地村落的保护神。

三位法师结拜兄弟、共同学法的故事，在磜迳、小坪坑也有大量的传说，甚至还见于文字记载，如磜迳《高氏族谱》载：

　　伯祖太承山公，明人也，九世一齐公长子，昆山公其弟也。公讳金，法号仙一郎，配温、郑、龚孺人，生子一守俊，传当时闾山道法三千年一开，公适逢其会。于是结友数人，不计程途飘然长往，果得灵师秘授神术。万里归来，直能呼风唤雨，驾雾乘云。其变化神奇不可方物，都人士以仙目之，以神遇之，蒙其法获者当不乏人。升遐后符印存昆公祠内，至今用之救急扶危，灵如响应，凡呼吁求叩无不感而遂通。①

悬挂在小坪坑马仙三郎庙中的《马仙三郎大法师神牌记序》也记载：

　　马凤，明嘉靖进士，时道教盛行，外道众多，互为相挟，民莫不为苦。马凤结同科进士磜迳高生、鲁溪童生为兄，遨游江南名山访仙圣奇术，后拜闾山许真君为师，以齿为序：高仙一郎、童念二郎、马仙三郎，十年道成，……终回本邑，施行法术，斗败不良教徒，保境安民，并用法术救民疾苦，民感其德，立牌以祀。

---

① 磜迳《高氏族谱·大法师承山公传并诗》，光绪四年石印本。

这些文字记载也都有高仙一郎、童念二郎、马仙三郎结拜兄弟，往闾山学法的内容。

实际上，神的结拜反映的是人的结盟，这从三个村落三姓人每年互派代表参加打醮可以窥见。三个村落都有报告人说，每年其中一方打醮时都会到另两方的庙里去迎接他们的家族神来参加打醮，另两方也都会派代表参加。不知是巧合，还是有意安排，礤迳高氏每年六月初六朝拜上杭紫金山，且礤迳高氏的一支——大禾坝高氏在该日举行打醮活动，而这一天也是鲁溪童氏一年中最盛大的打醮节日，当地有"六月六，掳裙当衫斫猪肉"之说，可见该节日对于鲁溪童氏之重要。那么，这三姓人之间每年频繁地往来，且有相同的醮期，难道仅仅出于一般的联谊吗？答案显然是否定的。从故事传说看，这三位法师的神能，传说最多的是他们在村落械斗中的作用。我们在礤迳、鲁溪、小坪坑调查时都听到各自村落和外姓人械斗时法师显法的故事，如当地报告人高迪丹先生说：

> 有一年，礤迳人和湘村刘姓人为了山林和地界发生了争吵，湘村刘
> 姓人多势众，眼看一场激烈的大械斗即将爆发。这时，高法师在祠堂门
> 前竖起了一根竹竿，摆起香案呼请黄倅三仙，只见一只只小老鼠不断地
> 在竹竿上爬上爬下，而在与湘村人交界的地方却见一个接一个的兵丁穿
> 梭而过。湘村人看到礤迳人一会儿工夫，就来了那么多的救兵，只好
> 作罢。

同样的故事母题在鲁溪童仁亨先生报告时，主人公则换成了童念二郎，械斗的另一方则变成了相邻的桃溪王姓人。同样，在小坪坑报告人邓益亮先生的口中，故事的主人公又成了马仙三郎，械斗对方又成了相邻的贤坑钟姓人。由此可见，三位法师结拜兄弟、共同学法的目的与姓氏斗争有着密切的关系，而这三姓人的密切往来则包含了小姓之间结盟的内容和以联合来对付大姓人的意识。

2. 联宗

联宗是弱小姓氏和宗族摆脱困境最常用的一种方式。礤迳高氏对此也颇费心机。与周边姓氏不同的是，周边姓氏的联宗一般限于武北范围内，但礤迳高氏在武北范围内很少有姓高的，于是他们将联宗的范围扩大到本县中堡的高坊和上杭县，乃至江西会昌的案背等地，他们共同编修族谱，每年共同

祭祀连山公墓，等等。虽然磜迳高氏与这些地方的高氏可能本身就是一脉相承，而非编造而来，但距离较远的同姓宗族有如此紧密的联系，必然有其现实的考虑。

值得一提的是，磜迳高氏还特别注意和上杭原乡的关系。如族谱"十一世守珍公"条下载："公蓝家渡为先人故址，欲今后嗣永省祖家，出数百金入四乡尝，崇祀杭城培英诸嗣，系于曹田同升私庄，每逢腊月初九祭祠绅衿外四人与席，并得领胙显达者，公私庄得领花经京费等项，又置曹田等处儒田千秤，至咸丰年间仍有田租谷三百八十五桶，地租银壹六两正，赠与杭城亲睦堂为尝，加竖公孝义赠烝牌，每年得领回盘费钱四千文，编有合同字据"；"十二世祥隆公"条下载："避氛于杭邑登俊坊"；民国《武平县志》记载："（磜迳高氏）乾隆中，尝捐资助杭修学，准许回籍考试。"所有这些，既有慎终追远、不忘祖德的一面，也有出于现实的联宗考虑。

3. 联姻

联姻是弱小宗族改变弱势处境的又一种策略。从磜迳的历史看，经常与之保持通婚关系的姓氏几乎都是周边村落的大姓，以十六世馀庆、贤庆、和庆三房为例，共有可考的配氏 66 例，其中刘姓有 30 例，蓝姓有 9 例，合计约占 60%，而十七世以后这种现象就更突出。显然，这种婚姻关系的建立具有很强的目的性，其意便是通过婚姻关系，使自己在大姓人的夹缝中寻求一定的靠山，从而避免大姓人的欺负。据当地报告人高标生先生报告说，在以往如果与当地大姓——刘、蓝等姓人有亲戚关系，在遭到别人欺负或与他人发生纠纷时，这些亲戚会出来讲公道话或调解，才不致吃亏。时至今日，我们在调查时都曾听到两位妇女在吵架，其中一位对另一位恶狠狠地骂道："你不要以为你的外家在湘村，就那么放肆！"一句简单的骂语，透露的却是通过与巨姓大族的联姻，在日常生活中可以有所依傍的事实。现代人的心理尚且如此，更何况在传统时期。

当然，作为一个弱小宗族在与相邻的巨姓大族相处过程中，终归还是处于弱势，彼此间不和谐的声音也难免出现。前述与湘村上村圳头的关系就是如此。

三

磜迳高氏在漫长的历史过程中，也建起了不少祠堂、厅堂，其祭祀祖先的活动，以及不断产生与复制神化祖先的故事传说、编修族谱、设立蒸尝等并不亚于巨姓大族。

1. 祠堂与厅堂

碛迳高氏很早就开始建立祠堂与厅堂，主要有：

何富公祠。祀碛迳开基祖八世祖何富公，虽然何富公在高氏来碛迳时已去世，是周太婆带着三个儿子来开基的，但碛迳高氏仍奉他为开基祖。关于这座祠堂地点的选择也颇有说法，据当地报告人高迪金先生说，周太婆离开上杭来碛迳开基前，曾焚香祷告说这次外迁听天由命，箩索哪里断了就在哪里开基。当他们行至大行崀脚下柴子李时，箩索就断掉了。他们便在这里住了下来，准备在这里开基。他们养了一伙猪嬷带子，这伙猪嬷带子每天都会到乌石头下出去一点的地方觅食，只要猪嬷出栏了，准会到这里。他们便认为这里可能是风水宝地，请来风水先生一看，果真是一块风水上叫"象形"的好风水，于是他们设法在此搭起寮子，后代就在这里建起了"象形祠"。

昆山公祠。祀十世祖昆山公。这座祠堂的具体情况，族谱中有比较详细的记载，该谱曰：

> 公神位祀奉于火麻坵正栋卯山酉向，正栋高一丈五尺，长一丈八尺五寸，阔二丈二尺正，天井一丈七尺五寸，下厅高一丈一尺六寸，长一丈九尺，阔一丈五尺，大门阔四尺五寸正，右边上手横屋二摆左边下手横屋二摆，第一摆第一植檐前余屋地一节，面前粪缸地一块，第二摆厅子出一节粪屋二植，粪缸二个，粪缸坎下菜地一块，粪屋侧前店屋二植，装碓一大植，高一丈一尺，阔二丈长九尺，与中心屋围坪连界，上至华昌横屋地基连界，下至塘前路为界，又门前塘一口，塘头菜地一坵，路下田二坵四秤正，爵麟堂尝内隋耕钱贰拾千文正，内除谷八桶，又塘侧田一坵，租谷四桶，三角坵一坵二秤五分，佳春耕大路下二坵，租谷五桶正，大坑子田三秤正，牛角乾田一处，租谷一石七桶正，内除鹏谷一桶七升，崇文尝九桶二升正，余为尝内之谷，老书堂上岭路下田二坵，计三秤正，又右边花台上手园内菜地。

柏林公祠。祀十一世柏林公和柏林公四个儿子，所以族谱载："与十二世四公同祀，鹅形正栋，卯山酉向分金，横屋二摆，以门前塘奉香灯。"

中心屋。祀十二世仕隆公（字贤庆），甲山庚向兼。

廷明公厅。位于大禾坝，祀大禾坝开基祖十三世廷明公，为癸山丁向。关于这座厅堂还有一则有趣的传说：

> 据说磜迳中心屋为"美女献花形"，是一个风水宝地，美中不足的是会亏廷明公一房。在做这座厅堂时，恰好由老实忠厚的廷明公服侍地理先生，他服侍得非常周到。地理先生心想你服侍我这样周到，但这座厅堂却偏偏亏你，实在于心不忍。于是，他对廷明公实话实说，廷明公听说后便对地理先生说不要份可不可以。地理先生回答说那你自己有无地方做一座新的厅堂。廷明公回答说有是有，在大禾坝有一个田寮子，不知道风水上行不行。地理先生说那你带我去看看。地理先生察看地形后认为，这里的风水也很不错，论财势并不比中心屋差。廷明公后来就在此建起了一座厅堂，成为大禾坝的肇基地，故称作"老屋正栋"。据说由于廷明公做了这座厅堂，所以其后裔比较发达，在磜迳高氏中占一半的人口。

书香第。又称"三房厅"，祀十三世廷章、廷仪、廷胜三公，族谱"见源（廷章）公"条下载："又建造书香地祠，上下正栋，章、仪、胜三公共祀，西山卯向兼庚，外坪有鱼塘一口以为每年祀香灯之需。"之所以称为"书香第"，据说是因为该祠建成后，出了很多读书人，甚至还出现了72只书笼出门的盛况。

这座祠堂之所以称为"书香第"，还有另外一种说法：

> 据说这座祠堂建成后，磜迳高氏一时间出了许多读书人，这就引起了外姓人的妒忌，他们向汀州府太爷举报，说是磜迳高姓人私筑皇城，准备谋反。汀州府便派人前来调查，调查人员来后没发现什么谋反的迹象，倒是发现磜迳高氏的每座祠堂都设有学堂，府太爷听完汇报后认为，有这么多学堂的地方肯定不会谋反，而一个小小的村庄有这么多学堂，倒是值得提倡的事，便非常高兴地题了"一世书香"四个字赠与磜迳高氏。

亲睦堂。这座祠堂虽然并不位于磜迳和大禾坝，而是位于上杭城，但与磜迳高氏有密切关系。关于这座祠堂，磜迳《高氏族谱》载："清道光十四年，杭武二邑诸乡嗣裔官山、贵龙等，济涧炳等倡修建立祠宇于杭邑东门米仓前，上下二栋，后有楼屋一植，余有空地，亲睦堂中祀文辉公神位，左右祀历代配名。"

2. 神化祖先的故事与传说

祖先崇拜的另一面，就是不断产生与复制神化祖先的故事传说。磜迳高氏历史上被不断神化的祖先有两位：一位是磜迳高氏人口占大多数一支的开房祖——高柏林，另一位是磜迳高氏的保护神——高仙一郎。

关于高柏林的故事主要有如下几则：

其一，高柏林年轻时，有一次到王屋塘挑糖去卖，正好天晚了，又下着雨，眼看无法回到家，就与当地人商量说在他们的祠堂里借宿一晚。当地人见他是个熟人且无依无靠，也就同意了。由于白天劳累，他很快就在祠堂下厅睡着了，但半夜时分，他蒙眬中发现香桌上的观音菩萨金光闪闪地闪了三阵光，觉得很是奇怪，莫非菩萨要赐他财宝？于是，他向观音菩萨祷告，说如果是该他高柏林得财宝，菩萨就离开原处三寸。第二天早上，他起来一看，观音菩萨果真离开了原处三寸。他便假装好意地对当地人说，前一天承蒙收留，他想报答他们，把观音菩萨拿去着衣（所谓着衣，在当地是指再镀一面金）。当地人觉得他既然如此重感情，且是敬神，就爽快地同意了。不料，高柏林在观音菩萨身上洗下了16斤黄金。他用这16斤黄金，买了几百亩地，从此开始发家。

其二，高柏林发迹后，有一次去会昌做生意，到剃头店剃头，由于他不摆阔，衣着朴素，剃头师傅很看不起他，他先来，却不断让后到的人先剃，他很气愤。当最后轮到他剃时，便要求剃头师傅提着剃头签到店门口去剃，说他会给剃头师傅几倍的价钱。剃头师傅不高兴地说，难道你很有钱？高柏林早就气愤不过，便说当然比你有钱！剃头师傅看到高柏林衣着寒酸，本来就瞧不起他，这时更是神气地说，那就比比看谁更有钱。于是，他们就比起富来了。这时，有好事者插嘴说，既然你们那么有钱，为什么不在我们东门去建一座大桥呢？高柏林向来乐善好施，这时也就很爽快地答应了这一提议，说建就建，有什么了不起！当然，这场比赛也就以他胜利而告终。后来，高柏林以自己捐款为主，同时向四方财主募捐，果真建起了会昌县城的"东门大桥"。当地人为了感谢高柏林，便在东门大桥刻上了"高柏林大恩人"几个字。

　　其三，湘村朱屋有一母子俩租种了高柏林的田，第一年交不起租谷，第二年也交不起租谷，高柏林念其贫穷，都未责怪。母子俩指望第三年年成好，尽快把租交了，可是临近收成时，稻子又白掉了。母子俩眼看交不起租，便出走他乡，恰好被外出做生意的高柏林撞见了，高柏林问他们为什么流浪他乡。母子俩实情相告，说实在对不起您。高柏林便劝慰他们，劝他们回乡，还把身上仅有的零钱给了他们。

　　其四，湍下峰有一赌徒，把家产赌得精光，最后只好把老婆嫁掉，正好嫁给了高柏林做小老婆。这位女子嫁到高家后，整天哭哭啼啼，高柏林问她嫌什么，一是不是嫌他年纪大，二是不是嫌他家境不好，三是不是嫌做人的小老婆不值得。这位女子回答说都不是，而是舍不得原先的家娘，她原先的家娘对她很好，现在她生病了，没有人照顾，自己却在这里享福，很过意不去。高柏林念其忠心，便请了鼓手、轿夫，将她送回去服侍家娘，但声明老婆仍是他的，不准外嫁。

　　除此之外，礤迳高氏的祖先崇拜与神明崇拜存在着深层次的互动，高仙一郎的故事是其中最明显的例子。关于高仙一郎的基本情况，礤迳《高氏族谱》中《大法师承山公传》有着比较详细的记载，我们不妨照录如下：

大法师承山公传

　　从古非常之人必有非常之迹，以历久而弥新。如我伯祖太承山公，明人也。九世一斋（齐？）公长子昆山公其弟也，公讳金法号先（仙？）一郎，配温郑龚孺人，生子守俊。传当时里（间？）山道法三千年一开，公适逢其会，于是结友数人，不计程途飘然长往，果得灵师秘授神术，万里归来直能呼唤风雨，驾雾乘云，其变化神奇不可方物，都人士以仙目之，以神遇之，蒙其法护者当不乏人。升遐后符印存昆公祠内，至今用之救急扶危，灵如响应，凡呼吁求叩无不感而遂通。故其墓在余屋，乡里人多祷祀焉，而族人之沐恩者尤众。因于同治间承赋口命重其墓，并集赀结会春秋祭扫不懈。盖德之人人者深，而人之报德者众也。桂屡蒙庇荫思欲答神功，每流连于心而不能去，以为只鸡片纸伸敬一时，尤当颂德歌功，扬芳千古也，乃为之叙，叙其由于以表，潜德发幽光，将见公之灵通与圣神并著，即公之妙法与日月同明也欤，并成一律以抒敬答之忱：仙心佛骨本天生，万里寻师道果成；信是山中开法界，归来支外显奇情；当年变化求皆应，此日威灵叩即鸣；衣钵真传符印在，神光千载照分明。

光绪四年戊寅岁仲夏月 吉旦

沐恩裔侄孙攀百拜酬撰

族谱"金公"条下亦载："号承山，公昔日里山授师传法，驱逐妖魔，变化随心，至今有求必应，威灵显赫，不但本乡沐恩，邻乡亦沾其泽。"

在这里，高仙一郎既是礤迳高氏的祖先（当然这种祖先未必需要直系祖先），又是礤迳高氏的村落保护神。有关高仙一郎的故事传说，我们在田野调查过程中听到了许多，除前文所述外，最常听到的有如下几则：

其一，误辱女儿。高法师和一群人在店铺旁聊天，他们看见河对面远处走来一位穿红衣服的女子，有好事者和高法师开玩笑说，你说你有法术，又从来没人看见过，你总不能用法术脱掉对面穿红衣服女子的衣服。高法师为了显示他的法术，便拔了一根芒管开始施展他的法术，他每剥一层芒管，对面女子就脱掉一件衣服，最后芒管剥完了，河对面女子的衣服也脱光了，成为一个全裸的女人。这时，这女子还不顾周围的人群直奔法师而来。待这位女子走近一看，法师才知道是自己的女儿从源头回来探亲。他女儿知道是被自己父亲戏弄后，羞愧难当，便自缢而死。而高法师的老婆得知后，非常气愤，一气之下将法师的"法印""法书"统统扔进尿桶。据说，从此法师的法术变得不太灵验了。

其二，意外失子。有一次，高法师去湘坑，天黑了都还没回家，他的老婆就叫他儿子去接。他的儿子到了半中途想看看父亲究竟有什么法术，便躲到蓬茏里，高法师见蓬茏中有一动物，就说你是人是鬼，赶快出来，他的儿子想看个究竟便没有出去，高法师便将其当成怪物化成灰。高法师回到家后，他老婆问他有没见到前来接他的儿子，心想"坏了！自己可能将儿子化成灰了"，便赶紧带着背带、裙子前往蓬茏处试图施法将他儿子的灰恢复人形，可是就在这时下起了大雨，他儿子化成的灰被雨水冲散了，再也无法恢复成人了，高法师懊悔不已。

其三，死后成神。据一位报告人说，由于高仙一郎在生前法术高超，他死后便成了一位十分灵验的神，平时本村人如遇有急难都会呼叫高仙一郎，而不是呼叫定光古佛帮助，因为高仙一郎是自己的祖宗，比较负责任，而定光古佛管辖的范围太广阔了，他不一定理睬。呼叫高仙一郎还有一定的讲究，如是本姓人有急事时要呼叫"大伯公"，这样他就会立即显灵，如呼叫"高仙一郎"，他要临时换衣服，显灵就比较慢。因为高仙一郎十分灵验，周围村落许多人都信奉他，如大禾磜下就有人安奉了他的神位，有一年"种天花"，恰逢洪水，他们无法到磜迳来求，只好朝天求拜高法师，救治这种恶病。求神的人刚坐定，磜迳的僮子就突然昏僮，只见他骑着马鞭竹子沿溪直上，到大禾磜下时连鞋袜都未浸湿。又如，有些村落人如果遇到大的麻烦，还会到余屋坑高仙一郎墓地上烧香、供奉，以及许愿等。1949 年前大禾坝高姓与结坑张姓一些人还组织有祖师会，在每年的六月初六祭祀高仙一郎。

关于高仙一郎的法印在当地也有很多传说，据说以前一直放在昆山公祠堂里，如遇到小孩生病、妇女难产，一般盖一个印，烧成灰就可以解决。后来有一次被源头的亲戚借去后不肯送还，磜迳高姓人催了几十次都不肯交回，最后一次终于答应还给磜迳高姓人，但提出要第二天才交还。实际上，他们连夜刻了几个一模一样的法印，让人一时无法辨明真伪。所以，第二天交还给磜迳高姓的可能还是颗假印，以至于后来这颗印就不太能派上用场了。而源头的这位亲戚有时还偷偷地利用这颗印给人治病，从中赚钱。

这些传说宛如神话，自不可信，但反映了一般民众的社会心理，从中亦可窥见普遍的社会需求。

3. 编修族谱

磜迳高氏的族谱，现在能见到的有两种：一种为光绪四年编修的，共有 8 本，保存完好，可以说是武北旧族谱中保存较为完好者之一；另一种为 1996 年新修的，新修的内容除包括光绪四年（1878）族谱的全部内容外，增添了光绪四年以后的内容。这两种族谱除了给我们提供磜迳高氏的社会历史内容外，还为我们提供了磜迳高氏编修族谱的详细历史。

从光绪四年编修的族谱看，磜迳高氏除上述两次编修族谱外，历史上还进行了多次修谱活动。就磜迳高氏本部的修谱情况，该谱《谱记》载："三世百七公、四世万六公于元至正二十三年甲辰正月上元，叔侄宦旋议立谱牒，即断自文辉公始，而以十郎公在杭邑开基为一世祖，二公之意盖以其近而可据者固应立记以遗后人，而其远而难稽者不敢妄作以断己意也。迨其后，六世六叔公德胜，同七世伯公季山，于明洪熙元年己巳正月十五日，依原增修。及八世伯公仓于天顺五年辛巳四月十八日复增修。嗣是增修者嘉靖十一年辛卯正月十五，则有九世叔公日宪也，万历十三年癸卯清明日则有十一世祖守珍公与守德、守宪及十二世天隆诸公也，是时家室富饶，文人荟萃，至十三世叔公冈鸣、腾汉、升衢、凌汉与十四世泰来、文炳诸公，皆身列胶庠，名登天府者。于是复于大清顺治十七年庚子孟夏，立图分派、编次分明，谱遂复修大备，修之益密则载之弥详。盖前绩易于悉稽查，后起便于增益矣，无如子子孙孙时易代移。"

由此可知，磜迳高氏首次修谱的时间为元至正二十三年，由三世百七、四世万六叔侄进行，他们奉文辉公为太始祖，而以十郎公为上杭开基一世祖。第二次修谱的时间为明洪熙元年，由六世德胜，同七世季山依原谱增修。第三次修谱时间为天顺五年，由八世仑复增修。第四次修谱时间是嘉靖十一年，由九世日宪编修。第五次修谱则于明万历十三年，由十一世祖守珍、守德、守宪和十二世天隆等主持编修。第六次编修的时间为清顺治十七年，由十三世冈鸣、腾汉、升衢、凌汉和十四世泰来、文炳等人共同编修，这次编修的族谱"立图分派、编次分明"，是规模较大、内容较为完整的一次修谱活动。第七次修谱就是光绪四年的修谱活动。

但迁移至江西会昌案背的一支却只有零星的修谱活动，《高氏重修族谱》说："自案背而论，守福公为基祖，一脉相承，绵绵延延以至世系不紊，始赖世昌公立谱纪之阅，后荣升公秉笔详载，惜未付之剞劂。"

为了共同的目的，留居磜迳的高氏族人和迁移至江西会昌案背的一支高氏族人，共同商议进行第七次编修族谱。关于这次修谱，现存该谱《谱记》则云：

迄今将十余传，并未有重修原谱之举，虽十四世以来各房中亦间有立稿续订者，然不过自详其一脉且又屡遭发寇遗失已多。于此而欲继前休以启后，良非易矣，所幸续稿虽亡，老成尚在，觉于近代事诸父老犹有能道其详者，则手泽纵未尽存而口传亦尚可据也。然恐犹出因循仍间世代将过此以往，其于十三世以上之祖宗或可搜残篇而得其大略，而于十四世以来之支派岂能叩冥漠而乞其有言乎。噫嘻！此时之汇族重修，诚宗绪绝续存亡之一大关键，有心人所为，咨嗟太息而不能已。于斯也，于是丙子岁合福江连公裔相商一时，人心不一，多不知谱之所关非小而退有违言者，则又告以不得不然之。故夫而后孝心感发，众论始孚，至杭邑及兴国等处招之不集者亦姑置之。而即我数乡踊然从事，是冬设局济涧，至丁丑春起草迄戊寅春，编辑周详然后付梓。

该谱《福江重修新序》也载："于是择吉立局，检阅上代之遗编，催集各家之新草，司翰者潜心校对，先图世系以总其纲，后分支派以详其实，其规程取法巨族，其经费出自鸿丁。"

这两则记载，为我们提供了礤迳高氏第七次修谱的大致情况，即本次修谱选择了良辰吉时专门开设了谱局，所需的经费则来自族人的摊派。在编修体例上，该谱取法巨姓大族的"规程"；在内容上，十三世以上祖宗的历史主要参考老谱，十四世以后的情况一方面汇总各房房谱，另一方面则向各房中的老成者调查。最后，经过编修者历时两年的辛勤劳动才编撰而成。

4. 蒸尝

由于礤迳高氏的族谱相对比较完整，所以有关蒸尝的记载比较丰富，从族谱看，除前述柏林公尝、祥隆公尝外，至少还有如下几处蒸尝：

承山公尝。族谱载："故乡中数十余人襄资立尝，以为春秋祭需。"

爵麟堂尝。族谱载："爵麟堂尝内隋耕钱贰拾千文正，内除谷八桶，又塘侧田一坵，租谷四桶，三角坵一坵二秤五分，佳春耕大路下二坵，租谷五桶正，大坑子田三秤正，牛角乾田一处，租谷一石七桶正，内除鹏谷一桶七升，崇文尝九桶二升正，余为尝内之谷，老书堂上岭路下田二坵，计三秤正，又右边花台上手园内菜地。"

养生公尝。族谱载："公生五子，惟佛养、郡养二公支下子孙置有新昌广贤乡四十都茶坪乌石下门首田租三石永为公之尝田。"

松公尝。族谱载："（十四世京寿）有银数两归与松公尝下以为每年祭扫之需。"

次恺公尝。族谱载："（十五世次恺之子）有银十余两，众为之置买礤下坡面上田皮五秤，付在次公尝内，以为祭扫之需。如是春秋同享祭挂，则无嗣而若有嗣，祀斩而仍不斩，斩堪血食千秋与日月同休者也。迄今人众耗散蒸尝败坏，于此脱不立一规额，砥柱而中流则寝衰寝灭，亦将伊与胡底钦。故欲长久之计，必先设经常之规，自今以后拨与头家祭需田谷之外，择取收头定要照公以办理，每年祭毕亦必经众而算明，庶几尝业益增，祭需有赖俾五房子孙轮流祭扫，奕世如常，不至肥口不修，粢盛不洁，器皿不备以贻先灵羞也。"

裕庆公尝。族谱载:"(十五世兆文)公遗有墓下上塘禾税二十七秤,入寄裕庆公尝下凭众收存为每年春秋祭扫夫妇一脉之需,其谷点灯会,该谷五桶三升三,宏元尝五桶三升三,尚鸾五桶三升三,云让八桶正。"

昌荣公尝。族谱载:"遗下老寮坪脚下田五秤,为每年祭扫之需。"

定发公尝。族谱载:"(十八世定发)垂七十秤之儒田崇文特切。"

德懋公尝。族谱载:"(十八世福兴)往川,其地有钱六千文正存德懋尝内为春秋祭挂一脉之需。"

四

磜迳高氏作为一个比较弱小的宗族,为了在地域社会巨姓大族的夹缝中求生存,更加注重宗族内部的教化与管理。因此,在家训与族规方面显得更加全面与细致。

1. 家训

根据族谱,磜迳高氏的家训共有八条:

(1)供赋税。朝廷休养生息,所以厚民生者,无不备矣。吾人饮和食德群沾乐利之休,而奉上急公须效输将之忱,不论粮有多寡,届期而贡,毋使吏扰追呼。朱子曰:国课早完,即囊橐无余,自得至乐,我族人尚其勉之。

(2)勤正业。《周书》曰:功崇惟志。韩昌黎曰:业精于勤而荒于嬉,行成于思而毁于随。味斯言也,则士农工商各有所业,其可颓惰自甘,致嗟家道之难成乎,我族人各自勖之。

(3)敦孝弟。天下无不是的父母,世间最难得者兄弟。《论语》著为仁之本,君陈立施教之原,盖得亲顺亲方可为人为子,而克恭克友堪宜兄宜弟。人无间言内外于焉,著美谊能式好棠棣。因以联芳移李,作忠良有以也,移弟作顺不其然乎,我族人各宜好是,懿德无负天伦。

(4)睦宗族。木有枝叶千叶共茂于平林,水有渊源万派咸归于一脉。竹林奚自扬休,兰玉胡为著美,椒耶衍庆实必喜其盈升,葛口敷荣根岂堪为纵斧,兴歌麟趾征族姓之仁祥,载咏螽斯宜子孙绳蛰,惟敬宗而收族须无诈而无虞。

(5)慎丧礼。《孟子》曰:养生者不足以当大事,惟送死可以当大事。此言亲丧之不可忽也,棺椁非为观美,须称家之有无厚道,惟此慎终尚循礼之仪节,易名重典非士庶所宜,延客张筵岂悲哀之礼。盖丧礼与其不足,而礼有余不若礼不足,而哀有余也。为人子者尚其慎之。

(6)崇祭祀。祭祀之典自古攸隆,谁非人子可无怵惕之心,念厥先人必动凄怆之感，求阴求阳礼虞其亵，奉牲奉醴祭尽其诚，因时展孝要无分于墓畔堂阶，对越趋承更须极诸音容笑语，若能扶植纲常祖歆天佑，自此恢宏家绪人杰地灵。

（7）谨婚姻。夫妇为五伦之首，婚姻实万化之源。良缘由于夙缔，佳偶本乎天成。礼须六礼之周，好合二姓之好。《朱子》云：嫁女择贤婿无索重聘，娶媳求淑女勿计厚奁。至哉言乎！真足为居家者训也，我族人尚其懔诸。

（8）明人伦。人伦之道有五，君臣父子兄弟夫妇朋友是也。凡本宗出仕为臣者必尽忠于君，上而无忝官箴；为子者，必尽孝于亲前，而勉为贤肖。为父母者，须义方以教子；为夫妇者，须相敬而如宾；为兄弟者，友恭守其常，毋失埙篪之雅；为朋友者，忠信要诸久，毋忘丽泽之孚。至于男女尊卑，必名正言顺，长幼内外，宜法肃词严。如是，伦常之内无乖无忤，不亦善乎。

显然，这些家训大都以儒家伦理为蓝本，满口的忠、孝、礼、义、廉、耻，具有明显的士大夫文化特征。

2. 族规

如果说上述家训偏重于训与导，那么礤迳高氏的族规则偏重于惩与罚。族谱中记有六条：

（1）宗族以和睦为主，拟择各房公正练达者数人以为族中长老，倘有两家争竞之端，只许报知长老向前平心公断，不得依势恃强故违公论，不许具席投人，亦不许生端具控，违者长老秉公出首与究。

（2）本族两家有事不许用刀铳及一切金器等物，违者公处重罚。

（3）败坏风俗莫如赌博、鸦片，本乡不得开头聚赌，亦不得开馆卖烟，致少年子弟染以数次累及终身，违者公处重罚。

（4）本族有事或因挟嫌心生故害，遂将其隐机密泄于人，此等丧尽良心之孽子，绝不顾宗族情谊，一经察出通公共斥，又有两面阿附从中唆弄致生讼端者，察出同究。

（5）本姓中有计图瞒粮，将己户田米密挥他户者，察出众究。

（6）本祖宗地坟及尝田、山业、祠宇等项，倘有蓄谋侵占为己害公者，通公共处。

与家训不同，礤迳高氏的族规则比较朴实无华，更接近于基层社会的现实问题，在宗族管理方面更具操作性，也体现了作为一个弱势群体循规蹈矩、息事宁人的个性特征。

五

与周边村落相比，磜迳高氏的神明信仰之风有过之而无不及。磜迳高氏发展的早期，即高氏在磜迳开基后的第二代、第三代，神明崇拜的风气就很盛行，除前述十世承山公闻山学法而成大法师外，其弟昆山公也是一个虔诚的佛教信徒。磜迳《高氏族谱》中《昆山公传》载："公好善人也，生平拜佛校经，尝历竭各处名山而于太华山尤为频，年必往之区。故当时在家晨起对天拈香，遥通佛殿。其登山者欲早起伸敬，度无与先，而宝鸭中已有清香一瓣，客讶之问于山僧，僧则对以公之真诚所致，其神感有若此者，此非一时神其说以溢美也，书曰至诚感神，殆谓是欤，公至耄年倦于勤矣，乃立赀为尝，每逢花朝节迎神于家，修旦夕醮，直至今奉行如故焉。"

昆山公后，十一世守德（梅林）公、守珍（柏林）公及有清一代，磜迳高氏对神明崇拜更是倾注了巨大的热情。磜迳《高氏族谱》载：

（梅林）公长素三十余年，朝拜四大名山，存心好善乐施；

柏林公铸紫金山麒麟殿帝像及捐小澜田，与建钟鼓楼并叠次增修碑记。自古神之为神，皆济人利物大有功德于天下也，故隆祀典以报之，朝肃者野亦虔焉。居则择名佳境，奉则捐金银田租，如金山麒麟殿胜区也，旧安玄天上帝神像，万历年间我祖高柏林公因僧信募化而登名山，发善念独铸金相，自拨良田，此亦不忘神之功德耶，报于万一者。乃祖有诚心而不忘神圣，僧亦有诚意而不忘吾祖，设位崇奉至今如故。及康熙癸丑岁，钟鼓楼圮，我公嗣孙咸乐助以襄厥成；至戊寅重修正殿，予乡又乐助多金。迄雍正戊申岁，公曾元孙监生、贡生高瀗及时性龙各施田，故复整金身。迨嘉庆年间二楼又圮，旋复造之。兹于道光二十年，更新金相重葺二楼。及于咸丰年间，金相腹脏被贼盗开。至同治四年，我公嗣孙旋复装转更新金相。盖因前人乐为之于前，后人亦乐为之于后也。第恐久远，后人咸相与忘焉，故勒之石以为鉴。

由此可见，磜迳高氏与上杭紫金山麒麟殿有着很深的渊源。从明末万历年间开始，历经清康熙、雍正、嘉庆、咸丰、同治，磜迳高氏都有给紫金山捐赠，可以说是紫金山的一个大施主。由于这种特殊的关系，紫金山麒麟殿还专门有接待磜迳高氏的规款。磜迳《高氏族谱》载有《计开每年六月初六日麒麟殿僧人赆接规款》，其具体条文如下：

> 一面议每年六月初四下午要至山脚下顶接被盖行李俱一领上。
>
> 一议六月初五夜随堂，初六早晚随堂，祝寿并诵经一日，共经资碛座铜钱陆百一十五文正。
>
> 一议凡朝拜之人每人要交贴米叁升正。
>
> 一议每年购办斋菜四堂半，每堂要购斋菜十二碗，于初七早饭后亦要送下被盖行李俱一上船。
>
> 一议每年凡朝拜之人，初五六日上午亦要办果物点茶，又初五六七日早亦要点茶。
>
> 一议每年庵门口修路至中峰止，并送茶汤烟火。
>
> 一议回船之日僧人要办茶叶二包，煎付二十块。
>
> 一捐小澜渡赤金坑田五秤正。
>
> 一捐黄泥山配享上手田三秤正，准作地基花边五十元正，每年分猪肉五十两。

这些规款至少为我们提供了如下两方面的信息：其一，上杭紫金山是礤迳高氏的信仰中心之一，每年的六月初六是其固定的朝拜日期。其二，在礤迳高氏朝拜紫金山期间，紫金山僧人负有接待之责，并规定了具体的接待规格。综合这两方面的信息和前述记载，我们认为礤迳高氏与上杭紫金山存在着相互依赖的关系。一方面，上杭紫金山曾依靠礤迳高氏的捐赠不断扩大规模与整修寺庙；另一方面，礤迳高氏则通过捐赠上杭紫金山这一"名山""胜境"不断提高自己的宗族声誉，这从礤迳高氏捐赠紫金山时间之久、数量之多（附后）也可得到证实，每年六月初六前后紫金山僧人的高规格接待，并不是简单的迎来送往，而是礤迳高氏提高身份的重要手段之一。

礤迳高氏的另一个信仰中心是湘坑的宝林寺。据当地报告人高迪镇先生说，湘坑宝林寺又叫"十乡宝林寺"，是武北四大名寺之一，为罗坑、湘坑里、礤迳（含大禾坝）、结坑、大礤头、庵场挽、湘泉坑、湘坑、长塘坑、朱廖坪等十个村落联合修建。关于宝林寺的初建情况，由于历年久远，且该寺原貌已毁，现在已无从得知。当地有老人猜测说可能初建于明朝，我们在查阅康熙《武平县志·建置志》时，也发现了有关该寺的简短记载："宝林寺：大湘亭里。"可见，宝林寺至迟在清康熙时期就已经存在。我们调查时见到的宝林寺，重建于 1985 年，寺内供奉着"三宝"、观音、三爷古佛、大古佛、"五谷"。寺旁建有一小庙称作"圣佛殿"，供奉"孔圣人"，又称"老师菩萨"，对联云："泗水文章千古仰，尼山模范万年师。"据一位老人说，以前的宝林寺住有和尚，供奉观音菩萨、三爷古佛，还有大古佛、二古佛等。

除这两座与磜迳高氏密切相关的寺庙外，他们以往在本村也建有多座寺庙和神坛，寺庙有妈祖庙（建在溪对岸现今湘村圳头人的溪坝）、仙师宫等，分别供奉妈祖和黄倅三仙、高仙一郎，但现在都已废除。1998 年新建一座专门祀奉高仙一郎的庙，正厅供奉高仙一郎神位，神位正中书曰："传教高仙一郎大法师神位"，左边书曰"闾山"，右边则书"法度"。而神坛则有五处，其中大禾坝三处、磜迳两处。大禾坝的公王中有一处为"十二公王"，另外两处为"福主公王"；磜迳的公王都是"福主公王"。据当地一位高姓老人说，原来大禾坝只有一座福主公王，造桥以后居民觉得原来的神位太近了，就在较远的水口设立了一座新的神坛，但每当割花后，晚上狐狸都会将花纸叼回到原来神坛的位置。于是，大家觉得福主公王可能不同意搬迁，所以就变成了有两处福主公王神位。

磜迳高氏每年祭祀神明的活动主要有四次：第一次是正月二十日的古佛醮。这次打醮的主神是湘坑保林寺的大古佛，一般十九日就会去迎接，二十日打醮，二十一日送回。请保林寺的这尊菩萨要给保林寺一个红包，以往一般要 1 个光洋，现在则一般在 5～10 元。同时，这尊菩萨有保林寺的人全程陪同，这位陪同人员叫做"跟佛师傅"，打醮期间也必须给这位"跟佛师傅"一个红包。打醮这天，大古佛还要游村，游村时每房的祠堂、厅堂都要到。

第二次是四月中旬的保苗醮，主要请保林寺的五谷菩萨。第三次是六月初六的祖师醮和朝拜紫金山。六月初六的祖师醮只在大禾坝举行，而朝拜紫金山活动则是磜迳高氏的各个房支派代表参加。第四次是十一月二十日的古佛醮。与正月二十日古佛醮不同的是，这次打醮祭祀的主神是梁野山的古佛，因此，这次打醮实际上就是"朝山醮"。但由于经费、路途遥远等方面的原因，他们并不会每年都去朝拜梁野山，而是每隔两三年去一次。而没去朝山的年份，打醮时就扛着梁野山的大古佛牌位到河坝上或寨子祟朝天迎接。

据当地报告人说，在民国时期，这些不同名称的打醮活动都会请公王、高仙一郎一同接受村民的朝拜，同时还要请小坪坑的马仙三郎和鲁溪的童念二郎参加打醮。又由于磜迳高氏总体上人口较少、经济能力比较薄弱，所以很少举行"打大醮"活动。打醮的费用一般从神明会买的田租中支付，不足部分则按人丁摊分。

<h2 style="text-align:center">六</h2>

由于礤迳高氏在武北地区是一个小姓，所以它的不少活动都受到了限制，如每年春节期间的舞龙灯是一种为武北村落居民所喜闻乐见的活动，在武北至少有300年的历史，有五节、七节、九节之分。但在武北有一个不成文的规定，即九节龙灯要历史上出过皇帝的姓氏，或出了状元、榜眼、探花及翰林的村落才可以出演，七节龙灯则要出过举人的才可以上演，而一般村落或小姓人只能演五节龙灯。小姓人如果违背这些约定俗成的规定就会遭到干涉。由于礤迳高氏在历史从未出现过举人以上功名的人，且属于小姓村落，所以就只出演五节龙灯。

投师学法、借狮习武以及夸大神化法术、武艺是小姓弱房借以自卫的又一种方式。礤迳高氏也不例外，除前述高仙一郎学法的故事外，礤迳高氏在历史上也曾组织过狮灯表演，据当地报告人说，在20世纪初，礤迳高仁福、高仁贵兄弟曾组织过一阵狮灯表演，连湘村的得贵佬都还是他们的徒弟，他们还把被湘村人抢去的100多斤的武石又抢了回来。至于打狮的具体形式与其他村落相同，在此不赘。

附录：

<h3 style="text-align:center">计开前后所施之田</h3>

万历庚申年柏林讳守珍高公敬铸帝像龟蛇，施武地小澜田六十亩，一砂坵田十六亩，赤岗背田十六亩，湘畲坑、石角、车碓坝、斯坑口共田五亩三分，又铺上共田十四秤七分，水竹肯田五亩。雍正六年监贡生高瀰施小澜泉坑背田十亩，高人龙施小澜泉坑背田拾亩，以上田米未割许僧准贴差。

道光二十年庚子岁季秋月廿五日立
十八世孙犀生　炳记

<h3 style="text-align:center">计开小澜等处紫金山麒麟殿租谷人名列后</h3>

张子才公顶余荣宁公垅口桥头田一处，原计禾税五秤正，原载烺干租谷七桶正（每年饭一席，批旧润笔银一钱）

张接宗顶耕大坡头圳面上田三坵，原计禾税五秤正，原载烺干谷七桶正

（每年饭一席，批田润笔银一钱）

吴廷用顶耕接魁苦竹坑田二坵，原计禾税七分正，载租谷五大升

吴来发顶耕来发田租谷二桶四升正（每年饭一席）

吴立发顶耕科发铺上官因塘面上，原载租煅干谷壹石正（每年饭一席，此田于咸丰四年被他做横屋地基，于五年告官在案，后转批横屋在内）

张开清顶耕吴玉发田租煅干谷七桶正（每年饭一席）

以上三人共耕官因塘面上田共壹拾肆秤，原载租早谷壹石玖桶捌升正（上三号共笔批山润笔钱三百五十文正）

公王尝张日猷等顶耕庵背砂坵田一处，原计禾税三秤正，原载租早谷四桶贰升正（每年巾饭钱三十八文，润笔钱八十文）

陈联兴顶耕权兴庵背沙坵田，原计禾税四秤正，原载租早谷五桶六升正（每年饭一席，批田润笔钱二百文）

刘开瑞顶耕发沛庵背砂坵塅上田壹处，原计禾税四担正，原载租早谷五桶六升（间年饭一席，批田润笔钱一百文，同治十年欠谷，刘立贵顶耕居住伯公下）

张德育顶耕庵背砂坵田壹坵，原计禾税一秤正，原载煅干早谷一桶四升正（批田润笔钱二十五文）

张德千顶耕庵背砂坵田贰坵，原计禾税二秤正，原载煅干租谷二桶八升正（三年饭一席，润笔钱五十二文，此系张成元公老各裔德干等）

张元富顶耕井育沙坵一处，原计禾税三担正，原载租早谷四桶二升正（三年饭一席，批田润笔钱八十文）

余廷宁顶耕沙坵田一处，计禾税二担，原载租早谷二桶八升（三年饭一席，润笔钱五十二文）

张屋义冢尝（日猷、永元）等顶耕黄铺屋背田一坵，原计禾税壹秤正，原载租早谷壹桶四升正（润笔钱二十文）

渡会余陈张魏邓，张永隆、余万秀、邓大芹耕赤兵坑、狗头里田，原计禾税壹拾担正，原载租早谷壹石四桶正（每年饭一席，润笔钱三百文）

邓清（辰、龙）顶耕赤兵坑、水背田壹处，原计禾税五担正，原载租早谷七桶正（每年米一升，酒一升，润笔钱二百文）

张华富耕庵背砂坵田，原计禾税一担五分，原载租早谷一桶九升二合正

张华升耕黄铺屋背田二坵，计禾税一秤三分，载租谷一桶八升二合正（润笔钱三十文）

第二节　邓坑邓氏的宗族社会与神明信仰

邓坑村位于武北的西北部，是崇山峻岭中的一个小盆地（见图2－2），四周与大禾、冷水、龙坑、下湖、上湖、百丈磜、贤坑、下村、湍下峰、洞里、大沛为邻，距大禾乡所在地大禾村12华里，其居民主要姓邓。虽然，现在邓坑村的人口仅次于大禾村，而位居全乡第二，但在历史上却是一个小姓村落。因此，考察它的宗族社会与神明信仰，可从另一个角度理解小姓村落的社会生活，从而进一步丰富我们对小姓弱族生存形态的认识。

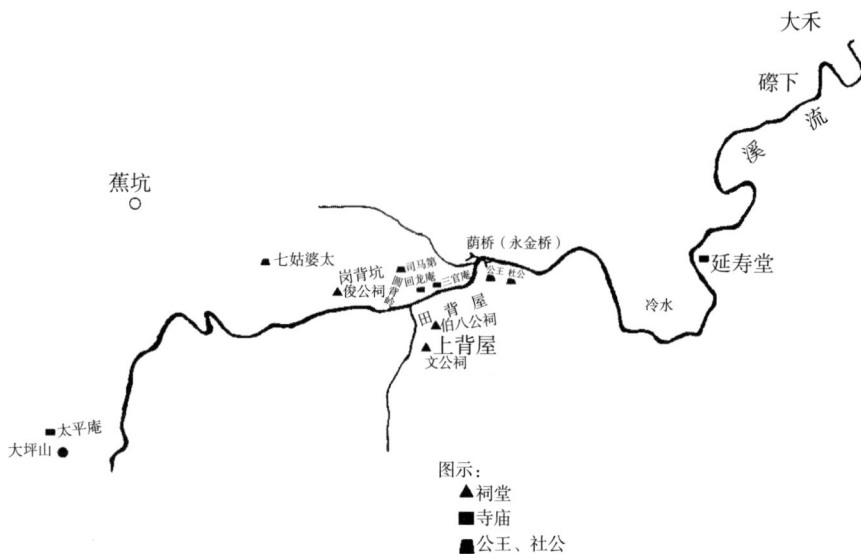

图 2 - 2　邓坑村示意图

一

邓坑村有条蜿蜒曲折的小溪，它由两脉支流汇成，一脉源于村西部的大坪山，另一脉源于村南部的百丈磜自然村，两支脉汇聚于盆地中央后往东流经冷水村，在大禾磜下与大禾溪相汇。现有山林面积约24500亩，耕地面积约2050亩，其中耕地除小部分在盆地房屋周围外，大部分散布于村周围山岭之中，远者毗邻上湖村，是一个山林多、田地多的村落。

邓坑村最早称坑头村，也称作大坑头，后来由于邓姓人占多数的原因，逐渐被称为"邓坑头"，宋朝时隶属于永宁乡大禾堡；明朝初年改乡为里，邓坑隶属于大湘亭里，为其中的一乡。民国初期，全县设 17 个区，邓坑划桃溪区管辖。民国二十四年（1935），国民政府颁布新县制，以保甲为基层组织，邓坑划为第九区管辖；民国二十九年（1940）后划为大禾乡管辖，为大禾乡八保中的一个保。现为大禾乡的一个行政村，除邓坑村本部外，行政村还包括冷水、百丈磜、蕉坑、洞里等四个自然村，这些自然村均与邓坑村相距约 5 华里，全村共有 2000 多人口，其中百丈磜有范姓 40 多人，洞里李姓 100 多人，冷水林姓约 400 人，邓坑村本部及蕉坑有邓姓 1500 多人。

关于邓坑村的地形，也有两则传说：一则说以前有一位官员深谙风水之学，有一天，他坐着轿子鸣锣开道路过邓坑，当他到达水口时，看到两边的山分别形似狮、象，是风水上典型的"狮象把水口"，加上有一座荫桥更是"如虎添翼""画龙点睛"，不觉大吃一惊，认为村中肯定出有大人物，便赶快下轿，吩咐随从停锣息鼓，以免惊动大人物。但当他行至村中一看，溪流像奸刀似的直插水口，认为再好的风水也会被破坏，因此人物再大也大不了多少，于是重新起轿，鸣锣开道。

另一则传说则说，一般外地人路过邓坑，到邓坑水口后都会下轿，然后徒步过村。但有一次，一位汀州府的官员经邓坑准备到贤坑、上湖一带巡视，他见邓坑村确实无什么了不起的大人物，到村中后还坐着轿子，并且还洋洋得意、指手画脚。由于地势崎岖，轿夫又不熟悉地形，路过一山坑时轿子一晃动，轿夫脚一滑便连人带轿跌落瀑布中惨死。所以，邓坑村有"轻视邓坑者，死在邓坑头"之说。

在邓坑村本部，共有新屋子下、庵角头、黄竹头下、楼下屋、上背屋、田背屋、高屋坪、上华泉、牛颈下、草庐下、钟屋、杂坪屋、新屋下、坝子屋、排子屋、红坎下、上畲、下畲、园背岭、岗背坑、枫树头下等居民点。

二

关于邓坑村的先于邓氏的居民，现已很难查考清楚，仅有几个带有姓氏含义的地名如"高屋坪""钟屋""上畲""下畲"等还依稀留在人们的记忆里。而关于邓氏的来源，则还有一些口头传说和族谱可供参考。据邓坑村《邓氏族谱》载，邓坑邓氏的始祖为文公，讳世滔，号三一郎，谥号大一郎，系南阳堂邓氏九十三世志斋公九子中的长子。文公早年随父从福建汀州府宁化县石壁禾口村迁到广东程乡松口镇居住，原配夫人邹氏、宋氏，共生五子。后为避战乱兵祸图生计，遵父嘱，兄弟九人纷纷移居外地。文公先在嘉应州石扇堡、齐昌等处落下，后又领子迁外地创业。最后，约在元末，迁入福建汀州府武平县坑头村（即邓坑村）开基，创建大园屋场一所。

邓氏来邓坑之前的历史现已难辨真伪，不过，邓氏约在元末来邓坑开基大概是可信的，从世系发展看，现在邓坑邓氏世系一般在二十一至二十三世，以28年为一代计，正好是在元末明初这一时期。据邓坑《邓氏族谱》载，文公到邓坑后，又娶蓝氏为妻，他生有八个儿子，分别叫作伯化、伯春、伯桂、伯高、伯寿、伯六、伯通、伯八。其中，伯化公生子志荣、志昌，后移居大禾村居住①，到八世后又移居江西瑞金赤沙林开基。伯春公生子良環，移居冷水村，后失传。伯桂公生子贵有，移居桃里（今桃溪），后移江西瑞金南门岗落业。伯高公生子开祥，后移居江西信丰高田，再移本县片坑。伯寿公生子成宗，住村大园屋，后子孙失散。伯六公生万什、万春，居本村大园屋。伯通公生子永斌，永斌公"家务颇顺，入大一图十甲存田三百余秤"，移居茅铺圭竹后，再移江西会昌松林开基。伯八公生子蓝稳、士旺，居邓坑村。

文公是否真的生有这八个儿子，实际上还存在着许多疑问：其一，上述伯春公生子良環，移居冷水村，后失传，但据小坪坑《士贵公家谱》载，伯春公生子开祥，后移居江西信丰高田村。伯桂公生子贵有，移居桃里（今桃溪），后移江西瑞金南门岗落业，但1990年夏天，邓坑村邓春棠、邓德善两位先生到此地调查时，当地邓氏则称其为少官裔孙，未听老一辈说曾从邓坑迁移此地。伯高公生子开祥，后移居江西信丰高田，再移本县片坑，但另据《士贵公家谱》载伯四公生子成宗，住邓坑大园屋，今失考。伯寿公生子成宗，住村大园屋，后子孙失散，另据《士贵公家谱》载，伯五公子良環，移居冷水。这些记载存在着前后矛盾和互相抵牾的现象。

其二，小坪坑《邓氏族谱》也载其亲房八支：

　　　　开一房大禾住续嗣邓志□□，世远未收注载，瑞金注载；开一房冷水住，续嗣邓良仁、邓良环，世远未收注载；开一房桃里住，续嗣邓贵

---

① 据邓坑村邓可周先生说，五六十年前大禾村塘背屋仍保留有蓝邓两姓共祠一座，20世纪五六十年代他还在塘背见过神主牌。

有，嗣孙未收注载，瑞金住未寻；开一房本县村续嗣邓友宽、友安，未收注载；开一房本续嗣邓成宗，世远未收无传；开一房茅铺住，今移江西□林居住，户名邓永斌，本图十□，立籍有田叁佰秤，在金坑赡差，世远未收注载；开一房江西信丰县高田住，世远未收注载跟寻；邓伯六郎生万什今将□□；开一房邓万三移□□□□□，今并在□□□□□。

但是，对照邓坑《邓氏族谱》，却发现邓志荣、邓良环、邓贵有、邓成宗、邓永斌、邓万什、邓万春为第三世，而邓友宽、邓友安则为第四世，这八支房系并不是按统一的标准和同一世系分房的。并且，前谱有邓良仁，后谱却没有；前谱有邓万春无邓万三，后谱有邓万三却无邓万春；前谱称邓万什之子邓得仲一支移万安鸡嬷窝，后谱则称邓万春移万安鸡嫲窝开基，多有矛盾之处。

其三，邓坑村伯六公后裔家谱（抄本）及江西松林家谱记载分别称伯八公为"伯松四郎"和"伯松八郎"，但查伯八公墓碑，上载："二世祖伯八、姚罗氏邓公老大、孺人墓"，三者亦不相符。

因此，说文公生有八个儿子是很难令人相信的，那么这八个儿子是如何"创造"出来的呢？我们认为，最大的可能是八支不同来源的邓姓族人在某一个时期，出于某种需要进行了联宗。在联宗的过程中，编造出了这些似乎十分规则的历史。

不过，同一祖先的八个兄弟也好，不同来源的八个支系也罢，其中有两支（即伯六、伯八两支）在邓坑村发展却是毋庸置疑的事实。这两支在邓坑发展的邓姓人，刚开始都有一种共同的经历，即人口发展缓慢，根据小坪坑《邓氏族谱》，伯六公一支从伯六始一连七代人丁都比较稀少，即一世祖生二世祖邓伯六，二世祖邓伯六生男邓万什。而三世祖邓万什虽然生有二子，分别为长男邓得仁、次男邓得仲，但次男邓得仲一支后迁本县鸡嬷窝开基，所以留在邓坑的也只有邓得仁一子。四世祖之后又经历了三代单传，即四世祖邓得仁生男邓福四，五世祖邓福四生长男邓四八、次男邓四什、三男邓大满，而长男、次男无嗣，三男即六世祖邓大满生一男邓贵聪。七世祖邓贵聪生有三子：长曰玉坚，次曰玉稳，三曰玉鉴。自此时开始分房，这一支开始逐渐发展起来。但从田野调查的情况看，四世得仲公生五世祖唐寿，唐寿公生六世祖常清，常清生七世祖九稳、崇稳、元稳，崇稳、元稳失考，而九稳生八世祥、文，八世祥生宝贵、宝通，亦开始分房，主要世系如图 2 - 3 所示。

```
                              伯六                      二世
                               |
                              万什                      三世
                    ┌──────────────────────┐
                   得仁                    得仲        四世
                    |                       |
                   福四                    唐寿        五世
          ┌─────┬─────┐                     |
         四八  四什  大满                   常清        六世
        （无嗣）      |               ┌──────┬──────┐
                    贵聪              九稳   崇稳   元稳    七世
          ┌──────┬──────────┐        |   （失   （失
         玉坚   玉稳        玉鉴       祥   落）   落）   八世
          |      |           |      ┌─┴─┐
       ┌┬┤   ┌┬┬┐   ┌┬┬┬┬┬┐      文  宝贵 宝通          九世
      珂球瑂 瑠略玠 珍珠环珮瑛瓒珊瑚
```

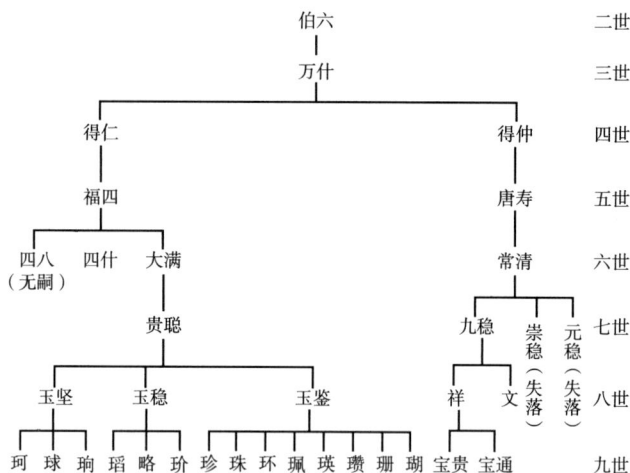

图 2 - 3　邓坑伯六公世系

　　而伯八公一支在前面几代的发展也十分缓慢，伯八公生二世蓝稳、土旺，其中蓝稳无嗣，土旺生三世友宽、友安，三世友宽、友安又分别只生一子四世文禄、文富，文禄生五世铎、钰二子，文富生一子五世鉴，其中铎公生六世子龙，钰公生六世子锦、子正，鉴公生六世子钦，眼看人口快要发展起来，但子龙又只生一子七世侃，后来侃生一子大聪亦无嗣，而子锦、子正后来也无续嗣，子钦生三子七世俊、仁、仪，仁、仪亦无嗣，只有俊公生三子八世大宪、大德、大贵，从此开始分房，主要世系见图 2 - 4。

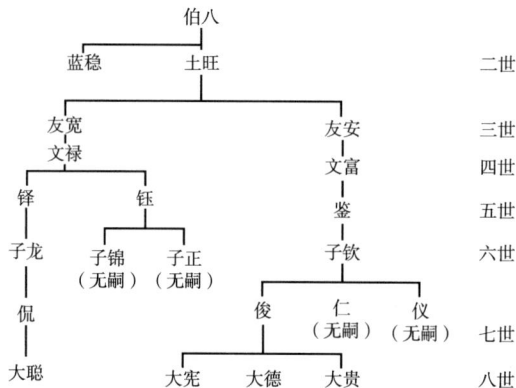

```
                          伯八
                    ┌──────┴──────┐
                   蓝稳          土旺              二世
                    ┌────────────┴────────┐
                   友宽                    友安      三世
                   文禄                    文富      四世
          ┌─────────┴────────┐             |
         铎                  钰            鉴        五世
          |             ┌────┴────┐        |
         子龙          子锦       子正      子钦       六世
          |          （无嗣）   （无嗣）     |
         侃                              ┌──┼──────┐
          |                            俊  仁     仪    七世
         大聪                          |  （无嗣）（无嗣）
                               ┌───────┼───────┐
                              大宪    大德    大贵         八世
```

图 2 - 4　邓坑伯八公一支世系

伯六、伯八两支后来在邓坑的发展是富有戏剧性的。在八世、九世两代，伯六公一支开始迅速发展，其中玉坚生三子：珂、球、珣，玉稳公生瑶、略、玠，玉鉴则生珍、珠、环、珮、瑛、瓒、珊、瑚，两代人共有男丁17 人。相比之下，伯八一支只有俊公父子四人。但是，在十世以后，这种形势却逐渐发生了变化，到十二世以后甚至发生了逆转，伯八一支的发展后来居上，已完全超过了伯六一支，以至于时至今日，伯八一支的后裔占据了全村 90％ 以上。

对于邓坑邓氏这种戏剧性的变化，当地有一则颇有意思的传说。据当地报告人邓瑜容先生说：

据说文公祠做起来后，风水偏好第六房（即伯六一房），因此第六房发了很多人，其中有一家一连生了八个儿子，岁数都差不多大，长相也极为相像，都是大胡子。原来在邓坑村住的其他姓氏如高、钟、黄等，人口却越来越少，高、黄二姓甚至都无法在邓坑继续居住下去了。有一天，一位地理先生在邓坑水口遇到一位年轻人在哭，他上前问道："年纪轻轻的一个人怎么这么没有志气？"这位年轻人告诉地理先生说，他刚才辛辛苦苦挑了一担鱼苗到邓屋祠堂前去卖，与邓姓人谈好了价钱，他们将鱼苗倒到三口鱼塘里了。但到拿钱时，邓姓人却不认账，说没有买他的鱼苗，谁讲的价谁出钱。他便说刚才是一位大胡子的年轻人买了他的鱼苗，但谁知道从邓屋一口气走出来了八个长得一模一样的大胡子青年，要他辨认，并说如果认不出来，就是他想诈骗。他一时难以分辨，只好哑巴吃黄连，有苦说不出来，在回家的路上越想越气，想到回家后无法交代就哭了起来。地理先生心中有数，于是就安慰他说，以后总有一天会替他报仇。地理先生接着便来到了邓屋祠，邓姓人见地理先生来了，便热情地招呼他，并问说这座祠堂的风水怎么样。地理先生说，这座祠堂总的来说是不错的，但还有一个缺点，就是虽然人丁很旺，但都是蛮人，没什么作为，如果在祠堂背头挖上一座窑烧瓦将会更加兴旺与发达。邓姓人不知是计，还觉得很有道理，便真的在祠堂背头挖窑烧瓦。不料，在挖窑的过程中，挖出了八只乌鸦子，这八只乌鸦子一见阳光和空气便往外飞走了，其中一只飞到水口后又折回到回龙庵跌死了。而邓姓人的一窑瓦尚未烧完，便开始出现倒败，人口越来越少，这八个大胡子的寿命也很短，此后也没再出现八个大胡子了。由于风水被地理先生破坏了，邓姓的第六房人便开始衰落下去，而第八房人由于建了新的祠堂则开始兴旺起来。

这种若干个大胡子兄弟由于骄横跋扈而被破坏风水的传说，我们在其他村落调查时也经常听到，它是当地人用风水解释社会现象的一种反映。反过来，它又曲折地反映了当地社会"先进变落后""后来居上"的历史变迁规律。

三

大约到了明末清初，邓坑邓氏开始建立起比较完整的宗族制度，主要表现在祠堂的修建、族谱的编修、族规的订立、祭田的设立，以及众多的祭祀活动上。

明末以后，邓坑邓氏的两支都先后建起或改建成属于自己的祠堂，小坪坑《邓氏族谱》记伯六公一支的祠堂时说："祖邓大郎移来邓坑头开山，大兰园里，基址甲山庚向，祖邓贵聪一房原住上栋中□，二栋与邓常清章宝有份，续后□，邓玉稳、玉鉴兄弟二人，辨（办）价尽□收买。玉稳殁后，玉鉴于嘉靖壬寅年十月内，纠集子侄邓珂、邓玠等三房凭□□□，城人氏杨朝富先生改移卯山，从新创造房屋三栋，两边横屋房画立屋图，各有主业，本家□□贫富不同，或有出卖各照契书管业，堂厅前廊门厅未曾有卖，整饬迎宾接客、清明祭祖远归饮食蒸□，无得争竞……""康熙庚申年冬月构造上栋屋宇三植，乙山辛向，至戊寅己卯年冬月造前栋，通众叔侄许邓常□□□□嗣孙贴出资财相帮合室共祀香火"。

同时或稍后，伯八公一支的后裔也建起了祠堂，邓坑村《邓氏族谱》载，八世祖俊公"创田背屋祠一所，又于明万历卅五年创建岗背坑祠堂一所"。

这三座祠堂是当年宗族活动的重要场所与祭祀神明的重要地方。不过，当年的祠堂早已经过多次改建或翻修，我们现在所见到的祠堂大多是民国时期在原地基上重建的，尽管如此，有关当年初建时的一些传说故事仍然为村民们所津津乐道。

1. 文公祠

位于上背屋。据说这座祠堂是全村的总祠，是全村邓姓人共同有份的祠堂。但重修时上背屋人多势众，出的钱比较多，而俊公一支因为贫穷没有出钱（一说虽有出钱，但出得很少）。清明祭祖时，上背屋人便不让俊公一房人祭祖，双方引起争执。一方说没有出钱自然无份，天经地义；另一方则说重修祠堂时虽然他们没有出钱，但老祠堂他们有份，地基也有份。最后双方告上了官府。县官前来处断时，看见双方各执一词，很难调和，便最后作出了判决：重修的祠堂是上背屋人出的钱，应属于上背屋人；但祠堂地基俊公一房确实有份，所以清明祭祖时，上背屋人在祠堂里祭祖，俊公一房人在祠堂外的一堆石头上祭祖（据说文公的墓也就在里）。据说判决前，县官还专门找到俊公一房人说，他懂得风水，祠堂旁的石堆墓在风水上好过祠堂正厅，在此处祭祖一点也不比正厅差，所以俊公一房人对他的判决也没什么意见。因此，直到现在，虽然俊公一房人后来人丁远远超过了上背屋人，但每当清明时，上背屋人在祠堂里祭祖，俊公一房人则仍在祠堂旁的一堆石头上祭祀祖先。

据另一位报告人说，俊公是七世祖子钦公买来的，所以上背屋人不准其祭祖，俊公认为不让他份也就算了，他就在祠堂边的石堆里祭祖，而且从风水上看，这堆石头的风水比祠堂更好。

据当地报告人邓双容先生说，这座祠堂最初是高姓人的羊栏棚。文公刚到邓坑时，替高姓人放羊。他养有一伙鸡嬷带子，这伙鸡嬷带子经常在这个高姓人的羊栏边觅食，如果前一天晚上未回家，第二天准能在这里找到，时间长了，文公意识到这里可能是一块风水宝地，请人一看果真是可以做祠堂的地方，便设法从高姓人手中买来。等后来比较有钱了，就在这里建起了一座祠堂。

在这座祠堂旁有一个"十二断"的小地名，据当地报告人邓可周、邓福香、邓春棠等先生说，这"十二断"系指墀猪坪到大园里途中，从低至高用石头砌成十二个台阶之路，为大一郎公祠堂之主要标记。相传旧时外出游子回乡祭祖，族中长老总要将此诘问其人，回答准确，方可入祠进香。

2. 伯八公祠

位于田背屋，坐向为辰山兼乙分金，由于二世祖伯八公后裔中留在邓坑发展的只有八世祖俊公一支，所以伯八公祠和俊公祠在邓坑的地位是一致的。据说建造这座祠堂时，伯六一房人依恃人多势众，不准俊公一房人在这里建祠，俊公一房人建了几次祠堂都中途被他们拆掉了。最后一次，伯六一房人对俊公一房人说，如果一个晚上之内能建好就让你做好了。俊公一房答应了这一苛刻的要求。他们事先做好了准备，并请了在上杭才溪富有经验的俊公婆的外家谢屋人前来帮助，果真在一夜之间建好了一座祠堂，伯六一房人只好作罢。

据说这座祠堂也是俊公手上做的，系虎形，这座祠堂做后便有人到四川去做官，但他很刁，得罪了四川人。四川人为了报复，便乔装成地理先生来到这里，说这座祠堂如果做成"人形"风水将会更好。结果做成"人形"后，风水便被破坏了，从此很少做官的了，且损丁破财不断。后来在本地风水先生的建议下，重做回"虎形"才恢复过来。

还有一种说法是，建这座祠堂时，上背屋人向官府告发说是俊公一房人准备私造王城，结果县官非常紧张，特地前来准备拿人法办，但当他发现祠堂门口只堆了一些石头，觉得一点也不像建王城的样子，顶多不过是做一座私祠时，便没说什么就走了。

3. 俊公祠

位于岗背坑。据说这座祠堂建成后，伯六一房人也不甘心，在祠堂背头挖了几个厕所。俊公房人十分担心，唯恐祠堂风水被破坏。风水先生安慰他们说，根本没有必要担心，因为这座祠堂系风水学上的"蒲藤形"，伯六房人在祠堂背头挖厕所，等于给祠堂施肥，反而有利于"蒲藤"的生长，风水只会越来越好。需要做的是，在祠堂前竖一些桅杆，凡是有资格竖桅杆的都要竖，这是如同支撑"蒲藤"的树权。所以该祠后来竖了特别多的桅杆，有数十条之众。据说自从这座祠堂建成后，俊公一房便后来居上，在财、丁、贵三方面都超过了伯六公一房人。

除这几座祠堂外，还有多座私祠、私厅（见表2－2），这些私祠、私厅也是某个房系的活动中心，在历史上同样具有重要的地位。

表 2－2　邓坑祠堂、厅堂一览表

名称	建造人	世系	地点	坐向	备注
士龙公祠	士龙	十二世	上斜	坤山兼未,门楼为乾山兼亥	20世纪80年代进行重修,坐向更为未山兼丁
坝子屋祠	士泰	十二世	坝子屋		
楼下屋祠	士凤	十二世	楼下屋		
亮宇公祠	亮宇	十二世	小坪坑上河湾	乙山兼卯	
文清公祠	文清	十二世	湍下峰		与蓝姓共建
彩燕公祠	彩燕	十三世	湍下峰	坐南朝北	

续表

名称	建造人	世系	地点	坐向	备注
发玉公祠	发玉	十三世	蕉坑	坤山兼未,门艮山马达形	
发玉公祠	发玉	十三世	蕉坑	申山兼庚,门楼为艮山兼寅分金,斫为人形	
发达公祠	发达	十三世	圆背岭老屋	壬山兼子	
发兴公祠	发兴	十三世	枫树头下	乾山兼戌,虎形	
炳开公祠	炳开	十五世	圆背岭	壬山兼子,狮形,门楼壬山兼亥	
贤开公祠	贤开	十五世	排子屋	坐北朝南	
梅林公祠	日勋公兄弟子侄	十七世	上唐角蓝屋田		
殿龙公厅		十六世	圆背岭		
华榜公祠	华榜	十七世	新屋下	乾山兼亥	砖木结构
赞和公祠	赞和	十八世		巳山兼丙	
司马第	立文	十九世	华榜公祠左边		在其左建有骑楼(二层)一幢

　　需要略作说明的是,华榜公祠、司马第以及司马第旁的骑楼构成了一个完整的建筑群。据当地报告人邓双容、邓春棠、邓瑞成等先生说,当年这些建筑上还雕满了各种各样的故事画,如"渭水钓鱼""八仙过海""孔明借箭"等,也曾是邓坑代表性的房屋。据说这里的风水是很好的,所以司马第大门对联说:"二秀门前朝二水,三登户外对三峰。"所谓"二秀",系指该祠堂背有两条龙脉,"二水"系指大门朝着邓坑的两条溪流,而"三峰"则指祠堂前后共有三座山峰。由于这里的好风水,也就一下子富了三代人,华榜公是当时村中首富,称有"千金之业",曾获官府"州司第"一衔,其子炳和公为贡生,为当时村中要人,热心公益事业,处事公正,乐于助人,曾捐资建造小坪坑水口石桥一座;其孙立文亦家业丰厚,为当时武北有名的富户之一。

　　不过,风水之说也颇为有趣,据说这里原为楼下屋人的地基,在风水上属黄泉大煞之地,是不能住人的,楼下屋人在此住了一段时间后很不吉利,听风水先生说是不能住人之后才卖给华榜公的,但经华榜公改建后却成为一块风水宝地。

　　还需说明的是,这些祠堂、厅堂以前多有雕刻石狮子作镇守之物,但这种石狮子不如我们在其他地方见到的那样凶猛威武。相反,却显得温和,甚至有些可爱，当地人称之为"狗牯石"。据当地报告人说，以往有人考上贡生、监生等，便可在祠堂门前打一个"狗牯石"（石狮子），如现存在华榜公祠堂门前左侧的"狗牯石"，即为清光绪三十年监生骏发的名义雕刻的，左边的则是清代州司马邓香标岁进士名义雕刻的。

邓坑邓氏祭祠堂与祭墓的仪式与其他地方没有什么不同，但上述清明时节一房在祠堂祭祖，另一房在祠堂旁边石头祭祖，却成为一道独特的景观。此外，邓坑村没有大一郎婆的坟墓。据说大一郎婆的墓原来也葬在邓坑，移居本县万安乡的伯六公之子万春公的后裔每年在清明时期也会上来祭祠、祭墓，但由于路途遥远，很难准时到达。如果来早了，族中一些好事者会说这么早就来了，是不是等吃；如果来迟了，则责怪他们说祖宗都不要了，这么迟才来。时间长了，他们就觉得话难听、饭难吃，于是就偷偷地将大一郎婆的坟墓迁到万安鸡嫲窝，此后也就不再来邓坑祭祠、祭墓了。

与祠堂修建的同时，邓氏族人也开始编修族谱，由于"文化大革命"期间大量族谱散失，邓坑邓氏修谱的历史已很难厘清。所幸的是，小坪坑《邓氏族谱》中还保留了一段简短的记载：

> 撒波倚长陵下，内有暴□□□狂言期善，冒上自夸，文质彬□□，见才能练达，族谱有一枝老□□，号前峰（九世邓玠，号前峰——引者注），寿年八旬有余，观见族众乱伦无序，恐后攘成大衅，只将前存□坏先谱用心校正，誊录立派，昭穆□伦得正，严镇纲常忠孝廉节仁□慈良……雍正叁年岁次乙巳孟春月录前立□□族之念耳。承先人之誊录，遗后代之念耳，词虽俗，句句直书，果系殷切用心，校正费力多端，已经世远代数，益繁□谱未录，于是南阳郡传至十四嗣孙邓□，谨将先代宗枝谱，一一照依前谱……

从这一记载看，伯六公一支至迟在九世邓玠时就已编修比较完整的族谱，且编修时已有前谱可供参考，可见编修族谱的活动，实际上早在上一、二代就已开始。这就表明，邓坑邓氏的修谱活动与修祠几乎是同步的。此外，至少在清雍正三年还进行过一次修谱活动。现在所能见到的仅剩三本残缺的旧谱和一本近年编修的新谱，旧谱中一本为小坪坑《士贵公家谱》（手抄本），另一本为藏于小坪坑邓安裕先生处的《邓氏族谱》，还有一本藏于邓坑村邓永珍先生处，但秘不示人。

订立族规是编修族谱的一个重要组成部分，小坪坑《邓氏族谱》载："皈服宗族家法，一团和气，外人谈耻，出入往来，尊者前□□□，少者坐遇长而即立，自今重修宗谱为始，各宜遵守，改恶从善，毋得仍前混沌，倚尊欺卑，恃强触长，不分泾渭，变乱人伦，有欺宗祖，顽愚不等，如有犯者许众告白□□□□族知闻，照依条例家法重处，轻则罚白银壹两，归入祠尝□□□□，重者呈官究治，恐后无凭，立此为照。"这说明，邓坑邓氏在编修族谱的同时订立了"宗族家法""条例家法"，这"家法"指的就是族规。有关族规的具体内容，由于族谱的残缺，现在只能见到如下几条：

> 下书某迁□□□□□载本枝无□□，□□□者书，天出赘者□□□□及能归者录□□□□□，房艰嗣者或养□□□□，本家子弟于本生父母□人嗣子出家为僧者不书，□□之子则书某氏抱其子□□□，而有子者不得入宗，赘□□坟墓不可忘也，可以及时祭扫，谨防他姓及同姓不共宗势僭葬可执族谱为证，有干者□官迁移决容，□□□□□，坟婿姻阀阅先世已徙，□闻家长查访阅相登，男女当许媒受聘，本户钱粮务者，有田可以认粮人丁，□务者有田可以认粮，人丁者照依私派具要，及时应纳，毋累办事之人，患难相恤和气□也，凡遇本族不幸遭值水火盗侮是非，务要极力扶持，毋得□相视，照依烟灶赠助资费□，事丧尽其礼，祭尽其诚，民德矣，启裕者可以助济□□，有纲常之义也，族有收□□品得各宜铃笃，不可强波期胃，触宗族尊长，如有强波犯上罪□，凡吾子侄一专生业，务本之道□，及时手艺商贾□□，各习一业□者可通输，文举业不能者可以耕锄，毋得游手漂荡，流入他枝，□迹发赃露，送官究治，致死不容。

蒸尝是祖先崇拜的经济保障。邓坑邓氏在历史上也有不少祠尝和祭田，前述"照依条例家法重处，轻则罚白银壹两，归入祠尝□□□□"，表明始祖祠拥有自己的"祠尝"。另外，上谱还载："始祖邓大郎祭田肆秤，坐落百丈磜醮祖乾，其粮米丈画在邓立器内，递年将此田祖应当有余，□人出肉祭墓，不敢有违误失□。祖邓万什祭田肆秤壹处，坐落吉江下窑灶口，计税贰秤正，又壹处坐落壁面丘，计税贰秤正，共田贰处共计税肆秤，俱未分粮米丈开户当差，邓得仁一房一半，邓□□（得仲？）一房一半，子孙永远不敢失祭，□卖存照。……子侄叁拾名各抽己财增立蒸尝，共买田脚壹拾秤，坐落□坪山，其田宽阔以作贰拾秤□□祭挂，原立尝簿合同四纸为□□见祭扫之期，中有不续□□□□。"说明上代祖先亲设蒸尝、祭田，或下代为上代祖先增立蒸尝是邓坑邓氏的一种普遍现象。

四

与祖先崇拜类似的，还有神明崇拜。邓坑邓氏的神明崇拜主要包括两个方面的内容，一是寺庙的修建和神位的设置，二是打醮活动。

1. 寺庙和神位

邓坑邓氏的寺庙和神位主要有：

太平庵。相传为十世祖有职公（号时旺）所建，族谱载"公为人心性持斋谋猷远大，创大坪山斋堂一所，广立善众，结交上人钦服，民心亦杰人也"大概指的就是这件事。庵中祀观音佛母、定光古佛、叶伏虎、罗公祖师和五个古佛——大古佛、二古佛、三古佛、四古佛、五古佛。民国时期曾倒塌，仅剩一块庵坪，1989 年由伯六、伯八裔孙捐款重建。

据当地报告人邓春棠先生说，这座太平庵还有一则传说：

> 太平庵初建时，定光古佛曾经此地歇息，一天中午，他睡觉前交代守庙者说如果看见有什么东西（指动物）路过要叫醒他。过了不久，守庙者看见一只狮子张着大口路过，他吓得大气不敢喘一口，也没有跑去叫醒定光古佛。接着，他又见一只老虎经过，同样害怕得不敢叫醒定光古佛。最后，他看见了一伙小鸟飞过，觉得这下没什么可怕，便把定光古佛给叫醒了。定光古佛醒来后，问了一下情况，守庙者将刚才发生的情况一一告诉了他。他定睛一看，见狮子跑到岩前去了，便说这个地方没有福气，并随口吟了一句说："坪山浪浪荡，岩前狮作浪。"

太平庵周围以前生长有一种四四方方的竹子叫"四方竹"，相传定光古佛在此修炼时，吃过饭后都将筷子插在地上，并祷告说，如果筷子能生成竹子，他就能修成。后来，筷子果真长成了四方竹，而他自己也修炼成佛。

据另外一位报告人说，山上有一种四只脚的"狗爬蛇"也为定光古佛所收。这使我们联想到清人施鸿保著《闽杂记》中记："汀州人言：'赤峰山定光佛寺后池中，有定光佛所收四足蛇，身具五色，四足长数寸，不噬人，见之者必大贵'。"① 不知两者之间有无联系。

回龙庵。主祀观音佛母、定光古佛、叶伏虎、罗公祖师等，陪祀有忠诚菩萨等。1982 年由伯六、伯八公裔孙主建重修。其中，罗公祖师神像据说原来回龙庵没有，1988 年罗公祖师降僮时说要到回龙庵落脚才从红山分来。

关于回龙庵的得名据说与前述"八个大胡子"的故事有关。据当地报告人说，在祠堂背头挖出了八只乌鸦子，其中一只飞到村头水口后又飞回来了，这只飞回来的乌鸦子就落在回龙庵地点，回龙庵也由此得名。

永金桥（即荫桥）。位于水口，初建于清乾隆乙未岁孟冬月。此桥由方石块拱起，面上有木架瓦顶建筑，共九隔，四十条正柱，另有四条神龛柱。神龛内安奉玄天上帝、黄天官、马元帅三座神像。据说邓坑有一支移民四川，当他得知你是邓坑邓姓人时，就会问你永金桥有几根正柱、几根神龛柱，如果回答正确，他就认为你是真正的邓坑人，会非常热情地接待，否则会被认为是骗吃骗喝的冒牌货。因此，永金桥与前述十二断、七姑婆太共同成为邓坑村的一种标志。

永金桥的这九隔梁上，还分别写有捐款的人名，我们不妨抄录如下：

中隔：皇清乾隆乙未孟冬月鼎建邓俊公嗣孙大德、大贵公，时明、明恩、时荣公，恒忠、发忠、元忠、集忠公，士坤、士仁、士衡、士成公，书冲、宗达、宗盛、昌麟、洪传、宗添吉旦立。

左一隔：皇清乾隆乙未岁孟冬月鼎建邓俊公，大宪公，时兴、时旺公，世崇、世英公，士汉、士任公，宗龙、宗金、宗亮、宗凤吉旦立。

左二隔：皇清乾隆乙未岁孟冬月鼎建钟应张、仲新、清凤、汉瑞、文瑞仝立。

左三隔：皇清乾隆乙未岁孟冬月鼎建邓俊公，大德公，时贤公，世洪公，士凤，士弘公，宗奎、宗英、宗粮公，振荣、永龙仝立。

左四隔：皇清光绪己卯岁大德公、士龙公仝修。

右一隔：皇清乾隆乙未岁孟冬月鼎建邓德仲、德贤公，九稳、显荣公，宝通、希凤公，积德、承德公，丈青、丈质仝立。

右二隔：皇清乾隆乙未岁孟冬月鼎建邓新吾公，应良公，佩元、佩上、佩洪公，永庆、有庆、永山、永岳、永进、永光、永贵公，上宏、

---

① （清）施鸿保：《闽杂记》卷十二，福建人民出版社，1985，第 182 页。

上太、上清全立。

右三隔：皇清乾隆乙未岁孟冬月鼎建邓立宝公讳梓，业林公，魁宗公，永安、永贞嗣孙上发、上标、上德、上荣、上元全立。

右四隔：皇清乾隆乙未岁孟冬鼎建邓朝选公，应宁、敬麟公，亮宇、贤宇、翠宇、恒宇公，长龙、永配、永常、永崇、长兴、长保、州兴、长凤、长福、长禄公嗣孙上振、上凤、方升、上昆公民国拾陆年合乡捐助重修全立。

由此可见，这九隔除一隔是当时本村的钟姓捐款所建，一隔于光绪时期重修之外，其余七隔是由七个不同的分支捐款而成，实际上代表了邓坑邓氏的七个大小不等的房系。

关于这座荫桥还有这样一个传说：

据说这座荫桥与龙坑的荫桥同时兴建，两村均分别派人到汀州府去择上梁的日子，他们择完日子后又凑巧住在同一家旅馆的同一个房间，便很自然地交换了各自选择的日子，恰巧又是同月同日同时（三月三日）。不同的是，龙坑来人花了30个光洋，邓坑来人则花了50个大洋。龙坑来人见得了便宜便直接回家了，而邓坑来人却觉得蹊跷，便回到日课馆店里想问个究竟。替他们择日子的先生见邓坑来人又回来了，便说你们村有福气，交代说荫桥上梁时恰好会涨大水，事先必须将做荫桥的架脚（搭架）等撤去。到了三月初三那天，上梁时果真下了暴雨，由于邓坑人事先将架脚等撤去了，洪水便从桥下经过，荫桥安然无恙。而龙坑人因为没有思想准备，洪水来后，从上游来的木材被拦在架脚上，洪水便上涨到荫桥上，一会儿工夫便把荫桥给冲垮了。所以，至今邓坑有完整的荫桥，而龙坑仅剩下荫桥的底基。

三官庙。位于离回龙庵不远的溪边，祀三官大帝，曾于20世纪50年代废去，1988年重建。

七姑婆太神位。村西北往蕉坑途中有一处小地名叫"长汀"的，该处有一棵大松树长有七条树尾。大树下安有"七姑婆太"神位。传说此神很灵验，行人至此经过都会向该神位合掌鞠躬行礼，祈求保佑。后因年深日久，松树被毁，"七姑婆太"神位也仅存踪迹。

值得注意的是，我们在长汀城调查时曾听说该城有"七圣宫"多处，清人施鸿保著《闽杂记》亦载"七姑子祠"："《夷坚志》甲集、丙集皆载汀州七姑子事，云是山鬼，城郭邑聚皆立其祠，其状乃七妇人。周密《癸辛杂志》亦载汀州贡院内有七姑子祠，云是土神。今汀属诸处皆有七圣宫，郡城中尤多，像亦作七妇人，长只尺许，或坐、或立，奉祀甚谨，有谓即明溪莘七娘者，非也。唯诸书第载其异迹，其由来则不可考矣。"[1]

对照"七姑婆太"神位与长汀"七姑子祠"有许多相同之处，如"七姑婆太"神位的小地名叫长汀，都说是七位妇女，都像"山神"或"山鬼"，等等。

社公、公王的神坛。位于入村水口荫桥的两旁。

2. 打醮活动

邓坑村一年中的打醮主要有四次，分别是正月的十三至十五的公王醮、五谷真仙醮、观音佛母醮，三月初三的玄天上帝醮，五月的保苗醮，十一月十九的三爷古佛醮。

正月的打醮是一年中所有打醮最隆重的一次，表现在：时间最长——持续三天，第一天为公王醮，第二天为五谷真仙醮，第三天为观音佛母醮；请的菩萨最齐全——能想到的菩萨都要请来，前述观音佛母、定光古佛、叶伏虎、玄天上帝、三官大帝，五个古佛，以及公王、社公、罗公祖师、五谷真仙、文昌帝君、忠诚菩萨等都要请来；头家最虔诚——头家从年初六就开始吃斋，公王、五谷真仙等菩萨在平时可用荤牲作为供品，这时也只能吃斋。

打醮的具体组织由香首和醮首负责，其中香首由辈分最高、最年长者充当，醮首则由辈分高、年纪大又有福气的人担任。

打醮的费用由全村人共同分摊，男女老少均要分摊，具体数目由头家预算后决定，个别家庭特别贫困，不愿意出资的也可不出。不过这种情况很少出现。经费不足部分由头家承担，如有剩余则交给下一个头家。由于打醮的人工都是义务的，所以费用实际上并不多，用现在的标准，每人只需几毛钱，最多不超过1元钱。

打醮的地点一般由三座祠堂轮流，这三座祠堂分别为上背屋祠堂（文公祠堂）、岗背坑祠堂（俊公祠堂）、田背屋祠（百八公祠堂）。醮坛的布置一般为：天子壁正中挂十方三宝的神像，左侧安设"门中先祖""水府桑丹

---

① （清）施鸿保：《闽杂记》卷五，福建人民出版社，1985，第84页。

霞大帝""三八诸天""地府冥司"等神位；右侧则安设"城隍"神位，两侧分别写着"家居香火""土地龙神"。天子壁前第一台一般安放回龙庵的观音佛母、大德定光古佛、叶伏虎等菩萨，第二台安放太平庵的观音佛母、大德定光古佛、叶伏虎等菩萨，以及大古佛、二古佛、三古佛、四古佛、五古佛，第三台则安放五谷真仙、罗公祖师、文昌帝君等菩萨，以及千里眼、顺风耳、金童、玉女等。在两边墙壁的适当位置安放有道教祖师前传后教神位、罗汉星君神位、天界天宝神位等。

做头则按房份与人口分成九方，其中上背屋一方、岗背屋四方、田背屋四方。由于上背屋人是一房一方，故每三年会轮到一次，而岗背屋、田背屋人一房四方，所以每方要隔12年才能轮到一次。之所以形成这种局面，据说是上背屋人以前人口最多，也比较刁，甚至祠堂都不让人份，现在虽然其他两支人口比他多得多了，他们人口相对较少了，但仍然争气地要按房轮流。

打醮的前一天要把菩萨请来，菩萨路过时，挨家挨户都会放鞭炮。到下午四时则开始迎"大蜡烛"，路过家户时，每家也都会放鞭炮，所以这一天鞭炮声不绝于耳。打醮的正日，早上发表，发表时需上榜，上榜的内容包括榜首、榜文、榜尾，现将1996年正月十五我们在邓坑村调查时见到的内容抄录如下：

　　榜首正中为：大中国福建省汀州府武平县大湘里大一图邓坑村邓宅祖祠立坛奉佛为众恭迎庆贺。左边为：南泉大法师给出祈春保安清醮午朝文榜一堂；佛恩广大，能降人间之福；神力宏深，保全各家平安。右边为：回龙堂满堂诸佛、观音佛母座前主盟祈春保安清醮上表。

　　香顿首邓显容、双容、建容、永炎、瑞洋、瑞金；村管邓瑞平、庆有、寿星、培仁、盛元、立用、彩容、珠容、奎容、潘芹、福清，谨将各家有名人等鸿名列后。（姓名略）

　　榜尾为：右领各家有名人等，即日诚心拜　千金相光中具呈切念信等。投词卜取今月十四日，伏师于祠 启建 是早具表申奏

　　南泉四京向下早朝，祝白宣疏，挂榜安 奉三界神祇宗祖，日中演念经科法事，是午朝文表申奏。

　　佛母座前主盟清醮入晚初坛秉烛洒上香安放洁界

　　先请八位光中，次迎四京大帝，同降醮筵，各登宝座，下坛持法外度孤（九山）品数。

回坛化疏，送神完满，依科修设四京护法保安清醮一旦夕，以此功
因上奉佛天下祈乞保各家男增百福，女纳千祥，田禾大熟，五谷丰登，
生意兴隆，财源广进，万般迪吉，诸事亨通，谨榜以闻。

公元一九九六年丙子岁正月十五日具备榜醮坛给

须知榜者，各榜告明

恭请南泉四大祖师万法教主座前主盟功德榜行

上午、下午则每家每户到醮坛前烧香供奉，道士则每间隔一段时间带领
香首、醮首行香、供奉，供品有十碗，依次为香、灯、花、水、果、茶、
食、宝、珠、衣。他们口里祈祷的内容主要有六畜兴旺、五谷丰登、人长万
丁、万代富贵、保安赐福。打醮时间不超过当晚的子时，所谓"醮不过
子"。打醮时要竖幡竹，幡竹上挂一竖联："九天开化黄幡使者守固大神麾
下准此来也"。幡竹下立一又高又大的纸扎叫"山大人"，所谓"幡竹头下
山大人"，同时写有幡示："孤魂漂流几千秋，犹如枯水漂海中，孤魂云游
几千载，犹如风筝在半空，今日佛母醮筵会，请听弟言四句终。醮筵完成后
请到坛中沙波阿，鬼类息知，恭请南无坚牢地神主盟功德榜行"。幡竹下还
放有鬼吃的东西，如煎粄、馒头、菜粥、豆腐、青菜等。打醮结束前还可能
进行昏僮，昏僮与否主要由头家决定，一般要有事情时才请人昏僮。打醮结
束时要将幡竹倒下，同时杀公鸡或猪。道士念经安置神明回去，如高呼：
"天神归天，地神归地，有庵归庵，有庙归庙，无庵无庙归天堂。"次日则
开始开斋——在公王前杀猪。打醮结束后，头家要请下一次的头家吃饭，进
行交接，把本次打醮剩下的物品移交给下一个头家，而将用剩的钱、粮等交
给守归龙庵、太平庵的人，用于庵庙的日常开支。

在这场打醮活动中，最引人注目的莫过于供奉在神像前的一对大蜡烛。
我们在县城做调查的准备工作时，就有人对我们说邓坑打醮时的蜡烛特别
大，而在大禾村、湘村作初步调查时，亦反复听到邓坑打醮的大蜡烛，可见
邓坑打醮用的蜡烛特别大是远近闻名的。据当地报告人说，打醮时用的一对
大蜡烛，轻则一个三四十斤，两个合计约六七十斤，重则平均一个五六十
斤，最重时甚至达到平均一个 80 斤。之所以蜡烛会做得那么大，是为了争
面子，上一次做头的人做了大蜡烛，下一次做头觉得要做得更大才有面子，
于是蜡烛就越做越大，甚至没钱也要争口气把蜡烛做得大大的。因而做蜡烛
的时间也比较长，一般在大年初一就要发请帖给做蜡烛的人，并请他吃一顿

饭，年初六则要开始动工，到初九至十二才能做完。一对大蜡烛做完后，还要做一对中蜡烛和 1000 多支小蜡烛。而做蜡烛的规矩也有不少，如正月打醮的蜡烛必须买新鲜的油做，而三月的打醮则可以用正月剩下的油或正月打醮剩下的蜡烛。做蜡烛时心一定要虔诚，心里想勾多少斤便只能勾多少斤。如果心不虔诚，心里想蜡烛不要做得太大，但表面上又很努力地做大蜡烛，便无论如何也做不到大蜡烛来骗人。做蜡烛期间绝对不能与老婆同房，甚至连系裤头的带子也要反复洗干净。本次打醮剩下的蜡烛头不能随便扔掉，而应交给下一轮的头家。做蜡烛的几天要点檀香，原因是檀香较清洁、香而无杂味，以示对神的尊敬。

还需要一提的是邓坑村的钟姓居民。现在的钟姓只有几户人，据说钟姓人是较邓姓先来邓坑开基的，素有"没有邓屋，先有钟屋"之说，不知什么原因钟姓一直没有发展起来。据当地人说，钟姓对待村落事务向来是积极参与的，各种打醮都会参加，只是由于人口少而凑份子就近搭入某一方，全村所有的神明如社公、公王、定光古佛、观音佛母等，以及荫桥、归龙庵、太平庵、三官庙等他们也都有份。

正月半的打醮交接给新的头家后，一年的所有打醮活动均由新的头家组织，直到第二年的正月半打醮仍由其负责。据一位报告人说，起先接月半头是一件很幸运的事，在菩萨的保佑下，当年的运气也会很好，所以大家争着接。但自从出了一件事之后，接月半头就变得比较晦气，该年的运气也会不好，因此大家比较不愿意接，只不过轮流到无奈罢了。

事情是这样的：华榜公时期，邓坑村邓姓人与三叉丘屋人"讲嘴"（指械斗）。恰逢三叉丘姓有两人到华榜公厅准备晚上等主人睡觉后偷东西。他们自作聪明地将爬篮盖在自己身上隐藏起来，实际上早就被发现了，华榜公等人并未声张，但到晚上用铳把其中一人给打伤了，另一位未受伤者将伤者背至回龙庵神龛上，因为伤痛难忍，伤者从神龛桌上摔在地上死了。由于神桌受了污染，此后观音菩萨的像也会生白蚁，打醮的蜡烛也越勾越小，而每次接月半头的人则往往"损丁""破财"。其中有一次特别典型，有一人初一接月半头请人吃饭，第二天他的老婆却莫名其妙地死了，搞得大家都怕接月半头。直到重新做过回龙庵后，这种情况才有了改变。

五

邓坑邓氏很早就陷入内争外斗之中。就内部斗争而言，早在明末邓氏宗族内部为了争夺祖产、祖尝，就发生了较大的矛盾纠纷，关于这样的内容除上述故事传说外，现存旧的《邓氏族谱》也有所透露，如《邓氏族谱》（手抄本）载："族间邓某因伊霸占古路，□□官开路，伊无由抵释，悬词□□坟架屋，虚情捏告，拖累捌年，伊诬告拟徒二次，摆站陆年……"按族谱的编修通常是在于强调成员间的家族一体感，即所谓的"敬宗收族"，同列于一族谱一方面表明各自的系谱关系，另一方面则强调各人之间的宗族共同意识。族谱编纂并不是为了厘清宗族事务的权利义务分配关系，其主要用意乃在于强调宗族的包容性。所以，我们在阅读其他姓氏族谱时很少见到反映宗族内部纠纷的内容。尽管《邓氏族谱》的记载，由于其残缺及修谱者的文字水平，往往语焉不详，但字里行间弥漫着矛盾冲突的火药味。

再从外部关系看，从明末开始，邓坑邓氏就与相距 15 华里的湘村刘氏断绝了通婚关系。关于它的起因，我们在前文有过详细描述，在此不赘。前文中解释两姓不通婚的理由是来自邓姓的妻子生了一个愚笨的儿子被盛怒的父亲失手打死。但是，这样的解释并不符合正常的逻辑。试问自己的儿子愚蠢，失手被打死后迁怒于妻子已属过分，怎么又还会再迁怒于其娘家，进而发誓不通婚？从湘村《刘氏族谱》看，刘华筍是名闻方圆几十里的"乡饮大宾"，断不会如此无理。因此，我们认为这种故事传说的背后可能隐含了刘、邓两姓激烈的姓氏斗争。

在与强邻大禾村蓝氏相处的过程也曾因"户粮"问题对簿公堂，小坪坑《邓氏族谱》载："雍正三年八月内，邓珠嗣邓玠，□□蓝际盛、户丁蓝芹芳、成奇、三重等到家揽派，□是会议控告，□县主为指官飘诈，蓝人理屈词穷，请托亲识林廷基等□□平和编立合同，分比各秤，□□□柜□入官中使银，两家灶丁口米粮对分均出，后代子孙谨记……"尽管由于《族谱》的残缺和修谱者的文字水平所限，这一记载的前因后果不甚明了，但两家之间及两姓之间曾发生过较大的矛盾纠纷，及至告上官府的事实却是显而易见的。

另外一则传说也说明了姓氏斗争的内容，邓坑邓氏的一支刚迁至小坪坑时，当地的先民有官、江、汤、刘、廖、马等姓，其中以马姓占大多数，由于马家祠堂系"虎形"，人多势众，常常欺负邓姓人。邓姓人于是就请了一个地理先生，在其祠堂对门设了一个天灯，由于老虎怕灯火，从此以后马姓人的"虎形"风水无法作威，所以逐渐衰落下来，而邓姓的人口便开始多了起来，最后马姓人连祠堂也卖给了邓姓人。

当然，邓姓作为一个小姓，为了在地域社会里更好地生存，他们很早就开始了联宗活动。前述邓坑的开基祖邓大郎生有八个儿子，小坪坑《邓氏族谱》也载其亲房八支："开一房大禾住续嗣邓志□□，世远未收注载，瑞金注载；开一房冷水住，续嗣邓良仁、邓良环，世远未收注载；开一房桃里住，续嗣邓贵有嗣孙未收注载，瑞金住未寻；开一房本县村续嗣邓友宽、友安，未收注载；开一房本县续嗣邓成宗，世远未收无传；开一房茅铺住，今移江西□林居住，户名邓永斌，本图十□，立籍有田三百秤，在金坑赡差，世远未收注载；开一房江西信丰县高田住，世远未收注载跟寻；邓伯六郎生万什今将□□；开一房邓万三移□□□□□，今并在□□□□□。"但这些联宗未能在日常生活中起到实质性的作用，他们在几百年来没有共修祠堂，也未共同编修过族谱，以及共同举行宗族祭祀活动等，因而这种联宗是十分松散的。

在祭祀神明方面，邓坑邓氏没有与周边村落的其他姓氏共建庙宇，也未加入跨宗族的神明祭祀圈。尽管小坪坑一位邓姓人保存的一幅神图说明，迁居小坪坑的一支邓姓族人与当地的马姓人有过共同祭祀神明的历史，这图上画有三宝菩萨，画下记有如下文字：

嘉庆十四年仲冬月新画满堂神像合乡纪录

上平神像内捐助有名者悉一开列于后：

康熙五十九年信士：马君廷公、马君辉、马君兆、马君荣、马胜玉、马清如、马福如

雍正甲寅年间信士：马德英、邓长凤、邓士贵、邓长福、邓长龙、邓长禄、马应上、邓长保、刘中林、马德才、马德麟、马德行、邓宗碧、廖其□、马德昆、马德嵩、马德洪、廖其文、廖昆山、邓士聪、马德松、马德贤、马德鸢、马锡山、马德选、马宗良、马德有、马克成、马上玩

乾隆乙卯年间监生：邓昌盛、邓上国、马惟泰、马惟士、邓上乾

诸公捐助有名人等祈保嗣昌裔盛绵远兴隆者矣

但是，小坪坑的这支邓姓人毕竟是邓坑邓氏中较小的一支，且与它联盟的马姓也是武北一个很小的姓氏，这种联盟很难改变邓坑邓氏封闭的整体面貌。

通婚是邓坑邓氏对外交往的另一方面，为了深入了解邓坑邓氏与周边各姓的婚姻网络关系，我们统计了该姓一至二十世娶入女性的姓氏分布情况（见表 2–3）。

表 2 – 3 邓坑邓氏一至二十世与周边各姓通婚情况

人次/世次 \ 姓氏	蓝	林	吴	郑	罗	赖	钟	巫	刘	熊	梁	陈	邓	范
第一世	1													
第二世	3	2	1	1	1									
第三世		1				1								
第四世	2													
第五世		1	1											
第六世		1					2		2					
第七世		3					1		1					
第八世	1	1		1			3	1						
第九世	5		1				3		1	1	1			
第十世	2	3		2			2		2			1	1	
第十一世	7	1	1	3		1	4		1			1		2
第十二世	10		1	2		1	2		9	2		2		1
第十三世	4		1	1			1		5					2
第十四世	14	2				1	7		7			1		3
第十五世	20	1	2	3			5		19			1		
第十六世	20	2	1				7		12	1		1		2
第十七世	24	3		2		1	24		16			1		
第十八世	37	8	3	1			28		18					
第十九世	49	14	5	3	1	2	40		20	3		2		4
第二十世	34	20	3	3	3	2	67	1	15	1		1	3	2
总　计	233	63	25	22	5	9	196	2	128	10	1	10	4	16

人次/世次 \ 姓氏	舒	廖	王	李	邱	谢	潘	高	郭	邹	方	金	马	曾
第一世														
第二世														
第三世														
第四世			1										1	
第五世														
第六世														
第七世														
第八世					1	1								
第九世					1				1					
第十世	1				1	1	1		1					
第十一世		1		1	1		1		1					
第十二世		1						2			1			
第十三世						1		3		1	1			
第十四世		1	3	3				1	1					
第十五世		2	1	1	1		2		2			1	3	
第十六世		1		2	1	1	4	1	1		1		4	
第十七世		2	11	3		1	7	1	1				4	
第十八世		1	4	4	3	4	5	3	2		1		1	1
第十九世		2	6	5	2	2	11	1	1	2		1	2	1
第二十世			17	13	5	2	12	2		2	1		1	1
总　计	1	10	43	32	17	18	43	14	12	5	6	2	16	4

续表

世次＼姓氏	朱	张	童	胡	蔡	卢	华	黄	周	龚	杨	何	薛	肖
第三世								1						
第四世														
第五世														
第六世										1	1			
第七世														
第八世	1							1						
第九世								1						
第十世												1		
第十一世	1		1					2						
第十二世	1	1											1	
第十三世		1	1											
第十四世								1						
第十五世		1	1	1								1		
第十六世														
第十七世			1				1	1				2		
第十八世		1										2		
第十九世			1			1			1		3	2		
第二十世	1	1	1	1	1			1	1	1		1		1
总　计	4	5	6	2	1	1	1	8	2	1	4	9	1	1

世次＼姓氏	邝	傅	戴	徐	丁	魏	修	练	毛					
第三世														
第四世														
第五世														
第六世														
第七世														
第八世														
第九世														
第十世														
第十一世														
第十二世														
第十三世														
第十四世						1								
第十五世														
第十六世														
第十七世							1	1						
第十八世														
第十九世			2	1	1									
第二十世	1	1				1			1					
总　计	1	1	2	1	1	2	1	1	1					

从这张婚姻网络分布图我们可以看出，与邓坑邓氏通婚的姓氏虽然多达51姓，但主要集中在蓝、钟、刘三姓，稍多一点的还有林、吴、郑、王、范、李等少数的几姓，由此可见邓坑邓氏的通婚范围是十分狭窄的。并且，从主要集中的三个姓氏看，与蓝姓的通婚在十六世以前主要限于与邓坑邓氏同样闭塞的源头村蓝氏，十六世以后与大禾蓝氏的通婚才开始多起来。而与刘姓的通婚，由于与湘村刘氏很早就断绝了通婚关系（上详），所以主要偏向于同样偏僻的沟坑、坪坑刘氏。再从稍多一点的姓氏看，林、郑、王、范、李诸姓几乎都来自邓坑周边的小姓村落，其中林、范、李三姓还分别来自现在邓坑行政村的冷水、百丈磜、蕉坑自然村。因此，从通婚网络看，邓坑邓氏的对外交往也是十分封闭的。

六

邓坑邓氏没有发展成享誉一方的巨姓大族，甚至在武北村落社会中仍属于一个小姓宗族，究其原因，可能与如下几个因素有关：

第一，邓坑村的生存空间比较狭小。邓坑在地形上具有典型的"坑"的特点，迁到相邻的小坪坑、蕉坑、湍下峰等几个分支亦有类似的情况，如小坪坑之所以称作"小坪坑"，就是有别于相邻的坪坑，生存空间的狭小必然使居民没有更多的发展余地。

第二，邓坑村地域封闭，远离水陆交通要道及墟市。邓坑村内虽有小溪流，但离可通小船的汀江支流大禾——小澜河尚有15华里之遥，在以水路为主要交通方式的传统社会里，邓坑村的货物运输显得十分困难，"运进来、送出去"基本上要依靠肩挑手提。而村内又无大路通向外界，即便通向相邻村落的山路也崎岖难走。加上邓坑村离最近的墟市大禾墟、贡厦墟都需15华里以上。在这样的交通条件下，村民生活可想而知，而宗族经济自然也难以充分发育。

封闭的自然环境又造成了封闭的人文环境，历史上邓坑邓氏没有与相邻村落共建庙宇，也未加入相邻村落的神明信仰圈，其封闭性愈益明显。封闭的人群，容易形成封闭的心态，也容易陷入频繁的内争外斗之中，邓坑邓氏的历史也正是如此。

第三，过早地卷入内争外斗。前述种种关于风水的故事传说，用今天科学的观念来说，当属无稽，往往来源于"强者的逻辑"或"弱者的呼声"，但从一个侧面可以窥见邓坑邓氏很早就陷入宗族内争外斗的历史背影。直到民国时期，邓坑村及小坪坑都属于房族斗争比较激烈的地方。过分的外斗，既不利于发展经济，也使自己陷于孤立。而过分的内耗，则不能形成合力，从而使宗族凝聚力涣散，也无法进一步扩大宗族规模。

第四，邓坑邓氏科举成名者少且迟。科举人物是宗族、房系形成、发展的条件和标志之一，从仕进题名录看，邓坑邓氏有明一代未见有人科举成名，而有清一代中秀才者仅有六位，考中举人以上者更是绝无仅有。科举人才的缺失，使得邓坑邓氏缺乏宗族大发展的诸多重要条件，如规范宗族、社交网络、经济基础，等等。

第五，大量居民移民外地。从八世以后就开始有人向外迁移，如小坪坑《邓氏族谱》载："八世祖邓玉坚……生一男邓立盛生三男寓本县南门外居住"；"十一世邓桥移瑞金居住"；到十三世后至十五六世，更是掀起一波又波的移民潮，迁移的方向主要为四川、江西和浙江。同谱载："十三世二房邓允先，妻方氏，生六子长男上鸾，次上鸿，三三满，四四满，五五满，六六满，父子夫妇俱一移往四川居住"；"十五世长邓德仁，妻金氏，生随娘一子观音子，合家移往浙江居住"；"乾隆四拾七年三月，邓上集妻刘氏，合家移往江西太河石碑居住创业"；"十四世三房邓上盛，妻钟氏生男长石养，次崇养，合家于往宁州居住"；"十四世二房邓上聪妻王氏生长书养讳德瓒，次乾养讳德珂，合家于乾隆四拾五年移往西川荣山县东门外居住"；"第次□……次男邓桐妻范氏未生，移□□居住，第三邓立志……邓棋妻邱氏，生三子，长三移在龙下居住，次男邓棣妻赖氏移在瑞金居住"；"第五邓立悠……瑞金住"等。邓坑邓姓本来就属于小姓，在宗族的形成与发展时期人口大量外迁，也势必影响当地人口的发展。

第六，错失宗族大发展的有利时机。武北巨姓大族的形成多在明末清初，如大禾蓝氏、湘村刘氏、帽村方氏等都是在这一时期进入大发展时期。恰在这时，邓坑邓氏却专注于内争外斗，所以这一时期邓坑邓氏虽然进入了发展时期，却落后于相邻大姓。这种落后导致其在争夺地域社会有限资源（包括象征资源）时处于弱势。据湘村一位报告人说，邓坑邓姓因为是当地的小姓，正月打龙灯时不可以打九节黄龙，因为在武北一带有一个不成文的规定，即九节龙灯要历史上出过皇帝的姓氏才能出演（一说出了状元、榜眼、探花或翰林的地方也可以出演），七节龙灯则要出过举人的姓氏才可以上演，而一般村落或小姓人只能演五节龙灯。民国时期有一年正月，邓坑村邓姓人打着九节黄龙的龙灯在湘村路过，湘村刘姓人便上前责问他们有什么资格可以打九节黄龙，历史上出过什么人才。邓姓人一时回答不上来，最后他们说三国时期出过一个邓艾，湘村刘姓人认为邓艾的官位太小不够资格，并且还是刘姓的对头，便将他们的龙灯扔到了溪里，邓姓也无可奈何。这种象征性的资源尚且遇到强宗大姓欺侮，何况是现实政治、经济利益之争。

第三章
墟市与中心地域

第一节　桃溪村的宗族、经济与社会生活[*]

桃溪村在民国时期一度为武北的社会文化中心，也是现今武北唯一的一个市镇——桃溪镇的所在地。所以，考察传统时期桃溪村的宗族、经济与社会生活对于我们认识传统武北中心地域的社会面貌具有较大的典型意义。

一

关于桃溪地名的来历，据当地村民说，500 多年前桃溪有一条河，河东是一片杂草丛生的荒坝，开基人称作桃地坝。为什么带上一个"桃"字呢？因为桃溪村整个地形像桃子，上端（北边）尖，中间圆，下端平，所以叫桃地。那么，后来又为什么改称为桃溪呢？当地有两种说法：其一，这里有个土纸商家，其字号是"桃地"时经营极不顺利，有人提醒说，桃地有一条溪，何不改称"桃溪"，溪水流，生意佳。他将字号改为桃溪后，生意果真十分景气，所以桃地慢慢地就被称为桃溪。其二，唐王之涣《宴词》七言绝句为："长堤春水绿悠悠，畎入漳河一道流，莫听声声催去棹，桃溪浅处不胜舟。"因"桃溪"名称极富诗情画意，当地人遂将桃地改称为桃溪。又传说取"桃"字之意是，祝愿子孙后代像桃花盛开一样兴旺发达。

桃溪的溪水源自大禾乡帽布村与江西分界地，从北流向东南，流至村后有一座名叫水口寨的小山挡住了去路，水向左为东流，所以人们能看见水流进，看不见水流走，这种形势在风水上称作"兜肚水"，据说这就是桃溪村

[*] 在调查过程中，得到了桃溪村王灿田先生的大力帮助。同时，该节的部分内容王先生还撰写了初稿，在此一并表示衷心感谢。

风水优于其他村落的缘故。

从旧镇改造建房挖起的泥土看，原先的溪座当在今王屋角。随着人口的发展，溪座从西逐步向东移，移出了约300米，由原来弯曲的溪座改造成现今的比较平直的溪座，居民分住溪东、溪西。

桃溪村现有土地总面积86500亩，耕地面积1756亩，林地面积18780亩，村中地盘方圆10公里，有张、刘、王、马、文、范、李、黄等八个姓氏，852户4332人。其中溪东片南桥排24户130人，祠背岭26户161人，泉背岭18户75人，张屋95户516人，神下44户214人；溪西片629户3171人，边远零散住16户65人（见图3-1）。村头（上溪西）设有居民点24户116人。从村头至村中还设有桃溪镇政府机关及县派出机构、企事业单位：派出所、武北巡警中队、法庭、司法办、计生办、交管站、松脂站、农技站、农机站、粮站、水利水电工作站、烟草站、医药站、种子站、村镇建设管理站、土管站、广播站、国税分局、地税所、邮电支局、银行、信用社、供销社、学区、工商所、兽医站、中心卫生院、供电所、木材公司、林业派出所、水文站、保育站。中心地段设有大市场、停车场。

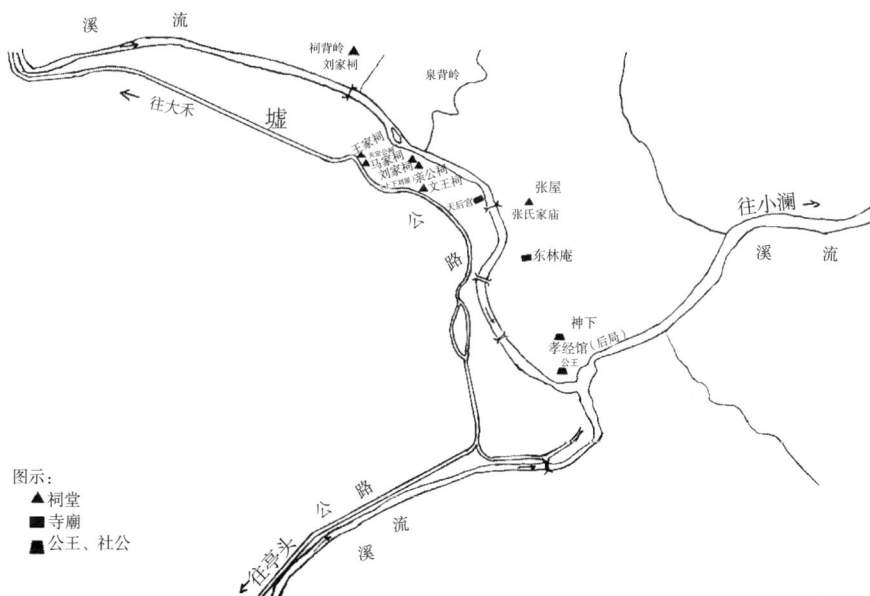

图3-1　桃溪村示意图

通过旧镇改造，村中建一大街道，街道长 2 公里，街道宽 56 米，占地面积 107.5 亩，新建店房 324 间，建筑面积 103680 平方米。为方便人们东来西往，从村头至尾建有 4 座石拱大桥，1 座平板桥，1 座小木桥。

村头（北边）与本镇的鲁溪村相邻距离 3 公里，村东上方与湘里村相邻距离 4 公里，村东下方与小澜村相邻距离 10 公里，南边与新礤村相邻距离 2 公里，西边则与江坑村相邻距离 4 公里。

二

关于桃溪村的先民，据当地报告人王灿田先生说，曾在桃溪居住过现已迁走或绝迹的姓氏有尚、修、项、谢、赖、蓝、吴、伍、郭等姓。据说，尚姓人比张姓人先到桃溪，尚姓人住在今张屋，张姓人则住在桃溪凿树下。张、尚两人曾结拜同年，一日傍晚，张姓人去同年尚姓人处玩，发现今张家祠地点有一伙鸡嬷带子，便问尚：你的鸡入厩了没有？尚答曰入厩了。张意识到此地可能是风水宝地，将来可用以建房。于是就与尚商量说，我们俩是同年，又常在一起玩，为免得过河，我想在你的旁边找一块地基建房，尚十分赞同。张姓人房子建成后，尚姓人请地理先生一看，才知道好地点被张姓人占去了，只好对张姓人说：同年，这是你的福分，此地属于你张家的了，我便离开此地。从此尚姓人走了，张姓人在张屋开基。

蓝姓人也曾在桃溪建有蓝家祠，人口一度发展很快，但不知何故逐步向外迁移，至 1950 年前后蓝家祠尚存，但村内已无蓝姓人居住。不过，每年清明前后仍有来自上杭官庄、本县大禾、源头、湘坑坝、江坑、中湍、贡厦等地的蓝姓人前来祭祀。20 世纪 50 年代后，蓝家祠被拆除改建区政府。近年，上述各地蓝姓人又有不少人前来旧址进香祭祀。

修姓人也比王姓人先到桃溪村居住。据说王姓的桃溪开基始祖天定公曾在修姓人家做工，娶修姓人的女儿为妻。王氏家祠建起后，修姓人因人、财不顺而外迁。此外，项姓、谢姓、赖姓人数不多，人口发展极慢，后都因人、财不景气而外迁。吴姓和伍姓，则因人丁不旺，在桃溪住至绝迹。姓伍的最后尚有一人名唤伍唐能，自卖自身于刘屋，改名唤刘继兴（已故）。郭姓人原居大禾龙坑，本想桃溪地理位置好，便迁来桃溪居住，但年复一年不景气，最后又迁回龙坑。

随着岁月的流逝，桃溪村现共有张、刘、王、马、文、范、李、黄八个姓氏在此居住。

1. 张姓

据桃溪村张屋报告人张可周先生说，闽西上杭、武平张姓的开基一世祖为显卿公，其后裔中一支弯公从上杭迁移至桃溪镇陂里，六世良公又从陂里迁桃溪，如今桃溪发展至二十五世，现有住家 95 户 516 人。据说良公在陂里时曾与弟弟合建一座祠堂，后兄弟反目，他迁到桃溪时将祠堂的另一半留给了姓卜的女婿，而不给弟弟，故陂里的祠堂后来叫做"卜张祠"。由于桃溪张屋与陂里卜姓的这层历史渊源，1997 年桃溪张姓修祠堂时，他们还派人前来祝贺，包了 190 元的红包，而桃溪张屋人也亲切地称他们为"表叔公"。

2. 刘姓

桃溪村的刘姓共有两脉。一脉为祠背岭刘屋，据桃溪村祠背岭《刘氏族谱》载，刘姓始祖为源明公，传至十八世为刘累，再传至一百三十七世为刘翔，刘翔二十世孙为刘泷。刘泷生三子：可珍、安珍、锭珍。锭珍之孙齐贤生九子，第九子兴汉又名伯九郎，于宋末元初由江西瑞金塘背迁来桃溪凿树下开基。兴汉公娶妻有三：赖、罗、卜氏。赖氏生一子取名仲九，罗未生子，卜生五子取名：千十、千十一、千十二、千十三、千十四。据当地报告人刘万昌先生说，其中千十、千十一、千十二、千十三迁往上杭、永定，千十四后裔今居大禾湘村、龙坑。今居住在桃溪祠背岭的均是仲九公的后裔。从兴汉公桃溪开基一世祖传至今二十二世，历 500 多年，现有 26 户 161 人。

另一脉为上、下刘屋。据一位刘姓报告人说，上、下刘屋系同一个祖先，是七世祖时忠公从湘湖夏屋迁来的。上刘屋的开房祖为龙蛟公，下刘屋的开基祖则无从查考。上、下刘屋从时忠公七世祖传至今为二十世，繁衍十九代，现在桃溪有 118 户 483 人。

3. 王姓

据一位王姓报告人说，桃溪村王姓共有三脉，都奉均德公为始祖，均德公号千四郎，系宋朝贡生，曾任江西抚州教谕、福建汀州武平县令，宋末兼任军务，总督十八寨兵民，平寇有功，封抚民令，后于武平县桑子坑开基，为武平县王氏桑子坑开基始祖。均德公生有十个儿子：万一郎、万二郎、万三郎、万四郎、万五郎、万六郎、万七郎、万八郎、万九郎、万十郎。桃溪村的三脉分别为万六、万七、万九郎公裔孙。

万六郎公裔孙六世祖仲伯公从东团（今武平县城厢乡东岗村）迁来桃

溪神下开基，至今传二十五世，繁衍十九代，现有 44 户 214 人。据桃溪神下《王氏族谱》载，桃溪神下的一世祖为武平东团的千四郎公，此后为二世祖万六郎公、三世祖仲五郎公、四世祖显乡公、五世祖玉瑞公，直到六世祖仲伯公才到神下开基。仲伯公生有两个儿子：德仁、明十，德仁一支不知下落，明十一支则繁衍了下来，历经八世永聪、九世显贵、十世讳廷、十一世乔盛，直到十二世才分成万材、万宾、万珍三房。其中，八世祖永聪公曾任广东感恩县正堂补厅。

万七郎公裔孙十八世祖金芬公从大禾上梧迁入桃溪开基，传至今二十四世，现有 7 户 40 人。由于这一支的老者已讲不清祖先的情况，又未留有族谱，所以他们的历史已无从查考了。

九郎公裔孙七世祖玉公，妣钟氏、魏氏，共生八子，取名天采、天富、天定、天秀、天宥、天宙、天宇。相传天定兄弟八个原住武平县城东门坝，因天定公为人忠厚、老实，被兄弟们视为笨，时而受人欺侮。天定公凭一颗赤胆忠心，离家出走，遭受流离转徙之苦，来到武北，曾在石子岭下、湘村、鲁溪等地居住。据说，天定公常在梦中听到"睡下一点，睡下一点"的喊声，所以他从湘村迁到鲁溪，又从鲁溪迁到桃溪。迁到桃溪后，先在修姓人家做帮工，由他负责放养的母猪和母鸡常在今王家祠地点玩，所以他觉察到此地可能是一块好风水，可以建造祠堂。天定公与一修姓女子成婚后，便准备在此地建房。由于此地业权属马姓人，建房时受到马姓人的干涉。天定公为了缓和关系，又娶一马姓女子为妻。婚后修氏、马氏共生四子：槐、桂、湘、兰，传今二十七代，在本县内居住的计有 540 户 2781 人。

4. 马姓

据马姓报告人说，马姓武平开基祖马福通系马七郎后裔，大约于元末明初从连城四堡迁到武平霞辉（今下陂）开基立业。马姓在下陂繁衍七代至七世祖马世延，其中一子马银用从下陂迁至桃溪村，传至今二十五世，现有 7 户 43 人。

5. 文姓

文姓始祖文显，于明末由江西会昌县茶头岗迁来桃溪，传至七、八世时达丁口七八十，有上、下文屋之称。后来部分迁往广东，留居桃溪者传至今十九代，共有 5 户 38 人。

6. 范姓

武平县范姓始祖仲贞，大约于明代永乐年间由上杭湖洋岩康迁来，始居永平乡龙归磜，传二代后续迁大禾下湖村，传三代至范玉瑞，玉瑞后裔部分迁邓坑百上磜，部分迁桃溪村。桃溪范姓系玉瑞后裔七世祖振光从大禾下湖迁来，传至今二十二世，现有 4 户 20 人。

7. 李姓

桃溪李姓是民国时期本乡亭头村人李光荣与桃溪村民王荣德关系密切，王荣德劝其迁居桃溪的。1950 年，李光荣参军服役，复员后在桃溪娶妻成家，后生有三子一女。

8. 黄姓

桃溪黄姓是 20 世纪二三十年代，从江西樟树迁来桃溪开药店的黄克利一家。民国时期黄克利开一药店叫"万源堂"，他生有三子：恩其、恩仁、恩信。恩其、恩仁未生子，恩信则生有七子七女，七子仅存二子：祥龙、祥虎。祥龙在 20 世纪 40 年代迁上杭，生四子三孙。祥虎仍居桃溪，生三子：木生、东生、华生，父子四人一直都开药店。

三

桃溪村的村邻关系主要体现在通婚、械斗、争风水、联宗等方面。

1. 通婚

历史上，桃溪村的张姓、刘姓、文姓、马姓、范姓、李姓、黄姓等几乎是找王姓女子结婚，这一方面是桃溪村王姓人多而其他姓人少，各姓人找王姓结婚是自然而然的事。另一方面则是，这些姓氏具有找王姓人做靠山的意思，如一位王姓报告人说，1949 年前桃溪村马家有一个漂亮而能干的女儿，周围村落的许多富裕人家曾多次上门求婚都被他拒绝，但他在桃溪村的许多公众场合表示，如果桃溪村的王姓男子看得起，哪怕聘金低一点也可以，最后他的女儿自然也就嫁在本村王姓。可见，小姓人有与大姓联姻的意识。再说桃溪是武北的政治、经济、文化中心之地，自古只有桃溪村有嫁不出去的姑娘，而没有找不到对象的健康男人。有一首民谣说："有女嫁到桃地坝，有吃无吃都风化。"所以桃溪村抱童养媳的极少。桃溪村共有八个姓氏，各姓的男女青年多数在本村各姓之间通婚，与外村通婚的偏重于中湍、源头、大禾、新贡、江坑、湘坑坝、定坊等地的蓝姓、李姓。本姓人原则上不通婚，1949 年前一个也没有，1949 年后王姓与湘里大一郎公裔孙通婚的有两个，与武东丰田十郎公裔孙通婚的有一个。而王姓后裔十七世祖中的一支曾与鲁溪村发过誓不与之通婚，据说是双方曾经发生过激烈的械斗。

2. 械斗

在历史上，桃溪村曾与相邻村落居民发生过多次械斗，但留在现今人们记忆深处的却不多。据一位王姓报告人说，桃溪村于民国34年（1945）在本村发生了一场血腥械斗。起因是有亲公后裔第四房人有妇之夫王某某与有勋公后裔码头上人有夫之妇某某通奸，码头上头目王佐才对此极为不满。民国32年（1943）的一天，王佐才得知这一对姘头上山了，遂派数名持枪人上山搜寻，果然发现这对男女正在行奸，当场把这对男女打死。事后，王如伦、王和清（第四房头目）伺机报复。至民国34年（1945）5月13日，事前王如伦、王和清买通了小澜的头目张松昌。此日，由张松昌请王佐才及其弟兄们到小澜看大戏（汉戏）。王佐才失去警觉，而王如伦等则早有部署：第一个打死王佐才，其余则按设定的圈套伏击。当日，王佐才早早步行至小澜，正在一间酒店切猪肉时，第四房人王某某突然上前揽住他的上身，王佐才急速掏左轮枪，枪未掏出，另一个第四房人已经把刀捅进了王佐才的右腹部。接着，分别在墟上、路上等处枪杀了兜古等王佐才的同行。这一天共打死了七人。还有王光辉、王耀春等第四房头目未打到。从此，第四房人吓得要命，赶快卖田、买枪、筑土楼，严加防备，直到不久后来了中国人民解放军，上述诸人也被镇压了，双方才获得平安。

3. 本姓人争风水

祠背岭刘屋是兴汉公从江西迁来桃溪开基的，而上、下刘屋则是七世祖从湘坑湖迁来的。两支不同来源的刘氏本不相关，但为什么祠背岭的祠堂湘坑湖人也有份呢？据说，时忠公后裔得悉祠背岭有一地唤作象形，兴汉公后裔想在此建祠堂。时忠公后裔在湘坑湖梓叔的支持下想方设法争夺此地。他们采用了一个巧妙的办法，即凑钱在桃溪墟开设赌场和鸦片烟馆，然后怂恿祠背岭人去赌博、吸大烟。天长日久，祠背岭人积欠湘坑湖人很多钱而无法支付。在时忠公后裔的劝告下，祠背岭人把祠堂的地基卖一半给湘坑湖人抵债。由于地形有限，一地建二祠显然不可能，只好双方合建。因为风水先生是湘坑湖人请来的，而湘坑湖人又有意把它建成"发外"，所以就把象形的象鼻挖掉了一半，将山头分金由癸山兼子改为壬山兼亥。据说这位风水先生也确实高明，祠堂建成后的确发外，因而祠背岭人代代都有外迁的，直至近年都还有数户外迁的。

4. 王、刘、张等姓的联宗关系

湘里村王姓是王大一郎公裔孙，现全村有2000多人口，而桃溪王姓分别为六、七、九郎公裔孙，双方关系尚好。现在湘里王姓在桃溪村居住和开店的有 20 多户。

刘姓兴汉公为桃溪开基一世祖，兴汉公生六子，长子仲九公留居桃溪，六子千十四郎迁居大禾龙坑、湘村。湘村有刘姓人口 2000 多，相距桃溪 8公里，湘村刘姓与桃溪刘姓关系十分密切，尤其与祠背岭关系更为密切。祠背岭人少、湘村人多，湘村人遂成为祠背岭人的靠山。

刘姓时忠公为九世祖，光远公为七世祖。光远公来桃溪择基，时忠公来开基，故其后裔与湘湖、湘洋梓叔关系十分密切。桃溪与湘湖相距约 20 公里，今有公路相通，来往频繁。

小澜张姓与桃溪张姓均为化孙公后裔，彼此相距 10 公里，以前走小路桃溪墟至小澜，桃溪张屋是必经之地，梓叔间常有来往。

四

桃溪墟始于何时，现已无从查考，据老一辈人说是在鸦片战争前后。从开设至今大致经历了两个阶段。

1. 冷落的桃溪墟

从清代到 1978 年改革开放前，桃溪墟几乎都是冷冷清清的，其主要原因如下：

旧时穷人购买力差。1949 年前，土地大部分被富户所占领，一般百姓只有极少的田地或没有土地，加上耕作技术差、病、虫、水、旱灾害等，常常衣食无着，如衣服只有梅花兰、石西兰等粗布做的，且补了又补；所谓鞋通常只有木屐。有一首民谣反映旧时生活说："糠菜半年粮，火桶当衣裳，棕衣当被盖，照明点松光。"这样的生活水平，一般百姓还到墟市上买什么呢？购买力低，商人进货少。商品少，买的少，卖的也少，墟市就显得冷冷清清。

桃溪墟与贡厦墟同一日期。1949 年前桃溪墟与贡厦墟都是逢农历一、六为墟期，由于贡厦墟开设的历史较长，具有"三多"：产品多（既有百货又有油盐米豆），赌博摊子多，娼子多。所以，周边村落的居民以赴贡厦墟的为多。

乱墟现象时有发生。在墟肚里设墟时，街道不足 5 米宽，东西两边均是民房且全是桃溪村强房人的，虽然房主善良，但有一些好吃懒做的流氓、鸦片鬼，把赴墟人的鸡、鸭、兔等一转眼给拿走，跑进屋里去了，卖货者怎敢进屋去看呢？只好下次再也不来赴桃溪墟了。

地址多变。桃溪墟最早设在何处现已无从得知，民国时期是设在泉和店、万通店、同丰店这条街，称作墟肚里。1953年，改在今桃溪村部北侧。1958年成立人民公社后，把市场改为会场，市场设在坝垄里，这里地势低，常积水，市场上污泥、臭水不绝，所以到那里赴墟的人就比较少。

从1956年对私改造至改革开放前，商贸都由供销社独家经营，逢桃溪墟日去桃溪供销社购货者挤得汗流浃背，但墟市上却冷冷清清。

2. 繁荣的桃溪墟

1978年改革开放后，一方面桃溪墟建在中心地点，供销社、银行、信用社、邮电所、工商所、税务所、保险站、粮站、中心卫生院、兽医站等单位都在墟市周围。市场分上、下两层，楼下卖牛肉、猪肉、鸡、鸭等，楼上则卖成衣、布匹等。由于墟市位置适中，建筑牢固，设计合理，大家都愿意到桃溪赴墟。另一方面民众收入增多，生活水平有了很大提高，社会购买力增强，市场交易量明显上升，因此桃溪墟呈现繁荣景象。

近年旧镇改造后，桃溪墟共有大小店铺281间，墟市摊位245个，如今的桃溪墟如同一座小城市，市场管理人员严格管理，市场买卖公平，未再出现闹事、乱墟现象。

3. 贸易范围与周边墟市的关系

旧时武北的墟期分别为：桃溪、贡厦墟逢一、六，帽村墟逢二、七，大禾、小澜墟逢三、八，亭头墟逢四、九，店厦墟逢五、十。墟市以小澜墟为最大，大禾、贡厦墟次之。到桃溪赴墟的除本村人外，还有附近的定坊、江坑、鲁溪等小村，赴墟者不足百人。现在到桃溪赴墟的人数大量增加，其范围包括：属于桃溪镇的15个村；属于大禾乡的大禾、湘村、源头、龙坑、磜迳等村；属于湘店乡的尧里、湘洋、湘湖等村；属于永平乡的中湍、粟坑、塔里、瑞湖等村；以及长汀县的濯田、羊牯乡的周家地、余家地、杨梅坑、百上磜等村，赴墟人数少则两三千人，多则五六千人，桃溪墟繁荣了，小澜墟等则冷落了，而亭头墟、贡厦墟则停业了。

4. 主要产品及店铺

1949年前桃溪墟只有店铺六间，即泉和店、同丰店、万通店、美和店、敬业店、仁居店，以及药店两间：和元堂、万源堂。墟上没有米豆、油盐交易，只有装钉木排用的钉、圈、篾缆，生产生活用具如斗笠、尿桶、粪箕、锅盖、锄头柄、扁担、谷箩，以及蔬菜种子，敬祖、敬神的香纸、烛炮等。

现在的桃溪墟产品极为丰富，如百货布匹、京果海味、五金交电、建筑材料、水电安装材料、糖烟酒类副食品、成衣针织品、鞋袜、化妆品，饮食类有牛肉、猪肉、鸡、鸭、兔、鱼、水果、甘蔗、香菇、木耳、冬笋、苦笋、茶叶、粉干、面条、珍珠粉，以及当地的小吃，大小饮食店40余间，赴墟人想买什么有什么。当地人说，自从盘古开天地，要算现在的世代最好了。

五

在传统社会，村民之间日常的经济交往主要表现在买卖田地、山林、房屋，以及借贷钱粮等，在这些经济交往中，具有如下几个原则：①亲房有优先权；②公平交易；③双方自愿；④中介费一般为买：卖田 3%，买卖屋 4%，买卖人口 5%，买卖地基 6%。所以，在这些买卖、借贷的契约中，有下面这些格式：卖田地四至（东、西、南、北）分明；卖屋六至（除四至外，加上上至桁梁瓦角，下至地基石脚）分明；先问房亲叔伯，渠讲无人承受；托中送与某人亲戚出首向前承买；当日言定契价几多；倘有上手来历不明，出卖人一力支当；一批契内花边，一足付清；中礼花押由卖方或买方支付；在场房亲某某，中见某某，代笔某某。兹举数例，以见大概：

其一，买卖房屋：

立卖间房地基契字人刘某某，今因急用，自情愿将到祖父遗下有间房地基壹处，土名坐落本乡小地名濯树下祠堂右片横屋地基贰植，第壹、第叁共贰植，其界上至花台坎为界，下至忠先地基为界，左至祠堂河沟为界，右至坪主界，四至各有分明，欲行出卖，托中送与本家某某、某某出首向前承买，凭中三面言断，时值间房地基贰植契价"国币"贰百伍十元正，其边及契即日两相交付明白，不欠分厘，二比甘心并无逼勒，此系正行交易，不是准折债货等情，其地基与上下房亲人等并不干涉，倘有来历不明，出卖人一力支当，不涉承买人之事，其地基自卖以后任从承买人管业架造居住，出卖人不得异言阻挡，今欲有凭立卖间房地基契字一纸付与承买人为照。

在场房亲某某

中见王聪良

本日一批实领间房地基、契价国币

贰百伍十元正立领是实批照

民国卅一年四月初八日立卖间房地基契字人刘某某

代笔聪良

其二，买卖田地：

立卖骨租田谷字人王某某，今因急用，自情愿将到祖父遗下有骨租谷壹处，土名坐落本乡小地名连城坝有骨租田谷四桶八升正，原计禾税四秤正，其界四至面踏分明，欲行出卖，托中送与本乡刘某某出首向前承买，当日凭中三面言断，时值骨租谷契价"国币"捌拾贰元正，其边及契即日两相交付明白，不欠分厘，二比甘心，并无逼勒，此系正行交易，不是准折债货等情，其骨租与上下房亲人等并无干涉，倘有来历不明，出卖人一力支当，不涉承买人之事，其骨租谷自卖以后任从承买人管业收租，出卖人不得异言阻当，今欲有凭立卖骨租田谷契字一纸付与承买人为照。

在场房亲中见王某某（画圈）

本日一批实领骨租田谷契"国币"

捌拾贰元正立领是实批照（画圈）

民国二十九年十二月拾八日立卖

骨租田谷字人王某某（画圈）

代笔玉珍

其三，买卖山林：

立卖松杉树木岭土字人王某某，今因吉用，自情愿将到自己续置松杉岭土一块，土名坐落本乡小地名懒洋坑峨公行有岭一块，上至崇为界，下至田坎为界，内至艮为界，外至艮为界，各有四至分明，欲行出卖，托中送与本乡刘家广荣公裔某某、某某等出首向前承买，当日凭中三面言断，时值岭价小洋捌拾角正，其毫及契即日两相交付明白，不欠分厘，二比甘心，并无逼勒，此系正行交易，不是准折债货等情，其岭土与上下房亲人等并不干涉，不涉承买人之事，倘有来历不明，出卖人一力支当，自卖以后，任凭承买人耕种管业，出卖人不得异言阻挡，恐口无凭，立卖岭土字一纸付与承买人永远为照。

在场中见人刘某某（画圈）

房亲王某某（画圈）

本日一批加四个

本日批实领得过岭价小洋捌拾角正立领是实足批照（画圈）

民国癸酉年五月初三日立卖岭土字人王某某（画圈）

代笔人王琳

其四，借贷：

立借禾利花边字人刘某某，今来借到本乡亲识王丰德手内借过禾利花边贰拾元正，六五兑，当日面说每年实纳禾利谷六桶正，其谷的于每年秋月付清，不得欠少，如有欠少，即将坑头有田皮六秤正当在字内之谷，其谷不清，任从边主管业，借边人不得异说，恐口无凭，立借禾利字为照。

又一批屋面前坐塘一口当在字内三年某某名下有一年

在见人刘某某（画圈）

光绪卅一年十二月廿一日立借禾利花边字刘某某（画圈）

代笔人自己字

其五，买卖人口：

立卖小儿字人武邑叶坑头钟某某，缘向粤方承驳有小儿一口名黄阿某，年方七岁，今凭中卖与桃溪刘某某承买为儿，当日面说小儿身价时用流通"国币"叁仟零玖拾玖元正，即日随字两相交讫清楚，其小儿自卖之后，由承买人带回桃溪抚养，出卖人不得异言阻挡，倘有上手来历不明，皆系出卖人一力支当，不涉买人之事，二比甘肯，两无逼勒，恐口无凭，立卖小儿字付执为据。

在见人蓝某某（画圈）

杨某某（画圈）

蓝某某（画圈）

蓝某某（画圈）

民国癸未卅二年四月初七日立卖小儿字人钟某某

代笔人

村民的经济生活以耕田、放木排、撑船、开店、砍伐木材等为主，这些职业分布带有一定的区域性，其中张屋以放木排为主，神下王姓以撑船、放木排为主，开店者则多为村中王姓九郎公裔孙，其余多为耕田、砍伐等。由于撑船、放木排、耕田、开店等，我们在其他村落的报告中多有介绍，这里仅介绍砍伐一项。

入山砍伐又称"倒树筒"。倒树筒有一定的季节性，每年一般有四个时期可以倒树筒，一是惊蛰至春分未莳田时，此时不但是农闲时节，而且树皮比较好剥；二是立夏、小满、芒种、夏至这段时间，叫"杨梅树"；三是立秋后至白露前后，叫做"八月白"。另外就是立冬后一小段时间，叫"冬树"，因为冬树比较好用，也容易干透，所以也有不少人特别指定要冬树。

由于倒树筒是一项极危险的工作，所以规矩也特别多，如入山前需到公王处烧香，入山后第一件事就是先敬杨大伯公。如果原先已有杨大伯公神位，就要在此处烧香供奉；如果没有杨大伯公神位，那就临时在当阳之地的大树下铲开一个神位，然后烧香供奉。入山后的说话也有很多禁忌，因为怕伤害肉体，就不能说带有肉的东西，如说猪肉只能说"捆头佬"，鸡肉只能说"红面佬"，鸭肉只能说"浮筒子"，鱼肉只能说"摆尾佬"。又如，因为在当地人说服药为吃茶，故喝茶只能说"吃汤子"。其他如吃饭只能说"吃蜂子"，喝酒只能说"漫水子"，对这些隐语暗号不内行者犹如鸭子听雷公——听不懂。

入山砍伐通常是木材主从山主处买了几百棵树请一班人砍伐，一般为五人一班，这五人有不同的分工，其中挖头二人，负责铲平地面、形成站位；倒二人，一人负责倒，一人溜面；拉尾一人，负责拉坠树木、剥树壳。树筒倒好后，五人共同将树筒扛到交通便利处。扛树筒时，需齐心协力，所以常常要随节奏的快慢喊劳动号子。

这样一班人倒树筒，一般一天可倒15棵，所以一次砍伐时间大约持续半个多月。倒树筒危险大，工资也较高，视危险的大小，他们内部的工资也有所区别，通常分成四等，溜面者最高，倒者次之，拉尾第三，挖头最低。由于倒树筒主要是靠力气吃饭，所以年轻时有气力，工资高，生活比较好过，但随年纪增大后，力气也减弱，日子也就比较艰难，故在当地有"年嫩时倒树筒，年老后挂竹筒（意即挂竹筒乞讨）"之说。

至于一般百姓衣食住的情况，当地报告人说，衣着基本上一年四季不分冷暖都轮番穿着两套外衣。男的老人穿短侧上衣，中青年穿着唐装褂子，下半身都穿着"斗头裤"。所谓"斗头裤"，即裤管用直布、裤头用横布裁缝成的便裤，裤头阔大，穿着时折缠于腹前，另用小白带缚紧裤头打结。妇女们一般上穿长侧襟衫，下穿"斗头裤"。白天无论男女均不穿内衣、内裤。夏天，农民在田间干活时，男人不穿上衣，头戴斗笠，日晒雨淋。儿童在夏天亦不穿衣服，只在胸腹前围挂一条裙巾，当地人称作"兜肚带"。冬天，多数人身上仅加穿两三件单衣，老年男人穿长衫打面，下身仍穿着单裤。人们双手提着"火笼"御寒，这就是当地人常说的"火笼当棉袄"。少数人才有用双重布做的夹褂、夹裤和卫生衣。这些衣服的布料只有梅花蓝、石西蓝、天字毛茧等少数几种土棉布，纹粗质硬，童稚们被磨得痒痛。贫困者连这些土布衣服也无法及时更新，往往补丁加补丁，我们经常所说的"新三年，旧三年，缝缝补补又三年"成为当地生活的真实写照。

而脚上穿的则更是无法讲究，一般百姓在夏日里都打赤脚，晚上洗浴脚后穿木屐（当地人称为"广屐子"）；冬天则穿自家妇女做的布鞋。雨天穿着"鞋屐"——一种用布鞋做面，木板做底，钉上"弧骑钉"的鞋，走起路来刮刮响的鞋。凡出门赴墟、挑担、上山砍柴等，一年四季均穿用麻绳、稻草、破布等编织而成的草鞋。新草鞋较为粗硬，初穿者往往起脚泡。冬天穿之，冻得双脚红肿。

当然，村中上层人物如士绅、富户、商人及赌场中人的衣着打扮就有所不同，他们的衣服分别有寒、热衣，甚至有四季衣、绫罗绸缎、卡基毛尼，以及皮夹、棉袄等。而鞋类，夏天有"皮拖子"（牛皮做的拖鞋），冬天穿着布鞋、运动鞋、棉鞋、皮鞋等，雨天则有橡胶做的雨鞋，而出门穿布草鞋、布鞋或运动鞋等。至于出门做客，其衣着更是华丽，如《年初一》载："客人头上戴绫帽，身穿袍套阔和长。棉绸茧绸羊皮袄，汗巾烟袋在身旁。新衫新裤新帽子，镶鞋缎袜配相当。"

由于桃溪山多田少，粮食本身就相对紧张，加上贫富不均，一般百姓存粮不多。农民一年中除在稻谷收获期间三餐能吃饱饭外，秋冬季节则是杂粮瓜菜和稀饭，春夏饥荒时期则往往饔飧不继，需采集野生食物充饥。一般百姓通常是：早餐吃番薯或番薯干、番薯渣配稀饭；中午食芋头或红薯，再添少许干饭；晚上则是瓜菜和稀饭，填饱肚子就行了。若逢灾年歉收或农历闰四月、五月年份，则粮食更为紧张，往往以糠粄、谷粄充饥，甚至上山采野薯、百合、山羊蹄、野猪蹄、蕨蓝、金狗子、野苋菜、野苦菜、罗汉树叶、卜荷樟树叶、野蕉芋头等当食物度日。平日接待客人，餐桌上大多只有炒黄豆、豆腐乳各一小盘，煮薯粉团或米粉一大盘，以及一些蔬菜。有的加买几块豆腐和一壶酒，如此而已。至于猪肉、豆腐、酒同时俱有的，是招待珍贵的客人时才会有的。而杀鸡或兔、鸭等则是上宾之席。一般百姓平日买不起花生油、茶油，煮菜只有一大块肥肉在热锅里擦刷几遍，看油渍锅壁时即下菜烹煮。那块肥肉直擦至油尽成渣时才更换之。而食盐更是紧缺，一部分从上杭水运而上的"牛头包"盐，另一部分则由武平城肩挑而上的小包盐，挑夫要翻越当风岭，步履维艰，盛夏时节汗流浃背，故当地人有"盐过当风岭，六两当半斤"（旧时 16 两为 1 斤）的说法，意为挑盐人千辛万苦，汗淌盐包，盐的咸味增浓了。因此，盐价要比外地高。

除了祠堂、寺庙和少数富户的房屋比较华丽外，一般百姓的住房是土木结构的矮小瓦房，能用上石灰粉刷墙壁者寥寥无几。不少人还自筑土墙屋或杉木立柱、竹篾做壁、用竹片或杉树皮盖顶的屋，这种房屋低矮、阴暗、潮湿，仅可栖身而已。较标准的住房，其屋式多是中间厅堂，两侧横屋，有的还在厅前筑矮墙围成小院子，架起外大门，自成一居群。屋内多是泥地板，能用沙灰打地板者凤毛麟角。每逢阴雨霏霏的季节，地板潮湿，桌凳下生醭发霉。中等人家有厨房、饭厅和卧间。厕所、猪牛栏则多是用篱笆木桩搭成的。

室内的设施也比较简陋。饭厅里一般是一张四方桌、四条五尺凳，旁置一张小桌，上放饭甑、茶桶（里装锡茶壶或陶器茶壶）和盛粥盆。少数人家还有几张竹椅或太师椅，中壁前架着"香桌"，放上座钟。厨房里多数是用土砖沾黄泥浆砌成的炉灶，灶面用木板盖着以保持清洁。也有少数人家是用石灰粉刷的。卧间里人们住的是当地叫"猪兜床"的，四周床沿用木板框着，形状像喂猪的"猪兜"，故名。前面床前的木板较矮，便于上床睡觉。床前放着一张上有两抽屉，下连两层橱的桌子，此外还有单人凳、矮凳和木箱等，买有皮箱者属少数。卧铺多用稻草作垫，上摊草席和一张棉被，两个方漆枕，上挂夏布帐。少数富裕者才有毡、毯、褥垫、木棉枕（或绣花枕）、漂白帐等。

一般百姓日常生活用品，市场供应不多，百姓也购买不起。早上盥洗多数人家无牙刷、牙膏，不刷牙，只先用双手捧起洗脸盆里的水吸进嘴里漱漱口，再用毛巾擦洗头面了事。较富裕人家才备有牙刷、口杯、牙粉或"牙枧"（块状的牙粉凝固体）。夏天天气热，人们只有棋叶扇、纸折扇和用棕叶条编织成或用竹制扇架糊上厚纸做成的圆形扇，以扇风取凉或驱赶蚊蝇。当夜幕降临时，一般在饭厅桌角放块火砖，上放瓦片，烧着松光照明；不少人家点燃"竹蒸"（用竹片或小竹子，久泡于池塘水里，然后取出洗净晒干者），插在厅堂壁上照明。点"竹蒸"者还好，烧"松光"者弄得厅堂乌烟漆黑，污染得厉害，熏得人人鼻乌脸黑。能用上煤油灯、樟油灯照明者寥若晨星。妇女们洗衣服大多烧一束稻草，取其灰后用热水冲淋，用此灰水洗衣服；有的用榨茶油剩下的"茶枯饼"代肥皂洗衣服；也有用"肥朱子壳"（一种野生果，为皂荚树、皂果树的果实）的。能用上"番枧"（肥皂）者极为少数。洗衣、挑水、洗脸全用木桶、木盆，只有富户、商家才买有铜脸盆洗脸。而每天三餐必需的大米完全靠人力加工，先用砻去谷壳，再用碓捣米，然后用筛分出米和糠，最后再用风车把米扬净，当地俗称"办米"。一次"办米"下来是一个不小的工程。

六

桃溪村由于姓氏较多，所以以前建有不少祠堂与厅堂。祠堂主要有如下几座：

1. 张氏家庙

位于张屋，朝向巽山兼巳，外大门辛山兼酉，砖木结构，形象为象形牙窖穴，始建于十世祖玉鉴公时，分上、下厅。天子壁下书写有堂号：金鉴堂，而外大门则称作张氏家庙。据说是因为九世祖张恩，字近阳，曾在广东、山东及江西吉安担任过府太爷，所以可称张氏家庙。在天子壁下、栋柱、前大金、后大金、大门等处书有对联。其中，天子壁下为："良择桃溪地灵人杰千秋盛，公沛清河天宝物华万世昌"；栋柱为："百忍图千秋鉴万选钱家传至宝，汉韬略唐忠贞宋礼乐世衍名贤"；前大金为："堂势尊严昭奕代祖功宗德，孙枝蕃衍承万年春祀秋尝"；后大金为："耀门庭须读书积善，好儿孙必尊祖敬宗"；外大门为："青廉名宦地，齿德乡贤家"。

颇有意思的是，这座祠堂的门楼建在离祠堂有数百米的河岸边。据当地报告人张可周先生说，之所以这样建造是因为这座门楼在风水上"发外"，迁到四川、江西等地的后裔在当地都发了很多人，而留在当地的只有点灯烧香的几位，于是当地的张姓人就请风水先生在河边做了一座门楼，门楼建在离祠堂主体较远点的地方在风水上是允许的，所谓"千里门楼，万里水口"，而门楼离祠堂较远，风水反而能"发内"。

这座祠堂还有另外一个传说，据说做这座祠堂前张姓的一支五斗窝人人丁还是比较兴旺的，曾有18条刀子棍（意即有18个男子汉），做祠堂时风水先生曾吩咐，在打墙脚时，如果挖到了两个大黄石时就不要再挖下去了，不料就在挖到黄石头时，五斗窝一个贪玩的小孩子摔了下来，五斗窝参加挖泥的人一气之下就把这两个黄石头挖掉了。由于这两个黄石头在风水上象征"象形牙窖穴"的门牙，门牙被拔掉了，大象也就威风不再，所以五窝斗人从此衰落下来。

2. 刘氏家祠（祠背岭）

位于祠背岭，朝向壬山兼亥，砖木结构，形状似"象形牙窖穴"，始建于1500年前后。该祠大门上方写着"刘氏家祠"，外大门则写着"有容第"。外大门的堂联为："白水屏山绳子武，黎堂禄阁世孙谋"（"文化大革命"时被毁）。据说，刘姓在凿树下住了两代都不景气，原因是其祠堂来龙主脉已向下延伸至今王家祠处。所以仲九公决定在瑶前塘（现名祠背岭）建祠。但在建祠时被人暗中破坏，把本应做成"癸山兼子"的改为"壬山兼亥"，将象鼻挖掉了，所以有利于"发外"，代代都有人外迁，今天仍在祠背岭刘氏家祠附近居住的仅有26户161人。

3. 刘家祠（上、下刘屋）

该祠朝向为坤山，形象为"游鱼上滩"，土木结构，仅有上厅，始建于九世祖光远公时期。据说，祠堂建成上厅后，湘湖梓叔出来干涉，说有湘湖总祠即可，各房各脉不可再建祠堂，所以未再建下厅，当时入了香火，竖有神主牌，后因"文化大革命"被毁。

4. 王家祠（天定公祠）

位于村中，建造时间约在1575年。据说，天定公开基至第三代（十世祖）有文章、文笔、文华三兄弟。性急的文笔公认为，宁愿老婆不娶也要把祠堂建起来。于是祖宗三代建起了王家祠（即天定公祠）。王家祠在风水上的地形为"梅花落地"，朝向为：天子壁下乾山，内大门戌山，外大门坤山。共有上、下二厅和左右两个正栋间，为砖木结构，天子壁下立有神主牌。内坪埋有三个石礅子，以示三槐王氏在桃溪开基之意；外坪则竖有四条桅杆，象征着代有书香。

祠堂天子壁下、栋柱、下厅圆柱、内大门、外大门有对联多副。分别为：

天子壁下："五桂云盈祖豆扬芬绍旧烈，三槐媲美人文蔚起焕新猷"。（横批："三槐堂"）

栋柱:"脉本太原今蔚起人文自昔曾魁四杰,派向桃溪衍鼎新门第徙今好植三槐"。

下厅圆柱:"水源木本流恩远,春露秋霜感念深"。

内大门:"天赐梅花第,定衍三槐堂"。(横批:"王家祠")

外大门:"户植三槐花,门栽五桂芳"。(横批:"善裕后昆")

该祠曾于1930年庚午岁春遇大水、冬逢大火不幸被毁。1934年甲戌岁,由王作模牵头,靠出售公尝和募集,按原样重新建造。1967年"文化大革命"期间,祠堂受损,神主牌、木联、桅杆、匾牌等被毁。1994年重新成立了王家祠筹委会,资金部分按上神主牌人名每人40元收取,另一部分则靠裔孙募捐,现原状基本恢复,室内装修一新。

5. 王姓神下祠堂

六郎公裔孙六世祖仲伯公在神下开基,曾建有祠堂一所,朝向巽山,土木结构,现已毁。关于这座祠堂,当地有许多颇为有趣的故事:

据说,神下王姓人最先居住在神下的河对门,但风水先生在这里一看,认为这里的地形依风水理论看,不但不能住人,而且必须住到千里之外才能逢凶化吉,这当然是一件十分麻烦的事,不过风水先生又说,在风水上也有"隔河千里"的说法,你们就到河对门去看看有没有合适的地方,于是就从对门迁到了神下。

而迁到神下后,由于觅到了较好的风水,很快就有了发展,其中有一人还在广东某县当正堂。但是好景不长,这位正堂在广东不小心得罪了当地的有钱人。这位有钱人的儿子就去学行地理,一心想把这位县官老家的风水给破坏,使之罢官,绝人种。学成后,他来到桃溪神下,左看右察,很快就引起当地人的注意,当地人便请他看看祠堂的风水,他装模作样地看了半天,说这座祠堂做得不对,地势太高,别看现在出了个把县官,但终归是绝嗣地,要选择下面一点看不到水的地方,并把周围的七个箩墩打掉才行。当地人听信了他的话,结果在打这七个箩墩时,发现只有一个箩墩下没有东西,其他六个都有蛋,据后来的风水先生说,这些蛋在风水上是一种象征物,如果等其成熟,当地会出很多显贵。由于风水被破坏了,在广东当县官的很快就被罢免了,当地王姓又开始走向衰落,到1949年前,这里一直是一个比较贫困的地方。"土改"时评成分,这里只有两个下中农,三个贫农,其余的均为雇农。

那么，为什么王姓人在神下最后幸存下来了呢？当地人一位报告人是这样说的，后来又来了一位风水先生，家中的男人都出外撑船去了，没人接待他。这位先生也左看右看，一边看一边摇头，最后他端了一张椅子坐了下来，不久就走了。中午家中男人回来后，妇人告诉他这件事。他连忙往风水先生走的方向追赶，终于在定坊的义家边赶上了，连忙央求风水先生回去吃了中午饭再走。这位风水先生手里拿着一把小茶壶，说什么也不肯回去，但见主人确实诚心，就和他坐了一会儿，对他说："这要碰你的运气，如果运气好，刚才我坐的椅子如果没有搬动，你就照这个方向做一个门楼，比现在肯定要好得多，但如果椅子被搬动了，我也没办法了。"后来王姓人就在风水先生坐的椅子处建了一座门楼。据说，神下后来的发展全靠了这座门楼。

同样的故事母题还有另一种说法。据当地报告人张可周先生说，神下王姓人在听信广东有钱人儿子重修祠堂时，恰逢著名的风水名师廖炳先生路过，他见那些人一直挑土，将地基改低，于是就拿了一条凳子坐在旁边，自言自语地说："如果再要改低，点灯烧香的都会没有。"后来他见无人理睬便走了。他走过之后，主人才听说刚才路过的这人可能是风水名师廖炳先生，于是连忙派人前去追赶，一直追到牛皮湍才追到，恳求廖炳先生回去帮助看看，廖炳先生说什么也不肯回头，最后他对来人说，如果你家有福气，我刚才坐的椅子没有动，就在那里加建一座门楼，可适当挽救被破坏的风水。所以，神下王姓人就在祠堂外加建了一座门楼。

6. 马屋祠

位于王家祠右侧，朝向坤山，木质结构，建造时间约在 1600 年，分上、下二厅。其总堂号为"扶风堂"，堂联为"绛帐家声远，铜标世泽长"。马家祠旁就是王家祠，据说是王家祠的地基原先是马姓人的，王姓人在旁边开有一家豆腐店，但他发现他每次寻找母猪时，都发现母猪在这个地方觅食，于是就认定这里为风水宝地，为了在这里做祠堂，就讨了一位马姓人做媳妇，然后通过亲戚关系设法搞到了这块地基。

7. 文屋文王祠

位于村中，系文姓与王姓的一支合建的一座祠堂，位于码头上，朝向为坤山，建造时间约为 1932 年，木质结构，分上、下厅，坐向为坤山，因系与王姓人合做，故被称为"文王祠"，堂联为"信国昭日月，潞公品圭璋"。

8. 亲公祠（即有亲公祠）

位于王屋角，虎形，朝向：天子壁下为坤山，大门为乾山，砖木结构。

建造时间第一次为清道光五年乙酉岁，第二次翻修时间不详，第三次则于民
国24年乙亥岁十月十五日兴工复建。关于这座祠堂也有一个传说：有一年
桃溪村发生了特大洪水，其他三个兄弟都忙于搬东西，但有亲公是个穷光
蛋，且比较孝顺，只有他背着年迈的老父亲（俊发公）到山上，俊发公深
有感触，在路过现在有亲公祠堂地点时对有亲公说这个地方是虎形，风水很
好，以后就留给你做祠堂。后来，有亲公就在这里建起了祠堂，据说亲公祠
建成后，有亲公一房特别发达，其发展速度比其他三房总和还快。

9. 三房祠

系有声公、有勋公、有光公三房人合建的祠堂，位于村中，朝向坤山，
砖木结构，建造时间约为1940年。建造的原因是亲公祠建成后，亲公一房
十分兴旺，其他三房人时常受到有亲公一房人的欺负，为了改善风水，使人
丁兴旺起来，于是就联合起来建了一座祠堂。

10. 瑞湖人的刘家祠

朝向乾山，土木结构，始建于何时不详，重建于1990年。

11. 蓝家祠

位于现在的学区，砖木结构，朝向乾山，1950年拆除建区政府，现成
废墟。

除祠堂外，还有大量的厅堂，1949年前原有而现已毁的有茂槐居、植
槐居、绍先第、仁寿第、爱吾虞、和乐居、德和第、槐荫居、修屋厅、赖屋
厅。现存的厅堂如表3－1所示。

表3－1　桃溪村现存厅堂

名　　称	坐向	结构	名　　称	坐向	结构
井香第	坤山	砖木	宏一公厅	坤山	砖木
务缋第	巽山	砖木	保鉴居	巽山	砖木
仁浪居	巽山	木质	范屋厅	坤山	木质
培槐居	坤山	砖木	福安公厅	艮山	木质
善隆居	艮山	砖木	维养公厅	艮山	木质
龙蛟公厅	乾山	砖木	荣德公厅	艮山	木质
化龙公厅	坤山	砖木	金芬公厅	坤山	土木

注：下泉背岭仁浪居的堂联据说是刘光第撰写的，其联文为"何时翠竹江村路，今日仙桃石洞
人。"龙蛟公厅又称作"传经第"，内大门堂联为"源寻白水家声远，水荫青藜世泽长"，外大门堂
联为"庆积桃源世第，光昭藜阁名家"。

修建祠堂、厅堂的目的是祭祀祖先，而祭祀祖先的形式主要有如下两种：

祭祠堂。祭祠堂一般要在兴建祠堂、重建祠堂、复修祠堂需举行入香火仪式时才举行，有的在春分祭墓时也会举行简单的仪式，如读祭文等。王姓天定公祠和张氏家庙均因"文化大革命"时受到不同程度的破坏，分别于1994年和1996年进行复修，重新制作神主牌，举行入香火仪式时进行祭祠堂。

祭祠堂事先要确定主祭生和礼生。主祭生应是辈分最长或功名最高者担任，礼生则应选择懂规矩又有一定功名者担任。1994年王姓天定公祠复修时由二十世王应春担任主祭生，礼生则分别由王德猷、王凤光、王城、王如昂等人担任。祭文由礼生撰写，也由礼生读，其大意是为祖宗歌功颂德，祷告祖宗保佑后代兴旺发达。祭祠堂的具体仪式如下：

一礼生喊：肃静！排班！（指全体人员站好队）主祭生就位！（指主祭生面向灵位）鸣炮！（指放鞭炮）鸣金！（指打大铜锣）献花！（指杀猪或羊）奏大乐！（指吹长筒鼓手）奏小乐！（吹短筒鼓手）主祭生向灵位前行初献礼！

一礼生喊跪！一礼生喊拜！一礼生喊起！这些动作连续九次，叫九跪九拜。

一礼生喊初献酒！（主祭者敬酒）初献茶！（主祭者敬茶）初献鸡！（主祭者移动一下桌上熟鸡）初献豕猪！（主祭者移动一下熟猪肉）初献鱼！（主祭者移动一下桌上熟鱼）初献果！（主祭者移动一下水果）初献财帛！（主祭者移动一下财帛）。

初献礼时，在主祭生跪、拜时，备祭生亦跟着跪拜。由于主祭生往往年纪比较大，初献礼后一般稍事休息一下。接着，一礼生喊复位！主祭生向灵位前行亚献礼，亚献礼与初献礼的仪式基本相同，也要九跪九拜七献礼。亚献礼后又稍事休息再进行三献礼。

一礼生喊：再复位！

主祭生向灵前行三献礼，仪式同上。三献礼结束后，接着由声音洪亮的礼生读祭文。读祭文应跪着读，主祭生、备祭生亦应陪跪。祭文读完后，礼生喊起！大家都起来，礼生大声喊：放炮！奏乐！此时锣鼓喧天，鞭炮齐鸣，大乐、小乐一起奏，十分热闹。祭祠堂到此结束。

神下王姓人在武平县东团还有比较大的蒸尝，所以每年东团祭祠堂时都会提前通知他们。东团祭祠堂有一个特殊的规矩，即由于一世祖生有十个儿子：万一、万二、万三、万四、万五、万六、万七、万八、万九、万十，所以祭品中的大猪必须分十份分配，依长幼顺序为万一郎公裔孙为猪嘴巴，万二郎公裔孙为猪头皮，万三郎公为"曹头"……直到万十郎公裔孙为猪屁股。其中神下万六郎裔孙每年分的猪肉为软排。

祭墓。桃溪村的祭墓一年分春分、秋分两次。祭墓的顺序都是从上代至下代，本地开基始祖为最早，参加祭墓人员既有规定又靠自觉。说规定是，祭祀天、槐（桂）、文、子、富、立、发、有八代时，凡有份的房系都要有代表参加，不得有缺；说自觉是，房房脉脉都有不少人自觉参加。据说参加了上代祖宗祭墓者不是有添丁，就是会发财，所以许多人都自觉参加。这种说法既可能是后代的编造，也可能是上代祖先为后代有人去祭墓而许下的"诺言"。因此，各房各脉都照此组织形式去祭墓。

在本村附近的地方祭墓比较简单，去外地（如去上杭官庄余坊岗）祭墓则比较复杂，一般要请鼓手，宰杀一头猪或羊，而本地祭墓则多半不用鼓手，不宰杀猪、羊，只在墓地上杀一只鸡公，摆上猪肉、鱼、鸡、米粄供奉，发香纸、烛、炮等即可。祭墓者要整理好墓地和周围的环境卫生，祭墓时要跪拜、进香。

此外，祭墓时还要纳喜事，即谁家在当年添了男丁，在春分祭墓时要纳一至两代喜事，一代一次交 10 斤糍粑，这些糍粑就由参加祭墓者吃掉或分掉，有的小房、小脉某一年新丁添得多也有按男丁分糍粑的。

关于祭墓，张屋还有一段传说。据一位张姓报告人说，张恩的墓在离桃溪 30 里的永平村，由于路途比较遥远，所以刚开始许多人不愿参加祭墓，但后来大家发现凡是参加了祭墓的，回来后都会添丁，于是后来去的人就多了。另有一种说法是，这座坟墓叫"庚鼓地"，如果某年听到庚鼓响了，当年桃溪张屋就会出了不起的人物。

七

桃溪村的寺庙与神坛主要有如下几处：

1. 东林庵

东林庵最先设在陂里牛卷岽。据说张姓六世祖良公从陂里迁来桃溪开基后，其子七世祖玉鉴公发财起家，崇信神明，便在陂里牛卷岽建起了庵。由于牛卷岽太偏僻，朝神人少，自己去朝神也不太方便。经与陂里人商量，便把庵移到桃溪来。张屋人当然要把庵建在张屋人的地界内，这时从火烧窝以上至丁坑窝都是张屋管业的地方，于是选择火烧窝上方建庵。此地是一片以松木为主的森林，庵坐向东，故取名为东林庵。根据主建人张玉鉴生活的年代推算，建庵时间约在 1540 年前后。

东林庵的主神是定光古佛。据当地报告人说，定光古佛原来是人不是神，原姓郑名自严，在江西出生泉州长大。年幼失母，13 岁出家。经过几十年的勤学苦练，学到不少法术。他用高超的法术劫富济贫，到处为穷苦百姓做好事。如有一次百把人在工地上吃饭，他上前过问，工人先把自己的午饭拿给他吃，然后叫他去看实在难筑的水陂。他看后使出法术，脱下草鞋，这边丢一只，那边扔一只，不多久便凸起一座牢固的石陂来。

定光古佛又是怎样成佛的呢？据一位报告人说，当地有这样一个传说：

宋朝有一位皇帝十分孝顺母亲，母亲死后仍十分想念。于是，他下令说有谁能使他的母亲显身与他对话，他就封其做官。有人建议说，请 100 个和尚来作法总会有办法。皇帝便请了 100 个和尚前来作法，其中就有郑自严，但他嫌郑自严个矮貌丑，不想要他参加。可是郑自严不参加只有 99 个和尚，无法凑齐 100 个，无奈只好叫他参加。在作法过程中，其他和尚作法只能使皇帝与其母对话，而不能使其母显身。最后，郑自严说："我来试试！"于是，郑自严灯芯搭台，坐在台上念咒，果真使皇帝母亲显身了，并与皇帝对了话。皇帝要封郑自严为官，可是他不应声，封了几次都不吭声。皇帝说："郑自严！你怎么像古佛似的？"这时，郑自严即跪下谢恩。此后，郑自严便成了古佛。

桃溪东林庵的定光古佛像是从岩前狮岩抬来的。据一位报告人说，清朝康熙年间，有一年桃溪旱灾特别严重，村民十分着急。张屋人遂牵头去岩前狮岩请定光古佛来桃溪清醮一日。打醮后，果然十分灵验，上天降下了及时雨，桃溪村各姓人氏更加敬重定光古佛，一时香火极旺。不知不觉，定光古佛来桃溪已不少时日了，该送它回岩前了。但当菩萨抬至桃地坳时，新轿杠断掉了，虔诚的弟子们觉得事出有因，便通过僮子拜请问佛。古佛说，桃溪的香火很旺，愿意在桃溪落下。于是，张姓十五世祖嵩磷公前往岩前协商。征得同意后，嵩磷公付给 50 个银元，请岩前人另施一尊佛像。从此，岩前的这尊定光古佛像便留在桃溪东林庵，接受子民的崇拜。

旧的东林庵在"文化大革命"时被毁，所有菩萨都被毁坏。现在我们见到的东林庵重建于十多年前，经过十多年的完善，基本恢复了旧时的庵状：巽山朝向，土木结构，分上、下二厅，外有厨房、宿舍等。庵中有定光古佛、大古佛、细古佛、三古佛、弥勒佛、观音菩萨、吉祥菩萨、财神菩萨、五谷菩萨、十方三宝、十八罗汉等神像。每逢初一、十五及初九、十九、廿九，都有上百人次来此求神拜佛，春节前后来此还愿、祷告、祈保、许愿者络绎不绝，许愿、还愿的金额少则数十元，多则数千元，捐资长年经的每户12元，总计有五六百户。

2. 福主公王神坛

福主公王神坛位于神下，朝向巽山，正中竖有石碑，碑中刻有"福主公王之神位"的碑文，此外还有座石、角石等。神位前有三块大石板、三个石香炉，依次分属张、刘、王三姓人。祭祀公王每年有两次最为隆重，即年头一次，年尾一次。年头一次为正月初一至初三，选择日辰较好的一天前往进香，这天，张、刘、王各献一"花"（即杀猪），此称"开春"。其中有三条规矩：①在举行仪式期间，谁都不准说话，即使路逢亲友也不打招呼。据一位王姓报告人说，之所以"开春"时不准说话，是因为无意中说出的不吉利话往往会应验。如有一年，一位老者和许多小孩子一道去公王神位前参加"开春"仪式，由于孩子们争先恐后，不断地挡住老者的去路，于是老者好意地对孩子们说："小弟弟，你们先行"，不料，这一年桃溪村的小孩子死得特别多。原因是在当地人的习惯语中，先去世也叫做"先行"。所以，每年的开春时刻，人们都尽量不说话，气氛严肃得很。②献"花"要让张姓为先，张姓人未献"花"，其他各姓谁也不准抢先。据说有一年，开春时，王姓人先来，张姓人迟迟未到，一些王姓人自恃人多，不愿意让张姓人先歼猪，自作主张地自己先歼起，但在歼猪的过程中，猪一挣扎，歼猪的王姓人刀一脱手，扎在自己的大腿上，鲜血直流，从此以后王姓人再也不敢自己先歼猪了。③每人要打一张"花纸"（一张草纸拿到猪脖子上沾点血）带回家去挂在猪栏壁上祈保六畜兴旺。"开春"是一个十分隆重的仪式，即使现在全村800多户，每年参加的起码都有700多户。年尾的"祭公王"在大年三十这天早上，每家每户都要到公王下进香、割鸡公，其意是感谢公王一年来的保佑。

还有一位报告人说，桃溪的公王与湘村的十二公王是兄弟俩。有一次，桃溪一位船老板到峰市做生意，准备第二天回桃溪，那天晚上有人来说请他第二天等一下，有两位"老大"要搭乘他的船回桃溪，第二天一早他准备开船前飞来了两只鹅，怎么赶都赶不走，却左等右等也不见两位"老大"前来坐船，他只好撑船回桃溪了。不料一到桃溪，其中较大的一只鹅就飞到神下公王坛不见了，而另一只较小的鹅则往湘村方向飞走了。这时，船老板才如梦初醒，原来两只鹅就是两位"老大"，而"老大"就是"公王老大"。有一年桃溪村打醮时，僮子还说他是湘村的十二公王，是桃溪福主公王的弟弟。

此外，据说是因为水口的福主公王在风水上的地形是"鹅形"，所以全村人都不准养鹅。若谁家养了鹅，全村人的牛、猪都会患瘟疫，故数百年全村人谁都不会去养鹅。

3. 义冢

义冢位于村尾1公里处，朝向艮山，建筑简陋，仅有一块平头大石碑，碑上刻着"义冢"二字。祭义冢一年一次，祭义冢时要读一篇祭文，献一大"花"（杀猪），众人烧香，不用鼓手。"文化大革命"时义冢被毁，近年又复修。

4. 天后宫

天后宫位于下河西，朝向乾山，砖木结构。原宫内正殿座供奉"妈祖嬷太"，设有香桌、香炉等。"文化大革命"时被毁，未再复修。

5. 孝经馆

又称为"后局"。所谓后局，其全称为"武北团练后局"，故常被人简称为"武北后局"、"后局"。由于地点设在桃溪，也有人称作"桃溪后局"。孝经馆创设于清咸丰二年，具体创办人为张文益和王国英，故民谣说："张文益、王国英，打破神坛作孝经。"意思是说他俩把孝经馆建在神坛边，把神坛的风水都给弄坏了。

孝经馆及武北团练后局的创设与太平天国运动有很大的关系。太平天国运动爆发后，清统治者为挽救垂危的统治，除调集八旗军和绿营兵进行围剿外，还指令各省举办团练镇压太平天国。1852年，山东淮县人陈应奎从安溪调任武平知县，他为了防备太平军入境，一上任就"修城浚濠，练勇备械"，令全县各地普遍整顿，建立团练。他把全县划为五个大区，设立了五个练局：岩前叫前局，城关叫中局，桃溪叫后局，左田（今武东）设左局，东留设右局。

武北后局具体地点建在桃溪神下，背靠羊角峰，门迎亭头河与桃澜河的合溪口，占地约两亩。前面是一座高大的门楼，上书"武北后局"四个大字，门两旁书联曰："羊角峰峦万里，桃花浪涌千层"。进了门楼，中间是一块约 400 平方米的大坪，用于操练，左右两边是平房，均可住人，坪的尽头正中是一座大屋顶、有檐牙的两层楼房，楼房四周的墙是三合土皮黏土筑成，中间柱头起梁，木板隔壁。三开间，中间是大厅，两边是厢房。楼上大厅正中立有三块神牌，分别供奉关圣帝君（关羽）、文昌帝君（周文王姬昌）、姜大圣人（姜子牙）三尊神。廊檐上有镏金匾书"三圣阁"三字。楼下大厅正中竖一块大石碑，碑上镌刻咸丰八年为抵御太平军入武平而死难的30 名团勇姓名，碑旁刻有王国英撰写的联文："团成众志归忠孝，练就群英树德勋"，首嵌"团练"二字。

武北后局的具体创办人和主事人，是桃溪村的张文益和王国英。张文益是桃溪村的张屋人，在当地有一定声望，也会一点武功，主要负责训练和指挥作战。王国英系道光年间秀才，文墨较好，总理筹建，兼管文牍、财务。

武北后局的主要活动是"训练壮勇，保境安民"。选武北 64 个乡（64 个自然村）年龄在 20 岁至 50 岁之间的精壮男子，"春夏秋月操二次，至冬操三歇五"。"有司训练，遇警调发，给以行粮，而禁战役敝买之弊。"训练者先拜三圣，念孝经，晓以忠孝节义之理，然后再教习练武。

武北后局成立后曾多次与太平军交锋，兹举三例，以见大概：其一，民国《武平县志》之《邑侯陈公靖寇记》载："咸丰三年四月癸巳，寇犯邑南之下坝。时阴雨连绵，警报至邑，民汹汹莫知贼多寡，思远遁以避其锋。邑侯陈公，乃下令禁讹言，止惊扰，慎稽察，缉奸细；延访绅士，为设方略，筹资粮遍悬赏格，集城厢壮勇三千五百，协营兵数十往剿；调东北各乡壮勇数千守城，相缓急以为后继。"

其二，民国《武平县志》之《大事志》载："咸丰八年戊午（1858）红会据武所城，谋袭县城。知县陈汝枚因公下乡，会党刘四妹聚众数十人，闯入县署，坐大堂。先是，连岁兵兴，邑人士忧之，有孝经团练之举，借神道设教，俾民心有所系属，不为会党所惑。前一夜，万安士绅谢平□得汝枚书，令召集北区团勇；立遣丁驰召，中途则团勇皆执械而来。各区皆传神降言，邑中有急，宜星夜前赴，不期而集者数千人。"

其三，民国《武平县志》之《祠祀志》载："清咸丰八年，因洪秀全余党窜入濯田，势将侵入我邑，该义士张文益等，桑梓关怀，慷慨请缨，督率北区团练乡勇往黄峰岽拒寇，因众寡不敌，致有三十人殉难。然因此一举，该寇不敢侵入武北，地方得安。经县详请旨，追赠张文益五品军功。地方人士钦其忠烈，在北区团练后局，立木主以崇祀。"

由上可见，咸丰三年四月，太平军犯邑南之下坝，陈应奎乃下令调东、北各乡壮勇数千守城，相缓急以为后继。可见，各地团练一经创设、整训，就成为官府得心应手的工具。咸丰八年，太平军余部进入濯田，势将进军武北。武北后局张文益等督率武北团练乡勇往黄峰崇抗拒太平军。由于众寡悬殊，武北团练有 30 人战死，故在后局楼下大厅正中竖有一块大石碑，刻有此次死于抗拒太平军的 30 名团勇的姓名。

武北后局还有固定的尝产，叫"崇文尝""文课尝"，其收入用于奖励学习优异取得秀才、贡生等功名，或后来的中学、中专、大学毕业者。凡武北六十四乡人中考取功名或获得毕业者，都先到武北后局报到，然后由后局派人护送，并雇请鼓手甚至轿子送其荣归。

武北后局还受理民事纠纷案和较小的刑事案。审案的公堂就在"三圣阁"楼厅里。有一个叫"长关会"的组织，制定了一整套"乌法"（与"王法"相对而言，属地方性的乡规民约），用于调解纠纷，审理案件，维护地方秩序。

光绪二十年（1894）以后，永平寨巡检司移驻桃溪后局。寨巡检司，原额设巡检 1 名、皂隶 2 名、弓兵 20 名。同治、光绪以后，几经裁汰，兵丁所剩无几。至光绪二十六年义和团运动之后，与练局合并，已无常设兵丁了。

民国以后，武北后局及永平寨巡检司均告解体。而"崇文尝""文课尝"和"长关会"则还存在一段时间。民国 27 年桃地保国民学校设立后，其尝产收入归国民学校。房屋于 20 世纪 20 年代坍塌，其遗址现已建民房。

桃溪村的打醮有保苗醮、朝山醮、打大醮、回神醮等。

保苗醮时间为农历四月十七日，出台菩萨是五谷菩萨，1949 年前每到保苗醮时，村民都会扛着东林庵的五谷菩萨到田间巡视，以示祈保禾苗丰熟、五谷丰登。

朝山醮日期为农历八月二十四日，而所朝拜的菩萨则为梁野山的定光古佛。每年的八月二十三日，桃溪村就会组织人员前往梁山顶，扛着定光古佛回桃溪，一路上彩旗招展、锣鼓喧天，大乐、小乐、纸炮齐鸣。朝梁山的人数因梁山庵内住所有限，故只能去二三十人。

打大醮又称"放焰口"，时间为农历十月的十一日至十五日，为期五天，每天都有很多活动，但以十五日最为热闹。旧时有缘首会主持这一醮事，缘首会有田，轮到谁做会首，田租归谁。会首从十月十一日至十五日的五天期间，每天中午要备煎粄、豆腐、萝卜、干饭供和尚、鼓手、会员吃午餐，每餐有五六桌人。"土改"时把田分给贫雇农，会餐就不再有了。缘首会至"破四旧"时才消失。

回神醮时间定在十二月十五日，是商人们在正月许愿，到年终以打醮形式进行还愿的一种活动。

桃溪村打醮的菩萨大多到本村的东林庵去迎接，东林庵没有的菩萨，如齐天大圣、玉皇大帝等就另具神位。主持打醮仪式的和尚也一般为东林庵吃长斋、三戒的专职和尚，如曾才仁师傅等。自从20世纪40年代才仁师傅去世后，一般就请小澜黄狮宫、亭头平武山的和尚主持。鼓手则一般请湘坑村的曾师傅。

打醮的仪式主要有如下几个过程（以十月半为例）：

迎神。又叫"等菩萨"。打醮的前一天下午，虽然菩萨已经在庵中，但也要一一拜请以示迎神，其中所缺的菩萨要立神像。迎神时要上红榜、疏章，说明要举行清醮一场。选好时辰（一般为子时或卯时）接坛、发表，以示清醮开始。请神时还要具幡竹，幡竹用一根带枝叶的鲜竹立于庵门外。

安放好纸扎。纸扎有山大人、四大金刚、金山银山、牛头马面、十殿阎君、二十四孝、鬼门关、一见大吉，还有百束孤衣（一束有数十件）。其中，山大人放在幡竹头下，四大金刚、金山银山、牛头马面放在大门左右两侧。十殿阎君、二十四孝放在上下厅左右两侧靠墙壁，孤衣挂在梁上和墙壁上。

纸扎师傅在民国以前是谁无从得知，民国时期则有本村王茂松师傅。

打醮期间早晨做早朝，中午做午朝，晚上做夜朝，在此期间和尚念经，理事长陪香，鼓手敲锣打鼓、奏小乐。此外，上午、下午和尚各念经两次，鼓手吹打两次。

身穿百块衣、头戴金山帽的和尚一边打小钹，一边念咒，主理事陪香，和尚师弟及副理事，吃花斋、皈依斋友等就拜佛，一天拜一千佛，五天则拜五千佛。鼓手师傅打一场锣鼓奏一次大乐、奏两次小乐，弹一曲扬琴，边弹边唱。有时有两班鼓手进行比赛，在屋梁上挂一个大红包（叫上风），哪班鼓手吹得好谁就去拿上风，互相之间竞争得十分激烈。这时，旁观、旁听的村民不计其数，挤得满屋都是，实在热闹得很。

在福兴坝（石子头坝）搭台，有时搭北台和南台，北台做大戏，是从广东请来的"老三多"或"荣天彩"汉剧班子演汉剧。南台从上杭白砂请来的木偶戏班演木偶戏。侧旁及中间空地设赌博摊和水果摊。从十一日至十五日，男女老少穿着最漂亮的衣服、鞋袜来看戏、听乐曲。

各家主妇在家煎煎粄，煮豆腐招待客人。

到十五日夜晚，不再演戏，北台由和尚师傅坐台、念咒，鼓手在台下奏乐，缘首会的人员在溪岸发烛、烧香，长达数百米。坐台一两小时后，开始在石子头坝（下端）放施食。放施食有缘首会组织放的，也有村民许愿、还愿的，一般年份有四五十桌，有时甚至有上百桌。所谓桌是以草纸代替放在地上成桌状，席面有煎粄、煎豆腐、煮粉干等。一位老成人手执纸扎一见大吉，到各桌去喊："八人一桌，分分相相，慢慢吃！"喊完熄灯（意思是好让鬼神吃），约摸过了四五十分钟，老成人持着一见大吉喊："吃饱了散席！"顿时，许多人前往抢施食，实际上并不是抢食物，而是抢碗头、抢碗，人多哄抢，踩烂的不少。之所以放施食要设在石子头坝，因为所谓放施食是叫孤魂野鬼来吃，所以不能在居民点旁边，而石子头坝在河边，且较宽阔，又在大自然村下游远离居民的地方，所以放施食都设在这里。

到了最后一天晚上进行圆醮，先发烛、洒水、上香，然后砍幡竹，烧纸扎，送神，打醮结束。十六日早晨开斋，鼓手、理事人员及其他协办人员喝酒、吃肉，饭后结账。

保苗醮、朝山醮、回神醮比较简单，为期只有一天，地址也在东林庵，不搭台、坐台，不用纸扎，不用戏班，拜佛也只拜一千诸佛。

除打醮外，敬神的方式还有念经等。集体或个人遇到灾难，或者个人在求签、卜卦时认为运气不佳时往往会起念经。如民国二十年（1931）桃溪发生了牛瘟，村民起了五天皇经，在福兴坝搭台念皇经，牛瘟得到遏制。近十几年来，念经重新得以复兴。1999 年，大禾龙坑、本镇鲁溪等地从江西传入牛、猪五号病，桃溪东林庵起了五日经，也念了五日经。张屋人还把定光古佛像扛到张氏家庙去打醮、念经。外出做工、经商者为祈保生意兴隆、四季发财起了经，在家务农者和老年人为保平安、保丰收、保寿年也有不少人起了经。

念经的经文种类有 20 多种，较常见的有金刚经、弥陀经、观音经。金刚有八大金刚和四大金刚。八大金刚为青除灾金刚、辟毒金刚、黄随求金刚、白净水金刚、赤声火金刚、定持灾金刚、紫贤金刚、大神金刚。四大金刚为金刚眷菩萨、金刚索菩萨、金刚爱菩萨、金刚语菩萨。但在桃溪村以念弥陀经和观音经较为普遍。

念经较为简便，不请鼓手，不用纸扎，三人念经，有十或八个人帮助，而念皇经则要人多，上午、下午八个小时不停地轮流念。早晨要上供，中午做午朝，晚上做夜朝，念完回神。

旧时，无论打醮还是念经，家家户户都要食斋，一律不准食肉。理事人员在位期间要戒色，入庵进香者要事先洗澡更衣。

打醮、念经曾在1958年后相当长一段时间停止了，20世纪80年代后有所复苏，但不再那么严肃。庵下在打醮，家中在吃肉，只有在庵的和尚、鼓手、理事人员、斋友等人食斋。放焰口那一套仪式则已经消失，十月半也只有十五日这一天为醮期日。

旧时有"缘首会"、"妈祖会"、"三官会"、"朝山会"、"油灯会"等。各会都有会田，各会也都有理事组织。会员轮流做会首（做头），会首要负责会期日主持敬神，设宴招待会员。做会就是总结、交谈本会有关事宜。"缘首会"是旧时桃溪村最大的一个会，做会时间从十月十一日至十五日为期5天，会员有100多人，基本上按姓氏、房脉，每姓、房均有代表参加，每天中午会员来会餐。席面有糯米煎粄、煎豆腐、豆腐角子配黄花菜煮汤、木耳配萝卜等，光吃饭不喝酒。"土改"时会田被征收，"土改"后各会不解而散。

第二节　小澜村的宗族、经济与神明崇拜

小澜村是旧时闽西武北的陆上与水利交通枢纽，也是武北六十四乡的经济与文化中心之一。分析旧时小澜客家的宗族社会与神明信仰，对于理解武北乃至整个闽西客家的传统社会结构与原动力都有着重要的意义。

一

小澜村位于武平县北部桃溪镇的东北10公里，东与长汀县的周家地、余家地两村接壤，西与桃溪村毗邻，南与大兰圆、火夹水两村交界，北与湘店乡的三背相连，方圆10多华里。现有3979人，耕地面积1700多亩，山林面积43000多亩，是一个典型的山多田少的地区。

小澜村位于一块山间平地上，小澜河水如玉带蜿蜒在平地上。这条河堪称武北的众流之汇。民国《武平县志》记载："北区贤坑之水，经坪坑、湘

村，合上湖、龙坑、大禾、露溪，入于桃溪。北区昭信之水，曲折二十里，经帽村、中湍，入亭头，合塔里、江子口水，合与桃溪，其流始大，深可通舟。经陂口，则浩甲、大水坑水入之，以达小澜，出河口，汇汀河入杭。"足见其水上交通的地位。据说，小澜村的得名也与这条河流有关。一位70多岁的老人说，小澜村境内溪流湍急，沿河有大鱼潭、小鱼潭、黄石峰、卷浅峰等急水滩，水势汹涌，但与江河湖海的狂澜巨浪比较，则还是小小波澜，遂取名"小澜"。此地在陆路上又有大路与长汀、上杭相通，这条大路是武北通往长汀、上杭的要道之一。因此，小澜是旧时武北六十四乡的一个交通枢纽。

由于小澜的水陆交通枢纽地位，使得它与武北大部分村落如帽村、大禾、亭头、湘湖等单姓宗族聚居不同，是一个多姓宗族聚居的区域。这里现在聚居着张、陈、余、刘、朱、罗、邓、魏、温、钟等十几个姓氏。其中张姓主要聚居在下河西张屋墩，总人口约1800人。陈姓主要聚居在河东陈屋墩，总人口约为710人。余姓主要聚居在上河西余屋、下河西中间余屋和下余屋，总人口约630人。而刘姓则主要聚居在墓堂里和伯公下，总人口约600人（见图3-2）。张、陈、余、刘姓合计3700多人，占全村总人口的90%以上，为当地的大姓。而其余各姓人口多在几十人以内，最少的仅1户，几个人而已。

张、陈、余三姓中，又以陈姓最早来小澜开基。据当地报告人陈能秀先生说，陈姓开基始祖千五郎公约于元初从长汀迁来，因见陈屋墩一带地势开阔，形似"挽篮"，符合通常所说的"鱼住深潭，人住挽篮"，遂定居于此。陈姓在小澜开基后，连续七代人丁不旺，直到第八代才开始兴旺。八世祖禄华公生有五子：维、经、纪、缙、绅；禄牟公也生一子，名四六。而维公又生三子：通、迅、遂。经公生一子，名运。四六公也生一子，名玉。一时间人丁兴盛。但经过短暂兴旺之后，又死的死，走的走，处于濒临灭绝的地步，直到十四世禄生公时才恢复元气。禄生公生有五子：荣长、荣儒、荣周、荣攀、荣标，自此开始分房。除荣儒一脉绝嗣外，其余四支均繁衍至今。长房荣长，现有后代100多人；二房荣周，也有后代100多人；三房荣攀，后裔大部分留居小澜，有一支于清时迁往泉坑背，现两地后裔共有300多人；四房荣标后裔，人丁最少，现只有30多人。

余姓到小澜开基的时间比陈姓晚一些。据当地报告人余镜春先生说，余姓千六郎公约于元末明初从长汀县余家地迁来小澜蓝屋塘开基，但一般仍奉

○湘店乡

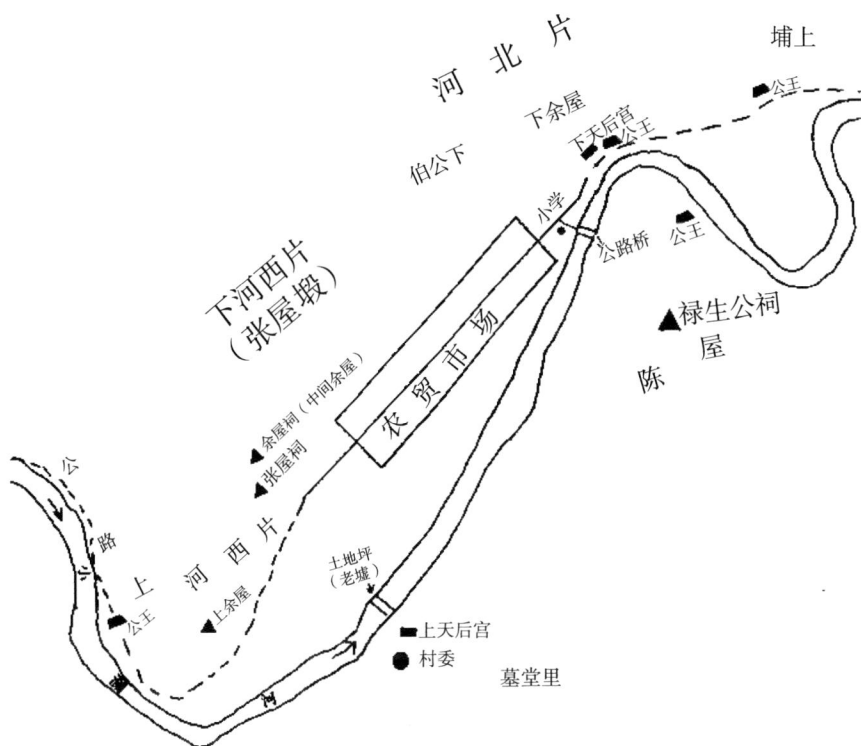

图3-2　小澜村示意图

余家地的开基祖清高公为余姓始祖，世系从长汀算起，千六郎为八世祖。千六郎公迁来小澜后，二代单传至十世祖德清公。德清公生祯、祥二子，自此开始分房。祯公迁今樟树下，祥公留居原地。祯、祥二公均经过七代单传至十七世时，才开始兴旺起来。祯公后裔十八世天民、盛民兄弟二人，盛民留居樟树下，现有后代50多人；天民则迁往土地坪，今称上余屋，生三子：上洪、上奕、上伦，分别迁往楼上、溪背、新屋下等地，现共有后代300多人。祥公后裔十七世永盛公生二子：三盛、三杰，一支留居蓝屋塘，另一支迁往埔上，现分别称作中间余屋和下余屋，共有后裔200多人。

张姓在三姓中最迟来小澜开基。据当地报告人张榕梅先生说，张姓开基祖元亨公于明朝正德二年从上杭中都迁来，肇基于蓝屋塘，此后张姓后代便以蓝屋塘为据点，逐渐繁衍，并向周围地区扩展开来。现根据张榕梅、张义庐、张汝财等先生的回忆，张姓在小澜开基的主要世系如图3-3所示。

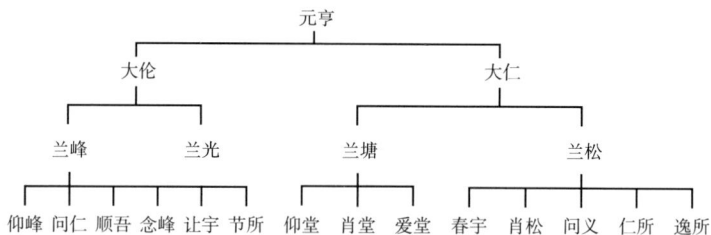

```
                          元亨
            ┌──────────────┴──────────────┐
           大伦                           大仁
      ┌─────┴─────┐                 ┌──────┴──────┐
     兰峰        兰光               兰塘           兰松
  ┌──┬──┬──┬──┬──┐           ┌──┬──┐      ┌──┬──┬──┬──┐
 仰峰 问仁 顺吾 念峰 让宇 节所   仰堂 肖堂 爱堂  春宇 肖松 问义 仁所 逸所
```

图3-3　小澜村张姓主要世系

元亨公生有二子，长子大伦，次子大仁。大伦公有二子五孙，而大仁公则有二子八孙。此后，子孙不断繁衍生息，并向周围扩展，分别在上竹头背、下竹头背、圳头、溪沿上、牛角屋下、三角屋下、上圳头、上圳角里、子才屋下、新屋下、陂磜口、下罗坝、黄埔、大寮、塘角等聚落居住，以至于整片大墩被称为"张屋墩"，现有人口1800多人。其中，大仁公一支比较兴旺，现有人口1200人左右，主要居住在老屋下、上竹头背、下竹头背、圳头、溪沿上、牛角屋下、三角屋下、上圳头、上圳角里、子才屋下、新屋下等聚落。相对而言，大伦公一房发展较慢，现有人口约600人，主要居住在陂磜口、下罗坝、黄埔、大寮下、塘角等聚落，分别位于小澜村张屋墩的东、西、南、北角。

而关于刘姓来小澜开基的情况则比较复杂。据当地报告人刘裕元先生说，小澜刘姓分为溪背刘屋和伯公下刘屋。溪背刘屋又分为两脉，其中一脉的开基祖为万富公，约在明中叶从上杭田背来小澜开基。另一脉的开基祖为时鉴公，与万富公同一时期来小澜开基，故后人常误认为他们是兄弟俩。伯公下刘屋的来源也上溯到上杭田背，但据当地报告人刘银昌先生说，他们的上祖从上杭田背迁到稔田，继迁至逆里、牛角屋下（均属上杭县辖下），最后才撑船来小澜做生意而留居下来。

这三支不同来源的同宗"梓叔"，在小澜的发展也不平衡。其中万富公一支发展最快，万富公生有英公、兴公二子，而英公又生有学易、学圣二子，兴公则生有学诗、学礼、学贤、学文四子，现已繁衍至二十三世，有300多人。时鉴公后裔仅有8户，约40人。伯公下刘屋在1949年前有7户人家，现已发展到20多户，约150人。

关于小澜的早期开发史，由于大量族谱、家谱在"文化大革命"中被查抄、销毁，幸存的也残缺不齐，现在已很难搞清它的原貌。不过，根据当地报告人陈银秀先生和余镜春先生"文化大革命"前从旧族谱中抄录下来的一份《陈余二姓争执山业公立合约》，仍可以大体看出他们祖先在小澜开基拓业的历史进程。为论述方便，我们先将这份合约逐录如下：

陈余二姓争执山业公立合约

立合同人　陈禄华
　　　　　余得清

今有小澜本乡四围山岗地业等处，陈余二姓人丁甚众，必争强弱。强者得多，弱者无□。纵虽山岗地业有主，亦如之无主矣！故二家各存祖德之隆，毋贻后人之悔，于是因争黄埔冈地一所，经投乡目公亲面踏均分，二姓不得紊争。今将地名开列一事，下屋坝、乱葬岗二家随阉坐落，上陈下余。陈家对面岗属陈，铺尾岗属余。峰下田、头壁背、田山子、陈背山、伯公坳、偏复坑、黄狮坑、伯公撑，随河右还至长头天水流至河属陈。大兰圆至十二排、牛栏岗、白下、大瑞坑、山子坳，云溪渡起泉坑背、落雨岭、下过溪流止，由至南畲坑尾，右至天弓炭天水流入泉坑背，随河左右，南边至小溪口、圳头坑，琉璃坑至泉坑子、赤金坑尾，右至巫坊大炭亦属陈家管业。泉坑背右边至泉坑口随大河上龙骨荇，牛头顶周围至下屋坑天水至溪泉坑桥起，并汉坑、大坪山、苏坑磜下山内至大山豆地窝，叶竹坑天水流入，又月光山峰背、黄沙潭、黄锦坝、酒缸湖、庵场湾、张坑、登坑、虎额头天水流入，又上逕山子坳，乌石而过溪渡起，并袁子山、金牌石、箍冷坑、白竹坡至腾头坑寨天水流入在左，至葫炉冈、天缸炭为界，天水流至鹿石坑属余一业。上还杨梅溪起左右山冈至本乡并坡头坑里、碓公坑、银珠坑、大鱼泽、小炉坑、石门坑、山羊紫、天水流入赤金坑尾左，至巫坊大炭亦属余家管业，蜡坑石、粗石坑亦属余家管业。余、陈二姓经公目从分之后，界址面分明，各执合同依照管业后，日二家不敢有违，如违许，公目禀官究治。今恐口无凭用，立合同二家一样为照。

一批陈家有坟在余家山中，上坟下龙左右留遮证阴。余家有坟在陈家山中，亦照议批实。两家合同各执一纸同样存照。

乡约：钟远鸣　（押）

在场见证人：黄龙（押）夏日辉（押）

本县生员：李如珠（押）周云瑞（押）

钟文庆（押）　黄太寿（押）

陈禄华（押）

大明正统十年三月初十日立合同人　余得清（押）

通过这份合约，我们至少可以得到以下几个方面的认识：

其一，前述报告人所说陈、余二姓来小澜开基时间得到证实。陈姓开基祖千五郎公至立合约的禄华公，已经历了八代，从禄华公立合约的时间明正统十年（1445），往前溯八代，每代按 25～30 年计，可知千五郎公约生活在宋末元初。同样，余姓开基祖千六郎公，系立合约人得清公的祖父，按上述方法推算，千六郎公到小澜开基的时间约在明初。

其二，陈、余二姓是小澜早期开发的主力。合约中陈、余二姓将小澜的大部分山林、田业标明界址，一分为二，可见那时其他姓氏皆处于弱势地位，或尚未迁来小澜，否则断不会坐视陈、余二姓肆意平分，公亲约地也决不会如此决断。

其三，经过陈、余及其他诸姓人的共同努力，小澜在明初已基本得到开发。合约中提到的地名如黄埔冈、下屋坝、铺尾岗、峰下田、头壁背、田山子、陈背山、伯公坳、偏复坑、黄狮坑、伯公撑、大兰圆、十二排、牛栏岗、白下、大瑞坑、山子坳、云溪渡、泉坑背、落雨岭、下过溪、南畲坑、圳头坑、琉璃坑、泉坑子、赤金坑、巫坊、龙骨荇、牛头顶、下尾坑、汉坑、大坪山、苏坑礤、下山内、大山豆、叶竹坑、月光山、黄沙潭、黄锦坝、酒缸湖、庵场湾、张坑、登坑、虎额头、上迳山子坳、乌石面、袁子山、金牌石、箍冷坑、白竹坡、腾头坑、葫炉冈、天缸岌、鹿石坑、杨梅溪、坡头坑、碓头坑、银珠坑、大鱼潭、小炉坑、石门坑、山羊崒、赤金坑、巫坊、蜡坑礤、粗石坑等，它们的出现，意味着早在明初这些地方已经得到一定程度的开发，或成为良田，或成为当地人管业的山林，其范围大致相当于今日的小澜范围。

其四，至迟在明初，小澜村一带就已建立了完整的乡族组织。从合约的

格式、内容，以及"立合同人""乡约""在场见证人""本县生员"等字
样看，这是一份陈姓家族与余姓家族因争夺黄埔冈一地发生纠纷，在乡族组
织和士绅公亲的调解下签订的合约。关于这种调解方式，我们曾在"湘村
的宗族社会与文化"一节中有过详细描述，在此不赘。显然，这种由地方
乡族"公亲"所调解成立的合约，在当地社会具有同政府法律一样的权威
性，其实际运作效果较政府法律有过之而无不及。

从这份合约看，明初至明中叶的小澜社会，乡族组织和士绅阶层十分活
跃，已基本上实现了对民间基层社会的全面控制，而只有在这种控制失控的
情况下，国家政权才能发挥应有的作用，如文中所说的"如违许禀官究
治"。在一般情况下，国家权力对小澜客家的民间基层社会只能实行间接统
治。这与福建其他地区的宗族社会大体上是一致的。

大约在《陈余二姓争执山业公立合约》签订的60年后，明正德二年，
张姓开基祖元亨公从上杭中都迁来小澜定居，自此加入了陈、余二姓争夺
生存空间的斗争。同时，张姓也逐渐成为一支开发小澜、建设小澜的重要
力量。据张榕梅先生说，元亨公到小澜时，开始以铸炉为业，借住在蓝屋
塘余姓家。这时，有一位风水先生也住在余家，余家主人对风水先生不太
恭敬，而元亨公则对风水先生礼貌有加，每天服侍得极为周到。风水先生
很感动，便指点他向房东要求在余家祠堂旁搭一个寮子暂住，以占据一块
地盘，此地他日可做祠堂，且方位比余家祠还要好。余姓人不知是计，认
为搭一个茅寮无甚要紧，地盘有的是，便爽快地答应了元亨公的要求。茅
寮搭成后，元亨公一家很快就勤劳致富，人丁也兴旺起来了。经过几代人
的积累，便在余家祠堂旁建立起了张家祠堂。由于两祠相毗邻，故称之为
"鸳鸯祠"。

透过这则传说，我们可以看到张姓初来小澜时，势力还比较弱小，开始
还依附于先来的余姓。但随着经济实力的增强和人丁的兴旺，便开始与余姓
争夺生存空间。祠堂风水的争夺，实则是生存空间的争夺，而这种争夺想必
是十分激烈的。因为据当地人说，祠堂、坟墓的前后、左右在风水上忌讳有
高大的建筑物，更忌讳有别人的祠堂、坟墓来分自己的风水。可以想象，张
姓在建造张家祠堂时一定曾遭到余姓的坚决反对，只不过是张姓以人多势众
赢得了胜利。否则，卧榻之旁岂容他人酣睡？

另一则传说也说明了后来的张姓与先来的余姓有过争夺生存空间的斗
争。据一位余姓报告人说，小澜村头的石猛、石固福主公王，原为余姓、中

姓共有，① 张姓人是无份的，但张姓人在张家祠堂建成后，借口张家祠位于牛形山冈的粪门穴，而村头的公王神位系牛形山冈的牛头穴，既然牛形山冈的粪门穴他们有份，那么牛头穴他们也应有份。于是，张姓在占有张家祠后，又拥有了公王的祭祀权，即取得了当地的"合法居住权"。

与余姓争夺风水的同时，张姓又与陈姓展开了争夺地盘的斗争。据残缺的《澜溪张氏族谱》载："（元亨公）卒于嘉靖廿十一年，享寿六十九岁，祖母温氏，次祖母朱氏，本生于壬辰卒于嘉靖十七年，寿六十七岁，夫妇三人同葬大兰圆十二排下山蜈蚣形，共有尝田一百二十三秤，抽出六十一秤以赠办事，昔有铺上田六十二秤收租祭挂……"大兰圆、十二排、铺上田，在正统十年的合约中属于陈姓管业范围，但从《澜溪张氏族谱》看，至明嘉靖年间或至迟在明末清初，以上三处山林田业已易陈为张了。

另外，一位张姓报告人讲述的一则传说故事也反映了张、陈二姓有过争夺地盘的斗争：

张、陈二姓为争夺地基本来就有积怨。一次张姓大伦公在小澜河上打鱼，有一位陈姓大胡子的年轻人来买鱼，鱼称好后，大胡子说忘了带钱，叫大伦公随他一起到陈屋门口去拿。不料，大伦公左等右等，总不见大胡子出来还钱，便到其家中寻找，其父陈荣周矢口否认有此事，于是双方发生了争执。最后，陈荣周说叫他的几个儿子出来，让大伦公辨认，如认出来了，鱼钱一定照付；如认不出来，就说明大伦公试图诈骗。于是，陈荣周就叫他的儿子们出来，可是一连出来了七个长得一模一样的大胡子青年，大伦公自然难以辨认，陈荣周便叫他的儿子们揍了大伦公一顿。大伦公气愤不过，回家后便请了一位高明的风水先生，风水先生认为：陈姓人之所以势力强大，一连生出了七个大胡子，主要得益于其祠堂前的"七姑墩"。大伦公利用机会，邀集族众将七姑墩平掉了其中的五个。陈姓人知道后，也纠集族众，试图破坏张姓人的祖坟"游鱼上滩"形的风水宝地。一天晚上，陈姓人在象征"游鱼"的地方挖了一条圳沟，意味着将"游鱼"拦腰切断。张姓人得知后，连夜在圳上垫上竹筒，将"游鱼"救活。陈姓人急得无法，便去请教风水先

① 所谓"中姓"系指朱、罗、邓、魏、温等姓，因人丁较少，被陈、余、张、刘等姓称为"杂姓""小姓""中姓"，因为"杂姓""小姓"带有非正统的含义，故人们多称之为"中姓"。

生。风水先生建议用锯子将竹筒锯断，然后在原处反复拉锯，就可将"游鱼"锯死。陈姓人照着做了，果然锯断了"游鱼"。据说，经过这场风水的破坏，陈姓再也没有出现过七个大胡子，人丁也减少了许多，而张姓也元气大伤。

陈、张二姓围绕风水斗争的传说，实际上折射了陈、张二姓在争夺生存空间的过程中两败俱伤的历史事实。同时，也说明了张姓人迁来小澜后，继与余姓争夺地盘之后，又与陈姓人展开了争夺。争夺中，久居小澜的陈姓人受到张姓人的严峻挑战。

以上种种，说明了张姓与陈、余二姓反复较量之后，终于在明末清初成为小澜的一支重要力量，逐渐变陈、余二姓平分小澜的局面为陈、余、张三分小澜的格局。至于刘姓，由于来源不同，不同支系之间分歧较大，缺少宗族的凝聚力，因而难以形成群体实力。所以，在明末清初，刘姓虽然人口略具规模，但在当地社会中还处于配角的地位。

二

经过几代人的努力开拓，陈、余、张、刘四姓从明末清初开始，宗族势力有了显著的发展，宗族经济实力有了相当程度的增长。此后，他们便开始在各自的居住范围内大力修建祠堂、厅堂，从而进一步增强各自的宗族凝聚力和对外影响力。

1949 年前，小澜陈、余、张、刘四姓共有祠堂 8 座、厅堂 14 座。这些祠堂和厅堂现在虽已残破不堪，但每逢打醮、年节、红白喜事等，仍然还能发挥它特殊的作用，透露出当年巨大的社会功能。

这 22 座祠堂、厅堂，基本上是为纪念开基祖和各房派祖先而兴建起来的。如陈姓除千五祠外，有禄生祠、荣长公厅、荣周公厅、荣攀公厅、荣标公厅；余姓除总祠外，有祯公祠、楼上屋上洪公厅、溪背屋上奕公厅、新屋下上伦公厅和盛民公厅；刘姓有万富公祠、时鉴公祠和伯公下刘屋祠。而张姓则除元亨公祠外，还有大伦公厅、兰塘公厅、春宇公厅、肖松公厅、仁所公厅、逸所公厅。在这些祠堂、厅堂中，属于陈姓和余姓的各有 6 座，而属于张姓的则有 7 座，数量相差不多，但如果仔细加以观察，则可以发现这四姓之间有着较大的差异。陈、余二姓各有 2 座祠堂，4 座厅堂；刘姓有 3 座祠堂；张姓只有 1 座祠堂，但厅堂却有 6 座。这种差别反映了张姓与陈、余、刘三姓对宗祠的不同态度。

陈姓的 2 座祠堂中，除 1 座开基祖千五祠外，另有 1 座禄生祠。据一位陈姓报告人说，禄生祠的建造是因为禄生公的后代与陈姓另一派有较深的隔阂，每年在一起祭祀实在不便，也丢人现眼，便自立房头建造了一座禄生公祠，从此不再与其他房派共用一祠。直至后来，其他房派绝嗣后，才重新接管这一祖祠。

无独有偶，余姓的 2 座祠堂中，除纪念开基祖的余屋总祠（即鸳鸯祠之一）外，也还有另一座祠堂祯公祠。据一位余姓报告人说，之所以要建祯公祠，是因为祯公后裔认为，余姓总祠虽系"牛形粪门穴"的风水宝地，但房份不平，偏好祥公一房，而亏祯公一脉，遂在上余屋另建新祠。新祠落成时，还将余屋总祠神主牌上的郡望"新安郡"，在新神主牌上改为"下邳郡"。该祠建成后，祯公后裔就不再前往总祠烧香，甚至连每年的上、下余屋联合祭总祠也反应冷淡。而刘姓由于开基祖的不同，则有三座祠堂。

与陈、余、刘三姓不同，张姓虽然只有一座众祠堂，但对这座祠堂却特别看重。从建筑看，不但主体建筑比较讲究，而且各房支在祠堂远处共同建造了象征牛尾巴的弧形房屋，用以拱卫风水上"牛形粪门穴"的祠堂。此外，又专门请人雕有该座祠堂图形的雕版，并在雕版背面刻有祠堂的基本情况：

> 元亨公小澜开基祠堂坤山艮向兼申，上栋高壹丈九尺七寸，阔壹丈四尺半，深贰丈贰尺八寸，后屏阔四尺半小，中立神主，神桌高四尺，长六尺四寸半，大贰尺三寸半，开井五尺六寸阔步，横壹丈零八寸，下厅高壹丈六尺壹寸，阔壹丈八尺，深壹丈七尺六寸，左边内张祠木路八尺壹寸，除檐塝右杀路壹丈壹尺，左右檐塝上坪齐檐塝坎深壹丈五尺半三步半，下坪深贰丈壹尺半。

不仅如此，围绕这座祠堂，还设立了张姓家户均出股的"安全社会"。据一位张姓报告人说，每年的正月十七元亨公诞生日，"安全社会"都会组织全张姓族众祭祠堂，然后每家分猪肉半斤，派一人赴席。设立"安全社会"的目的在于希望代代团结。

陈、余、刘、张四姓对待祠堂的不同态度，反映了陈、余、刘三姓宗族凝聚力较之张姓相对涣散，而张姓这种建立在尊祖敬宗基础上的"安全社会"，造就了张姓宗族较强的群体归属意识，这种意识或许也是张姓宗族在小澜能够后来居上的因素之一。

当然，除这些众祠外，小澜村人对私家的厅堂也同样十分重视，如当地盛传的张姓维桢公厅就是一例。据一位报告人说，该祠是请地理名师蓝维益做的，在风水上属于"田螺吐丝"的地形。厅堂的建筑也比较奇特——大门开在后面，而前面则紧闭。据说，这座厅堂建成后，人口一下子就发展起来了，维桢公生有2个儿子、8个孙子、36个曾孙，活到96岁才过身。维桢公一脉现有600多人，约占小澜张姓的1/3。

张姓十三世的"回龙堂"则是另外一例，《澜溪张氏族谱》详细记载了该堂的结构及大门朝向的演变过程：

> 于乾隆二十六年辛巳岁，请廖安忍先生主造，乾山巽向兼亥，竖柱至癸未年升梁，上栋厅堂壹丈九尺四寸高，深贰丈壹尺四寸，内外齐柱心量，阔壹丈三尺六寸，正栋间房九尺阔，神座高四尺九寸，并及贴脚砖共五尺壹寸，神桌面一尺九寸大，开井檐卷贰尺六寸大，天井透出七尺六寸深，横过一丈贰尺五寸阔，厢房壹丈零三寸大，下厅正栋壹丈四尺九寸高，深壹丈贰尺一寸，阔壹丈七尺八寸，内坪壹丈四尺深，阔三丈壹尺，门楼弃石九尺贰寸高，阔七尺一寸，门空三尺六寸大，门楼外坪壹丈贰尺五寸深，门楼照正栋乾山巽向，安十字天居门。于乾隆六十年乙卯岁，广东本家品乾先生主造安丙门是好，必有富贵。安后，风凶，人财两退，害术无低。至道光三年癸未岁，叔任商议安转照于当年十字天居门。后日嗣裔永不敢安丙门，原有以上分明，后人谨记。

除祭祠堂外，陈、余、张、刘四姓每年春、秋两季还要举行祭墓活动。与对待祠堂的态度相比，四姓人对祖坟的态度比较一致，祭墓分祭上祖和近祖两个方面，一般先祭上代，后祭下代，直至私家祖父母、父母。对于近代高、曾、祖父四代祖先坟墓的祭祀每年都举行春、秋两祭，而对于上代祖先就相对空疏，不能每年一一顾及。但祭祀开基祖和对宗族发展有突出贡献的祖先坟墓，则是每年的一项重要活动。陈、余、张、刘四姓每年都会在清明之际，请一两班鼓手吹奏，一家至少派一个男代表，大队人马前往他们各自的开基祖千五郎公、千六郎公和元亨公等的坟墓上祭祀。

在以往，小澜村的大多数祖先都有自己的蒸尝，如前引《澜溪张氏族谱》载：

德生公、丁太婆蒸尝：早晚税冬牲折饭额有常例，务要及时收取，不敢任意加减，亦不敢过□，违者公罚。坳背田三十秤，纳早谷三十斤、晚谷十五斤；坳背上分田十秤纳早谷十斤、晚谷六斤；溪背墩丘田十一秤，纳早谷十一斤、晚谷六斤零一斗八升正，近因崩坏渐减半秤；寨背上段大节丘田十秤五分，纳早谷十六斤，晚谷九斤；大秤里田十八秤，纳早谷十五斤、晚谷十斤；老虎岩下云龙寨田贰秤，纳早谷贰斤、晚谷一斤；樟树塘田贰秤，纳早谷贰斤、晚谷一斤零六升；□□□□□□□□□□□张兴户粮米八斗一升七合；民米四斗零七合；租谷四斗一升。

元亨公"共有尝田一百二十三秤"，"抽出六十一秤以赠办事"，"昔有铺上田六十二秤收租祭挂"。

十二世懋简公"遗下横垅大塘下田八秤载米四升五合六勺二抄，每年春秋两房仝祭"。

这些众多的蒸尝有效地保证了宗族祭祀活动的进行。

祭祀开基祖的坟墓有时还有一些有趣的活动。据当地报告人余学培先生说，每年祭千六郎公时要喝"新丁酒"，即近一年来谁家添有男丁，在祭墓时要纳半斤鱼干、12 两猪耳朵、5 升酒、青菜若干，这些物品要拿到千六郎墓前供奉，然后就地给参加祭墓者宴饮，由于新丁往往不止一两个，所以祭墓时的食物都比较丰富，经常有人在酒足饭饱之余由嬉戏发展成打斗，打得"泥猴古板"。不过，据说祖宗在这时并不会责怪，而是乐于见到这种现象，因为这预示着人丁兴盛，也只有人丁兴盛，才会打生打死。后来，这种打斗逐渐演变成为一种习俗，变得每年祭这座墓时都非得打上几架不可。

对本宗族有突出贡献的祖先坟墓祭祀，也是十分隆重的。这些人的坟墓又经常与风水宝地联系在一起。据当地报告人余学荣先生说，1949 年前，他们每年清明前后都去上杭县回龙祭称为"奶姑地"的天民公墓（余天民系小澜土地坪墟的开设者，小澜余姓的中兴人物，下详）。祭墓时，同时请两三班鼓手，每家 16 岁以上的男丁都参加，组成浩浩荡荡的队伍，一路鼓乐齐鸣。祭墓完毕，还要就近举办宴席，参加者可以大吃一顿。

从这里，我们可以看出小澜客家对祭祀各代祖先的态度是有差别的。对于近代祖先，他们怀有比较真诚的悼念之情，或者认为近代祖先能对他们提供特别的护佑。而对于开基祖和有突出贡献的祖先的祭祀，则主要强调血缘关系以敬宗收族，同时向外界显示宗族力量，借以树立宗族声誉。浩浩荡荡的祭墓队伍和沿途鼓乐齐鸣，无疑在一定程度上提高了宗族的社会地位，它从一个侧面反映了宗族之间的潜在竞争。

和宗族祭祀联系在一起的还有"祭公王"。公王虽是一种民间信仰，但它与宗族是密切相关的，在一定程度上充当了宗族保护神的角色。在小澜，陈、余、张、刘四个宗族分别都有自己的公王。陈姓的公王有三个：一个"老社公"，一个"新社公"，另有一个"把界公王"。据陈能秀先生说，这三处神坛的设置有先后之分，也有等级差别。老社公最先设置，现在的装饰比较豪华。而新社公是在老社公设立之后，据说每次烧香的花纸都会飞到现在的新社公处，人们认为此处是风水宝地，也是应该设立神位的地方，于是又在此处设立了新社公坛。而把界公王最迟设立，布置也简单，仅一块石碑，上刻"把界王公"四个字而已。

余姓的公王在村头水口，即前文所说的原为余姓和"中姓"共有，后被张姓强占一份的"石猛、石固公王"。张姓人对这个公王虽然名义上有份，但心里并不十分在意。而余姓人则不同，他们对这个公王一直都是虔诚祀奉的。张姓除"石猛、石固公王"外，在张屋墩水口还有一个"三将福主公王"。据张榕梅、张义庐、张汝财等先生说，"三将福主公王"和"石猛、石固公王"是有区别的，一个是文职，另一个是武职。而溪背刘屋也拥有自己的"石猛、石固公王"。

公王、社公在小澜客家人的心目中是十分崇高的。在人们的观念上，它是一姓之主。因此，逢年过节、办喜事，陈、余、张、刘姓人都会备上"三牲"、茶、酒、香纸、烛炮等先前往各自的公王、社公坛供奉，然后再到祖祠、厅堂敬奉祖先。过年用的大鸡公也一定会到这些老神爷面前去祭割。平时人畜发生疾疫，久旱无雨或久雨无晴，也会前往公王、社公坛烧香、许愿，祈保平安。更能说明问题的是，这些宗族一年365天每天轮流在祖祠烧香、点灯时，也会在公王、社公坛烧香、点灯。此外，每年的"公王醮"也在某种程度上显示宗族实力。如过去相当长一段时间，陈姓人丁较少，迎接公王、社公的队伍比较稀疏，张姓人就讥之为"陈姓人不知详，冷冷清清等公王"。而张姓人多，意见分歧大，迎接公王比较吵闹，陈姓人则反唇相讥："张姓人不知详，吵吵嚷嚷等公王。"张、陈二姓对迎接公王的规模、热闹程度的关注，也说明了宗族之间无形的较量。

在这里，我们不难发现，陈、余、张、刘四姓的公王信仰有类于祖先崇拜，与宗族的祭祀是相联系的。他们的公王信仰也反映了各自宗族的历史与文化，陈姓的公王以新、旧社公为主，外加"把界公王"，与武北的望族蓝姓的公王信仰比较一致，这可能与陈姓较早来小澜开基有关。余姓的公王为"石猛、石固公王"，与武北的另一个小中心地域亭头村相似，而关于"石猛、石固公王"在乌泥河救唐天子李世民后被敕封，以及该公王能救人于落水的功能也相雷同，这或许与余姓的商人较多，较早经小澜河出汀江远涉潮汕地区经商有关。而张姓的文职、武职公王，则体现了后迁来的张姓人具有崇文尚武的文化心理。

三

作为地望相接的陈、余、张、刘四个宗族之间，有矛盾冲突，也有相互沟通和融合，他们不但有着很长的通婚历史，而且还拥有共同的墟市和寺庙。

据多位报告人说，小澜村以往大多在本村内通婚，主要原因有三个方面：一是本村的姓氏多、人口多，选择的余地大，不存在同姓结婚的问题；二是与其他村距离较远，而较近的村落人口也很少；三是小澜是个人多田少的缺粮区，许多人不愿嫁到小澜来受苦，如以往桃溪一带的女子就不愿嫁到小澜来。据说在桃溪，如果谁家小女孩哭闹个不停时，大人就会吓唬她说："你再哭！长大了把你嫁到小澜去喝粥汤（意为没饭吃，只能喝粥汤）。"当然，现在公路开通以后就不同了，有一年桃溪村一连嫁了23个女子到小澜。我们在调查中发现，小澜本村通婚的现象确实是很普遍的，如当地重要报告人之一的张榕梅先生，他自己是本村余姓人的女婿，有几个侄女则嫁在陈屋。而一位余姓报告人的老婆是陈屋的女儿，而他的一个女儿又嫁到了张屋，另一个则嫁到刘屋。我们对70岁以上老人的婚姻作过随机的抽样，也发现70%以上的人是在本村内通婚的。

当然，本村也有一些姓氏之间是不通婚的，如刘姓与邓姓之间就很长一段时间没有婚姻关系，据说这与著名的"邓王氏案"有关。事情是这样的：

> 清朝咸丰年间，某年天旱，小澜村上河西邓某在晚上前往距村里三四华里的田间引水灌溉，与本村墓塘里刘某发生争执，刘某以势欺人，用锄头把邓某砸死。为了逃避罪责，刘某连夜移尸灭迹，掩盖真相。
>
> 邓家人单姓小，刘家势大钱多。邓某被害后，其妻王氏逐级申诉，

都因刘家有钱有势，层层买通官府，甚至连邓王氏的亲舅子也被买通，为刘家作伪证，以致一桩人命案无从昭雪。邓王氏呼天天不应，叫地地不灵，只好作罢。

三年后的一天清早，邓王氏前往河边挑水。突然，一只大青蛙跳进她的水桶里，怒目圆睁，张大嘴巴，连声哀鸣，似乎在诉说什么。邓王氏在惊恐之余，想到夫仇未报，沉冤莫白，认为这是夫君显灵，冤魂的哀求，遂下定决心，一定要为夫君申冤报仇。

机会终于来临。一位名叫刘光彩的长汀县涂坊坪头村人，精通文墨，善于诉讼。这件人命案发生后，他本着宗族情谊，全力支持刘家，为其出谋献策，充当诉讼辩护人，因而使得这桩人命案无从昭雪。事情冷落后的一年正月，刘光彩前往小澜梓叔处做客。在闲聊中，他告诫那些后生，以后做事应该慎重些，不能那样鲁莽。就像刘家这件事，如果不是他的话，将是大祸一场，后果难以设想。在场的当事者认为不是刘光彩的功劳，而是他自己的钱所起的作用，随即回答说："那怕什么！"并用手往兜肚上一拍："我有这个！"意思是说他有钱。刘光彩听后十分气愤，认为他出力不讨好，功劳被全盘否定了。于是火冒三丈，拂袖而去。

邓王氏听到这事后，认为机会来了。于是就设法接近刘光彩，并不惜用自己的美色勾引他。刘光彩遂完全倒向邓王氏一边，全力支持她，为其鸣冤叫屈，甚至亲自带着邓王氏横闯各级衙门。

刘光彩虽然深知案情底细，对事情的前因后果了如指掌，但自己过去为对方作的辩护状文理周密，无懈可击，一时也束手无策，官司一直打到省府衙门。然而，"衙门八字开，有理无钱莫进来"，一个平民百姓，要进省府衙门谈何容易！

刘光彩和邓王氏在省城会馆住下后，到处打听，寻找门路。后来，他们得知有一位等待赴任的候缺官员，也住在同一会馆，于是就想方设法寻求他的帮助。他们探听到这位候缺官员喜欢吃狗肉，便宰了一只狗宴请这位候缺官员。宴席间，刘光彩和邓王氏将此案请教他。他看过刘光彩写的诉讼状后认为，这份诉讼状基本上可以，但若添上省府衙门前贴的那副对联内容——"严拿贪官污吏，铲除势恶奸雄"，以此为题，状告其属下的各级官员，则更有说服力，其中加上"一不准，严拿贪官污吏何？二不准，铲除势恶奸雄为虚语；三不准，我也回家杀一命"

等语。同时，还指点邓王氏，进衙门时要穿纸做的衣服，如衙役不让她进衙门，必拉扯其衣服，衣服一撕破就诬其侮辱妇女，趁机闯进衙门。

在这位候缺官员的指点下，邓王氏终于冲破了衙役的阻拦，强行进入省府衙内喊冤，把诉状送到省府官员手中。这样一来，深深激怒了省府官员，遂下令逐级追查。结果，凡经办此案的各级官员——受贿者、包庇者、作伪证者都一一受到了惩处，共罢免了与此案有牵连而徇私舞弊的13堂官。至此冤情大白。由于案情复杂，牵连的人多，故流传至今，且成为人们的一句具有深层含义的口头语——"你这是邓王氏案"。

由于两姓之间结下了深仇大恨，所以从此就不再通婚。

关于小澜墟的开设时间，现在已无从得知。而小澜墟的地点则经过了多次变化，据一位张姓报告人说，最先是设在陂磜口，接着迁至黄锦坝、岩子前，再迁至土地坪，现在又迁至张屋塅。土地坪墟是小澜墟历史上时间最长（清乾嘉时至1994年）、影响最大的墟市。据余学荣先生报告，此墟是余姓十八世余天民公于清乾嘉之际开设的。关于它的开设有过一段传说：

余天民的邻居开有一间豆腐店，一次，一位风水先生借住在店东家，本想扶助店东家发家致富。但一住半个多月，店东面露不悦之色。而半个月来，余天民与风水先生交情甚笃，便接至家中暂住，日夜服侍周到。风水先生为其诚心感动，便指点他在牛栏冈"赵公骑虎"的风水宝地葬其母亲，同时又教他将武北的竹木、草纸运至上杭、永定峰市、潮州等地交易，而从潮州、上杭、永定峰市等地运回食盐、布匹等日杂用品销往武北各村。余天民照着风水先生的方法去做，没几年便发了斗财。其子孙余华元、余华财更是成为拥有八十万家财的大财主。余天民发了财后，便在土地坪周围建起了几十间店面，将黄锦坝的墟市迁往土地坪。

墟市开设后不久，余天民又联络周围各姓氏在墟的对岸建起了一座规模巨大的天后宫。这座天后宫于"文化大革命"期间被毁，1985年进行了重建。重建后的天后宫据说大致按原来的模样，外门楼上刻有"圣之慈"三个大字，左、右两边是一副对联："四海龙鱼归圣化，千秋士女仰慈仁"。

大殿神龛塑有妈祖圣像，左为千里眼，右为顺风耳。在实地调查时，我们发现了三块重建天后宫时挖掘出来的碑刻和一尊刻有"沐恩弟子隆盛号奉酹，嘉庆丙寅年孟秋吉旦万聚炉造"的大香炉。这三块碑刻分别为"澜溪天后宫序""谨将乐助花名列后""敬塑圣像各信妇捐助启列"。所有这些，为我们了解小澜墟市和天后宫的繁荣景象，提供了十分重要的依据。为了更好地说明问题，我们先将这些碑文迻录如下：

澜溪天后宫序

盖闻炼石补天古号女皇，聚芦止水今称女圣，远称（？）三古，固非□□□考三山元征实录。洪惟天上圣母元君，圣德如尧之则天母功并禹以称后海晏河清，安澜庆于□国；报功崇德，神庙遍于寰区。惟我澜溪一脉，斗大之乡，通冠盖于江浙；止溪之水，运舟楫于广潮。泽（？）行山行，全凭呵护；往者来者，悉沐鸿庥。岁丙辰月，花朝远近人士同心协力，欲报□圣母之德，爰创□天后之宫。澜溪市东布地桥畔，神庙建而神像塑焉。当其时，彼此皆慈航，赤子莫不慷慨□金，尔我在利济中人，咸思踊跃襄事。于是，山鸣谷应，腋集裘成。经数月以兴助，历周年而告竣。猗欤休哉！庙貌巍峨，地占一方胜迹；神光照耀，恩普万姓。冯生吾见，士农工商忠信祈祷，有求必应，无感不灵。易曰：受兹介福于其王母。此之谓欤。是宜纪创建之终，始志乐助之姓名，镌诸石以垂不朽尔。

沐恩族人　锡钝盥手敬撰

谨将乐助花名列后

余天民乐助宫地全所	又乐助钱叁仟文
余上廷乐助钱叁仟文	余上洪乐助钱叁仟文
余上奕乐助钱叁仟文	余上腾乐助钱叁仟文
余荣宁乐助边伍拾元	余荣文乐助钱贰拾仟文
两油灯尝共助边贰拾元	全庆尝助钱玖仟玖佰文
另簿上有名人又助钱陆仟文	
长杭武回龙纸纲助边拾柒元	蓝家祠大一郎助钱拾贰仟文
李福顺号助钱仟拾文	张临大乐助钱拾仟文
盛庆尝内助花边拾元	李绍武助钱捌仟伍佰文

石荷道乐助钱陆仟文　　　　刘达武助钱伍仟文

张应祥助钱肆仟文　　　　　余荣清助钱叁仟文

陈茂远助钱叁仟文　　　　　陈荣玉助钱叁仟文

陈荣攀助钱叁仟文　　　　　罗碧宏助钱叁仟文

陈华桂助钱叁仟文　　　　　李殿春助钱叁仟文

陈秀珍助钱叁仟文　　　　　邹澜芳助钱贰仟陆佰文

王有声助花边叁元　　　　　吴涧琳助花边叁元

周大川助花边叁元　　　　　何廷彩助花边叁元

李昌禄助树边叁元　　　　　广聚号助花边叁元

□□尝助边伍元　　　　　　张谦振助钱贰仟文

周天揆助钱贰仟文　　　　　吴维周助钱贰仟文

张超群助钱贰仟文　　　　　吴启周助钱贰仟文

蓝东山助钱贰仟文　　　　　张兆云助钱贰仟文

张士振助钱贰仟文　　　　　刘君珀助钱贰仟文

赵先承助钱贰仟文　　　　　官大伦助钱贰仟文

际兴号助钱贰仟文　　　　　谢锡介助钱贰仟文

邓功贵助钱贰仟文　　　　　蓝亨现助钱壹仟伍佰文

蓝长春助钱壹仟伍佰文　　　赵先振助钱壹仟伍佰文

李上昆助钱壹仟伍佰文　　　张景应助钱壹仟伍佰文

张友立　钟礼英　钟盛儒（各助壹仟叁佰）

孙大揆　孙廷宇　曹崇昌　梁连三（共乐助铜钱拾仟贰佰文）

蓝常万贰千　蓝永春千伍

余荣成　邓功献　林义盛　余荣良　邓功化　赖仕腾

刘会乾　吴武魁　张洪官　朱兆福　邹殿才　赖　积

罗碧俊　刘育崇　刘作霖　邓廷生　曹庚生　黄秉仁

刘贵昌　余聘上　李曼玉　吴兆魁　陈阑桂　傅注宽

张乾祥　陈祖宠　蔡绍光　邓奕升　邓奕忠　邱学龙

刘发林　罗香凤　刘承汉　刘腾辉　罗洪德　余荣扬

刘士荣　刘佛养　余上盛　邓功万　张书清　刘发沛

邓接贵　余荣康　张室宇　刘元发　朱奎璧　张兆瑞

魏友鹑　罗芳禄　余上进　王接元　钟寿高　周见川

李思振　张恒九　魏兴阑　马龙桂　余有腾　邱奕祯

邱殿云　刘仁科　刘廷祥　刘育上　刘　伦　刘时长
黄云凤　黄永成　黄申福　邱桂元　李梦奎　张友经
余思伦　蓝玉腾　蓝达贵　李胜茂　李玉腾　李上选
周珍其　蓝聘三　蓝盛三　（各乐助壹仟文正）
黄位中　谢道存　石开棠　陈献猷　王仰太　谢化一
郭义成　李权章　蓝东康　蓝霖雄　陈义龙　傅维标
张超贤　张鼎养（各助花边壹元正）
赵发兴（伍佰）　赵昌龙（叁佰）　蓝胜奎（捌佰）
邓玉求助钱捌佰陆拾　吴全养助钱柒佰
黄秉胡助钱陆佰　李其周助钱伍百贰拾
吴应周助钱伍佰壹拾捌　邓丙贵助钱伍百壹拾捌
朱玉礼助钱伍佰　刘成大助钱伍佰
刘亨佑助钱伍佰　李伟周助钱伍佰
李官琳助钱伍佰　李腾芳助钱伍佰
周祥升助钱伍佰　钟壬春助钱伍佰
蓝东发助钱伍佰　卜汉奎助钱伍佰
孙禄昌助钱伍佰　周元佑助钱伍佰
李贵茂　曹振昌　曹任昌　黄容光　张右经　余开兴
蓝球盛　陈茂文　蓝禄生　（各助钱伍佰）
李玉洪　李腾周　卜汉三　黄中香　黄文永　黄申元　（各助钱
叁佰文）
李承宗　余嵩上　卜汉腾　廖养琳　黄秉鸢　卜子兴
蓝东桂　蓝有贵　钟茂儒　赵福龙　（各助钱叁佰）
朱德盛　朱兴盛　黄秉兴　黄振乾　黄秉和　黄廷基
刘元宗（各助钱贰佰）
刘长应　钟祥春　钟现春　赵福兴　黄振标　李发琳
蓝新寿　邱崇琳（各助钱贰佰）
（以下各　上入会未回钱贰佰文）
周绍章　孙大揆　许辉琳　余永珍　刘育崇　李福顺
刘发琳　梁明星　吴胜魁　梁昆山　陈学桂　石荷道
余华乔　吴振魁　刘存宗

大清嘉庆十九年季秋月吉旦

缘首：陈华桂　刘元宗　余荣清　钟茂华　余上盛

张有庆　余华九　张书田　吴振魁　邓功远　　立

敬塑圣像各信妇捐助启列

陈阐桂母助边贰佰　　余华九母助钱壹仟

张德俊母助钱壹仟　　余华志母助钱壹仟

罗芳远妻助钱壹仟　　张维业母助钱玖佰

余万和母助钱玖佰　　张室贤母助钱陆佰

魏贤玉母助钱伍佰　　张玉大母助钱伍佰

张福官母助钱伍佰　　陈发建母助钱伍佰

陈发恭母助钱伍佰　　朱奎碧母助钱伍佰

余万广母助钱伍佰　　张日旦母助钱伍佰

余华进母助钱玖佰

陈翠球母　　陈德善母　　陈作琳母　　朱福盛母　　陈功上母

张有伦妻　　张林汤母　　张子同妻　　邓功远妻　　邓丁青妻

陈功书母　　陈全桂妻　　余荣笔母　　余华耀母　　余华喜母

余福康母　　刘□申母（各助钱叁佰）

此以下：

刘科元妻　　刘善元妻　　刘茂祚妻　　刘元宗母　　刘昌灿母

张日扬妻　　张日达妻　　吴祥魁母　　吴振魁母　　余辉琳妻

张忠禄母　　张德裔母　　张发明母　　张华清母　　张秀华母

魏发阐母　　张叔裔妻　　张远裔妻　　余禄寿母（乐助铜钱贰佰文正）

余□□母　　余芳寿母　　余盛□母　　陈功兴母　　陈灶生母

陈功九母　　陈兴琳母　　陈德辉妻　　陈功现妻　　陈发现妻

陈发明妻　　陈发汉母　　陈发种母　　陈发科母　　陈发革母

陈永兴母　　陈发光母　　陈添贵妻　　余华南妻　　余华凤妻

余恭禄母　　余万玉母　　余万忠母　　余万腾母　　余万崇母

余万乾母　　余□芳母　　刘美香母　　刘伯春妻　　刘接桂母

张献易妻　　张正易妻　　张盛易妻　　吴成发母　　余乾寿母

余志超妻　　陈功学妻　　刘祚宗妻　　余荣腾妻　　吴芳魁母

朱德盛母　　张进□母　　吴任发母　　吴辛族母　　吴金魁母

余永昌母　　张广才母　　张宏才母　　张茂才妻　　张荣育母

张郭子母　　罗洪荣母　　罗洪贵母　　罗洪彩母　　张崇福母

刘元洪母　　余华盛母　　陈学兴母　　陈发妹母　　陈□□母

张□□母　　陈□□母　　张□□母　　陈□□母　　（以上各助钱贰佰文）

从这些碑文看，在乾嘉时期，小澜社会经济得到了高度的发展，小澜墟呈现一派繁荣的景象。《序言》中说："惟我澜溪一脉，斗大之乡，通冠盖于江浙。止溪之水，运舟楫于广潮。""通冠盖于江浙"是夸张，但小澜处于武北地区的水陆交通枢纽位置上是可信的，而"运舟楫于广潮"则说明小澜墟的商人视野已超越了武北人传统的闽西视野极限，扩大到了广东的潮州、汕头，其表现形式当是行商的长途水上贩运。从捐助天后宫修建的名单中出现的"长杭武回龙纸纲助边拾柒元""蓝家祠大一郎助钱拾贰千文"（蓝家祠位于长汀城——笔者注）等字样，又可推知小澜墟与邻县长汀县城、上杭回龙的经济联系之密切，因为只有密切的社会经济交往，远在百里之遥的"蓝家祠大一郎"和数十里外的"回龙纸纲"才可能对小澜建造天后宫有所表示。

在捐赠的名单中，还出现了大量的字号，如"李福顺号""广聚号""际兴号""隆盛号"等。大量字号的出现说明这时的小澜墟已有众多商人设店经营。行商长途贩运的繁忙与坐贾设店经营的兴盛，可见此时的小澜墟已逐渐成了一个舟车辐辏、熙来攘往的大墟场，这与民国《武平县志》的记载"（小澜墟）前清贸易甚旺，为武北之大商场"是相符合的。

据张榕梅、张汝财、陈能秀、刘裕元、余学荣等先生说，小澜墟发展至20世纪上半叶，拥有几十间店铺，沿河几十个村庄的木材和部分土纸都经小澜水运出售。附近子民日常生产、生活货物也靠这里吞吐。河中木排、竹排、货船往来穿梭。路上商人、旅客、挑夫络绎不绝。墟市里布匹杂货、京果海味、金银首饰、铁器农具、豆腐米酒、参茸药材、捆纸刨烟、理发裁缝等各种店铺应有尽有，杀猪宰牛、禽畜摊贩、点心小吃一应齐全，甚至鸦片烟馆、赌博场、外来暗娼等亦应运而生。这个墟市是武北最大的墟市之一，它不但与武北的墟市形成网络，而且还沟通了长汀的濯田、羊牯和上杭的龙下（即回龙）、官庄等墟。

小澜墟的运货渠道分水运和陆运两种，水运主要为用大船从上杭、长汀、峰市等地将食盐、煤油、海产等物运来，通过小船运到亭头、贡厦等墟；而武北的农副产品，如米、豆、油、纸等则通过小船汇集小澜，再换用大船运至上杭、长汀、峰市等地。陆运则通过一批驳脚力的挑夫来进行，据当地报告人说，仅小澜村每墟都有 100 多人参与挑担，号称"一百多条担杆"。挑担者通常从贡厦墟贩来米、豆子，挑回小澜墟，或挑至回龙、官庄等墟出售，又从这两地挑回从上杭等地运来的食盐、煤油等物，然后在小澜墟或到贡厦贩卖。长汀"八乡"① 的挑夫则常常从小澜墟挑到米、豆等物挑回去贩卖。

随着墟市的繁荣，与商人密切相关的妈祖信仰也随之兴盛起来。从上述捐助名单看，为建造天后宫捐款是十分活跃的，共有 36 个姓氏 239 人次参加捐款。其中刘姓 27 人次，余姓 25 人次，李姓 23 人次，蓝姓 20 人次，张姓 18 人次，黄姓 16 人次，陈姓 11 人次，邓姓 10 人次，吴姓 9 人次，周姓 8 人次，钟姓 7 人次，朱姓 5 人次，邱姓 5 人次，赵姓 6 人次，罗姓 5 人次。此外，5 人次以下的还有邹、王、何、官、谢、曾、许、卜、郭、马、孙、曹、梁、魏、林、赖、傅、蔡、雷、廖等姓氏。这些姓氏大大超过了明末清初以来小澜曾有过的姓氏，且几乎涵盖了武北六十四乡的所有姓氏。

再仔细分析这些姓氏的捐款人次与武北姓氏结构比例及其地区分布，也是一个颇有意思的问题。捐款人次较多的刘、蓝两姓并非小澜的大姓，却是明清以来整个武北的望族，其人口分别占武北总人口的 25% ~ 35%，而这二姓主要分布在小澜河的上游龙坑、湘村、瑞湖、湘湖、大禾、贡厦、江坑、湘坑、中湍、源头等地。另一捐款人次较多的李姓，则是位于小澜河支流沿岸亭头墟所在地的大姓。这份名单中只有余、张、陈是小澜村本村的大姓。所以，将这份捐款名单放在整个武北的区域范围内考察才更适合和更能说明问题。在这里，我们清楚地看到，这座天后宫的信仰范围与整个武北六十四乡的区域范围（也是小澜墟的辐射范围）和小澜河水利网络的延伸范围大体是一致的，信仰圈、经济交往圈、水利网络三者相互重叠在一起。可见，这座天后宫和小澜墟一样，是小澜客家各宗族对内、对外交往的重要场所，也是武北六十四乡的社会文化中心之一。

从上面的《敬塑圣像各信妇捐助启列》中可以看出，这座天后宫最初的妈祖神像是由妇女捐助而塑成的。妈祖信仰和小澜妇女的关系是小澜村妈祖信仰的一大特色。据张义庐先生说，由于"妈祖嬢太"是女身，所以她

---

① 指长汀县管辖的八个村落：余家地、周家地、吴坊、百丈磜、大坑头、桂竹、坪头、杨梅坑。

和妇女比较亲近，其最大的功能是助产和保赤。妇女难产时必须呼叫"妈祖嬷太"而不能呼"天上圣母"。如呼"妈祖嬷太"，她就立刻显灵，及时消灾。但如呼叫"天上圣母"，妈祖必须仔细梳妆打扮，以母仪天下的天后形象出现，显灵较慢，往往等她显灵已经来不及了。关于妈祖的助产功能，调查时我们还发现了贴在天后宫墙上的一则简介，其中说："（妈祖）从幼时就已定给马家为室（20岁未归门），一直生活在娘家……清朝有位皇后难产好几天了，天下国医、郎中医治无效，皇上焦急万分，这时宰相李光地（泉州人）提议说，泉州府的湄洲岛有一林姑娘神坛，十分灵验，能否当天摆起香案，召此神来'保佑'太子快快出世，保佑母子平安呢？皇上应允，结果太子马上出世，母子平安。就这样，皇上封她为妈祖嬷太，护国庇民无极元君天上圣母，并下令各个乡村、县府都可建造妈祖庙、天后宫，并可仿照京城宫殿，格式一样。"皇后难产，妈祖显灵的真伪姑置不论，但能说明，在这一传说产生、流传地区的民众心中，妈祖是有助产功能的。

至于妈祖的保赤功能，调查中我们发现天后宫内墙壁上贴满了一张又一张的新丁告，现选择其中一则典型的新丁告如下：

沐恩弟子刘现仁得

天上圣母台前契名百岁鸿名马来生

祈佑长命富贵

福寿康宁

生

长孙虔告

甲戌岁古十一月十九日弟子刘现仁

在天后宫里张贴新丁告，并契一"马"字（"马"意为妈祖为马家的媳妇），意味着该小孩是妈祖的孩子。既然是妈祖的孩子，妈祖就必然会给他提供特别的保佑。显而易见，这是妈祖保赤功能的一种体现。

　　由于近水楼台先得月的缘故，土地坪墟市的开设和对岸天后宫的建立，给小澜余姓宗族带来了巨大的经济效益和社会效益，从而提高了余姓宗族在当地的社会地位。这就使得人多势众的张姓人认为在余姓人地界的"妈祖娖太"对余姓人提供了比较特殊的护佑。因此，在该天后宫建造一段时间后，张姓大商人张子才也联合族众及小澜和武北其他姓氏，在张姓的地界内建造了一座新的天后宫（又称"下天后宫"）。

　　这座天后宫位于张姓界内水口边、三将福主公王旁，也是通往长汀濯田的大路边。由于历年久远和"文化大革命"时期的破坏，现已倒毁。据张义庐先生回忆，庙门上方写着"灵威庙"三个大字，庙里设三个神座，中间供奉"天上圣母"，左边是"千里眼"，右边为"顺风耳"，神座前的大香炉是张姓大商人张子才从潮州买回的。庙内楼梯上还有一个小阁楼叫"魁星阁"，里面供奉"魁星点斗"。天后宫左侧是文庙，供奉文圣人文昌帝君；右侧是武庙，供奉武圣人关圣帝君。庙的壁孔还有对联四副，分别为："手执青龙不畏仲谋于吴国，身骑赤兔何愁孟德如魏邦"；"送二嫂会单刀不带一兵一将，斩颜良诛文丑何如瓦犬土鸡"；"扶社稷于成都丹心贯日，匡炎刘于一线赤胆光天"；"秉烛读灵经有心者思归汉武，下扬棋书信字临阵者举目心惊。"

　　下天后宫与上天后宫相比，有许多相似之处，如同样位于河边和大路旁，建庙的牵头人和香炉的捐赠者都是小澜的大商人。更有意思的是，下天后宫也体现了与妇女的特殊关系。据张义庐、张汝财、张榕梅等先生说，1949年前，遇有久旱无雨或久雨无晴时，张子才家族的妇女就会三三两两邀集起来，带着香纸、茶、粄子、炒米、花生、豆子等到下天后宫去烧香祈祷和"吃茶"，如此做上一天或几天，无论是求雨还是求晴，据说每次都很灵验。这一做法与上天后宫众信妇捐助同塑圣像有异曲同工之处，反映的都是妈祖与妇女比较亲近的关系。

　　与上天后宫不同的是，下天后宫增加了"魁星点斗"的阁楼和左右两侧的文庙、武庙，这与武北其他一些地区天后宫的设置相似，也与小澜张姓一文一武两个公王相合拍，它反映了小澜张姓居民在追求经商致富的同时，与武北其他村落一样，具有崇文尚武的山区村落文化性格。据一位张姓报告人说，在1949年前，还隐约可见外村人在下天后宫内书写的一首打油诗："小澜人不知详，天后宫下设学堂，请个先生无材料，教出一班死流郎。"诗的内容虽有戏谑小澜人的成分，但它反映的下天后宫曾设立学校，则是一个不争的事实。由此可见，下天后宫除敬妈祖外，还赋予了教育的功能，在一定程度上又成了小澜张姓宗族的文化中心。

黄狮宫三官大帝神庙是另一座由小澜人牵头，武北六十四乡人共同捐资修建的神庙，位于离小澜村中心约7华里的黄狮坑。这里的三官大帝神位有两处：一处是黄狮宫内的三官大帝神位；另一处位于庙左边半山腰的一块石壁上（俗称"石头菩萨"）。这处神位形同墓穴，中立一块石碑，石碑上书"天地水府三元三品三官大帝神位"，右上方刻着"庚申年夏月建"，右下方落款为"澜溪合乡立"。据张榕梅先生说，这一神位所处的位置，他的叔公张昌仁（约在晚清时期）想在这里做寿坟。有一次，帽村的堪舆明师廖炳先生替人看风水时，见一龙脉很旺盛，便沿着龙脉寻找"龙穴"，最后寻至黄狮坑的这块石壁上，见此地形如一只吃饱的乌龟，堪为"饱食龟形"的风水宝地，大为惊讶。恰巧，张昌仁想建一座门楼，便留廖炳先生在家吃中饭，席间谈起想在这块石壁上做寿坟。廖炳先生认为这处风水太旺，一般人家恐怕担当不起，反而坏事，不如在此建一神穴，供奉广东的三官大帝，不但对小澜人有益，而且对整个武北都大有裨益。张昌仁说："我小澜人只知道妈祖嬢太、定光古佛，不懂得有三官大帝，如何是好？"廖炳先生说："这个不须思愁，不出三年，自然会有许多人朝拜。"张昌仁认为有理，于是就联合小澜各姓在此建立起了三官大帝神位。

据说，在三官大帝神位设立后的几年间，小澜风调雨顺，禾苗大熟。商人生意兴隆，读书人功名顺遂，爬排师傅则木筏顺利，而张昌仁也家运亨通。当地人认为，这是三官大帝洪恩所至。一时间远近朝拜者络绎不绝。为了报答三官大帝的恩德，也为了容纳远近香客，村民们便开始酝酿建庙，这时又由张昌仁牵头，陈姓人施田，小澜各姓和武北各村人共同捐资，献工献料，在神穴旁建起了一座规模巨大的三官大帝庙，取名叫"黄狮宫"。同时，还在庙旁盖了一座三层48个房间的楼房，供远近香客住宿之用。

旧的黄狮宫三官大帝庙已于"文化大革命"期间被毁，现在的黄狮宫系1985年重建，庙内正堂贴有"十方三宝"的画像，神龛上设有三块牌位，中间一块为"玉封三元三品四官大帝"，左边一块为"梁野山大德定光古佛、三爷古佛之神位"，右边一块为"玉封威灵显赫玄天上帝神位"，牌位前则设有四尊四官大帝像。神龛旁还立有一尊福德土地神像。据张榕梅先生介绍，现在的这种摆设与旧的黄狮宫庙相差不多。

三官大帝信仰的兴盛促进了黄狮宫的修建，而黄狮宫的修建又反过来促进了三官大帝在小澜周边地区进一步兴盛起来。于是，关于三官大帝神奇的故事、灵验的传说得到源源不断的复制，渐次放大。故事越说越多，赋予它的神通也越来越大。而在众多的故事传说中，又以"三官大帝治病救人"的事例为最多。在实地调查时，我们发现当地民众至今还对黄狮宫三官大帝救人于重病之际的传说津津乐道。一位张姓报告人和一位陈姓报告人说，桃溪村有一个叫王培方的，黄肿大肚多年，寿衣寿材都已准备好。在某年的一个节日，听客人说小澜黄狮宫的三官大帝十分灵验，他当即在家门口摆起了香案，面朝小澜黄狮宫方向许愿：若得病好，每年向三官大帝进贡香油 10斤，到黄狮宫吃斋半月。许愿后不一会儿工夫，王培方就口吐秽物，不药而愈，奇迹般地活了下来。此后，他每年都会到黄狮宫进贡香油，住上一段时间，成为黄狮宫三官大帝的虔诚信徒。陈姓报告人也讲述了一个类似的故事。中堡有一人，50 多岁，已病入膏肓，后经人介绍到黄狮宫来求药，僮子昏僮时开了一个"半斤大茶叶"的药方。在现实生活中，大茶叶是一种剧毒的药（即通常所说的断肠草），不消说半斤，就是几片也足以使人丧命。但这位虔诚的信徒认为，既然是三官大帝的药方，就应该可以用。"半斤大茶叶"的药方煎水服下后，病也好了。诸如此类的故事，越说越多，难以尽举。

自从黄狮宫三官大帝被赋予治病救人的功能，一跃成为"医神"之后，在旧时缺医少药的武北地区享有崇高的地位。在黄狮宫三官大帝信仰最为兴盛的民国年间，其庙旁的几十间客房日日爆满，神穴周围的竹叶、杂草、树叶均被采去当草药，每天都有僮子托"三官大帝下凡"替信徒降药、开药单。据说降药的方法通常是僮子"昏僮"假托三官大帝下凡，然后在草纸上开具药单，再将药单拿至三官大帝神穴处"跌筶"，如"跌筶"获准，就将药单拿回家，烧成灰服下。操此职业的僮子，每天的收入都很可观。

据一位张姓报告人说，由于黄狮宫三官大帝十分灵验，使得武北大多数村落居民都信仰三官大帝。久而久之，各个村落的人干脆在自己的地界内建起了三官堂或三官庙，从黄狮宫分香供奉三官大帝。平时他们如遇小病或小问题，就在自己村的三官堂或三官庙去求三官大帝，或在庙里呼叫"黄狮宫三官大帝"，如系病重或遇到大麻烦，则必须亲自到黄狮宫向三官大帝祈祷、许愿方为有效。而每逢各地举办三官大帝醮会时，他们都会扛着香旗，请鼓手，带着大批人马，一路吹奏到黄狮宫，在三官大帝神位前烧香、敬奉，然后取一些香灰回去打醮。这一习俗，至今许多村落还保留了下来，如每年的四月十五、七月十五、十月十五三官大帝生日时，武北湘店乡的湘湖、刘坊、三背，桃溪镇的新华、湘里、湘泉坑，大禾乡的山头、坪坑，以及本县中堡乡的一些村落和长汀县的拨头、罗坑头等地，都还会到黄狮宫取香灰回去打醮。据张榕梅先生说，1993 年支持黄狮宫接通电源出资较大（50 元以上）的有不少是长汀八乡人氏，如官畲的曹某某、周家地的周某某、大头坑的曹某某、羊牯的李某某。显然，黄狮宫是这些地方三官堂或三官庙的祖庙，而小澜则是武北及其周边地区三官大帝信仰的中心。

虽然小澜的妈祖和三官大帝信仰呈现十分繁荣的景象，但他们都还不是小澜的村落守护神。这主要有以下三个方面的原因：第一，妈祖和三官大帝信仰传入小澜是入清以后的事，这时的小澜早已有了自己的村落守护神；第二，妈祖和三官大帝的跨地域特征，使得它们的"辖区"过广，这就使当地民众认为，它们很难对小澜本村有更多的偏袒，甚至有时忙不过来而难免照顾不周；第三，妈祖和三官大帝信仰传入小澜后，经过一定时期的演变，专业职能特征日益明显，只能满足一部分人暂时的需要，如助产、治病等，而无法满足大部分人长远的根本需求。这些因素决定了妈祖和三官大帝很难充当小澜客家村落守护神的角色。那么，小澜的村落守护神是什么呢？据当地报告人说，应当是属于满月堂的"三爷古佛"。

满月堂位于陈屋塅的水口，据说此地系风水学上的"莲叶盖龟"的生龙口宝地。据张榕梅先生和陈能秀先生说，最初的古佛庙在本村琉璃坑的老庵，而这里则是陈姓人梅魁公的坟墓。小澜张、余、刘等姓人却看中了这块地，要陈姓人让出来做庵，但陈姓人不肯。于是，他们就想了一个办法，一连几天都派人在晚上偷偷地将菩萨抬至梅魁公墓前的明堂里，并在菩萨身上弄上一些青苔，伪装菩萨过河时不小心粘上的。这就使得陈姓人每天早上都发现一尊三爷古佛像在"莲叶盖龟"这块地上，前一天把它送回老庵，第二天一早又跑到这块地上，不免心生疑虑：三爷古佛身上有青苔，难道它在过河时弄到的？同时，张、余、刘三姓的主事者又指使僮子借古佛之口说，老庵地埋位置做墓是很好的，但做庵则不行，要在"莲叶盖龟"这块地上建新庵才好，否则全村都将大祸临头，等等。经过几番酝酿，张、余、刘等姓人借口三爷古佛一定要在这里建庵，要求陈姓人的坟墓与庵对调。而陈姓人这时也觉得菩萨要也实在没办法，只好同意对调。这样，由陈屋人捐地，张、余、刘等姓人联合捐款，在这块地上建起了新的古佛庵，取名"满月堂"。

满月堂现已成一片废墟，但站在这块宽阔的庙址上，似乎还能感受到当年的繁盛。据张榕梅先生和陈能秀先生说，满月堂建筑巍峨雄伟，庙门是一座高大的门楼，上书"满月堂"三个金碧辉煌的大字。庙的正殿天子壁贴有"十方三宝"的画像，像前正中供奉观音菩萨，左边为五谷大神，右边则为罗公祖师。在前排神座上安放有六七尊三爷古佛像和叶伏虎的像，中间一尊三爷古佛最高大，为各姓共同捐施，其余几尊分别为各姓施立，寄放在这里。正殿两侧还有十八罗汉、二十四位诸天、华光菩萨等。正殿的右侧设有土地庙，供奉土地神。

满月堂貌似一座正统的佛教寺庙，但其主神显然是佛教俗神定光古佛的化身之一——三爷古佛。三爷古佛，形似猫头鹰，系梁野山定光古佛五个化身中的老三，据说生性好动，尤喜鞭炮声。关于它的来历，劳格文先生和本人均有过详细描述，在此不赘。至于三爷古佛与小澜村的关系，据张汝财先生说，三爷古佛是定光古佛五个化身中分管小澜的神。在小澜人的心目中，三爷古佛不但孔武有力，法力无边，能弥兵御寇、驱邪镇妖、祛灾赐福，而且能特别保护小澜人的安全和利益。于是，他们日常都拜三爷古佛，凡事都听命于他的安排。而每当他们遭逢灾难，因偶然的机运而得幸免，或因某种因素而使家运亨通，他们都认为这是三爷古佛保佑的结果。

尤为令人注意的是三爷古佛与爬排工的关系。爬排，又叫"撑木排"，一般由1～2名排头师傅掌方向，1～2名排尾在后押排，中间则有1～2名水性较好者拾捡散失的木排，叫"打腰哥"。因小澜是武北水利枢纽的缘故，木材商在武北地区购得的木材，一般在亭头和桃溪做成小排，而在小澜换成大排，然后沿汀江运至永定县峰市或广东潮州去交易。所以，"爬排"是旧时小澜精壮男子最主要的职业，一年四季几乎家家都有人外出"爬排"。

小澜至永定峰市要经历众多的险滩，如小澜河入汀江后在上杭境内就有龙口滩、乌鸫颈滩、濯滩、白石滩、栖禾滩、目忌滩、七里滩、大磜滩、小磜滩、锅峰滩、三潭滩、伯公滩、上埔滩、下兰滩、乌虎滩、岐滩、拖船滩、上徐滩、下徐滩、砻钩滩、大沽滩、长峰滩、新峰滩、南蛇滩等险滩30余处。在永定县境内亦有穿针滩、虎跳滩、猪妈滩、棉花滩、吊滩等险滩9处。其中穿针滩河道狭窄，仅能容一船而下，水流急而快。因此，舟船到此，不得有半点偏倚，驶船形状俨若穿针。继而有马寨滩、小池滩、折滩等等，尤以折滩为险，航道多折，弯弯曲曲，浪滚层叠，水势所往，忽东忽西，船只通过有如"游龙戏水"；吊滩"滩陡石多，波涛汹涌，船只逆航全靠绳索拖引而上，顺航亦无法驾楫，全靠绳索吊控，随流缓放出滩"；大沽滩"是汀江难度最大的险滩，滩窄水急，乱石张牙，船只过滩，经常触石而沉。因此，船工过滩无不全神贯注，奋力拼搏，非熟悉航道、技术高强的船工，很难保证行驶安全"。[①]

汀江内河航运的险阻困苦使得沿海的妈祖信仰传播到了闽西客家山乡，但小澜"爬排"师傅信仰的却是他们自己的三爷古佛，这种不同大概与以下四个方面的因素有关：其一，妈祖信仰到武北之后，由于其助产、保赤功能的复制与放大，其女性保护神的色彩日益增强，而海神、水神的角色却在淡化。其二，定光古佛虽是山乡保护神，但在定光古佛的传说故事中也有疏通航道的功能。如相传景德初年（约1004），定光古佛应邀到江西南康盘古山弘扬佛法途中，经过某一条河时，江中布满槎桩，船只常常触桩而沉没，定光古佛用手抚摸着槎桩，说道："去去，莫为害！"当天晚上，天未下雨而江水暴涨，槎桩均被江水冲走。又如，相传祥符初年（约1008），广东惠州有一艘运载砖瓦的巨船搁浅于河源县沙州，僧侣来到南安岩请求定光古佛帮忙。定光古佛写一首偈语给来僧，来僧持偈语到搁浅的船上，船只莫名其妙地划动，顺利航行。其三，定光古佛是闽西客家的保护神，而三爷古佛又是传说中分管小澜的，故他们认为三爷古佛对于保护他们的安全和利益最为可靠。其四，妈祖是女身，而"爬排"是一项极其繁重、艰苦，又极其危险的工作，与女性的角色极不相符，并且爬排多半赤身裸体，至少是半裸。在这种情况下去求助妈祖，未免是对"妈祖嫲太"的亵渎。由于这些原因，三爷古佛代替妈祖，被小澜爬排师傅尊为汀江河道保护神。

作为小澜爬排师傅在汀江河道的守护神，三爷古佛信仰已经注入到爬排师傅日常的工作生活中。他们在出排之前，一般都会提着香纸、烛炮到满月堂去祈祷。在爬排的过程中，如遇突如其来的意外险情，往往会呼叫"三爷古佛救命""三叔公子救命"。据说，经此一呼，往往能逢凶化吉，遇难成祥。而遇到木排阻塞时，他们当即赤身裸体下跪，双手朝天揖拜，大声许愿："三爷古佛，三叔公子，保佑我的排能爬出来，如果我的排爬出来了，我会放××挂（如一千响）鞭炮。"说罢，立即借助神力尽力用竹钩一钩，据说经常立竿见影，木排马上就畅通了。这样，他们就会在下一个口岸买上

---

① 池粤松、丘上达：《汀江险滩》，《上杭文史资料》1984年第2期。

一两挂长长的鞭炮，当街鸣放，以谢三爷古佛；或在回小澜后，带上香纸、烛炮等到满月堂还愿。所以，每次出排前后，满月堂都鞭炮声不绝。

据张汝财先生说，满月堂的叶伏虎和罗公祖师分别有一个极有意思的故事：

　　据说叶伏虎生前是一个钱粮差，为人十分凶恶，也很会算计人，如果不很好招待他，会被他搞得半死。有一天，他到一家只有母子俩的人家收钱粮，并住在他们家。晚上睡觉前，他听到母亲对儿子说："明天要早点起床，其他没什么东西招待叶先生，只有一只母鸡拿来杀，不然的话这位叶先生是很会搞人的。"过不久，蒙眬中他又听到母鸡在交代小鸡说："我明天看来保不住命了，主人要把我拿去招待叶先生，你们姐妹以后不敢到园头园尾去觅食，这样很容易被敲死的。"叶伏虎听到这一前一后的对话幡然醒悟，觉得自己以前作恶太多，便满心羞愧。第二天，叶伏虎起了个大早，他见这家人的儿子正要杀鸡，便立即劝他不要杀，这家人的儿子以为叶伏虎是假意，便坚持要杀，叶伏虎就说你如果要杀鸡，那我真的会搞你，你不杀就什么事也没有，我今天要上山修行了。

　　就在这天早上，山上的得道和尚吩咐手下的人说，你们要准备七天的干粮，这七天都不生烟火，今天有一个恶人要来修行，我要考验考验他。大约到了下午三四点钟，叶伏虎果然来了。他对得道和尚说，我以前做钱粮差，作恶太多，现在是千朝作恶，一朝回头，想来修行，不知能不能收下？得道和尚说，既然都已经来了，我这里正好碰到七天绝烟日，你如果能饿得了七天，那我就收下；如果饿不了七天，那我就不收。叶伏虎说，既然大家都饿得，我为什么饿不得？这七天，大家都偷偷地在吃干粮，唯独叶伏虎饿着肚子。得道和尚原以为叶伏虎早就饿死了，不料，到了第八天一早，叶伏虎还好好的，便吩咐他下山去取火种，想让他死在半路上。叶伏虎便赶忙下山去寻火种，在回山的路上，他遇到了一位蒸酒做豆腐的熟人。熟人热情地招呼他吃了早饭再走，他说不行，我是千朝作恶，一朝回头，自己饿坏了事小，但不能饿了师父和师兄们，便准备快步走，可脚一抬就到了山上，他便将火种送给师父，不料这时师父已经在吃饭了。他似乎明白了什么，便脚一蹬，飞了起来。这时，他对得道和尚说，师父你慢慢修，我叶伏虎上天了。原来，他的诚心感动了上天，结果就修成了佛，而得道和尚由于心肠不好，算是白修了。

相传，罗公祖师生前为长汀县乌泥乡人，他与石仙祖师一起到京城赶考，有一天，石仙祖师告诉他天上在打罗天大醮，我们一起去看看。罗公祖师说你先去，我明年再去。石仙祖师果真去了，回来后，罗公祖师问他好不好玩，石仙祖师说，太好玩了。打醮时，铁拐李在看门，何仙姑在司厨，牛栏棍当柴烧。罗公祖师听完后，觉得好奇，便翻车一打到了南天门，正好看到铁拐李守在门口打瞌睡，他突然上前抱住，铁拐李一看是罗公祖师，便说你来这里干什么，你很快要中状元了，要知道"天上一日，人间十年"，赶快回去，莫误了考状元。罗公祖师于是翻车一打，又回到了京城，不久他果真中了状元。罗公祖师中状元后，他突然觉得功名利禄实在没多大意思，于是他就在状元戴红花那天，尚未戴上红花就跟铁拐李走了。由于新科状元突然失踪，皇帝十分气愤，他下令福建人从此以后不得中状元。"福建有状元"就是从这时开始的。

满月堂于"文化大革命"中被毁。1978年后，小澜各姓拟重建满月堂，后因意见分歧而未果。于是，张姓在清峰山，陈姓在黄狮宫旁，余姓在上天后宫旁，溪背刘姓在祖祠旁，中姓在对门山，各自建有一座古佛庵，以代替原来的满月堂。

四

寺庙的修建是为了敬神，而敬神最隆重、最热烈的活动则是打醮。小澜客家的打醮活动分为古佛醮、公王醮和打大醮。

古佛醮和公王醮由各姓分别进行。时间在每年正月初八至正月十七之间，历时十天。据一位张姓报告人说，最初古佛醮和公王醮的日期全小澜是统一的，即每年的十一月初一打古佛醮，四月初一打公王醮。但满月堂的三爷古佛只有一个，每年的十一月初一各姓都争得不可开交。后经公亲和各姓的房长叔公协商，决定了各姓打醮的固定日期：余、中姓古佛醮为正月初八，公王醮为正月初十；张姓古佛醮为正月十一，公王醮为正月十三；陈姓、刘姓古佛醮为正月十五，公王醮为正月十七。都是先打古佛醮，后打公王醮。据说这里有两个方面的原因：一是三爷古佛系分管整个小澜的，为小澜各姓所共有，其地位比各姓人私有的公王为尊，故应先打古佛醮；二是三爷古佛为素神，而公王系荤神，一荤一素不能混在一起，且需先素后荤才不致亵渎神明。

由于各个同姓宗族又分成若干个房派，故每年的古佛醮和公王醮又需要按宗族内部的不同房派轮流做头组织打醮活动。如张姓分为大伦公、逸所公、塘公、春宇公、仁所公、维桢公六大房派，故每一房派隔六年轮流一次做头家。打醮前，由头家邀集族长、房长、士绅及长者组成理事会。理事会组成后，召开筹备会，确立香首、醮首、总理、协理，以及建醮规模和进行经费预算。会后即开始征集经费，约请和尚或道士、鼓手，布置场所等。

打醮的经费来源，主要靠各姓的醮田收入和自发组织的古佛会、公王会出资。如不足，则靠自愿捐献和按人丁分摊。打醮结束后，发现经费仍不够，由总理或理事会成员负责。如有节余，就留作下一次打醮开支。1949年后，醮田、神明会组织取消，打醮费用则按自愿捐赠和人丁摊派，当然，不愿出的也可不出。

至于打醮的仪式，小澜与武北其他村落大同小异。关于武北地区普遍流行的打醮仪式，前文"湘村的宗族社会与文化"一节有过详细的描述，此不赘言。

如果说，一年一度的古佛醮和公王醮是小澜各宗族内部的神明祭祀活动，那么，十二年一次的"打大醮"则是跨宗族的，其地域范围包括武北六十四乡，甚至有时还包括长汀的"八乡"。"打大醮"之所以间隔时间较长，主要是因为"打大醮"规模比较大，费用也较多，不似一年一度的古佛醮和公王醮，宗族内部一呼即行。它涉及各村各族、各房各支，必须有一个统筹的安排和合理的组织。

小澜的打大醮活动自1949年以后就停止了，最近的一次是1939年，因此要完全搞清它的原貌是困难的。不过，根据张榕梅先生对1939年打大醮的介绍[1]，还能对它的概况有所了解。现将这次打大醮的若干情况简介如下：

这次打大醮由小澜的"知名绅士"张演春出任总理，经费由武北六十四乡人共同捐资，不足部分由小澜人包满，因而财力雄厚。主持这次醮会的是武北著名的受戒和尚桃溪东林庵的才仁师傅和远近知名的道士李咸丰。鼓

---

[1]   1939年打大醮时，张榕梅先生21岁。

手是来自上杭的官庄班和桃溪的湘坑班。而菩萨不仅有满月堂的三爷古佛、黄狮宫的三官大帝，还请来了武北六十四乡人均有份的桃溪东林庵的坐轿定光古佛，以及诸如二十四位诸天、吉祥菩萨、蛇王菩萨、华光大帝等大大小小的菩萨几十尊。

醮台搭在上天后宫旁广阔的余坪上，由满月堂的三爷古佛坐中台，左边是东林庵的坐轿定光古佛，右边则为黄狮宫的三官大帝，左右侧旁则安放其他十几尊菩萨。

醮台外竖立着一高大的幡竹，幡竹下站着一尊高约 2 丈的纸扎神像"山大人"。"山大人"身旁还站着两个"无常鬼"（一个叫"一见大吉"，吸着长烟筒，手拿算盘、笔和生死簿；另一个叫"你来了吗"，手拿铁链、手铐，相貌极为狰狞恐怖）。幡竹上书"九天开化黄幡使者守固大神麾下准此来也"，外加幡示"孤魂漂流几千秋，犹如枯水漂海中；孤魂云游几千载，犹如风筝在半空；今日佛母醮宴会，请听弟言几句终；醮筵完成后请到坛中，沙波阿，白类息知恭请，南无坚牢地神立盟功德榜行"。

醮台外大坪，左右两边搭了五个厂棚，其中两棚为鼓手吹奏停歇之地，另一棚为理事会开会及接待绅士、各乡代表之用。其余两棚，由和尚、道士各据一棚。和尚一棚中，除念经作法的坛台以外，还陈列着纸扎的十八层地狱情状，有十殿阎君像，有刀山、火坑、奈何桥，以及鬼魂在阴间受惩罚的种种惨状，以警戒世人不该作恶多端。道士一棚中，则陈列着八仙过海、蓬莱仙境及仙人作法降妖斩魔等故事的纸扎图像。

而在大坪内，还摆放着来自武北各乡的宝物，如小澜陈屋的"树根魁星点斗"，张屋的"老虎玉石"等，这无异于是一次武北的文物大展览。

醮会开始的前一天，理事人员都进行斋戒沐浴，以示虔诚。三爷古佛、三官大帝、定光古佛等菩萨迎来后，由才仁和尚、李咸丰道士进行"安神"仪式，即在大殿念经咒、行香、上供品。和尚身着袈裟，手敲木鱼，击锣钹，念佛经。敬献的供品为十碗斋菜和十个盘子，内盛"香、灯、花、水、果、财、食、宝、珠、衣"。道士则穿道袍，手持朝笏，击锣钹，念道藏，敬奉的也是十碗斋菜和十个盘子，内装"香、灯、花、茶、果、斋、经、水、宝、珠"。

本次醮会持续了七天七夜。每日由才仁和尚和李咸丰道士做法事，其内容为诵念经咒，或跪或拜，或击钟磬、鼓木鱼等相伴和，鼓手则在间歇期间吹奏。其余时间由六十四乡代表轮流行香跪拜、上供。

正日的前一夜，首先举行"坐台"作法仪式。才仁师傅和李咸丰道士分别坐于坛台之上，除念经咒外，还"作法"。其目的是驱除邪魔，超度亡魂，普度众生。之所以要请才仁师傅和李咸丰道士，主要是因为打大醮时邪魔妖鬼云集，若非道行深厚、远近闻名的僧道，很容易被捉弄。作法时，才仁师傅和李咸丰道士在台上念经咒、画符篆、烧符篆，口中念念有词，手里摇动法器，然后以法器盛着"神水"，意为泽被四方，可消除疾疫，驱除邪魔鬼怪。

正日上午，早朝过后，接着进行"发榜"。榜文内容为祈求神明保佑合境平安，消灾赐福，年岁丰稔，财源茂盛，人丁兴旺等，下列上榜人名单，凡给本次醮会捐赠经费的武北六十四乡人都榜上有名。发榜时由香首作代表陪同才仁和尚和李咸丰道士进香跪拜。也有个人发榜的，但只有捐款数较多者方可单独发榜。才仁和尚、李咸丰道士诵读榜文及名单后，将榜文在神前焚烧，以示上达天听。

正日下午，则主要进行"游境"活动。游境时，以两面大锣为前导，鸣锣开道，并命人鸣放土铳和鞭炮，接着是"肃敬""回避"两牌，然后是身穿法衣、手持法器的和尚、道士，香首和长者们手提香炉，其他善男信女每人手持一炷香，随着鼓吹班的吹奏，走在神像的前后。神像后面还跟着一列由张姓六个小孩组成的"扮故事"。巡境队伍先经过墟场，然后在各个商店和小澜境内比较通畅的大道上游行。一路唢呐齐鸣，锣鼓喧天。所到之处，商店和居民均燃放鞭炮，夹道欢迎。

傍晚时分，还举行了"放水灯"仪式，即点上七盏油灯，用小块木板托着，从村中河流的中段开始放下，顺水流而下，直至淹没。才仁和尚在旁口"念阿弥陀佛"，鼓手则在旁吹奏。

晚上醮台行将结束时，还有放"施食仪"式。放施食时，把谷搭摊放在大坪上，摆上了100多席，每席8个碗，8双筷子，1盘煎粄，1盘豆腐，1盘斋子（即米饭），碗上还斟上酒。有一人在旁擎着"一见大吉"，在周围巡回高喊："慢慢吃啊，不要抢呀！"

"放施食"完毕，就开始"圆醮"，这时只见几位年轻后生扛着猪，其中一位用奸刀斜刺猪脖颈，将猪血淋在幡竹下，接着就砍幡竹，和尚则在旁高喊："天神归天，地神归地，有庵的归庵，无庵无庙归天堂"，并将所有纸扎神像付之一炬，表示恭送神佛回天宫、地府，也意味着这次打大醮结束。

在这次打大醮期间，还请来了上杭官庄"福盛号"戏班演木偶戏和长汀涂坊班"做大戏"，以凑热闹。"做大戏"演出《忠义殿》《穆桂英下山》《十五贯》《破洪州》等剧目，一连演出几夜。值得一提的是，每晚10点钟过后，主事者和老成者都将妇女和小孩赶回家，戏班开始演出诸如《尼姑下山》《洞房花烛假风流》等"邪戏"。据一位报告人说，这类"邪戏"多有"淫邪"的内容，若在平时属严禁的剧目，此时则为大人们津津乐道。

这次"打大醮"，突出地体现了小澜在武北的中心地位。由小澜人出面组织、武北六十四乡人共同捐资打醮，本身就说明了小澜的号召力和影响力。而醮台的布置，又以小澜的三爷古佛坐中台，三官大帝和坐轿定光古佛反成为陪神，象征着三爷古佛居于人们信仰的中心地位，这也是小澜在武北六十四乡居于中心地位的一种折射。

五

在小澜，与宗族组织和神明祭祀密切相关的，还有名目繁多的"尝"与"会"。据一位80多岁的报告人说，1949年前各种"尝""会"很多，如"尝"有孔圣尝、文昌尝、朱贤尝、文会尝、两油灯尝、文课尝等；"会"则有公王会、古佛会、三官会、妈祖会、保苗会、朝山会、放鞭炮会、暖寿会、安全社会、点灯会、蜡烛会、祠堂会、义冢会、兄弟会、华光会、关帝会、茶缸会等。

这些"尝""会"大致可分为如下几种类型：①与庙宇、神坛有关的神明会，如公王会、妈祖会、古佛会等；②与祖先崇拜相关的，如安全社会、祠堂会；③与某种特殊目的相关的，如茶缸会、文课尝、文昌尝等；④属秘密社会性质的，如兄弟会等。这一分类又不是绝对的，有时还存在着交叉关系。兄弟会属于秘密社会性质，但他们祭祀关圣帝君；文课尝的设立是为了助资读书人，奖励实学的，但他们又祀奉文昌帝君，也有神明会的性质。

"尝"与"会"的组织颇为复杂。关于"尝"，调查中我们发现了一块"文课尝"的碑文。现将其迻录如下：

文课尝碑记

尝谓人才之兴不择地，文风之盛不关时，大□不离乎人事者凡是。洪惟我□□朝敦□雅化，振兴实学，乡会考核定以三年，科岁衡才行以间岁，以及观风月课。所以培养人文激励士子者，至详且尽。吾闽联文

纪兴，社会由此意也。而僻壤偏耶不□与通都大邑共称济济者，岂此地
气薄而时未可欤？亦以培养而激励之者或昧其方耳。

　　道光乙酉秋，澜溪□众等□有志斯文，议立胜会，诸公慨然乐助，
共襄义举，专为四季考会之费。卷资赀仪胥。于是出作人者，隆其法
纪；志学者，知所劝惩。将人才兴，文风盛，争励实学以仰副圣夫子之
雅化也，岂不伟欤！

　　孔圣尝　　　　捐助花银叁拾元正

　　文昌宫尝　　　捐助花银贰拾元正

　　文昌尝第六券　捐助花银贰拾元正

　　朱贤尝　　　　捐助花银叁拾元正

　　文会尝　　　　捐助花银壹拾元正

大清道光十一年辛卯岁仲吕月

　　从这里，我们知道，设立文课尝的目的是"振兴实学""培养人文"
"激励士子"。其经费由孔圣尝、文昌宫尝、文昌尝第六券、朱贤尝、文会
尝共同捐助。当然，这些"尝"就成为文课尝的成员。文中"文昌宫尝第
六券"，则说明文昌宫尝也分若干券。可见，大"尝"中包含有小"尝"，
而小"尝"又往往分为若干"券"或"股"。

　　"会"的情况也是如此。据张榕梅先生说，大"会"中常包含若干小
"会"，有钱人家往往同时加入几个会。民国时期，他的父亲就同时加入了
三官会、兄弟会、妈祖会等七八个会。

　　每个会的成员是自由组合的，往往是几个志同道合、情趣相投的人凑在
一起，各出一些钱来购买田产，就形成一个会。这些田产是会内每个成员共
同所有的，按每个人出资的多寡，分别拥有相应的份额。每年的田产租谷作
为每年神明祭祀或特定活动的经费。这些会每年都有固定的活动日期，而这
些日期又大都与神明、祖先的生辰、忌日有关。"会"的活动由成员轮流当
头家，负责操办值年祭祀和宴会事宜，而头家则拥有当年租种田产的优先权
和管理权。每个会除固定活动日吃一餐外，一般年底还按不同份额分配猪
肉。据一位报告人说，"会"的份额一般不买卖，会员非到万不得已是不会
去卖会额的，因为卖会额被认为是一件很丢脸的事，家运也不好。组会时会
员往往发过誓言："买卖不昌盛"。

　　据一位报告人说，在众多的"会"中，妈祖会是最热闹的，1949 年前

全小澜有好几个妈祖会。其中一个堪称为"大会"，共凑有190多份，方圆几十里都有人参加，以每年三月二十三日和九月二十三日为会期。做会时，头家组织会众买一头猪或羊到妈祖庙里宰杀，以祭祀妈祖，然后在中午大吃一餐。吃完后每份约能分到0.4斤猪肉或羊肉。此外，由于人多、田多，年终还可分到几斤猪肉。另有一个小会，会员中有一人系外来客商（在小澜设店经营），他死后无嗣，会期日，会众还会到他坟地上扫墓，以示纪念。

"尝"、"会"组建的目的是多种多样的，有的是纯粹出于敬神、敬祖，有的出于乐善好施，有的则为了振兴实学，奖掖士人。但另有一些则与宗族矛盾、宗族对抗有关，前述安全社会的目的在于增强张姓宗族凝聚力，华光会系余、刘两姓的头目组成，有两姓联合对抗张姓人的目的。而兄弟会则是小澜张姓人与湘村下村第二房人的一种联合，系一种秘密组织，他们公开的名义是太公会，实则是兄弟会。据湘村一位刘姓报告人说，这是因为湘村下村第二房人与第一房人有矛盾，在斗争中处于劣势，他们试图借重小澜张姓人的势力，视异姓为骨肉，在房族斗争中取胜。据一位张姓报告人说，在1949年前，每到兄弟会期轮到湘村人做头的，他一大早从小澜出发，往40里外的湘村，约中午时分才到，吃毕即刻回小澜，要到天黑时才回到家。这样近百里奔波，其目的应不会仅仅是为了吃一餐。

需要指出的是，"尝"与"会"不是截然分开的，有时存在着相互重叠的现象。上引《文课尝碑记》说："澜溪□众等□有志斯文，议立胜会，诸公慨然乐助，共襄义举，专为四季考会之费。"在这里，"尝"与"会"就合二为一，会为组织，尝为资产，尝与会不可分离。

与"尝"、"会"相似的还有"堂"。据当地报告人说，大约在20世纪二三十年代，小澜村有两个大"堂"，一个为仁义堂，另一个为大义堂。仁义堂主要有张姓的兰塘公裔孙、文祥公裔孙、文任公裔孙、春宇公裔孙，刘姓的英公裔孙，余姓的下余屋、新屋下，以及朱、罗、邓、魏、温等姓。大义堂则主要包括张姓的子才屋下、圳头，余姓的楼上，刘姓的寨子上。这两个堂的区别在于：①人员组成上，仁义堂主要为弱房弱支，大义堂则主要为强房强支。②仁义堂祭祀关圣帝君，会期为五月十三日；大义堂祭祀三只眼睛的华光大帝，会期为华光大帝的诞生日。无论是仁义堂，还是大义堂，做会时都办得很排场，堂上会挂上大红布横幅，堂下则陈列着各种武器，如铳、镖刀、大刀、钩刀、耙头等。

由上可知，小澜这些名目众多的会、尝、堂，实际上是一种合作组织，它以自愿为原则，以出资多少为标准，按每个人出资的数量来决定他在尝会中所拥有的份额。这种以股份为特征的组织，与地方社会中的宗族组织、神明组织既相联系，又有所区别，成为地域社会组织中的一种重要补充。

六

以上我们对小澜客家的宗族社会和神明信仰进行了简要的论述。根据这些论述，我们还可以得到如下几个方面的认识：

一个宗族就是一个小社会，它主要是通过祖先崇拜组织起来的。而一个多姓聚居的村落则形成一个地域社会，它的组织更多是通过神明信仰来完成的。其中，士绅起了举足轻重的作用，若干个不同宗族的斗争与联合，构成了丰富的村落文化。

处于中心地域的小澜村的神明信仰具有明显的层次性。第一个层次是由小澜人牵头，整个武北共同捐资修建的庙宇，供奉整个武北共同信仰的神明，如澜溪天后宫（供奉妈祖）和黄狮宫（供奉三官大帝），它们既是小澜人的祭祀场所，也是整个武北共同的祭祀场所。第二个层次是由小澜全村人集资共建的庙宇，供奉的是小澜人共同信仰的神，如满月堂（供奉三爷古佛），它所保佑的是小澜全村人的利益。第三个层次是由某一宗族族众兴建的神坛，供奉他们自己的公王，如陈姓的新老社公、把界公王，余姓的石猛、石固公王，张姓的石猛、石固公王和三将福主公王，等等。这种由不同层次组成的神明系统，反映出小澜在武北的地位，以及小澜自身的宗族社会结构。

小澜的祖先崇拜和神明信仰体现了宗族组织和乡族组织对地方事务的控制。如小澜寺庙的修建，总是陈、余、张三大姓首倡在前，其他姓氏尾随其后，赞襄响应，族权、乡权和神权结合在一起。神明信仰活动成了联络各宗族之间关系的一种纽带，也实现了宗族势力对地方社会事务的领导和控制。

在小澜的宗族社会和神明信仰中，处处体现着三教合一的特点。无论是神庙、神坛、祠堂的布置，还是祭祀、打醮的仪式，都可看到儒、释、道三教的参与。儒、释、道三教在小澜的社会组织及象征意义的体系中，各为整体的一部分，又有自己的独特性。

在传统的社会生活中，祖先崇拜和神明信仰是推动地方社会运转的两大动力。从社会功能的角度看，祖先崇拜侧重于宗族内部，神明信仰侧重于宗族内部及其与外界交往。其中，神明信仰与墟市、水利网络又密切相关。祖先崇拜与神明信仰两者各有不同，但又相互联系，相互作用，发挥着整体的功能。如果说通过祖先崇拜组织起来的各宗族是一个自成体系的小社会，那么通过神明信仰将同一村落的不同小社会组织起来的则是一个村落社会。而通过神明信仰、墟市、水利网络把分散各地的不同村落、不同宗族联系在一起，则形成了更大的地域社会。小澜村落社会和武北地域社会的形成正是如此。

第四章
边缘村落

第一节　店厦村多姓聚居区的冲突与共存

　　店厦村位于武平县北部湘店乡的东部，汀江河的沿岸，是长汀、武平两县的交界地，离汀州城、上杭城、武平城各120华里。距离村落最近的是长汀的美西村和官畲村，在店厦至美西村龙舌岗和店厦至长汀铁窖墩的田坑路面分别立有武平、长汀的界碑。因此，考察店厦村的宗族社会与文化，有助于我们了解武北边缘村落的概貌，从而更完整地理解武北地域社会。

　　店厦村居民分散，村中有大化、坳背、店厦、牛湖下、磜角、吴潭、罗屋、河口、茶头岗等大大小小的自然村落（见图4-1）。小澜河经河口与汀江汇合，从本乡七里方向来的七里溪经店厦流入汀江。由于水系发达，店厦村在旧时水上交通极为方便，沿汀江上溯可至长汀县的水口、濯田、三洲、河田、汀州城等城镇，沿江而下则可达长汀的羊牯，上杭的回龙、官庄、上杭城，永定县的峰市，乃至广东省的潮州、汕头等地。

　　店厦村现有居民432户2432人，其中男1233人，女1199人，耕地面积1508亩，山林面积28900亩，共分20个村民小组，1~7组为大化片，有刘、罗、曹三姓约800人，其中刘姓有700多人，罗、曹二姓各有几十人；8~12组为吴罗片，分属牛湖下、吴潭、罗屋、磜角、浪下等聚落，有丘、罗、黄、邹四姓800多人，其中丘、罗二姓各有近400人，黄、邹二姓各有10余人；13~20组为河口片，有梁、蓝两姓约700人口，其中梁姓有500多人，蓝姓有近200人。

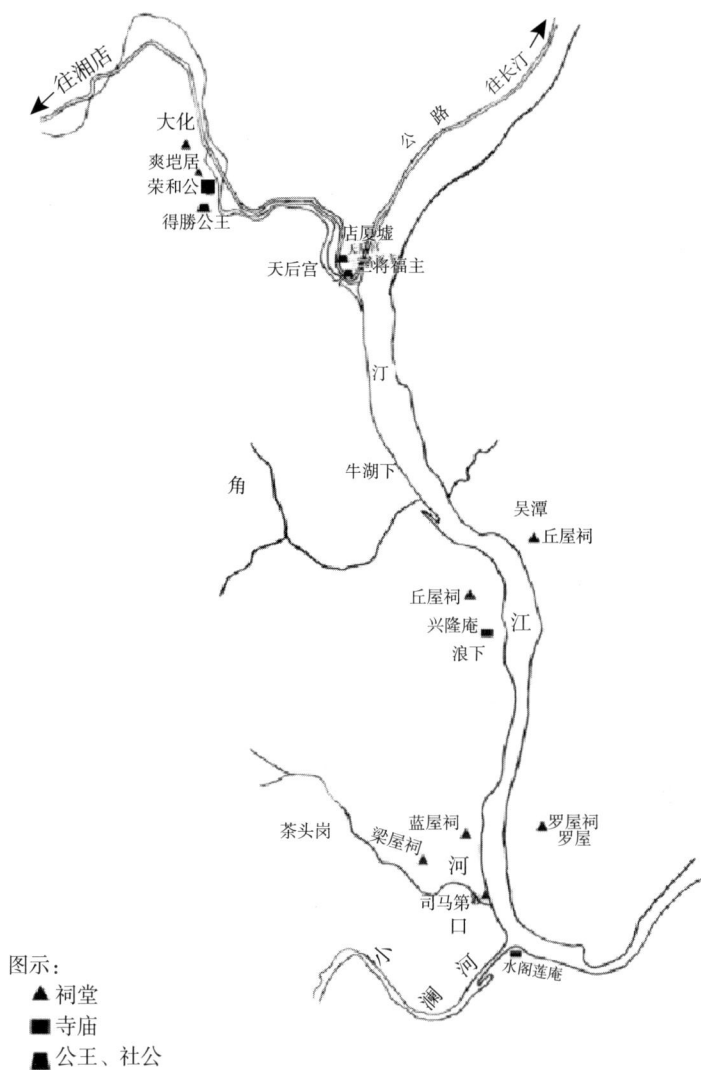

图4-1　店厦村示意图

一

关于店厦的先民，现在难以了解到很多的情况，在店厦墟上据说曾有黄、修、罗、胡等姓人居住，但这些姓氏现均已不知去向。在吴潭，只听说在丘姓人到来之前有姓许、欧的人居住，由于他们都比较富有，分别被当地人称作"许千金""欧万银"。在罗屋，据一位报告人说，该地曾是许、欧二姓人的马料铺，罗姓人祖先为其放马，由于罗姓放牛仔极灵活，欧姓人后来招其合家，于是罗姓人就在罗屋安顿下来了。此外，这里先后还有张、蓝、曹等姓人居住过，由于做庵时在庵子背做了一条行东，改变了水路，这三姓人在当地待不下去了，就纷纷外迁。张姓人走之前将自己的几担谷田送给罗屋人，故罗屋人至今在春分时节仍会替其祭墓。牛湖下一地据说以前曾有李、罗、刘等姓人在此生活，但后来走的走、绝的绝，现在只有丘姓在此居住了。

现在店厦村的居民共有刘、罗、曹、丘、黄、邹、梁、蓝等姓。其中刘姓人口最多，丘、罗、梁三姓次之，蓝、曹二姓再次之，邹、黄二姓最少，均只有1户人。

曹姓的来源，由于族谱的流失，已找不到相关的文字记载。但据一位曹姓报告人说，曹姓原居长汀南塅田背村，始祖曹五郎因仅生一女，遂招河田人林七郎入赘。林七郎生有二子，长子十五郎承桃林姓，次子十六郎承桃曹姓。后来曹十六郎又从田背迁至长汀龙归礤曹坊开基，故曹十六郎为一世祖。曹坊的一支七世祖仲八郎后又迁至七里，十世祖映余公从七里迁居大化，繁衍至今共有8户47人，故今日大化曹姓人的厅堂神龛上还写着"谯国郡宋始祖朝奉大夫曹公远生、婆马氏恭人开基七世祖仲八郎公、汤氏孺人历代一脉宗亲神主位"。

据另一位报告人说，关于林七郎入赘曹家，还有一段传说：清乾隆年间，河田林姓因打死长汀知县郑从吉，举族牵连，林七郎逃往南塅曹五郎家，曹五郎招其入赘，林七郎生二子分承两桃，现在龙归礤、七里、大化等地的曹、林两姓大多为林七郎后裔。由于这段历史，曹、林二姓常常共同祭祖，但不能通婚。

店厦罗姓分大化罗姓和河口罗屋，大化罗姓据说从上杭官庄迁移而来，繁衍至今20多代，共7户人。河口罗屋则从上杭庐丰迁移而来，据一位罗姓报告人说，他们的上祖先从连城迁到上杭庐丰，再从庐丰迁到长汀县羊牯乡吴坊村，七世祖发旺公又从吴坊迁到了店厦罗屋，临行前其父烧香祷告，对其五个儿子说："你们挑担的绳子在哪里断了，就在哪里开基。"其中发旺公（罗五郎）行至今罗屋时，挑担的绳子断了，便决定在此开基，但没有地盘，所以只好替先来的欧姓人放牛，从此就在此地发展至今，现有50

多户300多人。

蓝姓主要居住在河口，现有人口约300人，分为三房，其中大房约170人，二房100人左右，三房的人口相对较少。据说，他们是蓝姓念七郎的后裔，其开基祖蓝堂富是从上杭庐丰迁移而来的，1949年前店厦村蓝姓撑船人有时还会到庐丰去祭墓。但他们与武北其他地方的蓝姓，如大禾、贡厦、湘坑坝、源头、江坑、中湍的蓝姓联系甚少。

梁姓也主要居住在河口，比起前面几姓，梁姓的历史稍微清楚一些。他们也有一则关于开基祖从上杭迁来的传说。据一位梁姓报告人说，永富公和永宣公从上杭出发前，其祖父、祖母焚香嘱咐说："你们挑担的箩索在哪里断了，就在哪里开基。"永富公和永宣公一路挑担行至今湾子墩祠堂地点时，箩索就断了，于是他们决定先在这里落脚。当时这里是张姓人的地盘，他们先替张姓人做工。后来兄弟俩慢慢地发展起来，便邀张姓人共同做一座祠堂，由于张姓人先到这里开基，便让其在大片，梁姓人在小片。但奇怪的是，时间一长，张姓人的大片有白蚁，在这里居住了也不太顺利；而梁姓人的小片则没有白蚁，祠堂建后的一段时间生活比较如意。据说，这座祠堂在风水上为鹅形，张姓人一片属于鹅颈，而梁姓人那片则属于鹅嘴。最后，张姓人认为这里的风水对他们不利，于是就迁到外地去了。

在调查中，一位梁姓报告人还为我们提供了一份简单的家谱。尽管这份家谱十分简略，但仍然为我们提供了当地梁姓的若干信息。

第一，据家谱记载，当地梁姓奉忠公为一世祖，忠公字十九郎，姓郭氏。忠公生一子国才，字天星，姓傅氏。国才生四子：长子均惠，讳可久，任北京会同馆大使，为武平牛皮坪梁姓人祖；二子法保，为上杭鼓楼岗梁姓人祖；三子均德，为武平河口梁姓人祖；四子均庆，为武平岩前梁姓人祖。这里有两个地方值得注意：一是这四兄弟记载的前面分别加上天、地、人、和四字；二是这四兄弟的名字分别带有"均"字或"法"字，且岩前梁姓的祖先为均庆，而均庆寺是岩前的一座定光寺。这些都很自然地让人联想到两方面的情况：一是梁姓与佛教的某种关系，二是梁姓历史上的联宗。

第二，这份家谱记载，三世均德公，姓郭氏，生一子。考葬三元岭面猴子地，妣氏骸罐被广东松源梓叔挖去安葬松源老墟边，声称蓝婆太，嘉应州八月初一祭，松口九月十二祭，松源二月初一祭。"蓝"姓与"婆太"的称呼都与畲族有关，而明确载明嘉应州、松口、松源祭祀日期的不同，说明三者之间有过合约或联宗。

第三，这份家谱还记载，四世祖梓公"考因世乱妣携男自宁化石壁寨"，这一记载似乎说明梁氏上祖最先居住在上杭县来苏里，后移居宁化石壁寨，至四世祖时因"世乱"又移归上杭来苏里上畲坑居住。

第四，根据这份家谱，梁姓的开基祖为九世永宣公，永宣公与其兄永富公带父母骸罐自上杭上畲坑移至武平地界大湘里大二图四甲河口乡开基。永宣公生有二子：廷经、廷纶。廷经公一支后来迁往长汀羊牯乡开基，廷纶公一支则留在河口开基。从十一世至十四世，梁姓开始有了一定的发展。十世廷纶生有二子：伸、仲。十一世伸生有三子：尚春、尚华、尚忠；仲生有四子：尚清、尚洪、尚浩、尚溶。十二世尚浩生有四子：大贤、大聪、大乡、大伦。十三世大聪生七子：仲云、仲新、仲达、仲文、仲建、仲升、仲彩。

由于家谱的性质，这一世系仅为直系排列，而未及旁系，但通过这一排列，我们仍可窥见梁姓的人口在这一时期有较大的发展，并在十四世开始分成七房，奠定了宗族发展的基础。

除了人口的发展，梁姓在这一时期也开始出现了一些较突出的人物，如十三世大聪，字汝秀，号伯明，曾任汀州中营军守备；十三世大乡，字汝经，号满郎，任长汀把总，技勇甚高，能使 80 斤钯头。但就总体而言，无论是人口，还是经济，抑或科举人物，梁姓在当地的发展都还比较缓慢，是一个没有充分发展起来的宗族。

奇怪的是，这些口头传说和文字记载与民国《武平县志》关于梁氏的记载有诸多不合，如民国《武平县志》载："始祖承斌。先世梁忠，自浙江钱塘县八角井迁居上杭。八世至承斌，迁居岩前、径口。传至今十六代，户三百，丁口千余。明天启中《忠烈传》之梁一腾，即其族也。又，北区河口有户以百数。尧里（即牛皮坪）始祖宥仁为忠十二传，今传十五代，亦有户百数。清有钦赐举人梁高，廪生梁梦升，生员梁奉峨，即此族也。"这些不一致的现象，目前只能存疑待考。

丘姓主要居住在吴潭（上角、下角）、浪下、牛湖下、田墈里。和梁姓类似，关于丘姓早期历史的口头传说也十分有限，只了解到他们最早到当地开基的是从上杭中都迁来的玉庄公。不过，我们在吴潭、浪下、牛湖下调查时分别获得了吴潭《丘氏家谱》、牛湖下《丘氏族谱》、浪下《世昌公支谱》，这些使我们对店厦丘姓的历史有了较多的了解。浪下《世昌公支谱》载："四世祖，三五郎四子四九，妣邹十六娘，公妣合葬黄坑岩下穴，伯祖公共坟，伯居右，我居左，生三子，长万六郎，次万八郎，三万九郎（我祖）。五世祖，四九郎三子万九郎，号玉庄，妣欧二娘，公妣合葬东坑口祖堂背龟形，生一子十六郎，移居武邑大一图一甲开基。"由此可见，迁到当地开基的确实是玉庄公（即万九郎）。不过，他们的世系并不是从玉庄公开始计算，从上记载及题头"世昌公支谱""万三房钦公长子玉庄生下支派"推测，当地丘姓是奉上杭中都的分房祖世昌公为二世祖，因而万三公为三世祖，四九公为四世祖，万九公（即玉庄公）为五世祖。

据该谱记载，丘姓迁到当地后，历经了四代单传，直到八世祖才生有三十郎、仲六郎二子，自此开始分房。由于支谱一般对旁系不再进行记载，所以对另一支仲六房的发展情况没有记载，只对三十郎与仲六郎的墓葬简略地记道："（三十郎）与弟仲六郎合葬松树岽头坐南朝北。于乾隆乙亥重修，只有三十郎公金骸，仲六郎金骸失别。二房伯叔商议三十郎公金骸移出长邑苎荷坑生蛇游树形，安葬内三十郎公金骸外碑记仲六郎公之名。仲六郎公银牌之名原穴安葬，外碑记三十郎公之名。两房永代合祭，日后子孙不得异言紊改。"而三十郎一支又经过了仲四郎、元聪、悦、德禄、贵福五代单传，至十六世尚爵公才生下五个儿子，其中十七世元文公一支肇居浪下，建祖堂辛山兼戌，后秧地田架造祖堂辛山兼酉，繁衍至今已二十四世。

所幸的是，吴潭《丘氏家谱》和牛湖下《丘氏族谱》恰好能弥补《世昌公支谱》的不足，吴潭《丘氏家谱》将店厦丘氏的历史上溯得更早，该谱载："始祖八郎公，讳必仁，又名继龙，由潮开基闽汀上杭胜运乡，即兴化莆田县头岩乡太祖杰公四世祖孙敏公之第八子也。"此后，历经惟禄公、三五公、四十一郎公三代，到五世祖万九郎公（即玉庄公）才从上杭迁至武平县大湘亭大一图吴潭开基。万九郎后又经十六郎、十九郎、念七郎三代，直到九世才分成三十郎、仲六郎二房。其中，三十郎一支移居浪下（又名下坊）开基，另一支仲六郎（又名祖定公）则留居吴潭发展，仲六郎生有四九、甫崇二子，四九又生有成旺、成禧、成继三子，甫崇也生有成康、成玉二子，自此开始有了一定的发展（见图4-2）。

从整本支谱看，店厦丘姓也是一个没有充分发育的宗族，不但总体人口较少，而且科举人物更少，直到二十世才出现两位"恩赐绢帛八品顶戴"，所以丘姓在当地也是一个较为弱小的姓氏。不过，弱势群体为了求得生存，也常常会借舞狮灯的名义习武，据说吴潭上、下角各出过一盘狮灯，上角请的是赖师傅，下角请的叫亮洪师傅。在习武风气的熏陶下，也涌现出一些武

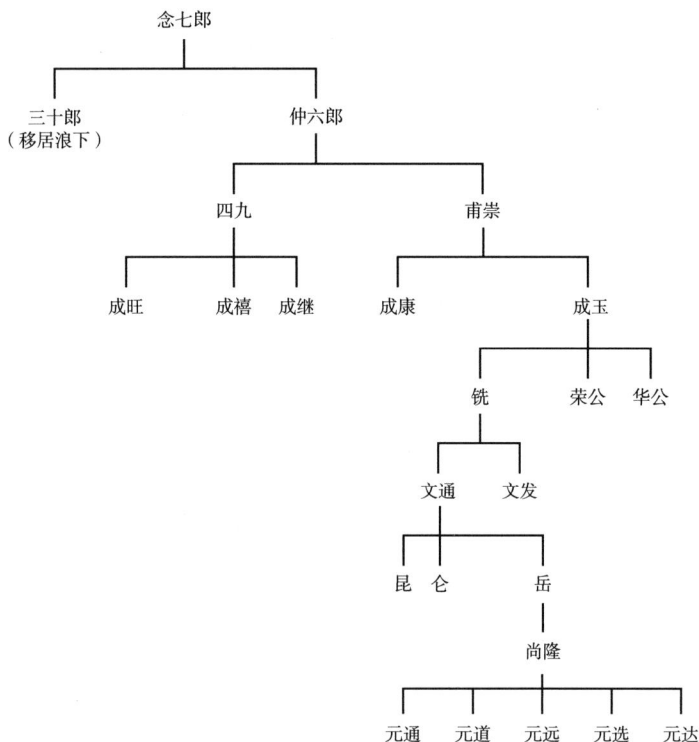

图 4-2　店厦丘氏世系

艺高强的人才，所以这里盛传着不少有关武术与法术的故事。丘勾鼻的故事就是一例：

　　据一位丘姓报告人说，丘勾鼻师从武术名师王开林先生，不但有很强的武艺，使一把钩刀能将七盏灯的灯芯削掉而保证灯火不灭，而且还能飞檐走壁，轻轻一缩就能缩到虾公梁上。有一回，他替长汀人撑船，路过河田时看见九盘狮灯正在表演，觉得好奇就挤了进去。由于看狮灯表演的人山人海，一时难以挤出来，但船老板急着开船，便在船上大叫丘勾鼻，丘勾鼻听到后便从打狮的人头上走过了。打狮者便问围观者刚才这人是谁，对方回答说是店厦的丘勾鼻。这批打狮者就决心找丘勾鼻一决高低，他们先到上杭找到丘勾鼻所在的船，正好遇到丘勾鼻。他们问丘勾鼻去哪里了，丘勾鼻回答说他入城去了，他是丘勾鼻的徒弟，这些人就入城去找了。丘勾鼻趁机把船撑到峰市去了。这批人在上杭未找到丘勾鼻，便跟踪到峰市。一天晚上，他们发现了丘勾鼻的行踪，便跟着丘勾鼻先后入了七扇门，通过了七户人家，最后到了厅堂。这时，他们便找到丘勾鼻要求比武，问丘勾鼻要使用什么武器，丘勾鼻说不要什么武器，有一张钩刀子就可以了，说着便挑了一把钩刀子，轻轻一晃，厅堂里七盏灯的灯芯都被削掉了，灯却没有灭，再一晃则七盏灯全部灭。这时，丘勾鼻一缩便缩到虾公梁上了，同时放出话来，"一阵子师傅慢慢打，老子丘勾鼻走了"，说罢，扬长而去。

厚目四叔公的故事又是一例：

> 有一次，厚目四叔公在长汀与人争装货，对方仗着人多，气势汹汹，厚目四叔公便施展"寄打"法术，对方便自己人打自己人。但他的法术终于害了他自己。有一次，他正在和一群人说笑话，有好事者便和他开玩笑，说对门岭上有一个割鲁箕的姑娘，你总没有本事将她的衣服脱掉。厚目四叔公为了显示他的法术，便摘了一根芒管，作起法来。他每剥掉一层芒管，对门岭上割鲁箕的姑娘就脱掉一件衣服，最后芒管剥完了，对门岭上姑娘的衣服也脱得精光，并朝他走来。当女子走到他面前时，他才知道这个姑娘原来是他的女儿，当他的女儿得知被自己的父亲戏弄了后，便投河而死，他的老婆一气之下就把他的法书扔到尿桶里去了。

店厦刘姓主要以大化刘姓为主。据大化一位刘姓报告人说，大化刘姓的开基祖为荣和公，约于清乾隆时期从大溪桥头迁来。按湘湖的世系算，荣和公为十六世，其湘湖六世分房后的上祖依次为六世伯达公、七世清远公、八世宗宏公、九世时相公、十世嘉祉公、十一世大成公、十二世三畏公、十三世日近公、十四世兆昌公、十五世维廷公。荣和公生有朝璧、忠远（光璧）、书远、芳远四子，其中光璧与书远两支发展最快，成为大化刘姓的主要部分。据刘恩《刘氏家谱》载，光璧公生有崇宪、崇连、崇毓、崇勋、崇德五子，崇宪公又生有在俊、在华、在维、均邦四子，发棠、福棠、金棠、锡棠、怀棠、锦棠、钦棠七孙。据邦传公《刘氏家谱》载，书远公生有崇全、崇玉二子，崇全生有在英、在朝、在官、在京四子，其中在英又生有志宣、志宽、志宾、志宸四子，刘姓人口自此大大发展起来。

与其他姓氏相比，大化刘姓不但人口多，而且科举功名也比较多，仅两本家谱记载的就有：书远一房在英为太学生，志宾为仪监生，光璧一房崇宪为贡生，崇连为庠生，在俊为国学生，例增儒林郎，均邦为监生，福棠为庠生，金棠为监生，而刘恩（锡棠）则为宣统己酉科的恩贡。民国时期刘姓人还建起了一座培英书院。据店厦村的报告人说，清末己酉年湘湖村恩贡刘恩辞官后，主动献出部分家产，同时劝募资金，在店厦墟旁创办培英书院，邀请当时武北的名流高攀、刘克禧、蓝元直、吴俊生等前往执教。该书院曾培养出一批优秀人才，如民国以后武北地区的著名人物刘亚楼、刘克模、刘春华、蓝天照等都曾在这里就读过。

除此之外，大化刘姓的经济发展也是其他姓氏望尘莫及的，据多位报告人说，大化刘姓有不少人从事木材生意，还有不少人在店厦墟开店，如光璧一房的崇宪公由于烧砖瓦和做木材生意，成为方圆数十里少有的大富豪，建有著名的豪宅——爽垲居（下详）。

书远一房的刘志通也经商有方，他不但在店厦墟设有同顺昌店，还经常前往峰市做木材生意。据一位报告人说，刘志通做木材生意时，自己节衣缩食，从店厦到峰市只用了一个咸鸭蛋，而从峰市回店厦时则将豆腐渣塞进蛋壳内配饭，既节省又好看。但对别人却很大方，每次到峰市做生意，都买许多粉干、猪肉，一煮就是一大盆，见人就请他一起吃，因此交了很多朋友。有一次，汀江发洪水，刘志通有许多木材在汀江里，眼看就要遭受重大损失，他的朋友们纷纷帮他打捞，凡见有木材就盖上刘志通的印打捞了上来。结果，刘志通的木材不但未受损失，而且还多出了十几倍，仅此一次生意就发了很大的财。

将光璧一房和书远一房作比较，我们发现这两房的人口发展情况大致相同，现在都有 200 多人口，但在历史上，光璧一房读书人较多，而书远一房则是会赚钱的人比较多。由于大化刘姓人多、财多、读书人多，遂成为店厦的大姓，从而取得了村落社会事务的控制权。

三

由于店厦村便利的交通条件，很早就成为武北重要的墟市。据当地老人说，相传旧时店厦原为长汀县辖地，明代湘湖村的刘隆在朝为官，告假返乡时多从长汀乘船而下到达店厦。他看到武平偌大一块地方没有一处码头，给当地居民的生活造成很大的不便，便奏明朝廷，请求将武平的三叉一地作交换，把店厦改归武平管辖，朝廷同意了这一请求。故时至今日，当地仍流传着一句顺口溜："长汀人差了差，店厦换三叉。"意思为长汀人真窝囊，把店厦这种膏腴之地换成了三叉这种贫瘠的村落。

店厦划归武平县管辖之后，当地政府和居民为发挥其地理优势，便开辟墟市、建造商店，市场逐渐繁荣起来。据说，清末至民国时期，每逢农历一、六墟日，赴墟者常有数千人，尤其在农闲时节，赴墟的人数更多。每天过往船只多达二三百艘，有的停泊于店厦，有的则顺江而去，素有"上河三千，下河八百"之说，反映了来往船只之多和江河之险。所谓"上河"是指回龙白头礁上溯汀城一段，约有 3000 只船，此河段平坦好走，船只往来少出事故，艄公技术要求较低，故称"铁船纸艄公"；"下河"是指回龙白头礁以下的河段，约有 800 只船，沿河险滩极多，水流湍急，常闻翻船噩耗，对艄公的技术要求相当高，故称之为"纸船铁艄公"。

旧时店厦村居民的职业，除耕田外，大致分成两种：一种为撑船，另一种为挑担。全村有船只五六十艘，船工 300 多人。他们靠撑船替商贩运货挣钱，风餐露宿，披星戴月，"飘河过海船上住"。船工的工资不同时期有不同的价钱，一般在每天 4 升米左右，一天能赚 1 斤猪肉的钱就算是很高的工资，但如果拥有一条船的话，家中日子就好过多了，所以当地曾有"肥田唔当瘦店，瘦店唔当烂船"的说法。运货船只可分为两类：一种是"墟船"，即快船，就是一墟（5 天）之内，要往返于店厦至长汀或店厦至上杭之间，每只船至少要用船工 6 人；另一种是"非墟船"，即慢船，载货往返一次的时间可超出一墟，自由掌握，每只船一般用 3 个船工即可。店厦墟都有"二三百条扁担落脚"（即有二三百人从事挑担的职业），这些挑夫一部分是湘湖村人，另一部分则是店厦村人。商贩从长汀的腊口墟贩来江西、长汀出产的米、豆、茶油请他们挑至湘湖德川公祠前驳担，再挑至店厦墟转贩至上杭等地。挑夫一墟来回可赚一两斗米。

店厦墟繁盛时期，有几十间店铺，计有土纸行 3 家：广丰店、广成隆、全春店；布匹货兼收米豆油的有 5 家：人和祥、同顺昌、祥记、云商栈、恒顺昌；中药铺有 3 间：济仁堂、仁和堂、福星堂；客店兼豆腐酒店有 10 余家：集成、龙丰、可赞、遵来、天泰、永祥、可康、营利、经利、可宁、凯丰、庆德、全后等。民国后期，私商还在这里开设过铸铁厂，铸造生铁，运往汀、杭出售，并供应附近铁匠制造农具、家具之用。

店厦墟的货物吞吐量颇大，每墟交易食油多至 300 担（每担老秤约 80

斤），米豆六七百担，土纸五六百球。此外，布匹、百货、食盐等，交易额亦不少。茶油、米、豆多从江西、长汀运来。而江西、长汀的货物到店厦又有两条途径：一条是在湘湖德川公祠前面驳运长汀腊口墟的货担，另一条是从长汀濯田、水口等地水运而来。食盐、生油大多从广东运上，布匹百货则一般来自长汀城。从广东运上的食盐每包约重 30 斤，当地人叫做"牛头包"，盐商一般分散零卖给当地百姓。米、豆、土纸则由商贩收购后，用船只运往上杭。旧时湘店地区土纸生产相当发达，计有纸厂 100 多家，尤以七里、流芳、三背、白竹陂、郑屋坝最多。

距店厦墟 5 华里的河口，为武北地区的木材出口处，平均每墟木排出口 10 多架（每架约 30 立方米）。木排到了河口，即由原来的小排改钉成大排，通过汀江运往峰市；到峰市后再斩排，让木头一根根地漂流到石巷，复钉排运往潮州、汕头出售。当时武北运出销售的木材，大多在峰市出卖给广东木商，而且仅限杉竹，其他松杂木是没有销路的。武北山区大宗出产土纸、木材，一般百姓靠此谋生者甚多。所以，当地不少贫苦老人嘱咐后辈说："生活难熬时，宁可卖田莫卖岭，日后子孙有还'生'。"

店厦墟的赌博之风也极为盛行，平时多打纸牌、麻将，偶尔也有"抓摊"赌博的。每逢墟天则多摆"摊桌"聚赌。多时赌桌达 20 多张，每桌有一赌棍坐庄"抓摊"，多人设赌。

商业繁盛的店厦也往往成为地方恶势力捞钱的必争之地。抗日战争胜利后的一个时期，店厦沿汀江上下，从羊牯至园当一带 30 华里的河域内，地方大小匪霸曹启明、刘绍光、王佐才等占地为王，各设据点强收"河税"，多时竟达 15 个收税点。羊牯、官畲、河口、店厦、燕上、美西角、长坝、园当等地都是他们常驻的收"税"点。凡来往船只，根据所载货物的贵贱和数量的多寡情况，每只船都要收 5～20 块大洋的"过河税"。有匪霸稍不顺心就开枪打死人，弄得商旅船工惶惶不安，尤其是白头礁一地，船工们都视为断魂之地，匪徒们跳出来，往往强令把货起走，将船只打烂沉掉，要船工回告货主，说是船只在白头礁打烂货沉，"报销"了事。特别是船家经多年积累才得以制成的谋生船只，一旦被白白地打烂沉没，实在是有苦难言。后来，上级政府派保安团来此剿匪，在店厦驻扎了一个多月，剿匪不成，反而打死了 6 个老百姓。保安团当时打着护队的旗号，实则照样收河税。后来油水被连长一人独吞，引起内讧，连长逃之夭夭，旋即部队也撤走了。地方恶势力看到保安团也不过如此，越发称王称霸，肆无忌惮了。一般百姓则看清了保安团的真面目，保不保命不寄希望于他们了。在这黑暗的岁月里，店厦墟自刘绍光、刘佳模、刘炳光互相争利，大搞火并起，商业贸易就逐渐萧条，后来店厦墟期三年内无人赴墟。直至1950年后，店厦墟才逐渐恢复、繁荣起来。

店厦墟便利的交通条件，不仅使它成为武北的重要墟市，而且也成为出入武北的门户，从汀江方向进入武北的旅客都需经此中转。因此，这里也留下不少关于往来旅客的传说，"戊戌变法六君子"之一刘光第的祖籍之行就是一例：

据说，1897年初春的一天，适逢店厦墟，有一船工来到广丰店，递出名帖，要求留宿。老板接过一看，名帖上写着"钦点刑部主政刘光第"。老板思忖：许多地方曾发生骗子假冒官员到地方骗取钱财的事，这是否也是冒充官员来此骗取钱财的呢？不可轻信，免得上当受骗，于是他一口拒绝。距店厦墟很近的大化村士绅刘恩听到这一消息后，便下船探访。交谈中，刘恩认为此客非同一般，必须以礼相待，就把他接到同顺昌店住下。但刘恩看到刘光第虽言谈不俗，可穿戴平常，是真是假也不敢断定。第三天，刘光第就乘船往汀州去了。

时隔半月，刘光第带着一个随从，又来到店厦同顺昌店。老板刘志通即请刘恩陪伴他。这次一连住了二十几天。刘光第很注意观察风土人情，询问老百姓的生产生活。一日，刘光第对刘志通说，他此行主要目的是寻根访祖，又问及刘隆出生何地，墓葬何方，并要求到出生地和墓地去看看。当刘恩带他到刘隆墓地参观时，刘光第感叹地说："我之今日，此癸山丁之传也"（刘隆墓地坐向为癸山丁）。刘恩听说刘光第讲对了祖坟的山头，认为这是真的刘光第，即派人往刘隆出生地湘湖村去报知。湘湖士绅代表到店厦后，见刘光第身穿便服，平民模样，遂不肯相认。

事有凑巧，当湘湖士绅返回村里后，他们派去汀州请胡炳堂（善于书法者）写条幅的人回说，胡炳堂不肯写，说是刘光第已回湘湖拜祖，他所写的字铁画银钩，何不请他写？我今小巫见大巫，不敢给你写了。士绅们听了，疑团顿释，遂重组迎宾队伍，抬着轿子接刘光第到湘湖。那天，湘湖村站着数里长的人群，在士绅们的率领下，热情地迎接刘光第至下廖厅堂。刘光第看到堂中挂着刘隆画像，便焚香下拜。当地老人还回忆说，当时刘光第还写有条幅："八千里闽蜀一派源流，十八世嗣孙同年相会。"

湘湖士绅们想试试刘光第的文才，所以各写一篇文章请刘光第斧正。刘光第看后，觉得这些文章大多不行，只有刘恩的文章算是入了门，于是将这些文章退回，只字未改。秀才们背后议论纷纷，说这是假的刘光第，并没有真才实学。刘光第看出他们的疑心，便作文一篇，给他们传阅。秀才们读后，赞不绝口。有不少人要求刘光第为刘隆祠堂写新楹联。刘光第应允，就在下廖厅堂摆设笔墨纸砚，士绅们围着观看，书童们争相磨墨牵纸，当时围观者上百人。刘光第盛赞刘隆历官风宪，撰联道："吴西粤西山西服官异地，推宪巡宪臬宪弼教宁人。"据刘隆"巡浙时，太监黄金肆虐，青田民潘孟吉等聚众杀之，事闻于朝，将屠其邑；隆奏诛首恶，宥其余，民立石颂之。居家置义仓，以赡宗族"的史实，写联曰："义仓仿义田，变通范氏遗规，惜此笔，无钱公辅作记；暴民戕暴宦，感动文皇纳谏，赖抗章，奏潘孟吉等书。"又据"刘隆在学堂夜读，野蛙噪声扰人，隆捉蛙用珠笔点额，放之村口'只准在村外生活，不得进村内吵人'。之后，湘湖果无蛙叫"的传说，切联云："珠点鸣蛙实神异，衣传绣豸与儿孙"。当时共写了13副对联，现仍存6副，清晰可见。

清明节祭德川公祠时，刘光第待族长、房长祭完后，邀秀才、贡生等读书人再祭一场，刘光第亲自主祭，并送一块竖牌挂立在中堂上，文曰："光绪癸未科，钦点刑部主政，裔孙光第立。"同时写有"赤糜引避安全众，绣豸褒荣积累深"的对联，挂在正厅两边。刘光第在席间教育读书人要为家乡多做好事。四月十五日，湘湖迎神拜佛，演戏十天，刘光第看后说，"这样花钱不值得，不如将这些钱办个图书馆，鼓励青少年多读书为好。"刘光第还写了"为善最乐，读书便佳"的联句。

刘光第到湘湖寻根访祖，还去了本县武东、中赤等地，历时半年多。他返京时还把湘湖的刘应和带去北京读书。途经店厦时，他赠给同顺昌店老板刘志通横幅一块，写着"谨身节用"四字。后主人将此遗墨刻在石板上，现仍镶嵌在大化村刘佳添（刘志通的曾孙）家的饭厅门顶墙上。

四

店厦村的村东南和东北分别是长汀县的美西村和官畲村，这些村落之间虽然很早就有明确的界址，但由于山水相邻，经常越界采樵、砍伐森林，引起矛盾，又由于分属不同县份，难以化解，故存在着较深的矛盾。据说，店厦至长汀铁窖墩的田坑路面上以前还立有数块刻有武平、长汀两县勘定的石碑，数年前因山林纠纷双方对簿公堂而被长汀人偷走了。

大化刘氏与西去5华里的七里村刘氏向来不和。据一位报告人说，大化刘氏是从湘湖村迁来开基的，而七里刘氏不是湘湖系的。由于湘湖刘氏是武北的巨姓大族之一，他们就以正统自居，而称七里刘氏为"野刘""乌刘"，甚至不承认七里刘氏姓刘。据另一位报告人说，七里刘氏原来不姓刘，因与刘姓和尚的历史渊源关系，所以他们的儿子后来改为姓刘，直到现在七里刘姓在祭祖时还要用馒头供奉，据说如果不用馒头供奉就不会兴旺。这样的说法未必是历史的真实，甚至可能还是出于一种编造，但反映出两支不同来源的刘氏，在历史上存在着矛盾冲突。由于与湘湖刘氏不和，七里刘氏还参加了小姓人对抗湘湖刘氏的"十乡会"。

店厦村的小姓，如丘、罗、蓝、梁、黄、曹等姓，与强邻湘湖系刘氏的关系比较复杂。一方面在争夺坟山、风水、山林等资源时经常受到来自强邻湘湖刘氏的欺负，前述刘隆选"千座风水"和刘隆墓的故事就是典型的例子。

另一方面，这些小姓人与湘湖系刘氏又常常是主佃关系、雇佣关系。据一位丘姓报告人说，在以往这些小姓人基本上没有自己的农田，大多租种湘湖、大化、大溪桥头一带刘姓人的蒸尝田，而船工也多数替刘姓商贩上汀州、下上杭运货。此外，小姓人在通婚方面与湘湖系刘氏也颇为频繁，这有两方面的原因。从小姓人一方来说，找湘湖刘氏做姻亲，在许多场合下可为自己撑腰，别人不敢欺负。而从湘湖刘氏一方来说，由于方圆几十里都以刘姓人居多，"同姓不婚是古训"，故也多在小姓人中结亲。据一位丘姓报告人和一位梁姓报告人说，旧时小姓人60%以上的都与刘姓人结亲。这一说法在刘恩《刘氏家谱》和武邑浪下《世昌公支谱》中也得到证实，刘恩《刘氏家谱》载13例通婚关系中，潘姓2例，蓝姓2例，钟姓2例，林姓1例，黄姓1例，丘姓1例，罗姓2例，梁姓1例，王姓1例，除潘姓2例不知来自何方外，其余均为附近的小姓。武邑浪下《世昌公支谱》载十一世以后的姻氏共79例，其中刘姓19例，高居所有通婚姓氏的榜首。再从前述湘湖刘氏的通婚网络看，也多有邱、罗、蓝、梁、黄、曹等姓人。

罗姓人一度与梁、刘两姓不通婚。与梁姓人不通婚的原因据说是不出丁，因为"罗（箩）挂在梁上，自然发展不起来"。而不与刘姓通婚的原因，则是有一刘姓妇女嫁到罗屋后死因不明，作为死外家的刘姓人自恃人多势众，做得十分过分，不但财物损坏不少，还强迫死者家属扶起死者在厅堂中心牵着走了几圈。从此，罗姓人便发誓在60年之内不与刘姓人通婚。

两姓之间不通婚的情况还见于吴潭丘姓与长汀周家地周姓。据说吴潭丘姓有一周氏太婆，已经编了红单，即将要归门了，但病死在娘家，于是就地葬在周家地。这种事在当地人看来是很不吉利的，双方都认为不宜再结亲，后来相隔时间久了，两地又开始有人通婚了。结果凡是这两姓之间通婚的家庭都很不顺利，这样就再也没人敢冒天下之大不韪了。

相对而言，小姓人之间关系比较亲密，河口的梁姓、蓝姓、罗屋的罗姓不但共建庵庙，而且共同举行打醮活动。在民国时期，吴潭丘姓，河口梁姓、蓝姓，罗屋罗姓还形成了联防机制，分别作了分工：吴潭吹号角，罗屋擂铜锣，蓝、梁二姓打铜钟，一旦遇有来犯之敌，便一呼百应。

五

店厦村也有多座祠堂与厅堂，因其分属众多不同姓氏，我们不妨一一介绍如下：

爽垲居。初建于清乾隆时期，为刘崇宪所建。该建筑工程宏大，石砌双层高坎，长约100米，高10米，形似一面红旗。共有两座厅堂，7间楼厅，两座门楼，18口天井，中间有一穿道，如同穿过两个码头，故有"九厅十八井，穿心走码头"之说。爽垲居的内部装饰也很独特，如用片石铺天井，石雕门楼，木刻屏柱等。屏柱上雕刻有麒麟、狮、象、金鸡、凤凰，以及《三国演义》中的故事等。石刻大门有一对联曰："结庐别墅屏山绕，辟境中田碧水环。"另外，刘光第在店厦停留期间还为之书写了楹联："何人得识苏西月，恨我不识元鲁山。"据说，为了建造这座房子，仅木匠师傅就在此做了三年才完工。

由于刘崇宪很信神，所以在九厅中选择一楼厅安奉观音菩萨，又选一厅安奉关圣帝君，两厅香烟缭绕，灯火长明。其余房间子孙居住，1949 年前共住有 14 户 70 余人，现发展到 32 户近 200 人，但大多已迁移出去，目前仍有 3 户人在此居住。

梁屋祠。梁姓人有两座祠堂，一座即为上文所说的与张姓人共建的石嘴子祠堂，祠堂对联为"座结社坑秀，祠迎石嘴新"。另一座叫司马第，位于汀江河畔的码头上，之所以称作司马第，据说是梁姓人祖先中有人曾做过司马，故又称官厅，以前曾开有三扇大门。

丘屋祠。丘姓人也有两座祠堂，一座为丘姓开基祖玉庄公祠，另一座为吴潭甫松公祠。此外，浪下还有一座厅堂，武邑浪下《世昌公支谱》载："（元文）公肇居浪下，建祖堂辛山兼戌，后秧地田架造祖堂，辛山兼酉。"

罗屋祠与蓝屋祠。罗屋祠与蓝屋祠隔河相对，罗屋祠为虎形，祠堂左右两边特别建有一对虎眼，蓝家祠为倒地象形，据说曾被某姓人搞坏了一只象鼻。在这两座祠堂之间不能点火与点灯，否则罗、蓝两姓人均会有意见，因为如果点灯或点火就会弄坏虎眼和象眼，从而搞坏他们的风水。在民国时期，由于罗姓人参加暴动，罗屋祠堂曾先后被钟绍葵部烧过 6 次。

这座罗屋祠堂还流传着这样一则故事：据说这座祠堂原来的朝向为"甲山"，对大房人特别有利。有一大房人与风水先生的儿子赌博，不知为什么两人打了起来，由于大房人多，风水先生的儿子吃了较大的亏，就回家告诉了风水先生，风水先生哼都没哼一声。等事情过后，风水先生就有意无意地对人说，这座祠堂如果再修一下，将甲山做成乙山兼卯，大房人将会更兴旺。大房人不知是计，真的将祠堂大门改变了方向。不料，这座祠堂重修后，大房人就逐渐开始衰落，到 20 世纪三四十年代就绝嗣了。原来，在风水学上如此转变方向是对大房人特别不利的，风水先生如此说是在实施他的报复计划。

荣和公厅。即邦传公《刘氏家谱》中所说的"由大溪桥徙至大化开基，建有老屋焉"。荣和公为大化开基祖，那么为什么建厅堂而不建祠堂呢？据一位报告人说，湘湖刘氏宗族内部有一个规矩，即凡从湘湖迁出的刘姓人只能建厅堂，而不准建祠堂，故从湘湖迁出的刘姓人不管多远，遇有老人去世必须回湘湖入祠。

祠堂、厅堂是宗族聚集的场所，而族长、房长则是宗族的领袖。店厦村宗族领袖中的族长、房长与其他村落并无区别，但在调查过程中，我们发现这里还有另外一种类型的领袖——"三叔公"。据一位报告人说，这"三叔公"不是排行第三的叔公，而是一种戏称，一般是指那种具有一定功名、能说会道、懂文墨字笔、会做礼生，同时又比较愿意和较有能力处理宗族事务的人。他们常常替族长出谋划策，其身份有点类似于族长助理，一般一姓、一房都有一个三叔公。但这种称呼不是尊称，不能当面称呼这种类型的人为"三叔公"。至于为什么称呼其为"三叔公"，我们认为可能与定光古佛的"三爷古佛"有关，因为"三爷古佛"在当地又昵称为"三叔公"，且"三爷古佛"比较管事，有求必应。

店厦村是一个多姓杂居的地方，宗族组织本身就比较涣散，加上这里一直是20世纪各种变革的中心，故现存旧族谱、家谱很不完整。现仅存几份简单的家谱，即刘恩《刘氏家谱》、邦传公《刘氏家谱》、武邑浪下《世昌公支谱》和《梁氏简谱》等。

刘恩《刘氏家谱》。这份简谱编纂于刘恩取得恩贡之后，上载刘恩上祖自湘湖始祖大郎公至刘恩本人直系考妣简况和族伯叔祖兄弟侄、本房伯叔祖兄弟侄、堂伯叔兄弟侄、胞伯叔祖、胞伯叔、嫡堂兄弟、胞兄弟、胞妹、嫡堂侄、胞侄、子、女、胞侄孙、孙、孙女名录及功名、官职、配适等。此外，还附有刘恩受业师、受知师名录及其功名、官职和刘恩取得恩贡的作文《忠织违道不远施诸己而不愿亦勿施于人义》及批语。严格地说这不是一份家谱，但具有家谱的性质和功能。

邦传公《刘氏家谱》。该谱修于同治三年，内有所谓文天祥、欧阳修作的序，世系从传说中的受封始祖源明公开始计算。关于这段史前传说史，该谱载："盘古神农后帝喾高辛氏之子，帝尧陶唐即伊祁氏生，源明公受封于刘，始祖居山西省平阳府洪洞县。"从源明公至邦传公共一百八十世，从湘湖始祖二夫公开始计算，至邦传公共二十一世，所有记载均直系而下，内容包括祖妣字号、生卒时间、葬地地形坐向、生子情况等，不旁载支系。

武邑浪下《世昌公支谱》。该谱记载了浪下丘姓从四世祖四九郎至二十四世的简要情况，内容主要有祖妣埋葬地点、地形、坐向及生子情况。

吴潭《丘氏家谱》。现藏于当地报告人丘有盛先生处。该谱记载了吴潭丘氏从开基祖到丘有盛一脉的简史。与其他谱不同的是，该谱还附录了祭墓和打醮做头的轮值表。

牛湖下《丘氏族谱》。现藏于牛湖下丘有德先生处，系其父丘汉辉于民国时期抄录。世系从河南封丘县开基始祖开始算起，简单记载从开基祖至牛湖下九十八世桂琳公的情况。说是族谱，其实也是家谱。

《梁氏简谱》。系报告人以前从旧谱中抄下来的简谱，从一世至二十三世，内容也主要为祖、妣葬地地点、地形、坐向及生子情况。

和其他地方一样，店厦村的祖先崇拜除祠堂、厅堂建筑、编修族谱外，自然还讲究祖坟的选择与祭墓等方面。

村民笃信风水，不但注重阳宅，也极注意祖坟的风水，所以有关祖坟风水的传说比比皆是，兹举三例，以见大概。

其一，据一位丘姓报告人说，浪下刚开始时人口很少，自从在公王边葬了一座祖坟后便开始发展起来。据说，葬这座"游鱼上滩"墓时，风水先生选了一个奇门日子，说这天会遇到"鲤鱼上树""穿红袍""戴铁帽"三种情况，如果能在这时落葬，那么这座坟墓的风水就妙不可言，即使遇到了其中之一也不错。落葬这天，坟主等了大半天都未等到这些事情发生，心里十分焦急。在他心目中，"鲤鱼上树"是一条鲤鱼爬上树，穿红袍是官员路过，而戴铁帽则是官兵，难道是风水先生搞错了？他越想越觉得奇怪，整个上午只见到两种人，一是有一渔夫在树上挂了一串鱼子，另一是有一个穿红衣的新嫁娘三朝转门。他突然意识到这些可能就是"鲤鱼上树"和"穿红袍"的，但这些都已经错过了，那么"戴铁帽"的就再也不能错过了。不久，他发现有一个人头上顶着铁锅迎面而来，联想到刚才这些情况，他认定这就是风水先生所说的"戴铁帽"，于是立即落葬。由于错过最佳时机，所以这座坟墓没有预料的那么好，但因为没有错过最后一个机会，这座坟墓的风水还是使浪下丘姓有了较大的发展。

其二，据罗屋一位报告人说，罗屋发旺公墓中只有牙齿而无全身骨头，这颗牙齿是德贵公从上杭吴坊发旺公墓中偷挖回来的。由于这座坟墓上杭庐丰罗姓人也有份的，所以至今前往上杭庐丰祭墓的罗屋人只能说自己是德贵公的后代，而不能说是发旺公的后裔，否则就会被他们叫做"贼古"。

其三，与罗屋人相反，吴潭丘姓人交发公的坟墓叫"海螺地"，据说落葬呼龙时要炒田螺，这座坟墓在风水上"发外"，所以外迁到江西乌竹坝的人头很旺。这些外迁的梓叔由于嫌每年回吴潭祭墓很麻烦，于是就偷偷地把交发公的骸骨挖走了。

在浓厚的风水观念支配下，不同房派在追求风水方面往往寸土不让。我们在查阅吴潭《丘氏族谱》时发现了一个奇特的例子，该谱载："三十郎公与仲六郎公兄弟合葬松树岌，头坐南向北，兔子望月形，三十左改移东坑里，仲六右。……后三十郎改移大东坑苎荷坑蛇形，碑名仲六郎内金骸三十郎外仲六郎。"

店厦村祭墓的方式与武北其他村落相类似，但在其他村落已找不到相关的文字记载，有关祭墓的认识都是靠当地人的回忆整理而成的。而在吴潭调查时，我们在《丘氏族谱》中发现了一份相关的记载，不妨迻录如下：

念公祭墓四房轮头开列：

甲戌年　玉树公（先隆、先荣）

乙亥年　华公（德远、东记）

丙子年　子宝公（丙东波、戊开宗、丁开龙、己德谟）

丁丑年　子玉公（荣付、冠成）

子宝公四房轮头开列：

甲　元通

乙　元道

丙　元远

丁　元选

开龙该纳乾岗嘴岭二垃每年收烟税谷六斗

元洪该浪下屋税谷□□斗

浪下连甲该地租谷四斗正

接来该地田租谷□□升

连善该谷三升

元洪该业宗推树头下田□□谷六升

东银等该东坑里山租六百文

五月十三会系七□□会该纳钱粮□□□（东香）

下角门前

李达祥该贴

浪下伯公坪该贴

完粮龙边□□□□元，脚□□□新金花□□□□家册□□□相在肉边，或鸡子亦可、粉干、煎豆腐片、酒五升

祭墓肉边□□、红花、串炮、香纸、油、烛、酒、板、吹手六□三人。

念公收租开列：

东月该分谷四升正

接书该分谷□□斗又东月山塘尾（地名下山子谷分朝山会）纳谷

刘志通该纳圳背田谷二担

刘其昌该纳圳背田税谷□□升

仓发该税谷

宗玉该□□□

华公该□□□

东记该税谷□□斗，中心墩屋坪先瑶交□□□升，先营交□□升

君茂公该税谷三升（元景交一升，元新交二升）

蓝佛缘该先富山塘尾田二坵五担纳谷

又该东祥大塘里□□升

冠清该东祥大塘里税谷□□升

坤发公该税谷□□升

禄宗该税谷□□升

从这份记载，我们至少可以得到两点认识：其一，店厦村祭祀上代祖先的组织方式也是轮流做头，但具体到一家一户做头的机会并不会很多。以祭祀念公的子宝公后裔为例，先按玉树、华公、子宝、子玉四大房轮流，要每隔4年才轮到一次，而子宝公又分成元通、元道、元远、元选四房，又要每隔4年才轮到一次，所以具体到一小房及一家一户要每隔16年才会轮到一次。

其二，某代祖先祭墓的隆重与否，很大程度上取决于该代祖先蒸尝的大小。从上面的记载看，吴潭丘姓七世祖念七公具有较大的蒸尝，其祭墓显得特别隆重，如请有鼓手，祭品有猪肉、鸡、板，以及鞭炮、香纸、蜡烛等，此外还要举行消蒸尝活动。相反，其开基祖与其他开房祖并没有多少蒸尝，所以祭祀活动显得比较冷清。

六

店厦村为多姓杂居村落，且居住比较分散，又分属大、小姓不同类型，所以其神明信仰特征与武北其他村落有很大的不同。下面，我们依寺庙与神坛类型分述如下：

天后宫。与店厦有关的妈祖庙有两座，一座位于汀江河畔、店厦墟的对岸，坐南朝北。初建时间不详，1940 年前后，由刘蕴生、刘恩珍、刘维荧等人牵头，开店者、外出经商者集资，曾重修过。门迎滔滔江水，庙宇壮观，里设高大的妈祖神像和陪神千里眼、顺风耳，但在“文化大革命”时被毁。另一座则位于云华山，新刻的《云华山建天上圣母宫献款碑》云：“云霄古寨位居于群山环抱之中，高峰耸立直插云霄，由此是而名山也，山川精英，风光优美，故于前清咸丰三年为避洪杨事变，十乡众姓同心同德筑城建寨，于其间历经一百四十余载，值今兹逢盛世，百废俱兴，同人等再建天上圣母宫于此地，今已竣工，咸蒙远近诸公慈心资助，慷慨解囊，圣神咸赖功德无量……”可见这座天后宫为近年所建。

公王神坛。大化、牛湖下、浪下、河口、吴潭、罗屋各有一座公王神坛，这些公王神位除节日每家每户会在此烧香外，平时则以一家一户为单位轮流在此点灯。这些公王神坛中，比较有特点的有如下几座：

三将福主公王。三将福主公王的神位有两处，一处位于天后宫的侧旁、店厦墟地的水流出处，据说是刘姓人从湘湖寨崇蜈蚣锯三将福主公王神座前分来香灰在此设立的，以前每年正月船工们都要扛一只“花”在此选择开船日期。另一处位于吴潭的东坑口，据说这位公王也很灵验，以前上杭、长汀等地撑船的路过此地时，经常会在这里烧香。

华光大帝。位于大化的山脚下。华光大帝是一个颇为有趣的神明，不但它的形象怪异——长有三只眼睛，右手托着金印，而且其功能也十分奇怪。据当地一位报告人说，华光大帝生前是一位劫富济贫的“强盗”，成神后还曾为了掩护其徒弟偷盗不惜触犯天条，将锅底顶在半天门而使天亮推迟半个时辰，故能保佑小偷偷盗顺利。当盗贼遇到麻烦时，如呼叫“华光大帝”并许愿，往往可以得到保佑，因而当地人称其为“贼头”。华光大帝同时还是一位赌神，它会保佑赌博赚钱。另一位报告人还说，华光大帝最喜劫富济贫，兄弟会集会时会在华光大帝神位前喝血酒。由于华光大帝的这些特殊功能，它的庙前并不冷落，据说开"花会"的赌徒们在聚赌前或赢钱了，往往会买一头大猪到其神位前祭祀，而小偷们也常常在晚上做贼时跑到其神位前烧香许愿，故华光庙的香火长年不断。但华光大帝在当地人心目中的地位并不很高，在打醮时仅作为班神。

得胜公王。大化刘、罗、曹三姓共立的神坛。据说这里曾是钟姓人的坟墓，后来曹、罗、刘三姓相继来大化开基，与钟姓人发生了纠纷，三姓人联合起来和钟姓人打官司，三姓人官司打赢后，便联合在此地设立公王神位，取名为"得胜公王"。

伯公坛。伯公坛比较随意，一般在田地比较集中的地方或山林集中的地方都设立有伯公神位。每年六月的辛卯日，人们往往会到伯公坛前烧香供奉。据一位丘姓报告人说，吴姓背头的伯公十分灵验，如过渡时有的牛不管你怎么吆喝或鞭打，它都不上船，这时如果到伯公坛前求拜，回来一牵它立即就上船；有些新买的小牛尚未教练成熟，如果到伯公面前烧香朝拜，也很快就能教熟。此外，如果谁家丢失了耕牛，拿一条红布条和一条绳子放在伯公神位后面，然后烧香求拜，通过跌筊方式首先询问伯公能否找回耕牛，如伯公认为可以找回，那么再请它指明方向，根据伯公指明的方向，最终都能找回耕牛。如伯公认为找不回了，你再怎么寻找都找不回。有一回他丢失了耕牛，也去求了伯公，伯公所指的方向是小东坑的崎岩石磋上，他觉得不可能，认为伯公也不一定灵验，就没有按伯公所指的方向去寻找，但在其他地方一连找了几天都没有找到，到了第七天，他抱着试一试的态度，根据伯公所指的方向寻找，果真找到了。

兴隆庵。位于浪下大路旁，是村内距离最近的庵。以三爷古佛为主神，故三爷古佛坐中台，后排为罗公祖师、郑定光、叶伏虎，再后排为观音佛母、大德定光三爷古佛、观音佛母。天子壁上挂着"十方三宝"，侧旁则设有伽蓝公王，前台还设有观音、五谷祖师、三佛祖师的神像。该庵为浪下、牛湖下、吴潭丘姓人所建，1949年以前善男信女也以丘姓人为主，其他姓人则每月逢十九到此念经、朝拜，往来客商路过也会进去烧香。现在这种信仰情况有所改变，虽然信仰者仍以丘姓人为主，但其他姓人有增多的趋势。如1997年念长年经的有丘姓68人、刘姓22人、梁姓11人、蓝姓9人、罗姓9人、曹姓6人、陈姓1人、林姓1

人、黄姓 2 人、李姓 1 人、王姓 1 人；1998 年念长年经的有丘姓 63 人、刘姓 31 人、梁姓 8 人、蓝姓 7 人、罗姓 6 人、曹姓 3 人、黄姓 1 人、李姓 1 人。

水阁莲庵。位于小澜河与汀江河交汇处的河岸上，背山面水，主神为观音菩萨，据说初建时的菩萨还与兴隆庵菩萨是同一棵树雕刻的。另外还祀有五谷菩萨，五谷神身穿木叶裙，木叶披肩到乳，祖胸腹、赤足，右手执禾穗，左手执葫芦，据说是一位女神。据一位报告人说，水阁莲庵最初为河口梁、蓝、罗三姓所建。到现在至少已重修过三次，最近一次修建为 1985 年。不过现在水阁莲庵的信仰情况也和以前有了较大的变化，如为最近一次修建捐款的姓氏有曹姓 78 人、梁姓 14 人、蓝姓 2 人、王姓 3 人、李姓 1 人、陈姓 12 人、张姓 22 人、余姓 7 人、赖姓 9 人、钟姓 2 人、丘姓 1 人、邹姓 2 人、罗姓 1 人、周姓 1 人、吴姓 2 人、林姓 1 人。1997 年安装电灯照明捐款的有梁姓 55 人、蓝姓 21 人、罗姓 28 人、曹姓 13 人、丘姓 3 人、刘姓 1 人。1998 年念长年经的有李姓 7 人、梁姓 52 人、罗姓 18 人、曹姓 29 人、蓝姓 14 人、戴姓 1 人、刘姓 3 人、巫姓 1 人、丘姓 2 人、邹姓 1 人、张姓 2 人、赖姓 2 人、陈姓 1 人。

资福寺。位于店厦村西去 10 华里的云霄寨。该寺由十个村落（旧时称作"十乡"）人联合建造，这"十乡"包括现在店厦村的吴潭、河口、罗屋、大化、店厦等自然村落。现存该寺撰写于同治壬申年的碑刻《重修云霄古寨缘引》（附后）多次提到"十乡"，"东距虞潭、河口，西接尧里、流芳，南连山背、白竹，北毗七里四乡，尊居十乡之中，诚为避患之地"；"邀集十乡道办团练"；"马大元帅掌教灵威，镇守口寨，护救十乡"；"十乡全立"，等等。显然这"十乡"除文中提到的虞潭、河口、尧里、流芳、山背、白竹外，还包括"北毗七里四乡"——上七里、下七里、大化、牛皮坪等十个村落。需要说明的是，据当地报告人说，大化、牛皮坪两村虽属于这"十乡"之内，但其中属于湘湖刘氏一脉的刘姓人则不在其中。

资福寺供奉的主神为马大元帅，外设有邱黄郭三仙和梁大法师的神位。关于马大元帅的俗名，当地有两种说法，一说是东汉大树将军马援，另一种说法则是三国时期的马超。但同治年间的《重修云霄古寨缘引》中云："蒙 □□ 关圣帝君批示，命 □□ 马大元帅掌教灵威，□□ 镇守 □□ 寨护救十乡。"据此，我们认为庙中供奉的可能是马超。因为民间认为马超生前与关圣帝君（关羽）同为刘备麾下的五虎上将，且关羽在权力、级别方面高于马超，故可称"批示"，若是马援则与情理不合。

关于这位马大元帅还有两则颇有意思的传说。一则说，某日傍晚，有一个人从云霄寨走出，行六七华里至吴潭，要求连人带马过渡。撑船者向他索取渡钱，骑马者说："身上没有带钱，如要渡钱可叫这匹马屙一堆屎给你。"撑船者很不高兴，便继续弹琴，不给他过渡。一会儿之后，撑船者琴线断了，便要求骑马者拔一条马尾毛作琴弦，然后给骑马者过渡。第二天早晨一看，这条马尾毛原来是一根金线，才知道昨天傍晚是马大元帅骑着金马过渡，于是往空而拜。如当时答应以一堆马屎作为渡船费，马屎化成金子，则是一笔很大的收入，但时不再来，撑船者后悔莫及。

另一则说，有一次上杭梁姓人受到当地大姓人的欺负，到河口、牛皮坪来搬梓叔，他们买了一头猪到马大元帅神位前祈求前往平息纠纷。河口、牛皮坪梁姓人到达上杭时，纠纷已经平息。一打听才知道，这几天不断有扛着旗的大队人马在当地大姓人的门前路过，转眼间又到了当地梁姓处。当地大姓人一看来了那么多的梁姓救兵，便偃旗息鼓了。

云霄寨资福寺的马大元帅和邱黄郭三仙在当地人的心目中具有捍患御敌的功能，尤其是发挥着聚众小姓人对抗当地大姓湘湖刘氏的作用。《重修云霄古寨缘引》说：

> 尊居十乡之中，诚为避患之地。然虽得其地利，尤必赖乎□神功，所以前人原共□资福一□约，因避患仝登古寨之时，安奉邱黄郭三仙座位，灵昭千古，泽被十方耳。不意升平日久，世运变迁。自咸丰丁巳以还（？）来，发逆叠起，扰乱城乡。有邑尊陈公□□□论示联甲团练，幸有郡廪生梁子溥义、义士王佳桂、州同梁仁玉、监生邱芹来等，倡首邀集十乡道办团练，复修寨墙。待到澜溪觉后馆求□圣神……待至同治甲子年秋，□候逆果临，黄梁□饶□□□爰合十乡仝登古寨以避妖祓，黄日蒙□□关圣帝君批示，命马大元帅掌教灵威，镇寨护救十乡。又蒙示护十仲冬合日在七里□□资福寺，洁坛当建玉皇上帝大醮七旦夕，以保平安，以消劫运。又示捐造公局安奉　马大元帅禄位康灵□禄有求必应焉。故予

等高居数月起，乘不族仰视，延至次年二月迎退国家，可见默中神护，家眷竟得保全矣……

这篇碑文由于历年久远，不少字句已变得模糊难认，但仍然可以看出湘店"十乡"先后两次建寨和分别供奉邱黄郭三仙、马大元帅，都是为了"避患"，并赖"神佑"得以平安，所以这两种神明捍患御敌的功能是显而易见的。但是，为什么说这两种神明是小姓人的保护神呢？这就需要对这两次"避患"的历史内容进行讨论了。第一次"避患"的情况，文中没有详细涉及，但据当地报告人说，这"十乡"都是小自然村落，在武北村落中是属于人单姓小的弱势群体，而他们的村邻又是武北地区的巨姓望族——湘湖刘氏，他们建寨祀神的最初目的是为了在激烈械斗时，视异姓为兄弟，联合众小姓以抵抗湘湖刘氏。而第二次"避患"则显然是为了躲避太平军，只不过是借助原有的古寨，重新修复而已。

据一位报告人说，在20世纪30年代，武北四支队练文明、张涤心等人利用小姓人强烈的革命意识，还曾在这里召开了由小姓人组成的48人会议，组织发动店厦暴动。

值得注意的是，马大元帅的信仰范围在近年有了扩大的倾向。据该庙的主持梁凤祥先生说，来朝拜马大元帅的善男信女除武北地区外，还远至广东的揭阳，江西的于都，本省的泰宁、漳平、上杭、长汀等地。我们在庙内也发现了来自上杭县才溪乡等地的捐款和来自长汀古城乡的锦旗。

古佛庙。除兴隆庵外，与店厦有关的古佛庙还有两座。一座位于与龙舌岗隔河相对的马鞍寨，现已毁弃。据说以前有个显法灵通的得道和尚，庙里有匹神马，一天凌晨时分，和尚因供奉菩萨要买豆腐，可是邻近市场都未买到，于是就念了一句口诀，骑上白马腾空而飞，不到半小时从汀州买回豆腐，豆腐还有热乎乎的气。寺庙围墙脚下长了一条藤，唤名"过江龙"，传说一樵夫意欲用斧砍断该藤，殊不知使尽全身力气也砍不断，急得樵夫好生烦恼，拿不定主意。这条过江藤跨越东西两岸，即使砍断东岸一头，它又会在西岸生长起来。后来樵夫将情况告知和尚。和尚施法，随口念出字令："刀不怕，斧不怕，只怕钳牙老虎二头锯"，结果藤被制伏，眨眼间此藤不翼而飞，再也看不到了。

另一座古佛庙则位于云华山马大元帅庙附近，这里菩萨的摆设与兴隆庵大体一致。据一位报告人说，以前云华山没有古佛庵，只在山上的石岩里有一尊石刻的古佛像，近年才建起古佛庵。古佛五兄弟的形象之所以这么奇怪，是因为他们戴着风帽和眼镜在吃仙桃。

由于店厦村的宗族组织发育不够充分，这里的敬神活动就更多地依靠神明会组织。旧时店厦村的神明会组织主要有：

妈祖会。每年的三月二十三日为天上圣母生日，村里的绅士都得穿长袍、马褂、戴礼帽，集中在宫中，宰羊杀猪，祭祀妈祖嬷太。中午动用会中结余资金，聚餐十余桌。此外，还要请鼓手，唱大戏。

三官会。正月、七月、十月的十五日，妇女们三五成群携男带女去朝拜黄狮宫三官大帝。请三官斋者以戒羊、牛、猪肉为主。

文会。由附近几"乡"的读书人集资组成，买有田产，每年的二月十三日文昌帝君生日时，集中到文昌帝君神位前烧香、念经、读祭文，中午则与会者聚餐。

渡船会。由一位李姓客商牵头，吴潭、罗屋两地人自愿捐钱，买了几十担谷田，将田租谷作为吴潭、罗屋两驳渡撑渡的工资，所以本地人在这两处过渡均不收费，以前还曾在渡口岸边立有一碑："过渡不要钱"。外地人路过此地，如能叫出吴潭、罗屋某一个人的名字也不用收钱。

朝山会。吴潭一地每年的八月十五日举行朝山醮，八月十三日就开始请鼓手、扎香旗，一路锣鼓声，哨呐悠扬，香旗随风飘荡，前往北山障朝拜石仙祖师或黄狮宫三官大帝。请了神下山时，香旗下垂的三条布标如已打结，说明信民有诚心，神已降临；如香旗未打结，则说明信民不够诚心，需许良愿，方能保佑平安。

十乡会。即前述"十乡"人为了建庙而组织的神明会。由于"十乡"人的捐款，使得马大元帅庙拥有相当可观的财产，仅田产一项每年就可收谷100多担。这些收入分别作为维修寺庙、一年两次的会景和济贫扶穷等开支。为了便于管理和开展祭祀活动，在组织方面，每乡推选一名理事组成理事会，然后从十名理事中再选一名为总理事，如民国时期刘坊的黄阿公连任总理事20多年。理事会下设管账一人，负责管理和公布每年的收支账目。

竹山会。由于竹木是店厦村重要的资源之一，所以村民中自发成立了封山育林的"竹山会"，但具体情况现已无从得知。

　　店厦村的神明信仰活动主要有打醮和念皇经两种：

　　打醮。古佛醮。古佛醮一般一年举行两次，一次为春醮，一次为冬醮。各聚落打醮时间不一，春醮时间分别是：浪下正月初三，吴潭正月初九，罗屋正月初十，河口正月十五，大化正月廿五。由于浪下撑船的人较多，打完醮后他们便开始外出撑船，故称作船头醮；罗屋外出做工的人多，打完醮后也开始外出做工，所以称作起工醮。冬醮时间分别是：大化十月初四，河口十月十八，罗屋十月十五，吴潭十月十九。据一位报告人说，牛湖下和吴潭原为同一日打醮，后来因为开公路时发生了意见分歧，所以打醮时间也就分开了。

　　这里的古佛都是定光古佛中的老三——三爷古佛，这些醮会的菩萨也多来自兴隆庵和水阁莲的三爷古佛。三爷古佛在当地也昵称为三叔公，故平日撑船、撑木排遇到危险时都会呼叫"三叔公"保佑，朝天向三爷古佛许愿。

　　公王醮。由于公王醮是吃荤的，故各姓一年两次的公王醮都选择在古佛醮的次日。

　　保苗醮。各姓人的保苗醮时间均为每年的四月十五日，祭祀五谷真仙。其中河口梁、蓝、罗的保苗醮特别隆重，三姓人轮流做头。逢到年辰不好时还会在离村二三里的保苗岗举行"打大醮"（其具体仪式如下念皇经）。"打大醮"需扛着香旗到清流县的林畲去请五谷真仙，其间必须请官庄的蓝福盛班前来演木偶戏和在保苗岗的两棵大树下宰猪，以及举行上刀山、过火坑等活动。

　　朝山醮。吴潭丘姓每年的八月十五举行朝山醮，朝山醮由当地的朝山会组织，其活动情况前已述之，此处不赘。

　　马大元帅会景。前述十乡会在马大元帅庙举行的打醮活动，时间为每年的二月和十月间，为期三天，活动仪式与其他醮会相同。至期，远近各村前来烧香的善男信女络绎不绝，热闹异常。

　　上述醮会除马大元帅会景外，一般按房派轮流，如吴潭《丘氏族谱》就郑重记道：

　　　　每年起神轮流
　　　　甲：田墩里
　　　　乙：下　　角
　　　　丙：上　　角

保苗醮
甲：上　角
乙：下　角
丙：田墩里

念皇经，又叫"打大醮"。每 12 年举行一次，地点设在老天后宫坪，这是全村所有姓氏都会参与的一种祭祀神明活动。最后一次念皇经的时间是在 1940 年，据当地报告人刘康廷先生回忆这次活动的大致过程是：

醮前三个多月就开始组织筹备会，由大化、店厦的绅士、富商、保甲长、权威人士刘蕴生、刘恩珍等十余人组成，其中推出总理、副总理、会计、出纳等，讨论集资筹备事项。

打醮前几天架设临时用的佛坛，用竹木、谷搭搭起皇台，五色布蓬搭天桥，整理施食场面和准备一切应用物资。

纸扎师傅在一个月前开始动工准备纸扎，纸扎突出奇特的形象，如山大人（又称鬼王）、四大金刚、十殿阎君、二十四位诸天、十八尊罗汉、玉皇大帝宫殿、阴阳三界神像，扎得庄严肃穆。

聘请文墨生员、降乩神手、后勤厨师、和尚、道士、鼓手、戏班、执事者等 100 多人。

醮前一个月张贴告示，在店厦墟禁止宰杀猪羊，以示虔诚斋戒。

请鼓手两班，演出古装戏典，吹弹喜闻乐见的歌曲。

醮期 10 天，分别请神、念经、降乩等。

请神时，执事人员须齐声朗诵"奏歌"，全文如下：

奏曰：教孝有传经，奏凯成声，母慈昱昱，父爱甄甄，子色循循，妻宛宛，夫闿闿，兄秩秩，弟恂恂，故夫仁，媳敬承，父携子，祖携孙，思恩勤，室蔼蔼，众溱溱，俱是父母一般心，乐侃侃，何地不生，至性中，笃实天情，欢腾普天下，亿兆馨蒸，气洽门屏，俱如家人父子一般心，有身有亲，始信有君、有臣、有民，师弟良朋咸归于贞，邦家总孝诚，愿人生过去父母，早升紫庭，现在父母，禄享遐龄，化遍乾坤，中和瑞凝，九光霞变，百和音，漠漠天钧，融融六宇，听雍鸡鸣，并选归长春，并奏鸾笙，直上遥京达帝闻，飞香奏霓裳，九天开化，七曲种江秋，乩头点化，鸾上宣扬，启有礼，臣作栋深，家无逆子，国有贤良，赤心推出肝肠，翼赞勖勤，愿从今后，洗心涤虑辅君王，维持国脉，福绵绵，万寿无疆，总归一念把中全，细研详，并及农工商贾，俱望他，仔细思量，忠不替，九代荣华七世昌，吾元王，教孝教忠，无非意义深长，尔大众，听全训诲，极乐万事辉煌，快回心猛善，九天姓氏流芳，飞鸾演教，全凭百行与三纲，吾奉九天元皇帝君律令：一曲唱忠歌仔细研磨，载君主，沐恩波，要把忠君宝训我，守官职莫蹉跎，隶贩籍，莫偏颇，宜祝圣主万年多，宜祝圣主万年多，居常遵法令，遇变执干戈，扶持社稷镇山河，从逆党，命难逃，天必降诛可奈何，望尘寰，朝夜上下忠肝烈胆共相罗，平除叛贼，开受太和，四海升平万代歌，四海升平万代歌，吾奉天开天尊姜太师表律令敕。

值得一提的是，皇宫柱联为："十二载焰口重开超度众生离苦海，百数户诚心斋戒普沾大化脱迷津。"据一位报告人说，湘村刘姓人在打醮时也使用这副对联，不过这是湘村人从店厦抄去的，文中的"大化"在店厦使用时具有双重含义，一层含义是字面上的佛教词语"大化"，另一层含义则是店厦的组成部分——大化村，因此该联是一副极妙的对联，但湘村人不懂其中奥妙，所以使用这副对联显得十分平常。

附录：

重修云霄古寨缘引

窃思云霄一寨，清奇古峭，别一洞天。高则直达云霄，险则微小危径。内窝囊而广阔，外石岭而崎岖，周围岭址原属寨基。故东距虞潭、河口，西接尧里、流坊，南连山背、白竹，北毗七里四乡，尊居十乡之中，诚为避患之地。然虽得其地利，尤必赖乎□神功，所以前人原共□资福一□约，因避患仝登古寨之时，安奉邱黄郭三仙座位，灵昭千古，泽被十方耳。不意升平日久，世运变迁。自咸丰丁巳以还（？）来，发逆叠起，扰乱城乡。有邑尊陈公□□□论示联甲团练，幸有郡廪生梁子溥义、义士王佳桂、州同梁仁玉、监生邱芹来等，倡首邀集十乡道办团练，复修寨墙。待到澜溪觉后馆求□圣神□□，家指示一切墙园齐心高寨，门设四路，门上造楼，门下立卦，东曰保合，西曰安全，南曰太和，北曰平成。待至同治甲子年秋，□候递果临，黄梁□饶□□□爰合十乡仝登古寨以避妖祓，黄日蒙□□关圣帝君批示，命马大元帅掌教灵威，镇寨护救十乡。又蒙示护十仲冬合日在七里□□资福寺，洁坛当敬建玉皇上帝大醮七旦夕，以保平安，以消劫运。又示捐造公局安奉□马大元帅禄位康灵，□禄有求必应焉。故予等高居数月起，乘不族仰视，延至次年二月迎退国家，可见默中神护，家眷竟得保全矣。兹者拨乱反正，否极泰来，则皇清永协，四海之和，而庶民久享升平之福也，爰录数言，勒石为记，庶几神功扬流万古而塞靖振著千秋，是为缘□□……

梁耀南书

大清同治壬申岁冬月吉日平川十乡仝立

第二节　梁山村杂姓聚居区的生存形态

梁山村位于武平县最高山——梁野山的北麓、武北永平乡的最南端，是武北最南边的，也是距离县城最近的一个村落。它东临谷夫自然村，西接当风岭，南与城厢乡的云礤村交界，北与本乡的孔厦、田背两村为邻，旧时抄小路到县城只有30华里，在文化上属于武北与县城及武南的过渡地带。因此，考察该村的宗族社会与文化，有助于我们进一步认识村落文化方面的"中心—边缘"问题。

梁山村现有山林面积18000多亩，耕地面积2800多亩，2300多人，共有吴、丘、钟、杨、廖、蓝、李、石、赖、陈10个姓氏，分田心里、蕉坑里、宫前、丘屋、高排上、上洋、下洋、山背、大塘尾、坊里、老斗坑、牛姆窝等13个居民点（见图4-3），其中老斗坑、牛姆窝、蕉坑里分别是一个相对独立的小自然村。全村居住比较分散，各居民点之间界限清楚，自成聚落。村中有一条小河穿村而过，东边有五座形似五匹马的小山峰整齐地排列着，当地人称之为"五马归朝"的风水地形。

对于梁山村的地形，村民中流传两则传说：一则说以前有一位知县坐着轿子，一路鸣锣开道，当行至梁山与县城交界的火柴垌时，见到茶亭咬山门咬得十分紧密，大吃一惊。他根据风水判断村中可能有显贵，于是连忙停锣息鼓，派人前往村中打听，说如果村中住有大人物，大家

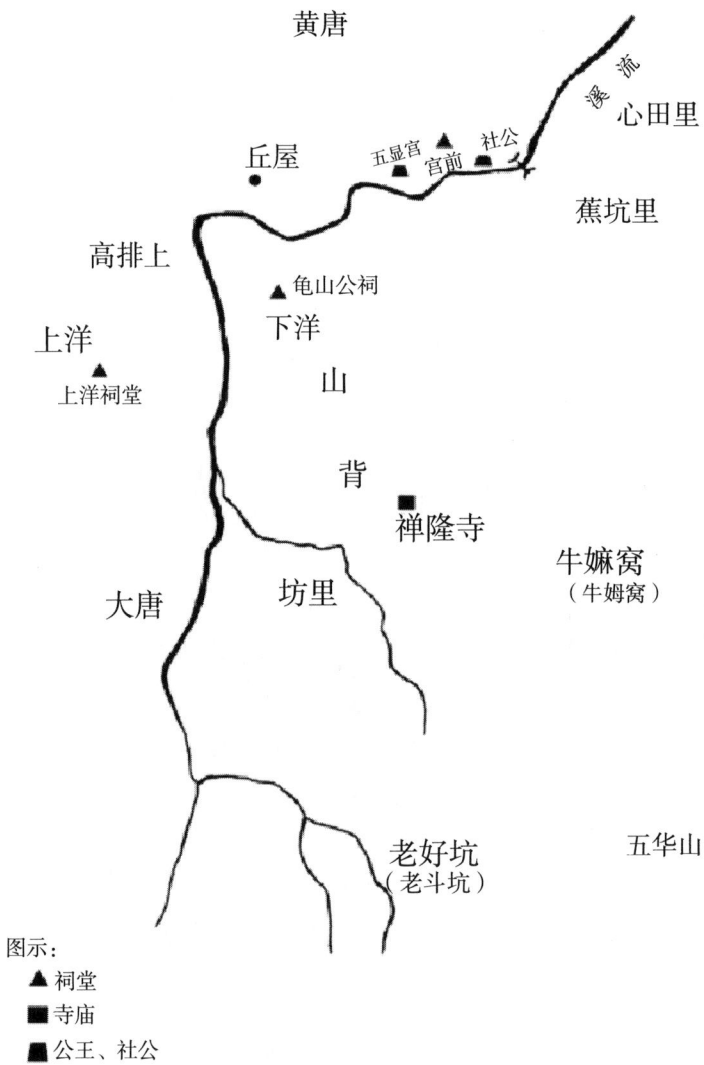

图4-3　梁山村示意图

就走路前往，以免惊动显贵，他自己则仔细观察地形。当他从高处眺望
全村，看见一条溪流穿村而过时，立即回到原处，对手下说继续鸣锣开
道。原来他认为，这条穿村而过的溪流在风水上叫做"水破天心"，连
个进士也不可能有，更不用说是显贵了，于是他就大大方方地鸣锣开
道了。

　　另一则说以前这里曾经来过一位长须先生，在闲暇时他会到处去寻龙、听水，他说梁山村的整体地形是不错的，但来势太猛，去势则太快，要将社栏坝这个地方拦起来，这样就可以"食在孔厦，屙在梁山"，把孔厦人的风水都借过来。但是梁山村人没有听取他的建议，却在社栏坝这个地方造了一座桥，这样梁山的风水变成了"食在梁山，屙在孔厦"，孔厦村反而成了富裕而兴盛之地。

一

　　据当地一位报告人说，历史上曾有16个姓氏在梁山村生活过，除现在的吴、丘、钟、杨、廖、蓝、李、石、赖、陈10个姓氏外，还有张、孙、潘、林、罗、毛六姓。张、孙、潘、林四姓人虽然现已不知去向，但仍有一些遗迹可供考证，如张姓人原居山背，其地基现为李姓人居住，数年前李姓人仍为其建造了一个小小的祖堂，逢年过节还会替其烧香供奉；孙姓原居现五显庙一带，五显庙就曾是孙姓人捐献出来的地基，所以五显庙里有一个土地神位，当地人称之为"孙土地"；潘姓则至今还保留有"潘屋子"、"潘湾子"等地名。林姓的遗迹也很明显，我们在五显庙调查时，发现现在仍在使用的香炉就是清雍正时期林姓人捐献的（下详）。罗姓原居住在老斗坑，故老斗坑至今尚有罗屋场的小地名。而毛姓的情况虽无直接的根据，但民国《武平县志》载："距县治四十里孔下水口有古毛屋之称"，此毛屋与彼毛屋有无联系，则不得而知，雍正七年梁山孔厦同立的《奉宪永禁供应木料等项碑记》（下详）落款中有两位毛姓绅士，但不知这两位是孔厦毛姓，还是梁山毛姓。

　　现存的姓氏中，以杨、丘、赖、陈、吴"五大屋"人口最多，也较早在梁山居住，其余几姓除钟姓外，每姓只有几户人。杨姓是现今梁山人口最多的姓氏，分居上洋、下洋（含中洋），其中上洋约有380人，下洋约230人。但上洋、下洋的杨姓各有不同的开基祖，民国《武平县志》载："中洋始祖千一郎，上洋始祖七一郎，皆于元季由连城心田迁梁山。迄今各传二十五代，合计丁口二百余人。"据下洋杨家勋先生《杨氏家谱》（手抄本）载，下洋开基祖千一郎公徙居梁山中洋开基后，经历了大六郎、付一郎、百一郎、贵六郎、志元、均利、友隆、宗盛、万缄、得华、天敏十二代，至十三世才开始分成爱吾、顺吾两房，繁衍至爱吾一房有人口约70人，顺吾一房约160人。

关于上洋杨姓的早期历史，上洋《宏农杨氏宗谱》（手抄本）载："（杨姓）隆盛显扬者，莫福建龟山公裔若也，公数传太一郎，始居连城，又传伯三郎公，迁至武邑丰田李坑之处，复苟延数世，逮至我始祖四五郎公族。元朝国初间，徙去丰田下保之乡，开基梁山上洋之域，棘斩荆披，瓜绵椒衍……"又据上洋杨福隆先生报告说，上洋的开基祖为千五郎，号七一郎，千五郎后经过六九郎、德辅、四五郎、伯三郎、志亨、均寿、日新、宗惠九代，至十世才分成仕达、仕显、仕能、仕春四房，其中仕春一房（第四房）后来迁往江西，仕能一房发展最快，现在上洋杨姓仕能公的后裔占多数。

丘姓是梁山村第二大姓，从《丘氏一脉族谱》看，梁山村丘氏将自己祖先的历史追溯得非常遥远，该谱载："盖太公封于营邱，而子孙即地为姓，此吾邱之所自始也。厥后蕃衍河南，因以名郡，传大大宋，吾祖三五郎至南渡之后，避乱于宁化石壁，世传一二吾祖继龙，又因宋季之寇，迁居上杭，前者开基于南坑，后者开基于黄坑。"自三五郎后，繁衍至七世伯一郎到武平开基，伯一郎被称为武平开基始祖。伯一郎公于明初洪武年间由上杭黄坑移武平永平寨岗背居住，至永乐二年甲申年开基丘屋坊，传至五世祖井孙公："此公生长以来，性喜钓鱼，常钓一梁山下洋之溪，屡观此地，是灵秀之区，于是买成物业。至成化六年，即于梁山下洋开基，创建祠宇，配享先灵，推伯一郎公为一世祖。其时，岗背与梁山二处，通基住焉。"井孙公后历经源、永贤、鉴、凤麟，至十世开始分成得仁、得福两房，繁衍至今约有 500 人。关于这些历史，《丘氏一脉族谱》还分别作了诗歌八句："宋朝始祖三五郎，二世伯七配氏黄，三世继龙配韩氏，四惟禄兮刘蓝香，五世叁伍严为配，六世四三蓝四娘，七世伯一陈廖叶，武邑开基永平乡"；"伯一开基始祖公，二世十一何廖钟，三世八十四堂是，五世井孙六源公，七永八鉴九凤麟，十世开房得字通，递算天唐文时广，士乔鼎兆书数终。"

据一位丘姓报告人说，梁山村是武北在太平天国时期受到较大影响的村落之一，以丘姓为例，仅殉难身亡及捉去未归的就达 38 人之多。为此，《丘氏一脉族谱》特别附录于谱后，他们是：柴书、银书、辉书、仁书、明书、九书、一春、一华、一康、一芹妻、碧珍妻、亨书、亨书妻、贤书妻、登兆、华兆、岑兆、炳兆、联兆、琼兆、任书妻、华书妻、联书、一连、鼎驯妻、珍书、崇兆、蓬书、鼎五妻、庆兆、辛兆、一善、一龙、一宗、一楷、端书、一燕、一升。

吴姓分宫前吴姓和蕉坑里吴姓。宫前吴姓也是梁山村历史较长的一个姓氏，据《吴氏族谱》（手抄本）载，一世祖千六郎公生于宋高宗绍兴三十八年五月初九日，敕封朝奉大夫，于绍兴六十九年徙居武平县中堡乡吴地，历经九代后，十世祖远公从吴地迁来梁山村宫前开基，到十四世以后进入一个相对发展的时期。十四世春宇公生有时发、时显、时昌三子，时发公又生有伯生、盛生二子，伯生公时还建造了伯生公厅。据一位吴姓报告人说，吴姓这三代代代都留有蒸尝。宫前吴姓最富裕时有 18 口鱼塘、80 把鸟铳、4 把长筒古、2 个九节犁，曾拥有 2 盘船灯、1 盘马灯、1 盘鱼灯。

关于吴姓这个时期的传说也比较丰富。相传一次伯生公做梦，梦见公王老大对他大喊："伯生公，有人偷你鱼塘里的鱼！"他梦醒后不放心，叫了几位后生到鱼塘边看看，发现真的有人将鱼塘的水放了一半，已准备抓鱼了。发现他们来了以后，就躲到一棵大树尾上，伯生公等人通过月亮的倒影发现了。年轻气盛的后生正用铳瞄向小偷准备开火，伯生公用手一托，鸟铳朝天放了一枪。小偷一溜烟地跑了，伯生公等人通过小偷留下的水桶发现小偷还是本宫前吴姓人。事后，后生们才知道伯生公的行为是十分理智的，否则不但去了一条人命，而且因赔偿会导致倾家荡产。又传说这时吴姓出了梁山村的首富，有"三个丘志源唔当一个杨春宇，三个杨春宇唔当一个吴玉圣"（丘志源、杨春宇都是梁山村有名的富户）。更有意思的是，还有一位叫乾德叔公的，日夜在路边的楼上弹琴唱曲，一天有人心急火燎地告诉他说他的母亲死了，他还要坚持把琴弹完，只不过这时弹的是哀乐而已。

但是，宫前吴姓这种兴旺的局面并没有维持多久就开始衰落。据一位报告人说，衰落的原因是将宫前吴姓的一座叫"雄牛脱轭"的坟墓卖给了朝山村蓝姓人。据说宫前吴姓兴旺一段时间后，就开始出现了败家子，他们吃喝嫖赌，无所不为，如赌博输了，就信口乱当，往往侄儿将叔叔的东西也当上了。最典型的有两件事，一是"牵牛事件"。据说宫前吴姓某人和孔厦吴姓人赌博输得精光，根本无钱作赌资了，最后他谎称他家在某地还有一头牛可作赌本，结果又输了，孔厦吴姓人连夜就将牛牵了回去。但这头牛实际上不是他家的，而是他叔公的。第二天，他的叔公发现牛不在了，通过明察暗访得知被孔厦人牵走了，便找上门去要求牵回自己的牛，孔厦人不肯，一个坚决要牵回，另一个则坚决不让，争论逐渐升级，便引发了一场两村之间的械斗（下详），最后花了很多钱，所有宫前人都受到了程度不等的牵连。

另一件则是拐骗人口事件。据说也是宫前不务正业的二流子，将同村一妇女拐卖到上杭，回家后将兔子血淋在其衣服上，扔到山脚下，放出风声说可能被老虎叼走了。但几年之后，同村一人到上杭做生意，发现一人极像失踪的这位妇女，上前一认果真是，才知道是某人所为。为了了却这一件事，宫前吴姓人又不得不花钱消灾。

这些败家子最后没什么办法可想了，竟将主意打到祖坟"雄牛脱轭"这一风水宝地上，将这一关系宫前吴姓兴旺与否的祖坟卖给了朝岭蓝姓人。对卖这一祖坟，宫前吴姓人有三种态度：一是既赞成卖，也得了钱；二是不赞成卖，但卖掉后当不了"软"，得了钱；三是既不赞成卖，也不要这种钱。据说这三种不同态度的人后来得到了不同的报应。赞成卖也得了钱者没有后代，绝灭了；不赞成卖，但卖掉后当不了"软"，得了钱者后来被迫迁走了；既不赞成卖，也不要这种钱者，还有后裔留在当地发展。据说，这座坟墓卖掉后，原来不太兴旺的朝岭蓝姓人却开始兴旺起来，而宫前吴姓人则一败涂地，到1949年时，只剩下8户人。1949年后，才开始有了新发展，现有14户70余人。

但是，关于宫前吴姓人的历史，我们在杨姓、丘姓聚落调查时却听到了另外一种说法。据一位杨姓和一位丘姓报告人说，梁山吴姓人原不姓吴，而姓伍，由于伍姓无论在梁山，还是在武北都是小姓，经常受人欺负，但邻村吴姓在"连三乡"① 一带是大姓，而他们外出时又因为伍、吴谐音的原因，经常被人误认为姓吴，于是就干脆改姓吴，借以依傍孔厦吴姓人的势力。

蕉坑里自然村吴姓原是孔厦村吴姓的一支弱房，据孔厦村新修《渤海吴氏族谱》载，孔厦吴氏一世祖为六郎公，六郎公生一子四郎公，四郎公则生有三子：孟一、千一、千二，其中孟一郎留居胡屋，千一郎开基溪岭，千二郎开基蕉坑里。据孔厦村一位吴姓报告人说，孟一、千一的后裔在孔厦村大大地发展起来，而千二一支在蕉坑里却发展十分缓慢。新修《渤海吴氏族谱》载，千二郎迁居蕉坑里后，三代单传至六世祖进公，进公生有三子：子祥、子寿、子福。除子祥在当地传有后裔外，另二子不知下落，子祥而后又经历了十四代的单传，至二十世才开始分成登洪、登雄、登隆三房。

但这些记载与当地的一些口头传说有不少出入。据当地一位吴姓报告人说，吴姓在蕉坑里也曾盛极一时，他们的祖先曾有巨大的产业，以前有一块石碑还记载着"上至铁尺寨，下至圆地角，左至蕉殿塘，右至杉坪坑"都

---

① 　永平、孔厦、梁山三村，以前称作"连三乡"，如果加上帽村，就变成"连三四乡"。

是其祖宗的产业。他们的衰落是由于过分骄横跋扈而被别人破坏了风水。他说：

> 这里有一户人家曾经出过五个长得一模一样的大胡子兄弟，但这五个兄弟经常联合起来干坏事，干完坏事后又互相包庇，当事人因为无法认定是哪一人所为而无可奈何。一次，有人在蕉坑里坝上晒的一匹绸缎被人偷走了，旁观者看见是一位大胡子所为，当事者寻踪而至要求交还绸缎，主人问他是谁偷的。他说是一位大胡子后生，不料这时吴家一连出来了五位大胡子后生，不但百般抵赖，而且要求当事者具体确定是哪一个所为，声称如果不能确认就必须加倍惩罚。当事者委屈得哭着回家，在路上正好碰到一位风水先生，风水先生问明情况后就对这位当事者说，你先不要哭，在这里等我回来，我进去看看再说。不料，这位风水先生来到吴家后，竟无人理睬。风水先生察看地形后，发现在吴家的对门有五行塘头，认为正是这五行塘头才使吴姓人丁兴旺，并且出了五位大胡子。于是，他吩咐当事人连夜挖掉这五行塘头，但这五行塘头前一夜挖掉，第二天又长了出来，接连三天都是这样。第四天晚上，风水先生梦见山神土地对他说："不怕日挖夜挖，只怕黄狗锯咬。"于是，风水先生吩咐当事者买了一条黄狗在这五行塘头一杀，并埋下了一把大锯。如此一做，这五条塘头顿时崩裂了，只见里面出来五条泥鳅尚未开目。从此，吴姓便开始走向衰落，再也没有出过五个大胡子兄弟了。

除此之外，这里还盛传着吴时法的故事。据一位报告人说：

> 吴时法曾前往间山学法，具有很高的法术，为蕉坑吴姓的许多大事出过力，但他的法术却最终害了他自己一家。他有两个儿媳妇，都十分孝顺，每天都能到溪里钓到半斤鱼子。一天，他的老婆发现她的两个儿媳妇的头发莫名其妙地在河边绞在一起，便回家告诉吴时法，吴时法告诉她将路边一处打了结的两棵草解开，两个儿媳的头发就会自动解开。但他的老婆一时性起，操起一把镰刀把这两棵草都劈断了，这时她的两个儿媳的人头也掉了下来，待吴时法发现不妙前来挽救时，恰好洪水上涨，儿媳的人头也被大水冲走了。

> 又有一次，吴时法到县城赴墟，天黑了都还没有回家，他的两个儿

子就到火柴坳去迎接。他俩想试试父亲的法术，就装扮成两只野兽，当吴时法在火柴坳出现时，他们俩同时模仿野兽的声音，吴时法误认为是野兽来了，便用五雷劈火将他们烧成了灰。吴时法回到家后，他老婆问他有没有见到两个儿子，他们到火柴坳去迎接了。吴时法才发现大事不妙，刚刚用五雷劈火烧成灰的搞不好就是自己的儿子，于是赶快吩咐家人前往火柴坳，把刚才的灰装回来复身。不料，这时下起了大雨，这些灰被雨水冲得不知去向，他的两个儿子就被他自己烧死了。

吴时法有一女儿嫁在邻村，有一次回娘家探亲。吴时法在梁山的一个小店铺里与人闲谈，有人和他开玩笑，说对门来了一个穿红衣服的女子，看你有没有本事将她的衣服脱掉。吴时法为显示他的本领，便摘了一根芒管，作起法来，他每剥掉一层芒管，对门女子的衣服就脱掉一件，最后芒管剥完了，对门女子的衣服也脱得光光的，成为一个全裸的女人，并朝吴时法走来。当女子走到吴时法面前时，他才知道刚刚捉弄的女子就是自己的女儿。而他的女儿得知被自己的父亲戏弄了，便自杀了。吴时法的老婆最后认为一家人都死得差不多了，这全是吴时法的法术害的，于是就把吴时法的法柱、劈三鞭等法器送到大坳下埋掉，再也不准吴时法作法了。

钟姓是较迟迁到梁山的大姓。据一位吴姓报告人说，他们迟至十五世才迁来梁山开基。十五世钟圣旦是武平县城南的一个较有钱的人家，在梁山村建有仓楼。他讨了两个老婆，其中大老婆生有四个儿子，而小老婆是60岁时才从中山讨回的，大老婆较大儿子的年龄都比小老婆的年龄还大。由于家庭矛盾，钟圣旦便带着小老婆和小老婆生的满子搬到梁山居住。后来大老婆的小儿子由于年龄较小，也随钟圣旦来到了梁山。因此，梁山的钟姓就分成两支，其中小老婆单独建有一座祠堂，繁衍至今约有300人，大老婆的第四房则另建有一座私厅，繁衍至今200人左右。

由于钟姓较迟从县城迁移到梁山的缘故，到1949年前仍然保持着县城一带的风俗习惯。如每年正月都会到县城买花灯，正月十三日夜晚开始上灯，这时妇女们围在一起食茶，男人们则举行闹灯活动，猜拳行令，忙得不亦乐乎；传统节日也一如县城，而不像梁山村其他姓氏及武北其他地方那样提前一天进行。

陈姓居住在梁山村一个相对独立的自然村——牛姆窝，据一位报告人说，牛姆窝是一个福地，刘伯温曾以"丁不满百，赋不满石""陈家出有长生子，荣华富贵福禄村"来概括这个自然村的特点。据说，历史上这里人丁虽不很兴旺，但读书做官的人比较多，至今每年考上大学的人数也还不少。据当地《陈氏族谱》载，陈姓在牛姆窝的开基祖为二七郎公（号积财），积财公生于宋代，生长于上杭珊瑚乡，先后徙本乡帽村田里、梁山坊暂住，最后迁至牛姆窝立室、建祠。

积财公后连续十二代单传，直到十三世敬松公才生有三个儿子：盛荣、盛华、盛贤。但陈姓真正的发展直到十六世以后才出现，这一时期陈姓共有男丁11人，他们分别是玉升、九满、玉成、玉良、玉麟、玉凤、玉万、玉坤、玉嵩、玉圣、玉德。按照时间推算，这一时期正处于清代康雍乾时期，但奇怪的是，他们的儿子辈却分别取名"康""雍"字辈，其中更离奇的是玉良的七子还取名"雍乾"，这种严重犯讳的现象实在有点不可思议。陈姓这种大发展的局面并没有持续下去。据当地报告人说，现在的陈姓分别为玉成、玉良两房，这两房各自建有厅堂，但玉成一房发展较快，人丁相对较旺。

关于陈姓人丁没有持续大发展的情况，当地有多种传说。据一位陈姓报告人说，牛姆窝有一处孔厦人的墓，该墓是被称作"美女献花形"的风水宝地，原为牛姆窝陈姓人的地基，陈姓人发现他放的鸭子经常在这里下蛋，觉得这里是一块风水宝地，于是就约期风水先生前来做墓。做墓的前一天傍晚正好下大雪，风水先生路过孔厦时，当地豆腐店的老板邀请他喝茶。喝茶的过程中，老板问风水先生前往何处，替谁人做墓，风水先生如实回答。老板便劝他说，今天雪下得这么大，天又这么晚了，不如在这里住下，待明天早一点去更好。不料，第二天牛姆窝陈姓人带风水先生前往做墓时，发现在这块地基上已有一座刚建好的新坟。原来，孔厦的豆腐店老板听说牛姆窝有这么一处好风水，便连夜请人将祖坟迁葬此处。从此，孔厦人的风水就比牛姆窝人的风水好得多，牛姆窝陈姓的人口也无法取得大的发展。

另一则传说也与"美女献花形"的风水宝地有关。据另一位陈姓报告人说：

> 孔厦吴姓人的祖先曾在"美女献花形"一带有稻田，他在这里放养了一伙母鸭，发现他的母鸭每天都会到"美女献花"地点生蛋，而且一只母鸭一天能生两个蛋。于是，他就偷偷地请了一位风水先生前来

勘察，风水先生告诉他说，这个地形叫做"美女献花"，是一块十分难得的风水宝地。这块地恰好是他嫁在牛姆窝女儿婆家的地基，他便不动声色地和亲家商量说，从孔厦到牛姆窝放鸭路途比较远，每天往返十分不便，想借用这块地基搭一只寮子。他的亲家说，什么借不借，亲戚里面送给你就是了。孔厦人的祖先心里认为风水不能恶求，并且怕对方后悔，便假意说那么好呢。于是，他在自己的稻田里采了五株稻穗送给亲家，象征性地作为买地基的钱。孔厦人的祖先把地基搞到手后，先在这里搭了一只寮子，后来就建了一座坟墓。坟墓建成后，孔厦人开始兴旺发达起来，而牛姆窝陈姓人却开始衰落下来。由于牛姆窝人的祖祠在这座坟墓的下方，所有好的风水都被这座坟墓得走了，所以这段时间里，牛姆窝陈姓人接连出现大的灾难，请风水先生一看才知道风水出了问题，后悔已经来不及了，只好在石灰地临时用杉树皮搭了一只寮子，把祠堂的神主牌寄放在那里，才免受更大的天灾人祸。

在牛姆窝，还盛传着刘伯温的故事，说是刘伯温曾在此隐居，人们问他姓名，他就说不要问他名字，叫他长须先生就可以了。有时，他会搬张凳子坐在树下，面朝北，时而哭、时而笑。晚上看见天上出现彗星时，便哭着说又有忠臣被陷害了。据说他有未卜先知的本领，有时一伙人在一起喝酒，他会吩咐人多准备一副餐具，结果真的有贵客上门。他去世前曾做了一个锦囊，告诉当地人说以后如果遇有大的灾难时可拆开锦囊，自然会有办法对付，但性急的村民在尚未碰到灾难时就把锦囊拆开了，结果里面只有一张白纸。他临走前，还在当地埋下了两大水缸的书，其中一缸在"文化大革命"期间被一位烧炭的人发现，但他认为一缸旧书没什么价值，便用作烧炭的引子烧掉了。

赖姓主要居住在老斗坑（后来又更名为老好坑），现分为上屋、下屋两房，各有30多户人。据《松阳赖氏族谱》载，明末清初有万祥公从永定县汤湖下到老斗坑开基，奉其父仕行公为一世祖，至九世开始分为昭元、化龙两房，繁衍至今二十四至二十七世，有近300人。据一位赖姓报告人说，老斗坑赖姓还有一段辉煌的舞狮灯的历史。大约在清末，这里有一赖姓人与会打狮灯的武东乡六甲村人刘武古子结了同年，便请他农闲时过来教舞狮，刘武古子在这里教了一段时间后，老斗坑的赖姓人便学会了武术和打狮灯，后来还发展到上、下屋各有一盘狮灯，至民国时期尚有赖添荣和赖添文、赖启文两兄弟等两盘狮灯。由于老斗坑赖姓人会舞狮，梁山村里一般的人都不敢欺负老斗坑人，平常和老斗坑人开玩笑也不敢随便近身。更有意思的是，由于大人舞狮灯的原因，老斗坑的小孩子多少会一点武术的姿势，梁山村里其他姓氏的小孩与他们玩耍时，也不敢随便接近，只能远远地用泥团袭击他们。

二

梁山村与孔厦、永平寨由于山水相连，当地人称之为"连三乡"，若加上帽村，则称为"连四乡"，所以也常常称作"连三四乡"。由于地域相邻，当地居民既有和睦相处、共同对敌的一面，也有矛盾冲突的一面。

梁山村的西北是帽村和永平寨。帽村人主要姓方，也是"连三四乡"中较大的一个村落。由于两村之间距离相对较远，没有什么利害冲突，但通婚较少。原因除距离相对稍远外，更重要的是梁山村人认为帽村人由于人口多、文化水准高，显得比较神气和霸气，亲戚间交往风俗习惯都必须以它为准，女子嫁往那里常常受到亏待，所以不太愿意与其通婚。

永平寨与梁山相距 10 里，历史上这两村之间有着较好的关系。据多数报告人说，梁山村人除了与本村的不同姓氏之间较多通婚外，与永平寨的廖、钟、刘、何等姓通婚也比较频繁。

梁山村的东北方是孔厦村，与梁山村仅有 5 里之遥，以致在"连三四乡"以外的地方，人们习惯于称作"梁山孔厦"，却不知梁山是梁山，孔厦归孔厦。该村是一个单姓村落，居民都姓吴，且人口众多，读书人多，具有较强的宗族凝聚力，是"连三四乡"的人多势众的巨姓大族。而梁山是一个被称为"梅花姓"的多姓村落，各姓之间一般不合作。所以，旧时梁山村居民经常遭受来自强邻孔厦吴姓人的欺负，时常出现梁山村妇女被孔厦人强奸的事。据一位报告人说，民国时期甚至还曾发生过孔厦村十几名壮汉轮奸梁山村女子的暴行，以至于梁山村妇女不敢路过孔厦和前往与孔厦交界的山上砍柴。

孔厦吴姓人在梁山村人面前骄横跋扈的现象也见于梁山村人的故事传说中。据老斗坑一位陈姓报告人说，1949 年前，孔厦村吴姓每年在"美女献花"祭墓时都有 100 多人，有时甚至两三百人前往，他们中有骑马的，也有坐轿的，一路上鼓乐齐鸣，浩浩荡荡地从梁山村走过。有一次他们祭墓时，梁山村人正在远处砍木材，砍伐工人为了步调一致便一起喊起了劳动号子，这时孔厦吴姓人气势汹汹地上前制止，声称劳动号子会惊吓其祖宗，要罚谷一石三升用于喂养前来祭墓的马，弱势的梁山村人只好给他们。这些谷喂马没用完，还寄存在当事者家用于第二年喂马。

据蕉坑里一位吴姓报告人说：

> 孔厦吴姓人在蕉坑里有一座坟墓叫"夫子弹琴"，这座坟墓也是风水宝地，据说该墓落葬时风水先生择了一个奇生日子，说落葬时要遇到"鲤鱼上树""戴铁帽""穿红袍"者路过时才能落葬，如果按这样落葬了，周围人的好风水都会转移过来，孔厦吴姓必然大发。说来也巧，落葬这天有人到溪里摸鱼，这人把摸到的鱼用绳子一条一条串起来，正好他内急，就把串好的鱼挂在树上，正应了"鲤鱼上树"这一预言。出殡走到半路，又遇到一个人从外地买了一口锅回来，买锅者自然是将锅翻过来顶在头上才好拿，这又应了"戴铁帽"。快到墓地时，又远远地见到一个穿红衣服三朝转门的女子迎面而来，大家便加紧步伐，赶紧落葬。据说由于这墓地选择的位置和落葬的时间好，孔厦吴姓人的后代就特别兴旺发达，而这座坟墓落葬后使得蕉坑里七天之内鸡无啼、狗无吠，严重地妨碍了蕉坑里的风水。

与梁山相距 20 里的东云村李姓是武平城厢的一个大姓，该村也有不少人经常打梁山村人的主意，抢劫现象时有发生。有一次，一伙东云人前来梁山抢劫，被抓到了两个，"连三四乡"人决定将这两个人在风吹帽火烧，以儆效尤。他们在县城城门上张贴通告，同时号召"连三四乡"16 岁以上男丁每人自带一根木柴到风吹帽作燃料，亲眼见到抢劫者被活活烧死。从此，城关一带人再也不敢到梁山来骚扰了。

由于梁山村是一个姓氏众多的大村，所以除邻村关系外，本村内部不同姓氏之间的关系也错综复杂。

其一，本村内婚现象比较普遍。以丘姓为例，据《丘氏族谱》记载，从一世至二十一世 617 例通婚关系中，杨姓就占了 197 例，而在武北范围内只有本村有姓杨的，显然这些都是本村之间的通婚。这种本村不同姓氏的通婚现象至今仍十分普遍。据当地一位吴姓报告人说，他的妻子是本村牛姆窝陈姓人，他的一位妹妹嫁给了本村上洋杨姓人，他的另一位妹妹则嫁给了老斗坑赖姓人。

其二，宫前吴姓与邻村孔厦吴姓人比较亲密。如有一次孔厦吴姓人祭墓路过宫前，与宫前吴姓人发生了口角，孔厦吴姓人便说宫前人不姓吴，宫前人就将祠堂的神主牌扛了出来，放在路上说，你说我们不是姓吴，那我们就把神主牌给你们垫桥过，看你们敢不敢在神主牌上踩过。如果敢踩过，我们就不姓吴；如果不敢，我们就姓吴。由于神主牌象征着祖先，孔厦吴姓人不敢在祖先身上践踏，所以只好承认宫前人姓吴。

又如，有一年孔厦吴姓欺人太甚，梁山村各姓联合起来共同攻打孔厦吴姓人。梁山村各姓人精心准备，购买了大量武器装备，试图一举压倒孔厦吴姓人。一天，双方约定在梁山村水口两村交界处决战，由于梁山村人占领了很好的地形，加上精良的武器装备，基本上形成了孔厦吴姓人来一个死一个的局面，如此下去，孔厦吴姓人势必死伤无数，宫前的吴丰德念在梓叔之情，便心生一计，大声喊道："你们这些笨蛋！还在这里，孔厦人已经从黄塘进村了。"梁山的那些年轻后生不知是计，便飞快地往黄塘方向去了，孔厦吴姓人趁机大批人马攻进了梁山村，他们将大旗往宫前吴姓祠堂背一插，准备大举扫荡梁山村，这时留守在家的吴姓老人反应也很快，一面招呼说："啊，梓叔来了，请坐！请坐！"一面吩咐家人，杀鸡杀鸭招待梓叔。另外，邀请本村长老前来协调处理此事，一场残酷的械斗就这样平息了。事后，孔厦吴姓人才知道宫前吴姓人在暗中帮了忙，说"宫前的梓叔确实是真梓叔"。从此，他们对宫前吴姓的关系就亲密起来了。

其三，由于宫前吴姓人与孔厦吴姓人的密切关系，梁山村其他姓人认为宫前的吴姓人总是要和梓叔比较亲密，依靠不得的。所以在日常交往中就相对疏远一点，甚至有些姓氏如杨姓、丘姓等在1949年前均不与之通婚，说是与吴姓人通婚不出丁。

其四，上、下洋同姓不同源。上洋杨姓是从连城迁到武东丰田巷子坑，再从丰田巷子坑辗转迁来，而下洋则直接从连城迁来梁山。由于上、下洋杨姓不是同一个开基祖，所以他们没有像其他单姓村落姓氏那样形成比较严密的宗族组织，彼此之间也没有特别的关系。直到后来卜洋人与林姓人发生了一场械斗（下详），上洋杨姓帮助下洋杨姓，这样关系才开始密切起来。但通过这种情况形成的密切联系，毕竟不如血缘关系。如在1949年前碰到红事都还各自分开进行，只有白事才互相帮助。因此，尽管杨姓人口数量在梁山村一直占有优势，但在离心力的作用下，其综合实力并不显得有多少优势。

1949 年前，梁山村也曾开设有墟市，墟期为逢一、六，但比较冷清，前来赴墟的除本村外，只有孔厦、吴地、朝岭、永平"三背"等少数几个相邻村落。梁山村附近的墟市还有孔厦墟（逢三、八）、帽村墟（逢二、七）、永平墟（逢四、九）、黄陂头墟（逢五、十）。此外，梁山有一条大路通往武平县城，路程只有 30 里，所以前往武平赴墟的人也不少。

三

1949 年前，全村各姓均建有祠堂，一些人丁较旺的姓氏还建有房祠，但当地人记忆较深的只有如下几座：

1. 龟山公祠

位于下洋，所谓龟山公就是指杨时——杨龟山，据说下洋杨姓在下洋开基后，仍奉杨时为始祖，龟山公祠就是为祭祀他而建的祠堂，原为下洋杨姓人所建，上洋杨姓是无份的，但后来下洋人与林姓人发生了一场大的械斗，才使上洋人变得有份起来。事情是这样的：下洋杨某与本村林某讲了一门亲，已编红单但尚未归门，由于杨某开店人多混杂，红单不小心弄丢了。林某听到这个消息后，便将女儿嫁往其他地方。杨某气愤不过找上门去，一个说林某拐卖人口，一个说杨某凭什么干涉他人婚姻。由于杨姓人拿不出凭据，口说无凭，两家发生激烈的争执，事态不断扩大，最后发展到两姓之间的大械斗。林姓人搬了许多地方的梓叔，甚至连福州长乐手执"藤牌"的林姓梓叔都请来了。这时，上洋杨姓人看在同姓的份上也参与了这场激烈的斗争，在人力上、物力上给予了很大的支持，于是下洋的祠堂就分了一半给上洋杨姓人，成为上、下洋共同的祠堂。

对于下洋的祠堂分了一半给上洋杨姓人还有另一种说法。这座祠堂的隔壁建有另一座爱吾公的私祖堂，据说这座"牙婆形"的私祖堂能使爱吾公一支人丁兴旺。祠堂建成后，爱吾公一脉果然人丁很旺，一段时间内曾出有 40 多个光棍汉。这些光棍汉大多不懂道理，如每年祭祠堂，厅堂里只能摆 6 桌，本应留给长者坐，但这些光棍在长者们还在拘泥于长幼之分时，却抢先将这些座位占领了，而将坪里的座位留给长者。一般的失礼倒也算了，但这些人经常惹是生非，有一回将牛屎拿到丘姓人坟墓前供奉，说让丘姓人的祖先吃牛屎，这样就引发了两姓之间的一场械斗。械斗之后总要做个了结，为平息事态，上洋杨姓人不得不卖了很多蒸尝，最后仍不够开支，只好将这座祠堂卖一半给同姓的上洋人。

　　关于这座祠堂还有其他几种不同的传说，一则说以前有一位长须先生住在放东西、养马的仓楼下，他在半岭上凿了一口井，经常会到石壁上去听水，他曾对杨姓人说，你们杨姓人的祠堂要移到灯脚下才会兴旺，且不会有杂姓，意思是说整个梁山都会是杨姓的地盘，但杨姓人没有听他的话，所以梁山村今日是一个姓氏比较多的村落。

　　另一则说杨姓人原先想在今天丘姓人的祠堂地点建一座祠堂，但江西人（指丘姓人）天天在此钓鱼，这地点被他占了，杨姓人只好在上面一点建了一座船形祠堂。这座祠堂据说要发生了洪水，风水才会比较好。但这座祠堂在后来重修时，原有的门楼被风水先生搞错了方向，所以要转了甲子才会兴旺。

　　还有一则传说则说，在这座祠堂的隔壁有一座私厅，是长须先生做的，他在里面放了三个锦囊，吩咐说这座厅堂的方向和锦囊都不要随便动，遇到灾难时，这三个锦囊会自动打开，到时大家按照书上说的去做就行了。但杨姓有人性子太急，偷偷地把锦囊打开一看，锦囊里放了一本书，书中的字如蜘蛛网，尚未形成完整的字，结果三年之后就发生了"走长毛"的事，一时无计可施，才后悔不该将锦囊急急忙忙打开。

　　2. 上洋祠堂

　　据一位杨姓报告人说，这座祠堂的地点小地名叫王屋角，原为梁山村王姓人的地基，杨姓人刚来时替王姓人做长工，由于他服侍风水先生十分周到，风水先生很感动，于是就指点他问一下东君能不能在这个地点辟开来搭一茅寮，王姓东君同意了。杨姓人在这座茅寮搭起来后，日子一年好过一年，而王姓人则一年比一年差，最后只好外迁他乡。后来杨姓人就在这里建起了祠堂。

　　这座祠堂在明清时期还有漫长的变迁史，上洋《宏农杨氏宗谱》载：

　　　　武平县信二图三甲梁山上洋开基宏农郡祠堂，万历年间至明末粮长四十余石，此时山头分金屋样尺寸悉皆乏书。迨至顺治年间，人心变易，修整丑山未向，丁未丁丑分金，其屋五植九架，拖尾十一，神牌背有一个空间，二处阴巷，二条上栋一丈六尺高，直入并座背，空间二丈七尺五寸深，横过一丈五尺，面前余坪一断，池塘一口。从此修整后，粮石渐退，读书更少，至乾隆三十年内，长房国课仅得五斗，二房亦得五斗，三房犹有二石，四房振侣一家不过几合，其余汀州居住不知，此时耕种不给者多。故至乾隆三十八年，叔侄齐心商议，敦请地师张能化复整癸山丁向兼丑庚子庚午分金，其屋三植七架，拖九阡进三尺，除后空间一个，上栋一丈六尺高，直入二丈零五寸深，横过一丈三尺大，神桌三尺三寸高，天井直入八尺横五尺，下栋一丈二尺五寸，高直入一丈零五寸深，横过一丈四尺大，面前下片牛栏二个，粪窖一个，去左边栖下间七个，伸廊二个，缩浅余坪下断侧塘。至乾隆四十年，合族整开然路一丈大，九尺纵。兹整开之后，子孙不许僭越，做出公罚钱一万，将屋折去，决不宽恕，书于谱内，虽千湮久远，亦可判断是非故论。嘉庆二十四年三月十一日两批有祠堂陕身横屋，池塘面上熊山屋一间，常山屋一间，新山屋一间，伍山屋一间，又有下坪子屎窖共八间，俱以仕达公裔孙当日贴出花边三十八圆正，其屋地基永远归余仕达裔孙管业批照。

这一记载虽然个别地方有些费解，但总体而言，我们还是可以从中了解这座祠堂的历史沿革。

3. 仕能公厅

仕能公是上洋杨姓第三房的开房祖，据说其丈人会行地理，他知道对门茶头壁地方是一块风水宝地，可以建造祠堂，所以交代女婿说，分家时什么财产都不要和兄弟们争，只要把茶头壁分到手就可以了。仕能公就按照他说的做了，他的兄弟们认为一片茶头壁没有什么了不起，给他就是了，心里面还暗暗地高兴。仕能公后来果真把茶头壁建造了厅堂，自此以后开始发展起来，据说这一房至今较其他房人丁多、读书人多、外出人多。

4. 丘氏祖祠

位于下洋，分上、下两栋，为土木结构，其坐向、高低等具体情况，《丘氏一脉族谱》载："坐艮山坤向，兼寅申，老坐寅山申向出口丙水。上栋由路壹丈叁尺，川路贰丈壹尺伍寸，高壹丈叁尺陆寸，檐柱玖尺捌寸，老谱玖尺陆寸。下栋高壹丈零陆寸，檐柱捌尺壹寸，厢间由路柒尺肆寸，巷三尺。神桌大贰尺壹寸，长陆尺叁寸，高叁尺贰寸，老谱载叁尺叁寸。"

关于这座祠堂，还有一段曲折的历史，《丘氏一脉族谱》载：

于咸丰十年十二月十四日，遭广东惠州起衅之花旗长发贼约一二万人，由武平所到孔厦，扎营五十八日。近营二十里内，人被捉去，屋被烧毁，十有六七，器皿货物仅存纤微。是时，本丘族有三百余人数，捉去百余丁，幸逃出者有之，赎归者有之。今光绪九年莫来（？），殉难不存者，止缺数十丁，屋宇器物，不觉复旧矣。余事另纪，兹记丘氏祖祠，亦被长发乱贼烧毁，只留下栋有檐一小角，瓦桷仍然未落，余悉焚尽。彼时一二年间邂逅相遇，嗟悼改故，幸天能加人之祸患，不能夺人之心志。迨同治元年，合族在家者同心踊跃，一将后龙树出卖，再将照家照丁照粮分派，即可做转祖祠。虽贼退之后，安神龛于花台坎，亦佑合族吉庆，而究不有堂阶，只渐用此微意耳。于是立定主意，山头分金，屋式尺寸俱仍旧址，但老用柱料，今易泥墙。即请兴国曾朝光先生罗经格定，旋即到上杭雷远猷先生处择日，依日课以步行，事竟成矣。

5. 伯生厅

吴姓十六世伯生时所建，系三栋柱扇结构，大门对联为"渤海苍龙跃，吴山凤凰翔"，横批为"让德流芳"，毁于太平天国时期。据一位吴姓报告人说，太平天国时期，有一天有三个尖兵路过梁山村水口，恰好云礤村有20多人到伯生公厅籴谷，他们便前往追赶。次日这三个尖兵带领大队人马前来兴师问罪，他们认为昨日追赶他们的就是从宫前伯生公厅堂里出来的人，于是一把火将这座三栋的柱扇厅堂烧得只剩下一个龙盘。

6. 陈康福厅

牛姆窝陈姓十七世陈康福所建，现已毁。据说这是当时梁山村最漂亮的建筑，共有三层五架官厅，出外门要经过七扇大门，门楼曾测了八卦，当地人至今流传一句俗语叫做"陈康福好精屋，吴玉圣钱较正，杨志源好靓田"，意即全村陈康福的屋最漂亮，吴玉圣的钱最多，而杨志源的田最好。很可惜，这座建筑毁于太平天国时期。当地一位陈姓报告人说，太平军到梁山村后到处放火烧屋，行至牛姆窝时陈姓人主动招待了他们，太平军的一个头目决定优待他们，就说人就不抓了，东西也不抢了，但房子还是要烧，于是就问当地人要烧哪一座，当地人回答说，当然要由你们，太平军追问说到底要烧哪一座。当地人说那就烧老房子，由于这时陈康福已经另建有新屋，太平军就把陈康福厅烧掉了。

7. 志源公厅

位于桤杆树下，为梁山历史上有名的富户所建，系三栋砖木结构，不知什么原因，正厅比前厅高出许多。大门对联为"灵霞标异彩，山水霭清晖"，横批为"南山秀拱"。

1949 年前，梁山村几乎每姓都有完整的族谱和家谱。据一位杨姓报告人说，以往族谱每房保管一年，由房长叔公领去，保管族谱者则要接待外地前来拜年的龙灯、狮灯。梁山村的这些族谱在"文化大革命"期间大多被毁坏，只剩下一本残缺的《丘氏一脉族谱》系老族谱，其余的大多是后来转抄的。现将这些族谱的情况简介如下：

《丘氏一脉族谱》。共有两本，一本现藏于当地报告人丘和兴先生处，系手抄本，除序言外，大部分还保存完好，具体编撰年代不详，世系已编到廿一世，从内容判断不早于清咸丰年间，亦不晚于民国。另一本藏于当地报告人丘开宁先生处，系其本人从旧谱中抄出，有完整的序言和祠堂记，可补上谱不足。

实际上在这两本族谱之前，梁山丘姓有过多次的修谱。《丘氏一脉族谱》序言载："余姓幸前明成化年间上祖已经修谱，本朝乾隆十八年先伯祖士阶等又经修之，迨嘉庆二十一年族兄达兆、敏兆等再行修谱。"此序作于咸丰九年，说明这时又进行了一次修谱，而序言后附有一句"光绪九年孟冬之吉旦重修"则说明本谱是这一年修成的，如此算来，在梁山丘姓的历史上最少已进行过五次修谱活动。

上洋《杨氏族谱》。现藏于当地报告人杨通顺先生处，系其本人于20世纪 50 年代从老谱中抄录而来。包括序言、世系等，内容相对完整，修于清咸丰二年。

从该谱看，上洋杨姓可能直到清咸丰年间才开始第一次修谱，一方面序言只字未提前人修谱历史，另一方面该谱载："因修谱之事，为族人议，伯叔兄弟皆欢欣鼓舞，以为美事也，于是各呈其所元生寓、卒葬于予，予敬谱之牒博载，历代之坟茔无虞丧失，广亲万年之族，戚不至逖疏，庶几于礼所谓，尊祖敬宗收族……"而编修族谱需要"各呈其所元生寓、卒葬于予"，修成之后又使"历代之坟茔无虞丧失"，可见此次修谱并无前谱可资借鉴。

该谱《宏农杨氏宗谱新序》也透露出这次修谱系首次的信息，该文说："昔乾隆乙巳岁，祖父升公邀梓族伯叔诸君辈，捐资立尝，兴行春秋二祭。至丰田李坑开基六始祖万祥公一脉，谨识祖坟七穴，后又尝败失祭，更觉淡然矣。今咸丰辛亥岁，合族踊跃辑宗谱，披阅书帙未知源委，迴忆祖志，犹属抱歉，与族人商议，再耕廖家贮存族谱，均皆允诺不乱。且夕元劳，后果抄出，系绪相传，彰彰可考。与夫迁徙里居、生没葬娶，备载详悉，诚有裨于阴阳之孙岂浅鲜哉，迄今谱牒告竣……"不难看出，上洋杨姓从清乾隆开始设立蒸尝"兴行春秋二祭"，但直到咸丰年间才开始修谱。由于本地无前谱可供参考，未知先世来源，被迫几经周折从外地抄出，最后才修成新谱。

下洋《杨氏家谱》。现藏于当地报告人杨家勋先生处，系手抄本，内容主要是直系祖先的吊线图。

牛姆窝《陈氏族谱》。现藏于当地报告人陈生明先生处，系打印本，为1997年与上杭县珊瑚乡陈姓合修。据陈生明先生说，牛姆窝陈姓未自己修过族谱，旧谱也是1940年与上杭县珊瑚乡陈姓合修的。

老斗坑《松阳赖氏族谱》。现藏于当地报告人赖春荣先生处，系其本人于1995年正月初四日从邻居家旧谱抄录，而旧谱却因老人去世不知下落。该谱有松阳赖氏族序三则，重修序三则、万安记等，其中一则重修序号称为文天祥所作，但这些序言大多为内容空洞的套话。

蕉坑里《渤海吴氏族谱》。该谱为孔厦村吴姓人于1995年编修，其中第177页至179页载有蕉坑里吴姓情况。

宫前《吴氏族谱》。现藏于当地报告人吴汉华先生处，手抄本，系其父于1964年5月21日从旧谱中整理而来，内容比较简单。

值得一提的是，有些族谱的世系与老谱记载和传说相差十代。据一位赖姓报告人说，这是因为当地有一种说法叫"人无三十代"，意思是说超过三十代就会灭绝，所以一般发展到一定阶段，就主动降十代，以防不测。

和其他村落一样，梁山村民对祖宗风水也颇为讲究，如老斗坑赖姓人认为其上祖仕行公墓对后代十分有利，就偷偷地将仕行公墓从永定迁至老斗坑烂屋坪。又如，宫前吴姓人认为，他们历史上曾经兴旺了一段时间是因为他们祖坟中有几座祖坟的风水是不错的，如开基祖远公的"张天海螺形"和远婆的"醉翁靠椅形"，十四世祖春宇公的"醉翁靠椅形"和春宇婆的"蛇形目珠穴"，十五世时发公的"醉翁靠椅形"和时发婆的"雄牛脱轭形"，等等。其中，时发婆的"雄牛脱轭形"是他们兴旺的关键，而宫前吴姓后来之所以衰落也是败家子们把这座"雄牛脱轭形"的风水宝地给卖掉了。

在祖先的风水传说中，当地人还认为祖婆的风水更有利于后代。除上述宫前吴姓祖婆"雄牛脱轭形"的传说外，还有上洋杨姓祖婆的"螃蟹过江形"的故事。据一位杨姓报告人说：

> 上洋杨姓曾有一支迁往广东白侯，以前白侯人每年都会回来祭墓，由于路途比较远，每次都无法确定准确的到达时间。如果来早了，上洋人则数落他们说："这么早来，等吃啊！"而来迟了，则被风言风语地说："祖宗都不要了。"最后，白侯人火了起来，他们商议着必须在祖公和祖婆两座坟墓之间挖走一座，以后再也不回来祭墓了。大家一致认为祖婆比较"发"，要挖就挖祖婆的墓，于是他们就偷偷地把祖婆"螃蟹过江形"的骸骨挖了回去，葬在田塅里，同时做了五座一模一样的坟墓以防止上洋人前来偷挖，从此以后再也不回来祭墓了。不过，白侯人还是很有感情的，如果在白侯碰到外地杨姓人，他们都会问得很详细，如能说出梁山中坊角里祠堂边水井的位置和门前的三级台阶，他们就会盛情招待。

和其他村落不同的是，梁山村流行将祖先生日作为纪念日而举行的活动，如十月廿一为杨姓龟山公的生日，正月初三为下洋杨姓十二世天敏公生日，十月廿二为丘姓祖先生日。祖公生日的活动形式有两种：一种为祭祠堂和消蒸尝，另一种则为打醮。

四

作为一个多姓杂居的村落，梁山村的神明信仰更多地表现为各姓共同建造寺庙、神坛和共同举行一些打醮活动。

梁山村的寺庙与神坛主要有：

1. 五显宫

位于村头通往孔厦村的路边，吴姓聚落的旁边，祀五显公王，亦即华光大帝的五个化身，当地人也常称之为"五兄弟"。初建时间不详，但庙中保存了一座香炉，正面刻有如下文字：

> 雍正辛亥岁仲夏月吉旦乐助祈保各家子孙永远昌盛
> 信官林树敏仝妻钟氏，男林□□、林□□，女菊荣，在堂母李氏
> 信生林乔祥仝妻钟氏，男林作辉、林作富，在堂母钟氏

从这些文字看，该庙初建时至迟不晚于清雍正年间。据一位报告人说，庙址原为当地孙姓人的地基，后来全村人在此酝酿建庙，孙姓人便主动捐出这一地基，所以该庙内至今还有一块孙土地的禄位，享受着子民们的香火。据当地人说，五显庙对门正向有五个行龙架，而背靠两座山的交会处，故庙门联为"门朝五马归槽，地接双龙冠脉"。由于五显宫所有梁山各姓人都有份，所以常常成为梁山的一种标志。如梁山人外出彼此相遇，一时无法判断是否同村人时，就会询问对方五显宫前有几级台阶，也就是当地人所说的多少个"断"，如能回答准确就立即相认，如回答不出来就会受到怀疑。

关于五显宫的"五兄弟"还有不少有趣的故事。据一位报告人说，太平天国时期，太平军本想从梁山路过，但五显大帝"五兄弟"化作五个人骑着五匹白马，雄赳赳、气昂昂地站在进入梁山的必经之地——火柴坝上，太平军见到这阵势，认为这里可能有大量的伏兵，只好绕到风吹帽一带，从而使梁山免受一场灾难。又有一次，东团番兵试图攻打梁山村，行至火柴坝，见到五个牛高马大的人对他们说，梁山已被某大人物占领，有重兵把守，劝他们不要去梁山送死，东团番兵果真回去了。东团兵退后，村民感到很奇怪，有人见到五匹白马在五显宫下井里喝水，才知道是五显大帝显灵了。

据另一位报告人说，五显公王原来十分灵验，村民讨老婆迎亲前都要在此烧香、供奉，迎亲队伍路过五显宫前时，也要停下来烧香，否则抬新娘的轿杠会在途中莫名其妙地折断。蕉坑里的吴斗升兄弟自恃有法术，他讨老婆时偏偏不到五显宫烧香，在五显宫前路过时也不下轿，所以轿杠在途中就无缘无故地断了，晚上新娘也很奇怪地坐在屋梁上。吴斗升估计是五显公王作的法，于是就决定与之斗法，他们兄弟几个削了一天一夜的竹孤钉，然后将这些竹孤钉钉在五显公王的像身上。由于这些竹孤钉钉得密密麻麻，把五显公王的各个穴位都钉住了，导致五显公王无法施展自己的法术，所以五显公王从此变得不灵验了，但以往的风俗至今仍保留了下来。

2. 禅隆寺

禅隆寺据说原为上洋人的地基，由于前面有一个墩，形似和尚的磬钵，所以做民居不行，但做寺庙倒是一个理想的场所，村民们于是在这里建起了庙，祀奉定光古佛。据一位报告人说，该寺原先只有陈、赖、杨、丘、吴五大屋人有份，后来为寺前的一坵田与县城人打官司，因为钟圣旦是县城的一个富户，在县城比较熟悉，五大屋人便请他出面帮助打官司，官司打赢后，钟圣旦也分得了一个禄位。

禅隆寺在土改时分给了本村村民李如海、蓝炳勋居住，李、蓝两人自建新房后便离开了禅隆寺，"文化大革命"期间禅隆寺被拆除，变成了一块草地。1987年村民们自愿集资、献工献料重建禅隆寺，于1988年春建成主厅，并于元月十九日举行开光升座落成典礼。1989年加建门楼、围墙、横屋。同年冬醮时，谷夫村林姓僮子昏僮时代古佛传言将禅隆寺改名为"梁野山禅隆寺"。

禅隆寺的主神为定光古佛，陪神以定光古佛的五个化身——大古佛、二古佛、三古佛、四古佛、五古佛为主。关于定光古佛和它的化身——五个古佛，当地有许多传说。定光古佛的传说主要与老斗坑的水口石有关。

> 据一位报告人说，有一年老斗坑人为了欢庆收成，正在水口五谷大神神位前煮食聚餐，定光古佛化缘路过这里，见锅里正在煮肉，便对村民说能不能将他的饭也一起煮，村民说："你的是素食，我们的是荤食，怎么可以一起煮呢？"定光古佛说："那有什么关系。"只见他用一根芒管在锅中间一隔两半，素食那头一会儿工夫就热水翻滚，很快就煮熟了，而荤食这边却还未开始煮。他吃完饭后，看见水口石不但硕大无朋，而且十分好看，便和村民们商量说，能不能把这块石头送给他。村民们见他一个糟老和尚，便开玩笑说："你如果拿得动，就拿去好了。"定光古佛便伸出手拍了拍，巨大的石头却越拍越小，最后他用伞把把它背走了。这时，村民们才觉得水口石不可以随便让人拿走，于是就赶紧追了上去，一直追到了梁山顶。眼看快要追上了，定光古佛随手抓了一把泥土撒向天空，顿时烟雾蒙蒙，挡住了村民们的视线，再也看不见定光古佛和那块水口石了。据说，梁山顶的鼓子石就是老斗坑的水口石，所以在老斗坑这一侧至今看不到这块巨石。

另一则传说也与水口石有关：

> 相传，定光古佛某日到老斗坑一带化缘，正好到了一位富翁家里，

主人不理睬他。定光古佛原已化缘到一些米，便想借锅一煮，主人不想给他煮，便借口没柴了。定光古佛说：我用我的脚做柴好不好？竟将双脚放到灶膛里，噼噼啪啪烧了起来。一会儿饭熟了，定光古佛吃完后旋即离去。主人大吃一惊，一看家中的饭桌、板凳都被烧光，而定光古佛的双脚仍是好好的，连一个伤疤也没有。主人持打狗棍追了出来，而定光古佛行走如飞。到了水口，定光古佛看到有个镇水口的大石，便用绳子绑住，用伞把把它背走了。待屋主人追来，定光古佛已将大石背上梁山顶，生气地往地上一放，悬空而立，摇摇欲坠。从此，老斗坑人时时担心巨石会从山上滚下来而惶惶不安。

　　而关于定光古佛化身——五个古佛的故事，据当地一位报告人说，这五个古佛是梁山顶一棵树上的五个结雕成的五尊菩萨，所以它们的形象比较古怪，其顺序则从树根第一个结依次为大古佛、二古佛、三古佛、四古佛、五古佛。由于这五个古佛十分灵验，有一次不小心被江西人全都偷走了，梁山人前往追赶，经过明察暗访，得知这五个古佛被藏在一座庵里。但当地人十分狡猾，已经另外做了五个一模一样的古佛，以至于梁山人也无法辨别哪一个是自己的真古佛，哪一个是假古佛。他们只好焚香祷告说："如果是梁山的真古佛，你们就往前挪动一寸。"说也奇怪，梁山的五个古佛真的就往前移动了一寸，真假不辨自明。于是，梁山人就将这些古佛带回，但在回家途中又遭到人抢劫，在争抢中，二古佛跌到某个潭里，再也找不到了，所以只剩下四个古佛，回来后又补雕了一个，但补雕的二古佛再也不像以前的二古佛那么灵验，所以当地人后来就不怎么信二古佛了。

　　关于这五个古佛还有另外一则故事。据说有五个人行山，同时看到一棵树上长着五个檀香苞子，五个人遂结拜成兄弟，将这五个檀香苞子雕成五个菩萨，以他们的姓命名为徐大伯（大古佛）、郑细哥（二古佛）、林三爷（三古佛）、高四子（四古佛）、连五满（五古佛）。这五个古佛中，每个古佛的性格脾气是不一样的：大古佛比较忠厚，性格也较悠，反应比较慢；二古佛已脱离福建，且跌落深潭后，不怎么灵验了；三古佛性格较急躁，如果遇到紧急情况，诸如火烧屋、发生洪水、打仗等就必须求助它。一位报告人讲述了一则关于和三古佛讨价还价的故事：据说以前梁山村有一人放木排，突然遇到了洪水，眼看要遭到重大损失。于是他跪在木排上向三爷古佛呼救，朝天许愿说："如果洪水得以消退，他回家后还五十块大洋的香钱愿。"

话音未完，洪水就开始消退。他认为可能不是三爷古佛起的作用，于是就改口说还三十块大洋的愿。这时洪水又突然涨了起来，他不得不再次向三爷古佛许五十块大洋的愿。许愿完毕洪水便开始退了。

3. 定光堂

位于本村黄西畲，故又称"黄西畲庵"。建于清光绪年间，由祝保菩萨坐中台，另有如来佛、观音菩萨等。1949 年前，有几座岭和 30 多担谷田等财产，现已毁。

4. 公王神坛

几乎每个姓氏和每个较大的聚落都有一处公王神坛，即当地人所说的"每只屋都有公王"。据一位陈姓报告人说，村头的水口公王是从牛姆窝分香而来的。牛姆窝公王位于该自然村的水口，面朝当地人所说的"双归水"，背后还保留有高大的细叶莲树、鸡目珠树、杉树等。据说该公王有两个生日，分别是正月初三和七月十五，并且不同的生日所贴的对联也是不同的，正月初三的对联为"督三农仰其德，树五谷占厥恩"，横批为"万寿无疆"。七月十五的对联为"汉功昭万古，帝诞祝千秋"，横批为"保障一坊"。公王的这两个生日是当地最重要的节日，这两天由每家每户共同组成的公王会组织活动，每家男丁都要在公王处烧香，并且祭品一定要用鸡公，中午则一家一个代表参加聚餐。每次活动的做头由抓阄决定，而费用则由每家共同分摊，一般为每家 10 元左右。

5. 社公坛

位于全村水口通向孔厦的出口处，系一个小庙屋子，中间立有一碑，碑中间刻有"本乡福主社令真官之座位"，小庙两边石刻对联为"福泽庇梁山，主恩及村民"。这里不但是每年春社、秋社的祭祀场所，而且还常常在这里设厂打醮。

6. 伯公坛

全村的伯公神位有多处，但最有名气的当数位于牛姆窝蕉垫塘的老伯公。据当地报告人说，这位伯公老大会经常显身。有一次，一位牛姆窝人到汀州遇到一位老人，问其是哪里人，来自哪里。这位老人回答说是来自梁山村牛姆窝的蕉垫塘。这位牛姆窝人百思而不得其解，蕉垫塘并无人家居住，回家一想才知道遇到了伯公老大。又有一次，一位割松香者割完松香回家，见到一位着长衫、蓄有长胡须的老人拄着棍子从伯公坛走出来。为此，他大病了一场。

这位伯公老大的灵验还在于它能替当地的老百姓寻找耕牛。据说如果有哪家丢失了耕牛，一定会到伯公老大处祈求帮助。祈求时一般要跌四次筶，第一次跌筶为判定能否找到牛，如果伯公老大认为找不到，不管怎么找也找不到；如伯公老大认为能找到，接着就跌筶判定方向。据说根据伯公老大指定的方向寻找耕牛，一般都能找到。

由于这位伯公比较灵验，近年有人还特地将其神位改造一新，安放上像样的石碑，上书"伯公、婆老大神位"，左右两边分写着"你说伯公我尊敬，他贺凉亭我尊重"。这一伯公神位比起其他伯公神位随意立一两块火砖了事，显然气派得多。

7. 厉坛与义冢

厉坛与义冢也建在水口，两者相距仅十几米。其中厉坛设立的时间很早，现能见的石碑还是清乾隆年间重修的，碑上的文字还依稀可见："乾隆丙午年冬月　吉旦重修"，"厉坛"，"仝立"。而现在见到的义冢是1981年3月1日才设立的。

梁山村每年的打醮活动主要有公王醮、古佛醮、保苗醮、五显醮等。这些醮会的时间分别为：公王醮正月初三和七月十五，古佛醮十月廿八（据说这日也是菩萨入庵的纪念日），保苗醮四月十五，五显醮九月廿八。其中公王醮一般为各姓自己组织，地点在该姓的祠堂或厅堂。而古佛醮、保苗醮、五显醮则是全村各姓人共同举行的打醮活动，这些活动的经费在1949年前由醮田的租谷中开支，所请的道士一般为"连三四乡"人，但如果是打大醮则会前往东云去请较有名的道士。这种打醮活动1949年后停止了20多年，直到1978年改革开放后才复兴。除这些全村统一的打醮外，一些姓氏还有自己单独的打醮活动。如钟姓人在正月十三的新年醮，据说这个日期也是钟姓人原乡——县城城南钟姓人打醮的日期；蕉坑里吴姓人在正月初四的古佛醮；老斗坑赖姓人的十月半；等等。

五

1949年前全村的"尝"与"会"也很多，其中规模比较大的有如下几个：

1. 五大蒸尝

据一位报告人说，上述打醮活动的经费主要来自五大蒸尝的田租。所谓五大蒸尝，是指朝山尝、五显尝、社公尝、食邦尝、长关尝。其中，朝山尝是村民自愿集资朝拜太平山天上圣母的经济组织，每年的三月廿三和九月廿三做会；长关尝是兄弟会的经济组织。而五显尝、社公尝则分别是祭祀五显公王和社公的全村性的经济组织。至于食邦尝的情况则无从得知，但可以肯定的是，它也是类似长关尝的一种组织。

1940年开始设立梁山保国民学校，由学校接管五大蒸尝，校址设在禅隆寺，每年的祭社、打醮由学校操办，办食也在学校，这种情况一直维持到新中国成立前夕。

2. 老人会

老人会的成员主要由各姓氏、各聚落中比较年长又比较有能力的人组成，其任务主要是处理全村的人际关系、天灾人祸时困难者的救济、老人去世的事务，商讨与外村人发生矛盾纠纷的对策，以及抽调壮丁，等等。老人会的决议有很大的权威性，在当地具有法律般的效力。老人会的活动经费主要从各姓的蒸尝中抽出，视活动的费用由各姓分摊。据说，由于蕉坑里人姓吴，是孔厦吴氏的一支，所以最早的老人会蕉坑里人是无份的，但后来孔厦村吴姓人不但不会帮助蕉坑里人，反而不断地欺负他们，而在许多重大事件方面，梁山村各姓人对他们的帮助更大，加上梁山村也有姓吴的，于是他们积极加入了梁山村的老人会。

3 火柴坜会

火柴坜是梁山村通往县城的出口处，这里设有茶亭，安有福主公王、把界公王的神位。村民自愿集资组织"火柴坜会"，其费用开支主要包括茶亭的施茶、公王的点灯烧香等，每年有一次会期，届时会一起聚餐等。

附录：

奉宪永禁供应木料等项碑记

汀州府正堂加三级记录六次章为革除供应陋规详情，勒石永遵，以广宪仁，以豁民累。事蒙布政司记录三次赵宪牌奉总督部院高批，据莆田县呈详。

窃照卑职一介旗员，滥膺武甲，荷蒙圣主引见，改用文途。又蒙各宪题补今职，惟有茹蘖饮水，凡于地方民生有关利弊，力行具剔，庶可仰答皇仁 宪德于万一。

查莆邑地当孔道，差使频仍，向有进贡土宜荔枝、柑橘、龙眼、番薯等，以及学院考试送往迎来、起解钱粮、递送人犯等项，除驿内额矢外，每年需用人夫不下数千名，旧例具派里下供应，民间应各相安，习焉不察。其所由来，已久可知。卑职受莅以来，何敢因循往例，以上员皇仁宪德。所有者邑供应门夫并一切集派弊政，尽行革除，宁自节俭衣食，顾捐己囊，照民价雇募人夫，平买物料，不复仍袭陋例，再派民间一役、一夫，寸录片及板木、箕草、稻稗，积弊尽厘，无乖职守。倘有不法地棍、大胆胥役，敢复招摇滋扰者，里职定即严拿详究，至里职位卑言轻，禁革不过一时，诚恐继卑职而任莅者，日久或有更张，不能永绝弊端。详请宪台大奋威棱，附赐勒批，勒石永禁，以垂不朽，则莆邑编氓感佩宪德，当与壹山并峙，三山同流，并高深矣。

等缘由奉批，本部院莅任以来，凡采买进上荔枝等物，及一切公务需用人夫，具发现价平雇，并无白役派扰。据称旧例具派里下，恐有不止莆邑为然。仰布政司通行确查，饬勒石永禁，并碑模送查。

又奉巡抚、都察院奉批据莆田县详全前由，该县莅任方新，即能体恤民情，夫徭尽行革除，如有需用人夫之处，具发现价付夫头雇募，不许复派一役、一力、一草、一木，仍各令出示通晓，勒石永禁。将所勒模每县各五副送司，以凭转送院查。尚敢阳奉阴违蹈前弊者，一经告发访闻，官则参处，役则杖毙，毋得违延，取咎未便。凛之！慎之！

又等因蒙此合行通饬，为此仰县官吏，照依宪行事理，立即转饬属将，从前故习尽行革除。如有需用人夫之处，具发现价照民食雇募，不许复民间一役、一力、一草、一木，仍各令出示通晓，勒石永禁。将所勒碑模每县五副径缴□□，仍报本府查考。尚敢阳奉阴违后蹈前弊者，一经告发访问，官则揭报，役则杖毙，毋得违延，取咎未便。

等因牌行到县，又奉县主许晓谕通行，凡有答应之所，不许复派民间一役、一力、一草、一木，勒石永禁，令梁山、孔下等处向有供应木料等项陋习痼累，既奉宪恩通行革除，又蒙署县主刘钧批，勒石永禁，不特戴德于一时，即奕冀沾恩于无涯矣！为此遵奉勒石，以垂不朽。

署汀州府正堂事候补府正堂管理邵武分府加一级王德纯
署汀州府武平县正堂事建宁府建安县太堂加一级刘崇诒
典史沈受章
生监耆庶：吴周斌、吴燕藩、吴周树、吴文岸、李毓翰、吴燕翰、吴镇、吴丹阳、吴瀚、池化鹏、吴东表、吴薪、吴凤英、吴燕山、吴楦、吴楷、池汉、吴捷、饶禅、吴撮、吴榕、吴士魁、吴朝觐、吴分汉、吴燕垣、吴腾高、吴□猷、吴磷兴、吴拔、吴树、吴揆、吴枚、吴辉、吴相、吴杨、池拜言、吴德元、吴孟嘉、吴鼎甲、吴麟煌、毛杨其、吴迪三、吴炳文、毛仲仪、吴天佑、廖次壁、吴佑唐、杨琳昌、丘广珍、罗维彩、饶有庆、杨振斌、张廷田、杨青山、赖上玉、杨卯生、吴以珍、蓝□□、林□□、王奕行、刘永献、丘士雄、吴奎龄、林得寿、陈玉成、林翠毓、钟□文、林文贵、张甲生、吴上彩

雍正七年岁次己酉春三月吉旦，梁山、孔下等处敬立

更鼓桥碑

从来天下事，有例之者即有因之者。创者难，□功因者□为力谁不虽然□□□□□□而创□□□□□则□□□即我乡之更鼓□也，先年原有木桥一座，往来行人□苦坦道，□亦昔人数□乡造之劳，□□□不□后不如石之坚固，少则五六年而即敝，多则十年、二十年而不必敝，一时未必修造。□人难免广揭日□下□不□然莫□奋创而不能困者，非仁也因而不能久者非知也。于是合乡合□□金，创□石□且告，四方亲朋慷慨□捐，而美举因以成焉。是□也虽因其旧址，而以木易石，□难场因有不问者，□□石以志之。

吴兴二公、杨万珍公各助花银四元正，吴远公助花银二元正，吴应□、杨腾中公各助钱一千文正

林荣向公、陈积财公、吴常达公、吴云开、林□若、吴□□各助花银一元正，王大□、钟滨来、钟兆方、王□凤公、钟文学、李兴其公各助花银一元，李□其公、李□其公、杨□玉、李花□、丘汪栓、吴斗石、吴麟兆各助花银一元

吴贤□、刘祥开各助二百文正，林□□助二百文

钟□义公、吴可升公、唐□□公、吴□□公、李燕宗公、赖思章、钟亮升各助花银一元正

杨士显公、士达公（各助花银三元）、枚□公（助花银三元）、文琳公、文潢公、振大公（各助花银二元）、□杨□助花银十六元正，振发公助花银六元，福华助花银十元

福亮公□□银，元琳公助银一千四百文

金发公助贰千一百文，崇□花银一元

　　杨子钦公、子□公、富进公、福达公、福贤、开琳各助花银一元

　　子其助钱一千四百文

　　杨贵元（助钱一千二百文）、福养（一千一百文）、福□（一千二百文）、福□（一千三百文）、腾兆、新山、钟受其、丘廷英、杨福兴（助钱一千文）、富万、发公、紫石、盛万、杨龙遴、福文、文山、兴周、鼎玉各助花银一元

　　春禄公助钱一千文正

　　兴华、兴禄、得发、得光、富松、兆山

　　杨□兆、峰元、富山、华圣、秀发、福光、翠山（以上各人捐钱不详）

嘉庆十年乙丑岁仲冬月建造吉旦立

缘首杨紫兴、福华、鼎有

第五章
客家与畲族的关系

第一节　武北蓝氏的宗族与文化

　　武北蓝氏主要分布在大禾乡的大禾、源头、坪坑、上梧、帽布、龙坑等村，桃溪镇的新贡（贡厦）、湘溪（湘坑坝）、江坑、定坊等村，永平乡的中湍、昭信等村，湘店乡的店厦村（河口）、尧山村（郑屋坝）等村（见图5-1）。由于资料所限，本节主要描述大禾村、新贡村、源头村、江坑村、

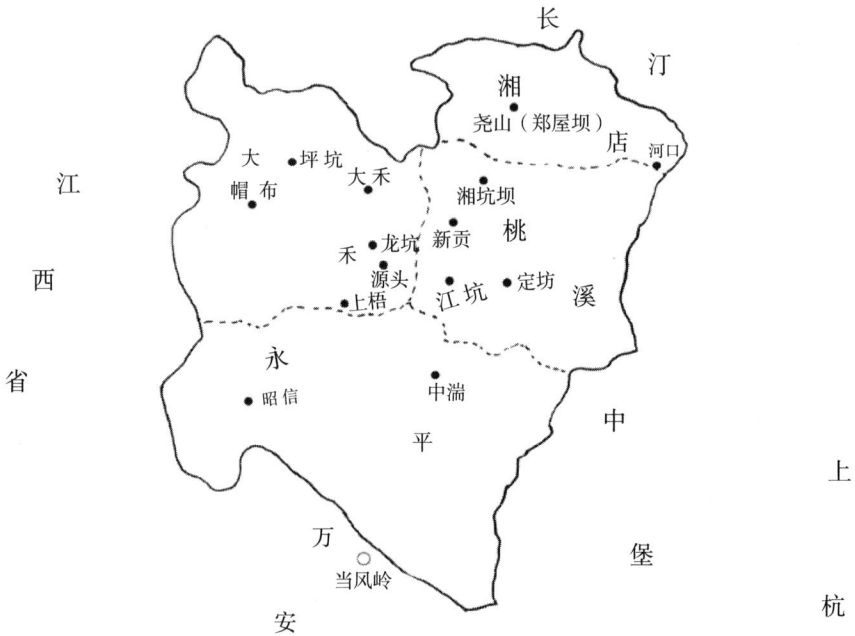

图5-1　武北蓝氏分布图

中湍村的蓝氏宗族与神明信仰情况，附带涉及其他村落蓝氏的相关情况。

大禾村系大禾乡政府所在地，处于一块山间小平地，人口密集，居民主要姓蓝（下称"大禾蓝氏"），现有人口近 3000 人。源头村在大禾村东南 15 华里处的一块山间平地上，现有人口近 2000 人，也是大禾乡的一个主要蓝姓居民区（下称"源头蓝氏"）；新贡村在 1949 年前称作"贡厦"，因有较出名的墟市，故又称作"贡市"，与桃溪镇政府和大禾乡政府各相距 15 华里，现有人口约 800 人；江坑村位于桃溪镇镇政府的西南 10 华里，现有人口约 1100人；中湍村位于永平乡政府所在地帽村的东北方 10 华里，现有人口约 700 人。

这几个村的蓝姓居民是被学者们称为"尚未确认民族成分的畲族"，因此对这些村落分别加以考察并进行比较，显然是有意义的。而将这些村落与相邻村落的宗族社会与神明信仰作一比较，也是考察客家与畲族关系的一个重要透视点。

一

从现存的源头、江坑、坪坑的几本《蓝氏族谱》看，武北蓝氏的来源和迁徙过程都显得十分清楚而完整。他们将祖先的历史追溯到原始社会，同时又赋予美丽的传说。如作于万历四十二年的《重修族谱原叙》云："蓝氏之姓有昌奇者，出自炎帝神农之后，帝来之玄孙，帝榆罔之子也。昔帝都空桑时，有熊国君贡秀蓝一株，值帝后宫降生一子，帝欢甚，遂以贡蓝为姓赐名曰昌奇。及长，分封蓝昌奇为汝南郡。"其后，他的裔孙明德公在唐中宗和武则天时任扬州节度使，夫妇"祷于嵩岳之神，夜梦其神馈药一丸，烨烨有光，陈氏受而吞之，既而忽有异香袭体，遂而有娠。及诞，红光满室，瑞气腾腾，异香经月不散，生一子取其名曰彩和"。蓝彩和长大成人后，登癸丑科进士，授佐补阙谏议大夫，生一子名曰仁。后因劝谏唐玄宗荣宠外戚，"词颇干忤杨国忠"，遂纳还冠履卸职，归家隐居终南山修炼，功成道就白日飞升，遗书嘱其子孙和诸邻友曰："凡居人世之中，尘劳滚滚无有尽期，若要不遭人之钳制，任自往来无自忌惮者，惟是依林自耕而食，自织而衣，隐居岩穴山谷草野之中，不去干求禄仕，脱离尘网，方为物外之人……"

彩和公后，自唐至宋，十一传至吉甫公。其时，因遭金人之乱，兀术南侵，破州陷邑，吉甫公离建康入闽，只身迁居福建之福清五福乡，再经常新公迁建宁，又再经万一郎由建宁徙居汀之宁化石壁乡，历万一郎生熙三郎，熙三郎生和二郎，和二郎生大一郎，父子同迁长汀城下里坪岭水口，大一郎生念五郎，徙居今之大禾。

关于这段先民的历史，作于民国三年（1914）的《历代迁居始末考》亦记载详备，为了更好地说明问题，现将其迻录如下：

神农氏初都陈，迁曲阜。十一传至帝榆罔，迁空桑，徙涿鹿，封子昌奇为蓝姓一世祖，汝南郡。火旺公天潢派衍绵亘八州，历今民国二年癸丑四千六百伍拾肆年，朝代迭更，转徙靡常，具详可得而考也。十八世祖善公，佐禹治水随居安邑。二十二世祖彦云公父子奉帝妃奔有仍，及少康复国，封邢侯，遂居邢。三十世梁公，事帝孔甲，官司农。孔甲不修善政，陈而不听，退处平阳。其子凝复事桀，荒淫无度，遂弃官，举家隐长安。四十世祖森公，自长安徙南安。四十三世祖肇祥公，又自南安徙南阳，居平原乡。五十五世祖良佐公，为蔡大夫，遂居蔡。六十一世祖琼公，迁洛南。六十七世祖彬公徙郢，孙尹檀为楚大夫。七十四世祖天香公，官郑上卿，居郑之柯泽。七十九世祖益臣公，移东里。九十一世祖之顺公，为许昌太守，见曹操专权，自恣退处，仪封之西山。九十七世祖标公，复迁洛。一百零四世祖增华公，宰阳夏，卒于任，葬绵乡。子二人，次子豪士居绵，长子履高公移汴，居漳原。唐中宗天授元年庚寅，一百零八世祖明德公，官扬州节度使，宦游金陵，下建康，家焉，即今之上元县朱紫坊，自西北而南矣。唐昭宗光化元年戊午，一百十五世祖宗训公避朱温茂真之乱，迁濠州之定远。宋太祖建隆二年辛酉，一百十七世祖一俊公迁临淮。宋徽宗政和七年丁酉，一百廿一世祖万福公又徙句容。宋理宗宝庆元年乙酉，一百二十二世祖吉甫公避金人兀术之难，奔闽，始居福清县五福乡。宋淳祐元年丙午，一百廿三世祖常新公徙建宁崇善坊。度宗元年乙丑，一百廿十四世祖万一郎公避北掳之患，迁汀州宁化石壁乡。元太定三年丙寅，一百二十六世祖和二郎公父子携父母骸骨，同迁长汀城下里坪岭水口。明太祖洪武元年戊申，一百廿七世祖大一郎公迁今之武平大一图大禾乡置立产。

从这些记载可知，蓝姓从神农氏至帝榆罔、昌奇，再到民国历经4654年，迁徙地则从河南迁山东，又从山东辗转山西、陕西、河南、湖北、江苏等地，入闽后还经过福清、建宁，迁往宁化石壁，再从宁化石壁迁到长汀县水口。

其实，蓝氏祖先的上述历史是令人难以置信的。对此，杨彦杰先生曾提出两点疑问：其一，蓝姓作为畲族，早期没有文字，后来的追记如何有可能把祖先的历史说得那么清楚，连时间、地点、哪一世祖迁到哪里都不会遗漏、错乱，就如同发生在眼前一样？其二，这些记载的迁移路线几乎与汉人完全相同，都是从中原来的，逐步南下，入闽之后又经过宁化石壁村。如果相信这样的经历是真的，那么就要怀疑他们是否真是畲族。① 这是很有见地的，在这里我们还可以提出更多的疑问：

第一，蓝氏熙三郎之前的命名与北方汉族命名习惯相同，而熙三郎之后至大一郎则以数字和"郎"命名，反与南方少数民族的命名习惯相同（下文还将述及）。这种前后颠倒的现象与历史规律明显不符。

第二，关于蓝氏一〇九世祖蓝采和问题。蓝采和是传说中的八仙之一。其故事最早见于南唐沈汾《续仙传》，说他常穿破蓝衫，一脚着靴，一脚跣露，手持大拍板，行乞闹市，乘醉而歌，周游天下。后在酒楼，闻空中有笙箫之声，忽然升空而去。清代李调元编《全五代诗》收有蓝采和诗《踏歌》，在诗前，李调元还简要介绍蓝采和云："采和，不知何时人。常衣破蓝衫，六夸黑木腰带，一脚著靴，一脚跣行。夏则衫内如絮，冬则卧于雪中，气出如蒸。每行歌城市乞索，拍大拍板踏歌，似狂非狂，歌词极多，率皆仙意。以钱与之，或散失亦不顾，见贫人即与之，多与酒家。后踏歌于濠梁间，酒楼乘醉，轻举云中，掷靴、衫、腰带、拍板，冉冉而去。"

这些都说明蓝采和是传说中的人物。至于说蓝采和是"玄宗开元元年癸丑科进士，授谏议大夫职"更是子虚乌有。查清人徐松《登科记考》②，非但不见唐玄宗开元元年癸丑科有蓝采和之名，即便有唐一代，也不见有一位蓝姓之人登科取士。

第三，"蓝"姓赐封问题。据源头《蓝氏族谱》的《重修族谱原叙》称，昌奇公出生时，适有熊国君贡秀蓝一株，帝榆罔遂以贡蓝为姓赐名。其实，秀"蓝"之"蓝"，应作"兰"，与"蓝"完全是两回事。历史上以"兰"为姓者，亦有例可证，如《姓谱》云："郑穆公名兰，支庶以为氏。"《魏书·官氏志》云："乌石兰氏改为兰氏。"

第四，传说中的帝榆罔并非神农氏第十一代传人。《三皇本纪·补史

① 杨彦杰：《闽西客家宗族社会研究》，国际客家学会、海外华人研究社、法国远东学院，1996，第274~304页。

② 该书系目前仅见有关唐代科举取士最完备的资料。

记》载："神农氏纳奔永氏之女……为妃，生帝哀，哀生帝克，克生帝榆……"（《史记》卷一），可见帝榆罔为神农氏的第四代传人。而《蓝氏族谱》中《历代迁居始末考》[1]则云："神农氏初都陈，迁曲阜，十一传至帝榆罔"，说帝榆罔为神农氏的第十一代传人。

以上种种明显有违历史常识，暴露出后世修谱者作伪的马脚。蓝氏先民这些扑朔迷离的历史故事，显然出自乡村知识分子的向壁虚构。

但是，这几本《蓝氏族谱》仍然为我们提供了大量蓝氏来源的信息。源头《蓝氏族谱》中《重修族谱原叙》载："万一郎生熙三郎，熙三郎生和二郎，和二郎生大一郎，父子同迁长汀城下里坪岭水口，大一郎生念五郎，徙今之大禾。"《历代迁居始末考》亦载："元泰定三年，和二郎公父子携父母骸骨同迁长汀城下里坪岭水口，明洪武元年，大一郎公迁今之武平大一图大禾乡置立产业"。可见，大禾蓝氏是从长汀县水口迁徙而来。据劳格文、杨彦杰先生在上杭的调查和本人在大禾乡的调查得知，熙三郎、和二郎的坟墓至今仍在长汀水口，当地人还能说出它们的具体地点。在大禾乡，蓝氏族人在推算他们的世系时，往往脱口而出："熙、和、大、念、千、宗、必"，表明从熙三郎开始计算他们的世系，奉长汀水口为他们的祖居地。

关于蓝氏族人的长汀水口祖居地，大禾乡小坪坑村一位邓姓报告人给我们讲述了这样一则关于蓝姓人的传说：

　　很久以前，汀州管八县，八县都是客家人与畲民居住的地方，但畲汉不通婚。不知是哪一姓的后生与畲家妹子好上了，但又不敢声张，因为那时如果谁畲汉通婚，是要挖眼珠和杀头的。不久，畲家妹子怀孕了，偷偷地躲在后生的牛栏里生下一围。那后生告诉他的老爹，说牛栏里的母牛生了一个小围，于是父子俩收养了这个孩子。此后，后生和畲家妹子照旧和好。

　　后来，畲家妹子凭媒出嫁，在出嫁的路上跳崖自杀了。那后生听到此事，痛哭了三天三夜。他编了一首歌教给他的小儿子唱："火萤虫，橘橘红，夜夜下哩吊灯笼。灯笼里背一枝花，畲家妹子入人家。茶一杯，酒一杯，打扮施人大路归。大路归，石按脚；小路归，芒割脚。芒头尾上一点血，芒头据下一绞肠。爷子见得出目汁，娘子见得叫断肠。

---

① 林善珂主编《客家百姓源流郡望堂联汇考》，中国文联出版社，2000，第335～336页。

长竹篙，晒罗裙；短竹篙，打媒人。上昼老鸦哇哇叫，下昼老虎打媒人。"歌唱得十分悲惨，虽然客家人对不祥的语言是十分忌讳的，但这首歌唱了一代又一代，直到现在。

后来，那后生将畲家妹子的尸体偷藏在自己的牛栏里，据说就是现在汀州的牛栏岗，那里是"生龙口"。

再后来，后生一家子孙就尊母牛为祖妣。元、明朝以后，大批汉人南下，当地人因风俗落后或祖先出身卑贱，往往被人耻笑，就把自己祖先的历史掩盖起来。但是，牛肉是绝对不可以上酒席的，更不可以做供品敬祖、敬神。"牛肉不好筛酒"的风俗就这样流传了下来。

与这则传说相关，我们在大禾村调查时，听到另外一个传说："熙三郎小时候生活很苦，替人放牛过活。有一次，一位风水先生途经水口，熙三郎的东君对风水先生态度傲慢，而熙三郎则对风水先生服侍得十分周到。风水先生便教熙三郎将其父亲骸骨葬在牛栏下，他日必定子孙大发。此后，蓝姓便开始大大发展起来。"

更为重要的是，我们在不同版本的《蓝氏族谱》中均找到了与此相关的故事。《蓝氏历代世系详传》"熙三郎"条下云："（熙三郎）终于元英宗元年……享年七十有七，葬水口卧牛岗，后和二郎迁长汀坪岭水口，拾其骸骨放牛栏上，待吉时安葬，是夜雄牛相斗，其骸骨落地，天即葬之。次日观之，牛栏飞散，地涌高墩，今曰'牛栏祖'是也。"

这三则关于蓝姓"牛栏祖地"的传说，至少透露出如下几个信息：其一，大禾的蓝姓先民曾经在长汀水口居住过，长汀水口是大禾蓝氏心目中的祖居地；其二，大禾的蓝氏有过牛崇拜（这在下文中还将进一步论述）；其三，早期客家移民与土著居民之间有过矛盾冲突，并逐渐走向融合。蓝氏先民在长汀水口时期，正是客畲冲突并开始走向融合的时期。

长汀县水口位于该县南部的汀江边上，现属该县濯田乡管辖。而从大禾发源的汀江支流小澜河恰恰在离此不远的河口与汀江汇合，蓝氏先民应当是沿着小澜河逆流而上，到达大禾。因此，蓝姓的迁徙与汀江水系有着密切的联系。

从长汀水口迁到大禾开基的是念五郎和念二郎。关于他们从长汀水口迁出的情况，这些《蓝氏族谱》也有记载，《蓝氏历代世系详传》中"大一郎"条下云：

泰定帝至和三年丙寅生一子曰寅生，明宗天历元年戊辰生一子曰辰生，文宗至顺元年庚午生一子曰庚生，宁宗元统元年壬申生一子曰壬生，顺帝元统二年甲戌生一子曰甲生，元统五年丙子生一子曰丙生，元统九年戊寅生一子曰戊生，及后七子长成皆英俊。斯时也，财丰业广，家富人兴，贯杇粟陈，名彰邦域。诸子各有迁乔自立之志，公亦顺其志，乃将基业均配，凭众亲邻分拆之。长子寅生取名念一郎，不移旧居；次子辰生取名念二郎，居武平大一图；三子庚三取名念三郎，分居武平上堡章丰；四子壬生取名念四郎，分居上杭平安里朴树下；五子甲生取名念五郎，居武平大禾；六子丙生取名念六郎，居武平上堡林坊；七子戊生取名念七郎，分居上杭湖洋，后转庐丰。诸子分后至大明太祖平定江南建号洪武，斯年戊申僭乱削平，民有定生，公年已及六十有一，方欲巡视诸子各居之处。自水口起发最后至者武平大禾念五郎居地，可其意。夫妇留此为归老之乡，随带晚年蓄积两百余金，续置像村大员塘祭墓前等处田，共壹拾叁亩柒分为祭田，命近居次子念二郎和念五郎共耕共祭。

这段记载说明了蓝氏七兄弟除念一郎留居水口外，其他人分别从水口出发，顺汀江南下，或逆汀江支流而上，迁到了武平的上堡章丰、林坊和大禾，以及上杭的平安里、湖洋等汀江水系的沿岸。蓝大一郎则是在晚年巡历诸子的居地后，决定定居在大禾，最后老死于大禾。

对于这段历史，上杭庐丰的蓝姓族谱和浙南畲族的蓝氏也声称与此有渊源关系。上杭庐丰的《蓝氏族谱》载："一世祖念七郎公为南渡后人也，公为太一郎公之季子也。兄弟七人居于长汀白露树下，至今开始迁杭邑之扶阳金竹陂，传至五世祖子荣公兄弟迁庐丰，时为大明洪武年间。"又"始祖明德公蓝氏，先居北地，唐代人于南方……""十七世祖万一郎迁汀州宁化"。"十九世祖和二郎由宁化石壁徙长汀城下里水口白路树下构宅而居"。又"我蓝氏起自汝南。及唐朝明德公自北徙江南，建康上元县……我念七郎公之□徙上杭扶阳。及五代孙子荣公之徙庐丰……"。①

浙江云和张庄畲族《蓝氏宗谱》（咸丰六年）记载："粤考蓝氏郡封汝南，系出芊姓，楚公子封于蓝，谓之蓝尹，以邑为氏。惟明德公实系河南豫

---

① 中共福建省委统战部：《畲族参考材料》（1953），载陈永成主编《福建畲族档案资料选编》，海峡文艺出版社，2003，第62页。

州徙居建康，即今上元县。越居数世，十八世孙熙郎公迁福建汀州、武平信三图江铿为始祖，派下十七世孙，于康熙年间迁浙江处州云和九都张庄。"浙江丽水、下耀蓝氏畲族宗谱载："第一郎君居闽汀白露树下，念七郎迁至庐丰，复迁至浙丽之下耀。"又"庐丰蓝氏自念七郎公以来，一脉相传，迄今传世二十灶。相传原于汀州之宁化县……后迁白露树下，即之长汀。念七郎公诸兄或居祖宅，或迁他乡，散处于汀、杭、武三邑"。由此可见，浙江云和、丽水的畲族是从闽西迁去的，甚至更直接地说是从武平江坑和上杭庐丰迁去的。

关于念一郎至念七郎是否真是七个同胞兄弟，杨彦杰先生对此提出了疑问①，在此存疑不论。但武平、上杭、长汀各地的蓝姓人奉大一郎为他们的祖先则是事实，请看如下两则史实：

其一，位于大禾乡结坑水口的蓝大一郎墓这样写道：

蓝氏三世祖

七大房嗣孙立　　大一郎公之墓　　乾隆己未年孟夏

其二，修于清咸丰壬子年的武平县桃溪镇江坑村《蓝氏族谱》附有两幅祠堂图，其中一幅题为"汀州府王衙新街巷蓝氏祠堂图"，落款为"大清雍正七年己酉七房嗣裔鼎建"；另一幅题为"武平县西门外兴盛坊蓝氏祠堂图"，落款为"大清道光十一年辛卯七房嗣裔鼎建"。

从上文不难发现，散居各地的蓝氏族人曾先后在清雍正、乾隆、道光年

① 杨彦杰：《闽西客家宗族社会研究》，国际客家学会、海外华人研究社、法国远东学院，1996，第274~304页。

间共同修建过祠堂、坟墓，其中的"七大房"当是指念一至念七七兄弟，至于他们是否真的是七兄弟自然可以进一步探讨，但散居各地的蓝姓人很早就奉蓝大一郎为他们的祖先则是不争的事实。也可以说，至迟在清雍正时期，武北的蓝姓人就已和散居各地的蓝姓人共同完成了宗族整合行动。

二

念五郎来到大禾后，据说最早居住在大禾村（见图 5 - 2）边缘与大禾

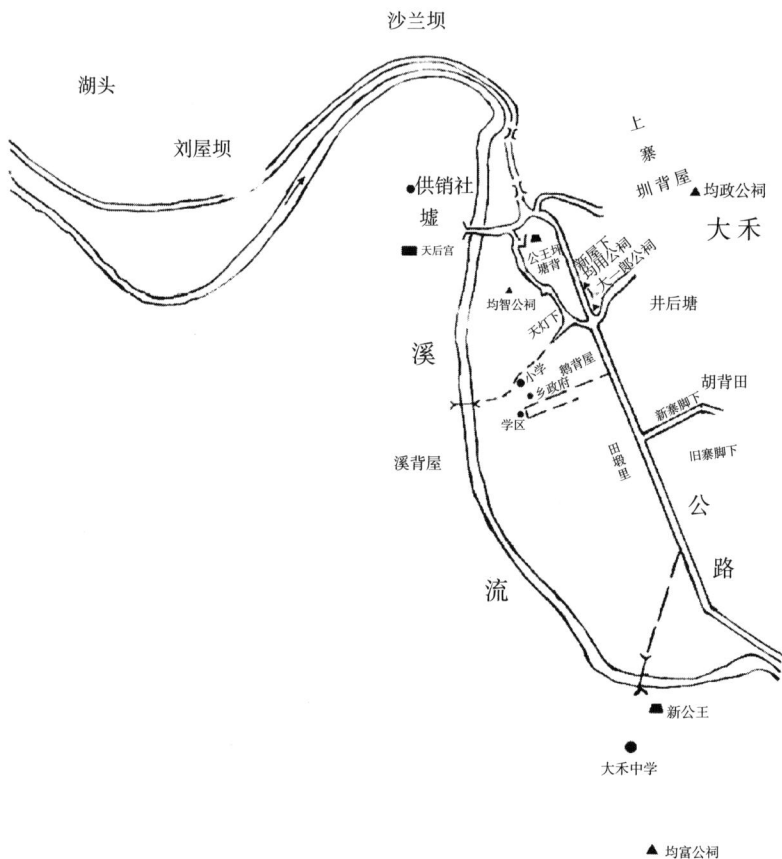

图 5 - 2　大禾村示意图

坝交界的粪箕窝。据当地报告人蓝文春先生介绍说，念五郎刚开始时给大禾村中的刘屋人做长工，但养有一伙猪嬷带子，这伙猪嬷带子每天都会到刘姓东家的乌竹子头下觅食。久而久之，他觉得这是一块风水宝地，遂与东家商量，要求在乌竹子头下搭一个猪栏。刘姓东家认为一个竹子篷没什么了不起，便爽快地答应了。不久，念五郎便将猪栏改造成房屋，在此定居下来。关于开基祖给人做长工和母猪觅食寻找风水宝地的故事，我们在武北的湘湖、湘坑坝、龙坑、桃溪等地都有听到。这既是当地风水观的一种反映，也是某一村落开基祖早期社会地位与经济状况的写照。

蓝氏到大禾开基初期，从一世祖到四世祖处于社会经济的积累阶段。念五郎经过几十年的辛勤劳作，在晚年已拥有自己的田地。坪坑《蓝氏族谱》中《祭田记》载："（大一郎）续置有像村大员塘祭墓墩等处共计田塘一十三亩七分，命近居次子念二郎合同念五郎二房共耕共祭……念五公自遗田四亩五分……以备常祭。"大一郎祭田13.7亩和念五郎祭田4.5亩，两项合计达18.2亩。事实上，祭田仅是所有田业中的一项，故念五郎的财富已小有基础。

根据这几本《蓝氏族谱》，念五郎亦生有七个儿子，分别叫做千一、千二、千三、千四、千五、千六、千七。这七个儿子除了千七留居大禾外，其余都外迁或绝嗣了。千七生有二子叫宗六、宗八。宗八一脉不知下落，宗六则生有二子，分别叫必玉、必宁。

蓝氏的这几代，《蓝氏族谱》上说开始出现了科举人物。如《蓝氏世系历代详传》载："（必宁公）洪武乙亥方十二即选入府学，三十二年乙卯登乡试二十一名，至永乐丙戌附林环登进士第，授内阁中书选礼科给事中。"对此，我们表示怀疑。其一，康熙《武平县志》和黄仲昭著《八闽通志》均未见载有此事，可见此事未必可信。其二，作为一个高级的科举人才不可能不给当地留下一点影响。但这一时期，蓝氏开始出现乡村知识分子的可能性倒是存在，如《蓝氏世系历代详传》载：千七郎"和悦学问……隐者田野，乐耕田亩，动息言论"；宗六公"勤学不辍，方收选入县学，屡试不第，公即告衣巾，遂居隐庐，躬耕世业"。无论是登科取士也好，乡村知识分子也罢，都可见大禾蓝氏的经济实力已达到可供养读书人的水平了。

通过几代人的积累，大禾蓝氏开始进入发展时期。一方面，人口有了大幅度的增长，必宁生有二子：均仁、均义，必玉则生有六子：均富、均政、均用、均贵、均智、均佐。而均富、均政又分别生有三子，均用、均贵、均智各生二子，三代之内发展到20余众。另一方面，经济实力有了进一步的发展。以均政一房为例，江坑《蓝氏族谱》载：均政公"平生际遇发达非常，润屋润身大廓基业，……将基业均配阄分三子，尚存附宅田塘玖拾捌秤为祭田……"。将家业平分三份之后，还存下98秤（折合22亩）祭田，足见其家底之殷实。随着人口的增长和经济实力的增强，以及乡村知识分子的出现，蓝氏在当地的社会地位日益提高，蓝氏宗族开始形成，宗族制度开始确立。

蓝氏宗族形成的显著标志是他们开始建立祠堂。江坑《蓝氏族谱》云："大禾蓝氏祖，原立宗祠二栋，左右二庑及前竖立牌坊、回厅、坪墀、照壁、垣墙、门楼之类，其迹可观。凡遇春秋生亡祭享祖先毕，叙昭穆，明长幼，会宴于堂之上，将欲遗之百世，岂期祖庙衰颓，松柱朽矣，至万历十七年春诸孙享礼，眼观宗祠倒塌不堪……"这段记载给我们以下启示：其一，蓝氏族人在万历十七年已见祠堂倒塌，松柱腐朽。据此往上溯，最早的蓝氏祠堂应当兴建于此前百年以上，而最大的可能性则在均富、均政六兄弟时期（即明成化年间）；其二，祠堂建成之后，宗族祭祀已成定制，如春秋生亡祭享祖先完毕，叙昭穆，明长幼，会宴，等等。

除了建立祠堂、规定宗族祭祀之外，大禾蓝氏还开始着手编修族谱。据江坑《蓝氏族谱》所载，大禾蓝氏首次修谱始于均富、均政、均用、均贵、均智兄弟时期。编修族谱可以说是一项重要的宗族整合行动。编修族谱、修建祠堂、明确祭祀定制，以及编修族谱时所必须制定的族规、族条、祭祀礼仪等，都是强化宗族组织、增强内部团结的重要措施。因而，这些措施的完成则标志着蓝氏宗族的正式形成。

从明末到清初，大禾蓝氏逐步走向兴盛，至乾隆时期达到鼎盛的阶段。由兴盛到鼎盛的标志表现在宗族人口持续增长，宗族经济进一步增强，宗族意识明显提高。关于宗族人口的增长，虽然我们已找不到一份完整的统计资料，但在大禾村调查中，我们发现了一块刻于乾隆四十八年的"茶缸碑"[①]，上刻设立"茶缸会"的目的、意义和蓝氏乐捐芳名、数目，这就为我们估算这一时期的人口、经济水平提供了重要的历史依据。"茶缸碑"上提到蓝氏乐捐芳名108人，其中名后冠有"公"字的21人，可能为后人替祖先所捐而列名，实际捐款人为87人，也就是说参加捐款的共有87户，按平均一户7口人计算，共计600多人，加上未参加捐款户数，估计这时蓝氏宗族的人口数已不下800人。再从捐款数目上看，捐款最多的是6000文，最少的

---

① 刘大可：《传统的客家社会与文化》，福建教育出版社，2001，第318～319页。

也有 100 文，也可见这一时期的宗族经济已有很大的发展。

走向强盛的蓝氏宗族，在这时期还进行了一系列加强宗族凝聚力的活动。据源头《蓝氏族谱》载，他们在明成化年间修谱的基础上，又分别于正德壬申年（1512）、万历四十二年（1614）对族谱进行了重修。在此期间，他们对祠堂又进行了重建，前述蓝氏裔孙于万历十七年见祠堂倒塌后，由祭首发起，进行重修。该谱《蓝氏祠堂记》载："奉祭首倡集，众议劝本族殷实杰出子弟各捐己资，并及杉木、砖石、陶瓦，量其力而措办之，共助修祠之费，众皆乐从。致得重修改建栋宇巍峨，规模壮丽，雕饰粉画，油漆坚固。内建寝室，安享神主，中建大厅以备祭宴，下修东西两庑，并及回厅、廊坊、书室六间，前竖牌坊，高楼云汉，标其曰'蓝氏宗祠'，阶坪、丹墀、垣墙、门壁皆以坚石为之。"重修祠堂的活动和富丽堂皇、雕梁画栋祠堂的建成，有力地加强了蓝氏宗族内部的向心力与凝聚力。关于这一点，《蓝氏祠堂记》中已有认识："古之陈氏冒之所以视而思从之，视干戈而思斗，视刀锯而思慎，视宅第则思安。至于视宗庙则思敬，夫人存好恶喜慎之心，物至于思，故其理也，向其生身父母、绵远祖宗，安有视其祠庙而不思敬者乎。亲者人之所忘也，故君子慎之亲，亲筑坟于郊，而封垒之为庙于家。"事实上，祠堂不但令人望而思敬，而且为宗族祭祀提供了重要场所。祠堂内的神主牌，一年春秋两祀的祭宴等活动，确实为蓝氏宗族的敬宗收族起到了巨大的作用。

不仅如此，到了乾隆乙未年（1739），大禾的蓝氏族人还邀集武平、长汀、上杭的蓝姓人共建蓝大一郎的坟墓。蓝大一郎的坟墓安葬在大禾乡大禾坝结坑水口，这是一块风水学上称为"爬地孩儿"的风水宝地。坟墓占地颇宽，中竖 2 米多高的石碑，两旁峙立着华表。虽然由于历年久远，坟墓后龙山的林木已被砍伐一空，坟前的空地已改作稻田，但当我们站在坟前，仍然能够感受到它当年的非同凡响。蓝大一郎坟墓的修建进一步强化了大禾蓝氏的宗族凝聚力，扩大了他们的影响力，也意味着大禾蓝氏完成了宗族大联盟。这一举措极大地提高了蓝氏宗族的社会地位，也标志着蓝氏宗族进入了全面兴盛的阶段。

乾隆时代是大禾蓝氏宗族进入鼎盛的时期，但另一方面也是蓝氏宗族开始走向裂变的时期。随着宗族经济的发展和宗族社会地位的提高，各房的祠堂也明显增多起来。据一位蓝姓报告人说，大约在这一时期，蓝氏各房分别在湾角里、圳背屋、新屋下、天灯下建起了均富公祠、均政公祠、均用公祠、均智公祠。这些祠堂的兴建大都与纪念开房祖有关。在此之后的相当长一个时期内，各房又分别在上寨、湾子上、塘背屋、新屋下、沙兰坝、刘屋坝、田墩里、旧寨脚下、新寨脚下、胡背田、上背屋子、凉亭下、井下塘、鹅背屋、溪背屋等地建起了各房支祠，从而奠立了今日大禾蓝氏宗族的基本框架。

大禾蓝氏很早就与外界有着社会与经济的联系，他们对外交往的重要基础是墟市、庙宇和婚姻网络。关于大禾村墟市设立的时间，已无从查考。据一位蓝姓报告人说，早在清代已设有墟市。但我们查阅康熙《武平县志》，却未发现大禾设墟的记载，直到民国《武平县志》才出现这方面的内容："大禾，距县治八十里。三、八期。"可见大禾设立墟市的时间应当在康熙至民国间，而最大的可能是出现在蓝氏进入鼎盛时期的乾隆时期。

现在的大禾墟仍以三、八为期，每逢墟日周边附近的民众都会前来赴墟。据一位蓝姓报告人说，1949 年前与大禾墟联系比较密切的有永隆墟（二、七）、贡厦墟（一、六）、亭头墟（四、九）、桃溪墟（一、六）、小澜墟（五、十）。它们的日期互相错开，形成一个经济网络。这些地方在地理上相距不远，永隆墟（属江西）距大禾约 30 华里，亭头墟（属桃溪镇）约 30 华里，贡厦墟（属桃溪镇）约 15 华里，桃溪墟（属桃溪镇）约 25 华里，小澜墟（属桃溪镇）约 40 华里，这些墟均有陆路可达。除永隆墟外，其他地方还有水路可通，小船、木排均可直接抵达。而每逢墟日，附近如帽布、坪坑、山头、湘村、龙坑、邓坑、上梧、上湖、贤坑等地的居民都会前来赴墟，交易各种农副产品和日常用品。墟市是人群交往的重要场所，也是当地居民与外界联系的重要纽带，尤其是在武北这样一个相对封闭的地理环境里，这种插花式的墟市发挥了极为重要的作用。

除墟市外，庙宇也是大禾蓝氏与外界联系的重要通道。大禾蓝氏的庙宇共有三座，一座建在墟市上，称作天后宫，20 世纪 50 年代因建医院而拆除；一座建在龙坑村，与龙坑、湘村刘氏等村人共建，叫福田寺，1949 年前庙宇内供奉定光古佛等菩萨。这两座寺庙建立的具体时间史无记载。据推测，天后宫建在墟上，可见它建立的时间应当在清乾隆以后。而关于福田寺，康熙《武平县志》载："福田寺，大湘亭里。"可推知其建立时间早于清康熙年间。由于天后宫建在墟上，而福田寺则与周围众姓共建，故在社会功能方面，这两座庙起着联络周村、与其他姓氏沟通交际的作用。

建立寺庙是为了敬神。在过去，每年的七月廿五，大禾蓝氏都会到龙坑福田寺将定光古佛接到大禾村轮流建醮，而每逢妈祖诞生、遇难日，则到天后宫去烧香、祈祷。此外，他们为了敬奉"五谷大神"，每年的四月廿五举行"保苗"，十月初一做"十月朝"。而正月初八、二月初二、八月初二则分别祭祀公王和社公。至于打醮和祭祀的仪式，则与周边村落并无二致。

大禾蓝氏在以墟市、寺庙为对外交往纽带的同时，还有一张巨大的婚姻网络，保持着与外姓人氏的通婚关系。由于族谱的不完整，现已无法找到大禾蓝氏通婚状况的详细描述，但通过族谱的若干记载和其他零星收集的材料，仍然可窥见大禾蓝氏通婚的概貌。

关于大禾蓝氏早期的通婚状况，《蓝氏族谱》有零星记载，如念五郎"妻长汀桐木坑钟启圣郎女，曰七娘"；千七郎"妻在城林仲一郎女，曰三娘"；宗六郎"妻本县仙水塘林四郎女，曰六娘"；必宁"妻本府西岭余，曰一娘"，必玉"妻湘湖刘德川女，曰玉英"；均富"妻在城陈氏，曰六娘""妾黄氏"，"妾赖氏细娘系大坊头人氏"；均政"妻下地马氏，曰一娘""继娶王氏"，二妾钟四娘、郑二娘；均用"妻龙坑郭氏"；均贵"妻湘湖邱氏""妾余氏王娘"；均智"妻桃溪吴一娘"；洪"嫡妻吴氏"。

另外，我们在离大禾10华里的湘村调查时发现，大禾蓝氏与湘村各姓有着密切的婚姻关系。据湘村一位朱姓报告人说，明朝时湘村邹姓人有两个女婿，一位大禾人姓蓝，另一位本村人姓朱。邹姓人亡后，姓蓝的占有屋后的一片草冈用以建坟，现仍存有墓碑一块，界碑两块（墓碑字迹已模糊，界碑字迹依稀可见刻有"蓝姓坟界"四字）。姓朱的占用邹屋人的宅基用以建祠堂，即现在的朱家祠。坟、祠紧相连，朱家祠会妨碍蓝姓坟的风水，故蓝姓人曾在墓上端竖有"旺碑"一块，高出祠堂屋顶。而据一位80多岁的湘村刘姓报告人说，湘村刘氏历代就与大禾蓝氏对亲，他说他的太婆和祖母就是从大禾蓝姓嫁过来的。我们统计了1995年湘村的户口册，也发现有36位妇女的娘家来自大禾蓝氏。

从这些材料看来，与大禾蓝氏通婚的姓氏有钟、林、余、刘、陈、黄、赖、马、王、郑、郭、邱、吴等，地点除3例是长汀和本县城及十方镇仙水塘外，其余大多分布在离大禾村40华里内，且大多在大禾—小澜河的沿岸，这与大禾墟的辐射范围和交通状况是密切相关的。显然，在这里，通婚网络、经济网络、水利网络是一致的。

由此可见，大禾蓝氏宗族从明中叶开始至清，随着宗族人口的增加和经济实力的增强，进行了一系列的宗族整合活动，同时又通过墟市、庙宇、通婚等扩大了对外交往的范围，而最终成为武北地区的巨姓大族。

三

离大禾村东南 15 华里的源头村，是武北蓝氏的另一个重要聚居地。源头村四周山冈环抱，没有河流与外界相通，村东边是桃溪镇的余屋坑自然村，西边是本乡的龙坑村，东南边是永平乡的瑞湖村，北边则是本乡的湘村，相距 3～4 公里，并有小山阻隔。因此，可以说这是一个比较封闭的村落。

根据源头《蓝氏族谱》所载，源头蓝氏自称是大禾蓝氏均政公之子洪公的后裔，洪公父子辗转迁徙赣粤闽，最后由青公到源头开基。《源头重修族谱序》云：

> 我祖洪公，自明代天顺三年己卯，别妻子移居江赣之信丰地名黄田坑开基，后缘地远世派莫详，故以下之支派尚未编撰于大谱。考洪公从该地区配妻赖氏，以终其身。生三子，长曰英，次曰高，三曰青。伯祖英、高两公，原居该地，各开不拔之基，立绵远之业。惟我祖青公，由赣移粤，由粤移闽杭回龙，因世事扰攘，不安其业，又由回龙再移此地名曰源头，焚香祷天，更名十七郎。从此开基立业，广阔山岗，枝叶森森，源流活泼。

在源头《蓝氏族谱》"洪公""青公"条下又云：

> （洪公）承父分有腴田广厦而不满其心，……至天顺三年己卯，公年二十三岁，别嫡妻吴氏及子宗贵，独迁江西长宁县信丰地名黄田坑开基，尊千七郎为始祖，娶该地赖氏为妻，生三子曰英、高、青；（青公）志愿广大，慷慨侠烈，常不与凡人伍，虽承父分有腴田而不生□之忠，孰知公早有乔迁之心。至成化二十九年，从豫章而游粤东胶州，后移闽杭回龙，终未遂其心志。惟最后至者即此源头开基，乃适其意，亦为归老之乡也。

源头蓝氏是否为大禾均政公的后裔，存在着种种疑问：第一，根据《蓝氏族谱》所载，洪公在大禾分有腴田、广厦，并已娶妻生子，却抛妻别子远迁江西；其子青公在江西亦承父分有腴田，也辗转闽粤，远走他乡，于情于理不合。更何况，在洪公生活的时代，大禾乡周围还有许多自然生态条件较好的村落远未得到充分开发，他们完全可以选择附近的村落迁徙，如清初均智公后裔全山公沿大禾—小澜河迁往贡厦就是一例，故洪公外迁江西不太符合当时的移民规律。

第二，洪公迁到江西后，既不奉蓝大一郎，也不奉念五郎为始祖，却尊青公（千七郎）为始祖，并且源头蓝氏的世系至今仍从千七郎开始计算，也不合情理。

第三，青公迁到源头后，焚香祷天更名十七郎，更是奇怪。青公迁到源头村已是明成化年间的事，而在大禾村，"郎"的称号已消失四代计100余年了，此时重新出现"郎"的称号不能不令人生疑。

第四，源头《蓝氏族谱》载：洪公"字育大，号德庆，乃均政之次子也，母马氏生公于明正统二年丁巳五月十四子时。其为人也，性宽貌伟，志量弥高，承父分有腴田广厦，而不满其心之所欲也。至天顺三年己卯，公二十三岁，别嫡妻吴氏及子宗贵，独迁江西长宁县信丰，地名黄白坑开基，尊千七郎公为始祖，娶该地赖氏为妻，生三子英、高、青，洪终葬城江墟背月形，坤山艮向，后重修改造壬山丙向，伯祖英、高二脉仍居江右"。

但是，同样号称为洪公后裔的江坑蓝氏，据其《蓝氏族谱》记载：洪公"均政公之次子也，字育大，号伯三，母马氏，生正统二年丁巳五月十四子时，其为人也，性宽貌伟，志向弥高，幼年承父分居大禾圳背下屋，家虽殷实而不满其锐志，天顺三年己卯携家迁江赣，住居多载，不忘家乡，复回大禾，有感堪舆房分之说，遂迁居近处源头，本家随带余金买到江坑、中湍等处田亩百余。晚年，长男宗富、次男宗贵二男复同往江右，三男宗显分居中湍，四男宗稳、五男宗贤分居江坑老村，终于弘治十四年辛酉五月十五午时，享年六十有五，原葬大坪岗，至正德八年癸酉，改迁葬中湍庵上手逆水蛇形。妻吴氏一娘，生正统十年戊午正月初五日辰时，殁于弘治十六年癸亥二月十六日酉时，原葬何坊坝，后改葬江铿中心园，后又迁葬猪嬷窝中穴壬山丙向，生五子：长宗富，次宗贵，三宗显，四宗稳，五宗贤"。

对照这两谱，许多事实存在着矛盾现象：其一，关于洪公的生子问题。源头《蓝氏族谱》说洪公在大禾生有一子宗贵，后在江西生有三子：英、高、青，而江坑《蓝氏族谱》则说洪公生有五子：长宗富，次宗贵，三宗显，四宗稳，五宗贤，二者明显不符。

其二，关于洪公父子的迁居江西问题。源头《蓝氏族谱》说洪公别嫡妻吴氏及子宗贵迁居江西后，娶妻生子，终老于江西，洪终葬城江墟背月形，坤山艮向，后重修改造壬山丙向。后青公辗转赣闽粤，最后到源头开基，而"伯祖英、高二脉仍居江右"。江坑《蓝氏族谱》则说洪公幼年承父分居大禾圳背下屋，后携家迁江赣，住居多载，不忘家乡，复回大禾，有感堪舆房分之说，遂迁居近处源头，晚年长男宗富、次男宗贵两男复同往江右，三男宗显分居中湍，四男宗稳、五男宗贤分居江坑老村。他自己终于弘治十四年辛酉五月十五午时，原葬大坪岗，至正德八年癸酉，改迁葬中湍庵上手逆水蛇形。

　　这些矛盾现象让人对洪公父子的生平产生很大的疑问，尤其是源头开基祖青公的身世更是疑窦丛生。事实上，源头蓝氏是否大禾均政公后裔之争早已有之。我们在大禾村调查时听到这样一个故事：很久以前，源头人到大禾村祭念五郎墓，大禾村人不让他们祭墓，并把他们赶出大禾水口。这一故事母题，我们在源头《蓝氏族谱》中也找到了记载，只是情节略有不同而已。《蓝氏世系历代详传》"念五公"条下载："明嘉靖间，因我青公裔景周等，追念木本水源，每岁寒食节旋回大禾共同祭祀，岂知子侄贤愚不一，享余后醉酒猖狂，触怒族人，被计将酒器暗藏祭篁，赶至水口，开言谩骂，景周等受辱愤怒而回，至第五夜将骸改下源头枫树林安葬，乾山巽向，至乾隆六年十一月初一戊辰丑时更葬竖碑。"将这一情况郑重地书之族谱，是否隐含着源头与大禾曾经发生过激烈的宗族之争和祖先之争？

　　此外，发生在1948～1949年的源（源头）、江（江坑）、中（湍）一方与湘（坑坝）、贡（贡厦）、大（大禾）为另一方激烈的械斗，也是围绕着大禾蓝大一郎祠堂与蒸尝有份与无份的问题、源头人是否姓蓝的问题而展开的。

　　因此，源头蓝氏是否为大禾均政公后裔，青公是否为均政公的孙子，确有疑问。但这并不妨碍我们将其作为武北蓝氏的另一分支——源头蓝氏加以考察。

　　青公迁到源头后，就在源头定居下来，繁衍后代。据源头《蓝氏族谱》载，青公生有二子和收养一子：长子永五，次子永六（收养），三子永七，其中永六迁徙到江西，永五无嗣。永七生有三子：长子田珍，次子田琼，三子田瑞。田珍、田琼均无嗣。田瑞生五子：长子景周，次子景宗，三子景常，四子景贵，五子景秀。其中景周、景贵、景秀无嗣。而景宗生二子：长子玉寿、次子观宝；景常亦生二子：长子二九，次子子高。现在的源头蓝氏均为这四人的后代。源头蓝氏从青公（六世）至（十世）世系如图5-3所示。

　　由图5-3中可知，源头蓝氏自青公肇基以来，从第一代至第四代，宗族规模基本上没有多大变化，直至第五代才开始分家析产，各立房系，并随

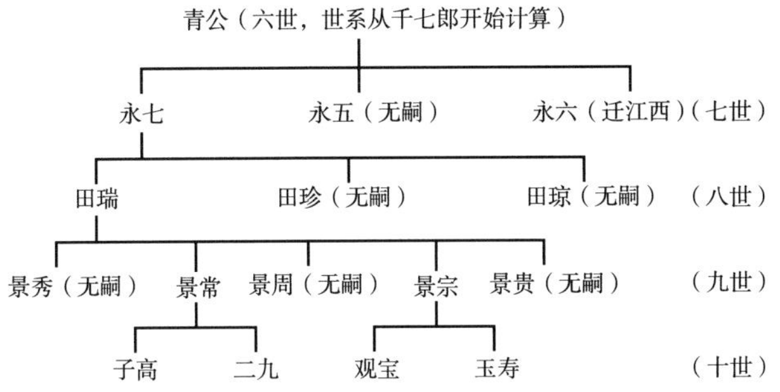

图 5-3　源头蓝氏世系（六世至十世）

着族内人口的发展，宗族规模不断扩大。

源头蓝氏现有 190 多户共 2000 多人，均来自玉寿、观宝、二九、子高支下。就人口分布而论，各支下所属人口多寡不均。这种人口发展的不平衡是历史形成的，但对宗族内部的社会生活及各种关系产生了深刻的影响。

随着宗族人口的增多和社会经济的发展，宗族规模日益扩大，族内各房系不断分化，土地开发也随之日益展开。自明末至有清一代，源头蓝氏建有多所祠堂，其基本情况如表 5-1 所示。

表 5-1　源头蓝氏祠堂基本情况

祠(厅)堂名	坐落地点	世系	坐　向	结　构	备　注
青公祠	老屋下	开基始祖	坐西北朝东南（坤山艮向）	上下厅砖木结构	下文有详细的介绍
仕富公祠	竹山岽之终结处	十一世	坐西向东	上下厅砖木结构	名曰"老虎蚯公形"，祠内设有神龛神主牌，立有"岁进士""多闻堂"等匾额，均在"文化大革命"时被毁
敏玉公祠	竹头下	十二世	坐北朝南	上下二厅泥木结构	祠内设有神龛、神主牌，1993 年重修完好
敏才公祠	竹山岽左片镯树下	十二世	坐西向东	上下二厅泥木结构	祠内设神龛、神主牌（已毁）
福春公祠	下大山	十五世	坐西北向东南	上下二厅木料结构	祠内立有神主牌位（已毁）
福裕公祠	上大山	十五世	坐北朝南	上下二厅木料结构	外有门楼
仁征公祠	大尾头	二十三世	坐北朝南	上下二厅木料结构	外有门楼
昌元公厅	石田坵	二十世	坐北朝南（癸山丁向）	上下二厅木料结构	天子壁正中安有三官大帝神位，左边安有田心寺大德定光古佛神位

在这些祠堂中，青公祠是源头蓝氏最为重要的祠堂。根据《蓝氏族谱》，该祠初建于明嘉靖年间，为八世祖田瑞公和九世伯祖景周兄弟父子所建，太平天国时期被焚，清同治年间重建，民国甲戌年再次被焚，到庚午年再度重建。它坐落于山冈之麓的老屋下，侧面虎形，坐西北朝东南（即坤山艮向），外有八字门楼，砌有"之"字形石阶，下凿水井，左右配有横屋。

由于受"文化大革命"的影响，我们在源头村调查时已看不到祠堂的原貌了。据当地报告人蓝光宗先生说，民国时期重建的青公祠，又名"青照堂"，其嵌字对联为"青草入帘掩映蓝田物色，照庭来月魄欢谈汝水源流"。大门是长条石架结而成，门顶琢有翘桅，门棚上面刻有"蓝氏宗祠"四个大字，左右两边是石刻门联"汝水渊源流成巽，蓝门玉笋茁千寻"。有上、下两厅，为砖木结构。祠内天子壁正中建有神龛，安有神主牌位。神龛左边安有猎神——庞狼仙师神位，每年清明前后为祭祠时间。

明嘉靖年间青公祠的兴建，是源头蓝氏宗族开始进入兴旺时期的标志。一方面，经过几代人的努力，到这一时期，宗族财富已有了一定的积累，也正因为这样，他们才有能力建筑祠堂。另一方面，到这一时期，宗族人口大量增加，也有必要建筑祠堂。反过来说，祠堂的建立又为源头蓝氏宗族的发展提供了一系列有利的条件。由于青公祠的兴建，源头蓝氏的宗族祭祀、宗族活动有了保证，宗族规范开始确立。因此，这一时期是源头蓝氏宗族发展的重要阶段。

这一时期，源头蓝氏宗族的发展还可以在其他方面得到证明。最典型的例子是《景常公太遗训》，共有十条，在1949年前，不仅族众耳熟能详，而且载之族谱。现将该条规引录如下：

> 余溯我祖青公太，初由江右移居广东胶州，再移闽杭回龙，披星戴月，居无定所，后携诸子寻居此地名曰源头开基。父作子述，创置田园屋宇，大辟山岗，惟恐后裔不正，难守斯土，爰立遗训十条，以为后嗣之遵守焉。
>
> （1）遵守王法当知国课早完。
>
> （2）毋得互相欺凌，以大压小，各宜安分业，永维亲爱。
>
> （3）当知去邪归正，不准开场聚赌、结党抢劫或闲不务业。
>
> （4）凡上祖续置境内山岗，现有异乡异姓坟墓应准永远安葬，不

得添金换骨、加开墓位，以免侵森林，已买入坟山屋基亦不准卖出异乡。

（5）不准畜养羊鸭伤害农产，亦不准结党成群盗牵耕牛，并盗割田禾、改挖薯姜芋菜。

（6）嗣裔等当思创业维艰，守成不易，抽有祭扫尝产当公平出入，不得私行吞食或典卖。

（7）后龙山及水口栽种之树木，原为保障乡村以壮观瞻，不得任意剪伐。

（8）蓄养后龙及管辖松杉竹木，不得任意盗砍或放火焚烧，致减生产（此条所述之管松杉竹木系指青公嗣裔所有山岗而言之）。

（9）每值祭祀之日，为首人应于祖祠右侧内，念五公地坟直上左侧田寨园里，直上铲至后龙山东顶上二相交界之处，以防火烧。

（10）以上遗训，凡我嗣裔务宜严格遵守，如有故违，永不昌盛！谨嘱。

这些遗训对守法纳税、族众关系、坟山屋基、农业生产、山林管理、日常行为等事项作了相当严格和十分具体的规定。显然，这是宗族管理制度化的表现。

遗训冠以"景常公太"之名，可见是景常公时期的产物。如前所述，景常公是八世祖田瑞公之三子，九世景周公的三弟，故《景常公太遗训》的出现当在明嘉靖、万历时期。因此，可以说源头蓝氏宗族的制度化出现于明季。

《景常公太遗训》对源头蓝氏宗族的影响是至深且巨的。这些遗训，源头村的一些老人至今还能背诵，并且在一些日常事务中仍然发挥着重要的作用。历史上，源头村处理与邻村的关系时，就常常秉承这一遗训，如民国时期源头村与贡厦村的械斗，就是《景常公太遗训》第四条"境内山岗现有异乡异姓坟墓……不得添金换骨、加开墓穴"所引发的，这在下文中还将论及。

明末以后，源头蓝氏宗族开始进入迅速发展时期。其中，景常公一支特别值得重视。景常公生有子高、二九二子，子高则生有仕富、仕珣、仕通、仕荣、仕华、仕兰六子，二九也生有仕发、仕坚二子，此后人口便呈几何级数增长。随着宗族人口繁衍和宗族规模的扩大，族内各房系不断分化，族人不断分基。从上列祠堂看，十一世仕富公一支迁往竹山岽下，十二世敏玉公一支迁往竹头下，十二世敏才公一支往竹山岽左片山镯树下，十五世福春公一支迁往下大山，十五世福裕公一支迁往上大山，二十三世仁征公一支迁往大尾山，二十世昌元公一支迁往石田圻，从而奠定了现在的居住范围与宗族的基本格局。

作为一个比较封闭村落的居民，源头蓝氏没有与外姓人共建庙宇。在1949年前，他们仅在离村5华里的社上建了一规模不大的清泉庵和在离村1华里的梧桐坳建一仅有3间平房的观音庙。这两座庵庙的初建时间与具体情况现已无从查考，从当地老人的口中仅得知它们已有些年头，并分别祀奉定光古佛和观音佛母。

直至1990年，源头村才建起第三座庙宇——翠林庵。该庵共有平房3间，占地约60平方米，泥木结构，坐落于村边西北角小地名叫"狗爬石岭"的半山腰里，据一位70多岁的报告人说，该庙供奉的是来自圆通山的观音佛母。

关于这座庵庙的建立，这里还有一段来历：

　　十七世益升公20多岁时，因缺兄少弟常被欺凌，遂看破红尘，前往本县中堡乡的圆通山拟削发为僧。该山得道九一禅师能知过去未来，观其绝非为僧之人，便禁其剃发，并说不日家中必有人前来寻他回去。益升公说他既无伯叔，又无兄弟，无人来寻。但不几日，族人果真寻访而至。益升公坚持不肯还乡，说纵不削发，也当在此祀奉佛母。后经禅师再三婉劝，并说他万不可在此寄足，果能虚心向善，可赐佛母金像一尊，迎回祀奉，日后定当子孙繁荣，富贵绵延。自此以后，益升公带回观音佛母像，代代相传，虔诚祀奉，"文化大革命"期间被毁坏。益升公后裔现有近百户400多人，为了继承上祖之遗愿，特于村西北角的山腰间兴建小庵一座，名曰"翠林庵"。

除了这三座庵外，源头蓝氏祭祀神明的地方还有三座神坛。这三座神坛中，其中一座位于村东的水口，叫"十二公王"，关于这一神明的基本情况，前文有过详细描述，兹不赘言。另一座也位于村东水口，离村约2华里，叫"社公"，其神位在山冈之麓、大路之旁，四周绿树成荫，树荫之下用石块堆砌，攀上攀红，安上香炉，即成"社公"之神位。还有一座神坛位于十二公王与社公神位之间的一个山冈上，叫"米谷大神"，其设置更为简单。大神仅为一棵大杉树，树下用锄头开一穴位便为米谷大神神位，不但没有牌位，而且连一个插香的香炉也没有。

围绕这些庙宇和神坛，源头蓝氏宗族一年中的几个节日值得我们注意：正月开春和十月半祭公王、正月十五走菩萨、二月初二和八月初二祭社公、四月保苗和六月尝新禾祭米谷大神。

"十二公王"系源头村一村之保护神，主管全村民众的生产、生活。一年365天，每晚都有村民到神位前点灯，风雨无阻，从不间断。每逢村中疾病流行、牛猪患病、鸡鸭发瘟、禾苗虫害、天气反常等，往往就求助于这位十二公王。这时，村民就备上香烛、茶酒，个别或集体前往神坛祷告，祈求平安。过年过节，村民也都会在这里宰杀猪、宰羊等。而正月开春和十月半，则是祭祀公王的特定日期。正月初一至初三，源头蓝氏便会选择黄道吉日，由族众自行集资购买香纸、蜡烛，备办茶、酒及大花（生猪）等到十二公王神位前祭祀，名曰"开春"。这时，他们不仅不惜气力，特地将大肥猪抬到神坛前宰杀，而且还要请士绅读祭文等。十月十五日，则将十二公王请入村中设坛建醮，接受族众朝拜。这期间，和尚诵经、鼓手吹打，村民则斋戒，家家户户煎粄、做豆腐、备香烛，前往醮坛供奉，其仪式与一般醮会相同。

正月十五"走菩萨"，是源头蓝氏春节后的第二个隆重的节日。正月十四，村民请来和尚、鼓手，将社上清泉庵的定光古佛迎到村里建醮，家家户户把做好的煎粄、豆腐和香烛、清茶带到醮坛供奉。正月十五，他们把古佛转移到十二公王前摆上香案，让村民集中供奉后，即由挑选出来的青壮年后生肩扛古佛，跑步前进，和尚、鼓手、香首跟在后面。扛佛者要斋戒、沐浴、穿新衣服、新草鞋。菩萨"走"到人口比较集中、有厅堂所在处就停下，让附近居民烧香、供奉。等和尚做完忏，村民撒放豆子、炒米后，扛佛者再回到醮坛，这就叫做"走菩萨"。

社公的地位类似于十二公王。源头蓝氏有一俗语叫"社公唔开口，老虎唔敢打狗"，说明了社公为一村之神的地位。但是从神位的设置和人们虔诚的态度看，它的地位似乎又略低于十二公王。不过，每年的二月初二、八月初二祭社公，同样是源头蓝氏重要的节日，其中又以八月初二最为盛大。

每当祭社公来临，族众自行集股，准备祭品，前往社公坛烧香、发烛、摆茶油、献花（杀猪、宰羊等），读祭文。祭毕，各股份会友欢聚一堂，共同宴酒，醉罢而归，颇有"桑柘影斜春社散，家家扶得醉人归"之景。

八月初二除了祭社公外，家家户户还宰鸡杀鸭、买猪肉、做豆腐、裹米粽，迎接亲友们的到来。每家裹的粽子，少则 2～3 斗米，多至 4～5 斗米，如用个数来计算，少的有 600～700 个，多的则有 1000 多个。按品种的不同，分为肉粽、花生粽、羊角粽等。妇女们在八月社的前一两天里，便忙得不可开交，为了赶时间，她们晚上都得加班加点。到初二一大早，亲友们从四面八方涌进村里，家家户户都宾朋满座，上请下迎，络绎不绝。下午 3 点钟以后，客人们开始一群群、一队队地挑着粽子满载而回，入夜方得平静。所以，当地民众流传一首顺口溜："源头有个'八月社'，财神供品满地下，户户裹粽打糍粑，牛肉猪肉车打车，大细妹子一厅厦，上家食了到下家，男女老少笑哈哈。"

四月保苗和六月尝新禾，源头蓝氏迎请的主神是米谷大神。如前上述，米谷大神仅为一棵大杉树，故每当四月保苗时，村民需事先写好神位牌，到时再带着神位牌在树前念经，将米谷大神请到村中建醮，祈祷五谷丰登。而当新谷登场时，则选择卯日，备办苦瓜一碗、茄子一碗、新鲜米饭一碗和香烛、清茶到米谷大神树前供奉。各家则做些粄子、买点猪肉，以示庆祝，但不准杀牛。

源头蓝氏的封闭性不仅表现在神明信仰方面，而且还表现在经济交往方面。历史上，源头蓝氏从未开设过墟市，他们赴墟要到贡厦墟（距源头村 15 华里）、大禾墟（离源头村 16 华里）、桃溪墟（距源头村 17 华里）、帽村墟（离源头村 20 华里），到这些墟市都只有山路可通。因此，非到急买急卖时，赴墟者极少。这种情况极大地限制了源头蓝氏的经济发展和交往范围。

与此相关，他们的通婚范围也受到了较大的影响。关于源头蓝氏的通婚状况，由于《蓝氏族谱》未详载女性娘家的来源地，目前无法准确地进行历史计量。不过，据一位 70 多岁的蓝姓报告人说，与源头蓝氏通婚的地方主要有湘村、龙坑、余屋坑、鲁溪、上梧、邓坑、沟坑、大布村等地。这些地方与源头村相距都未超过 10 华里。在调查中，我们对 200 位妇女的娘家作了抽样统计，计算出她们娘家的地点与源头村的平均距离约为 8 华里。可见其通婚范围的狭小。

闭塞的自然环境和对外交往的封闭，使得源头蓝氏具有明显的内向性特征，表现在乡俗民气上则为劲直勇悍，好胜尚武，甚至流于褊狭任性。据湘村一位 80 多岁的刘姓报告人说，历史上，源头蓝氏与东邻贡厦、余屋坑，南邻帽村、上梧，西邻龙坑，北邻湘村，以及大禾、亭头等地，都曾发生过激烈的械斗。以民国时期为例，1917～1938 年源头蓝氏与湘村、龙坑刘姓因祠堂风水的纠纷，发展到长达 22 年的械斗，导致双方死亡 23 人；1948～1949 年，因大禾蓝氏开基始祖蓝大一郎公祠堂之争，源头蓝氏与江坑、中湍蓝氏为一方，大禾、贡厦、湘坑坝蓝氏为另一方，引起大规模械斗，双方各死亡 1 人；源头蓝氏族人与贡厦村人因私人买卖地坟，源头蓝氏族众以"不得添金换骨"的祖训为由，扩大矛盾，遂引发村与村之间的斗争，双方互相掳捉多人。类似这样的械斗，民国年间还发生过多起，几乎每隔两三年就会有一场大的械斗发生。

这种现象不仅出现在源头蓝氏宗族与外宗族之间，而且还存在于其宗族内部。仅以 1940～1949 年为例，源头蓝氏宗族内部就发生了数起残酷的争斗，如大尾头与牛坪下本属同一房族系下的两个分支，一强一弱。强者以势欺人，弱者不甘凌辱拟借助外援，一举压倒强者。不料事与愿违，因此引起激烈的械斗，互相残杀，直至两败俱伤。数年间双方死亡 10 多人，弄得许多人家破人亡，烟火断绝。又如，坑空底与石田坵因男女关系问题，引起房与房之间的械斗，出过人命 7 条。再如，下大山甲、乙两家原属同一祖父母的堂兄弟，只因一点祖尝相争，兄弟间大动干戈，直至另一家被赶尽杀绝，出过人命 5 条。

这样长时间的外争内斗，极大地削弱了源头蓝氏的宗族力量，致使该宗族在武北地区的社会经济发展中难以发挥应有的作用。

由上可见，大禾蓝氏和源头蓝氏有着显著的差异。大禾蓝氏早在明初已开始崭露头角，并在明前期形成了宗族社会，而晚明以后又与本县及上杭等地蓝氏结成同宗网络，继而又与周边村落其他姓氏形成神明和经济网络，呈现宗族的外向性。与此形成对比的是，源头蓝氏迟至明末才形成宗族，不但未与周边姓氏形成神明、经济的网络，而且陷于长期的内争外斗之中，结果其宗族封闭性愈益明显。

四

和源头蓝氏一样，江坑蓝氏也自称是洪公的后裔。如前所述，洪公迁居源头后随带余金买到江坑、中湍等地田亩百余，生有五子，其中长子宗富、次子宗贵后迁居江西，三男宗显分居中湍，四男宗稳、五男宗贤分居江坑老村。江坑《蓝氏族谱》载，宗稳迁居江坑后生有四子，即文贵、文彬、文显、文端，而宗贤则绝嗣。宗稳的四个儿子中，长子文贵先由老村迁居江坑断上廓立基业，续置田塘物产，在江坑发展到第六代君爱、君用时，迁往江西兴国；次子文杉生有一子崇胜（字元馨，号云景）；三子文显无嗣；四子文端也无嗣。实际上，留在江坑发展的只剩下文彬公儿子元馨公一脉。

江坑《蓝氏族谱》载，崇胜公"早失严父，惟母是依，年方十龄，立志不凡，思老村非久远之居，遂迁江坑锦池堂与伯贵公毗连而居，厥后生三子俱英俊，父作子述，廓创江坑等处田地山业，东至明堂岗、大坑口，南至滴水□、北荆坑及□上、高枧，西至蛇山行口、青山、赤岭，北至茅坪蕨、畲坑、香蒲坑等处，其中田土山业与伯贵公抚而有之，略分计之，伯得其一，公得其二"。

崇胜生有四子：祝堂、前堂、爱堂、育堂，除育堂无嗣外，祝堂生有三子：子英、子本、子兰；前堂生有七子：子豪、子富、子和、子贵、子华、子俊、子秀；爱堂生有三子：子德、子仲、子玉，又收养舅之子大满叔、细满叔、三满叔。一时间，人口有了较大的发展。据江坑《蓝氏族谱》载，到第八代时盛公时期，江坑蓝氏人丁大盛，仅"时"字辈就有男丁 39 人。

但是，人丁的兴盛并不足以形成制度化的宗族。江坑蓝氏制度化的宗族直到第十代"廷"字辈时，也就是清康熙时期才开始建立起来。首先，在这一时期江坑蓝氏才开始有了第一位具有科举功名的人，江坑《蓝氏族谱》"廷畴"条下载"于康熙壬辰科名列黉序，江铿之有秀士者，公其始也"。也正是因为他的出现，江坑蓝氏才开始形成一系列的制度，同上引"廷畴"条下载："故念乡规敝陋，意欲振一乡之风声，特邀数人堂侄又昌等，志争四址，而出业坟茔，始不为乡邻所占，争四址而承粮，理坟茔而议禁，故立合同三纸，以为乡中后嗣之戒矣。得牛眠马腊之吉，不至求售于他乡，后之人赖其箴规者，以息邻里争夺之风也。开册籍而承户，是为信叁图之首户者也。振一乡之规，莫不为子孙计之。"

其次，直到这时江坑蓝氏才建起了祠堂，江坑《蓝氏族谱》中《江坑乡祠堂记》载：

祖祠名种玉堂，壬山丙向兼亥巳，丁亥丁巳分金，相传自宗稳公开

基□至□廷桂公十九岁时，用金先生建造，传至道光元年辛
□□□□□□壹百一十八年四月内十三日，回烛为灾，于道光
□□□□□□，从新建造，式仍其旧，选择十月廿五日庚□□时起屋，
上栋梁十二月初二丙申时，禄升座龛，即日登牌，竖柱石，大振家声，
光耀门闾，又自此始矣。爱将祠式高狭记之于簿，以遗后人焉。

祠堂正栋高一丈九尺六寸九分，由路壹丈三尺七，川路贰丈八尺，
间由路六尺五寸，阴巷贰尺半，大门栋柱高八尺五寸，开胸齐心六尺五
寸七分，内门空除旁四尺三寸，门楼共山向各分金。神牌高四尺三寸七
分，大一丈八九分，长五尺九寸，兴国曾毓筹先生主针，谢金花边六元
正，□年十月二十三日未时。

据当地报告人说，这座祠堂自清道光以后，屡经兴废。我们在调查时看
到的这座忠稳公祠堂，重修于 1980 年前后，仅有一厅，中间挂有神主牌，
已不见当年的气派。据说，1949 年前的这座祠堂，门前有一对鼓子石，八
条桅杆，上厅墙下供有"本境长生土地福德尊神位"。祠堂的前后左右各有
一口井，左右两边各有三条河沟。由于祠堂在风水上系属"虎形"，故祠堂
主体两边各有一只象征虎眼的墙洞。这座祠堂是全村的议事中心和祭祀中
心，每年的打醮、春秋两祭时外迁到各地（如本镇新田、鲁溪、鹅颈湾等
村及江西等地）的同宗伯叔还常回来参加祭祀，壁橱上放有族谱，每房各
有一把锁，每到清明时节都会将族谱拿出来展示，凡愿意看的子孙都可
翻看。

除这座祠堂外，江坑蓝氏还有三座私厅，分别为清佩公厅、圭章公厅、
经章公厅。颇有意思的是，这三座厅堂各有特色，其中清佩公厅安奉黄倅三
仙、华光大帝，并在每年的九月廿六日举行打醮活动（下详），每年的正月
以该厅为单位还组织一盘狮灯；圭章公厅由于人口多，每年正月都组织需要
较多人手而义象征人丁兴旺的舞龙灯活动；经章公厅由于读书人多，在正月
则组织文化色彩较浓的舞马灯、鱼灯、船灯等活动，从一个侧面反映了宗族
与房系的区域人群特征。

关于神明信仰方面，江坑蓝氏没有建立只属于自己的寺庙，但参与了武
北四大名寺之一——亭头十乡太平寺的修建，并且还是太平寺的三大施主之
一。据当地报告人蓝日升先生报告说，太平寺的第一大施主为亭头的李伯
一，献了建寺的地基；第二大施主为鲁溪的童常山，献了 100 担谷田；第三

大施主就是江坑的忠稳公，献了一块岭作为寺庙的柴火。为此，太平寺以前还立有一旺碑记载此事。

除了太平寺外，清佩公厅也具有寺庙的一定功能。据当地报告人说，清佩公厅原先安有黄倖三仙菩萨，后来又安上了华光菩萨。但不知什么原因，黄倖三仙菩萨后来不见了，只剩下华光菩萨，只好安上黄倖三仙的牌位。我们调查时发现，在华光大帝像后贴有一张大红纸充当神位，红纸正中上写有两行字："五通五显灵官大帝之神位""黄公倖三大仙之神位"，两旁配有一副对联："五通五官从五显，三仙真道法三仙"。

关于这位华光大帝在江坑还有几则很有意思的故事：

其一，据当地报告人蓝日升先生说：

> 华光大帝是玉皇大帝的外甥，也是一位劫富济贫的"贼头"。有一次，他和他的徒弟正在偷东西，但很快就要天亮了，如果天一亮被人抓到可就难办了，这时被玉皇大帝的妹妹（华光大帝的母亲）发现了，她训斥他们说："老弟啊，你怎么能做这样的事。"但为了顾及面子，便教他们将锅顶在头上，同时施展法术，使天亮前先亮三次再黑暗三次，让华光大帝和他的徒弟趁着天黑的时候逃跑，所以直到今天，黎明前都会有三次特别暗的时候。

其二，据当地报告人蓝开荣先生说：

> 以前江坑村有一人在峰市遇到一位老大，发现他的胡须长满了脸，感到很奇怪，心想：这位老大长了这么多胡子，怎么吃饭呢？于是，他就请这位老大吃粥。他看见这位老大吃粥时用一把金钩子将胡须钩住。这位老大也问他，敢问老前辈这么招待，到峰市来做什么生意？回答说是驳树子卖。这位老大说，那你以后坐船如果遇到危险时，就大声呼叫"金钩哥哥救我！"就可平安无事。后来有一次他坐船到峰市，途中遇险滩急流，差点触礁沉没，便急呼"金钩哥哥救命！"顿时风平浪静，化险为夷。他回到家中后，左看右看，都觉得这位金钩哥哥很像贼头——华光大帝。

更有意思的是，由于华光大帝"做小偷"的经历和劫富济贫的功能，所以在其他村落，人们经常在华光大帝面前求财，特别是赌徒和小偷更是偷偷摸摸到它的神位前祷告。但在江坑，据报告人说，华光菩萨的灵验却主要表现在治病和"破案"上，尤其是治病方面，僮子经常会替人开药方，所以武北范围内的桃溪、湘坑、湘村、鲁溪、贡厦等村经常有人前来求药。而在"破案"方面也比较灵。如有一次，华光大帝像前的一对石狮子不见了，僮子通过昏僮在一户人家中找到了。至于求财，据说不怎么灵验，甚至根本求不到。不过，由于它劫富济贫的经历，旧时不少穷苦人家还是供有华光大帝神位，也比较信奉华光大帝。

江坑村的神坛有三处，分别位于出村的三个路口，和许多村落一样也称作"石固石猛公王"，在当地也流传着唐天子跌落乌泥河被乌龟精——石固石猛救起的故事。据一位报告人说，供奉这座公王时，不能用鸭子，原因是石固石猛就是"鸭公精"而不是乌龟精。但据另一位报告人说，不能用鸭子当作祭品的不是这座公王，而是供奉风水祖师——杨九品先生时不能用鸭子，这是因为杨九品看风水用的"符墩"曾跌落在乌泥河，被鸭公精救起来了。所以，为了感谢鸭公精的恩情，此后祭杨九品先生时就不能用鸭子。

至于神明信仰活动，每年主要有四次，即正月十五的公王醮、五月初三的五谷真仙醮、九月廿三的朝山醮、十月十三参与太平寺打醮。这些打醮活动与其他村落没有什么差别，在此不赘。

五

根据江坑《蓝氏族谱》，洪公的三子宗显（字仲三）迁居中湍发展，但中湍的《蓝氏家谱》中却未出现宗显的名字，开篇只记道："仲三郎公，字现富，系贵公三子也"，令人费解。不过，中湍蓝氏奉"仲三郎公"为开基祖却是事实。仲三郎生有老子、六义二子，老子无嗣，六义也只生一子蓝满，蓝满之后两代单传至六世田寿，田寿生有四子：得敬、得稳、得高、得缘，自此开始分房。

中湍蓝氏的这四房中，得高、得缘两房现在都已绝嗣，得稳一房人丁也不多，所以当今中湍蓝氏大多数都是得敬一房的后裔。对于不同房派发展不平衡问题，当地人用风水之说加以解释。据一位报告人说：

原先德稳一房更发达，不但当官的人较多，而且铸炉的人也较其他房多，堪称有钱有势，所以在当地骄横跋扈，如其他房的人在挑水，他们的小孩会对着水桶撒尿，大人也不教育。每年春秋两祭时，他们对其他房的人也常常冷嘲热讽。如果来早了，他们会说这么早来，是不是来等吃；而如果来迟了，则说是不是替老婆洗裤子了，其他房人由于人财两弱，只好忍气吞声。

有一回，得敬公房有一人替得稳公放牛，由于用铜脸盆给风水先生洗伤疤，被得稳公房人严厉地责骂，急得哭了起来。风水先生知道后，便安慰这位放牛娃，叫他不要哭，以后他会比主人更好。后来，这位风水先生假装好意，向得稳公一房人建议，如果将祠堂主体往里面移进，祠堂前再挖一口塘，势必更加兴旺发达，在改建过程中如地底有大石头，就用石头烧。得稳一房人果真听信了这位风水先生的建议。不料，这座祠堂改建后，得稳一房便开始败势，且一发不可收拾，而得敬一房却开始兴旺起来。

另一则传说也与风水先生有关：

得稳公一房原先会比较兴旺是因为他们请了一位风水先生常年替他们看风水。这位风水先生给他们找到一处很好的地基建祠堂，事先就说由于这块地盘风水很好，祠堂建成后风水先生的眼睛会瞎掉，主人必须养他过世，他才肯做这座祠堂的风水。这座祠堂建成后，由于得了好风水，所以男人大都出外做官和做生意了，在家的基本上是妇女和小孩。这位风水先生眼睛瞎了后，生活很不方便，需要人专门服侍，而女人又比较小气，时间长了就有点不耐烦了，便欺负风水先生眼瞎看不见而常常把喂马的粥给他当饭吃，那些促狭的小孩就称风水先生为"马粥先生"。这件事被风水先生知道后，便怀恨在心。正好有一天，他听到女主人在抱怨说，男人在外很不好，不能很好地照顾家庭。于是他就问：你是想男人在外好呢？还是让他们回来好？女主人回答说当然是回来好，风水先生说那你就在祠堂门前挖一口塘，挖塘时如果见到一个大的白石头就将其挖掉、打碎。主人家照此办理了，结果外出的男人罢官的罢官，做生意的赔本的赔本，一个个都回家来了。原来男人之所以能外出做官、发大财，全靠这座虎形祠堂的风水。现在门前开了一口塘，象征虎胆的白石头被取下了，老虎再也无法作威了，自然外出的男人也不再受益于风水，所以只有回家来了。

这些有关风水的故事是当地老百姓的一种解释，不足为信。但它反映了同一宗族不同房系"由强变弱"或"由弱变强"的历史背景，以及宗族历史发展的不平衡。

在蓝姓村落中，中湍蓝氏的神明信仰也很有特色，其中较为引人注目的有两点。一是在孝经馆举行的"大开法门"，即"上刀山""过火坑"；二是黑狗公王信仰。

据当地报告人蓝道川、蓝拔林先生说，孝经馆又叫"忠新馆"，初建于清咸丰年间。当时武平有一所大义同堂，下辖有18所孝经馆（堂）。中湍的孝经馆系从桃溪后局分香而来，馆门口贴着一副对联："忠主孝亲，始终弗怠；新民明德，本末兼全。"馆内主要供奉着"三大圣人"，即九天开化文昌帝君、天开天尊姜大圣人、协汉天尊关大圣人。此外，还供奉许多较不知名的神明。我们在调查时看见了一块神位牌，这块神位牌的两边分别有两副对联："允文允武山巍巍圣德参天地，乃圣乃神赫赫威灵贯古今"；"赖神恩四民迪吉，被圣泽万物亨□"。中间供奉的神明除九天开化文昌帝君、天开天尊姜大圣人、协汉天尊关大圣人外，还有魁星天君、彭大祖师、朱衣真君、武侯仙君、历代忠臣孝子、历代勇将英才、太上老君、普庵祖师、雪山祖师、诸位法师、何老仙师、曾大国师、陶大元帅、黄老仙师、秦大元帅、孙大真人、薛大将帅、陈大仙师、张大元君、铜皮祖师、铁骨祖师等。

每年农历十月十五，全村人就要进馆烧香念《孝经》打醮，若逢寅、申、巳、亥年，其活动规模更大，当地称作"打大醮"。念《孝经》的醮坛里，没有和尚、道士，而是由村民中叫做"代言弟子"的人来主持神事。如果"代言弟子"代表圣神仙佛说了什么，善男信女就坚信照办。由于醮坛里没和尚、道士主持，其他村落的人就编了一句顺口溜："中湍人好笑，没有和尚会打醮；中湍人好蛮，没有道士会结坛。"

因为每年打醮时，"代言弟子"念《孝经》，熟悉经文的人也会念，其他成年男人都跟着念，天长日久，念的遍数多了，就变成人人熟练，甚至人人都能背诵了。据说起初一段时间，村民不但跟着背诵式地念经，还要听读书人讲解经文。这样，经文的思想就深入一般百姓心中了。

从《孝经》的内容看，主要贯穿了忠君、安分守己、顺时听天等思想，如经文中说："大清主，布恩多，要把忠君宝训好。守官职，莫蹉跎，离叛兮，莫偏颇，宜祝圣主万年多"；"王母曰：一谢天地覆载恩，二谢日月普照恩，三谢君王荣褒恩，四谢父母生育恩"。此外，还着力宣扬只要对圣神仙佛虔诚，就能冲锋陷阵保平安。如经文中《铜皮铁骨祖师咒》说："铜皮铜，铁骨铁，铜皮铜锤，铁骨铁柱，铳炮不能伤，刀兵一摧折。"

每逢寅、申、巳、亥年，孝经馆的活动规模更大，当地人称作"打大醮"。打大醮期间就一定要遵照菩萨的旨意"大开法门"，即"上刀山""过火坑"。上刀山时，在平地上竖起一根两丈多长的木柱，顶上用两条粗绳缚住，均衡地牵绑于地面的木桩上，使之固定。长木柱的两侧交叉穿插地钉着36把长刀，像阶梯一样。刀把用绳子上下连着绑稳，刀刃向上，看上去闪闪发光。"代言弟子"穿着新衣服，用黄布包头缠腰，打赤脚，口念《孝经》，并频频呼喊："铜皮铁骨祖师到！"待时辰一到，他便举足踏上刀山，双手攀握木柱两旁刀口，两脚也分别踩在木柱两侧的刀刃上，慢慢地攀缘而上，至顶坐在丁字形横板上。其后要求上刀山者，他便跌筊"请示菩萨"同意后，依次而上，至顶端后随即下来。观看上刀山的民众，频频呼神保佑，表现出十分关切的神态。

过火坑时，用土砖砌成宽约2米、长约八九米的坑，里面堆着满满的木炭，烧得通红。"代言弟子"边念《孝经》，边撒食盐等于炭火中，并断断续续地高呼："雪山师傅到！""雪山师傅千年雪、万年霜！"随着撒食盐的次数增多，炭火由红色渐变成绿色，火焰上冲的气也渐次降低。当火焰变绿和火势降低到相当程度时，"代言弟子"就宣称："雪山师傅到了，可以过了！"接着他就带头打赤脚走过火坑，随后要过火坑的人们也都赤脚依次走过。

关于黑狗公王，其故事情节与杨彦杰先生在帽村调查时听到有关社公的故事极为类似：

> 据说，黑狗公王原来位于牛皮湍，有一次发大水，被大水冲到中湍入水口来了，恰好被一些村民打捞起来，人们问它从哪里来。它回答说它是牛皮湍的黑狗公王，很灵验的，如果能把它供奉起来，可以保佑全村。村民们问它需要什么供品。它说每年要一对童男童女。村民们认为不合算，就把它重新扔到水里。到了村中，黑狗公王又被人捞起来，这

次它降低了要求，说不要童男童女，只要一对大猪大羊就可以。村民们仍然接受不了，再把它扔了下去。到了湍下，黑狗公王第三次被人捞起，这时它再次降低要求，说每年只要"虾公煎蛋禾串板"就可以了。这次村民们认为这个条件可以接受，就对它说：如果我们在水口倒插一棵树会活的话，就说明你确实有灵验，那时才供奉你。于是村民就把黑狗公王安放在湍下水口，并在旁边倒插了一棵枫树。果然，几天后，这棵枫树成活了。从此，村民们就把它供奉起来。

中湍每年的神明信仰活动主要有三次。第一次是正月十五读书人开馆，地点在孝经馆，以念经为主，活动比较简单。第二次是五月初一至初三的保苗醮，也是全年唯一会请道士来主持的打醮活动。第三次就是上文所说的十月十五念《孝经》或"上刀山""过火坑"。

在中湍的民俗活动中，还有一项叫"打陀螺"的活动也颇为有趣。旧时四邻百姓在谈到中湍时，经常会脱口而出："中湍人，打陀螺的！"所谓打陀螺，是用鞭子连续抽打一个圆锥形物体，使它在冰面、平滑地面上不停地旋转的体育游戏项目。比赛时，以陀螺旋转时间长短而定，也有以陀螺碰打陀螺的，先倒地停住不转的即为输。陀螺大多采用木质坚硬、耐磨、细腻、难裂的紫眼木或水牛角来制作，它的形状酷似斗笠的顶部。旧时，中湍村人特别是少年儿童，每逢节假日，尤其是在新春正月期间，普遍喜爱打陀螺。他们用绳索紧紧缠绕圆锥形的木陀螺身，然后将它猛掷于地面顺势抽绳，使陀螺在平滑地面上旋转。他们的比赛法，多以陀螺碰打陀螺而决胜负。20世纪50年代以后，这一活动才为其他文艺游戏取代。

中湍人打陀螺，从何地传来，何时兴起，已无可查考。现今村里的老年人只知从小时候起就学会打陀螺了，对打陀螺的来历却从未听前辈说过，不得而知。中湍人的陀螺是木制的，用油茶树或其他坚实的杂木刨削成圆锥体形，上大下小，顶部中央略高如宝盖，颈部削成倾斜状，下脚的末端中间突出，刨得极为光滑，使之于地面旋转时少阻力。陀螺的大小重量无规定，由制作人自便。打陀螺者为了参赛取胜，多制作木质特别坚实、耐磨速旋，且有一定重量的陀螺去参赛。如果陀螺的体形太小、体重太轻，与对方碰打时无势无力，难以取胜；如果陀螺太大、太重，往往旋速度较慢较难持久，亦易败北。所以制作陀螺的木质是否坚实，体形大小是否适度，头脚比例是否恰当，脚部末端是否平滑，缠绕螺身的绳索长短粗细是否适当，是打陀螺取胜的重要因素。

打陀螺对场地的要求条件不高，稍为宽敞平坦的硬地即可。比赛时，人们自愿结合分两队，各选队长一人，先以"倒手指"等方式决出防守队、进攻队。防守队成员抽放陀螺于地面旋转，让进攻队成员抽掷陀螺碰击。这样一人防守，一人进攻，一对对地依次进行比赛。一轮之后反过来，进攻队变为防守队、防守队变为进攻队，又一对对地依次进行比赛。当防守者的陀螺被进攻者的陀螺碰击后，若其倒地不旋转，而进攻者的陀螺仍在地面旋转，则进攻者胜，反之为输。如两者的陀螺都仍在旋转或均停卧于地，则为平局，重新再来一次。两队各打完两轮后，队员取胜次数多的即为胜队。这样双方较量，激发起人们的竞争心理，往往屡战不止。

六

据新贡村报告人说，新贡蓝氏属于大禾蓝氏的一支，开基祖全山公系蓝大一郎的第十代裔孙，也是大禾蓝氏分房后均智公的第五代裔孙。均智公生有二子：仕诚、仕聪，仕聪公一支留居大禾塘背。仕诚公则生有二子：朝盛、朝显，其中朝盛为大婆子，朝显为小婆子。朝显一支后迁居湘坑坝发展，朝盛也生二子：大峨、大岳。大岳一支后迁移江西杨叶，大峨则生有全山公一子。

由于族谱的遗失，全山公后新贡蓝氏的发展情况已无文献可考。据说，全山公约于明末清初从大禾村迁来。蓝姓人迁来前，新贡村以孔姓人占多数，故称孔下，后来才讹为"贡厦"，直到1949年后才改称"新贡"。与孔姓人同时或稍后在新贡居住的还有周、官、盛、王等姓，这些姓氏虽然现在已不复存在，但都还有小地名残存在当地人的记忆里，如周屋坪、官田屋、盛屋、王峰岭下等。沧海桑田，现在的新贡村成为只剩下蓝姓一姓人的聚居区。

据当地报告人说，全山公生有前堂、进堂二子，前堂、进堂又各生一子，分别叫嵩山、华山，嵩山生一子叫秀宁，华山生二子：养厚、养正，至此才奠定宗族基本格局。

在漫长的历史长河中，新贡蓝氏也建立起了完整的宗族制度。据当地报告人说，在1949年前，新贡蓝氏共有7座祠堂、4座厅堂，这些祠堂、厅堂的基本情况如表5-2所示。

表 5 − 2　新贡蓝氏祠堂、厅堂基本情况

祠(厅)堂名	坐落地点	世系	坐　向	结　构	备　注
全山公祠	老屋下	开基始祖	坐西向东（西山兼辛）	上下厅木质结构	下文有详细的介绍
嵩山公祠	演里吴屋	十一世	坐东向西（寅山兼艮）	上下厅泥木结构	系从演里吴姓人处买来的地盘，建于 1947 年，内设有神龛神主牌，"文化大革命"时被毁
华山公祠	在村中偏西方向的溪流岸上	十二世	坐东向西（寅山兼艮）	上下二厅木质结构，外皮泥墙	在风水上称作"游鱼上滩"，外有门楼，内有余坪
前堂公祠	下山屋	十一世	坐北朝南（壬山兼亥，走乙辰口）	上下二厅泥木结构	
竣堂公祠	官田屋	十二世	坐东向西	上下二厅木质结构	祠内立有神主牌位(已毁)
秀宇公祠	神下屋	十三世	坐东向西（寅山兼艮）	上下二厅，前厅砖木结构，后厅木料架接，泥墙包皮	风水上称为"乌鸦落洋"，风水先生认为形势虽好，但前面田墩太高，叫做"阳水盖心"，故人丁不旺
养厚公祠	演里	十三世	不详	上下二厅泥木结构	其地盘原系吴姓人的，1940 年转售蓝姓，该祠建于 1948 年冬
立进公厅	墩子屋		坐北朝南	上下二厅	
朝贤公厅	坝上		坐北朝南	上下二厅	
茂崇公厅	坑背园		坐西向东（辛山乙向）	上下二厅	厅后为山麓，面前有鱼塘
仁山公厅	湾子湖		坐北向南	上下二厅	后面为山岗，前面为溪流

　　在这些祠堂厅堂中，当数总祠全山公祠最为重要。由于开基祖肇居于此，故称"老屋下"。该祠前面为一片开阔的田墩，祠堂背后的花台坎有土质松软的沙湖，可用竹子下插几尺，所以在风水上称为"张天海螺形"。据说，该祠建造初期，财丁并不见兴旺发达，后来经风水先生的指点，在祠堂门前挖了三口品字形鱼塘。自此人丁兴旺，其他各姓逐渐减少，直至消失。

　　这座祠堂的重要性还在于这里曾附设有书舍。长期以来，贡厦村儿童要上学，教师由学生家长集资聘请，薪水以谷稻计算，一年为期，言定每年付给稻谷几石几桶，期满后如果家长满意，可以继续执教，如家长有意见即另行聘请或停办。教师只教读，不讲解，以识字为主，停停打打，很不正规。

教的课本是"四书五经"，老师只教读、教认，不讲解。学生每天一到学校就进行练习、写字，不许到外面乱跑。写到一定时候，老师就开始点书。点书是一个学生到老师的案桌前先将前一天所点的书背诵一遍。背完后，老师教一句，学生跟一句，老师教了三五句及带读两三遍之后，就让学生试读一遍，会读了即令学生自己反复朗读，读到能背诵为止。放学前，学生就一个一个地到老师面前背诵，能背的就用红笔在学生专用的认字本上写上当天教认的字，书会背、字会认了就放学生回家。否则，就将学生留下来再读、再背，甚至要在孔圣人面前跪着读。全村能在私塾里读上一两年的只不过十来个人，女子就更不必说了。民国以后，贡厦村改办学校，分设年级，地点仍在这座祠堂。课程开始设有国语、算术、美术、劳作等科目，使用政府规定的课本，教师由学会聘请，薪金及办公费用由尝会提供一部分，学生负担一部分。

新贡蓝氏的神明信仰与周边村落大同小异，其中有两处需特别加以描述。一是这里也曾有黑狗公王信仰。据说民国初年，蓝立进听人说长汀腊口大、小金有一个黑狗公王很灵，就把它带回新贡，安奉在新贡村头风角，但在黑狗公王安上后的十多年内，新贡村一直很不吉利，加上黑狗公王神位又会妨碍他人风水，于是经过六十四乡头脑公讨论，决定将黑狗公王送回腊口。

另一个引人注目的神明信仰场所是文庙。文庙位于村边西北角半山腰的山窝里，坐西向东，名为寒虎梳尾形，距离住家仅二三百米远。因山脉隔断，颇感偏僻幽静。初建于清代，1947 年曾经进行维修，"文化大革命"期间被拆除，20 世纪 80 年代后重新修建。共有平房三间，中间一厅安有文昌帝君、关圣帝君、三位夫人、天上圣母等。

文庙侧角建有神圣宫一座，神圣宫原位于村中楼下屋，20 世纪 60 年代因"上山下乡"知识青年需要建房，故把它拆除，改建为知青住房。80 年代以后，在文庙侧旁建起一栋平房，把仙师、三官大帝、关圣帝君、天上圣母、三位夫人迁移到文庙。此外，还雕塑了观音菩萨、定光古佛、五谷真仙，把荤神和斋神分别安放，以便供奉。

庙里选有管理班子，定有管理制度，轮流负责，上交下接。管理班子有总负责、会计、出纳，平时负责打扫环境，烧香点灯，每月十九日邻近各村，如湘村、大禾、鲁溪、桃溪、亭头等有许多斋娘来此行香还愿，班子选有人员在此接待，安排伙食，等等。

文庙之所以引人注目还有两个历史背景：其一是以往围绕文庙还组织有"文庙会"，文庙会拥有十几亩田，大禾、贡厦、湘坑坝、源头、江坑、中湍六个蓝姓自然村都有人参加捐献，所收租谷专供庙里平时开支和节日活动之用。每年的五月初三是文昌帝君的生日，当天庙里要举行隆重的庆祝活动，各地会友都会前来做会，杀鸡宰猪举行会餐和猪肉配享，捐赠多者多分，捐赠少者少分。其二是文庙在历史上设过学堂，在村里（祠堂）读完"四书五经"的学童即转到文庙进行深造，即开讲。因此，文庙一时成为当地的社会文化中心。

由于新贡村特殊的地理位置和便利的交通条件，历史上这里曾设有与新贡蓝氏社会发展密切相关的墟市——贡厦墟。贡厦墟位于新贡村西北角的贡厦圳，在清末至民国时期，贡厦墟还是武北地区较有名的墟市之一，逢一、六为墟期，墟的左右两旁建有十多间门店，中间为街道，也是通往大禾、桃溪的大路。这些门店设有米行、赌场、伙食店、油盐布匹杂货店等。这些店除油盐布匹杂货店平日营业外，其余门店平日关着，只在墟天开门。来这里赴墟的有邻近周边几十个村落的居民，上至会昌、长汀，下至上杭、武平等地都有不少小商贩来此做买卖，交易日常生产、生活用品，如油、盐、米、豆、牛、猪、鸡、鸭、布匹、竹木家具等。

贡厦墟上设有两大场所，一个是米行，另一个为赌博场。由于贡厦墟北部的村落全是以农业为主的产粮区，贤坑、帽布、坪坑、大禾甚至江西永隆等地稻米可以从大禾的神成岭用小船载到墟上出售，邓坑、龙坑、源头、湘村等地则用人力肩挑，挑到此地出卖。旧时贡厦村不少人专操此业，他们肩挑百多斤，行程近百里，极为辛苦，所以当地民谚云："世间第一苦，挑担行长路；世间第二苦，舂谷拉锯磨豆腐。"而贡厦墟以南如桃溪、小澜、大兰园、火夹水，甚至上杭的回龙、官庄等地全是缺粮区，需买回大量粮食，个别米商在这里收购大米，用木船载往上杭出售，因此这里成为稻米的集散地，米行的交易也就特别热闹。

赌博场是贡厦墟的另一个热闹场所。每逢墟期，那些有钱有势的赌头一大早就带着赌资、赌具从桃溪、大禾等地赶来，坐在赌博场等候聚赌，等到那些赌徒、赌棍赴到时即行开赌，赌博场顿时热闹起来。人群中既有参加赌博的，也有围观的。赌博场热闹的场面从上午八九点钟，一直持续到下午三四点钟墟散为止，赢者兴高采烈，输者垂头丧气。

为了保证贡厦墟的正常秩序，新贡蓝氏还制定了乡规民约，这些乡规民约的具体条文现在已无从寻找，根据当地人的回忆，大致内容主要有四个方面：第一，保证民众生命财产安全。凡来此地赴墟者，到了新贡村境内后，如果被抢、被抓、被打，新贡蓝氏负有保护责任。第二，凡新贡村村民，不管有多大的矛盾，一律不准在墟上闹事。第三，保证买卖公平。第四，年轻妇女不准赴墟。赴墟者多为男子或上了年纪的妇女，年轻妇女尤其是闺女是不准赴墟的，要购买衣物等总是由父母或长辈代办。

这几条乡规民约，新贡蓝氏是严格执行的，有一则事例颇为典型：有一次，一位湘湖人到贡厦墟卖鸡，买者大禾村蓝姓人仗势欺人，不但不给钱，还动手打人。新贡村民为了维护市场秩序，不顾人多势大的大禾蓝姓同宗，挺身而出进行干预，结果引起了两村之间的械斗而出过两条人命。

由于市场秩序良好，贡厦墟一直长盛不衰。从清代至民国，比它地理位置更优越的大禾墟、桃溪墟停停歇歇，但它从未中断。直到1956年，因为区政府设在桃溪，而贡厦墟环境又过于狭窄，没有发展余地，才在政府的行政干预下废止。

和新贡蓝氏一样，湘坑坝蓝氏的族谱也已缺失，更可惜的是该地能回忆村落历史的老者更为少见，因此湘坑坝蓝氏的历史也就更为模糊。据当地报告人说，朝显公迁到湘坑坝后生有七个儿子，后只剩下琳芳、青芳两兄弟在湘坑坝发展，其他兄弟则走的走、绝的绝。在琳芳、青芳兄弟中，青芳一支长期以来发展十分缓慢，现只有20多口人。而琳芳一支则发展较快，生有三个儿子：仙养、升容、殿兴，自此开始分房。其中仙养一房现有人口350人左右，升容一房约有人口250人，殿兴一房约有人口50人。

湘坑坝蓝氏在以往人口较少，故其宗族组织也不是很完善。从祠堂、厅堂看，1949年前共有总祠1座、厅堂3座。其中总祠和琳芳公厅在当地最为重要，总祠重要是因为它是全村人共同有份的祠堂，也是朝显公在湘坑坝的肇基地。据说，朝显公在贡厦时有稻田在湘坑坝，每次到湘坑坝作田时，他都会带一伙鸡嬷带子去放养，但每次收工时都发现这伙鸡嬷带子在今祠堂的地点。时间长了，他觉得这可能是一块风水宝地，带着风水先生一看，果真是一块不可多得的象形地。于是就在这里搭起了寮子，再后来就建起了祠堂。由于这块地在风水上被称作"象形"，故这座祠堂也称作"象形祠"。

而琳芳公厅之所以重要，是因为琳芳公一房人口在当地占多数，该祠建有石门楼，但未上梁。据说该地在风水上不能起桅，但实际上也反映出琳芳一房虽然人口较多，但在历史上具有科举功名的读书人却没有出现。

湘坑坝蓝氏的神明信仰与周边村落也没有特别的不同。需要指出的是，湘坑坝与湘坑虽然只有二三华里的距离，但湘坑坝并不属于武北四大名寺之

——宝林寺的信仰圈。这有两方面的原因：一是湘坑蓝氏与贡厦蓝氏均属大禾蓝氏的一支，大禾蓝氏很早就与周边村落共建龙坑福田寺，迁居湘坑坝后就一直延续了这一传统。二是湘坑坝蓝氏与湘坑何氏向来不和。据当地报告人说，蓝姓人迁来湘坑坝之前，这里是何姓人的地盘，由于蓝姓人祠堂做中了正穴，所以蓝姓人越来越多，而何姓人却越来越少。某年大年初一，两姓之间无形中形成放鞭炮比赛，蓝姓因为人多，资金相对雄厚，而何姓因为人少，资金较薄弱，比赛结果自然是蓝姓赢而何姓输，从此何姓的风水就更加不好，后来只好迁到邻村去发展了。这种矛盾在后来越发尖锐起来，甚至发展到两姓之间不通婚的地步，更不用说一起共建寺庙了。

七

武北的这几个蓝姓村落在漫长的历史过程中，既有宗族联合的一面，又有矛盾斗争的另一面。矛盾斗争方面，除前述大禾蓝氏与源头蓝氏隐含的矛盾外，在民国时期还发生了一起以源头、江坑、中湍为一方，以大禾、贡厦、湘坑坝为另一方的大械斗。据说事情的经过是这样的：大禾的大一郎公祠堂原本是这些村落都有份的祠堂，但因年久失修倒塌了。重修时，源头、江坑、中湍三村人没有出钱，是大禾、湘坑、贡厦三村人通过写钱集资建成的，祠堂修建后剩下的钱就用来买田充作大禾、湘坑、贡厦三村每年祭祠堂的"三乡尝"。"三乡尝"共有100多担谷田（30多亩），每年的租谷除祭祠堂开支外，还有不少可供"三乡"人分配。

而源、江、中三村人认为大一郎公是他们共同的祖宗，既然祠堂重新修好了，他们就有祭祀的权利，就组织人员到大一郎公祠堂祭祀。而大、湘、贡三村人认为，这三村人重修时不参加，现在在祠堂修好了想坐享其成，祭祀祖宗是假，觊觎"三乡尝"是真。于是，就不让源、江、中人参加祭祠堂，因而发生争执，进而发展成一次武北历史上参加人数最多、规模最大的房族斗争。

但是，从总体上看，从明末清初以来，武北蓝氏乃至所有闽西蓝氏都在不断地进行宗族整合行动。除了上文提到的共建大一郎公祠堂和共同修建大一郎公墓外，至少还有三次整个闽西蓝氏的宗族整合行动，即清雍正七年在长汀城建造蓝氏祠堂、道光十一年在武平城建造蓝氏祠堂和五次编修《蓝氏族谱》。

关于清雍正七年在长汀城所建的祠堂，有关资料记载十分缺乏；乡中长老也知之甚少，仅在江坑《蓝氏族谱》中附有一幅绘图。图题为"汀州府王衙前新街巷蓝氏祠堂图"，落款为"大清雍正七年己酉七房嗣裔鼎建"。由此可见，该祠堂建造的时间、坐落的地点，以及七大房联合共建的事实。图的正中绘的是祠堂的平面图，从平面图看，该祠主要由如下几个部分组成：第一，祠堂的主体，包括上栋、中栋、门厅及厢房间，上栋与中栋之间有一上栋天井相隔，中栋与门栋之间则有中栋天井相隔，中栋天井两旁为余坪，这些厢房间除中栋两边有一众厅面、一间理事厅外，其余分属七房。祠堂大门前分别竖有桅杆和牌坊。第二，祠堂主体两边各有外厢房分属七房，外厢房与主体之间各有煞路，外厢房外则为河沟，河沟外的左前房为守祠人居住的单间。第三，祠堂后面为花台，花台两边亦有厢房分属七房。从中也可判断出，闽西各县的蓝姓族人至迟在清雍正年间就已经完成了宗族大联合。

而关于道光十一年在武平城建造的祠堂，修于咸丰壬子年的江坑《蓝氏族谱》有着十分丰富的记载，围绕这座祠堂该谱载有《蓝氏平川建祠序》《祠堂记》《武平县西门外兴盛坊蓝氏祠堂图》《规款》《禁条》《对联》《仪注》《执事》《祭文》《间价》《众间》《分间》《田眼》《田米》《配享人名》等（附后），这些记载为我们系统认识武北蓝氏乃至整个闽西蓝氏的宗族整合行动提供了大量的信息：

第一，武北蓝氏在武平城建造祠堂的主要目的有两个。其一，出于联宗睦族的需要。由于武平是蓝氏的祖居地之一，蓝氏族人认为很有必要在县城建造一座祠堂，以联系八方族人，共同祭祀。《蓝氏平川建祠序》记："顾发祥由于汀郡而别派□于平川。诗曰：维桑与梓必恭敬□，则武邑非即桑梓之地而何乃□，望城阙地乃皆勤垣塘而蓝氏独无堂构……抱歉者久之"；《祠堂记》载："岁乙丑，金以武邑为桑梓地，何独无总祠，一倡而和甚众。"其二，为了科举应试的便利。《蓝氏平川建祠序》记："己丑春，适大禾有七秀者以医至县，目击应试诸人税屋艰难，旋里起议欲奋空拳""后每岁童□，乡举冠于他族，异时科名燕喜甲第蝉联相与咏，瓜绵于百代歌棣萼于一堂。"当然，科举人物的涌现使得蓝氏宗族在当地的社会地位日益提高，同时也对宗族自身的发展与整合产生了重要的影响。正如《蓝氏平川建祠序》所载："所云尊祖敬宗睦族之道，诚莫大于是夫。"

第二，这座祠堂是由武北蓝氏牵头，闽西所有蓝姓村落联合修建的。从《间价》《众间》《分间》看，所谓的蓝氏七房人共同参与了修建祠堂，都有份，并且在祠堂里都有所在房系的房间。再从《配享人名》来看，配享人名共有2300名，以武北郑屋坝、大禾、坪坑、源头、贡市、湘坑坝、江坑、定坊、中湍等村落的第五房人为主，七房人均有参加配享，涉及的村落还有白土、岩前、水口、连湖、蓝坊、竹子笼乡、广东竹乡、白头、兜坑、章丰、吉湖、太平、光祖寨、蕉磜、君竹、石坑、官庄朴树、横头坝、黄沙、七里山、田贝、茶头下、梨树下、洞头、五里、平地、平坑、石螺分、大顶下、汶口、朝山、陈禾坑、小密、沟坑、雁塘、程地、黄坑、小燕、梅山、东流坑、上坑、林坊、井下、瑶下、河林、庐丰、龙尾窖、碧崇背、上登、长岭等。

第三，以这座祠堂为中心的蓝氏宗族祭祀，拥有大量的田产作保证。《田眼》载："以上共税一百九十四秤正，共载正米四斗四升正，共载租谷五拾伍石九斗正，其田米户记名立在大一图九甲蓝兴盛，原收屋地正米壹斗正，后因李家呈控，又加收田米捌升正，立有加收清楚字样存大禾，实在田米六斗贰升正，征银壹两零柒分肆厘，折色米贰斗贰升壹合，本色米伍升伍合。"正因为有了这些田产，每年的宗族祭祀才能如期举行，也才能吸引更多的科举人才到祠谒祖与祭祀。

第四，科举人才是宗族发展的一个重要因素，也是宗族社会声誉的象征。因此，这座祠堂还特别注重科举人才到祠谒祖与祭祀，并具体规定了科举人才到祠谒祖或参加祭祀的奖励措施，不同级别的科举人才给予不同的奖励。《规款》载：

　　一配享每名发胙肉钱捌文。
　　一绅士到祠与祭者发胙肉钱每名伍拾文，本日享馀。
　　一主祭自贡生及捐职六品以下者发胙肉钱伍佰文，举人发胙肉钱捌佰文，进士发胙肉钱壹仟贰佰文，捐职五品发胙肉钱捌佰文，四品发胙肉钱壹仟贰佰文，若现任文武官员或告假回家到祠谒祖者，视其职之大小临时酌议发胙。
　　一主祭论爵平品论齿尊尊亲亲之义也。
　　一科目新进文武生员及补廪出贡到祠谒祖者每名发花红钱壹仟，新举人谒祖者发花红钱叁仟文，新进士谒祖者发花红伍仟文。

第五，这座祠堂具有同姓聚合的社会功能。《禁条》载："祠内最宜肃静，或有来往嗣孙只宜安静暂住一二日，若久留在祠嘈杂，过二三日不去者或频去频来喧扰不堪者，许守祠人照规逐出或禀官究处。"虽然该祠严格规定，往来嗣孙不能在此久住，但同时又表示可以"安静暂住一二日"。加上建祠的目的之一是为了每岁应试的方便，同姓族人每岁童子在此应试备考就成为当然之举，以及前述该祠一年一度的祭祀活动，鼓励科举人才到祠谒祖、祭祀，因此该祠自然成为蓝氏宗族对内、对外交往的重要场所，宗族社会活动的中心。

第六，这座祠堂具有严格的管理规范，表明蓝氏宗族内部的管理已经形成制度化。如这座祠堂共有规款 11 条，另有禁条 8 条，严格规定了该祠的用途、日常管理等事项。此外，该祠规定了祭祠的具体仪式、祭文，祠堂对联的内容，以及祠堂的尺寸、范围、结构、房间的分配等。

除了在汀州城、武平县城修建祠堂外，武北蓝氏还进行大规模的编修族谱活动。咸丰二年重修《蓝氏族谱》自称为"咸丰壬子年五修"，可见此前已有过四次修谱活动。由于前面四次的族谱现在已经无从查找，所以有关修谱的情况就不得而知。咸丰二年重修《蓝氏族谱》主要包括：《蓝氏平川建祠序》《祠堂记》《买祠赞成人名》《修簿执事》《蓝氏族谱源流支派行述》《熙三郎公坟图》《和二郎公坟图》《大一郎公坟图》《三妣刘太婆坟图》《三世妣曾太婆坟图》，以及前述《汀州府王衙前新街巷蓝氏祠堂图》《武平县西门外兴盛坊蓝氏祠堂图》《规款》《禁条》《对联》《仪注》《执事》《祭文》《间价》《众间》《分间》《田眼》《田米》《配享人名》等。

这些内容实际上可以大致分成两方面的情况：一是围绕武平县城祠堂的方方面面；二是所谓的上自原始社会，下迄宋末元初蓝氏熙三郎公时代的渊流支派行述。关于第一种情况的宗族整合意义前已述之，在此不赘。而第二种情况的宗族整合意义也至为明显，将修建族谱的重点放在追溯上古祖先的历史，重构遥远谱系，而只字未提宋元以后的蓝氏源流，其目的显然是为了更好地加强各地蓝姓族人的联合，进行大规模的整合。

八

武北蓝氏作为尚未经官方认可的畲族，无论是大禾蓝氏还是源头蓝氏都在明朝已开始逐渐汉化，以至于时至今日与周边村落其他姓氏相比较，已难见其显著的差别。但是，经过仔细的田野调查之后，在宗族社会和神明信仰及其他习俗中仍可见一些值得注意的现象。

武北蓝氏的祠堂表面上与其他姓氏的祠堂并无二致，但若留心观察，就会发现两者有所不同。武北蓝氏是武北巨姓大族之一，但在笔者调查过的武北蓝氏近 20 座祠堂中，没有一座是属三栋结构的，即便华丽如蓝大一郎公祠也仍是二栋式。而其他姓氏的祠堂三栋式的则比比皆是，如湘湖的德川公祠、湘村的华筠祠、献仕二公祠等。

此外，武北蓝氏祠堂"一祠多用"的现象也明显存在。这里讲的"一祠多用"，还不是几个祖先共用一祠，而是祖先与神明共祠，如源头蓝氏的青公祠里有猎神神位；石田圫昌元公祠天子壁正中设有三官大帝神位，左边设有定光古佛神位；江坑蓝氏清佩公厅先后安有黄倖三仙菩萨、华光菩萨。而华光菩萨作为当地最主要的神明之一，受到村民的重视。

武北蓝氏世系的计算是十分混乱的，有时他们奉神农为始祖，蓝昌奇为一世祖；有时则按"熙、和、大、念、千、宗、必"来计算世系，奉熙三郎为始祖；而在另一些场合，又尊蓝大一郎为始祖，念五郎为一世祖。更为奇怪的是，源头蓝氏的世系从千七郎开始计算，青公为六世祖。这一现象在武北每个蓝姓村落都曾出现过，如江坑蓝氏的世系从入闽始祖开始计算，故洪公为二十六世，宗稳公、宗贤公为二十七世；中湍蓝氏的世系则从中湍开基祖宗显公开始计算。这些混乱的计算方法，既见于《蓝氏族谱》中，也见于蓝氏族人的口头流传中和墓碑中。

和武北其他姓氏一样，祖先坟墓的风水有着重要的意义。不同的是，蓝氏祖先坟墓的故事更具有传奇性。关于"牛栏祖地""大一郎婆墓"天葬风水的故事就是明显的例子。"牛栏祖地"的故事前已述之，在此不赘。而大一郎婆墓的故事，杨彦杰先生亦曾记述[①]，由于我们所见的不同版本的《蓝氏族谱》在个别地方表述不同，不妨再分别引述如下：

其一，江坑《蓝氏族谱》载：

> 大一郎公）初娶桃溪刘大二郎之女曰三娘，生于至大二年乙酉月初二日酉时，未及生育。元泰定帝改至和元年甲子四月十一日，因归宁母家，至中途大坪岗，忽有疾风狂雨暴至，惊昏伏地，从人散而天即葬焉，雨息人回墓即成，止年十六岁，即今之明堂岗醉翁卧地形坐

---

① 杨彦杰：《闽西客家宗族社会研究》，国际客家学会、海外华人研究社、法国远东学院，1996，第 274～304 页。

西向东。

其二，坪坑《蓝氏族谱》（明正德壬申年刊、清咸丰二年壬子续刊）载：

> 元泰定元年甲子三月成婚，婚后归宁母家月余，得染恶疾而终，其娘家遣人报知后，公雇人扶柩而归，至鲁溪水口大坪岗，忽遇暴风骤雨，势不可挡，遂停柩于山窝，奔走避雨。雨息回视，土崩拥棺已被土掩成坟，彼时乃元泰定元年甲子四月十一日，得年一十六岁，未有生育，堪舆师命为醉翁卧地形，庚山甲向，乡人皆誉之为天葬地焉。

据江坑村一位蓝姓报告人说，鲁溪水口大坪岗（又叫名龙岗）的这座坟墓名为刘四娘墓，实际上只有一堆石头。据说以前有一个小湖，但无论投放多少石头，都无法将其填满。这些天葬风水的故事，在蓝氏族人中世代相传，在他们心目中"天葬风水"就是"生龙口"，必然荫及子孙，使子子孙孙福泽绵延，因而有着特别敬仰的心理。

我们在武北其他村落的调查中，没有听到有关成年礼的说法，也未在族谱中找到相关记载。但在源头《蓝氏族谱》中有一则关于"冠礼"的记述却颇为引人注意，该谱载：

> 冠者，成人之道也，将责为人子、为人父、为人臣、为人少者，之行于人，其礼可不重矣？当今之俗，不行此礼者久矣。本家凡有子弟为冠，为父母者卜日择取一齿尊有德伯叔为冠宾。至日，具香案于祖先前，冠者立于阼阶，冠宾引冠者诣祖先前行四拜，祝曰："某人某名，甫年弱冠，当行冠礼，敢告先灵，俾尔赐福无疆。祝毕，退阼阶，授之于本等之冠，冠者复随冠宾诣祖先前行四拜礼，祝曰如前毕。然后下堂拜父母，谢冠宾，俱用正礼。其诸亲在堂者，皆长揖或传茶，或设酒，以宴冠宾，虽不能尽古人三加之礼，亦有异乎时俗者也。

这段记载表明源头蓝氏的成年礼虽有一定的儒家文化色彩，但又明显地流露出原始遗风的痕迹，似乎表明这是蓝氏早期社会的一种遗存。

在武北蓝氏的故事传说中，有关牛崇拜的故事是十分引人注目的。前述关于"牛栏祖地"，奉牛为祖妣的传说至今仍在流传。我们在大禾、源头两地调查时，又听多位报告人说，在这两地牛肉是不能作为敬神、敬祖的供品的。1949 年前，凡大的酒席，牛肉亦不能上桌请客，故当地有一句俗语叫"讲得好，牛肉都好筛酒"（意为牛肉平时是不准上桌请客的，让牛肉上桌请客是一件不可能的事。但如果花言巧语、多方美言，不可能的事也会变成可能）。每年的四月初八是牛的生日，这天要让牛吃得好，并一大早把它放上山尽情地游玩。在六月尝新禾时，亦不准宰牛。

与此类似，狗肉也不能作为供奉神、祖先的供品，杀狗时不能在家中宰杀，应在井边、河边切好后才能拿回家去煮，并且不以狗肉待客。每年的六月初六是狗的生日，这天要替狗洗澡。此外，在武北地区还流传着大量与狗有关的故事，兹举二例，以见大概：

其一，武北许多蓝姓老人都能即席讲述"狗头王"的传说故事。大禾磜下自然村蓝吉庆能够即席演唱《历代歌》（即狗皇歌），其唱词为"当初出朝高辛皇，出来视察看田庄。皇后耳痛有三载，医出金虫三寸长。一日三时有变化，变化一丈二尺长。皇帝将它拿来养，皇帝封它金丝虫。三日之时再来变，变成一只龙犬王。西番燕王来作乱，皇帝想来无主张。将把皇家来出榜，谁人砍得番王头，愿把三女配亲郎。龙犬听到如此想，龙犬立即来揭榜。皇帝看到心欢喜，（问那）。龙犬如何征番王，若要兵马爱多少？龙犬听到回答说，自己一人去番邦。七日七夜飞洋海，笔直来至番燕王。恰遇燕王办喜事，燕王酒醉在高床。龙犬心中来思想，有机拿回番王头。立即咬断番王颈，飞洋过海转回乡。皇帝看到心欢喜，万民欢乐在一堂。将把女儿好匹配，公主匹配狗贤郎。盘瓠听到心中想，立即皇上奏一场。若把拿来我再来变，金钟内部变贤良。七日七夜不可看，一定变转好贤良，七日六夜皇后偷来看，还有狗头不变相，出来匹配三公主，生下三男一女娘。皇帝面前来讨姓，大子盘装封姓盘，姓盘名叫盘自能。二子蓝装封姓蓝，姓蓝名叫蓝光辉。亲生三子还一岁，皇帝面前讨姓名，云头雷公鸣得好，纸笔记下是姓雷，姓雷名叫雷巨佑。招得军丁为女婿，女婿身名是姓钟，姓钟名叫钟志深。三子一婿团圆在一宫"。这《历代歌》的叙事与盘瓠传说几乎相同。

其二，据湘村一位报告人说，大禾磜下至今还保留有"狗头王"的祖图；湘店乡山背村一位丘姓报告人亦说，1949 年前大禾蓝姓人的神主牌上有一狗头。中堡镇大坪村一位报告人说，永平乡中湍村的蓝作元家，曾有过 7 米长横式的叙事序列的祖图像，不幸在"文化大革命"时被烧掉。而据武北相邻的与武北蓝氏有密切渊源的中堡镇新化村野地自然村蓝姓报告人说，其父是秀才，他家曾长期保存过一幅祖图像，高1.5 米、宽 1.2 米，中间是狗头人身锦袍的盘瓠，左边三男，右边一女一男，每年农历年初一清早要挂在厅堂中间屏壁上，上午合家焚香朝拜后，中午前卷起保存，是"文化大革命"期间被红卫兵当作"四旧"抄去烧掉的。①

这些故事传说实际上反映的是蓝姓人神明信仰的狗崇拜，这种神明信仰中的狗崇拜在宗教意识方面具有浓重的原始色彩，也是与苗、瑶、畲等族密切相关的一种信仰。

在源头蓝氏青公祠的左边，安有猎神——庞狼仙师神位。蓝氏族人每当打猎出发之前，都要先到仙师神位前祷告。猎取野兽后，则把兽头拿到仙师神位前供奉。狩猎是源头蓝氏的传统习惯。每当农事稍闲，总有三三两两的人，肩扛猎枪，带着猎狗上山打猎，猎取山鸡、山羊、黄麂、狐狸之类的野兽，甚至晚上还有人去"打夜"（晚上打猎）。获取猎物后，有一个不成文的分配原则：（1）小野兽几个人猎获的就几个人共同吃掉；（2）大山猪等猎取后猪头等不许分掉，留作祭猎神后连同内脏大伙共同分享。其余则打头铳者一臂三肋，复铳者二肋，此外就平均分配。但当山猪等大猎物已打倒还未抬上肩时，凡遇见者都要分一份，故曰"见者有份"，猎狗也每只分一份。由于狩猎是蓝氏生活的一个重要组成部分，故一年到头，猎神前不断有猎物供奉，香火也接连不断。

五谷神、社公、公王这三种崇拜在武北其他姓氏中也同样存在，但

---

① 蓝永兆主编《中华蓝氏人物传录暨族史资料集（武平卷）》，武平县《蓝氏族谱》续修理事会编，2011，第 210、215 页。

武北蓝氏（尤其是源头蓝氏）的这三种崇拜表现比较特别。其他姓氏的五谷神形象是身穿蓑衣，手握稻穗，而蓝氏的米谷神竟然只是一棵大杉树；其他姓氏的社公、公王虽也是一村之主，但其祭祀不如蓝氏隆重，如"八月社"是源头蓝氏一年最盛大的节日，正月开春就祭祀十二公王等。

武北蓝氏的婚丧习俗与武北其他姓氏基本相同，但也有一些细节略有不同。如姑娘出嫁时外面穿红衣服，却内着白衣，如无白衣，则要将贴肉内衣反穿，内白外红，表示红、白事一起办。据一位70多岁的蓝姓老人说，唐朝陈元光镇压其祖先率领的起义，男人被杀，妇女被迫与陈元光士兵结婚，出于无奈，提出红、白事一起办，以寄托对父兄、丈夫的怀念，从而流传至今。又如，老人去世时，灵柩用帐子遮盖，孝子孝孙隐蔽其间，有客人前来灵前烧香时，孝子孝孙从里面爬出来跪着答礼，礼毕爬回原处用帐子遮起来。①

母舅在武北蓝氏的社会中具有最高贵的地位。外甥分家时，母舅的意见往往被采纳。外甥做错事时，母舅有权责骂，叔伯则没有这种权利。外甥结婚时，母舅要替其攀红，攀红时要说："手拿攀红五尺长，拿给某某等新娘，等得新娘生贵子，来年生个秀才郎。"外甥结婚时，母舅必须坐在第一位。据湘村一位刘姓报告人说，湘村刘氏与大禾、源头蓝氏在婚、丧、节、庆习俗中，经常存在着礼仪之争。如在婚宴中，刘氏的风俗是祖母的娘家地位最尊，坐首席，母舅其次。而蓝氏的风俗则应母舅地位最尊，当坐首席，祖母的娘家其次。因此，经常在婚宴席位安排方面产生意见分歧，蓝氏母舅轻则不悦，重则拂袖而去。此外，外甥乔迁时，母舅还必须在新居迎接迁居队伍。

武北蓝氏在宗族内部，如小偷小摸被发现，一般只需归还原物，认错了事。但如果盗卖大件，则除归还原物外，还需在祠堂或其他公众场合罚放鞭炮若干，放鞭炮的数量视情况而定。而碰到较晦气的事，则罚打醮，如嫁出去的女儿在娘家生小孩，常常会被族众罚打大醮。

在武北蓝氏的早期社会里，曾经存在着度身习俗。前述数字与"郎"的命名习惯就是一例。关于这一点，武北蓝氏后人也意识到，如源头《蓝

---

①　蓝永兆主编《中华蓝氏人物传录暨族史资料集（武平卷）》，武平县《蓝氏族谱》续修理事会编，2011，第217～218页。

氏族谱》中《修谱凡例》云："旧谱以上十世皆从字行书，且多以郎字称，今查元朝尚于师巫，临没命其法名曰某郎，修谱者从俗书之，今莫能考，一切依之。"

值得注意的是，武北蓝氏的这种命名习俗，与浙江、广东的畲族、瑶族的命名习俗十分相似。如据《浙江畲族的风俗习惯资料》载，畲族的排列中辈分的区别是以"大、小、百、千、万、念"这六个字周而复始的方法来区别的。但一向有雷无"念"、钟无"千"的说法，只有蓝姓是按六字排行的。又如，民国《建德县志·风俗志》载："雷姓之祠有香炉五只，蓝姓之祠有香炉六只。相传雷姓分大、小、百、千、万的行次，周而复始。蓝姓则分大、小、百、千、万、念为行次，较雷多一字。"

类似这样的命名习俗，在广东乳源瑶族自治县瑶族中至今仍然存在。如该县方洞瑶乡盘敬寿家谱中有"盘赞三郎""盘问三郎""盘连三郎""盘作六郎""盘台一郎"等名号。乳源瑶族取的这种法名，也称为"阴名"，即人死后才用的名。法名需通过"拜王度身"的法事仪式方能取得。度身，又称"度式""度师"，或称"挂灯"，其法事仪式通过挂灯，巫师步七星罡，带受礼取法人过七星桥而取得法名。挂灯又分挂三星灯、七星灯、十二星灯、大罗灯。挂三星灯只能取法名，如法补衫。要挂七星灯以上的仪式，才能取得郎名，如"盘赞三郎"。①

从族谱上看，武北蓝氏以"郎"和数字命名，存在于明初以前，明中叶以后消失。可见在蓝氏早期社会里亦曾见有"度身"习俗，而这种习俗可能正是蓝氏先民畲、瑶成分的一种体现。

源头村持续了半个多世纪的"闹鬼"之谜实际上就是灵魂观念的一种反映。

"闹鬼"缘于民国七年（1918）。蓝钰应、蓝汉应原是五代以内的堂兄弟，从小一起长大，情同手足。一天，二人相约各持鸟铳上山打猎，到山上后两人分工，蓝钰应等山，蓝汉应抄山。蓝钰应等了一段时间后，忽然听到前方灌木丛发出"沙沙"的声响，继而看见有一物在挪动，以为久久等候的猎物终于闯进自己的埋伏圈里，便急忙瞄准目标扣发鸟铳，不料把汉应一铳打死。

死者蓝汉应，乳名细满头，绰号刺目。汉应母亲马氏是个寡妇，对独子

---

①　李默：《梅州客家人先祖"郎名"、"法名"探索》，《客家研究集刊》1995 年第 1 期。

之死痛不欲生，在对死者做道场时，要求和尚施以法术，把她儿子汉应的亡魂招回，陪她度过天年。于是，和尚把银元塞进死者的嘴里，片刻复将银元从死者嘴里掏出，叫马氏含在嘴里。如此反复几次，法功告成，才把死者入殓，安葬于离村4华里的猴狮坑。事后，马氏常去墓地痛哭，千呼万唤要儿子复苏回来。

据说，蓝汉应死后七天左右，一天夜里，果然回到其母亲马氏家里，黎明前便离开了。起初，马氏去猴狮坑墓地召唤，刺目才会回来。后来，只要在家烧香祷告，就招之即来。从此，无休止的鬼戏在村里一幕幕地展开了。

据当地报告人说，当时几乎每天傍晚刺目都会回来，大家都害怕，夜晚都在家躲着不敢出门，后来，天长日久也顾不上了，人们看得见，他头戴一顶小斗笠，口中时时吹着口哨，在朦胧的月色下挪动着模糊不清的身影，只看得见上身，看不见下身。每当夜深人静，就头顶小斗笠在村里到处游闯，并肆无忌惮地多次拿走村民的犁、耙、锄头等物件带回猴狮坑坟地。

刺目回家主要是帮其母亲做事，母亲叫他挑水，他就会挑水，听说每天回来就帮其母亲把水缸挑满。母亲叫他去砻谷，他就会去砻谷，母亲叫他去碓米，他就会去碓米。村民蓝生庆在其住宅旁边有座舂米的碓场，刺目鬼常把母亲的稻谷拿到这碓场做成米。他常常闯入捣乱，踏起空碓高起高落，发出刺耳的噪声，闹得村民无法入睡。后来，碓主想了办法，用谷壳填满碓臼，他要碓就让他去碓，这样可以消除噪音。但刺目鬼碓了没声音感到不过瘾，就把石臼里的谷壳取扫一空，用生铁皮包裹的碓臼，在石臼里没有碓料时是碓不得的，可恶的刺目鬼把空臼用力踏着碓杠使碓头高起高落，生铁与石臼猛烈碰击闪出火花，发出一声声震耳欲聋的噪声，不久碓头就碓坏了。

闹鬼愈演愈烈，刺目鬼由搅乱人心、制造恐怖、偷走财物、戏弄村民，发展到放火、打人。

村中有户和他家有过矛盾的人家，有间闲屋因屋顶破漏用了草垫盖上避雨，一天晚上，刺目鬼竟爬上屋顶把草垫掀下，放火把它烧为灰烬。

他同人一样，有很强的自尊心，要别人呼其大名，长辈要喊他"细满头"才高兴。有一年农历五月十五，村里打醮请来吹手班，有个鼓手师傅叫了一声"刺目"这个绰号，"鬼"就用石块掷打这个鼓手师傅，使其头破血流。

尽管他狂放不羁，但对村中的"人头"还是很敬畏的。当时村里的蓝贵禄、蓝义渊及其亲房蓝道应、蓝长脚等都是声望较高的"人头"，刺目对他们有时还是听话的。据说其母马氏平时手脚不太干净，有一次偷了蓝近应一担稻谷，证据确凿，村民蓝宣应前去调处，刺目鬼以自己"鬼"的身份出来顶罪，说是他挑走的，与其母无关。宣应在卖豆腐的店里说了几句他的不是，他就随手拿起装豆腐的木格板打宣应，并指名要宣应的父亲贵禄来调处。宣应故意刁难他，指着旁边一座谷斗说："你能把它背上竹山岽（村中小山包，经常有人在那儿玩耍的地方），明天贵禄就给你调处。"次日竹山岽上果然放着这座谷斗。

被刺目鬼戏谑最甚者是误害他的钰应及其全家，钰应母亲郑氏，因其家多次被骚扰，就按武北地区传统的驱鬼驱邪办法，泼尿水和用屎扫帚赶逐刺目鬼。结果，此法一点都不灵，刺目鬼拿着斧头往郑氏砍去，郑氏手背上挨了一斧，接着又是一斧，幸而郑氏躲得快，斧头落在门板上，把门板劈掉一大块。据说，多年前人们到蓝钰应家门口察看，还可目睹到昔日被刺目鬼用斧头砍的裂影。蓝钰应被鬼逼得在源头村住不下去，就逃到桃溪定坊村居住。直到刺目闹鬼事平息，才又回源头安居。

郑氏的伤疤和被损坏的门板，直到 20 世纪 50 年代还有土改工作队的许多人看见过。

据当地人说，刺目同人一样会说话唱歌，不过不像人的说唱声，而是吹口哨似的声音，他曾在蓝道应屋旁的圳沿边，用石块击拍唱起《十月怀胎》的民间曲调。他看得见、摸得着，身带铜钱银币，经常替母亲马氏买蛋，当人们通过门缝交换钱物时，有人触摸到他的手，感觉其体温冰凉，指头像装着橡皮那样软绵。他能使用步枪，有人把弹头取掉，把枪交给他使用，结果把所有没弹头的子弹打光为止。

以上奇闻不胫而走，被孙中山先生任命为国民革命军第一游击区司令的蓝玉田（武平县中堡人）听说家乡出此奇事，特派官兵到源头审察，意欲征其入伍，参加北伐。使者来到源头，试枪时亦把弹头去掉，在竹山岽让他使用步枪，刺目鬼的表现与传闻无误。于是，审察官兵备轿请刺目鬼坐上去抬着去见蓝司令官。据说军轿抬至小澜黄狮坑，路过一个庵庙时，抬轿人突然感到轿座的重量变轻了，放下一看，头戴小笠的刺目鬼不见了，因此外间传说源头的刺目鬼在黄狮坑一去不复返了。

据说，过了三天他又出现在源头，有人问他："为什么去当兵又回来了？"答曰："黄狮坑菩萨庙前没有烧纸钱，菩萨不让我经过。"此时，曾在长汀县白头任过水警官的蓝道应在家病危，弥留之际，钰应母亲郑氏来到床前，千叮万嘱说："大哥，你在生是人头，去了阴间也是头头，你走时，千万别忘记把刺目带去阴间，不要让他去做外面鬼。"道应寿终，刺目鬼不告而别，三年闹剧从此落下帷幕。[①]

刺目鬼的故事，实际上是当地民众灵魂观念的一种反映，也是民间信仰尚处于比较原始状态的一种表现。涂尔干很早就指出："这些人的灵魂，有着与人相同的需要和感情；它们非常关心昔日同伴的生活，并依据以往对他们所倾注的不同感情，或者帮助他们，或者伤害他们。环境不同，它们的本性也不同，它们要么是满怀爱心的盟友，要么是凶猛可怕的对手……因此，人们就养成了这样的习惯：把生活中稍有异常的所有事件都归结为灵魂带来的结果，几乎所有的事情都可以用灵魂来说明。这样，灵魂便成了人们随时随地都可以利用的原因，它从来不会使人们因为找不到解释而感到窘迫不堪。"[②]

中澌村蓝氏的打陀螺游戏似乎也与原始习俗有重要的关系。如在山西仰韶文化的遗址中，发现有石刻陀螺；云南佤族也有打陀螺的习俗。而台湾的土著居民中亦有发现打陀螺的，在当地称作"干乐"，甚至还有一地被称为"陀螺王国"。

综上所述，武北蓝氏从明代开始就已逐渐汉化，但他们的宗族社会与神明信仰仍有不少较原始的痕迹值得我们注意。他们虽已建立了和周边村落一样的宗族制度，但仍明显地存在着"一祠多用"，世系计算混乱和"天葬风水"的现象，显示出武北蓝氏宗族社会具有南方苗、瑶、畲等民族的特征。在神明信仰方面，武北蓝氏崇拜牛、狗、猎神、大树，以及公王、社公等，也处于一种较为原始的状态。此外，"红白事一起做""母舅最尊""处罚鞭炮""度身"等习俗也似乎与畲族社会遗风密切相关。虽然，上述现象在武北的其他姓氏中也间或存在，但似乎正是蓝氏与其他姓氏长期交融的产物。因此，从本质上说，武北蓝氏的宗族社会与神明信仰从一个侧面反映了客畲交往的历史过程。

① 关于刺目鬼的故事，笔者在田野调查过程中，听曾在源头村工作过八年的家父刘文波先生和姻翁蓝光宗先生讲述过多次，目前亦见于武平《蓝氏族谱》（2006年编修）、《中华蓝氏人物传录暨族史资料集》（武平卷）。
② 〔法〕爱弥尔·涂尔干：《宗教生活的基本形式》，渠东等译，上海人民出版社，2006，第48页。

附录：

一　蓝氏平川建祠序

礼尊祖故敬宗，敬宗故睦族，此天理之本，然亦即人心之自然也。我蓝氏自宋入闽，至前明而世滋大，其散处于他州者颇繁，而隶籍于汀南者，自古前君子既联七族建祠于长邑之庠门下，俾春露秋□之辰，人人皆得以展□□□□恩爱，抑且岁科攸赖峦文，龙虎策甲乙之士托处于兹，称得听□焉。种玉有祠遂为鄞江诸祠之冠，顾发祥由于汀郡而别派□于平川。诗曰：维桑与梓必恭敬□。则武邑非即桑梓之地而何乃□，望城阙地乃皆勤垣墉而蓝氏独无堂构，向亦屡有成议，辄多龃龉，谓我辈乡井自□□益罢□□□非宜谅哉。井蛙不可与语，海拘□墟也，呜乎！往来穰穰，徒切瞻乌□完，何人其咎安执为于邑，抱歉者久之。己丑春，适大禾有七秀者以医至县，目击应试诸人税屋艰难，旋里起议欲奋空拳，因举峦秀总其事，商及于余。斯时余不能辞其责，乃遍往各处题写，奔走千里不敢言劳，邀齐合姓为相阴阳，为度原隰。中有一二可意者，而道谋筑室，众志莫孚，兼之动费浩繁，咄嗟难办，几欲中止。不图事有奇缘，庚寅县试在城交好有以城西兴盛坊房屋大全所出售，告□曰□房之宪璧，欣然往观。其屋□□□，大栋左右横屋间架宽广，空地亦多，园林花榭池塘书舍毕具，局面开敞，容与居然大观。善青乌术者谓之金盘载珠，一望山川献媚，雁塔争辉。屋经三易主，意者扶舆钟灵之气在一家不能独当，宜蓝氏应运而起欤！抑祖功宗德呵护之灵长必有所萃，俾相与聚一族斯欤！俱未可知也。用是峦□宪璧、璧光等通同酌议，遂与定券公举五房之季华总办其事，人局俗整建寝室、安祖先、置买尝业，敦本联支，经理三年，规模大备，其时相与赞成者数人，功亦不可泯也。谚云：非宅是卜，惟邻是卜。此则卜邻既得卜宅，允藏久香火。后每岁童□，乡举冠于他族，异时科名燕喜甲第蝉联相与咏，瓜绵于百代歌棣萼于一堂，则所云尊祖敬宗睦族之道，诚莫大于是夫。

道光十二年岁在元默执徐麦秋之中瀚

五房二十一世孙□□□

二　祠堂记

凡为不可为于不可为之时则悖，为可为于可为之时从。刻事出创举，创举关宗祠之大不会其适，曷以赴如流水，响如□无有远近，众寨胥归，归恐或后应，辄如响者乎。蓝氏自明德公以前，荒远不可尽述，惟太祖熙三郎公起于汀郡长邑所属之坪岭水口乡，斩蒿刈荆，牛眠吉卜，美哉！始基之矣，越三世而迁于武邑大禾乡以蕃以衍。合则为一家，分而为七族，星散四方，其处于全闽无论矣。远之为瓯粤，为西江，为荆楚，为巴蜀而云贵，绳绳继继，翼翼绵绵，殆未可一二亿计者乎。岁乙丑，佥以武邑为桑梓地，何独无总祠，一倡而和甚众，急遍觅之，苦无善地不当意。及庚寅春，始有以城西兴盛坊房屋子出售，告众视其屋约经数十稔不甚旧，更喜轩而广廊乎，其有容且廉，其直思购之。即有议之者曰此地某某之所造，某某之所居，今主三易矣！群视之若弃地也，汝何所取？诸余乃大言，谂于众曰：不有废也，何以有兴；废者屡废，兴者永兴矣。夫炎炎者，灭隆隆者；绝观雷观火为盈为实，天收其声，地藏其热。高明之家鬼瞰其室，理固宜然，于兹屋乎！何尤且恶知造物者之非，姑留以有待灵淑之气，不欲私一家而欲俾一姓，故使之厌苦，委弃而楚弓楚得乎。众以此言达皆是之，议遂克合，争敛赀以成券。于是予有思焉，自邢璞滥觞风水之说关然矣。故非有识与力者无能致也，有识而力不继焉。过屠门而大嚼，思欲餍心，终不得快意，有力而识不济焉。扣铜盘以为指，高马以为鹿，甚又据废兴成败已然之迹，以徒自眩乱。盲者不自为盲，而反以不盲者，为盲吁皆然可哀也。已然则何从而有识与力之人也，吾终一归之于时。时未至，虽负有识，强有力者攫而取之，而从凶从吉莫知所为，瓦砾等抛和氏负无贵矣。时至而稍有识与力者出乎其间，人弃彼取，虽朱遗而象罔获，群雄逐而捷足先。何意图之，公然得之、修之、举之、启之、辟之，规模犹是，门闾迥非。至是知向之不可为而不为者，今乃识其可为而为者也。若然则兴之坊举能争，余得据而私焉。时乎，时乎！其然乎，其不然乎！用备记以俟览观维桑与梓盍其思之。

道光十年岁次庚寅仲冬月吉旦

优行岁贡生拣选儒学训导五房二十二世孙栽园　培撰

三　规款

一祭祠额定每年　月　日永为定规，若逢寅日忝后一日。

一上栋永不许人钉牌。

一配享每名发胙肉钱捌文。

一绅士到祠与祭者发胙肉钱每名伍拾文，本日享馀。

一主祭自贡生及捐职六品以下者发胙肉钱伍佰文，举人发胙肉钱捌佰文，进士发胙肉钱壹仟贰佰文，捐职五品发胙肉钱捌佰文，四品发胙肉钱壹仟贰佰文。若现任文武官员或告假回家到祠谒祖者，视其职之大小临时酌议发胙。

一主祭论爵平品论齿尊尊亲亲之义也。

一科目新进文武生员及补廪出贡到祠谒祖者每名发花红钱壹仟文；新举人谒祖者发花红钱叁仟文，新进士谒祖者发花红钱伍仟文。

一杰士照依分间之数分定。分得左畔间房者得杰士五位，分得右畔间房者得杰士五位外，又第七房书房分一位共十一人。经理尝事其每年收租次年办头，即照十一位杰士轮流。

一杰士各房务宜慎择公正人经理，如有不正不公混行充理者，通众即行扣革一位。

一祠内瓷器锡器凳桌等件永不许人借入各间藏匿使用，违者公罚不宥。

一守祠人每月给灯油　斤，长年给工食谷。

四　禁条

窃惟建立祠宇原以上妥先灵，下安列祖宗支绵绵，莫不于此基之矣。但人众族繁，不无薰莸杂出，若不设立规禁，将有以创其始者，又何以克成厥终。由是七房议定严立规款，以示后人。如有不遵祠禁地规越矩者，大则送官究处，小则依款责罚，不得徇情宽纵，以废成议。

爰列条款于左：

一祭祠日有在祠混乱祠规、逞强喧闹者定行送究。

一祠内最宜肃静，或有来往嗣孙只宜安静暂住一二日，若久留在祠嘈杂，过二三日不去者或频去频来喧扰不堪者，许守祠人照规逐出或禀官究处。

一赌博及吸洋烟甚关例禁，祠内有犯此二者通众逐出。

一祠内永不许留宿妇女，如有窝留娼妇引诱不良者，送官究治，逐出不宥。

一祠内各有间房各备使用物件，如有乱移盗取者，查出公罚钱拾仟以充公尝。

一祠内永不许引留外姓人等居住，违者公罚。

一祠门只许二更落锁封闭，如有半夜不归者，不得擅开。

一守祠人务宜勤慎得灯洒扫洁净、紧闭门户，不得聚赌菲为长留歇客，如有不遵法度以致失漏物件，定行逐出不贷。

年月日七大房公禁

五　对联

①北郭绕东城蓝水远拖衣带绿；南山环西嶂玉堂遥对雁峰青。

②桑梓本平川秀挺英钟近集长杭衣冠于万代；云宗祊汝水支分派合远联江粤昭穆于一堂。

③胥训告胥保惠胥教诲各守尔典率乃祖考；以德进以行举以言扬相观而善达乎朝廷。

④蓝涧蓝山集启南闽风雅；乌台乌府章邀北阙恩纶。

年家眷教弟陈澍云顿首拜

⑤通仙籍于南唐派衍支分御史列卿绵令绪；历官阶于北宋名尊望重骚坛文苑擅当时。

年家眷教弟黄大龄顿首百拜

六　仪注列后

排班，班齐，执事者各司其事。起鼓，升爆，奏乐。主祭嗣孙就位，与祭嗣孙皆就位。瘗毛血，诣盥洗所，盥洗，拭巾，复位。主祭者诣香案前行上香礼，跪，一上香，二上香，三上香，叩首，兴，复位，迎神，拜，兴，拜，兴，拜，兴，拜，兴。主祭者诣神位前行初献礼，跪，初献爵，献帛，叩首，兴，复位。主祭者诣香案前行读祝礼，跪，与祭皆跪，止乐，读祝文，叩首，与复位。主祭者诣神位前行亚献礼，跪，亚献爵，一奠酒，灌酒，二奠酒，灌酒，三奠酒，灌酒，俯伏，侑食，叩首，兴，复位。与祭者诣神位前行分献礼，跪，跪奠酒，一奠酒，灌酒，二奠酒，灌酒，三奠酒，灌酒，叩首，兴，复位。主祭者诣神位前行三献礼，跪，三献爵，献牲，叩首，兴，复位。主祭者诣香案前行饮福礼，跪饮福酒，受福胙，谢福，叩首，叩首，三叩首，兴，复位。与祭者诣香案前行饮福礼，跪饮福酒，受福胙，谢福，叩首，叩首，三叩首，兴，复位，辞神，拜，兴，拜，兴，拜，兴，拜，兴。读祝者捧祝，执帛者捧帛，执爵者捧爵，化财，焚祝文，诣燎，复位。彻馔，礼毕。退班。

执事列后：主祭、分献、通赞、引赞、瘗毛血、执爵、执帛、读祝、彻馔。

年月日谨编

七　祭文

伏以时代递更，叹水源之莫溯；风霜屡易，悲木本之难寻。惟我蓝氏忆发祥于鼻祖识贡蓝，怀孝思于耳孙无忌种玉。昔既立庙于鄞城，今复建祠于武邑。本同三代按牒而世次无讹，支分七房稽谱而昭穆不紊。符郑兰之瑞兆，遇窦桂之祥征。向堂上以对越莫非汝水云礽，入庙中而骏奔悉是蓝田嗣裔。居本邑，居他邦，道途各别；告硕肥，告丰洁，孝敬靡殊。伏愿地下潜孚咸罔恫而罔怨，尤冀在天默佑胥寝炽而寝昌，肃此谨告。

八　原日分间间价列后

左畔

上正栋内间值配享五十名、外间值配享五十名、厢房值配享六十名

中正栋上间值配享七十名、下间值配享七十名、厢房值配享八十名

横屋子第一植连二间并斗角共值配享六十名、第二间值配享五十名、第三间值配享六十名、第四间值配享七十名、第五间值配享七十名、第五间值配享七十名、第六间值配享七十名、第七间值配享八十名、第八间值配享六十名、第九间值配享七十名

外廊近月门回间值配享四十名

近大门回间值配享三十名

右畔

上正栋内间值配享五十名

外间值配享五十名

厢房值配享六十

中正栋上间值配享七十名、下间值配享七十名、三栋回间值配享六十名

横屋第一植并斗角值配享一百二十名

第二间值配享七十名、第三间值配享六十名

第五间值配享九十名、第六间值配享六十名、第七间值配享五十名、第八间值配享五十名、第九间值配享八十名

外廊近月门回间值配享四十名、近大门回间值配享三十名

书房除塘面上外厅大小共五植、内厅并间值配六十名、中厅并间值配享五十名、外一间值配享七十名

九 归众间房列后

左边三栋回间并内间共二植为仓所

右边中栋下厅厢房并内一间为理事间贮物件

右横屋第四植为众厨房

右横屋第十间、第十一间共二植守祠人居住

右横屋背土屋三植为确磨所

书房塘面上外厅一植

以后续配者各归其本房之间居住并无加分间房

十 今将分定间房列后

第长房共二间半:白土乡、岩前、竹子垇、坪岭、蓝坊等处,共分左边横屋第一植下一节半间又第三植一间四植一间。

第三房共四间半:章丰、光祖寨、蕉磜里、笋竹山、太平乡、吉湖、石坑、兜坑等处,共分右边中栋下一间又相连,上一间对隔内一片半间,又右边横屋第一植并斗角一所一间,第二植一间,第三植一间。

第四房共四间半:黄沙、横头坝、七里山等处共分左边中栋下一植内一节半间,又右边横屋第八植一间、第九植一间,朴树下分右边上正栋内一植一间,郑屋坝同第五房大禾乡共分左边上正栋内一间。

第五房共十四间:大禾、洞头、汶口、石螺汾、大顶下等处,共分左边上正栋内一间、又厢房一间、又中正栋上一间、又左边横屋顶上第一植上一节半间、又第二植一间、第七植厅一间、第八植一间、第九植

一间、左外廊近月门一间；贡市、湘坑坝共分上正栋左处一间、中正栋左边下厢房一间、左边煞路头上斗角一所；源头、江坑、中湍、定坊等处共分左边横屋第五植一间、第六植一间；田贝、梨树下、茶头下等处共分右边横屋第五植一间；大禾、坪地、五里墩全第二房坪坑共分左边外回廊近大门一间。

第六房共四间半：林坊、上园、中园、下园、官庄等处，共分右边上厢房一间；上坑、程地等地处共分右边中栋上一植对隔近厅堂一节半间；朝岭、东流坑、陈禾坑、雁塘、小燕、黄坑等处，共分右边三栋回朝一间，又右边横屋第六植一间第七植一间；瑶下、墩上等处，共分左边中栋下一植外一节半间；朝山、巫坊等处共分右边外回廊近月门一间；第二房白头乡第四房、贵竹乡第六房并下、毛屋迳、第七房河口，上四房共分右边外回廊近大门一间。

第七房共六间：庐丰、汀城、上墩、河林、龙尾窖、碧崇背、南山下等处，共分右边上正栋外一植一间，又书房除塘面上外厅大小共五间。

十一　田眼列后

一处五里墩下垄桥大小四坵，又一处圳下一坵，共老税二十一秤正，原载正米四升二合正，载租谷下垄桥四石正、圳下一石六斗正。

一处五里墩垄尾二坵，原计老税九秤正，原载正米一升八合正，载租谷二石四斗正。

一处万安镇冈下一大坵，原计老税一十八秤正，原载正米三升三合正，载租谷四石八斗正。

一处万安镇瑶坎下一坵，原计老税一十五秤正，原载正米四升五合正，载租谷四石正。

一处万安镇五里墩下一坵，原计老税六秤正，原载正米一升二合正，载租谷一石六斗正。

一处万安镇冈下屋门首三坵，计老税三十秤正；又一处上冈下二坵，计老税一十秤正；又一处小岗排下二坵，计老税一十秤正；又连一坵，计老税四秤正。大共计老税五十四秤正，内有二十六秤原是曾伟万早典李华宗处，今华宗将原契转典祠内，惟有贰拾捌秤绝卖祠内正米八升正，共载租谷共一十四石一斗正。

一处五里墩麦坊背及庵背墩二处，共三十五秤，共载正米一斗一升正，载租谷麦房背六石五斗正、庵背墩六石五斗正。

一处西郊外墓堂脚下，原计老税一十五秤正，载正米四升正，载租谷四石正。

一处东团神树冈公王对面墩上计大小五坵，原计老税二十一秤正，载正米六升正，契存白土乡，载租谷六石四斗正。

以上共税一百九十四秤正，共载正米四斗四升正，共载租谷五十五石九斗正，其田米户记名立在大一图九甲蓝兴盛，原收屋地正米一斗正，后因李家呈控又加收田米八升正，立有加收清楚字样存大禾，实在田米六斗二升正，征银一两零七分四厘，折色米二斗二升一合，本色米五升五合。

十二　配享人名

长房：

白土乡：嫩一郎公、民一公、受禄公、受福公、永诚公、永聪公、中铭公、仕文公、万寿公、万常公、万和公、万政公、万奇公、禹公、润公、厚公、业迪公、业玺公、大铭公、清泉公、顺川公、雍公、华宇公、斗宇公、爱山公、维公、可厚公、可选公、可达公、廷俊公、文俊公、福祥公、观元公、文聪公、凤义公、凤蕃公、清兆公、嵩达公、接纲公、德麟公、开运公、贞兆公、接珍公、国勋公、国标公、接蓁公、必达公、成达公、接贤公、亨兆公、桢达公、祥达公、凤翁公、乔春公、凤□公、凤翔公、凤贵公、凤蒿公、凤□公、凤富公、凤彩公、凤翠公、凤翡公、耀宗公、凤鸣公、凤耀公、奎达公、国璋公、茂发公、采莒公、采葵公、赞光公、宪章公、可茂公、尚响公、生美公、生斗公、生亮公、生俊公、生庚公、生奇公、宗其公、芳其公、信其公、兆昌公、宽其公、正昌公、守其公、达其公、有九公、苍璧公、宏璧公、乾久公、煌璧公、青茂公、君生公、福生公、元应公、文彩公、宪隆公、宪生公、宪宪公、宪龙公、连光公、敦修公、宪璧公、孟太公、宪槐公、云峰公、云宗公、云标公、宪爵公、文琳公、元青公、元章公、元华公、芹香公、芹青公、芹芳公、芹葱公、芹英公、文明公、腾馥公、文盛公、元秀公、元雍公、元俊公、宪猷公、崇修公、宪奎公、宪书公、仰中公、友其公、道彰公、

接富公、月盛公、国良公、兴贵公

岩前乡：法辉公、节予公、佩生公、廷华公、上兴公、学贤公、科贤公、上玉公、一科公、永寿公、华寿公、乾方公、（下庄）有聪公

水口乡：伯七郎公、清公、奇堂公、天鸾公、少松公、汉宏公

连湖乡：千一郎公、巍公、文梅公、景芳公、文列公、永春公、伯玉公、伯瑛公、伯琼公、腾惟公

蓝坊乡：宗祯公、青山公、汝凤公、可立公、可九公、升玉公、瑛玉公、赐如公、日溥公、日昭公、日长公、日□公、友练公、兴处公、宗福公、永崇公、永清公、应公、希州公、尧书公

竹子笼乡：文一郎公、福新十郎公、福荣公、承兆公、六四朗公

广东竹乡：元开公、道张公、千八郎公、应宗公

二房：

白头乡：祖富公、成珠公、时祖公、汝选公、时达公、时舜公、仲元公

三房：

兜坑乡：廷英公、德稳公、胜恒公、胜玉公、胜清公、胜亮公

章丰乡：文斌公、元受公、子敏公、九满公、福珍公、福宝公、法玉公、法汉公、北峰公、仲仁公、双峰公、竹轩公、茂吾公、毓吾公、翠吾公、永昌公、灏春公、调玉公、时育公、菁其公、宣其公、曰其公、玠其公、蔚其公、蓁其公、可其公、炯公、信其公、公其公、登其公、克用公、睦其公、厚其公、逊其公、映黄公、廷杨公、淑雍公、红上公、廷璋公、怀上公、天一公、天球公、廷华公、天香公、鄂伟公、天九公、云山公、培生公、映山公、天秩公、喜印公、勤公、宁远公、融远公、章远公、穆远公、缔远公、普福公、振家公、振寰公、翠州公、朗生公、征远公、振开公、百州公、首庶公、笃昌公、日敬公、丰昌公、雍魁公、朝兴公、日政公、雍章公、元蕃公、雍廷公、霖晃公、霖杰公、穆昌公、地昌以、霖雄公、霖哲公、霖撰公、霖成公、霖葱公、人禄公、孕和公、应华公、友梅公、赞生公、雍纶公、朝明公、朝选公、恒康公、承康公、卓阶公

吉湖乡：元七郎公、德兴公、秀瑛公、志和公、得宁公、七生公、三浩公、西塘公、碧泉公、达华公、趋芳公、皇佐公、皇佑公、皇保公、又绣公、又拔公、和公、超公、桥公、菜公、又白公、又尚公、又

恭公、又蓁公、光祖公、斐公、又传公、玉成公、圣阶公、普公、朝珍公、日升公、升奇公、翼仓公、泮元公、大成公、天成公、昌成公、琢成公、甘应公、宗应公、思远公、学山公、立应公、联应公、次东公、思明公、员应公、丹应公、棠公、梅公、栋公、松公、宪麟公、华麟公、考麟公、益麟公、月麟公、宝麟公、接麟公、拔庆公、家庆公、芹宗公、毓宗公、儒宗公

太平乡：友柏公、友莲公、友竹公、少竹公、效莲公、庆生公、秀贤公、肃若公、庸若公、岳生公、钟英公、芳徽公、惟仁公、方孟公、苇茹公、方胜公、特槐公、参立公、文开公、吕有公、善元公、云山公、隆昌公、定昌公、盛辉公、道隆公、煌珍公、兆荣公、权中公、处华公、腾宇公、武春公、一征公、化春公、暗生公、同云公、淯公、槐石公、宏有公、公寿公、魏成公、孔有公、公九公、史才公、梦龙公、蕃桂公、国华公、宗保公、宗昌公、宗泰公、宗信公、权春公、权三公、日桢公、日梁公、太贤公、元若公、方伟公、毓春公、信云公

光祖寨乡：浑春公、沐春公、芳公、俊其公、萃公、瑞如公、蜚声公、辉廷公、殿祥公、如虹公、亨灵公、为光公、亨福公、天明公、梦熊公、红一公、振龙公、家康公、佩其公、芬公、仔其公、任其公、红石公、秀玉、美千公、公玉公、绣章公、理文公、斯惠公、理瞻公、立上公、斯薰公、冀公、进上公、连上公、融公、纶公

蕉磜乡：寿龙公、升龙公、转龙公、清龙公、禹龙公

笋竹乡：一暄公、萱公、琼若公、兰公、存恕公、生若公、采辉公、天炜公、天绣公、兆鸣公、绍祖公

石坑乡：道生公、殷其公、大其公、兴其公、尚其公、效其公、云其公、绍先公、锡朋公、绚美公、达三公、达聪公、缉明公、峙明公、峻明公、奎文公、英明公、奎芳公、能荣公、观荫公、观德公、观寿公、殿彦公、非紫公、宏超公、非伍公、宏仕公、绚文公、绚菁公、锡勇公、秀发公、锡聪公、伟发公、亨发公、正增公、师望公、得望公、奎照公、奎耀公、贤望公、奎辉公、璧光公、观瑞公、朝彦公、登彦公、震九公、冠陆公

四房：

官庄朴树乡：九郎公、玉才公、福泰公、伯贵公、观福公、子政

公、端公、斌公、聪公、继宁公、继崇公、宗文公、永泰公、玉龙公、桑公、翠崖公、明如公、敬怀公、成如公、友宽公、光如公、祖发公、香文公、良能公、香远公、国宝公、良谟公、香衍公、佩菁公、翠崧公、翠峰公、桂塘公、滨华公、仲良公、万兴公、舍芳公、舍熙公、象元公、德佩公、秋佩公、泌五公、育益公、俊英公、生洪公、蕃如公、国仪公、家珍公、世烈公、世德公、蔚菁公、迪娓公

横头坝乡：四七郎公、文碧公、丽珠公、彦龙公、玉云公、玉秀公、玉亮公、华卿公、仁全公、华翠公、以斗公、以鹏公、上睦公、上容公、上英公、上集公、士爵公、士芳公、士伟公、士荣公、祥贵公、士昂公、士善公、思唐公、上永公、承登公、承济公、时碧公、养所公、仁茂公、仁太公、春华公、以清公、以昆公、春都公、上佑公、上泰公、上碧公、祥有公、士槐公、士魁公、士芹公、士伦公、士献公、士勇公、道昌公、田玉公、爱田公、接龙公、万元公、万茂公

黄沙乡：太安公、文四郎公、元十一郎公、玉瑞公、国乾公、汝元公、汝茂公、昌廷公、昌坤公、亦清公、瑞清公、游清公、殿清公、上清公、碧清公、奎清公、朝清公、杨清公、贵二郎公、祖四郎公、政二郎公、敏公、子盛公、国振公、汝益公、元德公、昌乾公、昌逊公、昌凤公、联清公、澄清公、华清公、长清公、璧玉公、巧英公、达英公、寿柏公、寿峰公

七里山乡：贵三公、宗荣公、得用公、政三公、茂端公、茂清公、立忠公、立惠公、永隆公、开云公、永禄公、永迪公、馥章公、位章公、宗亮公、宗腾公、宗贤公、宗现公、宗连公、宗拔公、宗托公、宗富公、庆贤公、清贤公、辉章公、三五郎公、秀儒公、汝政公、汝清公、立达公、德聪公、德和公、起昌公、德瑶公、伯章公、淑章公、公章公、长菁公、宗哲公、士琪公、士蕃公、士广公、士瑶公、士达公、士宽公、士秀公、士冠公、士能公、必清公、友石公、士并公、禧章公、士德公、士文公、大荣公、福善公、继生公、球公、仲昭公、碧章公、敏章公、宗商公、仲彩公、士振公、士攸公、士吉公、士茂公、宗朝公、宗锜公、宗理公、宗鉴公、士拱公、天应公、九龄公、天贤公

郑屋坝乡：时露公、春茂公、永华公、灿辉公、光国公、御佐公、明英公、明望公、明照公、明彰公、明聪公、明伦公、天观公、声扬

公、仰光公、盛公、滚章公、翔云公、万九公、距川公、殿玉公、克昌公、五封公、云佐公、永立公、日绅公、俊山公、耀宗公、希圣公、俊瑞公、荣捷公、承祖公、献玉公、其祥公、寝昌公、长操公、世芳公、体贵公、受天公、（官庄乡）赵英公、蔚超公、文廷公、明上公、（贵竹乡）四八郎公、田桢公、田祥公、佩山公、常山公、亦芹公、伟芳公、祥发公、和昌公

五房：

大禾乡：千七公、宗六公、必宁公、必玉公、均仁公、均富公、守良公、近潭公、敬潭公、爱潭公、桂山公、均政公、元公、文岳、淳公、淮公、天祥公、希凤公、葵公、子华、翠吾公、惟宏公、文焕公、启青公、香发公、香元公、香俊公、莒芸公、联琼公、联屿公、定吾公、惟美公、文彩公、文照公、文鸣公、文素公、江生公、河生公、汉生公、桥生公、昭仪公、照儒公、昭俭公、昭佩公、太喜公、贵贤公、相柏公、相桢公、希鸾公、子峰公、成吾公、益吾公、惟忠公、惟宣公、惟新公、日生公、燕玉公、冠百公、花玉公、联玉公、森玉公、光玉公、泗玉公、祥元公、秀元公、登鳌公、辰元公、奇元公、科元公、上仕公、达仕公、佳仕公、鸾英公、仲华公、道伸公、季华公、道贯公、荣祖公、应兆公、辉祖公、绍勋公、祖养公、宏养公、仁绩公、龙绩公、大绩公、庶绩公、正绩公、辉绩公、耀宗公、启山公、康宁公、日松、月桂公、鸿基公、均用公、育宝公、朝泰公、允渡公、云崖公、坚公、云波公、可美公、辉汉公、家林公、崇有公、云峰公、仰峰公、志贤公、继峰公、建川公、彬吾公、大卿公、人瑞公、人伟公、其章公、冈右公、陵右公、华榜公、其郁公、其翠公、元右公、紫右公、其文公、翼右公、翔右公、桢右公、兆荣公、华国公、七秀公、统会公、亨荣公、华月公、峦秀公、毓秀公、其展公、其青公、安右公、质吾公、以清公、容若公、参五公、石光公、戊元公、庚元公、癸元公、乙元公、绂元公、国昌公、大昌公、圣昌公、连昌公、福昌公、芹昌公、际昌公、廷兆公、迪兆公、进兆公、近兆公、丰兆公、恭兆公、康兆公、月兆公、三兆公、添兆公、鹊兆公、伯达公、庚达公、庆达公、吉达公、双达公、成达公、家达公、叔达公、可达公、升达公、旺达公、登升公、培春公、开春公、郁廷公、瑛龙公、抢元公、名元公、羽元公、太相公、太桧公、太杏公、太棠公、太槟公、明若公、肇廷公、显

仁公、长峤公、部发公、缉敬公、长岳公、玉辉公、沐培公、丰英公、沐雯公、玉珍公、沐霖公、丰烈公、沐树公、丰彩公、缉勤公、长玉公、传孔公、申廷公、缉承公、长月公、长崙公、长峨公、和发公、渊龙公、以宁公、滋先公、特峦公、上先公、克光公、伯友公、松一公、登九公、桥一公、肖峰公、子华公、明吾公、玉卿公、芳菁公、乾山公、坤山公、建山公、廷灿公、良璧公、辉璧公、天璧公、琳璧公、梦瑞公、梦飞公、爱峰公、秀九公、州麟公、梦麟公、桢凤公、隆璧公、韶凤公、钰鼎公、宏鼎公、锦鼎公、元训公、明训公、章训公、庭训公、阳璧公、纶凤公、錡鼎公、升璧公、少峰公、显达公、均智公、仕聪公、朝肃公、允明公、景浓公、希参公、象南公、应历公、日恒公、长青公、清九公、乔霖公、履春公、景秀公、东泉公、仰泉公、培吾公、秉章公、芳葵公、翔一公、琏观公、新郁公、新桂公、新榕公、三春公、宁仁公、新椿公、新梧公、新杨公、九一公、新玉公、新豹公、世鸿公、青选公、大选公、鹏一公、爵一公、德一公、永瑞公、魁春公、继泉公、以成公、以焕公、福霖公、仁公、泽远公、建吾公

二房：

坪坑乡：瑛公、正来公、玉英公、玉凤公

五房：

源头乡：洪公、景常公、子高公、二九公、仕荣公、仕华公、仕富公、敏玉公、敏才公、德山公、奇芳公、清白公、仲升公、常九公、连中公、成贵公、振贵公、英贵公、廷贵公、昌华公、昌龙公、祥庆公、福景公、福稳公、福裕公、福春公、中选公、中进公、中达公、中宏公、中岳公、中斡公、中华公、秀祚公、行麟公、云庆公、发华公、圣凤公、常仁公、芳升公、万隆公、盛名公、上胜公

贡厦：仕诚公、崇公、大爨公、前山公、前塘公、崧山公、敬塘公、华山公、秀吾公、秀宇公、养厚公、养明公、育青公、茂达公、贤卿公、华卿公、际卿公、发卿公、茂盛公、茂奎公、茂丛公、秋丛公、茂山公、允聪公、允元公、生清公、玉太公、玉明公、友鹄公、其行公、世昌公、宏史公、利史公、必大公、连芳公、连登公、连彩公、成富公、连科公、连佑公、天宽公、唐凤公、汉凤公、克显公、任昌公、任山公、兴龙公、继汉公、淑汉公、名先公、宗汉公、永锡公、振英公、芳翠公、芳振公、芳郁公、元昆公、其照公、世绩公、天久公、成

凤公、成文公、成思公、成周公、成翠公、成桢公、天开公、运利公、珍麟公、毓麟公、成鸿公、翠麟公、永益公、义贤公、行官公、福官公、银官公、发挥公、发嵩公、发麟公、彩兴公、甲龙公、卯珍公、永兴公、贵龙公、腾林公、云林公、森林公、凤林公、始林公、华林公、正林公、开福公、连升公、献林公、蔚宽公、蔚廉公、蔚扬公、蔚容公、蔚雄公、蔚昂公、蔚起公、廷升公、蔚观公、蔚佑公、蔚传公、蔚敏公、俊林公、文林公、升元公

湘坑坝乡：富公、大全公、珀公、青芳公、琼芳公、翠芳公、亦联公、行达公、光佑公、青凤公、长盛公、朋凤公、朝喜公、山喜公、华喜公、象珠公、金衍公、金郁公、清恩公、养良公、生奇公、琳芳公、仙养公、升容公、殿兴公、新廷公、桥佑公、槐佑公、长奇公、锦祥公、灿祥公、福祥公、福贵公、福崇公、世标公、金瓯公、金露公

江坑乡：崇胜公、前堂公、祝堂公、爱堂公、日鼎公、君佩公、日升公、日新公、吉章公、达章公、节章公、魁益公、魁显公、邦基公、邦翰公、绍尧公、绍勋公、叔梁公、恒贵公、子英公、时俸公、廷楷公、廷仪公、尊三公、并三公、省三公、敬元公、清化公、魁伯公、魁名公、魁今公、邦屏公、邦新公、仁梁公、千梁公、万梁公、邦宪公

定坊乡：满仔公、荣贵公、德通公、德道公、积万公、玉田公、积玉公、景青公、英文公、天章公、莹又公、彬又公、泮远公、光远公、馥远公、天珍公、宪甫公、维甫公、明甫公、华甫公、景福公、景兆公、景达公、麝香公、先开公、天祥公、桂林公、文保公、喈元公、接凤公

田贝乡：均贵公、卿受公、梅受公、万受公、崇用公、崇贵公、孟七公、祖生公、发成公、爱湖公、竹山公、爱琳公、肖竹公、时通公、时远公、时发公、时秀公、时贵公、时荣公、文其公、翘英公、上英公、可生公、翰臣公、鹤臣公、文应公、仲绍公、赤臣公、能臣公、得麟公、肇达公、肇晋公、开瑞公、文玉公、福达公、崧亭公、华宝公、盛应公、新亭公

茶头下、梨头下：占鳌公、旭振公、化周公、蔚然公、勃然公、斐然公、五禄公、闰公、友养公、南山公、贵秀公、贵纲公、德统公、德玉公、万玉公、琚英公、肖山公、应香公、百朋公、子本公、子龙公、子毓公、衍生公、玉生公、碧生公、荣生公、洪盛公、伟盛公、殿忠

公、维希公、芳荣公、维周公、双璧公、玉郎公、子祥公、昆祥公、简其公、爱塘公

　　洞头乡：宗贵公、敏岳公、光宇公、生摈公、生伦公、其沛公

　　中湍乡：得敬公、立用公、成根公、朝选公、化龙公、春行公、宪章公、象贤公、象英公、象坤公、象湖公、仲祥公、伯祥公、田寿公、元山公、春园公、仰园公、长亮公、廷选公、有潘公、毓秀公、次圭公、正青公、元麟公、卓麟公、瑞麟公、夏麟公、明德公、彩麟公、桂章公

　　五里乡：以发公、有明公、有德公、衍生公、有禄公、宝兴公

　　官坑乡：席珍公、德周公、元中公、元立公、元芬公、汉阳公

　　平地乡：宗贵公、继玉公、元青公、胜能公、应辉公、福泰公、元泰公、发忠公、发宁公、新润公、昌泰公、廷谟公、盛泰公、开泰公、广端公

　　平坑乡：珩玉公、有文公、又日公、素封公、蔚林公、发分公、发琏公、发琨公、渭沧公、发营公、发琳公、发琮公、发璋公、发球公、发琼公、碧峰公、廷宣公、凤来公、凤仪公、韦玉公、允升公、辉吉公、色彩公、仰高公、群望公、运显公、发珍公、殿华公、敷德公、其坤公、其培公、其松公、其润公、其楷公、其杨公、利为公、嘉瑞公、文先公、光腾公、历明公、毓聪公、定虎公、文炳公、定麟公、鹭序公、荣青公、继光公、日新公、纯学公、其泮公、廷器公

　　石螺汾

　　六房：

　　大顶下：文远公、宗德公、宗泰公、九福公、九明公、子高公、明善公、彦广公、克昌公、日昌公、松冈公、少松公、少冈公、康华公、海华公、敬宇公、士升公、秉乾公、逢若公、凝休公、家箕公、书三公、比云公、会秋公、相林公、调鼎公、萃堂公、伦值公、承茂公、瑾辉公、瓒辉公、荣发公、丽忠公、丽明公、景玉公、世杰公、建勋公、焕雯公、新运公、凤池公、文选公、华阅公、人伯公、宪孺公、陶珍公、万益公、丹田公、体贵公、受天公

　　五房：

　　汶口：德庆公、席珍公、彩珍公、彩笔公、世藩公、封五公、东鲁公、拔汉公、熙绩公、琴宰公、豫泰公、作梅公、遇扬公、集苑公、应

扬公、万井公、宰蒲公、锡光公、锡洪公、为章公、史昭公、弁伊公、奉兹公、干宝公、凤鸣公、云从公、九中公、云开公、性初公、彭龄公、云腾公、云衢公、善余公、慎余公、文贵公、文正公、文据公、富山公、礼山公

六房：

朝山乡：奉福公、维玉公、维进公、维珍公、宏斐公、宏烈公、宏招公、开友公、迪清公、学友公、贤友公、华英成梁公、成栋公、成材公、成桃公、成楠公、鼎应公、隆相公、举才公、喜才公、宁友公、建才公、群才公

陈禾坑乡：子志公、唐孙公、闰政公、贵通公、顺福公、廷鹤公、汝用公、良玉公、良桥公、以荣公、以茂公、以春公、以彩公、以本公、以仁公、以昌、仲斯公、仲选公、应达公、桂清公

小密乡：承庆公、国俊公

钩坑：春钦公、春爱公、承伯公、清九公、和远公、明周公、正高公、天德公

雁塘乡：德馨公、凤公、君贤公

黄地乡：荣一公、君佑公、茂玉公、佐福公

黄坑乡：允明公、明善公

小燕乡：玉琢公、元开公、廷相公、廷展公、从周公、莱荇公、文富公、绍龙公

梅山：竹梁公、（上坑）启盛公、（长房白土）开乾公、耀乾公、瑞乾公、宪元公、宪馨公、宪甫公、宪乔公、道德公、道长公、道源公、道通公、习乾公、履泰公、凤光公、成聪公、成摈公、成璧公、成开公、成琪公、成嚷公、凤仁公、云锦公、采蔚公、成球公、廷弼公、廷瑞公、廷秀公

补刻：

（四房官庄）映奎公、（七房）千二郎公、（五房大禾）全荣公、华映公、平仁公、九春公、国珍公、国球公、启山公、贞麟公、（江坑）时节公、（茶头下、吉湖）正伟公、汉伟公、大周公、久养公、盛庆公、选元公、捷元公、（田贝）开进公、（六房东流坑）飘桂公、五桂、显谟公、光公、亨桂公、连桂公、映桂公、兆裕公、佩兴公、连宝公、兆华公、进兴公、汉钦公、汉进公、德良公、德珍公、德开公、

德政公、德秀公、兴扬公、兴贵公、仰前公、（东流坑乡）继兴公、敬清公、参公、法达公、竹宝公、竹宁公、积禄公、必荣公、振宇公、升宇公、时宇公、可兴公、成玉公、化玉公、上玉公、云玉公、如玉公、佩玉公、荣嵩公、荣亮公、荣珍公、荣昌公、荣彩公、荣忠公、荣球公、裕魁公、裕华公、逢春公、廷茂公、友玉公、蔚元公、宏璧公、信芳公、钟秀公、兆文公、茂秀公、文秀公、春秀公、伦秀公、可聪公、可昌公、晖公、文泗公、益魁公、荣开公、兆胜公、登望公、接元公、接昌公、接发公、接隆公、廷裕公、道东公、（六房上坑乡）显宗公、祚衍公、贞淋公、殷桂公、七桂公、向荣公、仕隆公、（六房林坊）百二郎公、主官公、员寿公、章圣公、华祚公、华玉公、兆公、珦公、子良公、秀寰公、映辉公、森荣公、森斐公、又正公、嘉正公、务正公、务正公、立正公、滋正公、升猷公、文龚公、天生、松生公、子坚公、子受公、子安公、文光公、崇富公、定贞公、敏祥公、喜吾公、福吾公、天章公、汉章公、有章公、绚章公、佩珍公、襄成公、叶吉公、叶梁公、文瑄公、文现公、（六房巫坊乡）小五郎公、法贤公、法堂公、有慧公、法儒公、君寿公、应如公、昌富公、文胜公、文质公、文元公、文启公、文标公、青山公、淑荣公、玉山公、亨现公、（六房井下乡）百七郎公、真八郎公、受珊公、万珍公、四八郎公、子福公、清友公、辉腾公、上选公、仲一郎公、法文公、显升公、青梅公、青元公、应瑞公、应麟公、士登公、士德公、士昌公、士有公、启文公、启贵公、启德公、启鹏公、启连公、启良公、桂莲公、桂畚公、桂洪公、桂元公、桂清公、桂辉公、桂珀公、桂珍公、桂珠公、桂崇公、桂茂公、桂旺公、桂芬公、桂兴公、桂承公、云芳公、（六房）十八郎公、千十郎公、文政公、宗永公、景荣公、景新公、伯璋公、伯珍公、伯璘公、伯泰公、祖玉公、祖受公、玉积公、玉隆公、成栋公、成杰公、成永公、天慈公、天安公、天宾公、天相公、昆有公、汝才公、汝祥公、常仁公、常茂公、荣增公、彩玉公、影玉公、彰玉公、彬玉公、联玉公、宣兰公、衍山公、维捷公、紫曾公、友和公、馨予公、大延公、大松公、福生公、生保公、雍祥公、辛寿公、明照公、有光公、祥麟公、长庚公、（六房瑶下乡）伯十一郎公、显森公、宗德公、祥公、岳公、浩公、宪龙公、敬山公、昌裕公、清发公、胙白公、孙阶公、（七房河林乡）明宇公、明华公、君禄公、君田公、君洪公、君洪公、君春公、元生公、伟生公、显生公、翠元公、作兴公、紫升公、观生公、文三郎公、源四郎公、源一公、德昌公、德和公、永兴公、永菁公、永聪公、汝行公、英公、端公、珊公、祯公、聪公、崇德公、新唐公、汉福公、太元公、振元公、文麒公、文兴公、玉交公、（七房庐丰乡）伯三郎公、伯一郎公、伯十郎公、子荣公、玉瑛公、仲卿公、仲瑄公、永茂公、福敏公、永敷公、碧浓公、永清公、永成公、永材公、永福公、俊义公、璠公、景先公、景顺公、景春公、景渊公、景明公、景芳公、景辉公、景达公、景新公、景亨公、景亮公、清公、福宁公、福聪公、桂玉公、福清公、澄公、桂华公、益莹公、通公、桂用公、纶公、宽公、镇公、镐公、鼎公、禄公、椿公、峰公、西山公、万禄公、茂兰公、茂贤公、仁汉公、仕瑛公、仕荣公、龙湖公、渊泉公、玉珊公、怀秀公、王广公、济湖公、东湖公、后湖公、荷坪公、古唐公、汴公、邦甫公、竹轩公、逢春公、逢浩公、东山公、淳宇公、宗周公、静泉公、汝庆公、华吾公、玉明公、映明公、子位公、文辉公、汝爱公、子寿公、若素公、汝节公、效贤公、效才公、效忠公、有禹公、应简公、馨九公、衍九公、君赐公、章九公、君祚公、衡九公、成辉公、君耀公、君荣公、成初公、贤甫公、子舟公、子敏公、亦文公、永馨公、季乾公、友桂公、亦五公、肇乾公、淑乾公、育生公、阶元公、俊丰公、文考公、天益公、周凤公、心奎公、旭东公、心衢公、心锦公、钜祥公、扲皓公、飞艳公、佳坤公、佳元公、佳良公、瞻益公、飞鹏公、兆瑜公、盛融公、伟乾公、文周公、书文公、亮周公、献炎公、献炎公、献琳公、全才公、企尧公、景千公、毓瑞公、喜凤公、有宏公、瑄玉公、育岳公、存德公、恒山公、恒秀公、正春公、光奎公、月斌公、丰泉公、蔡阳公、景荣公、中元公、蔡馥公、中和公、（七房）华公、才公、玉荣公、茂荣公、光荣公、以荣公、德荣公、龙寿公、贵寿公、仲坤公、仲俊公、德寿公、仲兴公、仲标公、春龙公、春凤公、（七房碧紫背乡）崇斌公、世宽公、顺宇公、茂信公、汉清公、汉初公、（南山下）世旺公、（七房上登乡）万四郎公、仲聪公、仲能公、贤隆公、满郎公、钟元公、（七房长岭乡）大四郎公、文伸公、其青公

补录

万麟公、道明公、以梅公、苍蕙公、兆腾公、立宏公、新福公、盛

发公、桂元公、口山公、申昌公

以上配享总共二千三百名正

第二节　武北钟氏的历史渊源与社会发展

武北的钟氏大致分为两支：一支主要分布在永平乡的梁山、田背、昭信，桃溪镇的小澜等村（见图 5-4），其中以昭信钟氏人口最多；另一支主要分布在大禾乡的贤坑、帽布、上湖等村，桃溪镇的郁屋坑、田雁等村，湘店乡的七里等村，永平乡的帽村龙头牌、中湍等村，其中以贤坑钟氏人口最多。这两支武北钟氏分别追根于烈系钟姓的乌石崈钟氏和接系钟姓的富山钟氏、胜山钟氏、铎公钟氏、富四钟氏。

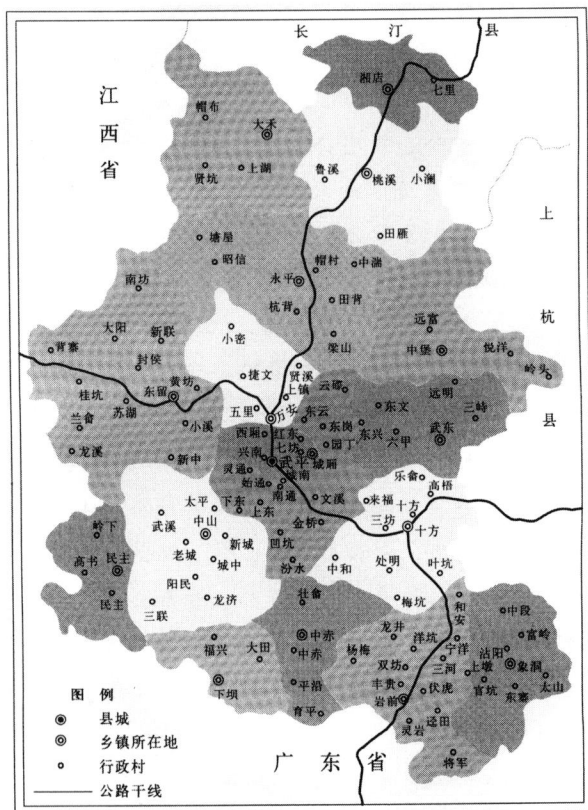

图 5-4　钟姓人口分布于武平县 17 个乡镇 103 个行政村

根据新版《武平县钟氏族谱》①，所谓"接系"，据说是源于钟姓最早的始祖微子启。微子启是黄帝三十四代孙，殷帝乙之长子，其弟就是中国历史上著名昏君——纣王。周灭商后，分封微子启到宋国，因为钟姓是宋国孕育的，所以后世钟姓尊微子启为远古始祖。宋国传至宋襄公，宋襄公与楚争霸，派其弟公子邀出使晋国，公子邀后在晋国定居，改姓伯，传十二代后至楚霸王项羽大将钟离昧，昧生三子：发、接、连。次子接为避祸将姓氏钟离去离单姓钟，居河南颍川，开创颍川钟姓。

而烈系是指宋国末代君王偃的第三子烈奔走许州。因其曾封"钟邑大夫"，子孙以钟为姓，后裔亦定居颍川。钟烈的十世孙钟桂生于汉平帝元始五年（5），至19岁时身高九尺，腰大八围，异常骁勇。时值汉光武帝在南阳张榜招募天下武勇讨莽。钟桂率宗支应征。他在讨莽战争中，作战勇猛，后来东汉刘秀封其为"镇蛮大将军"（一说"佐卫大将军"），并赐"金铜宝图"，随军宗支25人皆受封赏。因此，武平乌石峯《钟氏族谱》有联曰："镇蛮成大业汉代追封宝鼎金铜一门祀笏家邦耀"，说的就是钟桂获得"金铜宝图"的事。梅县《松口钟氏谱钞》载："唐高祖时，寇如蜂发，公收拾金铜宝图，避兵江南。"②

一

据新版《钟氏族谱》，钟烈一脉迁南方的始祖是钟贤。钟贤于东晋末年迁往南方，新版族谱上还记载了迁徙的时间为公元420年5月21日，钟贤过江迁至江西虔州，成为钟姓入赣始祖。后来钟贤奉南朝宋武帝刘裕之命，入闽平定"六戎之乱"，为闽中都督，因此钟贤也是入闽始祖。钟贤的儿子钟朝，袭都督大将军，于南朝宋明帝泰始二年（466）携后母马氏妻儿到白虎村（今福建长汀白石村）定居。钟朝继母马氏，生于东晋安帝隆安二年（398），卒于南朝宋顺帝昇明二年（478）。马氏一生贤德，常常奉劝丈夫、儿子在战争中谨慎杀戮，经常收容伤者、病者，深受当地官兵的爱戴，死后葬于后山九龙岗癸山丁向，故旧时曾流传民谚曰："先有钟家墓，后有汀州府。"唐开元二十四年（736），唐朝政府决定设置汀州府。初府衙设置在今上杭县东，后传马氏墓对汀州府风水有影响，遂决定铲除马氏墓，将府衙建在其上。对此，闽西各地《钟氏族谱》多有记载，如《颍川钟氏历代宗亲族谱》载："昔因朝

---

① 武平钟氏宗亲会编《颍川堂武平钟氏族谱》，2004。
② 罗香林：《客家史料汇编》第一册，中国学社，1965。

廷金鄞江地，九龙岗祖坟，为汀州府衙。又迁住宅，为长汀县衙。兄弟难抗朝廷，靠有司之恩，恳祈每年清明祭扫，以展孝思。值马知府仁政爱民，泽及枯骨，即将射箭坝田六十亩作钟氏蒸尝田，每年遇清明逊位祭醮。后数十年，有知府许优，不容祭醮，将钟氏一族磨灭，恣横百端，意欲挖去祖坟。延迟一七，将坟挖开，见一油缸，内有灯火不息；又一石碑，有文云：'许优，许优，与汝无仇，数百年后，与我添油'。知府见此，遂添以复痊之。"①

钟姓内部的口头传说则进一步丰富了这一说法，据一位钟姓报告人说：

> 马氏葬后，德厚流光，二百余年内，墓内常闻鼓乐之声。唐玄宗开元二十四年（736）增设汀州府衙，第一次设在上杭县，因地多发瘴气，居民多病死。后于唐代宗大历四年（769），朝廷闻马氏墓内有鼓乐之声，把州治移至白石村，将马氏墓建为汀州府衙。由于马氏墓是癸山丁向，府衙也照这方向建筑，故曰："天下衙门皆子午，惟有汀府癸山丁"。同时将钟氏祖屋改为长汀县县衙，故又有"长汀县衙祖屋场，汀州府衙姚坟堂。惟愿后裔存方寸，随居处处世荣昌"；"先有钟屋地，后有汀州府"之说。大历十四年（779）改为汀州治，钟氏子孙不敢抗，而迁南岭。适马知府莅任，以孝治民，复于上曰："人人切思保本，钟氏子孙能忘其祖姚乎？得准将箭射田六十顷作钟氏尝田，每年清明节逊府堂三日给钟氏子孙祭墓"。后知府许由（有谱记载为许优、许犹等）莅任官府，对清明逊府堂给钟氏祭墓不满（有谱记载墓内常有音乐之响或常在府堂内涌起墓堆），怒掘马氏墓九尺不见棺骸，只有油火一缸，金光灿烂，并现碑文："许由、许由，与你何仇？五百年后，与我添油"。旁刻字云："凡我子孙寻谱相认，福德无休"。许由骇荐，购一府之油无法填满，传钟氏一子孙一添即满，遂准祭复墓，并立碑于仪门外题之曰："黄门侍郎（即钟朝）之母墓"。时在汀州府的钟姓后人为钟遂，唐玄宗开元时任谏议大夫（731～741），与钟接后裔钟绍京同朝为官，钟遂生七子：礼、恭、宽、廉、敏、惠、节。当时兄弟七人，正在祖屋改建为县衙之劫后，郁气莫申，将产业悉售，并将箭射之田六十顷舍入开元寺，兄弟七人各迁东西。这就是"钟姓七子散汀州"的由来。②

---

① 钟大烈录《颖川钟氏历代宗亲族谱》，原稿藏武平县文博园。
② 钟毅锋：《亦畲亦汉——钟姓复杂民族性研究》（网络稿）。

据《颖川钟氏历代宗亲族谱》载，此后"兄弟七人，因官府贪酷不已，将祖业产尽行出卖，将射箭坝尝田舍入开元寺，兄弟迁徙他方，分别之时于祖宗之前即盟誓云：'山有来龙水有源，去后代代产英贤，流传不认宗支祖，天雷劈碎变飞尘'。后有知府李以知逸公兄弟有舍田盟誓之念，上表追封逸公为令公，塑像于开元寺东阁配佛永远奉祀。当时，宽公、敏公移居虔州即今赣州是也。恭公移龙南信丰；宽公复移雩都，又分居信□□，即公移居回龙，又分居瑞金县；惠公移河田，又分居宁都；廉公移于上杭即其派也。世传井秋坑有祖坟三穴，原系象形，坐西向东，前有小河，为罗带水，亦即始祖也。"

据一位钟姓报告人说，关于马氏墓还有多种说法，如钟姓的贤公、逵公、全慕公之妣均为马氏，这不同时代的马氏祖婆都葬在卧龙山。第一位马氏是贤公之妣，贤公字公节，号希贤，生于东晋孝武帝太元二十年（395），卒于南朝宋明帝泰始五年（469），享年75岁。原配黄氏，续配马氏。马氏生于东晋安帝隆安二年（398），卒于宋顺帝昇明二年（478），享年81岁，生一子明公，字会正。马氏卒后，葬于白石村（又名白虎村、九龙岗）卧龙山南麓癸山丁向。

第二位马氏是逵公之妣。逵公，字达，生于唐高宗显庆三年（658），卒于唐玄宗天宝元年（742），享年85岁。逵公在唐玄宗开元时代（713~741），任朝廷谏议大夫28年，与唐朝宰相钟绍京同朝为官。妣马氏，生于唐高宗显庆五年（660），享年85岁，生七子：礼、宽、恭、廉、敏、惠、节等。马氏卒于唐玄宗天宝四年（745），也葬于卧龙山南麓区域内。

第三位马氏是全慕公之妣。全慕，字长儒，生于唐宣宗大中元年（847），卒于后梁贞明元年（915），享年69岁。妣马福娘生于唐宣宗大中三年（849），卒于后唐同光二年（924），享年76岁。生三子：仁德、义德、礼德。全慕公妣马氏辞世后，葬于卧龙山下的九龙岗，同贤公马氏墓一样坐向，为癸山丁。可至明宣德九年（1434），知府许敬轩（又名许由）奏请朝廷批准，汀州第三次扩城，将具有510年历史的钟姓古墓——马福娘茔平毁，故有"许由，许由，与尔何仇？五百年后，为我添油"的传说。

这样的传说后来还被镌刻为《钟母马氏夫人墓志》："太婆姓马氏，令兄无凯之配也。其初河南许州，迁浙江桂竹坝，后迁汀州府南岭白虎村居焉。太婆殁后，葬白虎村九龙山麓癸山丁向，坟地甚佳，于宋宁宗嘉定间奉旨开庑，易去此坟为府堂，有司籍芦竹走马坝与之易之。是时，知府姓许名由者，令人起土深入。内有灯火壹盏，青油半缸，另一志碑曰：'许由许由，尔我何仇，五百年后开我坟土，为我添油。'许由读毕，悚然惊惶，然惧不敢添油也。油尽，通府缸如故，益加惊骇。后复一旨'迁墓不迁舍'。时届清明前后，知府让位三天逊钟氏子孙醮祭，犹如子孙蕃庶，喧哗过甚，仍复一旨于府堂右傍平立一祠名灵龟庙，竖马氏夫妇金像，值春秋二祭，官府祀焉。子孙自是不得复祭。故曰：'天下衙门皆子午，惟有汀州作癸丁'。迨后九公子孙居处不一，或广东，或福建、江西、浙江、湖广所在，皆有援其事以志之。皇清乾隆三十年十月　吉旦。"

关于马氏夫人墓，《长汀县志》亦有一些记载，如民国《长汀县志》卷五《城市志》载："中山公园，即旧汀州府署，清军厅署，府经历署，民国十八年，因乱被焚，二十一年，共产党辟为公园，二十三年，东路军入汀，改为中山公园，旧有钟氏唐始祖妣马太夫人墓。二十四年，驻军旅长钟彬加筑纪念碑。"① 《古迹志》载："钟氏始祖妣马太夫人墓，在中山公园内。民国二十四年。陆军第三六师一〇八旅旅长钟彬等修筑。马夫人为钟全慕之妻、翱之祖母。"②

千百年来，马氏夫人的传说在武平钟氏内部流传了一代又一代，无异于是一种神圣的图腾。由于对马氏夫人坟墓的崇拜，直到民国时期，钟姓族人还专门制定了马氏坟墓的若干规定：

钟族马氏祖妣原基原墓立碑修理众祠总章③

第一章　总则

第一条　此次马氏祖妣原墓立碑，及修复在汀城之宗祠二座，暂依本总章行之。

第二章　建筑范围及程序

第二条　马氏祖妣原墓系在汀州旧府衙内二堂，即理在中山公园之中央建立一在庄严神圣而可垂永久之铜碑，地面以水门汀铺一党徽，其

---

① 邓光瀛、丘复修纂《长汀县志》，长汀县博物馆、政协长汀县委员会文史编辑室重刊，第一册，第43页。

② 邓光瀛、丘复修纂《长汀县志》，长汀县博物馆、政协长汀县委员会文史编辑室重刊，第一册，第58页。

③ 乙亥岁七月廿八日开笔录本源《钟氏一脉族谱》，二十二代裔孙晋书，字肇图。

上以水门汀建一方亭，周围以铁栏杆围护。其图样另请工程专家拟定公布。

第三条　在汀州府署东偏横岗岭宗祠已全部崩颓，现仅有地基，拟新建筑三堂房屋及厢房其□。

第四条　在汀州署前席稿塘之宗祠现已破漏，拟完全修复原状。

第五条　立碑为第一期工程，于廿四年一月动工，四月完成。修祠为二期工程，廿四年二月兴工，年底完成择吉进火。

第三章　捐款及垫款办法

第六条　全部工程浩大，拟兴募捐集三万元，以一万二千元立碑、一万八千元修复宗祠。

第七条　凡各地裔孙捐款者，俱在横岗岭重新筑之祠内立长生禄位牌，其分等如下：

甲、凡捐金二百元者立鼎炉一位。

乙、凡捐金五十元者立特牌一位。

丙、凡捐金十元者立世牌一位。

丁、凡捐金在千元以上者，另于中间立专牌一位。

第七条　在新祠内全龛，拟立鼎炉六十位，可收六十元；特牌三百位，可收一万五千元；世牌九百位，可收洋九千元。共计洋三万元。

第八条　凡总章所称银洋，皆指"国币"大洋而言，各地价洋不同，概以长汀收到为标准。

第九条　各地所认捐款，统限廿四年四月二日（即废二月底）先缴一半，至九月日（即废历中秋节）全数缴清。

第十条　现因工程急待进行，时订定垫款优待办法如左：

甲、如在民国廿四年二月十八日（即废乙亥年正月半）以前，将所认牌银全数缴清者，进于九成五缴交。

乙、如在民国廿四年三月四日（即废乙亥正月底）以前，能将巨款垫付者，除照上条优待外，并帮月息一分。

第四章　办事总则

第十二条　凡各地裔孙捐款在三千元以上者，公推代表一人来汀，由各地代表组织理事会及监察会。

第十三条　理事会掌全部进行建筑事，宜内分设总务、工程、财政、交际各股。总务股办理文牍及内务事宜；工程股办理工程设计等项事宜；财政股办理金钱纳保管事宜；交际股办理问各地捐募及对外交际事宜。

第十四条　监察会掌全部收支出入之监察，工匠等之监督等项。

第十五条　各地代表驻汀时由公家津贴伙食。

第十六条　府署名理例之宗祠，现虽仅有地基，但经前人惨淡经营，其功亦不可泯灭，将来祠堂落成，中间应立一等碑藉资纪念。

第十七条　此次系立碑、修祠全时进行，将来全部足完成后，于旧府署侧偏横岗岭之宗祠，立一石碑纪述缘来，并在旧府署前席稿塘之宗祠，将修复缘末、鼎炉特牌各姓名，泐以重久远。

第十八条　各地代表统限廿四年二月十八日（即废肋正半）以前到达汀州。

第十九条　凡总章如有未尽事宜，由各地代表大会议决修正，并公布各地族人。

不仅如此，我们还在《颍川钟氏历代宗亲族谱》中，[①] 发现了一篇撰于民国二十五年（1936）为修复马氏夫人墓捐资的序言，全文如下：

> 宗彬叔公驻汀州悦心报祖德坟堂发展谱序题捐簿，修复我族唐始祖妣马太夫人墓醵金簿序。
>
> 彬髫龄时，每闻族老言汀州府署内我唐始祖妣马太夫人墓故事，辄心焉向往。及长，渐耽世事，向往之心亦未尝一日去怀。自尔侂偬戎马奔走四方，偶有所触，便觉怅然，自恨未缘瞻奉，以饫中怀。民十七来，汀州沦为"匪区"，腹地俨成异域，欲一往瞻拜斯墓，更无期矣。今年十一月一日，"中央东路剿匪军"规复长汀，彬适绾旅符，亦率属至焉。戎马之暇，函往参竟，以沃我二十年来之渴思。孰意府署荡尽，公园新辟，乱草残砾，弥望皆是。我马祖妣千年来之古冢，亦漫灭不可复识。徘徊瞻顾，凄惘何极，然一究自然之形势，追惟历史之事变，又不禁怦怦于心而不能自己也。
>
> 汀州四面环山，中辟一平原，从平原中兀然耸立者，九龙山也。山

① 乙亥岁七月廿八日开笔录本源《钟氏一脉族谱》，二十二代裔孙晋书，字肇图。原稿藏武平县文博园。

势分九支，皆南向奔逸，蜿蜒如龙，故以名焉。中出一支，势尤雄放，我马祖妣墓当其中。由其中以望，东亘霹雳，西峙玉女，南屏珠宝。复远山环拱，护势若连云。平时相错如绣，东西带于左右二溪，合流而南，山州之回合，配置之天成，及其全境之清佳，非亲临而观者，莫之能想象也。曩者朝野迷于风水之说，谓此墓当出天子，乃卜其地，建府署以□之，墓址适为二堂案棹位。据旧谱所载，递年清明，犹许钟氏诣府堂祭扫，是则冢故在府署，未□平毁。嗣以祭扫时有醉汉触太守怒，始奏革之，然尚以名坟相视，准以府署西偏立庙祠祭。历年亡久，庙宇寝废。迨清同治间，有上杭钟宝三者，以世袭云骑尉得交于汀州冯知府，复奏准因庙废址以立假冢。自近年"赤匪"兵火后，废坏涤地，昔之宏壮巨丽，化为荆棘荒墟之地者，已五六年，乃茸为公园。今彬因缘时会，得亲临斯土，俯仰感慨之余，而修复我先人坵墓之念，能不慨然以生乎！

正月念六日宗侄晋书叩录

时至今日，钟氏族人对马氏夫人墓的崇拜仍有增无减。鉴于闽西长汀的马氏墓于 1966 年"文化大革命"时被毁，原址被扩建为长汀一中校园，1991 年 10 月，第五届世界钟姓宗亲联宗大会决定在广东省蕉岭县三圳镇顺岭下重建马氏陵园，并于 1991 年 8 月 1 日动工，1993 年 9 月建成。关于马氏陵园的重建，我们在田野调查时还抄录到一碑刻：

重修马太夫人墓园碑记

马氏祖婆乃吾钟姓南国之祖妣。原葬于福建省长汀风水宝地，千古流传，千秋祖德，远近蜚声。但由于年代久远，几经变迁，以至墓迹全非。四海宗亲常怀饮水思源之念，迢迢千里，几度寻根问祖，亲临长汀访查，并拟筹资重建，以昭祖德。皆因种种原因，未成凤愿。近年来海外维炫、荣山、育森等宗长一再辗转回故乡各地查勘，最终拟定蕉岭顺岭山为吉址建碑。此议于 1991 年 10 月 27 日在泰国召开的世界钟姓联宗大会决议通过。消息传来，四海称庆，旋即成立建园乔迁委会，于 1992 年 8 月吉时隆重奠基，并认真研究墓园设计，同时得到当地宗亲热烈支持，协助完成征地拆迁等工作。从此，海外宗亲纷纷筹款捐资，及时汇返，保障工程顺利进行。兹落成纪念碑主碑一座，左右纪念亭各一座，进园公路及停车场等配套设施，亦相继完善，总计支出人民币78万元。墓园背靠青山，脉结罗裙，铺地如巍巍宗功；面逆大河，长流不息，若绵绵祖德。举目文嶂高耸，气象俨然，钟灵毓秀，宜乎瓜瓞绵绵。马氏祖婆将千秋永在，与世长存！

世界钟姓联宗总会

公元一九九三年癸酉岁九月吉日立

由此可见，钟氏后裔虽分散四方，却对传说中或历史上的远祖有着宗教式的思恋与向往，而这种思恋与向往虽历经千百年而不减，凝聚成一种永恒的情结与绝对的精神。传说中的祖居地或祖坟亦吸引了无数的钟氏后人前往朝拜，给予了精神寄托与心灵的慰藉，而成为一处无言的风景和虔诚膜拜的圣地。

"七子散汀州"中有一支叫做钟礼，其长孙钟武迁徙至武平坊千家坪（今武平县象洞乡沾阳村）。钟武第八代传至钟尚，钟尚生三子：山、岱、峦。钟山字中岳，生于宋真宗咸平四年辛丑（1001），卒于宋英宗治平元年甲辰（1064）。关于钟山卒时，有一段传说：

据《颍川钟氏历代宗亲族谱》载：按山公，宋主治平元年岁次甲辰正月十五日归仙，迁金水月形，坐北向南。当日打开砖石有穴。在家停枢，追荐七日出殡。至二十一日，在坝桥头停棺，一时天昏地暗，狂风猛雨，连发三日。岱公叔侄恐犯天条，焚香祷告，其雨方止，即寻棺枢不见。究其踪迹，有黄钱纸引路，引至地边，见有砖石砌冢，有语云："金水月形穴是真，天神葬来荫福人，葬后不容儿孙醮，黄伞金带不离身。"昔岱公未曾推详谚此语，闻即备三牲物仪谢土，黄蜂及蛇出现，乃云天葬地也。自后儿孙再不敢祭，世传山公、岱公以义方教子侄，兄弟四在庠。至宋英宗治平四年丁未科，友文、友勇连登同中进士；神宗二年己酉科，友武、友盛同登乡试。至神宗三年庚戌科，友武中进士，友盛未登甲榜，至神宗九年不幸而故。

根据同一族谱，钟山生有三子：友文、友武、友勇，钟岱生一子友盛，钟峦也生三子：友才、友能、友瑞，一共七兄弟。其中友文、友武、友勇和友盛前后在宋神宗年间中进士，并为官。友文官御史，友武官大中丞，友勇官监厨使，钟山父以子贵，被宋王朝封为"文林郎"。友文生三子：毅、密、察，俱中进士。友勇生五子：裕、温、柔、中、正，除柔外，俱中进士。钟岱儿子友盛和友盛的三个儿子发、强、庄也中进士，所谓"一家十四口，进士十三人"。

这时，武平钟氏又发生了一件大事，引起了钟姓的第二次迁徙，这是继"七子散汀州"后又一次重要迁徙。相传，宋朝王安石变法时，友文兄弟向宋神宗奏议反对，触怒"龙颜"，被罢官归田。三十几年后，蔡京为相，借口"元祐党事件"，打击和整肃朝中元老，钟友文兄弟在劫难逃，蔡京要诛杀钟友文九族，钟氏一门面临灭顶之灾。因此，钟氏兄弟裔孙进行了空前的大迁徙，走向全国。其中，友文长子毅公及其裔孙避居冷洋（今宁洋），后迁回武平象洞、岩前鲜水塘和上杭的古坊、丘辉、荷山里、刘坑塘、陈坑等处，有一部分流向台湾和四川。友武长子刚及其裔孙迁往苏州、广东五华、塘湖和江西赣州、安远等处。友武次子理及裔孙迁往广东各地及汀州、江西兴国、南康和广东丰顺、潮阳，一部分迁往四川和台湾。友勇长子裕及其裔孙迁往武平东边和广东梅县雁洋、白渡等处；五子正及其裔孙迁广东蕉岭石窟都，后迁南雄珠玑巷和广西钟山县龙源头等处。友盛的三个儿子发、强、庄及其裔孙徙迁潮州、潮安、梅县、洋蛟湖、上九岭、五华县等处。友能和友瑞及其裔孙在徙迁过程中，为避凶险，隐姓埋名，友能改姓萧，友瑞改姓叶。

在漫长的岁月中，钟氏在武平生息、繁衍，裔孙播迁全县 17 个乡镇103 个行政村，被称为"钟半县"。大致分为毅公宗系，即象洞钟氏、大溪钟氏；乌石崀宗系，即秀公，称十一郎；东边宗系，即裕公之子亨，字念三郎，即为东边钟氏；河坑宗系，即中公，号龙郎。关于这一段历史，民国《武平县志》载："始迁祖钟毅、钟密、钟斋、钟裕、钟中兄弟五人，宋高宗季年，由汀州来迁。先世曰会正，由虔州入闽，居白虎村。毅密兄弟（稿云九十五传），分居各乡。毅裔千一郎为大溪始祖；密子秀为乌石崀始祖；裕裔念三郎为东边始祖；斋、中二房，居河坑、贤坑等处。民国十七年，创建会正祠于县城，为钟氏总祠。五房以乌石崀一派最散，居全县各乡村及本省福州、粤省蕉岭等处，尤以县城附近及岩前为最，人口在一万五千以上。大溪一派居象洞者半，居县城附近者亦多，人口三千有奇。东边一派棋布于附城及大田等处，人口两千左右。居河坑、贤坑二派，人口在四千以上。子姓已繁，人文蔚起。宋宁宗时，已有进士特奏名者，至明清而科名益盛。今志有传者数十人。钟鸿父子、孙曾，天爵父子，钟荃祖孙，其尤著焉。"① 虽然《武平县志》的记载未必完全确切，但一定程度上反映了武平钟氏的人丁之盛。

二

永平昭信钟氏是武北钟氏人口较多的一支，现有 3000 人左右。据当地一位钟姓报告人说，先于现今钟姓到昭信开基的有"上手钟屋"（即另一支钟姓，又被称为"迳内钟屋"、"上手钟屋"）、郑、廖、陈、王、曹、马、李、蓝、张、连等姓人。"上手钟屋"据说从长汀迁移而来，曾在昭信神背石峰子下居住，后在武平县城建有祠堂，大部分后来又迁徙到广东兴宁发展，其后裔在 2008 年还来到昭信寻根、核实先民居住地点。"上手钟屋"到后来在昭信只剩下两个孤老头子，有财产但无人力单独打醮，只好与后来的神背钟姓人联合打醮，所以现今神背钟屋的正月半打醮钟姓其他房人无份，就源于这一段历史。而曹姓也曾是昭信的主要姓氏之一，据说曹姓原居村落中心，后来由于钟姓人丁兴旺，与曹姓人发生了矛盾。钟姓人在风水先生的指导下，在曹姓祠堂前建起了文庙、武庙。武庙祀奉关羽，而关羽克曹操，象征着不利于曹姓人在此发展。从此，曹姓人财两败，只好迁到马坑自然村居住。

据当地报告人说，现今钟姓开基祖可受公，字若虚，为武平钟姓十四世，于明末清初（1610）从城厢始通下岗迁至昭信，繁衍至今 400 年左右，最小的辈分为二十九世。由于祖上从县城迁来，至今昭信钟氏仍保留不少城里人的风俗，如方言发音中带有城里人口音；武北其他村落的传统节日如元宵节、端午节、中秋节、重阳节等都提前一天过节②，唯独昭信钟氏仍和县城一样不提前过节。

可受公生四子：长闻明，字君勇；次闻理，字君耀；三闻鼎，字君实；四闻兼，字君珍，自此开始分房。昭信钟氏在清咸丰年间建造若虚公祠一座，叫"贝田祠堂"，巽山兼辰坐向，因山形似虎，也称作"虎形祠堂"，于 1941 年大修过一次，直至 1998 年又重新修葺，改用砖墙结构。据当地报告人说，祠堂的地基原是可受公岳父李姓人的一个竹子篷。可受公老家在武

---

① 丘复主纂《武平县志》，福建省武平县志编纂委员会整理，1986，第 133～134 页。

② 刘大可：《闽西客家部分地区过节提前一天考释》，载氏著《传统的客家社会与文化》，福建教育出版社，2001，第 173～175 页。

平县城鼓楼岗，因当地犯天花，便携妻儿及未婚的弟弟茂虚公到昭信投靠岳父躲避疫病。可受公放养了一伙鸭嬷，这伙鸭嬷每天都会到这个竹子篷里觅食，在此生蛋。他觉得很奇怪，心中认为这可能是一块风水宝地。但若虚公获得此地并建起祠堂还有一段传说：

　　一天，若虚公外出挑担，恰逢落大雨，家里只有老婆和孩子，一位被雨淋湿、穿着长衫的先生前来投宿。在家的女主人心软，便将自己住的床铺让他住了。第二天若虚公回家后，发现有陌生人在家里，心中疑虑，便问老婆陌生人昨晚睡在哪里。老婆回答说是自己的床铺让先生睡了，她和孩子只好睡在灶间。若虚公将信将疑，便与先生拉家常。当他得知先生是行医兼行地理的，便将心中的疑难请教先生，并请风水先生前往一看。风水先生看后，告诉他这是一块风水宝地，并教他设法叫妻子从岳父处哭诉说无地安居，能不能给他们一家大小在此搭个寮子居住。他的老婆照办了。他的岳父起初不肯，但经不起女儿再三眼泪涟涟，心想"半片婿郎半片子"，遂下决心写了契约给他。可受公得到这块地后，先用杉皮在这里搭了一个寮子，不久就在这里建起了一座小祠堂。建造祠堂时，若虚公曾邀其住在五华里外的茂虚公一起建造。茂虚公说："我不和你一起做，做了也是白做，这里是你外家的地盘，会吃亏，而我现在这里生活柴近水便、很自然，三斤多一条的鲤鱼由我吃。"据说，祠堂建起后，由于祠堂风水是虎形，祠堂主体建筑的"虎眼"一开，若虚公一族人丁便开始发展起来。而茂虚公由于没有占据好的风水，现在当地已无后代。其他姓氏如刘、蓝、廖、梁、连、李等姓逐渐没落或被迫迁至周边小村落，以至于今日昭信行政村内少有其他姓氏居民。

　　昭信钟氏由于人口众多，逐渐成为武北地域社会颇有影响力的巨姓大族。在武北一般百姓心目中，昭信钟氏不够慈和，往往以"蛮"著称，经常大姓欺小姓、强房欺弱房，甚至在大路上还有人公开调戏妇女。由于好斗轻生，有外村人说做昭信人的媳妇要当心，可能"上昼有老公，下昼会变得没老公"。有三件事在武北人心目中印象十分深刻。

　　一是昭信—唐屋的村落械斗事件。永平乡的昭信、唐屋两村，相距5华里。1945年至1947年间，这两村发生了一起激烈的械斗。事情的经过为：

昭信村的钟择仁和唐屋村的郑庆昌是儿女亲家，钟择仁颇有家产，暗中到唐屋去放高利贷，将历年收来的谷存放在郑庆昌家里。1944 年冬，钟择仁到唐屋收债，晚上住在郑庆昌家。郑庆昌图财害命，将钟择仁谋杀，扔到深潭里。后来，钟择仁的亲属设法探听到了钟择仁被害的真相，便伺机报复。1945 年秋的一个晚上，派人悄悄地来到唐屋，埋伏于郑庆昌屋外，击毙了谋财害命的凶手郑庆昌。

事情本来到此结束。但事有不巧，一天，昭信的打猎队沿途呼喊，追赶一只跑到唐屋境内的野猪。唐屋人见对方来势汹汹，误认为是为了钟择仁之死报仇而来，便紧急集合全村人自带枪刀，出来拦阻。昭信人中有胆大者硬冲上去，结果被唐屋人开枪打死。此后，昭信人亦埋伏于途中，打死唐屋一人。唐屋人不甘心，也聚集几人持枪到昭信击毙一个叫钟翠贤的。钟翠贤之兄钟育贤，是昭信村的首脑人物之一，他利用两村相邻的恬头村郑屋举行"打醮"的机会，派人埋伏于唐屋到恬头的必经之地，向路过的唐屋人开枪射击，结果造成一死一伤。此后，双方斗争愈演愈烈，防范越来越严，凡上山采伐、下田耕种都必带刀枪，甚至在路口设岗放哨，侦察对方动静，以防对方突然袭击。

昭信村人多枪多，唐屋村敢斗之士多，双方势均力敌。昭信人曾准备到本县岩前钟屋搬兵，企图压倒唐屋。1947 年春，县政府派梁中长偕同永平较有名声的绅士前往调解，正好此时双方人命持平，加上这种旷日持久的械斗严重地威胁着两村人的生命财产，破坏了正常的生产、生活秩序，双方都流露出明显的厌战情绪，也不愿再斗下去了。但事有不巧，居住在唐屋边缘的一个孤老头子正于此时不明不白地死去。唐屋人硬说是昭信人打死的，多出了一条人命，吃了亏。昭信人发誓说，这个孤老头子不是他们打死的，唐屋人才尽释前嫌。于是，双方接受停战协定，持续两年多的械斗事件才算结束。①

值得注意的是，就是在械斗十分激烈的阶段，双方妇女都不参战，可以自由往来，彼此均未发生捉拿、欺凌妇女的事件。由此，我们在田野调查时特地访谈了当地妇女的社会地位与社会交往问题。据当地多位报告人说，日常生活中大多由男人当家作主，妇女没有文化，看不懂秤

---

① 此案始末原载《武平县文史资料》第七期，第 53～55 页，这里结合田野调查资料作了改写。

星，连粜谷、卖头牲都要依靠男人。当然，也有少数男人比较软弱或中年丧夫而由妇女当家的。如有一位叫郑大嫂的，夫死无子，眼看要灭绝了，自己买了一个"福佬"当老公。她的精神为村民们所感动，所以她做祖坟时不少人参加，众人说郑大嫂很不容易，看来还会翻身。果然，郑大嫂后来生下一子几个孙子，孙子又生有众多曾孙，全家人口达到了几十人。

不过，与男女私情密切相关的唱山歌却是一种普遍的现象。据报告人说，唱山歌的目的主要有三个：一是消解疲劳，二是娱乐消遣，三是达成男女关系。但大部分是为了确立男女关系。唱山歌一般都要在离村落 1 华里以外，为避丑通常选择山上或村头村尾、田头地尾和庵场旁边，而双方一般事先都有些意思，如果没有一定的意向往往会被大骂一通或者没有响应。1949年前，大多数成年男女都会唱山歌，男女成年后往往大教小，口耳相传，一只屋一只屋地带"坏"。历史上，因为唱山歌也出了不少事件。如一男子在砍树，一女子在砍柴，俩人一唱一和唱得很忘情，女的急不可耐前往相见，一不小心被脚下的树藤绊了一下跌到山下摔死了。事件发生后，双方族人大动干戈，女方族人要将男子挖眼珠，而男方族中长老不同意，险些酿成械斗。最后达成协议，将该男子逐出家族 25 年，25 年内不让其回昭信。又如，有一位年轻后生在坎下放牛，一位大嫂在坎上铲番薯草。一位好事者恶作剧，对这位后生说上面的大嫂叫你上去玩，这位后生不知就里，误认为大嫂对他有意，就跑上去开口唱山歌，结果这位后生被痛骂了一场。类似的场景，在日常社会生活中经常发生。

二是吴、蓝两姓打昭信事件。据当地钟姓报告人说，吴、蓝两姓打昭信事件完全是钟姓人自己惹起来的。事件发生在大约 150 年前，钟姓的烂脚拐卖了中湍蓝姓、孔厦吴姓妇女四五十人给昭信人做老婆。吴姓、蓝姓遂联合起来对付昭信钟姓人，蓝姓在昭信人前往县城的路上每逢昭信钟姓就抓，吴姓人则将抓到的钟姓烂脚挖掉眼睛。鉴于这种情况，昭信钟姓人发出悬赏公告，每打到一个孔厦吴姓人就奖励一筒花边。这种混乱的局面前后持续了 7 年。

三是点火烧衙事件。昭信钟氏很长一段时间不纳田税，官差到此地根本收不到税，于是就将一些抗粮者抓到县衙。昭信钟姓纠集族众连夜赶赴县城火烧县衙，一口气烧掉了 49 间官厅。此事惊动了汀州府，派赵总兵带了 1000人马驻扎县城三年，攻打昭信。

当然，昭信钟氏的影响力是多方面的。如神明信仰方面，武北四大名寺之一的田心寺也位于昭信。昭信的田心寺据说为昭信钟屋、唐屋郑屋、打狗坑王屋、马坑曹屋、龙归礤李屋、下陂马屋、恬下郑屋、礤背张屋等"七姓八屋"人所有。由于田心寺的地基原为张屋人所有，所以寺内侧旁立有一块"师（施）田公德主张历山公千岁"的神位牌。这种由相邻几个村落或几个宗族联合建造而成的寺庙是武北寺庙的一种重要现象。我们在田野调查过程中经常听说的四大名寺，就是昭信田心寺和亭头太平寺、湘坑宝林寺、龙坑福田寺，都属于这一类型。田心寺内以三爷古佛为主神，配有穿袍的定光古佛和大古佛。据说雕刻定光古佛菩萨的樟树是恬下郑屋人的，所以说郑屋是古佛的外家，而昭信钟屋人是古佛的主家。定光古佛的醮期分别为：恬下郑屋为正月初九、初十日；唐屋郑屋为四月半、十月半；昭信钟屋为十一月半；神背屋小房为四月廿日；瑶下为正月半；龙归礤陈屋为七月十一日；礤背张、连两姓为五月廿五日；马坑曹屋为十月十一日。这些村落打醮迎菩萨时，如果大菩萨有份的村落就迎大菩萨前往打醮，如果大菩萨没有份的村落就迎小菩萨，但观音菩萨却一般都前往永平凤南山去迎接。

田心寺建在昭信村水口，在风水上为"龟"形，与妈祖庙（蛇形）、开基祖可受公及祖妣李氏、周氏合葬坟（"狮形"）、"本坊社公、社母福主公王神位"（"象形"），共同构成"龟蛇狮象把水口"的景观。据当地报告人说，开基祖婆合葬于"狮形坟"有一段有趣的来历：

> 若虚公请一位地理先生看风水，这位地理先生特别喜欢吃鸡胗、鸭胗。若虚公对风水先生也很热情，经常杀鸡、杀鸭给他吃，但每当杀鸡、杀鸭时餐桌上都不见鸡胗、鸭胗。地理先生误认为若虚公舍不得把鸡胗、鸭胗给他吃，内心颇为不满，就故意不给若虚公指明好的风水。一天，地理先生就要离开昭信到外地了。刚走不久，若虚公突然想起平时积累的鸡胗、鸭胗忘了给地理先生，就前往追赶，在水口庵下终于追上了，便对地理先生说知道他喜欢吃鸡胗、鸭胗，所以每次杀鸡、杀鸭时就特地留下晒干积累了一小袋，好让先生在没菜时配饭。这位地理先生很感动，觉得错怪了若虚公，就拿起锄头在水口庵下对面锄了几下，对若虚公说这里风水很好，主人葬后必定人丁大发。后来就在这里安葬了可受公及李氏、周氏合葬坟。

关于昭信的水口，还有"铜颈筋，铁屁股；吃得下，屙得出"等传说。据说由于水口关锁紧密，在风水上被称为"铁屁股"，而"铜颈筋"则是指村头神背与马坑交界处的山坳。"铜颈筋"与"铁屁股"相配合，构成了昭信的"蜈蚣形"好风水，使得迳内钟氏曾经盛极一时。但是迳内钟氏因为得罪了风水先生，使得风水一落千丈，被迫远徙他乡。事情是这样的：

迳内钟屋人请一位地理先生帮助其看风水，这位地理先生正好烂脚疮，不懂事的女主人将洗脸用的铜脸盆拿给地理先生洗脚。男主人知道后就将女主人痛斥了一番，地理先生听到后便怀恨在心，伺机报复。一天，他对男主人说神背与马坑交界处的山坳上有一根很大的蜈蚣藤，如能将其锯断，风水将会更好。男主人觉得有理，就用刀劈断，不料白天劈断，晚上又长了起来。第二天他改用锯子将其锯断，但晚上还是长了起来。第三天，地理先生就对他说："这根蜈蚣藤不怕刀、不怕锯，只怕门角的镣牙刀。"他果真就用镣牙刀将树藤割断，这下树藤就真的断了，其中一段掉到溪里流到了亭头村。从此，迳内钟氏就开始风水没落，财丁两败了。

此外，我们在田野调查时，在田间发现一处社公神位，并给它配上了夫人——"社母"，"夫妻"同享人间香火。在蓝背塅亦有一座社公神位，这位社公还有一则有趣的说法：社公神位开光时，法师正在呼龙出煞，有几个人看见平时为人处世十分公道正直的钟钦世老人急急忙忙地往社公神位方向赶，但他们回到家后却听说钦世老人在家里去世了，真是"见鬼"了。所以，他们就认为这位社公是钦世老人修成的，他们看见他时就是他前往神坛赴任。

历史上，昭信村还有文庙、武庙、妈祖庙和司马第，即当地民众所说的"三庙一第"①。文庙初建时间不详，坐落于村中心田塅中间，坐北朝南，为土木结构，分上、下两厅和厢房，左右配有横屋，总面积达千余平方米。上厅天子壁正中有孔圣人的塑像，日常接受民众的膜拜。庙前引大水圳之水形成一条鹅眉弯月形的人工溪，在风水上称之为"腰带水"，象征官运亨通。但清朝末年的一场火灾，将文庙化为灰烬。20世纪五十年代在此基址

---

① 当地有"三庙一第"之说，参见钟明福、钟太龙《昭信村的"三庙一第"》，武平县政协编《武平县文史资料》，第二十二辑，第183~186页。

上建起了昭信小学。

武庙（又称作"关帝庙"）初建时间不得而知，坐落在村中心竹下墩岗大水圳旁，为砖木结构，四向倒水。屋栋镌有燕尾和翘鳌，正殿供奉手握青龙偃月宝刀的关帝，中柱梁上则挂着古朴端庄的匾牌，上刻有关帝的英雄事迹。"八字门"采用石条门框，门楣上刻着金色的"关帝庙"三个大字。大门两旁各有直径为一米多的圆窗，大水圳在门前流过。武庙的左边有几棵高大的油凿树和乌柏树，前有肥沃良田，后有稠密竹林，每天早晨有成百上千的小鸟聚于竹林，蔚成一道美丽的景观。1963 年农历十月十五日夜，武庙因失火被烧毁。20 世纪 90 年代有人在大树下原神龛遗址上建了一座宽 1 米、深 75 厘米、高 70 厘米的神龛，逢年过节附近村民会到此割鸡献花、烧香礼拜。

妈祖庙初建时间亦不详，坐落于下村孔头门的溪旁，坐东朝西，为砖木结构，周围有十几棵乌柏树。1925 年因故倒塌，妈祖像遂移至田心寺下厅安放。2003 年，村民在田心寺左边百米处重新建造了妈祖庙。

司马第坐落于磜岭下，坐东朝西，背靠猴形栋，面朝小王山，系当地富户钟川四历时十几年，于 1828 年建成。门前有一口水井，石砌的大路通过井旁，穿过稠密的家户，一直通到村中的大水圳及大路。屋后石砌路，通往马祖塘、社下背、王龙、磜背等地。该建筑为土木结构，三十多根巨大的杉木柱子支撑着上、下厅的栋梁，四周土墙，两侧为厢房，左右两旁配有横屋，占地面积近千平方米。上厅堂中梁两头刻有金鱼含珠的彩色浮雕，堂中柱梁上挂着三块匾碑，居中的匾牌书有"川应端岳"四个金色大字，左右匾牌上则书有"竹苞""松茂"等字。下厅门是石门框的八字门楼，门楣上书有"司马第"三个大字，左右为"高山流水第，舞鹤入鸿家"的门联。内坪全部用鹅卵石铺设地面，下厅门前正中有幅彩色鹅卵石拼成的八卦图，娶亲时新娘进门前必先在此坐等入门吉时，待入门时辰到了方可进入厅堂拜堂成亲。据当地报告人说，昭信村曾有 13 座类似的祠堂与厅堂，均为当地钟姓各房各派红白喜事的活动场所。太平天国时期，太平军到后曾下令一律烧毁。因到司马第执行任务的小头目与女主人同姓，主人与之攀亲。小头目遂带兵撤离，让主人自己动手烧掉。待兵丁走后，主人便在内坪堆起柴禾稻草点燃，顿时浓烟滚滚，造成焚烧的假象，司马第遂得保存至今。旧时，司马第的裔孙在此安居乐业，每当清晨，下梯声、洗衣声、泼水声、劈柴声、切菜声此起彼伏。而盛夏的夜晚，男女老少齐聚集在内坪，家长里短、谈古论今。长者给孩童出谜语、讲故事；妇女们有的抱着孩子喂奶，有的在月光下绣花、纳鞋。1949 年后，由于人口大增，司马第内逐渐显得拥挤。20 世纪六十年代起，陆续有人搬离。八十年代改革开放后，30 余户 200 多人丁全部搬迁到大水圳旁、公路边新建的砖木结构房屋。到了 20 世纪末，司马第成了一座空屋，失却了昔日的喧嚣与繁华。

昭信钟姓的影响力还在于，知名人士参与周边村落解纷息讼。如《中湍蓝氏族谱》载："新扦坟一穴被文福阻搁，经投伯叔亲朋昭信钟昌颖、上湍钟三连、钟鸣发，延缠日久，亲朋至家说话，留饭自答应六十余飧，并无了理，至十一月运至县具控，县主即抄批上来亲朋伯叔始速前来理处明白，当断花边二十六元，又将蕉头行田二担拨去文福之祖苍公为尝，至年月文春、文拔经请伯叔述林、文标、文常、文明、文焕前来，言断花边二十七元赎转本田二担，文敏、文运各办出边十二元五角，做地人工二人平出。"在这起争坟山而引起的民事纠纷中也有昭信钟氏的身影，可见昭信钟氏在当地社会的影响力。

不仅如此，在晚清时期，全县共有十八所"孝经馆"，其中武北占有四所，而昭信钟氏据有四所中的一所。"孝经馆"供奉的神明主要有关圣帝君（关羽）、文昌帝君（周文王姬昌）、姜大圣人（姜子牙），陪神有铜皮铁骨祖师、雪山祖师等。

三

据传，接系钟氏一脉的入闽始祖是钟全慕。钟全慕为接公的三十七世孙，民国《长汀县志》载："钟全慕，唐昭宗时为刺史，王审知喜其骁勇、有谋略，分汀州使守之，祀郡名宦。"[1] 世传全慕是随王审知自中原光州固始渡江南下入闽的一员大将。王审知当了闽王后，全慕被委任为节度使兼汀州刺史，姝马氏福娘生一子：望，字子开；望公生一子：翱，号理政，袭祖爵为汀州刺史。《汀州府志》载："全慕孙翱，雄武有膂力，善骑射，继全慕袭封汀州都统使刺史。累官金紫光禄大夫，晋上柱国。"自 56 岁三受朝廷封为令公，历政 16 载。晚年遇朱温篡唐，为保中节，不事二朝。后晋高

---

① 邓光瀛、丘复修纂：《长汀县志》第四册，长汀县博物馆、政协长汀县委员会文史编辑室 1983 年重刊，第 17 页。

宗天福五年庚子（940）诈循长汀西南 60 里之山地，隐居石村堡（同睦坑）。① 公卒葬本乡蟠龙窝丁坑，盘龙形，巳山亥向。姚王氏、朱氏、赖氏，生九子：长子祀（小六郎），姚罗二娘，为竹坑之祖；次子禄（小七郎）姚黄九娘，迁上杭来苏；三子橡（小九郎）姚赖氏二娘，迁江西瑞金后岭背；四子祐（十三郎）居刘竹坑，生三子：千一郎迁梅县，千三郎迁船坑（贤坑），千二郎迁江西兴国，为兴国仁田三郎堂始祖；五子福（十七郎）居闽汀、杭、漳，其八世孙仁德迁漳州、义德居上杭南岭（分支有长沙俄涂坑、石坑源、长汀的钟屋村）、礼德留居同睦坑；六子祥（二十郎），迁广东五华县；七子祚（二十一郎），迁广东兴宁县；八子禅（二十三郎），迁长汀崇善坊；九子禧（二十五郎），姚刘四娘，传承不详。

贤坑钟氏是武北钟氏的又一支巨姓大族。据当地报告人说，贤坑钟氏大多数时期维持在 300 户左右，兴盛时曾有 999 户人家，号称千家村，房屋鳞次栉比，全村屋连屋、廊连廊，只有三个地方出水。关于贤坑钟氏的开基拓业历程，我们在该村田野调查时，曾抄录到一份《贤乡开基始祖地名诗》，其中有简略的记载：

地名第一可金详，闽汀武平有贤乡；钟姓开基高畲下，寅山申向结祠堂；门前有座古荫桥，三位古佛朝对朝；水井背连秧地屋，下胡子连下背塘；坝子贤上金光下，桑田坝上古公王；垅下墩上长坑排，石鸡山转入破堂；桥背屋转土楼背，翰音公祠百井堂；桥子脑上鸡早窝，光背湾上蓝屋场；五显头下佛祖郊，五通五显好公王；竹头记下李屋坝，塘背上下共一房；上胡坳下上胡降，社背墩上下书屋；王泥田连大坵屋，通通醮事共一房，沙坝子连神下屋，杨梅坑出古公王；谢屋坑连庵长山，下屋放上上蓝塘；三各坵田新屋下，门前有座蕉子塘；桃子坵连祥公赛，以备同住楼背塘；垅蚁墩上放子岭，并以什牲举通方；枧子放入坪盘坵，桐子坑出庵下塘；象形结有长福庵，三佛灵通远坛香；角落磜上坪地墩，古人紫上是湖洋；石头墩上大坵上，江西分界在地坊；梁山之下是企山，企山之下有屋场；牛头磜转龙狮山，盘坑王坑水源长；桐

<hr />

① 但据长汀县苦竹山报告人说，该村开基一世祖千三郎（三郎公）生于公元 1325 年，由本县同睦坑迁来，距今 600 多年，现已达 28 代。据说清朝年间人丁最兴旺，有 300 余户，人丁 1300 多人，那时文武秀才也多，古话说："苦竹山高廿四峰，半山苦竹半山松，若有人来问姓氏，三百多家尽姓钟。"后其裔孙胜山、富山、富四和钟铎一脉迁武平北部四个乡镇居住。

屋坑转下罗坑，上罗坑转芹菜洋；五世住入下名畲，上坪坜背共祠堂；杰桐子连门前崇，水口福主好公王；上村连下皮下村，五世叔祖富公房；双下坵入禾仓坑，各上有屋名山塘；寨上并及若沙湾，溪对西上共一房；庵背并及园江头，大伯地连贵竹乡；由鱼坝下南洞口，佛若二桥举通香；路背建有福寿亭，三位古佛座中堂；铜钟一响三公王，时时三刻举头香；上右分界坪盘坵，下右分界锁铜光；帽布钟李蓝童姓，二世一脉下湖乡；又有分出江西住，瑞金九堡并上洋；还我同堂多纪念，如言代代记书香。

关于这首地名诗，还有大同小异的异文，新编《武平县钟氏族谱》载：

闽汀武邑有贤乡，地名一一可记详；钟姓开基高畲下，寅山申向结祠堂；门前有座古荫桥，三位灵通颂慈航；水井背连秩地屋，下胡子及下背塘；坝子贤上崩岗下，桑田坝有古公王；垅下墩上长坑排，石鸡山转入破堂；桥背屋转土楼背，翰音公建百井堂；晶子脑连鸡早窝，江背湾上蓝屋场；远近朝拜佛祖郊，五通五显号公王；竹头矶下李屋坝，塘背上下共一房；上胡坜出上胡逯，社背墩连下书廊；黄泥田及大坵屋，同公醮祖共一房；沙坝子连神下屋，杨梅坑口古公王；谢屋坑口庵场山，下屋放上上蓝塘；三角坵转新屋下，门前有口椒子塘；桃子坵祠祥兆创，与弟同住楼背塘；垅内墩上创子岭，并无异姓居同方；枧子透入坪盘坵，桐梓坑出庵下塘；象形结个长福庵，古佛灵感远传扬；旮旯砰上坪地墩，古云崇上是湖洋；梁山之喻是岐山，岐山之下结屋场；牛头磜转龙狮山，盘坑黄坑水源长；上罗坑到桐屋坑，下罗坑并芹菜洋；五世创业下名畲，上坪坜背共祠堂；峡洞子下门前崇，水口福主号公王；上村详说及下村，五世叔祖富公房；双下坵及禾仓坑，角上有屋名山塘；寨上并及叶沙湾，溪对面上共一房；庵背去及圆江头，大柏地连贵竹乡；游鱼坝下南洞口，佛岩二桥居中央；路背建有福寿亭，三位古佛座中堂；堂东立有三公祖，千秋日月且呈香；上水分界洋峡隘，下水分界锁龙岗；帽铺钟李蓝童姓，二世一脉下湖乡；又有分派江西住，瑞金九堡并上洋；凡我同宗多熟记，惟愿代代继书香。[1]

---

① 武平钟氏宗亲会编《颍川堂武平钟氏族谱》，2004。

这两首大同小异的地名诗，反映了贤坑钟氏宗族社会与民间信仰的丰富内容。所谓"钟姓开基高畬下，寅山申向结祠堂"，是说相传富山公于元末明初迁到贤坑开基，起初这里住了刘、李、谢、蓝、唐、林、马等十多姓，至今仍存的与姓氏有关的小地名就是一个明证，如刘屋、李屋坝、谢屋坑、蓝屋场（五显庙址）、唐屋背、马家屋场等。据当地报告人说，富山公从长汀苦竹山迁来，刚开始在小地名叫高畬的地方开基，他养了一只猪嬷，这只猪嬷每天都会在一个水竹子篷里觅食，后来就在这里生下了小猪，他感到这里可能是一块风水宝地，于是就在这里搭了一个寮子，后代便在这个地方建起了祠堂。当钟氏祠堂建起后，其他姓氏就走的走，死的死，逐渐灭迹了。贤坑的富山公祠属"猛虎下山形"，为寅山兼甲座向，左右两边各有小溪一条直流西。现在的祠堂主体属砖木结构，下厅大门两边还用部分杉木板做了两扇大屏风，各挖掘了一个大圆窗，作为"虎眼"。公元1650年左右，迁往江西瑞金壬田居住的钟恩宝高中翰林，所以富山公祠门口挂有"翰林院"牌（"文化大革命"时被烧毁）。相传富山公在长汀苦竹坑还有一祠，说他是"鲤鱼翻身"，每到一处都娶一妻生两个孩子，又会走到另一处去开基，最后仙逝于江西白露村。他的后裔在瑞金九堡发达的更多，所以说"又有分派江西住，瑞金九堡并上洋"。贤坑钟氏每年的清明日都要祭富山公祠堂，按房份轮流做头，每两年轮一班，轮值当年还要负责祭墓，接待龙灯、船灯、狮灯等。祭墓时，往往会请鼓手到坟地前吹奏，请功名、礼生读祭文，供品有羊、猪头等。在贤坑村，至今还保留有祭富山公祭文基本格式：

维　中华人民共和国公元一九九八年戊寅岁季春月初九日壬午之良辰　吾阳上嗣裔孙耕金等谨具香油烛三牲果品之仪　祭于　颍川堂上贤乡开基始祖考富山公、妣廖二娘钟公、母老大、孺人历代一脉宗亲神位前跪而拜言：恭维我祖肇选贤乡，律来胥宇，克向阴阳，寅山生稹，申向朝堂，门迎雨涧峰背秀，系值二四庆其昌，积人善者庆自余，源之远者流自长，祖德宗功宜近远，水源木本报莫忘。兹将寒食节属敬陈牲醴椒浆，神直上质在傍，望之延然格来尝，佑后裔继书香，拜下礼也福无疆。尚享！

所谓"翰音公建百井堂"；"竹头矶下李屋坝，塘背上下共一房；上胡圳出上胡逐，社背墩连下书廊；黄泥田及大坵屋，同公醮祖共一房"；"下屋放上上蓝塘；三角坵转新屋下，门前有口椒子塘；桃子坵祠祥兆创，与弟同住楼背塘"；"牛头磜转龙狮山，盘坑黄坑水源长；上罗坑到桐屋坑，下罗坑并芹菜洋"；"五世创业下名畲，上坪坳背共祠堂"；"上村详说及下村，五世叔祖富公房；双下坵及禾仓坑，角上有屋名山塘；寨上并及叶沙湾，溪对面上共一房"；"帽铺钟李蓝童姓，二世一脉下湖乡；又有分派江西住，瑞金九堡并上洋"，实际上简略地罗列了贤坑钟氏的开基、分房、支派绵延的若干事实。

开基祖富山公生旻四、旻八二子。其中旻八一支迁到相邻的下湖村，即"二世一脉下湖乡"。据当地报告人说：

> 旻四公早亡，旻四婆被旻八公外嫁，旻四之子仲和公随母亲。仲和公年幼时外出放牛，被人骂作"寄男子"，回家后问母亲为什么，母亲告诉他真相。有一天，又被人骂为"寄男子"，便忍不住哭哭啼啼地回到家里。继父是个好人，便安慰他，劝他不要哭，长大后会送他回贤坑。仲和公长大后，继父果真把他送回贤坑，继父会看风水，就帮他做父亲旻四公的风水。他每看中一处穴位，他的叔父就阻碍一次，每次都说他已经看好的，一连弄走了好几处坟穴。他的继父想了一个办法，劝他不要再说了，声称是帮叔父做，然后偷偷地选用根据自己生辰八字的日子，做风水时头一炮做旻四公的，第二炮一响就走，第三炮要赶回来烧香。由于是寅时，天还很暗，当仲和公听到第二炮时举着火把、拿着丢刀，就飞奔而去。他在路上恰好遇到一个挑着一担花边（银子）的强盗，强盗见仲和公来势汹汹，以为被抢者返回。就在这时，时辰已到卯时，第三炮又响了，强盗以为对方人多势众，便害怕得丢下一担花边，落荒而逃。仲和公拾得一担花边，从此发家致富，这就是相传旻四公坟墓风水的"寅时做，卯时发"。

仲和公生志旻公，志旻公生荣、华、富、贵四子，从此开始分房。其中，贵公一支迁江西会昌珠兰乡，是为"又有分派江西住"，荣公生二子：用常、用良，用良一支迁坳背；而用常生二子：九胜、九粦，九粦一支迁上坪村，是为"五世创业下名畲，上坪坳背共祠堂"；九胜生二子：禧公、裕公，裕公生四子：日洪、日清、日润、日用，其中，日洪一支迁桐梓坑；日润生二子：光宇、镇宇，其中光宇生四子：以祥、以兆、以标、以玉，而以祥、以兆共建祠堂于桃子坵，是为"桃子坵祠祥兆创，与弟同住楼背塘"；裕祥生翰音、简音、宏音、上音，而翰音在百井堂建造祠堂，是为"翰音公建百井堂"。荣公裔孙分布于上村、中村和上坪、坬背等。

富公一支迁贤坑下村，是为"上村详说及下村，五世叔祖富公房"；富公生三子：用理、用政、用达，其中用达迁江西信丰，用政生二子：玉绣、玉琏，玉绣生一子廷，廷生一子受鹤，受鹤生三子：永俊、永标、永成。小地名双下坵、禾仓坑、名山塘、寨上、叶沙湾、溪对面等都是这些裔孙的居住点。据说，1949年前，富公裔孙因为人口较少，还常常受到荣公子孙的欺负。

贤坑钟氏早期的生活是十分贫困的。田野调查中，一位报告人给我们讲述了一则有趣的故事：

> 贤坑钟氏早期的生活十分艰苦。每年正月期间，如有贵客上门，都拿不出好东西招待，觉得没什么面子。于是就想出一个办法，以某某公的名义雕了一条栩栩如生的木鱼，鱼的背面刻有"某某公制"的字样。每逢有客人上门，需招待客人时就用盘子装上木鱼，放上一些姜葱蒜淋上热油，就可当做一盘菜以充面子，哪家需要就借哪家使用。有一次，有一家人新婿郎上门，亲房叔伯一连几天轮流宴请，挨家挨户地吃过去。按照风俗，新婿郎上门要想方设法让其喝醉，不然主家就没面子。新婿郎不胜酒力，每顿饭都被灌得酩酊大醉，有点生气，但又不敢发作。他观察到一个细节，即每次吃饭时，席面都不怎么好，但都有一盘似曾相识的大鱼，好客的主人每次都用筷子指着鱼，盛情地请他吃，而自己都只夹一些姜蒜放到嘴里吃，也从不夹鱼肉到客人碗里。他估计这条鱼有蹊跷，便有意想探个究竟。于是，当又一次酒席来临，他被灌得无奈时，用筷子夹起鱼，装着不小心的样子，木鱼便掉在地上。这时，旁边的一条黄狗看见有食物从桌上掉下来，便迅速叼住，然后快速逃走。当主人发现木鱼被黄狗叼走后，就赶紧追赶，同时高声叫道"狗咬某某公了""狗咬某某公了"。新婿郎的举动搞得主家有点下不了台。

这种乡间茶余饭后的笑谈，在其他地方调查时也经常听说，未必是历史的真实，或许还是出于其他姓氏的一种有意编造，但它在一定程度上曲折地反映了当地民众早期生活的艰辛。贤坑钟氏直到八世钟满时才在地域社会具有了较大的影响力，《贤乡钟氏族谱》载："善坑四至山岗先年有刘姓相争赖，公（八世钟满）与之力讼，由县府而省几经数载，始蒙上宪结案办价买就。"关于这一历史事件，族谱中附有详细的合同：

贤乡四至山岗契式

武平县大湘亭里大一图善坑住人刘伦，同弟刘稳孜，男刘细满、刘廖寿，为因家贫，先年移长汀隔界地方住耕，原祖荒山岗被本里民钟满安葬祖公钟华在黄坑子背。有伦不甘，备词于嘉靖二十年十月内赴官告理。蒙拘二家到官拘审，前情委系空闲荒岗，无碍其黄坑子背左右，蒙官断与钟满葬管。有满思得构讼用费多金，不甘二家告讼争讼不已；有伦思得山岗旷地不愿相争，情愿山岗尽送与满收买。哀托亲邻说合，自愿另求价银人手，以免争讼之非。当日钟满办价银五两正，当官领讫，有伦将出山岗界至东至花山迳、豺狗崈为界，南至上湖圳、南岭圳为界，西至凉山圳、荐荠塘为界。此山岗四至分明，自卖以后，刘伦子孙不敢阻挡、纵横异说，任凭钟满子孙永久管业。左右诸姓具系无分，不敢占谋豪人。四至境内，有伦只许划祭祖坟，不敢另开草结。有伦祖公一穴，坐落龙狮山，坐南向北狮形；有公一穴，坐落虐坑崈上，坐南朝北虎形。又祖公一穴，坐落坪地合水圆峰上；草结一穴，有祖婆二穴坐落黄坑子背苦竹行，坐西向东大坐人形。此数穴祖地，刘伦逐年划祭管业，不敢豪争。如不遵者，执契赴官告理，甘受其罪，契面银归官。今恐无凭用，立契书一纸，付与买主收执，永远为照。

立卖契人　刘伦、稳孜押

同行契男　刘细满、廖寿押

说合中人　王正隆押

同见证人　蔡仲益押

见证邻右　马良、廖祥押

押契公差　陈德押

嘉靖二十一年三月吉日立①

---

① （清）嘉庆《贤乡钟氏族谱》。

这份郑重其事载于族谱的《贤乡四至山岗契式》，是贤坑钟氏的一个标志性事件。从中说明，贤坑钟氏不仅在钟、刘坟山纷争中赢得了官司，而且加强了内部团结，在地域社会中开始取得了一定的发言权。

《贤乡开基始祖地名诗》还透露了贤坑钟氏的神明信仰活动情况。如"门前有座古荫桥，三位灵通颂慈航"；"桑田坝有古公王"；"远近朝拜佛祖郊，五通五显号公王"；"黄泥田及大坵屋，同公醮祖共一房"；"杨梅坑口古公王"；"象形结个长福庵，古佛灵感远传扬"；"峡洞子下门前祡，水口福主号公王"；"游鱼坝下南洞口，佛岩二桥居中央"；"路背建有福寿亭，三位古佛座中堂"；"堂东立有三公祖，千秋日月且呈香"。这些记载为我们对贤坑钟氏的田野调查提供了重要线索。

所谓"门前有座古荫桥，三位灵通颂慈航"，或曰"门前有座古荫桥，三位古佛朝对朝"，据说是该村上背屋人迁到四川，菩萨无地方放，就做了一座荫桥，1949 年前曾失火，现已看不到荫桥的样子。原先菩萨供奉在桥中央，每年的五月初一、十月半为打醮的日期，全村共同打醮，后来人口增多，到十二世、十三世就分开打醮。

该诗说的"古公王"在贤坑有四处，分别在桑田坝、佛祖郊、杨梅坑、水口。其中佛祖郊的公王庙叫"五显庙"，又叫"华光庙"。现在我们看到的五显庙，供奉三只眼睛的华光大帝，左右两边陪祀着千里眼、顺风耳两位守将。关于华光大帝的来历，当地还有两则颇为有趣的传说：

其一，华光大帝原是一位会吃人的红孩儿，搞得方圆七八里只剩下一户人家。有一天，华光大帝见一位提着篮子的妇女往前走，便问："大嫂、大嫂，去哪里？前面有东西会吃人，不能去！"大嫂说："不怕！我篮子里有仙桃，要不要尝尝。"华光大帝便吃了起来，同时看到篮子里有两顶帽子很漂亮，便戴了起来。不料，一戴上就脱不下来，大嫂问他要吃什么。华光大帝说要吃人，大嫂就念经，华光大帝头上的紧箍就越来越紧，华光大帝便说不要吃人，吃猪羊就可以了。大嫂便继续念经，华光大帝的头痛得要命，改口说每天只要吃十几只鸡就可以了。大嫂仍不放过，还继续念。最后，华光大帝说只要一只鸡供奉就可以了，大嫂才停止念经。此后，华光庙前每天烧香供一只鸡就可以了。旧时，前往华光庙烧香的人很多，每逢初一、十五就更多了，做生意者一般会许愿，生意成功后用羊报答。

其二，华光大帝偷盗出身，其两个守将也是响马出身，因而1949年前偷盗、抢劫者也会在华光大帝神位前烧香许愿，因而被戏称为"贼头"。据说，有一打抢者被抓后关在禾仓里，无论如何也逃不出去，便跪下向华光大帝许愿。就在这时，邻居发生了火烧屋，主人担心禾仓的谷子会被烧掉，赶紧前来开仓挑谷，也就顾不上打抢者，使得他逃之夭夭。赌博者、放花会者亦会在华光大帝前许愿点灯。每年的九月廿八为华光大帝生日，当地村民会为华光大帝及其两个守将洗澡、穿衣，并倒抬着送回庙里。据说华光大帝性格活泼，喜欢人们倒抬着轿子。

这座五显庙历史颇为悠久，我们在田野调查时还发现了一块字迹十分模糊的"五显庙碑"，依稀可见：

> 贤坑上乡，□□□□下吾乡胜迹此□□第一□□公□□有求必应□□人宜□□□禄求医过客行人想□□游以为招□□□□庙乎于是邀同人旧址□□维有以作碑岩以慰行止也分工□□助而□□□□年乐助诸人姓名勒石庙堂永世不朽。
>
> □□公助钱五千文，□□公助钱一千文，□□公助钱五千文，彩凤公助钱四千文，□□公助钱贰百文。
>
> 乾隆五十一年丙□年

从张贴在庙中的捐资名单看，这座庙分别在1981年和1996年进行了重修。可见，这座五显庙在当地民众心目中的地位之重要。调查中，我们还看见庙中供奉着一桶谷，桶里插着七块神位牌，分别是：石溪山天上圣母神位、杨梅坑十二福主公王神位、上罗坑福主公王神位、千里眼顺风耳五通五显华光大帝神座位、荫桥上三位古佛神座位、长福庵观音佛母满堂诸佛神座位、双田坝福主公王神位。庙角落里还放着幡竹，左边写着"福建省武平县大禾乡贤坑上村合众"，中间写着"田心寺大德定光古佛香神位"，右边则写着"天运公元一九九九年五月初一吉日"。由此可见，五显庙还是当地村落民间信仰的活动中心。

杨梅坑的十二公王于1998年进行了维修，神位正中摆放有石狮子，刻有"十二公王神位"，左边是一只当地人称作"石狗牯"的石狮子，右边是雨披，旁有一碑刻有杨梅坑十二福主公王维修捐款的钟姓名单共79人，周边是高大的细叶肚子树。据说，如果谁家买了新牛，一般都会将牛用绳子在神坛树上绑上几天。如此，牛才能教熟、听话，不易丢失。

所谓"象形结个长福庵，古佛灵感远传扬"，是指离村约有 10 里地的山中有一座长福庵，其坐向是象形，供奉定光古佛。关于它的历史，我们在田野调查时曾抄录一块石碑：

长福庵田眼碑

天下事兴而毁者有之，毁而复兴者亦有之。贤乡之南有长福庵者，昔之日祥公杰出，积善好施，将可金、可宝二公之田施在庵中，勒石昭然。迨乾隆年间字被毁□石空存，争端日起，幸有老簿仍存田眼炳据，今又将公所施田眼复勒石以垂不朽。

钟可金、可宝公所施田眼中心粜并坑五十担，中心墩三十担，象形背并雷打石、圳坑子三十余担，又结狗磜坑子并排子十三担，又破塘缺八担。

嘉庆十一年十二月吉日　钟以贵、以祥、以玉公嗣孙仝立

首事乾锡、文元、宽容

由此可见，这座长福庵最迟在明代以祥公时代就曾建造。据当地报告人说，这座庵的菩萨来自永平昭信田心寺的定光古佛，每年打醮一次，1949年后有十几年未打醮，庚申年（1980）重新打醮。此后每年一次，抓阄决定做头。所需费用每次约 1000 元，按人丁摊派，由做头人收取，在醮事结束后张榜公布。而所需人力，则由年轻后生承担。打醮期间，男女均前往烧香。

所谓"游鱼坝下南洞口，佛岩二桥居中央。路背建有福寿亭，三位古佛座中堂。堂东立有三公祖，千秋日月且呈香。上水分界洋峡隘，下水分界锁龙岗"，反映了南洞口是一个地理位置很重要的地方。其重要性在于，既是一个分水岭，"上水分界洋峡隘，下水分界锁龙岗"，又是一个三岔路口。除作为贤坑村的水口，还有两条岔路：一条路通往邻村帽布和大禾；另一条通往贵竹和江西的永隆乡（乌下泊）。据说，南洞口曾开设墟场，路背的福寿亭源于这里有几棵高大的枫树，贤坑一带人赴大禾墟和大禾一带人赴江西乌下泊墟时，由于天热往往在此乘凉歇息。因此，就有人在这里搭了个亭子，称作福寿亭，再后来就做起了庵场，建造了楼房，中堂上摆放着三位古

佛，其中三爷古佛又高又大，常常会显身，一时香火很旺。破"四旧"时，这座庵场遭到破坏，后来由于砍伐树木的需要，就在这里建起了帽布伐木场。

四

从武北两支不同来源的钟氏早期历史与发展历程看，其中若干早期传说与历史碎片透露出种种耐人寻味的信息。

第一，马氏祖婆这种女性祖先崇拜现象，在武北村落宗族早期具有一定的普遍性。如刘氏的"杨生九子，马生五郎"，高氏的周氏太婆、蓝氏的"天葬风水"，小澜张氏的刘氏太婆、帽村方氏的丑太婆等，未必属于汉族祖先崇拜的形式，而更大的可能却是当地土著的文化现象。房学嘉认为，"崇拜婆太除了风水观点起作用之外，还有一点不可忽视，就是这些故事都发生在开基始祖前后，人们对于女性的崇拜超过男性，这似乎说明地方早期的社会思想观念对后来仍有一定程度的影响。"[1] 这是很有见地的，这种地方早期的社会思想观念或许就是南方民族的早期社会思想观念。

类似的女性崇拜现象，还见于历代钟氏女性祖先坟墓风水方面。如《颍川钟氏历代宗亲族谱》详细记载了他们女性祖先的坟山风水：

> 始祖德隆公妣张氏十一娘、二世祖文远公妣练氏六娘、三世祖瑛政公妣冯氏五娘，坟在冷洋洋背岭荣亭背，风吹罗带形，大地石灰坟，姑媳三代合葬，坐南朝北，己山亥兼巽三分，丁己亥分金。四世祖福声公妣乐太婆，坟在横岗石背油坑子，覆钟形，大地石灰坟，坐南向北丙山壬兼巳三金，丁己亥分金。五世祖海闻公妣乐太婆，坟在武盈山后龙背牛子坑尾回龙顾祖形，石坟，坐南向北，丁山癸向，丙子午分金；妣乐太婆，坟在沾阳薛屋左边坑尾上，石灰坟，坐南向北，丁山癸丙子午分金。六世祖考环公太、妣刘太婆，（夫妻合葬）坟在沾洋后龙背岭南背塘，石灰坟，坐东向西，乙山辛向兼卯，丁卯酉分金。七世祖应显公妣李太婆，（夫妻合葬）坟在张坑牛皮塘蒲凹里，天葬地，金水月形左

---

① 房学嘉：《关于旧时客家女性地位的考察：以粤东梅县为重点分析》，2004 年龙岩客家文化研究论文汇编。

边，石灰坟，坐北向南，丑山未兼癸，丁丑未分金。八世祖世颜公姚冯太婆，（夫妻合葬）坟在沾洋后龙背岭背塘，飞凤形，又名金鸡落洋形，石灰坟，坐西向东，乾山巽兼戌，丙戌辰分金，左水倒右。九世祖宪玉公姚练太婆，坟在布尾龙骨寨背梅子坑，画眉跳架形，石形，坐北向南，丑山未辛丑辛未分金。十世祖飞美公姚练太婆，坟在林坑子青源磜下岭，蛇形，坐北向南，癸山丁兼丑，庚子庚午分金。十一世志元公姚何太婆，坟在冷洋仙师宫背，石坟，坐南向北，午山子兼丁，虎形，庚子庚午分金；姚何太婆，坟在天葬地，金水月形右畔，坐北向南。十二世祖调音公姚罗太婆，坟在大板坑黄泥坑内，冬瓜形，大地石灰坟，坐北向南，丑山未兼癸，丁丑丁未分金。十二世祖御赏公姚练太君，坟在岗背范屋坑子；姚邱太君，坟在多宝石后龙背坤山兼申辛未丑分金。

第二，对于马氏祖婆的崇拜，不唯独钟姓。闽西的陈、赖、邬、田姓大都把钟姓称作"兄弟梓叔"，称马氏祖婆他们也有份，以往还常常前来祭祖。钟、陈、赖、邬、田五姓的郡望均为颍川堂。族谱记载："马姚聪明贤惠；贤公父子出征，常以人命至重，不可草菅相劝，全活甚多。后流贼纷扰，民均乏食，马姚嘱远、道、逸三公出米赈之，众赖以苏。贼至诚曰：马婆子孙挂葛藤者，慎勿相扰。邻境居民借此豁免，至今异姓子孙，犹有称为马氏祖婆后者。"[①] 这种传说，与闽北的练氏夫人崇拜极为相似：

> 据《闽琐记》载，练隽为章仔钧之妻，章率兵驻扎建州时，有两个军校违抗军令当斩，经练氏夫人求情后免死。后来，两军校投奔南唐，率兵入闽，攻破建州，因感念练氏夫人救命之恩，下令不许杀戮无辜，建州百姓遂幸免于难。练氏夫人去世后，建宁百姓为之安葬建墓，供后人凭吊。
>
> 民间传说则与此略有不同，相传章仔钧镇守建州时，抓获一个从南唐来的盐贩，疑为奸细，下令斩首。练氏夫人见其年轻，且模样善良朴实，不像奸细，劝其夫赦免。年轻人回南唐后，被征兵入伍，成为南唐大将，奉命率兵攻打闽国。大兵包围建州时，守军早已闻风溃逃，南唐

① 重庆钟氏宗亲会：《钟氏大族谱》，2000，第341页。

主下令屠城，这位年轻人却迟迟不肯动手。第二天深夜，他潜入城中，请练氏夫人随他出城，以免明日屠城遭殃。练氏夫人不愿只身离去，誓与建州城共存亡。年轻人无奈，临行时嘱咐练氏夫人，第二天务必在门口插一根柳枝作为记号，南唐兵就不敢破门而入。练氏夫人急忙将插柳枝为号的消息转告全城。次日，南唐兵入城后，见家家户户门前都插着柳枝，无从下手，唯独练氏一家被杀。原来城内柳枝都被人采光，练氏夫人家仅有的一枝也让给了别人。建州人感恩戴德，在城中心的芝山上安葬练氏夫人，墓碑上镌刻四个大字"全城之母"。宋代以后，练氏夫人被当地民众奉为城隍女神，旧时建宁府属县官上任，都要到练氏夫人墓进香礼拜，每年还要举行一次隆重的祭典。当地百姓为了纪念练氏夫人，清明上山扫墓后，都要折一柳枝下山，插在自家门口，祈求练氏夫人保佑全家平安。①

这种女性祖先崇拜，或许有着浓厚的闽地土著文化背景，是当时土著信仰意识的一个象征性符号。

第三，从族谱记载和故事传说看，武北钟氏的早期历史具有南方民族早期历史的若干特征，可以说是同一历史模式。钟姓七子散汀州时，"将箭射之田六十顷舍入开元寺，为礼公夫妇塑像放于开元寺下，称南唐檀越主"，"逸公兄弟有舍田盟誓之念，上表追封逸公为令公，塑像于开元寺东阁配佛永远奉祀"的情节，与我们在十方镇黎畲萧屋田野调查中听到的萧满姑传说中萧姓迁徙前舍田塑像于寺庙的说法十分相似："萧家在某年某月间的一天早上，发现猪栏里的猪没有了，全是蛇。家人便议论，可能这里不吉利，不能再居住下去。没几天，洪山福主公王与萧满姑托梦给显闻公的儿媳们，说：'这里是廖家居地，萧家应迁徙外地才能兴旺发展。'次日，家人共议梦境，一致决定外徙，把原有的全部家产、祠堂舍于建寺，定名为'白莲寺'，立绍辅公为舍山神主。所有的山场、店地历年纳租归寺中收入，交由寺内出家人管理。"再从黎畲萧氏的历史看，黎畲萧姓大致经历了一至五世隐而不显的阶段。黎畲萧姓首次修谱是清乾隆二十年，在修谱以前，"殖显闻暨今历世十六，历年四百，世远派繁，迄无名谱。"由此上溯，和钟姓迁徙逃离象洞的时间大致是吻合的。

①　林国平、彭文字：《福建民间信仰》，福建人民出版社，1993，第185~187页。

而"七子散汀州"的悲壮情节又与瑶族千家峒的传说异曲同工：

> 千家峒是瑶族传说中的桃花源。在一百四十万瑶族人中，大半有千家峒的传说。传说中千家峒的入口便是一小溪尽头的石洞，里面是广阔肥沃的平地，共分为三部分。瑶族的《盘古书》说："千家峒分三个峒，下峒三百三十家，中峒三百三十家，上峒三百三十家……"连一座盘王庙，正好是一千家。这一千家人过着桃花源式的生活，但到了元朝大德年间，据说由于瑶族对前来收税的官吏太热情，致使他们乐而忘返，朝廷却以为他们被瑶民扣留了，派兵围剿。瑶族把诸神祇的像及财宝埋在一山洞里，发愿五百年后，子孙重来朝拜。他们把一个牛角切成十二节，由十二姓瑶族分别保存，等五百年后子孙重聚时再凑成一个完整的牛角。全峒男女老少会齐在上峒，于元成宗大德九年（1305）三月十九日午时从峒后高山逃出。从此，分作数支在湖南、广东、广西等地辗转迁徙。①

不仅如此，马氏夫人墓的传说、钟山公的"天葬地"、钟姓太阳前的石头菩萨等又与蓝姓"牛栏祖地"的传说、蓝氏刘三娘及石头墓、萧满姑的"天葬风水"②，以及连城、长汀交界河源十三坊侯王的故事交叉叠合，似曾相识。

第四，族谱记载了钟峦的儿子友能、友瑞的后裔在迁徙过程中隐姓埋名，分别改为萧姓、叶姓。这一传说与我们在其他地区的田野调查也有契合之处。我们在十方镇黎畲村调查时，听当地报告人说，黎畲萧屋与相邻的叶坑叶姓不通婚。颇有意思的是，蓝炯喜先生也调查出闽南地区钟、萧、叶同宗的现象。③ 还有一个值得注意的情节，如前所述，武北定坊的蓝姓据说也是从叶姓改姓而来，在1949年前定坊蓝姓人不时与邻村亭头村李姓人有矛

---

① 乔健：《飘泊中的永恒》，山东画报出版社，1999，第57、63页。
② 萧显闻的幼女萧满姑一日到白莲庵中玩耍，邻女指着庙里那尊被认为最丑的洪山公王（即蛇神）对萧满姑说："萧满姑，你嫁给洪山公王做老婆吧！"谁知一句戏言，竟成了萧满姑的心病，不久一病不起，离开人世。当扶柩还山之日，在路上忽雷电交加，风雨大作。等到云收雨止，萧满姑的棺柩不见了，停棺之地却迎风耸立着一座巨大的乌石（即小地名今乌石头下）。以后，这座大乌石便成了萧满姑象征性的墓地。听说直到今天，还有萧家后裔前往扫墓。
③ 蓝炯喜：《畲民家族文化》，福建人民出版社，2002，第97页。

盾，每当撑木排路过亭头村时，还常常被亭头村李姓人戏谑地高声呼叫："叶古子！不要走啊！"由此可见，钟、萧、叶、蓝四姓之间存在着一种特殊的亲缘关系。

第五，武平钟氏稍后的故事传说却又与客家村落社会大多数开基祖的传说趋同。如相传钟氏在宋王安石变法时，友文公兄弟同上疏奏论拂旨，俱罢任归田而致发、强、庄、毅、密、察、刚、理、斋、裕、温、柔兄弟十四人变名改姓，各流他方。钟发公流潮州海阳县，强公流程乡，温公流漳州，理公流广东兴宁，察公流上杭来苏，刚公流来苏，斋公移武平昭信，中公移武平河坑，正公移武平后往石窟，庄公流广东石窟都饶平及广福所，毅公移在冷洋龙岩峰迳下居住。与闽西刘氏广传公"二七男儿共炽昌"①，黄姓峭山公的"三七男儿总炽昌"②，何其相似乃耳！又如，将武平钟氏与历代汉族钟氏名人联系起来，《颍川钟氏发源谱序》载："上溯钟氏英贤，乐操南音，钟仪有君子之称，高山流水子期有知音之誉，背负节芊钟建有从王之意。巨夫护车发筲之钟离意，九辟不就之钟皓，会面林时出之钟兴，飞鸿舞鹤之钟繇，则出于汉者也。至于寒松比操，晋有钟雅文学出群，梁有钟嵘，宋之季玉，子瑾则又以忠义好学且唐以馗公为状元郎，宋以振公为龙源市，以及钟传、钟清、钟正，或以卓行传，或以清直者，此皆古志所垂，班班可考，非臆说也。"这样的联系让人不禁产生疑问，如果武平钟氏历史上是畲族，上述历代汉族钟氏英贤就与

---

① 世传刘姓广传公"生十四子，八十三孙，分布半天下，处处有之""一百三十六代二世祖，讳广传，名并，号清淑，姚马氏、杨氏……马祖姚生九子：长、次、四、五、八、九、十、十二、十三。杨祖姚生五子：三、六、七、十一、十四，分居各省，共十四人。一百三十七代三世祖十四大房：长巨源公、二巨溔公、三巨洲公、四巨渊公、五巨海公、六巨浪公、七巨波公、八巨涟公、九巨江公、十巨淮公、十一巨河公、十二巨汉公、十三巨浩公、十四巨深公"。对此，闽西武平县湘村《刘氏盛基公家谱》则载："广传公，原居广东，出任江西（流传），配杨太婆、马太婆，共生十四子，杨太婆生九子，即：源、溔、洲、渊、海、浪、波、涟、江，马太婆生五子，即：淮、河、汉、浩、深。广传公出外开基，临别谕十四子赠言曰：骏马骑行各出疆，任从随处立纲常；年深异境皆吾境，日久他乡即故乡；早晚勿忘亲令语，晨昏须顾祖炉香；苍天佑我卯金氏，二七男儿共炽昌。杨太婆祝词：九子流九州。马太婆祝词：五子天下游。"即当地人所说的"杨生九子，马生五郎"。
② 闽西上杭县《黄氏源流家谱》载，黄氏第119世峭山公，姚上官氏、吴氏、郑氏，官氏生和、梅、荀、盖、楚、龟、洋七子，吴氏生政、化、衢、卢、福、林、塘七子，郑氏生发、潭、城、延、允、井、层七子，峭山公曾对21个儿子临别赠言："骏马登程往异方，任从胜地立纲常。年深外境犹吾境，日久他乡即故乡。旦夕莫忘亲命语，晨昏须荐祖宗香。惟愿苍天垂保佑，三七男儿总炽昌。"

其无关，而如果上述历代钟氏英贤确系武平钟氏的同宗叔伯，那么武平钟氏的畲族特质就未必成立。

第六，客家村落社会早期的"男称郎，女称娘"现象，亦见于武平钟氏。如《颖川钟氏历代宗亲族谱》载：

> 九十六代有先公妻李氏，生一男名铨，即万八郎。九十七代铨公妻练氏，生一男乾，即四十三郎。九十八代乾公妻伍氏，生三男长现、次珂、三璠，即百五郎、百六郎、百七郎。九十九代珂公妻赖、卢氏，生一男名德成。九十三代钟懿公妻练氏，生一男名明。九十四代钟明公妻曾，生一男名其盛。九十五代钟其盛公妻丘氏，生一男名开先。九十六代钟开先公妻王氏，生一男名钦，即万九郎。九十七代钟钦公妻萧氏，生一男名闰，即四十七郎。九十八代钟闰公妻黄氏六娘、张氏十二娘，生五男长珪，即千一郎，移武平在城；次璐，即千三郎，移居岩前黎坊；三疃，即千五郎，移武平在城；四钎，即千七郎，移居上杭古坊乡；五莹，即千九郎，移住象洞瞻阳坊。

凡此，都似乎说明武平钟氏的一支有逐步汉化的过程。

第七，武北两支不同来源的钟氏在姓氏认同的背景下，既有一定的区别，又常相联系，以致世系、源流，以及民间传说往往交织在一起。如武平钟氏的新、旧族谱抵牾之处甚多。新版族谱说烈系一脉历经渡江南迁、迁坟事件、元祐党事件后，友文、友武、友勇兄弟子侄回迁象洞，但《颖川钟氏发源谱序》则说是"接系"一脉的历史，曰："世传钟氏，本微子启之后也……嗣后桓公之孙宗伯仕晋，生州黎，州黎仕楚，食采钟离，固氏焉。州黎生昧，为项羽大将。其长子接，始单钟姓。居颖川，故钟氏以颖川郡云。是接公为钟氏发源宗祖……简公居颖（颍）川，配朱氏，生三子，孟曰善，仲曰圣，季曰贤。时遇东晋将败，恭帝禅宋之时，草寇窃发，荡析离居，晋元熙二帝，兄弟三人渡江避难。善公移于会稽（浙江绍兴），圣公移于上元（江南江宁），我祖贤公则于赣州。贤公生会正，公由赣州而徙居闽地宁化，时陆戎蜂起，会正公冲锋督战，剿灭陆戎，封为都督。配欧阳氏，生三子，长曰逸、次曰道。见鄞江白虎村，地形秀丽，遂筑居焉。贤公正配黄孺人，故曰择葬于九龙岗，群推为钟灵福地，传至六十八世逵公。唐开元时，将祖坟平为府堂，改置汀州迁住宅为长汀县，朝廷旨意不敢抗拒。逵公元配马氏，生七子礼、恭、宽、廉、敏、惠、节……礼公生潘公、生武公，移之象洞中坊，此又吾乡发轫祖也。"另外，武北两支不同来源的钟姓族人，除共同参与共建武平钟姓祠堂、汀州同宗会、共修族谱外，还在社区社会生活中互有往来。如贤坑钟氏长福庵的三爷古佛就来源于昭信田心寺的定光古佛，每年打醮一次；昭信的紫阳书院亦有贤坑钟氏的捐资；① 等等。

---

① 据《贤坑钟氏族谱》"兴盛公"条下载"捐入昭信紫阳书院钱五千文，牌位可考"可知。

田野调查主要报告人[*]

1. 刘荣楷：男，87 岁，武平县大禾乡湘村村民
2. 刘集禧：男，84 岁，武平县大禾乡湘村村民
3. 刘文波：男，72 岁，武平县大禾乡湘村村退休教师
4. 朱永兴：男，48 岁，武平县大禾乡湘村村民
5. 朱荣兴：男，45 岁，武平县大禾学区小学教师
6. 刘联美：男，71 岁，武平县大禾乡湘村村民
7. 蓝庚妈：女，71 岁，武平县大禾乡湘村村民
8. 蓝太兰：女，75 岁，武平县大禾乡湘村村民
9. 蓝荣娣：女，71 岁，武平县大禾乡湘村村民
10. 蓝龙兆：男，83 岁，武平县桃溪镇新贡村村民
11. 蓝福春：男，50 岁，武平县桃溪镇新贡村村民
12. 童仁亨：男，75 岁，武平县桃溪镇鲁溪村村民
13. 童朝凤：男，70 岁，原武平县桃溪中学校长
14. 何国治：男，73 岁，武平县桃溪镇湘坑村村民
15. 何腾辉：男，73 岁，武平县桃溪镇湘坑村村民
16. 张四四：女，50 岁，武平县桃溪镇湘坑村村民
17. 刘祥林：男，91 岁，武平县湘店乡湘湖村村民
18. 刘维雄：男，75 岁，武平县湘店乡湘湖村退休教师
19. 刘则太：男，75 岁，武平县湘店乡湘湖村退休教师
20. 刘集珍：男，74 岁，武平县湘店乡湘湖村村民
21. 刘祥祯：男，73 岁，武平县湘店乡湘湖村村民
22. 蓝光宗，男，73 岁，武平县大禾乡源头村退休教师

---

* 报告人的年龄以作者田野调查时为准。

23. 蓝文春，男，72 岁，武平县大禾乡大禾村退休干部

24. 蓝开荣，男，72 岁，武平县桃溪镇江坑村退休干部

25. 蓝日升，男，75 岁，武平县桃溪镇江坑村退休干部

26. 张榕梅，男，78 岁，武平县桃溪镇小澜村村民

27. 张汝财，男，74 岁，武平县桃溪镇小澜村村民

28. 张义庐，男，73 岁，武平县桃溪镇小澜村村民

29. 陈能秀，男，76 岁，武平县桃溪镇小澜村村民

30. 陈昌华，男，50 岁，武平县桃溪镇小澜村村民

31. 余学荣，男，60 岁，武平县桃溪镇小澜村村民

32. 余学英，男，45 岁，武平县桃溪镇小澜村村民

33. 余学雄，男，47 岁，武平县桃溪镇小澜村村民

34. 余镜春，男，75 岁，武平县桃溪镇小澜村村民

35. 温重康，男，45 岁，武平县桃溪镇小澜村村民

36. 李国勋，男，78 岁，武平县桃溪镇亭头村村民

37. 李兆元，男，46 岁，武平县桃溪镇亭头村村民

38. 李桂康，男，43 岁，武平县桃溪镇亭头村村民

39. 李伯容，男，77 岁，武平县桃溪镇亭头村村民

40. 李祯祥，男，74 岁，武平县桃溪镇亭头村村民

41. 李寿胜，男，91 岁，武平县桃溪镇亭头村村民

42. 李耀朝，男，74 岁，武平县桃溪镇亭头村村民

43. 李凤启，男，64 岁，武平县桃溪镇亭头村村民

44. 李凤标，男，61 岁，武平县桃溪镇亭头村村民

45. 李凤标妻，女，58 岁，武平县桃溪镇亭头村村民

46. 释普恭，男，63 岁，武平县桃溪镇亭头村平武寺主持

47. 石　养，男，79 岁，武平县桃溪镇亭头村太平寺主持

48. 何智玉，男，53 岁，武平县桃溪镇湘坑村村民

49. 何光添，男，35 岁，武平县桃溪镇湘坑村村民

50. 蓝拔林，男，75 岁，武平县永平乡中湍村村民

51. 钟冠有，男，63 岁，武平县永平乡昭信村村民

52. 钟维书，男，42 岁，武平县永平乡昭信村村民

53. 钟林章，男，72 岁，武平县永平乡昭信村村民

54. 钟贵珍，男，85 岁，武平县永平乡昭信村村民

55. 钟华佛，男，77 岁，武平县永平乡昭信村村民

56. 钟恭田，男，75 岁，武平县永平乡昭信村村民

57. 钟永添，男，72 岁，武平县永平乡昭信村村民

58. 钟秉礼，男，63 岁，武平县永平乡昭信村村民

59. 钟现兰，男，80 岁，武平县永平乡昭信村村民

60. 钟荣升，男，82 岁，武平县永平乡昭信村村民

61. 钟美恭，男，63 岁，武平县永平乡昭信村村民

62. 钟鉴荣，男，48 岁，武平县永平乡昭信村村民

63. 曹桂洪，男，63 岁，武平县永平乡昭信村村民

64. 钟年勇，男，57 岁，武平县永平乡昭信村村民

65. 钟元龙，男，63 岁，武平县永平乡昭信村村民

66. 吴汉华，男，48 岁，武平县永平乡梁山村村民

67. 杨家勋，男，69 岁，武平县永平乡梁山村村民

68. 钟汝兰，男，73 岁，武平县永平乡梁山村村民

69. 杨福隆，男，73 岁，武平县永平乡梁山村村民

70. 丘和清，男，70 岁，武平县永平乡梁山村村民

71. 丘益寿，男，70 岁，武平县永平乡梁山村村民

72. 丘开贵，男，70 岁，武平县永平乡梁山村村民

73. 陈胜明，男，73 岁，武平县永平乡梁山村村民

74. 林兴华，男，79 岁，武平县大禾乡龙坑村村民

75. 林富财，男，72 岁，武平县大禾乡邓坑村村民

76. 林玉英，男，70 岁，武平县大禾乡邓坑村村民

77. 刘桂禄，男，83 岁，武平县大禾乡龙坑村村民

78. 刘学贵，男，67 岁，武平县大禾乡龙坑村村民

79. 郭锦荣，男，64 岁，武平县大禾乡龙坑村村民

80. 何占梅，男，78 岁，武平县桃溪镇湘坑村村民

81. 何克义，男，64 岁，武平县桃溪镇湘坑村村民

82. 王灿田，男，74 岁，武平县桃溪镇桃溪村村民

83. 刘康庭，男，74 岁，武平县湘店乡店厦村村民

84. 梁凤祥，男，67 岁，武平县湘店乡云霄寺主持

85. 刘可宁，男，87 岁，武平县湘店乡店厦村村民

86. 丘太明，男，73 岁，武平县湘店乡店厦村村民

87. 丘佳泰，男，81 岁，武平县湘店乡店厦村村民

88. 罗思焕，男，72 岁，武平县湘店乡店厦村村民

89. 罗生盛，男，70 岁，武平县湘店乡店厦村村民

90. 丘有兴，男，71 岁，武平县湘店乡店厦村村民

91. 梁重清，男，70 岁，武平县湘店乡店厦村村民

92. 刘国华，男，50 岁，武平县湘店乡店厦村村民

93. 罗思禄，男，68 岁，武平县湘店乡店厦村村民

94. 梁学金，男，60 岁，武平县湘店乡店厦村村民

95. 丘日添，男，63 岁，武平县湘店乡店厦村村民

96. 钟奕远，男，66 岁，武平县大禾乡贤坑村村民

97. 钟添华，男，31 岁，武平县大禾乡贤坑小学校长

98. 钟联永，男，71 岁，武平县大禾乡贤坑村村民

99. 钟友德，男，52 岁，武平县大禾乡贤坑小学教师

100. 钟永发，男，55 岁，武平县大禾乡贤坑村村民

101. 钟秉松，男，72 岁，武平县大禾乡贤坑村村民

102. 钟六茂，男，75 岁，武平县大禾乡贤坑村村民

103. 钟世明，男，35 岁，武平县大禾乡贤坑村村民

104. 邓益亮，男，55 岁，武平县大禾乡小坪坑村村民

105. 邓安裕，男，60 岁，武平县大禾乡小坪坑村村民

106. 蓝养开，男，72 岁，武平县桃溪镇湘溪村村民

107. 刘寿春，男，72 岁，武平县大禾乡湘村村民

108. 高星光，男，43 岁，武平县大禾乡大磜村村民

109. 林金发，男，86 岁，武平县大禾乡大禾村村民

110. 蓝顺可，男，68 岁，武平县大禾乡大禾村村民

111. 高迪金，男，67 岁，武平县大禾乡大磜村村民

112. 高迪镇，男，66 岁，武平县大禾乡大磜村村民

113. 刘凤秀，女，79 岁，武平县大禾乡大禾村村民

114. 吴恩书，男，76 岁，武平县永平乡孔厦村村民

115. 吴恩景，男，74 岁，武平县永平乡孔厦村村民

116. 吴仁炳，男，73 岁，武平县永平乡孔厦村村民

117. 吴德仁，男，77 岁，武平县永平乡孔厦村村民

118. 吴光炳，男，80 岁，武平县永平乡孔厦村村民

119. 吴华汉，男，78 岁，武平县永平乡孔厦村村民

120. 吴永茂，男，65 岁，武平县永平乡孔厦村村民

121. 吴雨霖，男，75 岁，武平县永平乡孔厦村村民

122. 刘寿恒，男，72 岁，武平县湘店乡湘洋村退休教师

123. 蓝道川，男，75 岁，武平县政协文史委退休干部

124. 曹春昌，男，76 岁，武平县湘店乡店厦村村民

125. 何家远，男，52 岁，武平县桃溪镇湘坑村村民

126. 刘炳源，男，37 岁，武平县桃溪镇湘坑小学副校长

127. 蓝文岳，男，70 岁，武平县大禾乡源头村退休小学教师

128. 蓝云峰，男，74 岁，武平县桃溪中学退休教师

129. 蓝日昌，男，45 岁，武平县大禾乡源头村村民

130. 蓝日峰，男，36 岁，武平县大禾乡源头村村民

131. 蓝如春，男，60 岁，武平县大禾乡源头村退休小学教师

132. 蓝日焕，男，75 岁，武平县大禾乡源头村村民

133. 钟能洲，男，84 岁，原长汀县松香厂厂长

134. 杨绵庆，男，56 岁，长汀县红山乡赤土村村民

135. 钟粒茂，男，87 岁，长汀县红山乡苏竹村村民

136. 钟天鼎，男，59 岁，长汀县红山乡苏竹村村民

137. 钟发珍，男，72 岁，武平县象洞乡沾阳村村民

138. 张可周，男，70 岁，武平县桃溪镇桃溪村村民

139. 刘万昌，男，57 岁，武平县桃溪镇桃溪村村民

140. 丘有德，男，77 岁，武平县湘店乡店厦村村民

141. 丘宏锡，男，45 岁，武平县湘店乡店厦村村民

142. 梁发有，男，57 岁，武平县湘店乡店厦村村民

143. 邓春棠，男，72 岁，武平县大禾乡邓坑村村民

144. 邓双容，男，74 岁，武平县大禾乡邓坑村村民

145. 邓建容，男，71 岁，武平县大禾乡邓坑村村民

146. 邓可周，男，69 岁，武平县大禾乡邓坑村退休教师

147. 邓福香，男，73 岁，武平县大禾乡邓坑村村民

148. 邓瑞成，男，49 岁，时任武平县教育局局长

149. 邓仁基，男，73 岁，武平县大禾乡邓坑村村民

150. 刘奇才，男，72 岁，武平县湘店乡湘湖村退休干部

主要参考文献

一 资料类

（一）正史

1. （汉）班固撰《汉书》，中华书局，1962。
2. （晋）陈寿撰《三国志》，中华书局，1959。
3. （元）脱脱等撰《宋史》，中华书局，1977。
4. （明）宋濂撰《元史》，中华书局，1976。
5. （清）张廷玉等撰《明史》，中华书局，1974。
6. （清）顾炎武：《日知录》，黄汝成集释，岳麓书社，1994。

（二）地方志

1. （宋）祝穆：《方舆胜览》，中华书局，2003。
2. （宋）胡太初修、赵与沐纂《临汀志》，福建人民出版社，1990。
3. （明）黄仲昭修纂《八闽通志》，福建人民出版社，1990。
4. （明）何乔远编撰《闽书》，福建人民出版社，1994。
5. （清）王廷抡：《临汀考言》，北京出版社，2000。
6. （清）曾曰瑛修、李绂纂《汀州府志》，方志出版社，2004。
7. （清）杨澜编纂《临汀汇考》，木刻本。
8. （清）赵良生重纂《武平县志》，福建省武平县志编纂委员会整理，1986。
9. （清）蒋廷铨编纂《上杭县志》，康熙二十六年（1687）木刻本。
10. （清）赵成编纂《上杭县志》，乾隆十八年（1753）木刻本。
11. （清）顾人骥编纂《上杭县志》，乾隆二十五年（1760）木刻本。

12.（清）郭应阶等编纂《上杭县志》，同治三年（1864）木刻本。

13. 张汉编纂《上杭县志》，民国 27 年（1938）铅印本。

14. 丘复主纂《武平县志》，福建省武平县志编纂委员会整理，1986。

15. 欧阳英主修《长汀县志》，民国 31 年（1942）铅印木，长汀县博物馆 1983 年重刊。

16. 福建省武平县县志编纂委员会编《武平县志》，中国大百科全书出版社，1993。

（三）历史档案

1. 民国县政府、县党部与武北相关的档案有：

（1）武平县编查保甲户口报告、各乡保甲长姓名一览表

（2）武平县政府呈送本县家庭风习、婚丧仪式及人口调查表

（3）乡镇长及地方士绅名册

（4）武平县关于闽粤赣边区交通情况调查材料

（5）关于外国人及外国教会租用土地房屋调查报告

（6）武平县关于各乡镇土地等级面积赋额分类统计表

（7）关于编查保甲状况调查等材料

（8）武平县湘澜乡人口户籍统计报告

（9）武平永信乡民国卅二至卅四年户口统计表

（10）武平县市场物价查报表材料

（11）武平各乡物产调查及保甲户口调查、乡地图等资料

（12）武平县卅四年度各乡纸业调查情况

（13）小澜乡民国卅六年度人口统计表

（14）岩前、湘店户籍报表

（15）调查"共匪"活动情况

（16）武北产共义勇队

（17）武平县政府关于"奸匪"活动调查

（18）五四发生事变

（19）司法处审判官民刑裁判卷

2. 区、乡档案

（1）永平区永平、梁山、唐屋、昭信乡土改工作总结及永平区各村干人员简明登记表

（2）永平区反动基础调查情况表

（3）永平区人口、牲畜、农作物种植收获等情况统计报表

（4）永平区各乡农业生产互助组基本情况调查报告

（5）镇反运动中群众揭发检举书及反革命分子坦白书

（6）永平小密、孔下、梁山、帽村乡结束土改工作总结

（7）桃兰区委会关于店下乡店潭革命基点村生产工作调查总结

（8）中共桃溪区委会关于老区情况调查报告

（9）武平县湘湖乡1957～1958年农村产、购销情况登记表

（10）关于桃溪、店下、洋畲、浩甲、七里、小澜等乡革命烈士牺牲调查表

（11）桃澜区桃溪、澜圆、浩甲、源头、湘洋、湘里、亭头乡关于生产互助合作山林入社权处理问题的工作报告、总结

（12）武北区妇女分会报告、总结

（13）武北区委关于新划乡情况各种报表

（14）武北区委关于农村整风运动说理、斗争对象和反革命反攻倒算材料

（15）武北区委公路工程总结及店下乡1957年冬兴修水利情况及有关材料

（16）大禾区湘村成分册

（17）大禾区湘村、坪坑乡关于贯彻总路线、完成粮食统购工作总结，帽布、湘村乡镇反判定工作总结

（18）大禾区委关于普选工作各种情况、人口等统计表

（19）武北区小澜乡工作基本总结及武北各乡各项综合性工作意见、报告等

（20）1957～1958年度农村粮食耕地面积产量变动情况登记

（21）武平县湘店乡人民歌声、民歌汇集

（22）武平县湘店乡十年来变化（草稿）

（23）湘店乡畜牧业工作报告、总结

（24）武平县湘店公社各大队早稻春收作物面积落实情况表

（25）武平县人民政府第十区公所帽村乡结束土改工作总结

3. 革命历史档案

　　武平县武北地区人民革命斗争史资料

（四）政协文史资料与年鉴

1. 福建省武平县县志编纂委员会编《武平县年鉴》（1988～1993）、

《武平县年鉴》（1994～1996）。

2. 政协福建省武平县委员会文史资料委员会编《武平文史资料》，第二辑、第四辑、第五辑、第七辑、第八辑、第九辑、第十辑、第十二辑、第二十二辑。

（五）族谱

1. 《龙湘刘氏族谱》（木刻本 嘉庆十六年辛未年修）

2. 《刘氏盛基公家谱》（1980年抄录）

3. 《湘湖刘氏族谱》（木刻本 清嘉庆十三年戊辰年修）

4. 《湘湖刘氏族谱》（木刻本 清光绪三年修）

5. 《磜迳高氏族谱》（木刻本 清光绪四年修）

6. 《磜迳高氏族谱》（打印本 1996年修）

7. 《小坪坑邓氏族谱》（手抄本 雍正三年）

8. 《邓坑邓氏族谱》（打印本 1991年修）

9. 《小澜张氏族谱》（木刻本 残缺本 刊刻时间不详）

10. 《汀郡长邑仕下余氏三修族谱》（木刻本 残缺本 刊刻时间不详）

11. 《武邑浪下丘氏族谱》（木刻本 残缺本 刊刻时间不详）

12. 《店厦刘氏简谱》（手抄本 宣统己酉年抄）

13. 《闽粤赣武威廖氏族谱》（铅印本 1926年修）

14. 《帽村方氏族谱》（铅印本 1989年修）

15. 《孔厦吴氏族谱》（手抄本 1990抄）

16. 《孔厦吴氏族谱》（打印本 1995年修）

17. 《梁山丘氏族谱》（木刻本 光绪九年修）

18. 《梁山吴氏族谱》（手抄本）

19. 《源头蓝氏族谱》（手抄本 1947年修）

20. 《源头蓝氏族谱》（油印本 1987年修）

21. 《武平蓝氏族谱》（武平县蓝氏族谱续修理事会编，2006年修）

22. 《中华蓝氏人物传录暨族史资料集》（武平县蓝氏族谱续修理事会编，2011年）

23. 《江坑蓝氏族谱》（手抄本 清嘉庆戊午年）

24. 《江坑蓝氏族谱》（木刻本 清咸丰壬子年）

25. 《中湍蓝氏族谱》（手抄本 清嘉庆贰年丁巳年）

26. 《贤坑钟氏族谱》（木刻本 清嘉庆壬申年）

27.《武平钟氏族谱》（武平钟氏宗亲会　2004 年编）

28.《汀州苦竹山钟氏家谱》（钟粒茂等　1996 年编）

29.《福建长汀同睦村钟氏十五世祖文衡公支系家谱》（打印本　2004
　　年修）

30.《闽杭、汀、武林氏族志》（打印本　1991 年修）

31.《闽林开族千年谱》（打印本　1991 年修）

32.《湘坑何氏族谱》（手抄本　1949 年前修）

33.《上杭县城黄氏族谱》（木刻，残缺本）

34.《颍川钟氏历代宗亲族谱》（手抄本　钟大烈录）

35.《钟氏一脉族谱》（手抄本　二十二代裔孙晋书乙亥岁七月廿八日
　　开笔录）

二　著作类

1. 白钢：《中国农民问题研究》，人民出版社，1993。

2. 包伟民主编《江南市镇及其近代命运》，知识出版社，1998。

3〔法〕保罗·利科著《法国史学对理论的贡献》，王建华译，上海社
　　会科学院出版社，1992。

4. 陈吉元：《当代中国的村庄经济与村落文化》，山西经济出版社，
　　1996。

5. 陈宝良：《中国的社与会》，浙江人民出版社，1996。

6. 陈礼颂：《一九四九前潮州宗族村落社区的研究》，上海古籍出版社，
　　1995。

7. 陈支平：《福建族谱》，福建人民出版社，1998。

8. 陈支平：《近 500 年来福建的家族社会与文化》，上海三联书店，
　　1991。

9. 程啸：《晚清乡土意识》，中国人民大学出版社，1990。

10. 从翰香主编《近代冀鲁豫乡村》，中国社会科学出版社，1995。

11. 杜赞奇著《文化、权力与国家——1900～1942 年的华北农村》，王
　　　福明译，江苏人民出版社，1996。

12. 费孝通：《江村经济》，江苏人民出版社，1986。

13. 费孝通：《乡土中国、生育制度》，北京大学出版社，1998。

14. 〔法〕费尔南·布罗代尔著《菲利普二世时代的地中海和地中海世界》，吴模信译，商务印书馆，1998。

15. 〔法〕费尔南·布罗代尔著《15 至 18 世纪的物质文明、经济和资本主义》，顾良、施康强译，三联书店，1992。

16. 房学嘉主编《梅州地区的庙会与宗族》，国际客家学会、海外华人研究社、法国远东学院，1996。

17. 房学嘉主编《梅州河源地区的村落文化》，国际客家学会、海外华人研究社、法国远东学院，1997。

18. 郭丹、张佑周：《客家服饰文化》，福建教育出版社，1995。

19. 黄汉民：《客家土楼民居》，福建教育出版社，1995。

20. 黄宗智：《华北的小农经济与社会变迁》，中华书局，1986。

21. 黄宗智：《长江三角洲小农家庭与乡村发展》，中华书局，1992。

22. 韩丁：《翻身：中国一个村庄的革命纪实》，北京出版社，1980。

23. 〔英〕霍普金斯著《人文地理学导论》，梁祖荫译，贵州人民出版社，1992。

24. 何星亮：《中国自然神与自然崇拜》，上海三联书店，1992。

25. 孔永松、李小平：《客家宗族社会》，福建教育出版社，1995。

26. 劳格文、罗勇主编《赣南地区的庙会与宗族》，国际客家学会、海外华人研究社、法国远东学院，1997。

27. 〔日〕濑川昌久：《族谱：华南汉族的宗族·风水·移居》，钱杭译，上海书店出版社，1999。

28. 雷家宏：《中国古代的乡里生活》，商务印书馆国际有限公司，1997。

29. 李慷：《社会变迁中的中国农民生活——桃源农村社区考察》，湖南教育出版社，1990。

30. 李银河：《生育与中国村落文化》，牛津大学出版社，1993。

31. 林耀华主编《民族学通论》，中央民族大学出版社，1997。

32. 林国平：《闽台民间信仰源流》，福建人民出版社，2003。

33. 林国平、彭文字：《福建民间信仰》，福建人民出版社，1993。

34. 林耀华：《金翼：中国家族制度的社会学研究》，三联书店，1989。

35. 刘俊文主编《日本中青年学者论中国史·上古秦汉卷》，上海古籍出版社，1995。

36. 刘沛林：《风水——中国人的环境观》，上海三联书店，1995。

37. 刘沛林：《古村落：和谐的人聚空间》，上海三联书店，1997。

38. 刘义章编《客家宗族与民间文化》，香港中文大学，1996。

39. 刘善群：《客家礼俗》，福建教育出版社，1995。

40. 刘大可：《传统的客家社会与文化》，福建教育出版社，2001。

41. 刘大可：《闽西武北的村落文化》，国际客家学会、海外华人资料研究中心、法国远东学院，2002。

42. 刘大可：《闽台地域社会与族群文化新探》，方志出版社，2004。

43. 刘大可：《田野中的地域社会与文化》，民族出版社，2006。

44. 刘大可：《闽台地域人群与民间信仰研究》，海风出版社，2008。

45. 龙登高：《中国传统市场发展史》，人民出版社，1997。

46. 罗美珍、邓晓华：《客家方言》，福建教育出版社，1995。

47. 罗荣渠：《现代化新论》，北京大学出版社，1993。

48. 罗荣渠：《现代化新论续编》，北京大学出版社，1997。

49. 罗荣渠、牛大勇：《中国现代化历程的探索》，北京大学出版社，1992。

50. 罗荣渠主编《从西化到现代化》，北京大学出版社，1990。

51. 〔德〕马克斯·韦伯著《经济与社会》，林荣远译，商务印书馆，1997。

52. 马新：《两汉乡村社会史》，齐鲁书社，1997。

53. 南开大学历史系中国现代史研究室编《魏宏运先生七十华诞之庆——二十世纪的中国农村社会》，中国档案出版社，1996。

54. 钱杭、承载：《十七世纪江南社会生活》，浙江人民出版社，1996。

55. 钱杭、谢维扬：《传统与转型：江西泰和农村宗族形态》，上海社会科学院出版社，1995。

56. 乔志强主编《中国近代社会史》，人民出版社，1992。

57. 乔志强主编《近代华北农村社会变迁》，人民出版社，1998。

58. 施坚雅著《中国农村的市场和社会结构》，史建云、徐秀丽译，中国社会科学出版社，1998。

59. 折晓叶：《村庄的再造》，中国社会科学出版社，1997。

60. 孙达人：《中国农民变迁论》，中央编译出版社，1996。

61. 唐力行：《商人与中国近世社会》，浙江人民出版社，1993。

62. 〔日〕田仲一成：《中国的宗族与戏剧》，钱杭、任余白译，上海古籍出版社，1992。

63. 王笛：《跨出封闭的世界》，中华书局，1993。

64. 王沪宁：《当代中国村落家族文化》，上海人民出版社，1991。

65. 王铭铭：《社会人类学与中国研究》，生活·读书·新知三联书店，1997。

66. 王铭铭：《村落视野中的文化与权力》，生活·读书·新知三联书店，1997。

67. 王铭铭：《社区的历程》，天津人民出版社，1997。

68. 王铭铭、潘忠党主编《象征与社会》，天津人民出版社，1997。

69. 王耀华：《客家艺能文化》，福建教育出版社，1995。

70. 王增能：《客家饮食文化》，福建教育出版社，1995。

71. 汪毅夫：《客家民间信仰》，福建教育出版社，1995。

72. 汪毅夫：《闽台缘与闽南风》，福建教育出版社，2006。

73. 汪毅夫：《闽台历史社会与民俗文化》，鹭江出版社，2000。

74. 汪毅夫：《台湾社会与文化》，海峡文艺出版社，1994。

75. 武平县地名办公室编《武平县地名录》，武平县地名办公室，1983。

76. 〔法〕谢和耐：《蒙元入侵前夜的中国日常生活》，刘东译，江苏人民出版社，1998。

77. 谢剑、郑赤琰主编《国际客家学研讨会论文集》，香港中文大学、香港亚太研究所海外华人研究社，1994。

78. 谢重光：《客家形成发展史纲》，华南理工大学出版社，2001。

79. 谢重光：《畲族与客家福佬关系史略》，福建人民出版社，2002。

80. 谢重光：《闽台客家社会与文化》，福建人民出版社，2003。

81. 徐晓望：《福建民间信仰源流》，福建教育出版社，1993。

82. 徐晓望：《妈祖信仰史研究》，海风出版社，2007。

83. 杨懋春：《人文区位学》，五南图书出版公司，1983。

84. 杨彦杰：《闽西客家宗族社会研究》，国际客家学会、海外华人研究社、法国远东学院，1996。

85. 杨彦杰主编《闽西的城乡庙会与村落文化》，国际客家学会、海外华人研究社、法国远东学院，1997。

86. 杨彦杰主编《闽西北的民俗宗教与社会》，国际客家学会、海外华人研究社、法国远东学院，2000。

87. 杨彦杰主编《汀州府的宗族庙会与经济》，国际客家学会、海外华人研究社、法国远东学院，1998。

88.〔美〕杨联陞著《中国制度史研究》，彭刚、程钢译，江苏人民出版社，1998。

89.〔日〕依田熹家：《日中两国现代化比较研究》，北京大学出版社，1997。

90. 赵秀玲：《中国乡里制度》，社会科学文献出版社，1998。

91. 张鸣：《乡土心路八十年》，上海三联书店，1997。

92. 张少华：《美国早期现代化的两条道路之争》，北京大学出版社，1996。

93. 张仲礼：《中国绅士——关于其在19世纪中国社会中作用的研究》，李荣昌译，上海社会科学院出版社，1991。

94. 张乐天：《告别理想——人民公社制度研究》，东方出版中心，1998。

95. 郑振满：《明清福建家族组织与社会变迁》，湖南教育出版社，1992。

96. 福建省编辑组编《中国少数民族社会历史调查资料丛刊》，《畲族社会历史调查》，福建人民出版社，1986。

97. 周晓虹：《传统与变迁：江浙农民的社会心理及其近代以来的嬗变》，三联书店，1998。

98. 朱小田：《江南乡镇社会的近代转型》，中国商业出版社，1997。

99. Hinton, William, 1966, Shenfan：the continuing revolution in a Chinese village，New York：Random House.

100. Myrdal, Jan, 1965, Report from a Chinese village, Trans Maurice Meichael. New York：Pantheon.

101. Anita Chan, Jonathan Unger, and Richard Madsen, 1984, Chen Village The Recent History of a Peasant Community in Mao's China，California.

102. Richard Madsen, 1984, Morality and Power in a Chinese Village，China，California.

103. Steven Sangren, 1987, History and Magical Power in a Chinese Community，California.

104. Helen Siu, 1989, Agents and Victims in South China，Yale.

105. Stephan Feuchtwang, 1992, The Imperial Metaphor：Popular Religion in China，Routledge.

三　论文类

1. 常建华：《二十世纪的中国宗族研究》，《历史研究》1999 年第 5 期。

2. 曹树基：《中国村落研究的东西方对话》，《中国社会科学》1999 年第 1 期。

3. 丁学良：《"现代化理论"的渊源和概念构架》，《中国社会科学》1988 年第 1 期。

4. 傅衣凌：《福建畲姓考》，《福建文化》第 2 卷第 1 期，1944 年。

5. 〔日〕冈田谦：《村落与家族——台湾北部的村落生活》，《社会学》（日本社会学 1937 年报）第五辑。

6. 〔日〕宫崎市定：《关于中国聚落形体的变迁》，《日本学者研究中国史论著选译》，中华书局，1992。

7. 〔日〕宫川尚志：《六朝时代的村》，《日本学者研究中国史论著选译》第四卷《六朝隋唐》，中华书局，1992。

8. 孔永松：《从客家文化看客家人的家族制》，谢剑、郑赤琰主编《国际客家学研讨会论文集》，香港中文大学、香港亚太研究所海外华人研究社，1994。

9. 〔法〕劳格文：《中国农业社会结构与原动力》（未刊稿）

10. 〔法〕劳格文：《湖坑李氏宗族研究》，载刘义章编《客家宗族与民间文化》，香港中文大学，1996。

11. 李伯重：《简论"江南地区"的界定》，《中国社会经济史研究》1991 年第 1 期。

12. 林国平：《定光古佛探索》，《圆光佛学学报》1999 年第 3 期。

13. 刘正刚：《汀江流域与韩江三角洲的经济发展》，《中国社会经济史研究》1995 年第 2 期。

14. 刘永华：《传统中国的市场与社会结构》，《中国经济史研究》1993 年第 4 期。

15. 刘永华：《17 至 18 世纪闽西佃农的抗租、农村社会与乡民文化》，《中国经济史研究》1998 年第 3 期。

16. 刘大可：《闽西客家人迁台与定光古佛信仰》，《台湾研究》2003 年第 1 期。

17. 刘大可：《神明崇拜与传统社区意识》，《民族研究》2004 年第 5 期。

18. 刘大可：《公王与社公：客家村落的保护神》，《世界宗教研究》2003 年第 4 期。

19. 刘大可：《传统村落视野下小姓弱房的生存形态》，《东南学术》2002 年第 2 期。

20. 刘大可：《关于闽台定光古佛的几个问题》，《客家》1994 年第 4 期。

21. 任军：《灶神考源》，《中国史研究》1999 年第 1 期。

22. 〔日〕上田信：《地域与宗族》，《日本中青学者论中国史·宋元明清卷》，上海古籍出版社，1995。

23. 〔日〕石田浩：《旧中国农村中的市场圈与通婚圈》，日本《史林》1980 年第 5 期（第 63 卷）。

24. 王铭铭：《村落姓氏与权力》，《民俗研究》1999 年第 1 期。

25. 王增能：《谈定光古佛——兼谈何仙姑》，《武平文史资料》第八辑。

26. 谢重光：《闽西客家地区的妈祖信仰》，《客家》1994 年第 1 期。

27. 谢重光：《利用谱志，须具史识》，《客家》1994 年第 2 期。

28. 杨彦杰：《客家菜与客家饮食文化》，第六届中国饮食文化学术研讨会论文，福建福州，1999 年 11 月。

29. 张佩国：《土地资源与权力网络》，《齐鲁学刊》1998 年第 2 期。

30. 张佩国：《近代山东村落社区结构的整合与分化》，《史学月刊》2000 年第 1 期。

31. 赵秀玲：《中国乡里制度研究及展望》，《历史研究》1998 年第 4 期。

32. 赵世瑜：《明清华北的社与社火》，《中国史研究》1999 年第 3 期。

33. John Lagerwey（劳格文）：Dingguang Gufo：Oral and written sources in the study of a saint.（未刊稿）

后　记

迄今为止，本书是我历时最久、用力最勤的一部著作。"湘村的宗族社会与文化"始于 1995 年 11 月，"武北钟氏的历史渊源与社会发展"成于 2012 年 9 月，前后历时 17 年。1995 年，在福建社会科学院严正院长的推荐下，我参加了劳格文、杨彦杰两位先生主持的"中国农业社会结构与原动力研究"课题研究。在他们的指导下，我开始了对闽西武北村落长达 7 年的田野调查，并于 2002 年撰成《闽西武北的村落文化》一书，收入劳格文主编的"客家传统社会丛书"，由国际客家学会、海外华人资料研究中心、法国远东学院联合出版。此后，我的研究重心虽然有所转移，但从未停止对武北村落的跟踪调查，经年累月，铢积寸累，不觉积稿盈箧，遂成今日《中心与边缘：客家民众的生活世界》一书。

为本书作序的汪毅夫先生是我所爱戴的恩师。汪先生长期关心我的成长，于为人、为文与治学赐教甚多，于事业进步奖掖、提携甚多。2005～2008 年担任我的博士后合作导师，在他的指导下撰成《闽台地域人群与民间信仰研究》一书，由海风出版社于 2008 年出版，获福建省第八届社会科学优秀成果二等奖。在本书出版之际，他于政务鞅掌之余，又亲自为之作序，令人至为感动。

祁龙威、金普森先生分别是我在扬州大学、浙江大学攻读硕士和博士学位时的导师，他们不仅在我求学期间教导良多、呵护有加，而且在我毕业之后仍关怀备至，引导我既要登高望远，又要脚踏实地；既要专精一门，为"窄而深"的研究，又要走向通识之途；既要立足本业，又要兼学别样，使我避免了不少弯路，从而迈向事业发展的康庄大道。

我曾先后就学于福建师范大学、扬州大学、浙江大学，任职于福建社会科学院、中共福建省委党校，有幸得遇国内名家王庆成、魏宏运、刘登翰、谢重光、汪征鲁、周新国、徐晓望、王大同、林庆元、林金水、林国平、谢必震、黄国盛、吴善中、夏春涛、郭世佑诸先生，耳濡目染，饫闻笃学之论。此外，在本书写作过程中，还得到了中国社会科学院金泽研究员、马西沙研究员、霍群英处长，台湾"中央大学"赖泽涵教授、刘阿荣教授、丘昌泰教授、吴学明教授，赣南师范学院罗勇教授、周建新教授，国家宗教局赵匡为研究员，中国人民大学庄孔韶教授，厦门大学郭志超教授，浙江社会科学院王金玲研究员，香港中文大学谭伟伦教授，福建社会主义学院副院长陈宜安研究员，福建广播电视大学何绵山教授的关心、指导和帮助。我所在的工作单位——中共福建省委党校、福建行政学院的领导和同事，也从多方面关心、支持，为我提供了十分优越的科研条件，在此一并表示衷心的感谢。

本书是田野调查基础上的研究成果，展现的是已经消失或行将消逝的传统社会生活，这些不可重复、无法再生的传统，是一种亟须抢救的稀有资源。因此，我要特别感谢田野调查过程中的众多报告人。他们中既有耄耋之年的老人，也有不足10岁的孩童；既有退休在家的知识分子，也有目不识丁的老太。正因为他们的精彩报告，才使得本书具有丰富而鲜活的素材，我对他们表示由衷的感激。书中附录他们的简况，既是学术规范的要求，也是一段历史的纪念。相当多的报告人因年事已高，近年先后离世，未及亲见本书的出版，令人思之泫然。

本书的出版，还要感谢社会科学文献出版社社长谢寿光教授、社会政法分社社长王绯编审、责任编辑周琼同志，福建省地方志编纂委员会管句辉、欧长生、李莉同志、福建省委党校科技文史教研部魏绍珠主任和我的小同乡福建师范大学文学院硕士研究生蓝慧娟同学，正是他们的关心、支持和帮助，才使本书得以尽快出版。

图书在版编目（CIP）数据

中心与边缘：客家民众的生活世界/刘大可著. -- 北京：社会科学
文献出版社，2012.12（2017.7 重印）
ISBN 978 - 7 - 5097 - 4215 - 0

Ⅰ.①中…　Ⅱ.①刘…　Ⅲ.①客家 - 民族文化 - 调查研究 - 福建省
Ⅳ.①K281.1

中国版本图书馆 CIP 数据核字（2012）第 315172 号

中心与边缘：客家民众的生活世界

著　　者／刘大可

出 版 人／谢寿光
项目统筹／王　绯
责任编辑／周　琼　单远举

出　　版／社会科学文献出版社·社会政法分社（010）59367156
　　　　　　地址：北京市北三环中路甲 29 号院华龙大厦　邮编：100029
　　　　　　网址：www.ssap.com.cn
发　　行／市场营销中心（010）59367081　59367018
印　　装／北京玺诚印务有限公司

规　　格／开　本：787mm × 1092mm　1/16
　　　　　　印　张：29.5　字　数：516 千字
版　　次／2012 年 12 月第 1 版　2017 年 7 月第 3 次印刷
书　　号／ISBN 978 - 7 - 5097 - 4215 - 0
定　　价／98.00 元

本书如有印装质量问题，请与读者服务中心（010 - 59367028）联系